上海研究院现代慈善研究中心
现 代 慈 善 前 沿 丛 书

郑秉文 施德容 主编

The 70th Anniversary of the Founding of the People's Republic of China: The New Journey of Modern Philanthropy

新中国 70 年・现代慈善新征程

社会科学文献出版社
SOCIAL SCIENCES ACADEMIC PRESS (CHINA)

上海研究院现代慈善研究中心
现代慈善前沿丛书
编委会

“新中国70年·现代慈善新征程”写作组

丁辉侠　赵凤萍　张时坤　张玉贞　赵　冰
冯浩原　张绍飞　吴佳珍　王　莹　赵元琛
颜　卉　孙永勇　唐　俊　文学国　李俊峰
魏　艳　金枫梁　吕　鹏　李　健　田乂年
向俊安　杨翠莹　杨　洋　刘志阳　陈　凯
鄢圣文　李杏果　汤婷婷　袁杜娟　刘英明
高灵芝　段梦园　刘　学

目 录
CONTENTS

丛书序一　慈善博爱促和谐、创新联合显优势 …………………… 冯国勤 / 1

丛书序二　新时代呼唤深化和推进慈善研究 …………………… 李培林 / 4

导　论　新中国 70 年与互联网时代的慈善公益 …………………… 郑秉文 / 7

第一章　新中国成立 70 周年专题研究 … 上海研究院现代慈善研究中心 / 23

第二章　“互联网 + 慈善”助力精准扶贫的模式与发展对策研究 …………………………………………………… 丁辉侠 等 / 71

第三章　“互联网 +”时代慈善商业化的发展路径探索：基于中外经验的比较研究 ………………………………… 颜　卉 / 130

第四章　以互联网为依托推进我国传统慈善组织转型研究 …… 孙永勇 / 205

第五章　构建社会信用共同体：互联网慈善中的社会信用体系重构研究 ………………………………………… 唐　俊 / 274

第六章　数字时代的公益模式创新研究 ………… 吕　鹏　刘　学 / 336

第七章　慈善金融政策何以扩散 ………………………… 李　健 等 / 385

第八章　公益创投的运行机制与生态网络 ………………… 刘志阳 / 433

第九章　慈善信托危机的救济手段与解决机制 …………… 袁杜娟 等 / 500

后　记 ………………………………………………………… 谢玲丽 / 561

目录

CONTENTS

丛书序一

慈善博爱促和谐、创新联合显优势

从全球范围来看，慈善的作用日益凸显。慈善组织是提供公益物品的力量，它们支持非营利组织的运作，让弱势群体获得有效的支持和帮助，解决歧视问题，确保公平机会，提供政府和市场不能或不会提供的物品。慈善界成为全球可持续发展的重要力量，在消除贫困、生物多样性保护等方面发挥着日益重要的作用。

慈善发展的全球趋势，中国社会发展的新常态，对中国慈善界提出了新的要求、新的挑战，我们不能固守原有的思维惯性和传统的慈善模式，而需要在观念层面、创新层面、实践层面和结果层面有一个新的突破。

首先，在观念层面，要寻求新思维、新理念。慈善领域的新思维、新理念包括创新、协同和精准战略等。中华民族历史上一直有乐善好施的优良传统，而现代慈善更能凝聚社会道德、弘扬核心价值、提升精神文明。所以，我们要积极研究倡导现代慈善文化，寻求公益与商业、经济与社会、义与利、社会效益与经济效益之间的有机结合或融合。我们既要坚持原则，又要善于学习，善于分析和把握中国社会的基础条件和发展方向。以“他山之石，可以攻玉”的精神，学习和借鉴别国、别人的经验，扎实推进我国现代慈善事业的发展。

其次，在创新层面，慈善创新作为社会创新的一个方面，或社会创新在慈善领域的延伸，其目的是通过各种形式的创新，如理念创新、模式创新、组织创新、运作方式创新，创造性地应对和解决那些没有得到解决的问题，或满足那些未被满足的需求，譬如，如何加强“授人以鱼”向“授人以渔”、“解困济难”向“助引人生之路”以及“济困与净化心灵相结合”等研究，以慈善创新的精神使慈善组织本身的运作变得更有成效，更具有社会影响力。

再次，在实践层面，我们要勇于尝试、不断创新，积极开展跨界合作，整合各界、各部门的比较优势。合作与协同是我们基金会取得成功的关键，也是我们基金会走向未来，迈向新高度的必由之路。单个慈善组织，无论机构有多大，能力有多强，如果单打独斗，其资源、能力、影响力总是有限的，而且总会有其不足和短板。只有合作与协同才能取各家之长，补各家之短，发挥各自的比较优势，形成1+1大于2的联合协同优势效应。当然，合作与协同并非简单组合，它需要有良好的协调机制，有卓越的顶层设计，有科学的评价指标。

最后，在结果层面，寻求结果的可测量、发展的可持续、社会影响力的广度和深度；精准而有效地化解棘手的社会问题，促使社会的和谐稳定。我国的慈善事业已呈现出健康发展的趋势。我们要动员更多的人群，以奉献、宽容的精神参与到慈善事业发展中来，以慈善立言、慈善立德、慈善立行的创新创业精神，聚集、聚焦于当代中国的慈善事业之中，从而为那些资源最缺乏的贫困者、弱势者提供帮助，既扶智又扶志，增加贫困者和弱势者社会融入的机会；更关注解决方案，以其目标是治本性来推动我国慈善事业走向更健康、更完善。

近年来，随着我国慈善事业的蓬勃快速发展，尤其是2016年《中华人民共和国慈善法》颁布及实施以来，亟须加强对现代慈善发展规律和支持政策的理论及实践进行研究，成立新型的现代慈善事业研究智库。上海研究院现代慈善研究中心，作为由政府、科研机构和社会组织共同创建的研究机构，将遵循慈善事业发展规律，围绕社会主义核心价值体系，致力于中国特色社会主义慈善理论研究和学科体系建设，运用国际视野和发展经验，开展对现代慈善发展实践和前瞻性的研究，积极开展各类学术交流，为上海地区乃至全国的慈善事业发展提供多种形式的咨询、教育和培训服务。

我们要充分发挥现代慈善研究中心的平台和桥梁作用，通过慈善论坛、专题研究、人才和实务培训，联合、凝聚和整合慈善界、学术界、企业界、政界、志愿者、媒体及社会各界人士，以合作共赢为目标，促进中国慈善事业的发展。

我相信，上海研究院现代慈善研究中心组织出版的“现代慈善前沿丛书”

系列在上述诸多方面将会发挥应有的作用，并会带给大家以启发和思考。现代社会是一个知识社会，以知识、理论为基础的慈善实践，以现实问题为源头活水的研究，会给慈善界增添新的动能，必将推动中国的慈善事业向着更高的境界迈进。

上海市慈善基金会理事长

馮國勤

2018 年 6 月 30 日

丛书序二

新时代呼唤深化和推进慈善研究

乐善好施是中华优秀传统文化的重要内容，慈善事业是我国社会保障和社会福利体系的重要组成部分。随着我国经济社会发展和人民生活水平的普遍提高，消除贫困和帮扶脆弱群体的问题更加凸显，慈善事业涉及的领域也更加广阔。根据国际比较，我国目前慈善事业的发展，还有很大差距和发展空间，亟须深化和推进慈善研究，促进慈善事业的大发展。

2015 年 6 月 5 日，中国社会科学院和上海市人民政府共同创办的“中国社会科学院 - 上海市人民政府上海研究院”（简称上海研究院）正式挂牌成立，地点设在上海大学。上海研究院以习近平新时代中国特色社会主义思想为指导，依托中国社会科学院在科学研究和政策咨询等方面的优势，服务于上海的创新进步和国家的改革发展，并将其打造成高水平、国际化的现代思想智库。作为一个综合性研究智库，上海研究院同时也为研究中国和国际问题提供智力支持。在具体工作中，上海研究院依托下属各个研究中心开展科学研究、人才培养和国际合作等工作，目前已成立 9 个研究中心。

2017 年 5 月 3 日，在中国社会科学院院长王伟光同志和第十一届上海市政协主席、上海市慈善基金会理事长冯国勤同志的共同倡导下，在上海市慈善基金会的努力和鼎力相助下，上海研究院现代慈善研究中心（简称慈善中心）正式挂牌成立，这是上海研究院的第 9 个研究中心。在成立仪式上，上海市政协主席、中共上海市委常委、宣传部部长董云虎同志到会祝贺并发表致辞，中国社会科学院院长王伟光同志、上海市慈善基金会理事长冯国勤同志到会并讲话。慈善中心成立一年来，紧紧围绕社会主义核心价值体系，致力于中国特色社会主义慈善理论和实践研究，以慈善事业发展中的实际问题为导向，借鉴国际发展经验，不断创新慈善理念，持续提升慈善组织的服务协调能力，为上海乃至全国的慈善事业发展提供咨询、教育和培训服务。慈善中心还以传播现代慈善文化为内在要求，深入研究慈善爱心的培养和传播机制，重视慈善在塑造社会主义核心价值观中的积极意义和作用。同时，慈善中心还推动慈善事业与社会保障事业、公共服务体系和市场化服务的协同发展，从而有助于构建具有中国特色的“大保障”体系。

2004 年党的十六届四中全会将慈善事业纳入社会保障体系范畴之内，这就意味着我国正式将慈善事业作为增进社会福祉和促进社会公平的有力手段。不仅如此，在我国供给侧结构性改革大背景下，以慈善为代表的社会服务亦成为政府公共服务和市场化服务的有力配合者。近年来，随着社会的向前发展，我国慈善事业关注的领域已经从传统的扶危济困扩展到环境保护、卫生研究、科技发展等全新领域，但开展慈善的技术和手段仍有待改进和创新，慈善传播的理念和文化仍有待强化，慈善事业和慈善组织面临的政策环境亦需要持续优化。从国际对比来看，我国与其他传统慈善大国还存在一定差距，2016 年，美国慈善捐赠总额为 25706. 6 亿人民币，占 GDP 的比重为 2. 1%，我国慈善捐赠总额为 1392. 94 亿人民币，占 GDP 的比重不到 0. 2%，这意味着我国慈善事业要走的路还很长，需要研究的问题还很多。从这一角度来看，上海研究院建立专门的慈善研究中心是非常必要的。

2016 年我国颁布了《中华人民共和国慈善法》（简称《慈善法》），这既是我国法制史上的一件大事，也是慈善领域一个划时代的标志，意味着我国扶危济困慈善活动从此将走上法治轨道，即从传统意义上私德主导下的“扶危济困、扶老助残”的“小慈善”时代，步入政府主导下，将诸多公共和社会领域融会贯通，同向发力的“大慈善”时代，中华民族乐善好施、守望相助的优良传统将在法律的规范与保障下发扬光大。《慈善法》对慈善组织、慈善募捐、慈善捐赠、慈善信托等方面做出了全面规定，为我国慈善研究事业指出了方向。

正是在这个大背景下，上海研究院成立了现代慈善研究中心。现代慈善研究中心成立之后很快行动起来，在《慈善法》的框架下对慈善研究项目做了长期部署，决定创设三个系列学术活动，以实际行动推动我国现代慈善事业的研究。第一个系列学术活动是组织出版“现代慈善前沿丛书”，旨在介绍中国慈善研究的最新成果和前沿动态，每年以发布研究项目的形式吸引社会各界人士广泛参与慈善研究，课题成果最终结集出版；第二个系列学术活动是组织翻译出版“世界慈善名著译丛”，目的是将国外最新的慈善研究成果译介到国内，让国内的慈善研究学者可以看到最新的国外慈善研究成果，开阔研究视野，追踪国际动态。首期书目已经确定，包括三本重要名著，目前正在翻译过程中；第三个系列学术活动是每年9月召开年度“上海慈善论坛”，首届论坛“2017年上海慈善论坛：现代慈善与社会转型”于2017年9月成功召开，200多位学者参加了会议，相关媒体做了密集报道。慈善中心的这些学术活动安排是长期性的、前瞻性的、系列性的，是值得肯定的，应该坚持下去。

“现代慈善前沿丛书”立足研究我国慈善事业发展面临的亟须解决的问题，从国际视野出发，结合最新研究方法，对我国和国际上最新慈善研究进行概括和总结，综合反映现代慈善事业的发展趋势，这对我国未来慈善事业的发展具有重要借鉴意义。

新时代呼唤新的慈善事业，慈善研究任重而道远，让我们携起手来，为中国现代慈善事业和慈善研究贡献力量。

是为序。

中国社会科学院副院长、学部委员

上海研究院院长

李培林

2018年5月30日

导　论

新中国70年与互联网时代的慈善公益

郑秉文*

一　新中国70年慈善公益取得伟大成就

70年前，新中国成立，从此中国人民站起来了。在新中国成立70年之际，不同学科和不同研究领域都在纪念这个盛大节日，总结70年来的宝贵经验，展示70年来的学术成就。与所有学科和领域一样，70年来，慈善公益的研究取得了不俗的成就，尤其是改革开放40多年以来，慈善公益研究实现了飞跃发展，慈善公益研究登上了一个台阶。

70年来，新中国慈善公益事业和慈善公益研究以1978年实行改革开放为界，大致可分为两大阶段，即改革开放前和改革开放后。在改革开放前，慈善公益事业与研究百花凋零，万马齐喑；改革开放后，慈善公益事业与研究百废待兴，百花齐放。

70年来，在官方意识形态和认识上，慈善公益事业实现了从“麻醉人民的装饰品”，到可以“促进社会进步”（《慈善法》语）的重要转变，从此，发展慈善事业、弘扬慈善文化成为中国慈善公益事业和慈善公益研究的指针，慈善公益被视为践行社会主义核心价值观、弘扬中华民族传统美德的重要表现，甚至，学校等教育机构将慈善文化纳入教育教学内容，并且，国家明确支

* 郑秉文，全国政协委员，中国社会科学院社会保障实验室首席专家，中国社会科学院世界社保研究中心主任，博士生导师。

持高等学校和科研机构开展慈善理论研究。

70年来，在慈善组织的管理体系上，慈善公益事业经历了民间慈善机构被强行解散、福利公益完全由政府包办代替、仅此一家别无分号、慈善事业和研究被迫停顿，到保护慈善组织、捐赠人、志愿者、受益人等慈善活动参与者合法权益和共享发展成果的重要转变，从此，无论是自然人，还是法人，或其他组织开展慈善活动以及与慈善有关的活动均受到法律保护，并且，基金会、社会团体、社会服务机构等非营利性组织均可申请认定为慈善组织。

70年来，在慈善公益的活动范围上，慈善公益事业经历了从仅仅囿于扶贫济困、恤病助残、扶老救孤等狭隘的范围，到救助自然灾害和公共卫生事件等突发事件造成的损害、促进教育科学文化卫生体育等事业的发展、防治污染公害和保护改善生态环境等广大范围的转变，从此，慈善组织可充分高效运用慈善财产并遵循管理费用最必要原则，开展从医疗康复到教育培训等全方位的慈善服务，公开募捐并依法享受税收优惠。

70年来，在慈善公益机构数量和捐赠规模上，慈善公益事业经历了从几乎是一张白纸到井喷式发展的重大转变。例如，改革开放之后，到2010年社会团体就发展到131692个，民办非企业单位110843个，基金会1958个；到2018年，社会团体井喷式发展到351478个，民办非企业单位达432104个，基金会高达6893个。在8年时间里，社会团体就增加了两倍多，民办非企业单位增加了三倍多，基金会也增加了三倍多；志愿者总数高达1.58亿人，比上年增加了6.9%；志愿服务贡献价值达17.93亿元，比上年增加了10.5%；社会捐赠总量548亿元；彩票公益金筹集1143亿元，比上年增加了10.0%；社会公益总价值达3249亿元，比上年增加了8.6%。

为纪念新中国成立70周年，本书首章专设“新中国成立70周年专题研究”，它由四篇征文构成。征文一《新中国成立70年志愿服务发展的变迁与演进》对新中国成立以来志愿服务的历史做了回顾和评价，认为可将其划分为五个阶段。第一阶段是孕育萌芽期（1949～1982年）。新中国成立后，政府实行了高度集中的计划经济体制，在国内外环境极其复杂的情况下政府全面介入社会管理，相应地承担起了全部社会服务职能，社会组织基本失去了其存在的历史价值和生存空间。第二阶段是破土而出期（1983～1992年）。改革开放后，政府开始将社会服务职能重新转交给社会，同时，在市场经济条件下也急需加强精神文明建设，志愿服务的中心工作主要是形成人人参与的良好社会氛围以服务于精神文明建设，以及补充社会服务职能之不足。第三阶段是成长壮大期（1993～2007年）。在这一阶段，青年志愿服务社会影响力不断增强，青年志愿服务的标识、旗帜、志愿精神逐渐规范，各级青年志愿者协会逐步建立，青年志愿服务社会影响力不断增强。青年志愿服务的成长壮大期与中央领导的高度重视息息相关。第四阶段是枝繁叶茂期（2008～2017年）。2008年在北京奥运会和汶川地震等重要事件影响下，志愿服务的概念逐渐被全社会认同，志愿文化在整个社会广泛传播并逐渐被接受，志愿服务的内涵和外延得到极大延伸，公众参与志愿服务逐渐成为一种社会时尚、生活方式和价值追求。自2010年起，青年志愿者项目化运作、社会化动员、制度化法制化全面推进，青年志愿服务进入了枝繁叶茂期。第五阶段是扎根基层期（2018年至今）。十九大报告提出乡村振兴战略。2018年1月中共中央、国务院出台《关于实施乡村振兴战略的意见》，提出积极发展农村社会工作和志愿服务。进入2018年7月，中央决定在广大农村地区开展新时代文明实践中心试点工作。新时代文明实践中心以志愿者为主体力量，以志愿服务为主要形式。乡村振兴战略的实施和新时代文明实践中心的建立极大地推动了农村志愿服务的发展，推动中国志愿服务事业由城市进入广大的农村基层，改变了志愿服务城乡发展不均衡的局面。

征文二《网络公益传播中情感动员的效率与风险分析》主要聚焦2013～2018年的网络公益众筹事件分析上，并以2013～2018年代表性网络公益众筹事件为研究对象，剖析网络公益传播在情感动员环节上的具体表现、策略及影响。该文认为，网络公益传播在情感动员的触发、认同和传染各环节上呈现出新特征，募捐效率与持久度表现突出。但诈捐骗捐、非法集资、透明度缺失等风险也在蚕食着情感动员的根基。征文三《新中国成立以来港台“宁波帮”助推长三角教育事业发展》聚焦新中国成立后，港台的“宁波帮”捐资推进教育事业的发展，从研究的角度看，港台“宁波帮”善举与义举是慈善公益事业的重要组成部分。改革开放以来，长三角地区的慈善公益事业快速发展，其中一个重要的体现是教育事业的蓬勃发展。究其原因，除了政府重视、支持，社会各阶层投入、参与以外，一个不可忽视的原因，是港台“宁波帮”对长三角地区的教育事业的捐资。港台“宁波帮”乐善好施、热衷慈善、崇尚公益、重教兴学、慷慨解囊、捐资捐物，用不同的形式支持长三角地区高校及中小学创办与发展，有力地促进长三角地区的教育事业的发展与繁荣。征文四《新时代中国特色社会主义慈善事业格局的建构》集中研究的是新时代中国特色社会主义公益慈善事业从传统到现代的转变过程分析。作为社会保障体系的重要组成部分，明确新时代慈善体系建构的必要性，厘清慈善工作的伦理价值内容，谋划新时代城市公益慈善事业新路径，对于构建符合新时代中国特色社会主义的慈善事业，促成社会“善治”，具有重要的理论和实践意义。

二　“互联网+”促进慈善公益新发展

随着中国特色社会主义进入新时代，慈善公益事业踏上新征程，其重要特征之一是“互联网+”因素明显增加。在国际上“金融科技”（fintech）、“保险科技”（insurtech）和区块链等先进技术不断融入慈善公益的大背景下，“互联网+”成为引领慈善公益研究的最新前沿。在新中国成立70周年之际，本书的慈善公益研究主题设为“互联网+”。

“互联网+”对慈善公益事业的影响既是潜移默化的，也是突飞猛进的。在“互联网+”因素的渗透下，公益慈善活动的开展形式与公民参与公益慈善的行为方式都发生了变化，而这些变化刚好弥补了传统公益慈善的不足。通俗地说，“互联网+”就是“互联网+各个传统行业”，但这并不是简单的两者相加，而是利用信息通信技术以及互联网平台，让互联网与传统行业进行深度融合，创造新的发展生态。在“互联网+”的背景下，传统慈善组织必须利用现代信息网络才能获得新的生机和活力。我国的慈善组织现在大都已经意识到利用互联网转型的重要性，并且已经有了很多尝试，几乎所有的大型慈善组织都有自己的官网、微博、公众号等，以此来公布信息。

2015年是中国“互联网+”认知与传播不平凡的一年。李克强总理在当年的政府工作报告中首次提出“互联网+”行动计划。虽然“互联网+慈善”目前还没有统一、权威的界定，但我们基本可将之视为网络慈善、在线慈善。在互联网大背景下，慈善组织的发展有了更为广阔的平台。据中国互联网络信息中心最新发布的第43次《中国互联网络发展状况统计报告》，截至2018年

12月，全国网民数量高达8.29亿，普及率达59.6%，手机网民数量达到8.17亿。在“互联网+”的趋势下，慈善公益扶贫具有相当的典型性。在构建专项扶贫、行业扶贫、社会扶贫“三位一体”的大扶贫格局与互联网快速发展的双重背景下，企业、个人、社会组织和二类事业单位等公益慈善力量利用互联网技术和平台为贫困地区和贫困群体提供救助和发展资金、创造就业创业机会、优化基本医疗服务、拓宽收入增加渠道等已成为其助力精准扶贫的重要方式。在这个大背景下，尤其在“后2020”时代，“互联网+慈善”助力精准扶贫可为2020年全面脱贫后的反贫困活动提供可行思路，同时亦可为国际社会分享中国精准扶贫经验提供模式参考，因为各类公益慈善主体利用互联网信息技术为贫困人口提供了更多脱贫致富的机会，提高了精准扶贫的可及性及其信用水平，在一定程度上可以克服技术人才的供需矛盾、农村基础设施落后、对政府支持依赖性强、与其他参与主体信任关系建立困难等问题。“互联网+慈善”助力扶贫的实践和信息技术的发展与普及程度密切相关。互联网技术的发展、公益慈善组织规模的壮大、贫困人口的现实需求以及政策支持为“互联网+慈善”助力精准扶贫提供了技术支持与现实可能性。其中，互联网技术的发展是“互联网+慈善”助力精准扶贫发展的基础条件，公益慈善组织是“互联网+慈善”助力精准扶贫发展的主体，贫困人口的现实需求是“互联网+慈善”助力精准扶贫发展的动力，而政策支持则是“互联网+慈善”助力精准扶贫发展的保证。

慈善组织对“互联网+”扶贫的探索既受社会责任的驱动，也受自身发展需求和政府政策支持的影响。“互联网+慈善”助力精准扶贫模式的可持续性是有前提条件的，那就是农村网络基础设施的完善和平衡发展，以便慈善组织能够更加独立、主动、公开透明地参与扶贫活动，与各利益相关者建立持久的信任关系。“互联网+慈善”助力精准扶贫各模式的产生与发展是互联网技术作为一种工具的应用延伸，是各类慈善主体在互联网技术快速发展和精准扶贫战略推动下进行慈善活动的模式创新，也是在政府主导下动员社会各界参与扶贫攻坚的现实选择，同时还是中国特色扶贫经验的重要组成部分。虽然“互联网+慈善”助力精准扶贫作为一种全新的扶贫模式，在探索中还存在各种各样的困难，但这些困难通过政府和公益慈善主体的共同努力都是可以克服的。日益成熟完善的“互联网+慈善”助力精准扶贫模式将成为2020年政府大规模退出扶贫活动后中国扶贫的主要模式，而企业、社会组织和二类事业单位也将成为2020年后中国扶贫的主要力量。

第二章“‘互联网＋慈善’助力精准扶贫的模式与发展对策研究”很有特色①，该章认为中国“互联网＋慈善”助力扶贫经历了创新萌芽期、探索发展期和逐步成熟期三个阶段，从网络扶贫主体角度，把“互联网＋慈善”助力精准扶贫的模式分为企业互联网扶贫、公益慈善组织互联网扶贫、事业单位互联网扶贫和政府协同的互联网平台扶贫四种类型，并在河南省范围内选择具有典型意义的案例，采用半结构访谈法和实地考察法，对企业电商扶贫、公益慈善组织网络扶贫、公立医院“互联网＋健康扶贫”和社会扶贫网互联网平台扶贫案例进行了分析。研究发现，虽然各公益慈善主体在利用互联网进行扶贫时，其项目背景、帮扶主体、帮扶对象、运作模式和扶贫成效等方面各有特色，但都通过互联网实现了公益慈善项目对贫困地区和贫困对象的有效帮扶。同时，研究也发现，在精准扶贫方面，几乎所有的公益慈善主体在借助互联网工具参与精准扶贫时，地方政府都表现出积极参与，主动提供公益慈善主体所需要的网络和道路设施等基本公共服务。“互联网＋慈善”助力精准扶贫是中国大扶贫格局的重要组成部分，也是政府主导下社会力量参与反贫困的重要形式，但目前对于该模式的理论关注较少。这章通过构建“互联网＋慈善”助力精准扶贫的理论体系，将有助于丰富中国特色的扶贫理论；通过分析“互联网＋慈善”助力精准扶贫各模式的参与主体、扶贫成效、扶贫经验和适应范围，为推进其发展提供了学理支持。

慈善组织商业化是一股新兴潮流，在慈善领域风起云涌，开启了慈善组织运作的新模式，是慈善组织前行发展的新航道，然而也导致了诸多的慈善丑闻，削弱了慈善组织的社会公信力。但在“互联网＋”的趋势下，这些问题可在一定程度上得以解决。第三章“‘互联网＋’时代慈善商业化的发展路径探索：基于中外经验的比较研究”从“互联网＋慈善”优缺点、功能优势等方面进行了分析阐述②，并从慈善商业化的形成缘由入手，阐述了慈善商业化的几种基本方式，对慈善商业化面临的风险和挑战进行了分析。在对中外慈善

① 这里引用了本书第二章的内容。

② 详见本书第三章内容。

商业化的发展进行比较分析的基础上，从中外慈善商业化的原因、表现形态入手，总结出中外慈善商业化发展模式的区别。这章还对277份问卷进行了实证统计，对“互联网+”时代慈善商业化的现状、存在的问题、发展困境以及发展前景进行了分析，进而提出“互联网+”时代中国慈善商业化健康发展的路径设计和政策建议。虽然现有研究对“互联网+”时代的慈善商业化进行了初步探索，但目前的研究还不足以完全展示慈善商业化的实践活动全貌。例如，现有的研究只解释了慈善机构在金融困境及商业化领域面临的竞争压力，但对“互联网+慈善”的影响机理、慈善商业化该如何利用互联网优势等还未形成系统的体系。再如，在研究中国慈善商业化的进程中，只是立足于中国的实践，国外的一些优秀经验没有很好地吸收在内。然而，现有对中国慈善商业化的发展路径和未来前景的研究还不充分。这章以慈善事业的经济属性为起点，从国际慈善事业的发展和我国慈善事业的发展路径中寻找慈善事业的起源并分析其内在及外在形态。在对我国慈善事业商业化进行更详细、更全面分析的基础上，结合我国当前“互联网+”时代特征的背景，探索未来发展的设计路径。第一，加强对“互联网+”慈善和慈善商业化的宣传与推广，培育公众慈善商业化意识。第二，加快政社分离的步伐，转变政府角色，化干预为引导扶持。第三，健全“互联网+”时代慈善商业化监管体系，规范慈善商业化发展。第四，优化慈善组织内部治理结构，提高慈善组织商业化运作能力。第五，积极引导培育健康的现代慈善理念，为慈善商业化发展提供良性内在动力。第六，培育多元治理主体，借助“互联网+慈善”平台，共同推进合作治理。并且根据调研结果，提出了针对性的政策建议。

在新媒体时代下，依靠互联网进行信息传播和物资交换已成为民间慈善活动最佳选择之一，也加快了传统慈善组织的转型。互联网的快速发展为慈善组织转型提供了机遇，提供了更为广阔的发展平台，更多样的筹资机制，更加灵活的组织结构，更加高效透明的运作方式，更具影响力的传播效果，赋予了慈善组织提高自身能力的钥匙。所谓“互联网+”背景下慈善组织的转型，主要有两层意涵。一是指传统的慈善组织丑闻容易暴露，公信力易遭到大众质疑，筹集善款额度急剧缩水，传统的官办慈善组织发展受挫。转型的路径简单直接，即由传统的官办慈善组织向社会型慈善组织转变，构建起独立的社会化筹资网络及执行网络。对民办慈善组织而言，转型意味着逐步迈向专业化，增强自身实力，改变在政府、官办慈善组织夹缝中艰难生存的现状。二是指传统的官办慈善组织自身更新升级，治理结构不断改善，进行精细化管理、专业化运作，具体可概括为回应公众关切，解决公众问题；组织运转高效，财务公开透明；形成特色品牌，赢得公众信任。基于“互联网 +”这样的大背景，传统的官办慈善组织的转型及发展现状亟须转型升级，这就需要对“互联网 + 慈善”所呈现的特征进行深入、细致的分析，分析其当前面临的困境和改革路径。第四章为“以互联网为依托推进我国传统慈善组织转型研究”①。这章在经过大量调研的基础上以 WH 市慈善总会为例对其进行了研究。WH 市慈善总会成立于 1993 年 9 月，在市委、市政府领导的关怀下，在社会各界的关心支持下，围绕“安老、扶助、助学、济困”的宗旨，以募捐工作为基础，以救助工作为重点，努力打造慈善品牌。近年来，WH 市举办公益慈善活动近百次，建立了 21 个慈善公益基金，募捐款（物）2 亿多元，为贫困人群提供了近 30 万人次慈善救助；实施了“爱满江城，慈善四送”（春节慰问）、“没有院墙的孤儿院”、“暖冬行动”、“慈善阳光班”、“温暖工程”、“夕阳扶老”等救助项目，充分发挥了慈善事业在社会保障体系中的重要补充作用。慈善总会荣获了中华慈善总会授予的“中华慈善先进机构”“中华慈善突出贡献”奖项，还先后获得了“WH 市先进社会组织”“WH 市创先争优活动先进单位”等荣誉。WH 市慈善总会在冠名基金建设的道路上前行了 12 年，对慈善发展的模式创新进行了有益探索。截止到 2018 年 8 月份，冠名基金累计募集善款近 5700 万元，目前在建冠名基金 103 只，涵盖“安老、扶幼、助学、济困”等多个慈善领域。冠名基金主要有留本冠名基金、单位（个人）冠名基金、小额冠名基金。冠名基金是指捐赠人（或发起人）以支持慈善公益事业为目的，在市慈善总会账户下设立冠名专科项目，在符合市慈善总会宗旨的前提下遵照捐赠人（或发起人）的意愿专款专用的资金。基金的命名一般统称为“XX（单位、个人称谓或指定称谓）”，例如“板车哥”慈善公益基金。建立冠名基金的优势在于：第一，可以对特定困难群体提供长期稳定的救助，提升公益形象；第二，由市慈善总会实行专款专账管理；第三，捐赠方可凭捐赠票据依法享受相关税收优惠政策；第四，每一笔资金的使

① 详见本书第四章内容。

用，充分尊重捐赠者意愿，使用起来方便灵活；第五，实现持续发展，为基金设立者扩大社会影响力，形成品牌效应。冠名基金的设立大多依托于互联网进行，流程快捷方便，运用微信、官网等平台的宣传也吸引了小额人冠名基金的设立。

第五章“构建社会信用共同体：互联网慈善中的社会信用体系重构研究”对“互联网+慈善”时代的社会信用问题进行了专题讨论①。信息时代的支配性功能与过程在慈善组织那里以网络组织起来，与互联网结合在一起建构了新的慈善形态，改变了慈善活动的生产、经验、权利与文化过程中的操作和结果，不但给慈善创造了新的平台和机制，将慈善需求方的信息和需求瞬间扩散到整个网络，而且能够广泛动员社会各方面的参与和传播，实现供需方的资源对接，使整个慈善过程能做到公开透明，便于接受政府和公众的监督。由此，“互联网+慈善”的新型慈善事业蓬勃发展起来。但同时，随着互联网慈善的发展，许多问题也逐渐浮出水面，甚至在互联网时代会进一步放大其负面影响，即利用“互联网+”慈善诈骗事件层出不穷，透支了善良人们的慈善热情。互联网慈善急需法律法规的规范，已成为整个社会的共识。近年来，我国政府在构建互联网慈善法律法规方面也付出了大量的努力，着力打造社会信用体系。仅2018年，民政部就发布了包括《社会组织信用信息管理办法》在内共计6个与社会组织信用管理相关的文件，要求社会组织进行信息公开，加强信用信息管理，并发布社会组织活动异常名录以及严重违法失信名单信息。在这一年，民政部联合近40个部门共同发布了《关于对慈善捐赠领域相关主体实施守信联合激励和失信联合惩戒的合作备忘录》，发布了对慈善捐赠领域的守信行为的26项激励措施以及失信行为的24项惩戒措施。这些政策文件的出台，为互联网慈善构建了一个基本的信用管理体系。社会信用体系是社会主义市场经济体制和社会治理体制的重要组成部分。社会信用体系对互联网慈善的发展有着决定性的影响。在互联网社会这样一个虚拟性、匿名性的社会结构中，良好的社会信用体系可以激发慈善发起人和捐赠者的热情，维护慈善机构和受益人的诚信和公信力，保证慈善资源能够流向需要的地方，引导慈善事业的良性运行。同时，互联网慈善中的社会信用体系还可以增加互联网用户彼此

① 详见本书第五章内容。

之间的信任，为整个社会的信用体系添砖加瓦。该章认为，互联网慈善3.0阶段的社会信用体系已经发展到了构建互联网慈善的社会信用共同体的新阶段。“互联网慈善社会信用共同体”是虚拟共同体的一种类型，是人类在互联网慈善活动中，基于对社会信用体系的追求而形成的具有共同的场景、共同的目标取向、共同的情感基础和共同的价值观的网络群体。在全社会共同构建社会信用体系的大背景下，经过多方的努力，互联网慈善的社会信用共同体建设已经取得了较大的成效，但是还存在互联网慈善各行为主体的社会信用仍有待提高、共同体的意识比较淡漠、治理还缺乏体系化、奖惩制度还需要落实等问题。

第六章“数字时代的公益模式创新研究——基于企业扶贫的案例分析”对“互联网+”时代的企业扶贫进行了专题案例分析①，认为这是慈善公益的一个制度创新。2000年以来，中国抓住信息化革命的机遇，市场、社会的转型急剧加快。随着我国科技创新的加快推进，新型企业和技术在经济和社会领域扮演着越来越重要的角色，不仅带动了经济的发展，也推动了社会进步，工具创新、组织创新、模式创新大量涌现。特别值得一提的是，在国家扶贫攻坚号召下，我国形成了一批有影响力的品牌项目，比如碧桂园的党建扶贫、恒大的产业扶贫、阿里的“淘宝村”、腾讯的“为村”等，其共同点都是充分利用自身的商业优势，发挥企业的社会价值。这种公益模式彻底颠覆了以政府和社会组织为主导力量的传统公益模式，利用企业的市场能力，协调共治，形成了“社会问题的创新解”。这样的创新经验不仅可以使中国有效应对目前的社会问题，在全球领域也是颇有价值的前沿实践。在理论上，数字时代的公益模式创新让研究聚焦于技术革命下的社会创新行为，特别是社会问题的解决模式变迁。从历史比较的视角来看，这一研究有助于理解数字时代社会创新的时代特质。从国家比较的视野来看，将企业作为回应社会问题的主要行动者和解决问题中的资源动员者是十分特殊的公益模式。我国的公益模式创新找到了一种社会问题的解决模式，无疑对公益领域的研究具有重要的启发和借鉴意义。从经验分析来看，贫困是世界性问题。中国通过创新公益模式聚焦精准扶贫的案例，对其他发展中国家和发达国家处理日渐严重的国内贫富分化问题都具有借

① 这里引用了本书第六章的内容。

鉴意义。而且，这些公益创新既是社会创新的主要组成部分，又是数字时代社会变革的结果。新技术的发展和全球化的深入使得社会发展越来越具有复杂性和整体性，新型企业和技术在经济和社会领域扮演着越来越重要的角色，不仅带动了经济的发展，也推动了社会进步。这章以腾讯和碧桂园的企业精准扶贫为例，通过描写腾讯以及碧桂园的扶贫背景、扶贫方案与扶贫的创新之处，对比传统政府的扶贫模式、传统社会的公益模式和传统企业的社会责任模式，研究企业提供的公益模式创新。基于腾讯和碧桂园的企业精准扶贫两个案例的分析发现：企业精准扶贫通过结合企业自身的技术、组织和产业优势，不仅极大地有利于地方经济上脱贫，同时一定程度上，提高了地方治理水平。针对企业公益创新模式的特点，结合考虑社会创新和潜在挑战。这章还提出了三个政策建议：政策支持与监管两手抓、市场监督与社会治理两手抓，以及公众参与和国家治理现代化两手抓。

三　慈善公益中的研究前沿

从研究内容上讲，本书的另一个板块是对慈善公益组织的制度创新与前沿进行了研究。这是一个覆盖范围很广的话题，由于我国慈善公益事业和慈善公益理论研究起步较晚，这方面的研究显得很薄弱，很多领域处于空白状态，例如，关于公益创投中的慈善金融的话题、关于公益创投运行机制与网络生态的探索、关于慈善信托危机救济的研究，等等。这个板块由三章构成，它们分别是第七章“慈善金融政策何以扩散——我国地方政府公益创投的一项事件史分析”、第八章“公益创投的运行机制与生态网络”和第九章“慈善信托危机的救济手段与解决机制”。

第七章“慈善金融政策何以扩散——我国地方政府公益创投的一项事件史分析”对公益创投中的慈善金融政策进行了专题讨论。作为21世纪社会创新浪潮下的新生事物，慈善金融将具有金融特征的工具应用于慈善领域，有效实现了金融与慈善的跨界融合，在现代慈善事业发展中扮演着重要角色。随着慈善金融在我国如火如荼的发展，其对改善商业和慈善交叉地带所产生的巨大潜力也吸引了政府关注。但由于相关研究的缺乏，人们对于慈善金融政策所知甚少，尤其是一系列根本问题未获得关注，比如，地方政府实施慈善金融政策创新的动机问题，慈善金融政策在地方政府层面扩散的路径问题，鼓励慈善金融政策在我国的进一步扩散的手段等。第七章的研究特点①是以当前流行于我国地方政府层面的公益创投政策为切入点，试图管窥慈善金融政策在我国的扩散规律。整个研究主体包括如下内容。第一，经过多年的发展和沿革，慈善金融逐步分化出公益创投、公益信托、小额贷款、社会效益债券、社会价值投资、互联网公益众筹、家族信托、家族办公室等多种产品形式，尽管操作形式存在差别，但本质都是运用商业思维以及金融手段来解决社会问题、提供社会服务并实现金融资本的实际兑付，从而为社会全体成员带来福祉，促进社会公平、高效、可持续的发展。第二，通过搜集我国74个市级城市公益创投政策扩散的情况，文本分析了我国公益创投政策扩散的制度逻辑和时空机理，认为我国地方政府公益创投政策扩散在时间上呈现出S形扩散，空间上邻近效应明显，并且受社会化、效仿、学习、外部性竞争政策扩散影响机制显著，政府购买服务政策对公益创投政策扩散产生了间接刺激作用。第三，随着我国全面建成小康社会的纵深推进，各类社会问题不断涌现，慈善金融也被引入我国慈善和商业实践之中。作为一项兼顾了经济价值与社会价值的慈善改革工具，其在现代化社会建设中的战略性意义日益凸显，它不仅为公益慈善事业提供了全新的发展路径，还能推动社会责任、社会价值的真正实现。大力推行慈善金融，对于我国公益慈善事业、经济发展以及社会发展都有着重大意义。但作为新生事物，慈善金融在我国发展还面临着社会与环境数据贫乏、阐释投资的社会收益工具缺失、产品与服务限制以及投资组合理论不足等方面的诸多挑战，离不开政府公共政策的支持。第四，采用事件史分析方法，选取全国43个城市263个样本数据分析影响公益创投政策在我国市级政府层面的扩散因素，发现各市辖区内的社会组织数量对公益创投政策的采纳产生积极影响，竞争机制与社会建构机制影响了公益创投的政策扩散，其中竞争机制的影响更为深远，而社会建构机制的影响具有时效性。第五，为进一步推动慈善金融在我国的发展，推动相关政策在更大范围内实现创新扩散，这章提出了几点政策建议，包括降低社会组织准入门槛，重视政府购买服务、社会企业等相关

---

① 详见本书第七章。

政策的间接影响；搭建沟通平台，鼓励地方政府学习交流；鼓励地方政府积极开展慈善金融政策试点，加大媒体对慈善金融的宣传力度等。这项研究揭示了我国地方政府公益创投政策扩散的时空机理、制度逻辑与行动策略，并从量化角度综合分析了政策扩散内外部影响因素，不仅丰富和扩展了我国已有公共政策扩散的相关成果，还可以为我国地方政府慈善金融政策扩散提供参考。

第八章“公益创投的运行机制与生态网络”对公益创投进行了专题研究。公益创投（Venture Philanthropy，VP）正日益成为包容性金融体系的重要组成部分，并成为当前慈善公益学术研究的一个热点。所谓公益创投，是指借鉴商业创投（Venture Capital，VC）的方法对初创期社会目标组织（主要是社会企业）进行投资孵化的资本形态。公益创投作为应运而生的一种金融工具，其存在有效解决了传统社会组织资金不足和社会企业能力缺乏的问题。第八章的研究结果认为①，公益创投以支持社会企业发展为前提，同时也追求必要财务回报以维持可持续发展，既有别于完全追求社会价值的慈善基金，也有别于完全追求商业价值的商业创投。公益创投的兴起及其在全球的扩展源自传统慈善公益实践运行的诸多不足，即“公益失灵”。由于传统慈善手段在支持社会事务方面难以取得令人满意的效果，很多成功的社会创业者开始采用商业创投的模式来处理社会事务，即像商业创投者一样对其慈善事业的每一个过程进行管理和监督，并追求最大化的社会影响力回报。因此，公益创投的兴起具有诸多经济与社会背景叠加的结果。这项研究认为，公益创投的兴起是社会目标组织高涨的结果。20 世纪 80 年代后期，由于新自由主义的兴起，许多原本由政府提供的社会服务转向了第三部门和市场，与此同时，发端于美国的社会运动，导致了一大批包括非营利组织、社会企业等在内的社会目标组织的产生。社会目标组织是以取得可衡量的社会与环境影响为首要目标，包括慈善组织、非营利组织和社会企业。社会企业是以实现最大社会价值创造并兼具财务回报可持续性为目标，通常涉及环境、健康、减贫等领域，受益对象主要是以儿童、中年妇女、贫困群体、残疾人等为主的 BOP 市场群体。社会企业是公益创投中的受助方，大多数自身没有市场化的销售收入，盈利不足以接入传统金融市

① 详见本书第八章。

场。社会企业是政府推动、公益创投直接投资和非营利组织主动转型的结果。这些社会目标组织在发展过程中面临越来越严峻的可持续发展问题。早期社会目标组织的运作资金主要来自私人捐赠和部分政府组织的支持。但捐赠或政府资助具有一定的不确定性，数目往往有限。尤其是在经济不景气时，社会目标组织的发展和运作更是缺乏有效的资金援助，急需解决自身的可持续发展问题。公益创投就是应运而生的一种金融工具，其存在有效解决了社会目标组织资金不足的问题。可以说，公益创投对社会目标组织的创建和持续发展起到了积极的作用。发端于20世纪90年代的企业社会责任运动（CSR）也在改变着大企业、PE和商业创投这些商业机构的投资行为和功能性质。以世界五百强为首的越来越多的大企业和跨国公司、一些顶尖的投资银行、私募股权投资和商业创业投资也把社会价值纳入自身发展框架，自发地加入社会创投的队伍中，为社会创投的发展提供资金和社会网络资源，有效推动了社会创投机构自身的发展。有预测认为，2020年公益创投可达4000亿到10000亿美元。作为主流投资机构先行者，瑞士信贷银行筹集5亿美元在非洲开发农业，德意志银行出资1500万美元设立眼科医疗基金。公益创投的兴起与传统社会组织发展过程遇到诸多障碍有关。早期传统社会组织的运作资金来源主要是私人捐赠和部分政府组织的支持。但捐赠或政府资助具有一定的不确定性，数目往往有限。同时，传统社会组织缺乏外部监督，缺乏专业运作人才等，已不能适应经济社会发展的新背景。这些事实说明，传统的“救济慈善”需要升级到“产业慈善”，以适应不断涌现的社会问题。由此，市场机制和企业家精神成为解决问题的新思路。地方政府和社会力量可通过公益创投等方式，为初创期慈善组织提供支持。近十几年来，公益创投有了一定发展，已有54家注册为民间公益创投，除岚山基金、新公益伙伴、恩派等规模较大外，多数是小型基金或是项目组织。许多地方民政机构运用政府公益招投标和政府购买方式大力发展公益创投。联想、海航、腾讯等大企业也通过举办公益创投大赛加入公益创投队伍。迄今，我国公益创投事业初步形成了政府主导、民间补充和大公司参与的局面，市场潜力巨大。然而整体上，与全部投资规模相比，当前公益创投的资金量不大，主要在于公益创投生态系统尚处于早期且破碎状态，大多数投资机构仍然持观望态度。

第九章“慈善信托危机的救济手段与解决机制”是一篇专业性很强的法

律研究成果①。慈善信托危机是指因慈善信托受托人严重违背受托义务或者慈善信托制度设计不合理或运行机制不健全而造成慈善信托运营难以稳定运营的状态。慈善信托产生危机的原因多种多样，概括起来主要有两类，即外部环境影响和内部治理不善。外部环境影响包括政治经济形势的变化、法律政策的变动、社会文化环境的变迁、媒体负面报道等。比如，《中华人民共和国慈善法》的出台让所有的慈善组织都必须依法行善、规范行善，做慈善将不能再任性而为。案例显示，慈善信托危机主要体现在以下几个方面：第一，受托人对信托的严重侵害，特别是受托人违反忠实义务对信托造成严重侵害；第二，受托人缺位对信托的侵害；第三，受托人因客观原因无法履行职责对信托的侵害；第四，设立信托时无法预见的紧急状况对信托的侵害；第五，第三人知道受托人违反信托义务依然购买信托财产对信托的侵害；第六，法律政策的变化对慈善信托的侵害等。救济是对正在发生或业已造成的损害、危害、损失或造成损害的不正当行为的纠正、矫正或改正，是执行权利或阻止、矫正、改正权利侵犯的一种手段。广义的救济，包括受害人自身实施的纠正行为或措施，即自力救济，以及由受害人以外的公共权力机构采取的纠正措施，即公力救济。救济通常是指法律救济，即通过法律方式及其类“法律方式”，对权利进行救济。在英美法中，救济法是跨越实体法和程序法的独立中间领域；民事权利分为原权利与救济性权利，其中原权利是指民事法律规定的当事人所享有的客观权利，是法律对社会生活资源的一种分配，属于“分配正义”的范畴。救济性权利是指民事法律为了保护当事人的原权利，在当事人的原权利受损的情况下，赋予原权利人救济受损权利的权利。就慈善信托纠纷解决机制而言，考虑到我国慈善信托的准确定位是具有慈善行业或公益事业的性质以及由此带来的受益者能力弱、委托人的不积极、《信托法》专业化程度高但在我国的普及程度低，以及我国慈善信托起步晚规模小等特点，慈善信托危机的解决主要靠行政监管机构的裁决和司法机关（主要是法院）的裁判解决。《中共中央关于全面推进依法治国若干重大问题的决定》提出：要“健全社会矛盾纠纷预防化解机制，完善调解、仲裁、行政裁决、行政复议、诉讼等有机衔接、相互协调的多元化纠纷解决机制。”多元化纠纷解决机制，是指一个社会中由多种纠纷

① 详见本书第九章。

解决方式、程序或制度（包括诉讼与非诉讼两大类型）以其特定的功能共同存在、相互协调所构成的纠纷解决系统。多元化纠纷解决机制主要由三大块组成，即诉讼、行政裁决、非诉讼纠纷解决机制。传统的非诉讼纠纷解决机制主要包括谈判、调解、仲裁等三种方式。就慈善信托的纠纷解决机制而言，在当前中国，慈善信托危机的解决主要靠行政监管机构的裁决和法院的裁判，即应合理充实民政部门的调查权和强制权，明确规定信托纠纷的特殊地域管辖，明确民政部门和检察院可以根据《民事诉讼法》提起慈善公益诉讼。

第一章 新中国成立70周年专题研究

为隆重纪念中华人民共和国成立 70 周年，展现新时代中国特色社会主义崭新篇章，上海研究院现代慈善研究中心于 2018 年底在全国范围开启了“中华人民共和国建国 70 周年·现代慈善新征程”主题征文活动。这次征文活动要求投稿人围绕新中国成立 70 年以来我国慈善事业的发展历程、组织特点、社会责任、未来展望，并结合本人的公益经历和感受进行投稿，尤其在慈善组织建设、慈善机制创新、慈善品牌打造、慈善文化传播等方面，鼓励大家投稿。

征文启事在相关媒体发布后，应征者踊跃，截至 2019 年 3 月底，共计征集研究型文章 11 篇，其他类型文章 10 篇，诗歌散文 51 篇。现代慈善研究中心组织专家委员会对所有稿件进行匿名评审之后，决定本辑将下述 4 篇征文集合出版并专设“新中国成立 70 周年专题研究”。作为本书的第一章，它由四篇征文构成。一是《新中国成立 70 年志愿服务发展的变迁与演进》；二是《网络公益传播中情感动员的效率与风险分析》；三是《新中国成立以来港台“宁波帮”助推长三角教育事业发展》；四是《新时代中国特色社会主义慈善事业格局的建构》。这四篇征文从不同角度对新中国 70 年来慈善公益的发展进行描述，资料丰富，观点新颖，值得一读。

上海研究院现代慈善研究中心在这里十分感谢征文作者的支持和鼓励，并决定将其余投稿推荐给相关报刊。

上海研究院现代慈善研究中心

2019 年 7 月

征文一

新中国成立70年志愿服务发展的变迁与演进

张祖平　吕　玉　孙晓凤*

现代志愿服务起源于19世纪西方国家宗教性的慈善服务，志愿活动在世界上已经存在了100多年。“二战”以后，很多西方国家把志愿服务纳入本国政府的宏观调控之中。在中国，虽然互助友爱的志愿服务精神在古代社会已经出现，但是大规模有组织的现代志愿服务的起步较晚，“志愿者”一词使用的时间也很短。新中国成立后，“奉献精神”成为社会的主流文化价值，志愿服务精神成为中国共产党全心全意为人民服务的生动体现。在新中国70年波澜壮阔的历史画卷中，前30年积累的“奉献、友爱、互助、进步”的志愿服务精神为后40年志愿服务事业发展做出了积淀。20世纪80年代以后，有组织的志愿服务活动开始出现并快速发展，现如今已经成为中国现代化事业的重要组成部分，形成了中国特色的志愿服务发展之路。

一　孕育萌芽期（1949 ~1982年）

我国的志愿服务起步较晚，最早是以社会服务的形式出现的。新中国成立后，面临人口多、底子薄、就业难的困境，政府实行了高度集中的计划经济体制，在国际、国内极其复杂的环境下政府全面介入社会管理，相应地承担起了

* 课题组组长：张祖平，上海海洋大学教授。课题组成员：吕玉，常熟理工学院讲师；孙晓凤，青岛农业大学讲师。

全部社会服务职能，社会组织基本失去了其存在的历史价值和生存空间，在某种意义上说，中国的社会服务事业出现了倒退。其实，在当时中国还是存在一些社会服务性质的工作，只是以另外一种形式出现在人们的视野中，比如，从1950年开始一直到“文化大革命”结束的知识青年上山下乡运动。1955年毛泽东提出“农村是一个广阔的天地，在那里是可以大有作为的”，这成为后来知识青年上山下乡的口号。从这一年开始，共青团开始组织农场，鼓励和组织年轻人参加垦荒运动。“北京青年志愿垦荒队”作为第一支奔赴“北大荒”的志愿队无疑是最耀眼的明星，他们提出垦荒队员应符合两个条件。第一个条件就是没有任何个人要求，家庭支持，本人自愿。第二个条件是不要国家投资，白手起家。群众听说垦荒队不要国家一分钱，到“北大荒”开垦荒地，都纷纷捐款捐物。垦荒队的隆重出发，引起全国青年强烈的反响。在团中央的发起和组织下，全国迅速掀起组织青年垦荒队到边疆、到山区的活动。到1955年末，全国有18个省、市组织了青年志愿垦荒队，上万名青年参加了边疆垦荒劳动，这是政府为了解决城市就业问题而采取的措施，其中虽然有政府的介入、政治安排，但也有志愿服务的影子。在这期间，有1200万～1800万的知识青年从城市来到了农村，他们扎根农村，参与劳动，促进了农村生产力的发展，部分青年还担任了组织和管理的角色，直接参与农村基层治理，充分发挥了文化程度高的优势，为当时的农村基层治理提供了理论依据和管理方法。习近平总书记在回忆梁家河的知青岁月时说知识青年素质高，生活习惯更文明，让人们有了模仿的对象和参考的模本，对当地人们文明意识起到了唤醒的作用。

1957年6月17日，在内蒙古自治区锡林郭勒盟苏尼特右旗诞生了一个神奇的组织，成为志愿服务发展史上浓墨重彩的一笔，那就是乌兰牧骑。笔者在调研过程中得以看到非常珍贵的原始资料——《乌兰牧骑试点计划》和《乌兰牧骑工作条例（草案)》。苏尼特右旗文化馆在开展牧区群众文化工作中进行有益的探索。苏尼特右旗地广人稀，境内山地、沙漠绵延，交通极为不便，新中国成立后，牧民逐渐由游牧民变为定居游牧民，居住有了相当程度的集中。生活在那里的蒙古族同胞能歌善舞，容易接受新生事物，具有先天的创新优势。随着政治经济的发展，现有的文化生活已经远远不能满足牧区人民的需求。在这样的时代背景下，乌兰牧骑创建了自己特有的工作模式：

以文艺演出为纽带，集文化传播、政策宣讲、科普宣传于一体，以灵活机动的巡回活动方式，采用“集体巡回、以点带面、点上生根、普遍开花”的方法，在试点的3个月里，服务了14200多人次，超过了全旗总人口数。《乌兰牧骑试点计划》提出“这种组织形式应具有机动灵活性能，不受人力物力的限制，能具备深入生产及群众中并富有民族风格的优越性”，在人员组成上，是以各级文化部门和文化馆工作人员为主，但在组织过程中经历了以服务为主到以辅导为主、服务为辅的过程，并协助群众建立起文化组织，事实有更多的群众参与到了这项工作中。由于乌兰牧骑很好地满足了牧民对文化生活的需要，队伍很快发展壮大，到1963年已有30支。1964年，乌兰牧骑进京进行了汇报演出，并且获得极大的成功，得到了毛主席和周总理的充分肯定，并按照周总理的部署，在全国进行巡回演出。1979年始，乌兰牧骑走出国门，先后在欧美及亚洲其他国家巡回演出，普遍受到好评。乌兰牧骑的定位是文化事业机构，是政府主导的由上而下的政治行为，但在实施的过程中，广大牧民积极参与进来，他们是自发自愿的，并且组织者也意识到了这种形式的优势，到后来就变成组织部门广泛动员、主动吸收群众参与。这个过程的转变以及实际活动中的组织模式，显示了专业化的属性。同时也对组织运行机制进行了有益的探索，特别是人员培训和推广复制的部分，已经很有计划和体系。更难能可贵的是，他们把搜集、挖掘民族文化遗产作为一项功能明确地提出，这种对文化的传承和保护也正是对当代志愿服务活动的高级要求。

1963年，3月5日，毛泽东同志发出了“向雷锋同志学习”的号召，在全国掀起了“学雷锋”的热潮，而雷锋精神的实质就是为人民服务，这也是我国志愿服务的精髓所在，它与联合国前秘书长安南先生给出的志愿者的定义——“是在不为物质报酬的情况下，基于道义、信念、良知、同情心和责任，为改进社会而提供行动，贡献个人的时间及精力的人和人群”——是不谋而合的，为后期志愿服务的发展奠定了基础。

从知青垦荒到乌兰牧骑以及“学雷锋”，不管初衷如何，他们都体现了志愿服务“奉献”的前提和促进社会进步的功能，并且在内涵发展、模式探索和运行机制上都给后期志愿服务的发展提供了可以借鉴的宝贵经验，我们认为这是中国志愿服务最早的萌芽。

二　破土而出期（1983~1992年）

改革开放后，政府开始将社会服务职能重新转交给社会，同时，市场经济条件下也急需加强精神文明建设，志愿服务也因此备受国人重视。其中心工作主要是形成人人参与的良好社会氛围以服务于精神文明建设，以及补充社会服务职能之不足。

在改革开放后的新时期，经济社会迅速发展，精神文明建设水平不断提高，社会生活发生深刻变化，“学雷锋”活动有了新的内涵，更加强调友爱奉献、乐于助人的精神，“五讲四美三热爱”活动在全国范围内蓬勃开展，志愿服务在改革开放的大潮中孕育和成长起来。这一阶段涌现出来的志愿服务活动尚处于雏形，多以“义务服务”方式出现，自发和有组织的活动交叉并存，以自发为主。主要表现为两种形式：一是各行各业广泛开展的学雷锋做好事活动，二是社区居民自发开展的邻里互助活动。

1982年，北京团市委响应中央的号召，提出了“学雷锋树新风”的口号。为改变“雷锋是临时户口，3月里来4月里走”的状况，1983年，大栅栏街道西柳幼儿园第一份“综合包户”协议书签订，被公认为首都青年志愿行动的开端。11家团支部与19名老人签订了“综合包户”协议书，涵盖了十项综合服务内容，形成了一整套有组织、有制度、互相联系、互相配合的“综合包户”服务网，使“学雷锋”活动走上了经常化、系统化、制度化的轨道。“综合包户”也成为最早的“邻里守望”志愿服务活动的品牌。当然，这个时期的志愿服务还有很大的局限性，仅仅停留在物质支持上，满足生活的基本需求。

1987年，民政部倡导在全国开展社区服务，上海市在“学雷锋志愿服务”活动蓬勃开展的基础上，积极组织开展社区志愿服务活动，不断创新服务内容和服务形式，特别是鼓励志愿者发挥专业才能、提供精准服务，创造了志愿服务专业化的经验。1987年，广州市一批青年热心人作为义务咨询员，开设了学雷锋志愿者“手拉手”热线服务，利用星期天为广大中学生排忧解难。1988年，天津和平区新兴街道朝阳里居委会率先成立了为民志愿者小组，随后成立了社区服务志愿者协会，这是全国首家以志愿服务协会来命名的组织，开启了当代志愿服务的历程。

这一时期的志愿服务在内涵、形式和领域上都有了很大的发展。在内涵上，志愿服务不再是单一的“学雷锋，做好事”，服务内容和对象开始注重发挥行业优势，并随着时代的发展、居民的生活方式和需求在不断变化；在模式上，从由党、团组织主导的模式逐渐向社会化发展，已经从“活动”逐渐具备了“项目”的机制；在形式上，志愿服务仍然具有较强的由政府主导的组织化特征，但是有更多的社会行动者参与到其中来，这些行动者是在经济利益导向下开展活动，却也代表了社会发展的趋势以及与时代背景的融合。民众参与志愿服务主要集中体现在社区范围，这是社区志愿服务发展的开端，为日后的发展繁荣奠定了基础。首家以“志愿服务”命名的组织成立，这是中国志愿服务史上里程碑式的事件。改革开放后，政府从诸多领域退出，为社会服务的发展让渡了空间。首先在解决生活需求层面，服务的领域有了很大的拓展，其次也出现了精神层面的关爱，实现了极大的跨越。至此，中国志愿服务的雏形已经形成。

三　成长壮大期（1993~2007年）

这个时期的特点主要包括以下几个方面。

（一）青年志愿服务社会影响力不断增强

自1993年起，青年志愿服务的标识、旗帜、志愿精神逐渐规范，各级青年志愿者协会逐步建立，青年志愿服务社会影响力不断增强。

1993年12月7日，共青团十三届二中全会决定实施青年志愿者行动。12月19日，在共青团的号召下，2万余名青年在京广线开展为旅客送温暖志愿服务活动，标志着中国青年志愿者行动正式启动。1994年，团中央向社会发布青年志愿者标识，并举行了中国青年志愿者授旗仪式，这体现了党对于青年志愿者工作的支持，也标志着青年志愿者事业已经成为共青团工作的重要模块。同年12月，中国青年志愿者协会成立，会议通过了《中国青年志愿者协

会章程》，并发布了“奉献、友爱、互助、进步”的中国青年志愿者精神。随后，全国各省级协会也逐步建立起来，形成了由各级协会组成的志愿服务组织管理网络。2000年，3月5日被确定为中国青年志愿者服务日，事实上，青年志愿者行动正是“学雷锋”活动在新的历史条件下的继承和发展，体现了鲜明的时代特征，促进了学雷锋志愿服务的机制化和常态化。

（二）志愿服务相关制度规范逐步完善

随着志愿服务活动的领域不断扩大，志愿精神日益深入人心，志愿者队伍逐步壮大，志愿服务的相关制度建设也逐步完善，为志愿服务法制化建设奠定了基础。2001年，全国开始推行注册志愿者制度，探索以需求为导向，及时发布志愿者招募信息，根据标准和条件吸纳志愿者参与活动。1999年，《广东省青年志愿服务条例》颁布，地方性法规的出台，为全国青年志愿服务法制化提供了探索经验。2005年《中国社区志愿者注册管理办法》、2006年《中国注册志愿者管理办法》对注册志愿者的基本条件、志愿者的权利和义务、志愿服务的主要领域、志愿服务的组织机构及日常管理、志愿服务的激励和标准进行了细化，2007年《北京市志愿服务促进条例》的颁布等，标志着我国志愿服务事业的法律和法规得到了长足发展。

（三）志愿服务项目化推进逐步呈现

自1996年起，中国青年志愿者协会启动了一系列志愿服务项目，以项目为抓手，引导广大青年志愿者参与社会治理，扩大志愿服务参与度。启动的大型项目包括：中国青年志愿者扶贫接力计划、大中学生志愿暑期“三下乡”活动、成立北京申奥志愿服务团、成立北京社区禁毒志愿者总队、中华巾帼志愿者举行授旗仪式、青年志愿者海外服务计划、成立中国男性反家暴志愿小组、法律援助志愿服务计划、全国抗击非典“志愿者爱心包”捐赠活动、大学生志愿服务西部计划、爱心助成长志愿服务计划、成立高校青年志愿者禁毒团体、北京奥运会志愿者项目等。这一阶段以组织实施重大项目为契机，加强了各级青年志愿者协会建设，也促进了志愿服务地方立法，形成了比较完备的志愿服务体系，扩大志愿服务的社会传播力，带动了社会各界广泛参与志愿服务工作。

（四）党和国家领导人对志愿服务越来越重视

青年志愿服务的成长壮大期与中央领导的高度重视息息相关。自1997年起，中央领导多次对青年志愿者、大型青年志愿服务项目做出重要批示和讲话，体现了中央领导对青年志愿服务的支持和认可，有力推动了全国青年志愿者行动的全面深化和发展。主要的批示和讲话列举如下：1997年，江泽民同志为中国青年志愿者行动题词——中国青年志愿者；1998年，胡锦涛同志会见青年志愿者代表；2000年，江泽民同志对青年志愿者行动做出重要批示；2005～2007年，胡锦涛同志对大学生志愿服务西部计划做出重要指示、就青年志愿者行动赴非发表讲话、看望赴老挝志愿者服务队、对海外志愿者来信做出重要批示；2007年，习近平同志会见沪志愿者代表强调发扬光大志愿者精神。

四　枝繁叶茂期（2008～2017年）

2008年，在北京奥运会、汶川地震等重要事件影响下，志愿服务的概念逐渐被全社会认同，志愿文化在整个社会广泛传播并逐渐被接受，志愿服务的内涵和外延得到极大延伸，公众参与志愿服务逐渐成为一种社会时尚、生活方式和价值追求。自2010年起，青年志愿者项目化运作、社会化动员、制度化法制化全面推进，青年志愿服务进入了枝繁叶茂期。

（一）志愿服务组织和队伍迅速增长

志愿者队伍越来越专业化，且类别越来越多，能够逐渐满足各类各领域的社会需求。值得注意的是，自2008年起，中小学生开始被纳入志愿服务后备力量。按照《中国注册志愿者管理办法》，志愿者的基本条件是年满十八周岁或十六至十八周岁以自己劳动收入为主要生活来源者；十四至十八周岁者，须经其法定代理人同意。我们往往关注到了十八周岁以上，但是十四到十八周岁的志愿者力量在2008年前都没有得到重视。2008年，我国创新成立了全国中学生志愿服务总队。这个时期的志愿服务组织和队伍在逐渐壮大。比如，2008年我国先后成立北京奥运会志愿者总团、高校普法专业志愿者团队、中国红十

字新闻宣传志愿服务总队等志愿服务组织。2010 年，先后启动了共青团关爱农民工子女志愿服务行动、十城市志愿者携手保护母亲河行动、中国敬老志愿行动、春雨工程文化志愿者边疆行行动。2011 年，启动了全国社区巾帼志愿服务行动计划和青年志愿者服务北京铁路春运行动，成立了北京法制宣传志愿者服务总队。2012 年，先后启动了"三关爱"志愿服务活动、中国文联文艺志愿服务活动、质量安全志愿服务活动。2013 年，中国志愿服务联合会成立，此后联合会在推动志愿服务发展方面做出了独特的贡献。

（二）项目体系逐步完善

这一阶段，项目体系不断完善，服务领域不断扩展。关爱农民工子女志愿服务活动、大学生志愿服务西部计划、大型活动志愿服务、阳光助残志愿服务项目已经成为全团长期性的重点项目，参与志愿者、服务领域与对象覆盖全国，影响深远，具有很强的示范性。与此同时，各省份也形成了一些创新性的地方志愿服务项目，形成了一个集全国性项目与地方特色项目、长期项目与短期项目、专业性项目与一般性项目于一体的完善体系，逐步建成了层次分明、门类齐全的志愿服务项目库。

（三）志愿服务平台不断优化

一方面，表现为搭建了资源整合的平台。2014 年，共青团中央等 7 部委举办了首届中国青年志愿服务项目大赛暨志愿服务交流会（简称志交会），截止到 2018 年，已经连续举办四届，志交会已经成为集项目展示、资源配置、组织交流和文化引领于一体的全国性志愿服务综合平台。各地也相应举办了地方性青年志愿服务项目大赛和志愿服务交流会。

另一方面，表现为信息化平台不断完善。中国青年志愿者官网、中国青年志愿者微信公众账号，西部志愿汇微信公众账号以及各地建设和升级的现有各类网络平台等不断涌现。团中央和各地方团省委开发了"志愿中国""I 志愿"等志愿服务项目管理系统，建设志愿服务优秀项目库，形成了全国青年志愿服务项目交流和资源共享平台（志愿中国 + I 志愿 + 志愿者打卡器）。全国志愿服务信息系统正式运营，提高了全国志愿服务信息化水平和数据采集能力。

（四）政策保障机制逐步健全

1. 政策法规不断完善

2013年，修订起草了《中国青年志愿者行动发展规划（2014～2018）》，完善了青年志愿者的注册、认证、考核和激励等实施细则，健全志愿服务时间计量制度，建立志愿者组织（团队）等级评定制度。

2014年2月19日，中央精神文明建设指导委员会印发《关于推进志愿服务制度化的意见》，对加强志愿者的培训管理、建立志愿服务记录制度、健全志愿服务激励机制，以及志愿服务的政策和法律保障进行了规范化的描述。

2016年5月，中央深改组研究通过了《关于支持和发展志愿服务组织的意见》。这是目前志愿服务工作最重要的文件。“国民经济和社会发展‘十三五’规划”4～5次明确提到志愿服务工作，对志愿服务有关工作提出明确要求。同年的第十二届全国人民代表大会第四次会议通过《中华人民共和国慈善法》（简称《慈善法》），规范慈善组织招募志愿者参与服务的权利义务等问题，进一步规范了社会组织参与志愿服务的行为。

2017年10月，十九大报告提出“推进诚信建设和志愿服务制度化，强化社会责任意识、规则意识、奉献意识。”这一规定形成了新时代志愿服务工作的总的指导方针。

2017年12月1日，《志愿服务条例》开始实施，进一步保障志愿者、志愿服务组织、志愿服务对象的合法权益，鼓励和规范志愿服务，发展志愿服务事业，培育和践行社会主义核心价值观，促进社会文明进步。这些从党的最高层面、从国家立法机构的层面、从国务院行政法规的层面出台的志愿服务法律、法规、政策和高端系列文件，都表明了志愿服务事业逐渐进入了法治化轨道。

2. 志愿者保障机制不断健全

在经费保障方面，各部委对西部计划、海外计划、应急救援等志愿服务项目支持力度不断增大；各地逐渐将青年志愿者工作经费列入同级政府财政预算。在志愿者保险方面，不断健全志愿者保障机制，通过建立志愿者风险基金、与商业保险企业合作开发专项险种等方式，根据不同志愿服务项目特点为志愿者提供个性化保险。各地将争取有关部门制订针对青年志愿者升学、就业、使用社会公共设施等方面的保障措施。在志愿服务项目管理方面，不断完善“结对+接力”的运行模式，健全立项评审、实施推进、过程管理、评估考核等制度，推进大型赛会、应急救援等志愿服务的标准化建设。

（五）志愿文化百花齐放，理论研究功能凸显

这一时期，志愿服务传播渠道不断拓宽，传统媒体和新媒体充分融合，针对不同人群，设计不同内容，运用不同载体，志愿服务文化和品牌的社会影响力和感召力不断提高。结合建设社会主义核心价值体系要求，注重用时尚元素吸引青年、激发青年参与志愿服务热情。

团组织与高校、研究机构、社会组织合作加深，呈现了一批志愿服务理论研究队伍，青年志愿行动研究成果显著：既有与指导志愿服务项目的实施运行相关的实践探究，又有把握青年志愿者行动制度走向的战略性研究，志愿服务课题发表、学术研讨百花齐放，出版物逐年增多。特别是2017年11月，中国志愿服务联合会组织出版了全国第一本志愿服务发展报告，即《中国志愿服务发展报告（2017）》，系统地描述了中国志愿服务发展的总体状况。

五　扎根基层期（2018年至今）

十九大报告提出乡村振兴战略。2018年1月，中共中央、国务院出台《关于实施乡村振兴战略的意见》，提出积极发展农村社会工作和志愿服务。进入2018年7月，中央决定在广大农村地区开展新时代文明实践中心试点工作。新时代文明实践中心以志愿者为主体力量，以志愿服务为主要形式。乡村振兴战略的实施和新时代文明实践中心的建立极大地推动了农村志愿服务的发展，推动中国志愿服务事业由城市进入广大的农村基层，改变了志愿服务城乡发展不均衡的局面。

（一）乡村振兴战略与农村志愿服务发展

农村志愿服务纳入了国家乡村振兴战略，关于乡村振兴的一系列文件都对农村志愿服务发展做出了谋划。2018年1月，中共中央、国务院出台《关于实施乡村振兴战略的意见》，提出“大力培育服务性、公益性、互助性农村社

会组织，积极发展农村社会工作和志愿服务。建立有效激励机制，以乡情乡愁为纽带，吸引支持企业家、党政干部、专家学者、医生教师、规划师、建筑师、律师、技能人才等，通过下乡担任志愿者、投资兴业、包村包项目、行医办学、捐资捐物、法律服务等方式服务乡村振兴事业。”2018 年 9 月中共中央国务院印发的《乡村振兴战略规划（2018～2022 年）》提到“鼓励开展群众性节日民俗活动，支持文化志愿者深入农村开展丰富多彩的文化志愿服务活动。”文件中再次提到“大力培育服务性、公益性、互助性农村社会组织，积极发展农村社会工作和志愿服务。”自 2018 年 12 月 28 日起，施行的《中国共产党农村基层组织工作条例》规定“坚持‘三会一课’制度，村党组织应当以党支部为单位，每月相对固定 1 天开展主题党日，组织党员学习党的文件、上党课，开展民主议事、志愿服务等，突出党性锻炼，防止表面化、形式化。”2019 年 6 月，中办、国办印发的《关于加强和改进乡村治理的指导意见》（简称《意见》）三处提到促进农村志愿服务发展。《意见》提出：“组织开展党员联系农户、党员户挂牌、承诺践诺、设岗定责、志愿服务等活动，推动党员在乡村治理中带头示范，带动群众全面参与。推动农村学雷锋志愿服务制度化常态化。探索以政府购买服务等方式，支持农村社会工作和志愿服务发展。”

（二）新时代文明实践中心建设与农村志愿服务发展

2018 年 7 月 6 日，中央全面深化改革委员会第三次会议审议并通过《关于建设新时代文明实践中心试点工作的指导意见》，决定在全国 12 个省 50 个县开展新时代文明实践中心试点工作。在县一级成立新时代文明实践中心，在乡镇一级成立新时代文明实践所，在行政村设新时代文明实践站。新时代文明实践中心（所、站）的主体力量是志愿者，主要活动方式是志愿服务。县级新时代文明实践中心组织和引导志愿者组建新时代文明实践志愿服务总队，有条件的乡镇、行政村也可以组织新时代文明实践队伍。文件规定志愿者所在单位要创造必要条件支持志愿者开展活动。

2018 年 8 月 21 日，习近平总书记在全国宣传思想工作会议上强调“要大力弘扬时代新风，加强思想道德建设，深入实施公民道德建设工程，加强和改进思想政治工作，推进新时代文明实践中心建设，不断提升人民思想觉悟、道德水准、文明素养和全社会文明程度”。

2018年9月以来，全国多个省份密集启动了文明实践中心试点工作。10月12日，中央宣传部、中央文明办在京召开建设新时代文明实践中心试点工作专题会议。中宣部部长黄坤明指出建设新时代文明实践中心，是推动习近平新时代中国特色社会主义思想深入人心、落地生根的重大举措，是进一步加强和改进基层思想政治工作的迫切需要，是推动乡村全面振兴、满足农民精神文化生活新期待的战略之举。要把新时代文明实践中心建设作为一项基础性、战略性任务，发挥好县一级的主体作用和枢纽功能。专题会议之后，各个国家试点县明确了任务要求，新时代文明实践中心建设和农村志愿服务队伍建设、项目开发成为全县的中心任务。农村志愿服务事业得到飞跃式发展。没有列入试点的省也开始了新时代文明实践中心建设工作，选取了一批省级试点县，探索新时代文明实践中心工作和农村志愿服务工作的路径。

为了推进试点地区新时代文明实践志愿服务工作规范发展，2018年12月25～27日，中宣部、中央文明办指导组在江苏宜兴举办新时代文明实践中心试点地区志愿服务工作培训班，共有来自全国12个承担试点任务省的文明办、团委、文联的有关负责同志，50个试点县（市、区）宣传部部长、文明办主任、团委书记、文联主席和文艺志愿服务骨干近400人参加培训。为了提高新时代文明实践站站长能力，中央文明办在2019年7月16～18日在浙江慈溪举办全国新时代文明实践站站长能力提升培训班。中央的一系列重要举措大力推动了农村志愿服务工作的发展。

截止到2019年7月，试点县都建立了三级文明实践架构，组建一批志愿服务队伍，开发了志愿服务项目，制定了农村志愿服务制度，农民群众的获得感和幸福感不断增强。

乡村振兴战略的实施和新时代文明实践中心建设为农村志愿服务发展提供了契机。习近平总书记对志愿服务的讲话更是推动我国志愿服务进入一个新的时期。2019年1月17日，习近平总书记在天津考察时称赞“志愿者是现代化管理事业的一个很重要的方面，在整个社会上培养的这种爱心，是我们社会主义核心价值的最核心的东西。你们是这种贡献的前行者、引领者，为你们点赞！”习近平总书记同时强调，志愿者事业要同“两个一百年”奋斗目标、同建设社会主义现代化国家同行。志愿服务是社会文明进步的重要标志，是广大志愿者奉献爱心的重要渠道。各级党委和政府要为志愿服务搭建更多平台，更好发挥志愿服务在社会治理中的积极作用。习近平总书记的讲话激发了全国志愿服务的热情，志愿服务事业进一步扎根基层，遍布城乡。

参考文献

张朝晖：《青年志愿者行动的初心和未来》，中国青年志愿者微信公众号，2019。

上海市精神文明建设委员会办公室、上海市志愿者协会、上海社会科学院社会学研究所：《上海志愿服务发展报告（2015）》，2015。

内蒙古自治区文化局：《乌兰牧骑工作条例（草案）》，1957年5月27日。

内蒙古自治区文化局：《乌兰牧骑试点计划》，1957年5月27日。

北京市西城区志愿服务联合会：《志愿至美：北京市西城区志愿服务发展模式研究》，经济管理出版社，2018。

团中央青年志愿者工作部：《青年志愿者工作重要文献选编》，2016。

陈卫东：《中国青年志愿者行动20周年回顾》，中国青年出版社，2017。

北京志愿服务发展研究会编《中国志愿服务大辞典》，中国大百科全书出版社，2014。

征文二

网络公益传播中情感动员的效率与风险分析

张　拓*

一　研究背景

互联网技术体系的完善重构了网络传播的格局，公益也迅速从传统的线下活动转变成特殊的信息形式被整合进互联网分发的队列中。与此同时，个人生活的改善、高速网络的普及和移动支付的便捷大大降低了公民参与捐赠的门槛，使得不少公益众筹平台在入局伊始的短时期内就获得了大量的流量支持。当前，中国社会正处于高速分化更迭的阶段，资源和利益分配的不均衡加大了不少群体失范行为发生的概率。从这个角度来看，网络公益众筹平台能够提升公益目标的达成效率，从某种程度而言，其甚至帮助社会资源在小范围内进行了合理化再分配，而这一切普遍基于个人意愿。正因如此，诸多公益众筹平台都套着道德与慈善的保护层，即便对普通企业而言的某些不规范行为暴露在这些平台上时，也不至于引发舆论的迅速倒戈。然而不可否认的是，网络公益众筹平台在情感动员上在取得良好成效的同时也产生了不少问题，其短期内的迅猛发展使得相关法律的出台略显滞后，针对性法条的空缺直接导致了问责不力。

本文基于2013～2018年代表性网络公益众筹平台及相关事件，探究网络

* 张拓，浙江大学传媒与国际文化学院2016级新闻学专业学生。

公益传播如何实现完整的情感动员，其背后存在一个什么样的传导机制？在实现情感动员的各节点上，网络公益传播较传统公益存在哪些鲜明优势及特征，从而成为现象级公益众筹事件的推手？在动员的成效背后，负面事件的爆发是否暴露了网络公益众筹的责任短板、法律盲区以及被情感渲染所遮蔽的风险？众筹平台如何在网络公益传播的进程中调试好商业性和道德感共生的空间？这些问题构成了笔者的研究动机，也在很大程度上串联起本文的研究脉络。

二　概念界定

（一）公益传播

马晓荔和张健康（2005）认为公益传播具有公益成分，是以谋求社会公众利益为出发点，关注理解、支持、参与和推动公益行动、公益事业，推动文化事业发展和社会进步的非营利性传播活动。张艳（2009）对公益传播的界定侧重传播效果的角度，旨在推动公共利益的实现。万晨风认为公益传播应当具备双重效果，既能改变人们对公益的认知，同时又能因此参与社会公益实践，将抽象的观念转变为实操性的公益行为细则。

公益众筹从传播内容、传播对象、传播效果等角度来看都契合公益传播的主要特征，因此其属于公益传播范畴。

（二）情感动员

白淑英认为情感动员即个体或群体通过情感表达，在持续地互动中以唤起、激发或者改变对方个体或群体对事物的认知、态度和评价。依据起主导作用的情感因素种类，情感动员可划分为悲情动员、愤怒动员和戏谑动员三类。过往的公益募捐中，悲情动员常为主要方式，而在网络公益众筹中，情感动员模式则走向多元。

三　情感动员中的效率风口：网络传播赋能公益众筹

传统公益时代，组织化的集体掌握着绝大部分话语权及渠道，如政府机关（发布公益政策）、教育机构（号召学生募捐）和官方公益组织（红十字会举办公益活动）等，而所谓以个人形式发起的公益行为通常呈现分散特征，且普遍受相关组织驱动，如少先队员街头公益募捐，就受到学校或教育部门的相关支持，单纯倚靠个人力量进行的募捐集中在地铁口、公交站和商业区等场所，且由于其公益性和真实性无法考证，通常募捐效果较差，还受到城管部门管制。

由此可见，传统公益时代的动员通常是自上而下的，较多地受行政组织的驱动或干预。而如今的网络公益时代，募捐活动升级为众筹行为，平台搭载起高效的审核机制，任何有公益需求的公民都可借助网络力量以个体身份发起众筹。整个动员过程依靠网络传播和人际信任，从传受双方而言都完全基于个人诉求，进入了情感动员时代。笔者将通过分析2013~2018年代表性网络公益众筹案例，并结合相关数据，分析公益众筹于网络传播过程中在情感动员各节点上的一系列表现。

（一）情感触发：信任先行，真诚方引共鸣

1. 拒绝廉价煽情，直击社会痛点

2014年，白领吴清在网络上发起“让爱支撑杜呷寺孩子们的生活”的公益众筹项目，13天内就成功筹措40000余元。项目发起人没有过多造势，而是深入青藏高原的杜呷寺，制作纪录片《雪域的孩子》以呈现他们真实的生存境况。杜呷寺中100多位孩子大多是父母双亡的孤儿，由寺庙中的僧人来照顾起居。当年正处“关爱留守儿童”倡议的高峰期，社会各界对儿童问题尤为关注，加之僧人的慈悲为怀和孤儿的艰难困苦，切中了社会一大痛点和民众内心软肋。

2015年，京东众筹平台于抗战胜利70周年之际发起“中国抗战老兵摄影集公益众筹”，掀起抗战老兵公益热潮。摄影师蒋晖历时六年深入中国的农村

和山区采集抗战老兵的影像，没有过多煽情，却触动人性深处“好人应该得到好报”的感召。该众筹项目针对的抗战老兵关怀问题是整个民族的精神伤疤，加之影像的冲击力，成功触发民族共情。项目最终募集到40000余元人民币，远超预期。

综上所述，情感动员的时效性和成功率与公益众筹项目能否准确切中社会痛点有着很大的相关性，而影像等艺术手段则帮助民众对公益行为的解读从简单的资金募集跃迁为对社会发展进程的关照，进而触发情感。

2. 打造故事情境，释放情怀价值

公益众筹并非都裹挟着“民生疾苦”的色彩，亦有富有情怀的一面。2014年，寇尧在云南山区支教时发现学生们不会说当地的彝语，不愿意穿民族服饰，民族特色节日也日渐式微。为此，她通过录制专辑、制作手工等形式保存下这些非物质文化遗产，并将这段经历发布于众筹平台上，真切地传达了自己对民族文化前途的关心。项目募集款比预期多了6%，全部用于8名山区孩子录制民族歌曲和参观民俗博物馆。

与之类似的还有2017年针对出身贫困家庭却有志成为航空人才的“未来航空人计划”，这一项目由一家致力于航空人才早期选育的社会组织发起。项目发起方通过大量生动感人的现场影像记录，以故事化形式讲述此前对接隰县一中时的收获和成就，不仅力证了项目的含金量，还表露了对孩童梦想和家国情怀的关注。

由此可见，网络公益众筹未必全盘仰仗悲情主导的情感动员，其所牵涉的主题也可以摒弃苦痛，拥抱情怀，只要态度足够真实、真诚和真切，同样能实现公益目标。

（二）情感认同：建立共情，进而主动传播

1. 社交人设的低成本建构

2017年，腾讯公益发起“艺术点亮生命”的公益众筹活动。用户捐助1元钱后即可下载自闭症儿童绘制的图画。该众筹所需要花费的时间和金钱成本很低，参与者捐款后即可通过朋友圈等社交媒体发布电子图片。在互联网场域中，社交媒体成为人设塑造的重要场景之一，参与者们通过发布电子图片来确认对公益行为的情感认同，并相应地形塑热心公益、关爱儿童和爱好艺术等社

交人设。情感是利益诉求的结果，利益是情感的最大驱动力，抓住这一点的众筹项目能借力社交网络传播形成有效的情感动员。

2. 主流价值观的广泛感召力

情感认同来自普遍的社会文化与社会规范，这也就意味着，尽管不同个体会对同一网络公益众筹项目产生不同体验，或对某一类型的公益众筹项目有特定偏好，但由于受到社会环境的形塑，个体的情感会因此带上显著的烙印。从现实层面来讲，中国社会对老、弱、病、残等弱势群体存在普遍的同情心理，对某些特定身份，如教师、学生、医生和军人等有共识性的尊重心理，对善良、诚实、守信和上进等优秀品质持广泛的推崇态度等。不少网络公益众筹项目在保证真实性的基础上，有意地在内容上契合主流价值观，迸发出强大的募集能力。

2018 年，水滴筹平台上一篇名为《一个血癌女孩的求救》的文章走红。该文中“我是浙江大学的一名学生”符合公众对勤奋和努力品质的期望；“父母靠在外打零工勉强维持一家四口的生计”激发了公众同情贫困家庭的心理；“在杭州治疗期间，老师、同学和亲友都伸出援手，在此我满怀感恩”让公众看到了一位懂感恩、重感情的女孩等。与之类似的“大学生公益众筹”案例中，还有如患肠癌的北京大学研究生在 10 小时内募集 60 万元，患癌的清华大学在校生 5 小时左右募集 50 万元，感染肺癌的中国人民大学毕业生也同样在短时间内筹集 50 万元等，无一不展现出生命的宝贵和人性的温暖，这与社会主流价值观相契合，激起公众的情感认同也在逻辑之中。

3. 地缘接近产生情感黏性

亲和效应是心理学上用于解读人际关系的经典理论，其认为人在交际过程中会更乐于与对自己而言较为亲近的人相处，这其中不仅有血缘、兴趣以及志向上的接近，也包含地缘上的接近。从这个角度看，无论是传统公益还是如今兴盛的互联网公益，都在不同程度上利用或者打造这样的人际环境。随着移动设备的普及和大数据技术的发展，一种基于位置的服务 LBS（Location Based Services）正在被广泛应用于互联网公益领域，其在 GIS（地理信息系统）和 GPS（全球定位系统）的辅助下，能够接入用户的终端获取位置信息，并通过移动应用提供定制服务。

在 LBS 领域入局较早的是高德地图，据 QuestMobile 提供的数据，其在

2017年拥有高达3.2亿的月活跃用户数，这为高德进入公益领域提供了基础。自2015年正式宣布“LBS+”战略以来，其在养老、环境、育婴和扶贫等公益领域均有开创性产品和活动推出。2018年9月，其与阿里公益联合，充分利用LBS技术的优势对“高德公益地图”进行升级。用户打开移动端的“定位设置”，即可通过“身边公益地图”寻找与自己所在区域邻近的公益项目，如“捐献图书”“义务献血”“回收图书”等。与此类似的还有花儿公益平台推出的“离我最近”功能，用户借此可以搜索到区域内的爱心商家，在购买与市场价一致的产品的同时由平台代捐收入的一部分至公益机构。

不少公民有潜在的公益意向，尤其是中老年高知识分子群体，他们热心公益，却与新式的网络公益众筹平台存在一定的心理距离，LBS技术的引入则使线上平台与线下据点间建立起了直接联系，移动端在提示地缘接近性的同时也提升着潜在公益参与者对项目的心理接近性，同时还利于对项目展开经常性地监督，能在很大程度上提升情感认同的效果，并推动“随手做公益”社会风尚的形成

（三）情感传染：整合场景，拓宽分发渠道

1. 与“两微”互动联合

独立网站与移动客户端已成大多数公益众筹组织的标配，但在社交媒体时代，借助其他大流量渠道进行分发依旧是不少公益众筹平台的首选。

罗杰斯认为，信息的影响需要通过大众共同参与来实现，必须是多级的。在以弱关系为主的微博中，用户无须过多考虑传播内容是否符合个人的社交期待，这就提升了人际传播和群体传播的发生率。如腾讯公益2016年发起的“宝贝回家”公益活动，就引发了转发热潮，不少明星也参与其中。过程中，关心该事件的用户建立社群以稳固情感共同体，情感在群体互动间强化，并迅速付诸实际行动。

以水滴筹和轻松筹为代表的个人大病筹款平台则主要与微信展开互动联合，传播“全民公益”的价值观。如在公众号高频发布健康知识和公益案例，当个人发起大病公益众筹时，平台会设置转发量要求，借此通过在朋友圈中转发形成情感传染，进而推动“人人参与公益”的社交氛围。这不仅能扩大项目影响力，平摊出资压力，还有利于用户持续关注、参与公益。

2. 借“场景”创造体验

场景是在移动互联网时代继流量之后新的争夺点。移动传播的本质是基于场景的服务，即对场景的感知及信息、服务的适配。公益众筹平台通过接入具体的场景，培养用户“随手参与公益”的习惯，并通过社交媒体完成情感的传染。

支付宝于2016年推出了“蚂蚁森林”这一基于多场景的环保公益众筹项目。用户通过商店消费、生活缴费和绿色出行行为积累虚拟能量并作为阿拉善公益之树的肥料。由此可见，支付宝将消费场景作为自身公益众筹的流量入口，实现了用户“消费”与“公益”的行为对接。同时还引入“偷好友能量”“和好友共同种树”等游戏场景，激发了公益环保竞争意识的良性传染。

四　规则利益间的风险缺口：隐疾频发消解平台公信

（一）诈捐骗捐

网络公益众筹的诸多项目都由个人或非官方组织发起，欺骗性众筹行为一旦引发大规模的情感动员，就会导致诈捐骗捐等案情的发生。

2015年天津塘沽发生爆炸事故后，杨彩兰在微博捏造“父亲在爆炸后下落不明”博取同情，并开放了“打赏功能”，收到近10万元募捐，最终以诈骗罪入狱。

2016年，作家罗尔巧借“卖文”之名来为其女儿筹集白血病治疗费用，获得200万元的资金援助。但网友直指罗尔一家条件优渥，其发文行为是一种推广个人公众号的手段，最终他选择退还所有资金。

2016年，河南当地著名的公益人士闫伟杰直接通过个人公众号“义工李白”发布“给凉山代课老师补贴”的公益众筹项目。此前，其帮扶过贫困学生，并为凉山州的社区公益做出了不少贡献，因此凭借个人声誉，他在短短5天时间内就筹集到141万元。随后，不少出资人举报该众筹项目的宣传与事实不符，经警方调查后，发现闫伟杰的确从中挪用16万元为私用。

公益众筹显然应以公共利益为导向，诈捐骗捐行为在触犯法律的同时也消费着公众的公益热情，蚕食着整个公益众筹行业的信任根基。

（二）选择性公开导致透明度缺失

在腾讯公益、京东公益和淘宝公益等几家较为成熟的公益众筹平台上，有大量的众筹项目在募捐环节结束后就停止了状态更新，对募捐者而言最为关键的财务流向和明细鲜有细致表述，发起人通常留有邮箱可供查询，然而这实际上有逃避资金公开之嫌。此外，公益众筹项目中也不乏虚拟物资的形式，如“蚂蚁森林”的绿色能量和“咪咕运动”的慈善步数等，平台未提供明确的转换标准，以致用户参与其中过多关注了形式的游戏性，而缺乏对公益环节的监督。尽管“蚂蚁森林”曾推出“阿拉善公益旅行”，出资邀请参与者实地考察环保项目的落实程度，但这仅能够覆盖极少部分出资者，况且非专业出身者未必有能力对具体的执行情况进行足够、全面、科学的考察。

在公益众筹中，大多数人的单笔捐赠额集中于10～100元，即以小额捐赠为主，这就削弱了他们参与资金流向监管的动机。同时，民众参与监督的门槛与成本过高，未经过专业领域训练的普通公民对具体的资金划转、环保落实和法律政策较为陌生，且还容易受到利益相关方的搪塞和阻挠。

透明度的缺失在美国卡耐基基金会前主席卢赛尔看来就是公益行业的顽疾。网络对公益众筹领域的介入为项目透明度的呈现提供了极大的便利，摒弃被动接受监督的态度，平台方应该承担起主动公开的责任，这是维护公共利益的义务所在。

（三）借公益众筹之名非法集资

2015年起步的“善心汇”打着“扶贫济困、均富共生”的幌子进行非法集资活动，涉案金额达数百亿元。无独有偶，2016年红极一时的“亿加互助平台”亦打着公益众筹互助的旗号非法集资。当公益众筹被不法分子通过包装改造成光鲜的“庞氏骗局”，损失的不仅有参与者的金钱和精力，更加剧了全社会“谈公益色变”的信任危机，这与公益众筹旨在推广“全民公益”的追求背道而驰。

五　小结

网络公益众筹在情感触发、情感认同和情感传染上都呈现新貌，但法律监管存在盲区、公益平台透明度缺失、诈捐骗捐频繁发生和遮掩非法集资等问题仍需要利益攸关方合力纠偏。如听取一线公益众筹从业者与研究者的建议及时完善《中华人民共和国慈善法》，以实现法律监管“从有到优”，变运动式执法为制度化常态执法；网络公益众筹平台可通过大数据技术进行众筹项目信息的采集、用户意见的反馈和行业动态的监测，提升透明度；对于获得较好用户口碑和社会效益的网络公益众筹平台，国家可对其进行品牌化扶持，以蓄积可持续发展的能力等。

参考文献

彭柏林、卢先明、李彬：《当代中国公益伦理》，人民出版社，2010。

彭小兵：《公益慈善事业管理》，南京大学出版社，2012。

王秀丽：《微行大义——社会化媒体时代的公益变革与实践》，北京大学出版社，2013。

刘晶：《新媒体语境下公益组织的社会动员机制研究》，浙江大学，2015。

曾雪：《公益众筹的法律基础与机制构建》，四川师范大学硕士学位论文，2016。

张臻：《社会化媒体环境下中国公益传播新形态研究》，暨南大学硕士学位论文，2012。

张明明：《互联网时代微公益运作模式研究》，东北大学硕士学位论文，2015。

郭亚丽：《基于网络传播的公益众筹研究》，湖南大学硕士学位论文，2017。

赵菁洋：《我国公益众筹相关法律机制的完善》，渤海大学硕士学位论文，2017。

彭兰：《场景：移动时代媒体的新要素》，《新闻记者》2015年第3期。

郭景萍：《集体行动的情感逻辑》，《河北学刊》2006年第2期。

陈涛：《关于网络行动中情感动员研究的文献综述及理论反思》，《东南传播》2016年第2期。

欧阳果华、王琴：《情感动员、集体演出和意义构建：一个网络慈善事件的分析框架——以“罗一笑”刷屏事件为例》，《情报杂志》2017年第8期。

马晓荔、张健康：《公益传播现状及发展前景》，《当代传播》2005年第3期。

张艳：《浅析自媒体时代的公益传播扩散》，《国际新闻界》2009年第10期。

征文三

新中国成立以来港台“宁波帮”助推长三角教育事业发展

乐承耀*

慈善公益事业是一项社会参与，为国分忧、为民解忧的崇高事业。而捐资助推教育事业的发展是其重要体现。新中国成立以来，尤其是改革开放以来，长三角地区的教育事业得到快速发展，究其原因，主要是政府的重视与支持，社会各阶层的投入与参与，还有一个不能忽视的原因是港台“宁波帮”的积极助推。港台“宁波帮”声明卓著，影响深远。1949 年“宁波帮”自上海等地移居香港、台湾与海外。由于对事业兢兢业业、艰苦奋斗，他们积累财富后，爱国爱乡，乐善好施，热衷慈善，崇尚公益，不仅慷慨解囊，济贫帮困，而且重教兴学，形成改革开放以来的一大人文奇观。“宁波帮”捐资长三角教育事业，正是其热衷慈善，崇尚公益的体现。本文结合相关文献，就港台“宁波帮”在改革开放以来推进长三角地区慈善公益教育事业的发展做一探讨，以求方家斧正。

一　捐物捐资，促进高校及中小学发展

捐物捐资，促进高校及中小学发展，是推进长三角教育事业发展的一个善举与义举。在促进长三角地区高等学校及中小学建设中，港台“宁波帮”做

---

* 乐承耀，宁波行政学院二级教授，享受国务院政府特殊津贴专家，研究方向为浙东区域史和宁波帮。

出了应有的贡献。王宽诚、包玉刚、邵逸夫、曹光彪、陈廷骅、赵安中、李达三等先后捐款高校及中小学建设，有力推进长三角地区教育事业的发展。这是港台“宁波帮”教育善举的一个体现。

祖国的振兴需要众多人才，而人才的培养需要教育的发展，港台“宁波帮”深深懂得了这一点。他们竭尽所有，助推祖国教育事业的发展，其中包括对长三角教育事业的支持。

上海是长三角地区龙头区域。资料显示，港台“宁波帮”对上海的教育事业发展做出了贡献，其中一个重要方面是对上海高校捐资。

2002年，董建华等人向上海交大捐资500万元人民币，兴建董浩云航运博物馆，分为“中国航运史馆”和“董浩云陈列室”，成为上海交大乃至上海一个研究中国航运业的重要基地。

“宁波帮”杰出代表李达三，1945年毕业于复旦大学，其夫人叶耀珍亦就读于复旦大学。改革开放后李达三伉俪多次为母校捐款兴学（见表1）。

表1　1993～2005年李达三捐资复旦大学

时间	捐资	用途	备注
1993	16.2万港币	用于复旦大学派遣2名管理学院教师到香港中文大学培训	
1995	500万港币	助建复旦大学管理学院“李达三楼”	
1996	20万人民币	资助复旦大学管理学院设“李达三奖励基金”	
2002	50万人民币	捐赠复旦大学“摩根—谈国际生命研究中心”	
2003	500万人民币	捐赠复旦大学光华楼，冠名“李达三贵宾厅”	2008年，“李达三贵宾厅”启用
2008	800万人民币	重建复旦大学管理学院“李达三楼”	
2009	682万港币	复旦大学教育发展基金	用于该校“相辉堂保护修缮项目”
2013	50万人民币	设立“李达三肝炎肝癌防治专项基金”	
2015	1.1亿人民币	用于复旦大学教育事业发展	

资料来源：根据王辉主编《商道酬勤——泽厚儒商李达三》的大事年表整理，见该书第251～260页，宁波出版社，2013。

从表1，我们可以看到1993年，经李达三的提议，复旦大学会计学恢复。为此，李达三捐款人民币500万港币兴建“李达三楼”。时隔2年的1995年4月，这幢10层高、面积达8000平方米的“李达三楼”落成并投入使用，是复旦大学甚至是当时全国一流的教学、科研与办公设施。

2003年李达三为复旦大学光华楼建设捐资500万元人民币；因“李达三楼”的翻新，2008年李达三又捐赠800万元人民币。2009年捐赠600万元人民币作为复旦大学“相辉堂”的保护修缮经费；2015年，复旦大学管理学院迎来恢复建院30周年，李达三一次性向复旦大学捐赠1.1亿元人民币，设立“李达三叶耀珍管理教育基金会”，把捐资教学作为善举。当然，他的夫人叶耀珍亦于1994年捐助100万元人民币，作为复旦大学管理学院教师的培训基金；1998年，叶耀珍捐资300万元人民币建造“叶耀珍楼”，成为复旦大学学生文化活动中心。

邵逸夫说：“国家振兴靠人才，人才培养靠教育”①。他的后半生把捐资教育作为善举与义举，以大量的财力和精力捐资兴学，投身中国教育事业。1985年起，邵逸夫每年出资1亿元基金，捐助教育及慈善公益事业。据相关统计，至2012年，通过邵逸夫基金捐赠内地教育资金达47.5亿元，捐建项目6013个②，很多高校都有“邵逸夫楼”。祖籍宁波的邵逸夫对长三角地区情有独钟，积极捐款兴学，以邵逸夫命名的教学楼遍布长三角地区。

从表2可知，邵逸夫在1985年至1996年的11年中，向长三角地区捐资助学的大学有17所，中小学146所。比如，1985年为浙江大学捐1000万港元，建邵逸夫科学馆；1987年为浙江大学、浙江农业大学各捐1000万港元，建体育馆，1985年捐资200万港元建逸夫楼；1992年，捐款8400万港元，获赠单位16所大学，其中捐助长三角地区的大学就有宁波师范学院、同济大学、东南大学、杭州大学、温州师范学院、苏州大学、杭州外国语学校等7所，涉及上海1所、江苏2所、浙江4所。

---

① 任芳：《邵逸夫品人生》，西安电子科技大学出版社，2015，第171页。
② 任芳：《邵逸夫品人生》，西安电子科技大学出版社，2015，第171页。

表2　1985～1996年邵逸夫为长三角高校及中小学捐款项目

地区	捐资大学	捐资中小学	地区	捐资大学	捐资中小学
上海市	4	20	江苏省	6	40
浙江省	6	22	安徽省	1	64
合计	10	42	合计	7	104

资料来源：根据俞珍芳主编《人文庄市》数据整理成表，中国文史出版社，2007。

尤其是家乡宁波更是港台“宁波帮”集中捐资兴学的地方。宁波作为长三角的南翼，改革开放以来，港台“宁波帮”积极捐资，推进家乡宁波教育事业的发展。宁波大学的创办及迅速发展就是例证。

包玉刚作为“宁波帮”的杰出代表，1949年由上海离开而南下香港创业，富有成就，有“世界船王”之称。改革开放初，他为宁波大学的创办花费不少精力。当他从表兄卢绪章口中得知宁波当时没有一所综合性大学时，便毅然出资2000万美元创办宁波大学；1985年初，包玉刚赴北京向邓小平汇报捐资创办宁波大学一事。邓小平称赞包玉刚“爱国爱乡，有见识，这件事办得好”①，并答应题校名。随后，邓小平与中央领导同志谈话中指出：“包玉刚先生出资创办宁波大学，我答应他题写校名，你们应该督促有关方面把这件事办好。”② 在各级政府相关部门关注、支持下，1986年9月10日，宁波大学如期开学。包玉刚去世后，港台“宁波帮”继续对宁波大学予以关注、支持。邵逸夫、曹光彪、赵安中、顾国华、王雄夫、朱绣山、应圣瑞、汤于翰、魏绍相、范思舜、李景芬、李达三等近百人港台宁波籍人士前后相继，捐物捐款，共助宁波大学发展，书写了光辉篇章。比如，“船王”包玉刚长兄包玉书及包氏四姐妹分别于1993年、1997年助建宁波大学5号、4号教学楼；“船王”长女包陪庆在加拿大麦吉尔大学设立奖学金，专门为宁波大学培养青年教师；2001年5月，包玉书、包素菊、包丽泰兄妹又捐赠100万元，助建龙赛理科大楼。1996年10月，台胞朱绣山本着“回馈乡亲、造福桑梓”意愿，捐资1200万新台币助建宁波大学“锦绣学生活动中心”，并提供7万多美元（折合人民币60万元）配套经费购置仪器设备，1998年出资500万元助建宁波大学工程

① 贺建时、曹屯裕主编《宁波帮与宁波大学》，宁波出版社，2001，第11页。

② 贺建时、曹屯裕主编《宁波帮与宁波大学》，宁波出版社，2001，第13页。

楼。2015年，李达三捐资1亿元人民币，助推宁波大学发展，更传佳话。

此外，港台“宁波帮”在长三角地区的杭州、南京、嘉兴、湖州、金华、舟山、合肥等地区捐资赠款，兴办教育。比如王宽诚在1985年9月8日，在杭州为民办大学“浙江社会大学”（后改“浙江树人大学”）捐款100万人民币，成为学校第一笔捐赠；后又捐款50万元，支持学校发展，由此带动香港知名人士查济民、贺田等慷慨捐助。“毛纺大王”曹光彪于1998年3月，出资50万港元（时值58万元人民币），助建湖州师范学院微机实验室，以“光彪微机实验室”命名。他的女儿曹其真时任澳门特别行政区第一届立法会主席，其支持位于合肥的安徽大学的建设与发展，为安徽大学优秀学子培养创造条件，2012年捐资1000万元人民币，资助安徽大学发展。次年，学校成立“曹其真校友捐赠助学金”专门评审委员会，为文典学院学生到国外学习、研修提供专项助学金；2013年起至2017年已资助安徽大学四届学生25人赴英、美国家高校访学交流，使安徽大学国际交往和竞争能力有所提升。

当然，“宁波帮”对中小学的捐资也是不少的，港胞赵安中，为浙江温州、台州、丽水、衢州等34所中小学捐资，其中温州2所、金华6所、台州3所、丽水7所、衢州2所。仅金华市，赵安中助建学校6所，建筑面积达8244平方米（见表3）。

表3　赵安中助建金华中小学

区域	时间	中小学	建筑面积(平方米)	备注
婺城	1997年	新市初中	2429	林杏琴教学楼
永康	1997年	新楼中心小学	1520	林杏琴教学楼
兰溪	1997年	宋宅小学	705	林杏琴教学楼
金东	1997年6月	江东中心小学	800	林杏琴教学楼
罗埠镇	1997年6月	后张小学	1190	林杏琴教学楼
盘安	1997年6月	新渥镇中心小学	1600	林杏琴教学楼

资料来源：李新主编《一个香港老人的希望之路》，上海人民美术出版社，2002。

我们还可以以宁波为例。如20世纪80年代港台“宁波帮”为家乡捐资赠设备，为中小学兴办发展做出努力：港胞翁伟年，1981年至1985年向镇海骆驼中学送教学设备，并助建实验楼，捐资约50万港币；1984年，包

玉书捐资26.5万元建庄市兆龙小学；闻儒根捐资5万人民币，为鄞县中学、樟树中学、卖面桥小学购置电脑、收录机、电子钟等教学设备；1985年，李景芬捐资100万港币，建邱隘中学董玉娣教学楼；1986年沈文棋资助18.6万元人民币助建慈溪文棋学校；包玉刚、邵逸夫、叶谋彰、赵安中、包从兴，分别捐资650万元、100万元、50万元、100万元、100万元，助建镇海中兴中学（今属宁波市镇海区）等。1987年8月，港胞李惠利捐资112.5万元助建李惠利中专。1988年陈廷骅捐资25万港币，助建宁海黄坛山岙小学教学楼。同年9月3日，台胞应昌期、应明皓出巨资646.947万元（107.44万美元），重建慈城中城小学，于1991年8月10日落成。学校屋宇广大，占地面积12000平方米，建筑面积10035平方米，容纳36个班级近1500名学生就读。1989年9月，陆章铨捐资43.5万元，在余姚捐建1所小学。

二　慷慨解囊，设立奖学金与基金

培育人才，需要资金。为推进人才教育培养，港台“宁波帮”为此设立各类基金与奖学金，以资助莘莘学子深造和勤奋耕耘的教师科研与对外学术交流。这是港台“宁波帮”推进长三角地区教育善举的又一体现。

资料显示，改革开放以来，港台“宁波帮”在长三角地区的高校和中小学设立教育基金，鼓励教师开展科学研究和学术交流。比如1985年，王宽诚出资1亿元成立王宽诚教育基金，为中国培育高级科技人员，为出国攻读博士学位、获得博士后研究及学术交流机会的高校学生及研究人员提供资金支持，惠及长三角高校。上海大学设立“王宽城育才奖”。至1999年，有129人获育才奖，钱伟长在上海工作时，由他安排资助出国访问或应邀来访学者151人，举办国际会议9次，参加国际学术会议194人。[①] 另外，王宽诚教育基金也资助杭州大学、上海科技大学、上海工业大学等高校教师参加国际学术交流，每人经费3000美元。钱伟长后来写了《我与王宽诚教育基金会》，

---

① 陈厥祥：《宁波帮与20世纪中国教育》，浙江大学出版社，2007，第97页。

他在文中说："规定是这样的：全国重点大学以外的学校，如北京工业大学、杭州大学、上海科技大学、上海工业大学、南昌大学等，全国大概有二三十个。这些学校每年有一个名额，让这些学校的教师也能见见世面。"① 这里明确提到位于长三角的杭州大学、上海科技大学、上海工业大学3所大学之中有一名教师每年可以到国外考察或学术交流。董建华兄弟也为杭州大学捐资。

浙江大学是长三角地区的著名高校，港台"宁波帮"多次设立教育基金，支持浙江大学的发展和资助教师出国考察、深造，进行学术交流，尤其是香港"宁波帮"在这方面做了重要贡献（见表4）。

表4　香港"宁波帮"为浙江大学设教育基金

时间	捐助者	籍贯	金额	内容	效果
2001年4月	曹光彪	鄞县	2000万港币	"浙江大学高科技人才基金""浙江大学曹光彪科技人才基金"	支持浙江大学引进国际知名学者和专家，推进高科技发展
2004年10月	包陪庆	镇海	100万美元	"包玉刚国际基金"	用于浙江大学全球范围招聘知名学者为"包氏客座教授"
2005年	赵安中	镇海	1400万元	"杏琴园教育基金"	奖励浙江大学获得省科技奖人员，年奖总额70万人民币
2015年10月26日	李达三	鄞县	1亿元		用于浙江大学发展

资料来源：杜建海主编《鄞州慈善志》，浙江人民出版社，2015；戴光中主编《宁波帮志》（教育卷），中国社会科学出版社，2009；陈厥祥：《宁波帮与20世纪中国教育》，浙江大学出版社，2007。

从表4我们可以发现，香港的"宁波帮"为浙江大学的发展就捐资1.5亿多元，有力地推动了浙江大学的发展。比如，2005年赵安中及其家人捐赠1400万元，设立"杏琴园教育基金"，明确提到该基金奖励的是浙江大学作为

① 王耀成：《王宽诚研究》，中国文史出版社，2007。

第一完成单位，每年获得浙江省科技一等奖和二等奖的科研项目完成者，每年奖励总额为70万元人民币。其中，获省科技奖一等奖项目，每项奖励3.5万元；获省科技奖二等奖项目，每项奖励1.5万元。次年11月18日，浙江大学“安中科技奖”首次颁奖，颁发给浙江大学生命科学学院吴平等35个个人和单位。2005年省科技奖的科技项目完成集体或个人，赵安中为获奖的教师代表亲自颁奖。

此外，包玉刚的家属也先后在长三角地区高校设立基金。比如，1993年，为纪念包玉刚先生及吴绍麟先生，吴光正（祖籍慈溪）、包陪蓉（包玉刚次女）伉俪向上海交大捐款1300万元，设立吴绍麟、包玉刚教育基金。

至于奖学金，香港的“宁波帮”也不惜财力，大量投入，在长三角地区主要城市，诸如上海、杭州、南京、宁波等地高校都有设立，比如，浙江大学就设有包氏奖学金。

1983年1月，包玉刚捐赠100万美元，用他的父亲包兆龙名字命名，设立“包兆龙中国留学生奖学金”，并成立了“包兆龙中国留学生奖学金管理委员会”，由柴树藩先生担任管理委员会主任，由我国教育部负责实施。1985年10月，包玉刚访问浙江大学时，又捐赠100万美元作为奖学金，改称“包兆龙包玉刚中国留学生奖学金”，并由教育部移交浙江大学管理。同时成立以浙江大学校长为理事长的“包氏基金理事会”，负责出国留学人员的遴选和管理工作。由于包氏奖学金坚持“公开报名、公平竞争、坚持标准、择优选拔、按需派遣”20字方针，从符合我国社会主义建设对人才的需求出发进行选派与管理，到2002年底，包氏奖学金已选派奖学金获得者326名（含原教育部派出的21人），分赴欧美国家攻读博士学位或进修、访问。如美国的哈佛大学、麻省理工学院、斯坦福大学，英国的剑桥大学、牛津大学；瑞士的苏黎世联邦工业大学，以及美国劳伦斯里佛莫尔国家实验室、阿贡实验室，IBM技术中心，德国西门子公司等。次年，由包氏奖学金派出的234名留学人员已经回国，在不同的岗位发挥了骨干作用。至2008年，包氏奖学金为460多位出国留学人员支付奖学金，主要用于留学人员的学费、生活费、旅费及医疗保险等。

当然，对长三角南翼的家乡宁波，港台“宁波帮”在宁波大学、宁波工程学院等高校及中小学设立奖教金与奖学金。早在1992年3月16日，台北市宁波同乡会陈英烈、沈友梅、王雄夫、叶信赞、钱介行、周亨储、阮国荣7人到宁波大学访问，共同捐资15000元人民币作为奖学金。是年5月4日，鄞县茅山人沈友梅及其长子沈劭年、陈惠碧夫妇在访问宁波大学期间，向宁波大学捐资6万美元设立“沈友梅奖学金”。

台胞朱英龙是鄞县高桥镇藕缆桥人，“宁波帮”杰出代表。2001年3月，他决定每年向宁波大学捐资30万元人民币，设立以他父亲宋绣山命名的“绣山清寒奖学金”，并委托宁波大学进行管理。2001年12月4日，朱英龙亲自为获得首届“绣山清寒新生奖学金”、“绣山清寒优秀学生奖学金”和“绣山清寒考研学生奖学金”的宁波大学54名学生颁发年度总额为30万元人民币的奖学金。至2006年，朱英龙先生共捐资180万元人民币，资助清寒学生深造和考研。

资料显示，2004年，台北宁波同乡会王雄夫及同乡会各位乡长捐资600万元新台币，在宁波大学设立奖学金。每年的评定名额为80名，每名获奖金2000元。2005年5月20日举行首届颁奖仪式。

2007年，宁波工程学院设“王宽诚奖学金”，资金150万美元，用于奖励宁波工程学院优秀教师和优秀学生，以及培训教师。

为激励家乡学子的发奋学习，港台“宁波帮”还在家乡中小学设立奖学金。比如，王宽诚家族，在王宽诚去世后，继续捐资，在中小学设奖学金。1992年宁波效实中学设立“王志诚、郑翠木奖学金”，1999年设立“王宽诚奖教奖学金”，2003年设立“孙正明、郁瑶瑛奖学金”。上述3笔奖学或奖教金都是由王宽诚的家属秉承宽老遗志所设立的。2007年6月为王宽诚先生100周年诞辰纪念日，王宽诚教育基金会向效实中学捐赠50万港元以充实“王宽诚奖教奖学基金”，三笔奖学金共计280万港元。

1985年至2004年，王宽诚及其家族在宁波东恩中学设立“王宽诚奖学金”，捐资20万元，奖励东恩中学优秀学生。1993年王宽诚家属又捐资720万港币，以奖励东恩中学、奉化师范、宁波幼儿师范3所学校的优秀学生。

一些小学也设有港台“宁波帮”奖学金。比如港胞陈廷骅于1994年对江东实验小学（四眼碶小学）捐资10万元，奖励该校优秀教师。台胞陈瑞海于1999年投资50万元，在鄞县下应（今宁波市鄞州区下应街道）德培小学设立“凌云奖学金”，以培养和奖励优秀学子。

奖教金与奖学金设立的效果是显著的，港台“宁波帮”在高校、中、小学设立奖学金，起到助学、科研、学校教育作用，培养了人才。比如，浙江大学实施包氏奖学金，就培养了一大批国内有影响力的学生。他们中的许多人已经成为新的学科带头人、学术带头人，获得了多项国家、省部级的科技奖励；有的人晋升为教授、博士生导师，有的担任了一定的领导职务。诸如1986年由包氏基金会选派的首批出国人员中的浙江大学的潘云鹤，是中国工程院院士，中国工程学院副院长、浙江大学校长，包氏基金会理事长。在回国的4年中，他所主持的课题获得省部级以上优秀科研成果5次，国家科技进步二等奖，国家教委科技成果一等奖。浙江大学四校合并前的浙江医科大学副校长余海、浙江农业大学副校长黄祖辉，现任浙江工业大学副校长肖瑞峰，浙江财经学院副院长王俊豪，国家级重点实验室金牛奖获得者彭群生、叶志镇等，都是包氏奖学金的优秀回国人员。浙江大学现有20多个学院的院级领导干部中，有26位是包氏奖学金获得者。①

三　鼎力相助，支持图书馆事业发展

书是精神食粮，是知识的重要来源。而图书馆则是传播、提供知识的重要阵地。港台“宁波帮”深深懂得这一点，为此，他们始终如一关注长三角学校图书馆建设。这是港台“宁波帮”支持长三角教育善举的又一重要体现。

学校图书馆事关教育事业的发展。学校的教学质量与图书馆发展密切相关。正是基于这一点港台“宁波帮”十分重视图书馆建设，也关注长三角地区的图书馆事业发展，尤其是香港“宁波帮”更是做出重要贡献。

最早对长三角地区学校图书馆提供捐资的是包玉刚。包玉刚从培养人才角度出发，关注高校图书馆发展。1981年1月，包玉刚在广州访问期间，在与负责我国船舶、航运业的六机部部长柴树藩商谈时，表示愿意向上海交通大学捐赠1000万美元，为上海交通大学建一座现代图书馆，并与柴树藩及上海交通大学党委书记邓旭初正式达成协定。是年7月6日，邓小平会见包玉刚。包

① 余贤群：《邓小平与包玉刚》，华文出版社，2000，第119页。

玉刚对邓小平说："我父亲八十六，自从粉碎'四人帮'以后，对四化建设很关心，叫我无论如何要尽力。现在兆龙饭店搞起来，在上海还要给交通大学搞个'兆龙图书馆'"。同时，将一封捐赠上海交通大学图书馆的信及一张捐赠"兆龙图书馆"的支票当面交给了邓小平，并希望不要将捐款的具体数字发表。① 1982年6月10日，柴树藩与包玉刚共同为"兆龙图书馆"奠基。在邓小平的关注支持下，1985年10月，一座2.5万平方米左右，楼高18层的上海交通大学的现代化图书馆在徐家汇校区很快完工。有各种北斗星室，有座位2400个，可藏书200万册。后受建设场地的限制，于是将余资用于闵行校区图书馆建设，命名为"包玉刚图书馆"。② 他的女儿包陪庆后来在《继承先父遗志为培养建设人才尽我绵薄之力》的纪念文章中曾经说："先父切身体会到要建设国家，促进生产，必须发展科学技术，而科学技术的进步有赖于人才培养。因此近年来他很注意培养人才。如在上海大学捐资建立兆龙图书馆，在宁波资助创办宁波大学以及设立中英友好奖学金和包氏奖学金等均属于同一宗旨。"③

包玉刚的这一义举，掀起港澳台地区捐赠图书馆的热潮，港台"宁波帮"做出了热烈响应。"影视大王"邵逸夫在1986年至1995年的10年间，就捐资1.61亿元，助建大学图书馆23座③，其中包括对长三角地区高校的捐资。比如，1987年1月12日，邵逸夫出资1亿元捐资内地北京师范大学、南开大学、云南大学、华东师范大学、东北师范大学、华中师范大学、西南师范大学、西北大学、南京大学、浙江师范大学等10个图书馆。其中长三角地区的有华东师大（上海）、南京大学（江苏）、浙江师范大学（浙江）3所大学，占捐建的30%。

为发展家乡宁波的教育事业，港台"宁波帮"也先后连续捐资共建学校图书馆、增添设备和图书。

宁波师范学院图书馆创建于1956年9月。1988年1月，邵逸夫捐赠375万元助建宁波师院"邵逸夫图书馆"。1990年5月图书馆建成，建筑面积6710

---

① 包陪庆：《包玉刚我的爸爸》，浙江大学出版社，2010，第247页。
② 余贤群：《邓小平与包玉刚》，华文出版社，2000，第209页。
③ 余贤群：《邓小平与包玉刚》，第123页。

平方米，藏书49万册。1992年邹星培向宁师院捐资1.7万港元，购科技图书329册。

李达三亦于2004年捐建宁波诺丁汉大学图书楼。

与此同时，港台“宁波帮”还向中小学捐资，助推学校图书馆建设。香港巨子陈廷骅捐资37.4万元，助建效实中学图书馆楼1800平方米。1990年王明远捐款20万元建东恩中学“宽诚图书馆”。1991年，王剑伟捐资91万元助建奉港中学图书馆。为使图书馆事业得到发展，港台“宁波帮”还积极捐赠图书。如闻儒根、应启瑞、翁伟年、陈志耀、张子斌、张炳昌12位乡贤，合捐一套台北“故宫博物院”收藏的善本文渊阁《四库全书》影印本给宁波大学，兼具参阅与收藏的双重价值。

港台乡贤还捐赠购书经费。赵安中先生向镇海南洪、骆驼小学捐赠图书经费6万元。叶泰海向奉化中学捐图书经费。

1986年，邹星培向海曙镇明中心小学捐赠购书费3000元；1989年2月、6月，包从兴向镇海中学捐资3.344万元购置图书。赵安中于2月向中兴中学捐赠图书购置费2万元。李景芬在同年向效实中学捐赠图书。1992年7月，樊恭标向象山中学捐赠图书购置费3.2万元人民币。

除对大学与中小学捐建图书馆和图书购经费外，港台“宁波帮”还十分关注宁波市、县图书馆建设，为大学及中小学学生学习提供方便。这些事例是很多的。

顾国华、顾国和既是香港富有影响的航运企业家，又是慈善家。他们为救灾捐款，兴办医院，同时为家乡教育和图书馆事业竭尽所能。1987年顾氏兄弟捐资100万港元，在北仑建“宗瑞图书馆”，该馆建筑面积200平方米，楼高3层，可藏书20万~30万册，设有科技、文艺、少儿等4个阅览室，并可进行电化影视教育。1987年12月，顾国和捐款65万元，助建北仑“宗瑞图书馆”。1988年11月2日至5日，顾国华、顾国和兄弟专程从香港到宁波，参加“宗瑞图书馆”的落成典礼。1990年6月，顾国和向宗瑞图书馆捐资图书990册，计6000元。1996年顾国华捐资10万元为宗瑞图书馆购买图书。

尤其是在宁波图书馆事业发展中更不能忘记包玉刚捐资。1978年9月撤销宁波图书文物馆，恢复宁波市图书馆建制，但工作人员少，藏书不多，与宁波这样一个历史文化名城不相适应。为此，促进宁波图书馆事业发展和为莘莘学子提供更好的学习条件，成为港台宁波帮的一项任务。1987年10月2日，包玉刚将女儿敬献他70寿礼500万元港币捐赠给家乡建造图书馆，并于是日动工，1988年10月17日落成，命名为“包玉刚图书馆”，占地面积8328平方米、建筑面积7061平方米。其中阅览楼4层达1600平方米，有阅读座位360个；书库楼5层1508平方米，可藏书70万册，多功能厅面积达1100平方米；中门厅又层516平方米，加上后来的配套建筑用房1126平方米，馆舍的总面积为8187平方米，总造价为650万元，其中政府拨款246万元。1988年12月，市图书馆由药行街迁入新址。1990年，有藏书47万册，其中古籍9.28万册，其藏书特点是古籍医书和宁波方志较为丰富，善本多为明万历至崇祯年间刻本，有清光绪至民国报刊876册（建），新的书籍各门学科较全。大中学生多到该处阅览图书。仅1990年，阅览达10余万人次，出借图书10.5万册次。包玉刚图书馆馆舍建造，有力地推进宁波市图书馆的发展。

征文四

新时代中国特色社会主义慈善事业格局的建构

程慧中*

近年来，党中央持续不断出台了一系列政策文件为慈善救助的实施提供制度保障，以规范引导慈善事业的发展。十八大以来，以习近平同志为核心的党中央对公益慈善事业提出了一系列新观点、新论断。对习近平新时代公益慈善思想进行分析研究，为现代慈善事业的发展提供指导。然而，当前学术界对于新时代慈善事业的研究缺乏系统性，对于新时期慈善事业的价值导向和发展路径缺乏系统的阐述，不能适应快速发展的现代慈善事业。因此，构建新时代慈善事业发展格局势在必行。

一　构建新时代慈善事业格局的必要性

（一）贯彻落实习近平总书记讲话重要精神的需要

中共十八大报告进一步明确提出“完善社会救助体系，健全社会福利制度，支持发展慈善事业。”① 习近平总书记在十八大工作报告中指出，要发挥

* 程慧中，湖北汽车工业学院马克思主义学院教师，硕士，主要从事马克思主义哲学与习近平治国理政研究。

① 胡锦涛：《坚定不移沿着中国特色社会主义道路前进，《为全面建成小康社会而奋斗——在〈中国共产党第十八次全国代表大会上的报告〉》，人民出版社，2012。

社会组织作用，开展社会互助，扶持福利慈善事业，完善优抚安置等制度。这就给予了新时代慈善事业在全面建成小康社会和实现现代化过程以光荣使命，提出了新要求、新责任、新使命和新担当。2018年11月10日，习近平在上海考察中指出城市治理的“最后一公里”就在社区，要积极调动居民的积极性，做到人人参与，人人负责，人人奉献，人人共享，在基层公共事务和公益事业中实现自我管理和自我服务。要坚持以人民为中心的发展理念，坚持共建共治共享，着力解决好人民群众关心的就业、教育、医疗、养老等突出问题，不断提高公众服务水平，让群众拥有更多的获得感、幸福感和安全感。注重社会组织培育和引导，动员组织社会力量共同参与社会治理是习近平的一贯主张。新时代公益慈善事业、志愿服务组织是社会组织的重要组成部分，是政府和市场的有益补充，在加强社会治理，促进社会治理创新方面发挥举足轻重的作用。因此，新时代让公益慈善、志愿服务工作成为一种更具有品质的生活方式。服务社会，造福大众需要慈善公益社会组织发挥行业引领作用。

此外，习近平在视察重庆、广东、四川讲话时也指出，要推动经济高质量发展，深刻打好精准扶贫攻坚战，做好乡村振兴战略实施和保障改善民生的重要工作，引导全社会培育践行社会主义核心价值观，树立良好的道德风尚，加快建设美丽和谐生活状态。善为至宝，乃人生之本，万事之基。因此，通过组织慈善活动，普及慈善意识，传播慈善文化，弘扬优良传统美德，引导人们向上向善，推进社会文明程度和道德水准的提高，推进社会文明进步。

2016年3月，全国人大四次会议通过《中华人民共和国慈善法》（简称《慈善法》），并于当年9月1日正式施行。《慈善法》是我国在慈善领域的基础性、综合性法律，它将人民“存善念、行善举”的朴素意识上升为统一的国家意志的法律，并对慈善组织的界定、慈善财产的使用、慈善监督等方面活动的范围和定义做出了明确规定。《慈善法》的颁布，使与其相关的法律法规也相继出台和修改，例如《境外非政府组织境内活动管理法》、《民法总则》、《红十字会法》以及《企业所得税法》等；《基金会管理条例》《志愿服务条例》等构成的慈善法规也相继问世；同时在政策方面，我国慈善行业逐步形成以国务院《关于促进慈善事业健康发展的指导意见》为核心，涵盖慈善组织、志愿服务、慈善信托，以及各类参与主体以及支持措施等内容的政策体系。这些法律法规的正式施行，统一了政府与民间、中央与基层之间对于公益慈善事业的认识，体现了以习近平同志为核心的党中央对发展公益慈善事业全面长远的布局。公益慈善事业有了规范性的文本，为解决慈善领域的难题，为公益慈善事业的完善发展提供有力的法律保障。

（二）构建新时代慈善事业的现实需要

特别是进入21世纪的最近十年，经济社会生活发生了翻天覆地的变化。伴随着经济的稳步增长，贫富差距也逐渐扩大，适应新形势的公益慈善事业的发展成为迫切要求。公益慈善事业作为社会治理的重要力量，深刻影响着社会治理思路和普通民众的生活。然而，公益慈善事业的发展仍客观上存在法律制度规定不健全，公益慈善研究理论缺乏，咨询与服务体系的基础设施脆弱，资金补给机制不畅，政府政策引导和决策定位不明确等问题；主观上社会对于公益慈善组织的认知理念有待提升。这一系列问题都成为削弱公益慈善事业健康快速发展的绊脚石。

公益慈善事业的发展是全面建成小康社会的必然要求。党的十八届五中全会提出全面建成小康社会新的目标要求：我国现行标准下农村贫困人口实现脱贫，贫困县全部摘帽，解决区域性整体贫困。

公益慈善事业的现代化进程与全面建成小康社会的国家战略息息相关，与国家治理体系和治理能力现代化保持一致。因此，从整个社会发展与治理的战略角度谋划公益慈善事业发展格局愈加必要与紧迫。

二　新时代中国特色社会主义慈善事业格局建构所具备的条件

（一）国家对于慈善事业的顶层设计不断完善

改革开放以来，国家一直把公益慈善事业作为社会保障体系的重要组成部分，陆续颁布了一些法律法规。1993年10月颁布的《红十字会法》，体现对慈善组织救助行为的规范；1999年全国人大常委会通过的《公益事业捐赠法》，针对捐赠主体行为、捐赠资产使用等方面进行了明确的规定；2004年颁布了《基金会管理条例》；2007年针对行政法规《企业所得税暂行条例》做了修订，全国人大常委会通过《企业所得税法》；2016年《慈善法》的出台，公益慈善事业上升到一个新高度，超越了社会保障体系的范畴，将传统意义上“扶贫济困”的慈善概念扩展到了一切有利于社会公共利益的活动。《慈善法》明确规定公益慈善事业包括促进教育、科学、文化、卫生、体育等事业的发展，保护环境等有利于社会公共利益的活动，标志着中国公益慈善事业走向依法治善崭新的阶段。公益慈善成为一种具有广泛基础的群众性和社会性的与增进人民福祉相关的互爱、互敬、互帮、互助的社会活动。这展现了以习近平同志为核心的党中央对公益慈善事业发展的新谋划，必将带来公益慈善事业的发展思路和路径的革新，开启公益慈善领域改革的新序幕。

（二）慈善工作体系的伦理基础不断夯实

所谓“善”，指人与人之间的友爱和互助；慈善一般指人的一种同情心或仁慈之心；慈善事业是人们自愿奉献爱心、援助的行为和从事扶弱济贫的一种社会事业；慈善工作则是一种出于仁慈之心、自愿自发的善举和善功。慈善的本质是伦理的，是“以人为本”、人文精神的价值取向。慈善工作的开展，必然涉及个人、群体、社会之间的问题。慈善伦理体系包含个人的价值观、群体的价值观和社会的价值观相关内容。当价值观发生冲突时，基于慈善工作伦理，能够厘清个人的价值观、群体的价值观和社会的价值观之间的关系，做出正确的价值选择。

社会主义核心价值观为慈善工作提供了宏观的伦理基础。社会主义核心价值观是具有普遍性的社会价值观，“中国特色社会主义核心价值观，这是一个社会得以持续稳定且不断发展延续的基础”①。以社会主义核心价值观作为我国慈善工作的引领，对于发展社会主义慈善文化，构建伦理工作体系，促进新时代公益慈善工作有重要意义。建设具有中国特色社会主义的慈善伦理体系，在国家、社会、个人层面上遵循伦理原则。首先，在国家层面上，以国家制度

① 彭柏林等《当代中国公益伦理》，人民出版社，2010。

伦理作为引导。“慈善工作伦理体系的建构必须以社会主义核心价值观为基础，把社会主义核心价值观的内容渗透到慈善工作伦理体系的各个领域”。①国家制度伦理以社会主义核心价值观为引领目标，是慈善工作伦理的灵魂所在。基于国家的实际和特点，当前我国坚持“富强、民主、文明、和谐”的伦理价值观，保证安定、和谐的社会秩序，保障社会主义的繁荣发展，保障人民的安居乐业。其次，社会层面上，以慈善工作的核心价值观为基本目标。在中国，慈善工作作为一种特定的社会职业，有其独特的核心价值。然而，社会主义核心价值观是主流价值观，决定了慈善工作的核心价值观必须符合主流文化。慈善事业作为对弱势群体的关怀，势必向弱势群体倾斜，这就要求慈善工作坚持公平、正义的原则，促进社会的公平、正义，并服务于社会的安全稳定，体现“自由、平等、公正、法治”的价值选择。最后，个人层面，以社会道德责任和义务为追求目标。公益慈善事业的工作者以“爱国、敬业、诚信、友善”为价值目标，履行社会道德和自身的职业道德。

（三）广大人民群众是慈善事业发展的坚实后盾

人民群众是历史的创造者，时代的主体。人民群众也是公益慈善事业的推动力量。改革开放 40 年来，我国慈善事业得到了长足的发展。据“2018 中国慈善年会”报道，截至 2019 年 1 月 11 日，全国登记注册的社会组织达 81 万余家，认定登记的慈善组织达 5355 个，仅 2018 年上半年，我国网络慈善的参与人数就达到 35.7 亿人次，部分慈善组织的网络捐赠已占到捐赠总收入的 80% 以上。中国的慈善事业曾经因“屡遭批判”而一度陷于停滞，但如今慈善事业的发展变化人人有目共睹，慈善事业业已成为中国特色社会主义事业的重要组成部分。慈善事业的发展归功于人民群众的努力。首先，人民群众参与慈善事业的意识逐渐增强。从朴素的中国文化“上善若水”到社会主义核心价值观的宣传，再到《中华人民共和国慈善法》的颁布，新时代公益慈善社会组织如雨后春笋般涌现，网站、户外、手机客户端、电话、电子宣传屏、微博、微信、主流报纸杂志等媒体手段迅猛发展，整个社会营造出“人人向善”“积小善为大善”的良好氛围；同时，社会以“抓典型，树榜样”的方法引领

① 徐道稳：《论社会工作的伦理价值取向》，《求索》2002 年第 6 期，第 99～100 页。

慈善事业，传播慈善文化。普通人的仁行善举让群众感受到平民慈善的巨大力量，于潜移默化中增强人民群众参与慈善的意识。其次，人民群众参与公益慈善的方式也逐渐多样化。随着民间社会组织的不断壮大，人民参与公益慈善的途径和概率也得到很大提升。新媒体的出现，让公益慈善变得更加快捷方便，微博、微信、支付宝、报刊等，都成为群众参与慈善的途径。积小善为大善，善莫大焉。正如习近平在《在慈善中积累道德》一文中写道："人人心怀慈善，人人参与慈善，我们的社会一定会更加文明、更加和谐。"① 人民群众是慈善事业的主体，群众对慈善事业的热情高涨，为发展新时期的慈善事业提供了稳固的后备力量。

三　建构新时代中国特色社会主义公益慈善事业新格局的思考

（一）构建现代慈善伦理体系

善，德之建也。善为至宝，乃人生之本。慈善事业代表着人类的良知和文明，对实现社会公平正义，建设和谐社会，提高公民素质有其重要意义。慈善是一项崇高事业，社会的发展需要慈善事业的支持。2016年《慈善法》的颁布，对于慈善活动的内容、慈善组织的运营、慈善财产、慈善服务等方面进行了新的界定和规定，是慈善事业里程碑式的发展。但人类的社会生活不仅需要法律规范，同时需要伦理规范体系，二者相得益彰，共同促进人类社会文明的进步。慈善的本质是伦理的，通过人的内心信念、传统习惯来调节人们的观念、行为，发挥其社会功能。伦理规范作为社会治理的软约束，推动慈善体系的建立，对引导慈善伦理动机、回应慈善伦理多方面的挑战、支撑和补充慈善法律规范体系具有重要意义。

目前，我国公益慈善事业蓬勃发展，但伴随的问题也层出不穷。人们对于慈善活动的思想观念以及对慈善的践行方面标准不一，反映了社会群众甚至慈

① 习近平：《在慈善中积累道德》，浙江人民出版社，2007。

善组织对于慈善的定位和功能认知不清，对慈善事业应遵循何种伦理原则、规范没有明晰的认识，对慈善活动中出现的各种现象缺乏说明等。这些问题折射出了我们在慈善伦理方面的缺失。因此，在新时代推进中国特色社会主义慈善事业，构建新的慈善伦理体系势在必行。

首先，明确慈善工作的价值目标。慈善工作的核心价值是慈善事业得以顺利开展的精神支撑。将社会主义核心价值观作为慈善事业的价值引导，并结合慈善工作的特色专业价值，吸收借鉴社会工作的现实价值，以促进社会公平正义、维护个体的尊严与价值为追求，明确慈善工作核心价值。在理论上澄清错误，明确正确理念，通过宣传教育，培养群众的慈善素养，强化群众对现代伦理核心价值理论的认知和情感认同。从道德内化、外化的角度，用慈善工作的核心价值启发公民慈善意识，让慈善工作者更好地理解慈善的本质，并外化为正确的道德行为。慈善事业的价值目标是慈善工作的宗旨所在。从慈善的本质和初心来看，慈善是社会组织、个人怀关怀之心，自愿开展的致力于以为弱势群体提供支持和帮助，帮助他们提高生存技能，促进他们更好地发展为价值目标的事业；从整个人类社会发展的角度来看，慈善立足于整个人类社会长远可持续发展，通过帮助个别弱势群体推动社会的公平正义，促进社会繁荣昌盛，进而推动整个人类社会的和谐发展，促进全体人类的福祉。

其次，构建慈善的道德原则和行为准则。当代慈善伦理应遵循自愿、诚信、平等的原则。诚信，是慈善伦理规范的前提。根据康德伦理学理论，出自人善良意志选择的行为才是道德的行为。西方著名的伦理学亚里士多德也曾指出，“德性由于我们自己，出于我们的自愿”①。慈善是活动出自人的一种慈爱之心，出自人的同情心，是慈善工作者一种自愿的行为。强迫的慈善行为践踏了个人的自由意志，消极了慈善本身的道德意义，因此是不可取的。为了使更多人自愿投入慈善活动中，重要的是提升个体慈善意识的道德认知，同时建设良好的社会慈善环境，激发群众自愿投身社会慈善事业的热情。

诚信，乃慈善伦理规范的基础。“诚”属于道德范畴，表达人的基本德行。“信”，指的是人的信用。诚信是社会生活的基本道德法则。在慈善活动中，这一法则也有其特殊意义。无论是慈善施助者和慈善受助者抑或是慈善组

① 周辅成编《西方伦理学名著选辑（上卷）》，商务印书馆，1964。

织，都须遵循诚信原则。慈善组织的公信力成为慈善事业发展的一个关键点。著名的塔西佗陷阱指出，当公权力失信于公信力时，无论发展什么言论社会都会给予负面评价，慈善组织也是如此。

平等，是慈善伦理规范的核心。在中国古代，社会道德有君子的道德和庶人的道德的区分。在传统社会中，慈善活动的施助者往往是有地位的，有影响力的士大夫、乡绅或富商；而受助者往往是瘦、贫困、疾病、灾荒的穷苦老百姓。因此受传统社会道德观念的影响，传统慈善活动也具有等级差别。慈善活动是人格上平等的伦理行为，人与人之间是平等的关系。在社会中尽管人们的经济和政治地位不同，但人格上是平等的。慈善工作是实现公平正义的一项事业，它保障每个社会成员都应有的权益。而现代社会普通民众也受所谓“滴水之恩当涌泉相报”的感恩情怀影响，忘恩与负义联系在一起，施助者与受助者感情是双向流动的，认为帮助了别人，同时也希望得到回报；有些甚至利用经济上的优势地位，在受助者面前不自觉流露出某种优越感，使受助者感到某种压力与不快。因此，我们在慈善活动中应当更加注意倾听弱势群体的声音，设身处地为受助者着想。同时，平等原则还意味在慈善过程中，主体公平、公正地参与慈善活动，机会是平等的，全体社会公民都有平等参与慈善活动的权利。无论是个人还是组织，无论是贫穷还是富裕，只要心怀慈善，参与慈善，都有助于促进整个社会的公平与和谐，有助于弘扬社会主义核心价值观，有助于推动中国慈善事业的蓬勃发展。

再次，推动慈善伦理规范的落地践行。慈善伦理扎根于中国优秀的传统文化，中国儒家学说伦理思想一言以蔽之，即“仁者爱人”。中国慈善伦理思想，有深厚的历史文化底蕴。弘扬中华传统文化中的慈善伦理美德，通过新媒体、舆论等多样化方式让慈善伦理思想入脑、入心，唤起群众践行慈善伦理规则的良心，激发人们参与慈善活动的热情，让更多的社会成员自觉自愿投入慈善事业中。坚持弘扬践行社会主义核心价值观，倡导“慈善行为从小事做起”，引领社会形成践行慈善伦理规范的良好社会风尚。于细微处形成习惯，“一屋不扫，何以扫天下”，践行慈善伦理规范也是如此。引导群众认识到“慈善无小事，时时必躬行”。不能认为慈善事业仅仅是有经济实力、有社会地位的那些所谓“成功人士”的事，为社会慈善公益事业做贡献，无所谓大与小，于行小善中积大德。让社会中每个人都做到尽己小力，积社会大德，不

仅提升了群众本身的慈善道德水平，同时促进社会形成良好的社会风尚。当然，践行慈善伦理规范，离不开对青少年的思想引导。青少年正处在世界观、人生观、价值观的形成期，可塑性强，加强对他们进行传统“仁爱”思想教育，培养他们的慈善意识，塑造良好的道德人格。同时，青年公益慈善社会组织是社会组织的重要组成部分，创造机会，落实相关政策法规，搭建青年创业服务平台，集聚公益慈善事业专业人才，推动青年公益慈善社会组织生根发芽，让青年在这种实践平台中践行慈善伦理规范。

（二）探索慈善组织参与社会治理的路径

现代公益慈善指的就是个体出于自愿意志对社会弱势群体以及社会公众福利提供无偿捐赠的行为。随着社会发展的深入，慈善组织的发展也逐渐组织化、规范化，并在一定程度上以制度化方式参与到社会问题的解决中，成为社会保障体系的重要补充，成为社会管理的重要组成部分。随着慈善组织的不断发展，慈善事业和内容也逐渐得到拓展，他们在参与社会治理的实践中取得了一些成效。例如，社会组织提供的服务弥补了政府在公共服务供给方面的不足。其次，公益慈善组织也是表达公众利益诉求的一个重要方式。公益慈善组织可以通过深入基层，惠及公众的需求，表达公众诉求，进而影响政府决策；同时，慈善公益组织也可以综合利用各种社会资源。作为社会中介组织，联结政府、公众、企业和媒体等多元主体，慈善公益组织是促使各主体之间合作共赢的催化剂，在社会保障财富分配公平正义等方面发挥着积极作用。尽管如此，公益慈善组织在参与社会治理方面仍存在很多问题，例如组织内部治理不完善，专业人才缺失，外部监督评估体系不完善等一系列问题。这些问题极大影响了公益慈善组织参与社会治理的能力和效果。

因此，新时代下需要正视不足，找准方向，明确路径，寻求实现社会组织参与社会治理的有效路径，鼓励培育公益慈善组织参与社会治理。

1. 转变传统思维，鼓励引导促发展

首先，各级政府应在思想上转变，转变传统的社会管理方式，重新定位政府与社会的关系，实行政社分开。一方面，充分认识到慈善社会组织的优势，看到社会组织发展在化解社会矛盾，完善公共服务，协调政府与公众、人与人之间、利益群体之间各种关系等方面的重要作用。信任是打开社会组织参与治理的钥匙，无形中提升他们的社会参与度。加快推进体制改革，政府将一些权力和服务下放给有资质的慈善组织，由社会组织来承担，并划定合作治理的领域和范围。政府再通过搭建激励平台，构建激励机制，提供合作治理的物质保障，不仅促进社会组织参与社会治理的积极主动性，同时，也提升了社会组织的治理能力。另一方面，扶持是其得以参与治理的重要支撑。政府要转变职能、下放行政权力、改革慈善组织登记制度、降低门槛、简化审批程序等。同时，加大资金扶持。政府多方筹资，设置专项资金，通过“项目带动、政府购买”等方式打出经济扶持的“组合拳”，更好引导和鼓励社会力量解决社会问题，实现慈善组织的规模增长。

其次，构建公益慈善组织培育平台体系。依托社群组织，构建市、县、街道三级社会组织综合培育平台。可以建设以政府培育为主导，与各级党委、各职能部门密切联系，从政策优惠、资金支持、购买服务等方面精准发力的慈善组织培育机构。例如，可设置创新孵化、社工服务等基地。必要时可成立民间公益慈善培育领导委员会，负责慈善组织的培育与成长。通过构建公益慈善组织培育平台体系，着眼于提升社会组织的综合能力，实现搭建社会组织资源合作平台，探索社会创新的机制、模式，推动社会资源跨界合作，促进社会组织公信力建设等功能。

2. 内外结合，加强对慈善社会组织的管理

促进对慈善社会组织的管理，首先要加强组织内部管理。

目前，许多慈善组织的规章制度不健全，往往只有章程一项，缺乏系统的配套制度和实施细则。同时，社会组织权力机构、决策机构、执行机构、监督机构等并未建立，真正建立系统的组织法人治理结构尚未形成。很多问题在社会组织的章程中并没有明确说明，导致出现问题无制度可依。有些组织虽有很简略的制度，往往也是落在纸上，挂在墙上，远远没有执行到位。① 在这种情况下，一些公益慈善组织不按照制度和章程办事，存在不公布财务管理账目，做假账、乱用资金、牟取私利、效率低下等一系列问题，不仅给自身组织带来极大的负面影响，为整个慈善组织群体的公信力也带来了恶劣影响。正所谓靠人不如靠己，慈善公益组织需从自身发力，提高自身内部治理能力，才能更好地参与社会治理。

---

① 王锡忠、顾建龙：《社会组织内部治理的危机与出路》，《中国社会组织》2016年第11期。

一方面，先完善社会组织内部的规章制度体系，并健全配套完备的组织内部各项具体的规章制度和工作规范体系；另一方面，加上对慈善组织工作人员的思想教育提升，通过他们的民主意识和服务意识，坚定初心，树立良好社会形象，提升自身组织的公信力。慈善组织要严格履行相关规范、制度，减少负面信息，从而提高自身组织的公信力和社会认可度，才能提高感召力、拓宽各种资源渠道。

在加强组织内部管理的同时，也应完善外部监督。外部监督的缺位容易降低社会组织在参与社会治理活动过程中缺少约束，影响到社会组织参与社会治理能力的有效发挥。因此，完善外部监督体系，加强政府、出资者和第三方评估者对社会组织的监督，从而了解财务管理、人事安排、服务和产品提供、活动备案等信息，这对于提高社会组织提供公共服务的效率和效果具有重要意义。

（三）合作共赢

合作促进共赢。慈善是人类文明的重要标志，是对传统文化的继承。面对新时代、新机遇与新挑战，我们必须开拓创新，寻求合作，互利共赢，共同促进慈善事业的发展。

1. 寻求机遇，促成国内外慈善事业合作

2017 年寻求共建丝绸之路国际公益慈善共同体，通过丝绸之路国际慈善公益合作与可持续发展高峰论坛，国内外慈善公益专家学者组织企业等一同参加，分享经验，分享慈善事业成果，传递慈善爱心，为寻求合作交流平台寻求路径。国际间公益慈善平台的建立，对于打造公益联盟，培育慈善品牌，加强慈善组织之间的联合，分享经验，促和谐，推动慈善文化的传播，促进中国慈善组织的发展具有重要意义。

2. 加强合作，打造区域慈善公益链

借助区域协同优势，促成慈善一体化合作机制。实现地域慈善优势良性互补，发挥慈善协同效应，对于促使慈善资源合理分配，高效运行具有重要意义。日前，长江三角洲召开西湖论善论坛，谋划长三角慈善一体化进程便是一例。在西湖宣言中，上海、江苏、安徽、浙江三省一市在慈善理念、目标和原则三个方面达成一致，它们立足探索长三角一体化行动战略。区链慈善组织的合作，对于树立慈善典型，带动社会向善力量，开拓慈善品牌，实现跨界融资、多方融合具有重要意义。

3. 以合作为导向，促成社会组织与地方政府合作共进

慈善公益组织在发展民主，化解社会矛盾，完善公共服务，协调政府、公众、法人、各利益群体之间，起到重要的协调作用，促进社会的和谐。地方政府可以通过权力下放、项目带动政府购买等形式提高社会组织参与社会治理的积极性，同时也提升了整个社会治理的效率。

总之，在建设新时代中国特色社会主义的历史条件下，在全面深化改革和社会不断发展的时代背景下，探索新时代慈善事业发展格局势在必行。因此，需要在现代伦理体系建构、社会组织参与社会治理等方面正确指引，共同发力，迎来慈善事业发展的新格局。

第二章　“互联网＋慈善”助力精准扶贫的模式与发展对策研究

丁辉侠 等*

摘　要： 该项研究从网络扶贫主体角度，把“互联网＋慈善”助力精准扶贫的模式分为企业互联网扶贫、公益慈善组织互联网扶贫、事业单位互联网扶贫和政府协同的互联网平台扶贫四种类型，并在河南省范围内选择具有典型意义的案例，采用半结构访谈法和实地考察法，对企业电商扶贫、公益慈善组织网络扶贫、“公立医院互联网＋健康扶贫”和社会扶贫网互联网平台扶贫案例进行了分析。研究发现，虽然各公益慈善主体在利用互联网进行扶贫时，其在项目背景、帮扶主体、帮扶对象、运作模式和扶贫成效等方面各有特色，但都通过互联网实现了公益慈善项目对贫困地区和贫困对象的有效帮扶。同时，研究也发现，精准扶贫阶段，几乎所有的公益慈善主体在借助互联网工具参与精准扶贫时，地方政府都表现出积极参与，主动提供公益慈善主体所需要的网络和道路设施等基本公共服务。

关键词：“互联网＋”　精准扶贫　公益慈善　公共治理　利益相关者

* 课题组负责人：丁辉侠，郑州大学副教授；课题组成员：赵凤萍、张时坤、张玉贞、赵冰、冯浩原、张绍飞、吴佳珍、王莹、赵元琛。

一　前言

（一）研究背景与意义

1. 研究背景

党的十八大以来，中国脱贫攻坚成就显著，贫困人口从2012年的9899万人下降到2018年的1660万人，连续6年平均每年减贫1300多万人①。在构建专项扶贫、行业扶贫和社会扶贫互为支撑的大扶贫格局下，个人、企业、公益慈善组织和二类事业单位都是中国反贫困的重要社会力量。伴随着互联网的发展，公益慈善力量不断探索适应时代发展的反贫困方式方法，利用互联网技术和平台为贫困群体提供救助和发展资金、创造就业创业机会、优化基本医疗服务等已成为其助力精准扶贫的重要模式。

2015年，李克强总理在政府工作报告中首次提出"互联网+"行动计划，由此互联网与传统产业的结合走上快速发展之路，也为传统的扶贫方式提供了新的思路。2016年4月19日，习近平总书记在网络安全和信息化工作座谈会上指出："可以发挥互联网在助推脱贫攻坚中的作用，推进精准扶贫、精准脱贫，让更多困难群众用上互联网，让农产品通过互联网走出乡村，让山沟里的孩子也能接受优质教育。"② 2016年10月中央网信办、国家发展改革委、国务院扶贫办联合印发《网络扶贫行动计划》，提出网络扶贫的基本目标："实施'网络覆盖工程、农村电商工程、网络扶智工程、信息服务工程、网络公益工程'五大工程，到2020年，网络扶贫取得显著成效，建立起网络扶贫信息服务体系，实现网络覆盖、信息覆盖、服务覆盖。"③ 2016年11月29日，在江

---

① 《攻坚克难，坚决打赢脱贫攻坚战——国务院扶贫办主任刘永富回应脱贫攻坚热点问题》，国务院扶贫开发办公室网站，http://www.cpad.gov.cn/art/2019/3/8/art_2724_95188.html. 2019-03-09。

② 习近平：《在网络安全和信息化工作座谈会上的讲话》，人民网，http://cpc.people.com.cn/n1/2016/0426/c64094-28303771.html. 2019-04-12。

③ 《网络扶贫行动计划》，国家新闻办公室网站，http://www.scio.gov.cn/xwfbh/xwbfbh/wqfbh/35861/36885/xgzc36891/Document/1557441/1557441.htm. 2016-10-27。

西宁都召开的全国网络扶贫工作现场推进会上，习近平再次提出：“要实施网络扶贫行动，推进精准扶贫、精准脱贫，让扶贫工作随时随地、四通八达，让贫困地区群众在互联网共建共享中有更多获得感。”① 在此背景下，“互联网+金融扶贫”、“互联网+教育扶贫”、“互联网+旅游扶贫”、“互联网+健康扶贫”和电商扶贫等新的扶贫模式相继出现。2019 年，多部委联合印发的《2019 年网络扶贫工作要点》指出在网络扶贫中要更加关注深度贫困地区、特殊贫困群体和瞄准建档立卡贫困户，充分释放数字红利，增强贫困地区内生动力，巩固和提升网络扶贫成效②。

社会力量利用互联网技术和信息平台开展公益慈善活动的历史相对较早，而其在扶贫领域的广泛参与则受政府精准扶贫战略的引导与政策鼓励支持。在 2008 年汶川地震救助活动中，阿里巴巴旗下的淘宝网通过开通快速捐款通道，共筹集善款 1738 万元③，从此互联网为社会各慈善力量的慈善行为开启一条更为便捷的通道。精准扶贫战略提出后，各类社会主体积极参与到反贫困活动中，农村网络基础设施的完善与普及，也为各类社会主体通过“互联网+”开展扶贫活动提供了机遇与可能。第 43 次《中国互联网络发展状况统计报告》显示，2018 年“贫困地区网络基础设施‘最后一公里’逐步打通，‘数字鸿沟’加快弥合。”④ “截至 2016 年 12 月，有 32.5% 的中国网民使用过互联网络进行慈善行为，规模达到 2.38 亿元。其中，使用互联网进行扶贫行为的最多，占比达到 16.8%。”⑤ 参与“互联网+慈善”助力精准扶贫的主体包括了个人、企业、公益慈善组织和事业单位。可以说，“互联网+”降低了慈善的门槛，为各类主体的慈善公益活动提供了更为便利的条件，也为贫困对象脱贫致富提供了多种可能。

---

① 《决胜全面小康的新杠杆》，中国青年网，http：//news.youth.cn/wztt/201611/t20161130_8898933.htm. 2016-11-30。

② 《2019 年网络扶贫工作要点印发实施》，中国网信网，http：//www.cac.gov.cn/2019-04/28/c_1124426890.htm. 2019-4-28。

③ 徐舒宁、陈为旭：《〈慈善法〉视阈下“互联网+慈善”模式探究》，《行政与法》2016 年第 11 期，第 62~67 页。

④ 第 43 次《中国互联网络发展状况统计报告》，中国互联网络信息中心，http：//www.cnnic.net.cn/hlwfzyj/hlwxzbg/hlwtjbg/201902/t20190228_70645.htm. 2019-4-10。

⑤ 第 39 次《中国互联网络发展状况统计报告》，中国互联网络信息中心，http：//www.cnnic.net.cn/hlwfzyj/hlwxzbg/hlwtjbg/201701/t20170122_66437.htm. 2019-4-10。

中国“互联网+慈善”助力精准扶贫是在互联网信息技术迅速扩散、精准扶贫战略应时提出、政府网络扶贫行动积极实施和公益慈善理念不断深化等多重背景下的反贫困模式创新。“互联网+慈善”助力精准扶贫利用互联网信息技术与传统的产业扶贫、教育扶贫、健康扶贫、金融扶贫、文化扶贫等模式相结合，实现更加精准地帮助贫困群体获得一份有尊严的收入、提高自身素质或子女教育水平、维持一定的健康水平、提升自我发展能力等目的。因此，这种扶贫模式更加重视扶贫与扶智相结合、基本生活水平与能力的同时提升。在此背景下，研究“互联网+慈善”助力精准扶贫的主要模式，提出后扶贫时代“互联网+慈善”助力精准扶贫可持续性发展的对策建议，不仅是对现有扶贫模式及其经验的总结，也可为2020年全面脱贫后的反贫困活动提供可行思路，同时亦可为国际社会分享中国精准扶贫经验提供模式参考。

2. 研究意义

“互联网+慈善”助力精准扶贫是中国大扶贫格局的重要组成部分，也是政府主导下社会力量参与反贫困的重要形式，但目前对于该模式的理论关注较少，为此本研究的主要理论价值体现在以下几个方面：①构建“互联网+慈善”助力精准扶贫的理论体系，有助于丰富中国特色的扶贫理论；②分析“互联网+慈善”助力精准扶贫各模式的参与主体、扶贫成效、扶贫经验和适应范围，为推进其发展提供学理支持。

对“互联网+慈善”助力精准扶贫的研究，同样具有实践意义，其主要体现在以下几个方面：①梳理“互联网+慈善”助力精准扶贫的主要模式，有助于深化“互联网+”背景下慈善组织参与精准扶贫实践的正确认识并在实践中加以推广；②探索“互联网+慈善”助力精准扶贫的发展对策，有助于引导其健康发展，为探索建立稳定脱贫长效机制提供思路方法；③总结“互联网+慈善”助力精准扶贫各类模式的实践经验，不仅有助于继续推进“互联网+慈善”对中国反贫困的贡献，同时也有助于在国际社会上分享中国反贫困的重要经验。

（二）文献综述

1. 国内相关研究

目前国内将互联网、慈善以及精准扶贫三者结合起来的研究并不多见，现有研究主要集中在“互联网+慈善”、“互联网+精准扶贫”和慈善组织扶贫

三个方面。

（1）关于互联网慈善的研究

互联网慈善是互联网信息平台与慈善事业的深度融合，是慈善事业发展的新生态①。根据不同的发起者，网络慈善可划分为“网友自发型”、“企业倡导型”和“慈善组织主导型”三种类型②，或者更加详细地添加了包括“政府主导型”“媒体主导型”在内的五种类型③。网络慈善的运行机制包括动力机制、筹资机制、善款管理机制、监督机制及信任机制等。④ 研究发现互联网慈善运行中存在慈善意识不成熟、网络慈善组织自身建设滞后、缺乏系统有效的法律依据⑤、监管不足⑥、公信力不强⑦等问题。针对这些问题，学者们从培养慈善意识、强化专业意识、建立健全监管体系⑧、完善系统化网络慈善行政法规体系⑨、搭建公益慈善信息系统⑩等方面提出了优化路径。

（2）关于互联网扶贫的研究

现有研究都认为“互联网+扶贫”不是两者的简单相加，而是两者的深

① 徐舒宁、陈为旭：《〈慈善法〉视阈下“互联网+慈善”模式探究》，《行政与法》2016年第11期，第62~67页；王云斌：《中国实现“互联网+慈善”的路径研究——以公益慈善信息管理系统为例》，《社会福利（理论版）》2016年第3期，第7~10页。

② 汪国华、张晓光：《中国网络慈善运作模式比较研究》，《社会科学研究》2014年第5期，第104~110页。

③ 王少辉、高业庭、余凯：《基于移动互联网的慈善捐赠运行机制研究》，《电子政务》2015年第3期，第26~32页。

④ 张晓光、张强：《“自发型网络慈善”的运行机制分析》，《呼伦贝尔学院学报》2013年第3期，第33~36页；王少辉、高业庭、余凯：《基于移动互联网的慈善捐赠运行机制研究》，《电子政务》2015年第3期，第26~32页。

⑤ 杨粤：《我国网络募捐法律制度思考》，《北京邮电大学学报》（社会科学版）2013年第5期，第22~27页。

⑥ 袁同成、沈宫阁：《新媒体与“善治”的可能——基于中外网络慈善监管的比较研究》，《甘肃社会科学》2014年第3期，第118~121页。

⑦ 王建民、宋金浩：《网络空间中的差序格局——“众筹”的社会学研究》，《兰州大学学报》2016年第6期，第55~61页。

⑧ 孙立人、郑惠强：《多措并举规范众筹式“互联网+慈善”行为》，《中国社会组织》2017年第3期，第14页。

⑨ 李文峰：《完善网络慈善行政法规体系》，《人民论坛》2018年第4期，第106~107页。

⑩ 王云斌：《中国实现“互联网+慈善”的路径研究——以公益慈善信息管理系统为例》，《社会福利》2016年第3期，第7~11页。

度和全面融合，使扶贫工作更加精准有效①。针对互联网与传统产业相结合的情况，已有研究对电商扶贫②、“互联网+金融扶贫”③、“互联网+教育扶贫”④ 等模式进行了研究。同时，针对农村互联网普及率比较低、农村基础设施建设不够完善、扶贫大数据系统开发难度比较大的问题⑤，研究从改善贫困地区的“互联网+”基础设施建设，整合精准扶贫资源⑥，借助“互联网+”创新思维，促进互联网与产业结合⑦等方面提出对策建议。

（3）关于慈善组织扶贫的研究

公益慈善组织参与扶贫是国家扶贫开发战略的重要组成部分。与政府相比，慈善组织能够贴近基层、扶贫领域多元、扶贫方式多样化，具有针对性强、专业性、持续性、公益性、民主性的特点，在持续创新冲动下能够适应快速变化的需求⑧。因此，有学者提出应培育更多具有扶贫性质的慈善组织⑨。但是慈善扶贫仍然存在许多问题，主要表现在慈善组织扶贫效率不高及专业化程度有限和包括监督机制等在内的运行机制不健全、法律体系

① 张强：《“互联网+精准扶贫”问题研究——以河南省为例》，《经济研究导刊》2016年第27期，第13~25页；王军、吴海燕：《“互联网+”背景下精准扶贫新方式研究》，《改革与战略》2016年第12期，第111~114页。

② 张玉强、李祥：《集中连片特困地区的精准扶贫模式》，《重庆社会科学》2016年第8期，第64~70页。

③ 罗倩匀：《商业银行利用“互联网+金融”服务扶贫工作的难点分析及建议——以农行广西河池分行为例》，《农村金融研究》2017年第5期，第29~32页。

④ 李延平、陈琪：《西部农村“互联网+”职业教育精准扶贫的制度创新》，《电化教育研究》2017年第11期，第32~37页。

⑤ 王军、吴海燕：《“互联网+”背景下精准扶贫新方式研究》，《改革与战略》2016年第12期，第111~114页。

⑥ 赵秀兰：《“互联网+”精准扶贫模式：主要内容与政策建议》，《农村经济》2017年第8期，第57~61页。

⑦ 王晓东：《“互联网+”环境下精准扶贫实现路径分析》，《农业经济》2017年第5期，第70~72页。

⑧ 曲天军：《非政府组织对中国扶贫成果的贡献分析及其发展建议》，《农业经济问题》2002年第9期，第27~30页；郑功成：《中国的贫困问题与NGO扶贫的发展》，《中国软科学》2002年第7期，第12页；刘海英：《大扶贫：公益组织的实践与建议》，社会科学文献出版社，2011。

⑨ 汪大海、刘金发：《慈善组织参与扶贫领域社会管理创新的价值与对策》，《中国民政》2012年第12期，第25~29页。

不完善等方面[①]。对此学者们也提出了提升公益慈善组织的扶贫能力、创新公益慈善组织参与扶贫的机制、完善法律政策体系等相对应的建议。此外，也有学者提出了一条以合作、对接、运作、反馈为主要内容的政府与慈善组织合作型精准扶贫行动路径构建[②]，还有的学者特别强调了慈善税制的激励对于慈善组织参与精准扶贫的关键作用等[③]。

2. 国外相关研究

国外学者将网络慈善组织（cyber－grassroots organization）界定为民间（个人）发起，以网络为平台的慈善组织[④]，并认为互联网在慈善动员参与[⑤]、志愿部门的培养[⑥]等方面具有优势。但是，慈善组织所遇到的资源和技术限制是制约其使用新媒体技术的重要原因[⑦]。另外，学者们研究发现慈善组织网络募捐金额与网络信息披露[⑧]、网站进入的无障碍性、捐赠资金和个人信息的可保障性、网站内容的教育性[⑨]等具有相关性。

在公益慈善组织反贫困方面，David Lewis，Nazneen Kanj 认为慈善组织在

---

① 孔祥利、邓国胜：《公益慈善组织参与扶贫：制度困境与发展建议——基于广东省的实证研究》，《新视野》2013 年第 1 期，第 72～76 页；廖建军：《公益慈善参与扶贫：成效、问题和对策——以广东省为例》，《理论探索》2014 年第 3 期，第 99～103 页；谢琼：《贫困治理：中国慈善组织的实践与发展》，《社会保障评论》2017 年第 4 期，第84～95 页。

② 张文惠：《农村精准扶贫中政府与慈善组织的合作及行动方略》，《理论学刊》2016 年第 8 期，第 84～87 页。

③ 倪建文：《社会慈善助推精准扶贫的对策及路径研究》，《齐鲁学刊》2018 年第 2 期，第 109～116 页。

④ Lori A. Brainard and Jennifer M. Brinkerhoff：Lost in Cyberspace：Shedding Light on the Dark Matter of Grassroots Organizations［J］, Nonprofit and Voluntary Sector Quarterly，2004（33）.

⑤ Rigby，B.：Mobilizing Generation 2.0：A Practical Guide to Using Web2.0：Technologies to Recruit［J］, Organize and Engage Youth：Jossey－Bass，2008.

⑥ Smith，D. H.：Grassroots Associations［J］, Newbury Park，CA：Sage Publications，2000.

⑦ Voida，A.：Bridging between Grassroots Movements and Nonprofit Organizations［J］, In ACM SIGCHI Conference on Human Factors in Computing Systems，2011.

⑧ Nah S，Saxton G D.：Modeling the adoption and use of social media by nonprofit organizations［J］, New Media & Society，2013，15（2）：294－313. WATERS R D. Nonprofit Organizations' Use of the Internet：a Content Analysis of Communication Trends on the Internet Sites of the Philanthropy 400［J］. Nonprofit Management and Leadership，2007，18（1）：59－76.

⑨ SARGEANT A，WEST D C，JAY E.：The Relational Determinants of Nonprofit Web Site Fund raising Effectiveness：An Exploratory Study［J］. Nonprofit Management and Leadership，2007，18（2）：141－156.

扶贫中扮演着催化剂、服务提供者和合作者的角色①；美国耶鲁大学的朱丽叶·菲希尔提到了反贫困中NGO的巨大作用②，美国学者杰弗里·萨克斯同样论证了朱丽叶·菲希尔的观点③。

综上所述，可以看出国内外对于将互联网、慈善以及精准扶贫三者相结合的研究较少；多集中于现象和问题对策，缺少对“互联网+慈善”助力精准扶贫模式的集中和系统的总结；同时，国内对于“互联网+”扶贫方面的研究缺少合适的理论框架。已有文献是本研究的基础，其研究不足也为本研究提供了研究空间。

（三）相关概念界定

1. “互联网+”

互联网领域的企业家们也对“互联网+”有着不同的解读，例如马化腾认为“‘互联网+’是以互联网平台为基础，利用信息通信技术与各行业的跨界融合，推动产业转型升级，并不断创造出新产品、新业务与新模式，构建连接一切的新生态”④；李彦宏与马化腾的观点相仿，认为“互联网+”计划是互联网和其他传统产业相结合的模式⑤；而阿里集团则认为所谓“互联网+”就是指以互联网为主的一整套信息技术（包括移动互联网、云计算、大数据技术等）在经济、社会生活各部门的扩散应用过程⑥。政府也对“互联网+”进行积极回应，2015年7月，《国务院关于积极推进“互联网+”行动的指导意见》提出“互联网+”是把互联网的创新成果与经济社会各领域深度融合，推动技术进步、效率提升和组织变革，提升实体经济创新力和生产力，形成更

---

① David Lewis，Nazneen Kanji：Non－Governmental Organisations and Development［M］．London：Routledge，2009.

② ［美］朱丽叶·菲希尔：《NGO与第三世界的政治发展》，社会科学文献出版社，2002。

③ ［美］杰弗里·萨克斯：《贫困的终结——我们时代的经济的可能》，邹光译，上海人民出版社，2007。

④ 马化腾：《关于以“互联网+”为驱动　推进我国经济社会创新发展的建议》，http：//www.tisi.org/Article/lists/id/3776.html。

⑤ 李彦宏：《谈互联网与传统产业结合：化腐朽奇》，http：//www.chinanews.com/gn/2015/03－11/7118892.shtml。

⑥ 阿里研究院《2015年3月互联网+研究报》，http：//www.199it.com/archives/332572.html。

广泛的以互联网为基础设施和创新要素的经济社会发展新形态。

目前，“互联网 +”不仅在与传统产业深度融合方面表现突出，也在深刻地影响着政府公共服务模式与管理理念以及社会公众的日常生活与消费。因此，本研究认为“互联网 +”是伴随着互联网信息技术发展而出现的互联网与传统产业、公共服务等相融合的一种经济现象，这不仅是一种思维创新，更是一场传统产业生产、管理与销售、政府管理、公共服务与居民生活消费领域的历史性革命。

2. “互联网 + 慈善”

关于“互联网 + 慈善”的概念，目前还没有统一、权威的界定。张晓光认为网络慈善是指个人、团体或组织出于某一特定目的，借助网络平台，发出求助信息，并获得他人帮助的非营利性行为①；汪丹认为网络慈善是指伴随着网络时代的兴起而产生的一种新的慈善事业模式，它以网络为核心媒介，依托核心媒介、互联网技术和第三方电子支付平台开展慈善活动，包括网络募捐、捐赠实现及其信息反馈、网络慈善的监管、慈善文化宣传等环节和内容②；王云斌则认为“互联网 + 慈善”模式并不是互联网和慈善简单的两者相加，而是利用信息通信技术以及互联网平台，让互联网与慈善事业进行深度融合，创造新的发展生态③。可以看出，学者们对于“互联网 + 慈善”的内容不断拓展，由仅限于网络募捐到与慈善事业的深度融合。

综上所述，本研究认为“互联网 + 慈善”是指个人、企业、公益慈善组织、二类事业单位（以下简称事业单位）④ 等利用现代互联网信息技术、第

---

① 张晓光：《我国网络慈善运作模式研究》，安徽财经大学硕士学位论文，2013。

② 汪丹：《我国网络慈善事业的可持续发展研究》，《社会工作》2014 年第 6 期，第 91 ~ 99 页。

③ 王云斌：《中国实现“互联网 + 慈善”的路径研究——以公益慈善信息管理系统为例》，《社会福利》2016 年第 3 期，第 7 ~ 11 页。

④ 2011 年 3 月，中共中央、国务院《关于分类推进事业单位改革的指导意见》“按照社会功能将现有事业单位划分为承担行政职能、从事生产经营活动和从事公益服务三个类别。对承担行政职能的，逐步将其行政职能划归行政机构或转为行政机构；对从事生产经营活动的，逐步将其转为企业；对从事公益服务的，继续将其保留在事业单位序列、强化其公益属性。”又“将从事公益服务的事业单位细分为两类：承担义务教育、基础性科研、公共文化、公共卫生及基层的基本医疗服务等基本公益服务，不能或不宜由市场配置资源的，划入公益一类；承担高等教育、非营利医疗等公益服务，可部分由市场配置资源的，划入公益二类。”对于从事生产经营活动的事业单位，本研究看作企业法人，因此慈善主体只限定为二类事业单位。

三方支付平台等进行慈善筹款、慈善宣传、开展慈善活动等相关的公益慈善行为。“互联网+慈善”肇始于互联网技术的普及，也伴随着互联网技术发展不断得到进步成长。总体来看，“互联网+慈善”包括两种方式：一类是利用互联网平台进行慈善筹款；另一类是在慈善活动开展过程中利用互联网信息技术。

3. “互联网+慈善”助力精准扶贫

《慈善法》明确规定：自然人、法人和其他组织以捐赠财产或者提供服务等方式，自愿开展的扶贫、济困行为属于慈善行为。对于“互联网+慈善”助力精准扶贫，本研究认为凡是自然人、法人和非财政全供的事业单位（二类事业单位）等在精准扶贫阶段利用互联网平台、微信、微博等现代网络技术，开展的针对贫困人口在就业、产品销售、健康医疗、教育培训、金融贷款等方面的帮扶与救助活动都属于“互联网+慈善”助力精准扶贫行为。这些行为包括多种形式，根据参与主体的不同，可以把“互联网+慈善”助力精准扶贫分为公益慈善组织互联网扶贫、企业互联网扶贫、事业单位互联网扶贫和政府协同的互联网平台扶贫四种类型。

（四）理论基础

1. 公共治理理论

公共治理理论主张通过合作、协商、确定共同目标等途径，实现对公共事务的管理。党的十九大提出要“坚持大扶贫格局”。作为横跨公共、私人、非营利和公民多个领域的治理理论①，能够较好地解释大扶贫格局下各主体在精准扶贫中的合作问题。大扶贫格局下，既要坚持和发挥政府在反贫困中的主导作用和顶层制度设计功能，又要充分调动社会、市场、个人等各方主体在扶贫中的积极能动性。在“互联网+慈善”助力精准扶贫的各类模式中，除了贫困对象和其他利益相关主体的合作外，也离不开政府对于基础设施的完善、政策的支持和基本公共服务的供给等。因此，在反贫困方面，合作治理在否认政

① Purdy J. M. & Jones R. M.：A Framework for Assessing Power in Collaborative Governance Processes［J］，Public Administration Review，2012，72（3）：409 - 417.

府对权威垄断的同时，也积极承认政府权威的价值[①]。政府与社会力量的积极合作也是解释“互联网+慈善”助力精准扶贫各类模式成功的基础与前提。

2. 利益相关者理论

利益相关者（stakeholder）是那些能够影响组织目标实现或者能够被组织实现目标过程影响的团体或个人[②]。利益相关者理论强调各利益相关者为了共同的目标而合作，才能实现各个利益相关者的利益。在“互联网+慈善”助力精准扶贫中，主要的利益相关者既包括参与慈善活动的个人、企业、公益慈善组织和事业单位，也包括扶贫对象、政府与受该扶贫活动影响的个人与组织。这些利益相关者因为共同帮助贫困群体脱贫致富的目标而紧密联系在一起，产生合作需求，并实施合作行为。

（五）研究方法

1. 案例研究法

为了深入了解和比较不同的公益慈善主体在开展“互联网+慈善”扶贫活动时的特征，本研究选取了各个模式中的典型案例，系统地收集数据和资料，综合运用现场观察与半结构化访谈法，对每个案例中公益慈善主体开展“互联网+扶贫”的背景与动因、扶贫主体、扶贫对象、政府角色、扶贫效果、成功经验、存在困难等进行深入的研究。

2. 访谈法

本课题主要采用半结构化访谈法，对“互联网+慈善”助力精准扶贫中的企业、公益慈善组织和二类事业单位的主要负责人进行访谈。在访谈过程中鼓励受访者的积极参与，每个访谈对象也没有严格按照访谈提纲中的顺序进行，而是根据情况适时调整问题顺序，同时鼓励访谈对象对每个问题发表自己的观点。通过半结构化访谈法，课题组获得了比访谈提纲更为丰富的信息资料，这使得课题组对“互联网+慈善”助力精准扶贫的实施过程、问题及其相关解决方案有了更为深刻的认识。

---

① 刘辉：《管治、无政府与合作：治理理论的三种图式》，《上海行政学院学报》2012年第5期，第52~58页。

② 爱德华·弗里曼等《利益相关者理论现状与展望》，盛亚、李靖华译，知识产权出版社，2013，第14页。

3. 实地考察法

对于所选案例，课题组分别到电商扶贫基地、淘宝村、贫困村电商服务点、电商企业、扶贫企业基地、贫困户家中、县乡村三级医疗机构等进行实地考察，尽管存在一定的局限性，但可以比较直观、详细地了解“互联网+慈善”助力精准扶贫的实施流程，既能现场体会扶贫效果，也能侧面观察与了解存在的问题。

（六）研究思路与内容框架

在“互联网+慈善”助力精准扶贫实践的积极探索下，本课题研究的目的是在对国内“互联网+慈善”助力精准扶贫的主要模式进行深入分析的基础上，提出促进其健康发展的对策建议。

为达到该研究目标，本研究的主要思路与主要内容体现为以下几个部分。首先，在已有研究的基础上，构建“互联网+慈善”助力精准扶贫的分析框架。其次，把“互联网+慈善”参与扶贫的发展历程划分为萌芽期、发展期和成熟期，系统梳理了各个时期技术背景、现实需求与发展情况。再次，采用案例研究法，归纳总结当前“互联网+慈善”助力精准扶贫的主要模式，并从参与主体、参与方式、扶贫对象、扶贫效果、存在问题等方面分析各种模式的特点和适应范围。然后，在案例分析的基础上，从人才供给、基础设施、模式的成熟度、各主体之间的协同合作以及利益相关者之间的信任等方面分析存在的问题及其原因。最后，为促进“互联网+慈善”助力精准扶贫主要模式的健康发展，提出具有可操作性的对策建议。

二　“互联网+慈善”助力扶贫的发展历程

根据公益慈善主体利用互联网参与扶贫活动的形式、规模与发展速度，“互联网+慈善”助力扶贫活动的实践历程可分为创新萌芽期、探索发展期、逐渐成熟期三个阶段。每个阶段的技术背景、贫困群体现实需求、公益慈善组织的发展理念与相关政策演变是公益慈善主体利用互联网实施扶贫活动的重要影响因素，也是精准扶贫时期推动互联网、慈善与扶贫行为结合的主要动力。

（一）创新萌芽期（2008年以前）

20 世纪八九十年代，由信息技术引导的第三次科技革命在美国爆发。20 世纪 90 年代中期，中国引入互联网技术。1997 年的第 1 次《中国互联网络发展状况统计报告》显示，当时可以用于上网的计算机为 29.9 万台，网民只有 62 万人[①]。该时期互联网处于 Web1.0 时代，其基本特点是互联网内容生产商单向地向网民传递信息，网民很难以个人名义在网上发声，也很难向有需求的网友提供帮助。但是互联网技术由于在信息传播上的快速与方便，激发了慈善行为模式的转变。

1998 年 6 月 28 日《中华人民共和国公益事业捐赠法》规定了捐赠人、受赠人和收益人的相关权益，这为“互联网＋慈善”扶贫提供了一定的制度保障[②]。同年，中华慈善总会开通“慈善募拍”网站，通过在线募捐和拍卖的方式接受捐赠，标志着公益慈善组织开始运用互联网进行慈善活动[③]。1999 年 3 月成立的天涯社区之互助板块，可视为最早开始“互联网＋慈善”的网络平台[④]。2002 年 5 月 25 日，千龙网开通中国首个整合公益信息的公益频道，开创了门户网站参与公益慈善的先河[⑤]。2004 年，广东贫困女孩张妙娥通过互联网论坛筹集到了所需的心脏手术费用[⑥]，成为网友通过网络平台直接救助的早期案例。2005 年 5 月 5 日，中国互联网协会设立了首个“互联网公益日”，将互联网平台与公益事业结合起来[⑦]。2006 年，搜狐在其平台上建立了搜狐公益频道，这是中国首个由商业网站建立的公益频道[⑧]。这一时期“互联网＋慈善”具有代表性的事件如表 1 所示。

---

① 第 1 次《中国互联网络发展状况统计报告》，https：//wenku. baidu. com/view/14286 c3ce4189 64bcf84b9d528ea81c759f52e6a. html。

② 《中华人民共和国公益事业捐赠法》，https：//baike. baidu. com/item/中华人民共和国公益事业捐赠法/1280431？ fr = aladdin。

③ 郭海鹏：《网络助战慈善事业“慈善募拍”网站开通》，《市场与电脑》1998 年第 11 期，第 41 页。

④ 《天涯互助》，http：//bbs. tianya. cn/list. jsp？ item = help&order = 1。

⑤ 《首都公益网》，http：//sdcsgy. qianlong. com/。

⑥ 王心：《网络公益慈善传播研究》，西北大学硕士学位论文，2010。

⑦ 贾识渝：《“互联网＋慈善”面临的困境及对策的研究》，华中师范大学硕士学位论文，2017。

⑧ 搜狐公益频道简介，http：//news. sohu. com/20060910/n245259562. shtml。

表1　萌芽期“互联网+慈善”助力扶贫的标志性事件

年份	标志性事件
1998	中华慈善总会率先开通“慈善募拍”网站
1999	天涯社区设立中国首个互联网互助板块
2002	千龙网开通了中国首个公益频道
2004	张妙娥成为首个个人救助筹得网络善款的网民
2005	中国互联网协会设立了首个“互联网公益日”
2006	首个由商业网站建立的公益频道——搜狐公益频道成立

资料来源：根据网络资料整理。

总之，在互联网信息单向传播环境下，产生了互联网与公益慈善相结合的实践探索，这可以说是“互联网+慈善”助力扶贫的萌芽时期。这一时期，网络论坛和门户网络作为网络信息传播的主要平台，为公益慈善理念传播提供了崭新的渠道；同时，网络论坛作为信息发布的平台，也为单个贫困主体提供了需求救助的渠道。由于该时期互联网线上交易结算功能不完善，互联网的主要功能是传播公益慈善信息和救助需求，公益慈善主体利用互联网对贫困对象的帮助也是较为零散的，受信息渠道的限制比较大。

（二）探索发展期（2008~2013年）

2008年发布的第21次《中国互联网络发展状况统计报告》显示，截至2007年12月，中国拥有网民达2.1亿人，宽带用户达1.63亿户，手机用户达5040万人，网民数量仅次于美国，位列世界第二①。如此大规模的网民数量，为更好地发挥互联网在公益慈善方面的“规模经济”优势奠定了基础。同时，互联网也进入了Web2.0时代，网络用户由被动地接收网络信息转向主动创造互联网信息。以腾讯等公司为代表的互联网社交网络平台和以阿里巴巴等公司为代表的网络支付服务迅速发展，为“互联网+慈善”在信息采集和传播、捐助渠道设立、流程建立等方面提供了重要支持。

2008年被业界称为“中国民间公益元年”和“中国互联网公益元年”。

---

①《中国网民数达2.1亿预计年初能超美成世界第一》，http：//it.people.com.cn/GB/42891/42894/6788086.html。

这一年，汶川发生大地震，支付宝、财付通和易宝支付平台迅速开通捐款通道，短时间内筹集了6000多万元的善款用于救灾和恢复重建，科技向善理念在危机时刻被激发出来。2009年，淘宝首创“公益电商”模式，商家可以自愿将店铺内的产品标记为“公益宝贝”，从所出售的金额中按一定比例进入指定的慈善基金会①。2009年6月，腾讯公益慈善基金会发起“筑梦新乡村”项目，展开互联网企业西部乡村帮扶的创新尝试，计划在定点帮扶地区投入不少于5000万元的公益资金，以助力慈善扶贫②。也是在2009年，“宜农贷”通过与公益性小额信贷机构合作搭建借款平台，开始尝试互联网金融扶贫模式，旨在解决贫困地区农村金融服务欠缺、农民创业资金紧缺的问题③。

在互联网技术普及和快速发展的同时，我国政府陆续出台鼓励农村电商扶贫和拓宽网民参与慈善活动的政策文件。2010年，商务部《关于促进网络购物健康发展的指导意见》（商贸发〔2010〕239号）提出要重视农村网络购物市场，为电商扶贫提供了政策保障④。2011年《中国农村扶贫开发纲要（2011－2020年）》鼓励个人或社会组织以多种方式参与扶贫，为针对贫困地区的“互联网+慈善”行为提供了政策支持。2010年徐州市睢宁县沙集镇凭借互联网电商扶贫的“沙集模式”获得了“最佳网商沃土奖”，使得“互联网+电商扶贫”模式开始引起关注。⑤ 2011年，记者邓飞联合500名记者以及多家主流媒体，倡议每天捐赠3元，为贫困地区学龄儿童提供免费午餐，为确保善款善用，志愿者协助学校开通了微博，每日公开收支信息⑥。同年，淘宝在聚划算“聚蕉行动”，帮助了蕉农们卖出了520吨滞销的香蕉，开启了电商公益扶贫的新模式⑦。2012年，新浪利用其微博用户资源，首创以“大V”为主导的社

① 《淘宝公益宝贝2018产生79亿笔爱心捐赠，超800万人次受益》，http://info.hhczy.com/article/20190122/35212.shtml。

② 《精彩生活分享爱走进新乡村行动公益展板全回顾》，https://gongyi.qq.com/a/20110725/000032.htm#p=1。

③ 《益农贷》，https://baike.baidu.com/item/%E5%AE%9C%E5%86%9C%E8%B4%B7/2025523?fr=aladdin。

④ 《关于促进网络购物健康发展的指导意见》，http://www.100ec.cn/detail--5368152.html。

⑤ 卯解军：《互联网+背景下陇南市电商扶贫研究》，兰州大学硕士学位论文，2017。

⑥ 杨艳芳：《“互联网+”背景下的公益事业发展研究》，南京大学硕士学位论文，2017。

⑦ 陈月：《淘宝网的公益传播研究》，西南大学硕士学位论文，2014。

交公益传播模式。这一时期的“互联网＋慈善”助力扶贫具有代表性的事件如表2所示。

表2 探索发展期“互联网＋慈善”助力扶贫的标志性事件

年份	标志性事件
2008	汶川大地震，开启了互联网募捐“中国民间公益元年”和“中国互联网公益元年”
2009	淘宝首创“公益电商”模式
	腾讯发起了“筑梦新乡村”的慈善扶贫项目
	“宜农贷”开始尝试互联网金融扶贫模式
2010	作为互联网电商扶贫的代表“沙集模式”初显成效
2011	邓飞等人开始了针对贫困地区的“免费午餐”计划
	淘宝的“聚蕉行动”开启了电商公益扶贫的新模式
2012	新浪首创了以“大V”为主导的社交公益传播模式

资料来源：根据网络资料整理。

“互联网＋慈善”在探索发展期助力扶贫的实践主体除了有各大互联网公司，还有以小型电商企业为代表的小企业，实现了扶贫信息上传、整合和传播的网络效应。同时，网络支付体系的建立，使得慈善扶贫捐赠的安全性和数额较前一阶段明显提升。但这一阶段的“互联网＋慈善”助力扶贫受到技术、信任关系的制约。首先，受限于技术因素，贫困群体的需求与公益慈善主体的供给很难精准地对接起来。其次，信息造假识别机制不健全，借助网络平台，个别网民和公益慈善组织通过网络求助骗取网民捐款，扰乱了“互联网＋慈善”市场秩序。最后，慈善捐款使用过程不透明，网络慈善信用水平低，一度导致互联网捐款额度的减少。

（三）逐渐成熟期（2013年至今）

针对扶贫中存在的粗放性、不精准问题，2013年11月，习近平同志到湖南湘西考察时提出了精准扶贫思想。互联网技术的发展，推动政府和各类社会主体一起探索和拓宽精准扶贫的渠道。2013年12月，中共中央办公厅、国务院办公厅联合印发的《关于创新机制扎实推进农村扶贫开发工作的意见》提出加强农村尤其是贫困村的互联网基础设施建设，弥补“数字鸿沟”。2014年7月，国务院扶贫办下发《全国扶贫开发信息化建设规划》提出加快贫困地区的信息化建设。这两个文件的出台为“互联网+慈善”助力精准扶贫提供了重要的政策支持。

与此同时，我国网民数量尤其是移动互联网用户数量的大幅上升，有效助推了“互联网+慈善”助力精准扶贫的实践。第32次《中国互联网络发展状况统计报告》指出，截至2013年6月底，我国网民数量达5.91亿人。其中，手机网民数量达4.64亿人①。随着大数据、云计算和人工智能等信息技术的迅猛发展，相比Web2.0时代的信息粗放化管理与分析，可以实现Web3.0所倡导的“以用户为中心”的智能网络下对信息进行精细化、智能化管理与分析的目的，从而可以有效地解决Web2.0时期求助者与施助者无法有效精准匹配的问题。得益于制度层面的保障和信息技术层面的进步和普及，2013年中国互联网捐款总额达到3亿元②；2014年上升为4.28亿元。新浪公益平台的捐款额达到4797万元，而其中的个人捐款就高达4008.8万元，占到了84%，100元以内的小额捐款更是占到了98%③。在互联网募捐平台的各种项目中，医疗类募捐成为占比最高的项目类型。在新浪公益平台上，医疗类捐款占总捐款的48.56%；在腾讯公益平台上，医疗类捐款占到了34.09%④。2014年，除了捐款额度的提升外，各互联网平台开始举办各种活动以助力精准扶贫。腾讯设立的“腾讯为村”（简称“为村”）项目，建立了一个互联网结合基层党务、政务、村务的平台，在精准扶贫的过程中有效地推进了乡村治理工作⑤。这一时期的“互联网+慈善”助力扶贫具有代表性的事件如表3所示。

---

① 第32次《中国互联网络发展状况统计报告》，http：//www.cac.gov.cn/2014-05/26/c_126548808.htm。

② 彭建梅主编《2013年度中国慈善捐助报告》，企业管理出版社，2014，第208页。

③ 彭建梅主编《2014年度中国慈善捐助报告》，企业管理出版社，2015，第143页。

④ 杨艳芳：《“互联网+”背景下的公益事业发展研究》，南京大学硕士学位论文，2017。

⑤ 崔鹏、肖予为：《马化腾：腾讯“互联网+扶贫”再突破》，《中国企业家》2019年第3期，第32~33页。

表3　逐渐成熟期"互联网+慈善"助力扶贫的标志性事件

年份	标志性事件
2014	2014年中国互联网捐款总额为4.28亿元,较前一年增长了42.67%
	腾讯设立"腾讯为村"的项目
	新浪公益平台联合瓷娃娃罕见病关爱中心发起了中国版的"冰桶挑战"
	中国扶贫基金会发起了"饥饿24"活动
	"天气通"与"爱心衣橱"共同发起了"减衣挑战"
2015	电商扶贫被列入国家精准扶贫十大工程
2016	677万人次通过腾讯的"9·9"公益日平台捐款3.05亿元
	民政部公布的首批互联网募捐平台正式上线
2018	民政部公布的第二批互联网募捐平台正式上线
2019	中华慈善总会以"慈善、公益、扶贫"为主题,启动了华夏公益扶贫项目
	腾讯公益、蚂蚁金服公益等六家公益慈善平台数据公布,募捐额度和参与人数稳步上升

资料来源：根据网络资料整理。

随着"互联网+慈善"助力精准扶贫的实践不断深入，中央开始密集出台有关政策，包括了"互联网+产业"、"电商扶贫"、"金融扶贫"、"网络扶贫"、"互联网慈善募捐平台参与精准扶贫"和"教育扶贫"等。2015年3月，李克强总理在《政府工作报告》中提出了"互联网+"战略。同年7月，国务院发布了《关于积极推进"互联网+"行动计划的行动意见》，提出将"互联网+"应用于各个经济社会领域①。2015年11月，国务院办公厅下发《关于促进农村电子商务加快发展的指导意见》，提出发展农村电商助力精准扶贫。2016年，中央一号文件出台，提出将新兴的互联网金融作为金融扶贫的重点工作，不断推动金融扶贫的进程。2016年11月，中央网信办、国家发展改革委、国务院扶贫办颁布《关于加快实施网络扶贫行动》，提出利用互联网助力精准扶贫。2017年3月1日，《贫困残疾人脱贫攻坚行动计划（2016~2020年）》出台，鼓励企业通过公益基金会和慈善信托参与精准扶贫②。针对互联网公开募捐信息平台所存在的一些问题，2017年7

① 《国务院关于积极推进"互联网+"行动的指导意见》，https：//baike.baidu.com/item/。

② 《关于印发〈贫困残疾人脱贫攻坚行动计划（2016~2020年）〉的通知》，http：//www.cpad.gov.cn/art/2017/3/1/art_46_59943.html。

月，《慈善组织互联网公开募捐信息平台基本技术规范》和《慈善组织互联网公开募捐信息平台基本管理规范》开始实施。2018年8月19日，《中共中央国务院关于打赢脱贫攻坚战三年行动的指导意见》提出，推进网络覆盖、农村电商、网络扶智、信息服务、网络公益的发展，创新“互联网+”扶贫模式①。2019年，中央网信办、国家发展改革委、国务院扶贫办、工业和信息化部联合印发《2019年网络扶贫工作要点》，提出通过互联网等信息技术助力精准扶贫的有效开展，并且布置了重点任务②。

在政策鼓励下，公益慈善主体参与精准扶贫的热情被充分调动起来。2016年，《中国互联网络发展状况统计报告》显示，中国网民通过互联网进行慈善行为的比例达到了32.5%，总金额达到了2.38亿元，这些捐款运用到扶贫项目的比例达到了16.8%③。2016年，由民政部公布的首批13家互联网募捐平台正式上线，仅腾讯公益、淘宝公益、蚂蚁金服公益这三家平台一共获得12.89亿元善款，比2015增加了35.79%④。2016年9月7日至9月9日的“9·9”公益日，677万人次通过腾讯公益平台捐款3.05亿元，平均每人次捐赠45.05元⑤。2018年，公益慈善项目信息发布平台又新增了9家。2019年，更多的互联网平台加入“互联网+慈善扶贫”的队伍中来。易宝公益联合爱心企业通过“互联网+公益”的方法助力精准扶贫，调动企业资源，发起爱心企业募捐活动，帮助山西、内蒙古等地的重病孤儿重获新生⑥。中华慈善总会以“慈善、公益、扶贫”为主题，启动了华夏公益扶贫项目⑦。截至2019

① 《中共中央国务院关于打赢脱贫攻坚战三年行动的指导意见》，http://www.gov.cn/zhengce/2018-08/19/content_5314959.htm。

② 《2019年网络扶贫工作要点印发实施》，http://www.cpad.gov.cn/art/2019/4/28/art_46_97363.html。

③ 第39次《中国互联网络发展状况统计报告》，http://www.cac.gov.cn/cnnic39/。

④ 《2016年度中国慈善捐助报告》发布全年捐赠总额达1392.94亿元，http://www.gongyishibao.com/html/gongyizixun/12735.html。

⑤ 孙叶竹：《网络捐赠成为慈善金矿，良性发展呼唤透明化》，《中国慈善发展报告（2017）》，社会科学文献出版社，2017，第256~263页。

⑥ 《新公益时代来临：“互联网+公益”助力精准扶贫》，http://dy.163.com/v2/article/detail/E5GGB19F0511MMMH.html。

⑦ 《中华慈善总会华夏公益扶贫项目正式启动》，http://www.jiaodong.net/aixin/system/2019/04/03/013849852.shtml。

年5月，腾讯公益累计获得慈善捐款达到了53.1亿元，历史爱心人次为2.3亿①；蚂蚁金服公益平台累计获得捐款达到了近19.8亿元，历史爱心人次为12.5亿②。其他公益平台捐款情况如表4所示。

表4　互联网平台累计捐款总额与爱心人数

平台名称	历史善款总额(亿元)	历史爱心人数(万人次)
腾讯公益	53.1	22972.7
蚂蚁金服公益	19.8	125303.4
中国慈善信息平台	134.5	—
新华公益	0.88	92.2
联劝网	0.82	64.5
广益联募	3.3	25.6

资料来源：根据网络资料整理。

互联网慈善募捐高速发展的同时，我国电商扶贫、金融扶贫和教育扶贫也有较快的发展。在电商扶贫方面，除了阿里巴巴、腾讯这些老牌互联网巨头继续深耕这一领域外，新的互联网企业，如拼多多也加入进来，截至2016年底，拼多多通过电商扶贫在全国范围内一共带动了6.2万农民返乡创业，有效地助力精准扶贫③。有关数据表明，截至2017年，中国已有62个县通过电商扶贫项目达到了有效脱贫的目的④。在金融扶贫方面，2016年阿里巴巴的子公司蚂蚁金服与中和农信达成战略合作，利用其互联网技术为贫困地区人员提供更加低成本的小额贷款⑤。截至2017年6月30日，互联网金融平台翼龙贷向199个贫困县注入了扶贫资金55亿元⑥。教育扶贫方面，中国还对“互联网+教育扶贫”进行了探索，通过对以互联网为代表的信息技术的使用，缓解了中

① 《腾讯公益》，https://gongyi.qq.com/。

② 《蚂蚁金服公益平台》，https://love.alipay.com/donate/index.htm。

③ 《“互联网+”创新精准扶贫上下行体系》，《中华工商时报》2019年4月9日。

④ 张亭亭：《探讨互联网新视角下的精准扶贫》，《智库时代》2019年第16期，第3~4页。

⑤ 《“年度扶贫奖”候选企业：蚂蚁金服“互联网+精准扶贫”》，http://gongyi.people.com.cn/n1/2016/1207/c408508-28931569.html。

⑥ 《互联网金融扶贫：我们找到了两大路径和几家样本企业》，https://baijiahao.baidu.com/s?id=1588089991263146037&wfr=spider&for=pc。

国贫困地区教育资源缺乏的状况①。

综上所述，在信息智能化运用的时代背景下，“互联网+慈善扶贫”的规模越来越大、项目类型越来越多、善款金额越来越高、网民参与的意愿越来越强，既有以大数据、云计算为依托的互联网慈善募捐平台捐款的模式和新型电商扶贫模式，还有通过移动互联网相关技术的体验式扶贫模式。相信随着人工智能、区块链、物联网等技术的不断发展，“互联网+慈善扶贫”必将会涌现出更加新颖的模式。因此，在政策和技术的支持下，“互联网+慈善扶贫”必将成为慈善力量助力精准扶贫的重要模式。

三　“互联网+慈善”助力精准扶贫的模式：案例分析

从互联网扶贫的主体角度可把“互联网+慈善”助力精准扶贫的模式分为企业互联网扶贫、公益慈善组织互联网扶贫、事业单位互联网扶贫和政府支持的互联网平台扶贫四种模式。本部分针对每一种模式在河南省选择具有代表性的案例，对其项目背景、扶贫主体、扶贫对象、政府角色、扶贫效果、存在的问题等进行分析。

（一）模式分类与主要特征

自互联网与慈善相结合以来，各类社会力量探索多种利用互联网技术进行扶贫的实践模式，如公益慈善组织利用互联网平台筹集公益慈善资金从事扶贫活动，利用互联网技术开展对扶贫对象的在线教育、在线医疗等，企业利用互联网平台帮助贫困户销售产品、经营网店等，以及二类事业单位利用互联网技术进行在线医疗、在线教育等。

为方便分析，本研究从利用互联网扶贫的主体角度把“互联网+慈善”助力精准扶贫的模式分为企业互联网扶贫、公益慈善组织互联网扶贫、事业单位互联网扶贫和政府支持的互联网平台扶贫。其中，公益慈善组织互联网扶贫又可以

① 葛涵、褚丹、刘志慧：《“互联网+”教育背景下基础教育精准扶贫对策研究》，《黑龙江科学》2019年第5期，第68～69页。

分为两类。一是公益慈善组织提供互联网平台，爱心企业和爱心人士通过平台捐款，公益慈善组织利用慈善捐款帮助贫困对象。在这种类型中，公益慈善组织是作为捐款人的代理人实施扶贫活动的，互联网作为筹款的工具是捐款人与公益慈善组织共同实现目标的纽带。二是网络扶贫，即公益慈善组织利用互联网技术支持开展扶贫活动，如在线教育、在线医疗等。而政府支持的互联网平台扶贫比较特殊，主要是在政府主导下建立的互联网扶贫平台，并且在运营中也始终在政府的指导下开展工作。虽然其他类扶贫模式也有政府的合作支持，但都是以公益慈善主体为主开展扶贫活动。扶贫模式和实践类型如表5所示。

表5 “互联网+慈善”助力精准扶贫的主要模式

模式类型	实践类型
公益慈善组织互联网扶贫	互联网平台筹款
	网络扶贫，如在线教育、在线医疗等
企业互联网扶贫	电商扶贫、互联网金融扶贫、在线医疗等
事业单位互联网扶贫	在线医疗、在线教育等
政府支持的互联网平台扶贫	中国社会扶贫网

资料来源：作者自制。

（二）案例选择标准与资料来源

1. 案例选择标准

案例选择的标准有以下两个。一是案例具有典型性。这主要表现在所选案例是在精准扶贫过程中发生的，扶贫活动发生在贫困人口比较集中的区域，在扶贫过程中对互联网技术的依赖性比较强且扶贫成效明显，模式具有可持续性和可复制性。二是案例资料获取相对容易。“互联网+慈善”助力精准扶贫案例在全国相对较多，并且有部分已取得明显成效，但考虑到调研时间与成本问题，本课题在确保案例典型性的基础上，优先在课题组所在的河南省选择案例。

2. 资料来源

课题组利用百度搜索，初步在全国范围内筛选公益慈善组织互联网扶贫、企业互联网扶贫和事业单位互联网扶贫的典型案例，然后把河南省的案例与全国范围内的案例进行对比分析，确定调研的案例和调研地点。

课题组在河南省共调研了五县一市的“互联网＋慈善”助力精准扶贫案例。其中，针对企业电商扶贫，调研了两个国家级贫困县和一个贫困人口区域比较集中的非国家级贫困县；针对“互联网＋健康扶贫”，调研的两个县都是国家级贫困县；针对“互联网＋旅游扶贫”，分别调研了“互联网＋旅游扶贫”新闻报道比较多的市和非国家级贫困县；针对企业互联网金融扶贫，也是在调研过程中针对一个非国家级贫困县做了初步了解（见表6）。调研后，课题组发现有些案例并不理想，主要原因：一是互联网技术的利用不突出；二是对扶贫的带动作用不明显。最后，课题组舍弃了“互联网＋旅游扶贫”案例和企业金融扶贫，保留了企业电商扶贫、事业单位“互联网＋健康扶贫”、公益慈善组织互联网扶贫和政府支持的互联网平台扶贫。

表6　课题组调研地点及调研内容

调研地点	调研内容
YZ市	旅游扶贫
YL县	旅游扶贫、企业金融扶贫
MJ县	电商扶贫(企业互联网扶贫)
RY县	电商扶贫(企业互联网扶贫)、 事业单位“互联网＋健康扶贫”(事业单位互联网扶贫)
GS县	电商扶贫(企业互联网扶贫)、 企业“互联网＋健康扶贫”(企业互联网扶贫)
ZZ市	慈善组织互联网扶贫(慈善组织互联网平台扶贫)

资料来源：作者自制。

（三）企业互联网扶贫：电商扶贫

1. 企业电商扶贫的基本情况

电商扶贫是“一种将电子商务和产业扶贫相结合的精准扶贫新模式”①，以此促进贫困家庭脱贫致富，带动当地产业发展②。电商扶贫是以信息技术为

① 王鹤霏：《农村电商扶贫发展存在的主要问题及对策研究》，《经济纵横》2018年第5期，第102～106页。

② 李秋斌：《“互联网＋”下农村电子商务扶贫模式的案例研究及对策分析》，《福建论坛》（人文社会科学版）2018年第4期，第179～188页。

手段，通过利用电商经营模式，以实现农产品价值增值，帮助贫困户获得稳定收入，是一种典型的“造血式”扶贫模式。

继2015年初电商扶贫被国务院扶贫办列为精准扶贫十大工程后，2016年11月4日国务院扶贫办等中央16部委联合出台《关于促进电商精准扶贫的指导意见》（国开办发〔2016〕40号），提出：“加快实施电商精准扶贫工程，逐步实现对有条件的贫困地区的三重全覆盖：一是对有条件的贫困县实现电子商务进农村综合示范全覆盖；二是对有条件发展电子商务的贫困村实现电商扶贫全覆盖；三是第三方电商平台对有条件的贫困县实现电商扶贫全覆盖”。国家政策支持、企业对农村电商市场的占领需要以及企业社会责任心，成为企业发展电商扶贫的重要助推力，也推动了互联网与传统农业的深度融合。在企业电商扶贫中，主要有两种类型：一类是电商平台企业，如京东、淘宝等，直接开展扶贫项目；另一类是电商平台为贫困地区的个人或企业提供在平台上开店经营的优惠措施，如京东、淘宝、拼多多、苏宁易购、供销e家、工商银行融e购等。

以两大电商平台巨头京东和淘宝为例。对京东而言，2014年其开始发展农村电商，以开设京东“特产馆”的模式运营。2016年1月，国务院扶贫开发领导小组办公室与京东集团签署《电商精准扶贫战略合作框架协议》，利用其电商平台优势，助力国家精准扶贫战略目标实现。截至2019年1月，全国832个贫困县的300多万商品在其平台上销售，销售额超过500亿元，直接带动50万户建档立卡贫困户实现增收①。同时，京东还在精准扶贫过程，利用自己的电商平台打造了“跑步鸡”“游水鸭”“飞翔鸽”等知名扶贫品牌。对于全国最大的电商平台淘宝网而言，2015年832个国家级贫困县在阿里零售平台的销售总额为215.56亿元，其中有38个贫困县的销售额超过亿元②。阿里研究院提供的最新数据则显示，2018年，832个国家级贫困县在阿里平台的销售额达630亿元，其中销售额达到或超过1亿元的贫困县有100多个。数据还显示，秦巴山区等连片特困地区的网络零售额排名靠前（见表7）。

---

① 《京东精准扶贫“成绩单”：扶贫产品销售额超500亿》，《人民网》，http://it.people.com.cn/n1/2019/0121/c1009-30580379.html。

② 《阿里巴巴农村淘宝：电商扶贫扶贫新思路》，《中国网》，http://cul.china.com.cn/2016-10/21/content_9105404.htm2019-5-7。

表7 2018年集中连片特困区电商创业最活跃的10个县

排序	省	县区	连片特困区
1	河南省	镇平县	秦巴山区
2	江西省	赣州市南康区	罗霄山区
3	河北省	望都县	燕山－太行山区
4	湖北省	恩施市	武陵山区
5	河北省	曲阳县	燕山－太行山区
6	河南省	光山县	大别山区
7	河北省	涞水县	燕山－太行山区
8	江西省	莲花县	罗霄山区
9	江西省	上犹县	罗霄山区
10	湖北省	麻城市	大别山区

资料来源：2018年国家级贫困县在阿里电商平台销售额超630亿元，光明网，http：//politics. gmw. cn/2019－02/19/content_ 32531202. htm2019－5－7。

为进一步了解企业电商扶贫的具体运行模式，课题组对河南省国家级贫困县RY县和GS县、非国家级贫困县MJ县的电商扶贫情况进行调研。调研发现，各地企业电商扶贫的运行模式基本相同，本报告选用三个案例中较为典型的MJ县进行分析。为深入了解企业电商扶贫的运作过程，课题组对MJ县商务局、扶贫办、商会及电商企业代表等相关工作人员进行了访谈，并实地参观了MJ县电子商务中心、物流中心、淘宝村和村级服务站。

2. MJ县企业电商扶贫案例

（1）案例背景

MJ县南邻洛阳，北依黄河，总面积758.7平方公里，人口约46万，其中建档立卡贫困户5613户、15258人，主要集中于县域西部山区。截至2018年底，该县仍有7000多贫困人口尚未实现脱贫。

由于物流基础差、电商经营理念落后等原因，电商企业较少，农特产品不但销售价格低，销售渠道也非常有限。以2016年申请到国家电子商务进农村综合示范项目为契机，MJ县主管部门领导高度重视电商扶贫工作，启动“12510”电商发展工程（即1个县级电子商务公共服务中心、2个电子商务产业园区、5个淘宝村以及培育10家传统经营企业向电子商务企业转型升级），以本地特色产业为依托，大力推进淘宝村创建和电商企业发展工作。2018年，

MJ县的电商模式被授予“电子商务促进乡村振兴十佳案例”。

（2）参与主体及其参与方式

与全国大多数贫困人口比较集中的县域相同，MJ县企业电商扶贫是以电商平台和本地电商企业为扶贫主体、贫困户为扶贫对象、政府为服务主体，各主体在企业电商扶贫中的参与方式及他们之间的相互关系如图1所示。

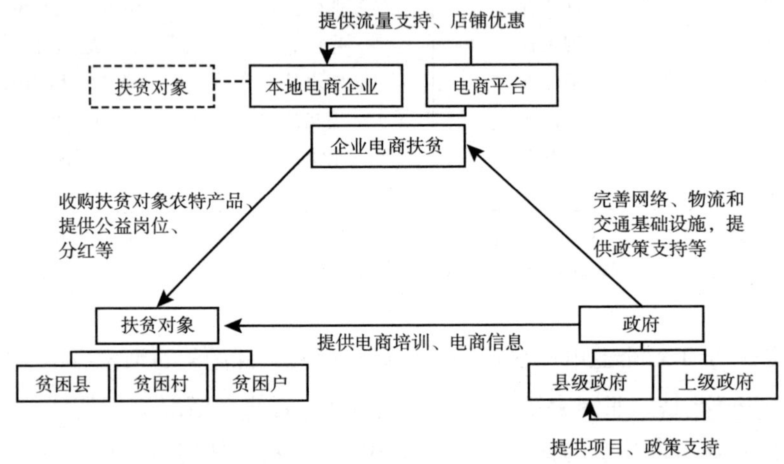

图1 企业电商扶贫的主要参与主体及其之间的关系

资料来源：作者自制。

第一，扶贫主体：电商平台和本地电商企业。一是电商平台。电商平台是一个为企业或个人提供网上交易洽谈的虚拟网络空间平台。MJ县电商企业主要依托淘宝、京东、拼多多、腾讯微商城等电商平台，这些平台除了可为商家提供网络基础设施、支付平台、交流平台、管理平台等共享资源外，在电商扶贫中还利用其技术与平台优势对贫困地区的电商企业和产品销售开设绿色通道，提供优惠流量和优先推介。同时，京东和淘宝等电商平台还积极帮助MJ县开发具有当地特色的农特产品品牌，这也是电商平台参与精准扶贫的主要方式之一。因此，电商平台在精准扶贫中的参与，属于典型的扶贫公益行为。

二是本地电商企业。这里的本地电商企业主要是指案例所在县的企业或个人在电商平台注册的本地网店，是MJ县电商扶贫的直接参与和受益主体。其中，有些网店就是贫困人口经营的，大部分网上店铺是本地实体企业和非贫困户经营的。MJ县政府积极引导电商企业参与扶贫过程，精准帮扶本地贫困人口，这些企业的带贫作用主要体现在：①优先收购贫困户的农特产品，深度挖掘贫困村和贫困户生产的适合网上销售的特色优质产品，建立电商扶贫与产业对接的长效机制；②提供公益岗位，在种植、包装、分拣、物流等电商生产链上的工作岗位，同等条件下优先雇用当地贫困户；③贫困户参与电商企业的分红，部分电商企业为实现规模化经营，以土地入股方式进行扶贫，这时贫困户不但可以在电商企业获得务工收入，还可以获得土地入股分红收入。

第二，扶贫对象。建档立卡贫困户是电商扶贫的对象，帮助其脱贫致富，获得一份有尊严的收入是电商扶贫的主要目标。贫困户电商扶贫的参与形式主要有四种：一是通过电商培训，直接在电商平台注册店铺，从事农特产品销售；二是把自己所生产的农特产品卖给本地电商企业；三是在本地电商企业就业；四是土地入股，获得股份分红收入。

第三，各级政府。中央政府和省级政府在政策和资金支持方面起到关键作用，电商扶贫就是中央政府部门出台电商扶贫政策和在提供专项基金项目的背景下发展起来的。县级政府（各县主要是商务局负责电商扶贫工作）则是电商扶贫的直接服务部门，主要是为电商平台进入提供基本服务和为本地电商企业提供物流基础设施、电商培训与宣传等各种服务。对MJ县而言，具体包括以下几点。①确定电商发展的“12510”目标，引导县域电商发展。②实施贫困村电子商务人才培训。商务局通过政府购买将电商培训工作委托给中标的A公司，免费开展电商知识及应用技能培训，并在培训期间免费为其提供食宿。截止到2019年3月底，共举办20余期培训班，培训人员1720人次。③强化宣传力度，提高电商认知水平。通过在全县贫困村悬挂横幅、书写墙体标语、在县电视台播放滚动字幕、印刷电子商务政策等方式，全方位营造电子商务进农村宣传氛围。④提供电商运营基本服务，布局农村电商物流体系和三级服务体系（即县电商服务中心、乡/镇电商服务站、村电商服务点）。⑤积极对接电商平台，促进农产品线上销售。

（3）扶贫效果

截至2018年底，MJ县已注册认定电商企业300多家，发展网上店铺270余家，村级电商服务点覆盖率达44%，其中贫困村覆盖率达83%，线上交易总额突破1个亿。其中，贫困户开设的店铺有30多个，电商企业为贫困户提供工作岗位近千个。作为“造血式”扶贫的典型模式，电商扶贫最大的特点在于为贫困地区产业规模化发展提供了长效机制，为贫困户提供了一份有尊严的收入。课题组与一残疾女青年（网店经营者）聊天时，发现虽然每月收入仅一千元左右，但她对这份收入的自豪感全都写在了脸上。同时，该县成功打造的“牡丹画”淘宝村和“唐三彩”淘宝村，在电商产业链上，基本覆盖了当地具有劳动能力的所有贫困人口，成功带动其实现脱贫的目标。

同时，电商扶贫在瞄准贫困户，帮助贫困户线上销售农产品和为贫困户提供就业岗位的同时，具有较强的溢出效应，主要体现在促进本地特色农产品规模化发展、打造本地特色农产品品牌、促进本地特色农业发展、普遍提高农村居民收入等。

（4）电商扶贫成功的条件

MJ县电商扶贫的主要经验如下。①电商平台和电商企业立足地方特色发展电商产业。MJ县“牡丹画”淘宝村和“唐三彩”淘宝村等都是利用特色产品发展的地方名片，市场前景较好。同时，对于地方农特产品，积极培育地方品牌，做大规模，实现产业化经营与电商扶贫的有效结合。②积极与政府合作，通过政府完善基础设施和培训电商人才。为引进企业电商平台和发展本地电商企业，2018年MJ县已建成县级农村电商服务中心1个、镇级电商服务站6个、村级电商服务点92个。同时，通过政府购买的方式进行电商培训、电商网络建设及物流建设，为电商扶贫提供了所需要的基本公共服务和必备人才。③企业电商扶贫注重对贫困人口能力开发和生命质量尊重。与传统的“输血式”扶贫不同，企业电商扶贫是典型的“造血式”扶贫，通过为贫困户提供电商经营渠道、产品销售渠道或者在电商经营链上提供就业机会，从而让贫困人口获得了一份有尊严的收入，提高其生活质量。

（5）主要问题

与调研的RY和GS县一样，MJ企业电商扶贫目前存在的主要困难表现在电商人才匮乏、产业支撑缺乏、电商品牌创建不易、电商经营维护成本高等。对于大多数贫困户而言，受知识与能力所限，难以实现网上经营店铺的目标，电商带贫的路径更为可行。而企业电商带贫的可持续性和有效性取决于农特产品规模化经营，如MJ的小西瓜、RY的红薯和GS的麻鸭蛋都出现产量跟不上去的情况。

同时，企业电商扶贫瞄准贫困县、贫困村和贫困人口，因此从长远机制看来，企业电商扶贫应更多地通过溢出效应带动当地农村居民收入增加。

（四）公益慈善组织互联网扶贫：网络扶贫

1. 公益慈善组织互联网扶贫的基本情况

公益慈善组织与互联网的结合开启了科技向善的新时代，也为公益慈善组织助力精准扶贫提供了多种可能。从互联网平台筹款到利用互联网平台和技术参与扶贫，公益慈善组织正在利用互联网技术更方便地追求善的目标。

互联网募捐信息平台是公益慈善组织线上筹集善款的合法平台，让拥有公开募捐资格的慈善组织高效地开展网络募捐等公益慈善活动。2016 年 8 月，《民政部关于指定首批慈善组织互联网募捐信息平台的公告》（第 379 号）指定了包括“腾讯公益”网络募捐平台等在内的 13 家互联网募捐平台，具体名单见表 8。但后来中国慈善信息平台和基金会中心网退出，这一批目前还剩 11 家。2018 年 5 月，《民政部关于指定第二批慈善组织互联网募捐信息平台的公告》（第 433 号）再次指定了 9 家募捐平台信息，具体名单信息见表 9，与第一批一起共有20 家。

表 8　2016 年民政部指定的首批慈善组织互联网募捐信息平台名单

序号	运营主体	平台名称
1	腾讯公益慈善基金会	腾讯公益网络募捐平台
2	浙江淘宝网络有限公司	淘宝公益
3	浙江蚂蚁小微金融服务集团有限公司	蚂蚁金服公益平台
4	北京微梦创科网络技术有限公司	新浪微公益
5	中国慈善联合会	中国慈善信息平台
6	网银在线（北京）科技有限公司	京东公益互联网募捐信息平台
7	北京恩玖非营利组织发展研究中心	基金会中心网
8	百度在线网络技术（北京）有限公司	百度慈善捐助平台
9	北京厚普聚益科技有限公司	公益宝
10	新华网股份有限公司	新华公益服务平台
11	北京轻松筹网络科技有限公司	轻松筹
12	上海联劝公益基金会	联劝网
13	广州市慈善会	广州市慈善会慈善信息平台

资料来源：民政部网站，http：//www.mca.gov.cn/article/xw/tzgg/201608/20160815001648.shtml 2019－5－20。

表 9　2018 年民政部指定的第二批慈善组织互联网募捐信息平台名单

序号	运营主体	平台名称
1	北京三快云计算有限公司	美团公益
2	北京小桔科技有限公司	滴滴公益
3	北京善源公益基金会(中国银行发起成立)	善源公益
4	中国工商银行股份有限公司	融 e 购公益
5	北京水滴互保科技有限公司	水滴公益
6	江苏苏宁易购电子商务有限公司	苏宁公益
7	中华思源工程扶贫基金会	帮帮公益
8	易宝支付有限公司	易宝公益
9	北京帮一把网络科技有限公司 (国务院扶贫办指导)	中国社会扶贫网

资料来源：民政部网站，http：//www. mca. gov. cn/article/xw/tzgg/201804/20180400008632. shtml 2019 -5 -20。

2018 年，20 家互联网募捐信息平台，共为全国 1400 余家公募慈善组织募集善款总额超过 31. 7 亿元，其服务精准扶贫项目数、基层慈善组织数占比均超过 80%①。利用互联网募捐信息平台进行慈善筹款是目前社会组织互联网扶贫的最主要方式，但这种模式与政府支持的互联网平台模式在筹款方面类似，都是在具有公募资格的平台上筹款，然后对特定扶贫对象和扶贫群体进行精准扶贫。由于本报告要对政府协同的互联网平台扶贫模式进行专门分析，因此在该部门不再选择公益慈善组织互联网平台筹款案例，而仅选择公益慈善组织利用互联网技术实施扶贫的案例。

公益慈善组织利用互联网平台和技术进行直接扶贫的案例并不是特别多，但现有比较成功的案例影响都比较大，很值得深入分析。经筛选，选取腾讯基金会“为村”项目，主要原因在于该项目在全国贫困村覆盖面比较广，有些地方已取得明显成效，同时河南部分市县也是该项目的受益对象。但在调研过程中，发现河南目前加入“为村”平台的村庄紧紧停留在“村（居）友圈”、党务政务等信息公开层面，扶贫功能缺乏开发利用，且平台利用率不高、村民

① http：//www. gov. cn/shuju/2019 -04/04/content_ 5379716. htm. 2019 年 5 月 20 日。

参与人数少，参与人数最多的商丘市小吴屯村注册村民也只有 392 人。同时，发展水平低，按照“为村”平台的评级标准，河南省目前没有一个注册村庄达到五星水平，省星级排名第一的信阳光山县槐店乡晏岗社区，星级认定也只有三级。为此，本案例成效部分主要针对“为村”项目的成功案例进行分析以总结相关经验和可推广模式。

2. 腾讯慈善公益基金会“为村”项目案例

（1）案例背景

腾讯公益慈善基金会是由腾讯公司 2006 年 9 月发起筹备，国家民政部注册的全国性非公募基金会，也是中国第一家由互联网企业发起的公益基金会。精准扶贫领域一直是腾讯公益最关注，也是投入力量最大的领域。一方面，腾讯慈善公益基金会发挥平台作用，积极开展扶贫领域的慈善捐款。截至 2018 年 6 月，腾讯基金会扶贫领域的公益慈善活动，占总体捐赠项目的 94%，捐赠金额达 15 亿元。另一方面，积极探索“互联网 +”扶贫模式，依托腾讯本身的研发团队与生态环境，推动互联网先进技术与精准扶贫工作的有机结合。比如腾讯与贵州合作的“全国互联网 + 产业扶贫云”项目，借助腾讯的云服务与大数据可视化展示能力，释放了贫困地区市场潜力；腾讯觅影团队利用图像识别、大数据处理、深度学习等 AI 领先技术，破解了因病致贫的“灰犀牛”。从扶智到扶志，将科技与生态同行，腾讯的精准脱贫攻坚精准化、智慧化发展正在更多地方落地。数据显示，腾讯目前服务精准扶贫项目数、基层慈善组织数占比均超过 80%①。

“为村”是一个用移动互联网发现乡村价值的开放平台，由腾讯基金会提供互联网平台和必要资金支持，通过把贫困村脱贫致富的主动权交给村庄的主人，为乡村连接情感，连接信息，连接财富。2014 年 11 月，腾讯基金会选择贵州黔东南州黎平县的铜关村开展“为村”项目试点。铜关村的成功，加快了“为村”项目平台在全国的推广应用。一个乡村成为“为村”，有以下几个阶段：首先是政府资金与管理支持；其次是“为村”团队开发及运营指引，村庄微信公众号上线；再次是开展“为村”课堂，“为村”团队指导并激励各村村委，党员使用平台功能；最后是搭建“为村”资源平台，根据村

① https：//gongyi. qq. com/a/20190523/004025. htm.

庄互联网发展阶段，为村提供腾讯内外发展资源，助力脱贫攻坚。其中村公众号主要开设如下。一是智慧村务，具体包括村庄党务、政务和事务信息公开。这为在外务工人员了解村庄情况提供了便捷通道，可以有效地连接与村庄的感情。二是“一村一品”微店，不仅为入驻村庄符合网络销售的农产品提供销售渠道，还可以通过平台公布农产品信息，从而引进企业投资进行规模化生产。三是乡村振兴探索。“为村”平台，让在外农民工更多地了解家乡需求与变化，吸引农民工返回创业，激发乡村振兴内生活力。同时，为乡村发展引进外来资本，积极探索乡村振兴之路，实现贫困村脱贫后的可持续发展。总之，“为村”平台试图把脱贫致富的主动权交给村庄的主人，以扶志的方式助力精准扶贫，并引导村民探索脱贫的乡村振兴之路。截至2019年6月2日，全国已有11808个村入驻“为村”平台，服务村民数达到250.2万人①。

（2）参与主体及其参与方式

在“为村”平台“互联网+乡村”的扶贫模式中，以腾讯公益慈善基金会“为村”平台为依托，瞄准贫困村，通过上级政府的资金与管理支持、村两委及驻村帮扶干部对平台的日常操作与管理，在利用村民自身力量的同时，借助平台力量连接社会各项资源助力脱贫。主要参与主体之间的相互关系如图2所示。

第一，扶贫主体。一是腾讯公益慈善基金会。首先，利用腾讯互联网公司的技术优势，搭建了“为村”平台，并联合腾讯直播、腾讯新闻、腾讯视频等助力平台推广；其次，负责平台的日常运行，包括对入驻“为村”资格的审核、组建“为村”团队，负责平台培训以及对各个村项目进度的考核与激励等；最后，利用自身的社会影响力，义务帮助村庄连接合适的社会资源，助力乡村连接财富，最终实现脱贫致富。

二是其他社会爱心企业。腾讯公益慈善基金会积极连接社会资源，帮助在“为村”平台上注册的贫困村脱贫致富。以贵州省黔东南州黎平县铜关村为例，中国移动在铜关村架设了一个4G基站，给每一位村民赠送每月1G流量，连送20个月；中兴通讯捐出296台手机；深圳同济人设计院，负责铜关

① 内容来自“腾讯为村”微信公众号。

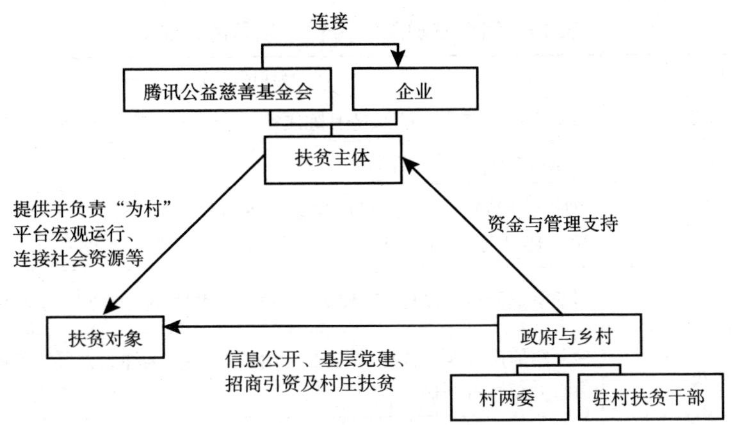

图 2　慈善组织互联网扶贫的主要参与主体及其关系

资料来源：作者自制。

侗族大歌生态博物馆建设；“俺们村”智慧平台为智慧村庄提供解决方案和运营支持；立邦漆提供村庄上色；腾讯用户研究与体验设计中心，为铜关村设计了一套 VI 和智慧旅游服务设计；腾讯地图为铜关村设计街景地图；广州茂腾信息科技有限公司，为铜关村设计了一套微信智慧村庄运营平台；深圳同乐时光设计有限公司，为铜关村的土特产提供了包装设计；北京构易建筑设计有限公司，为村民设计一份价值 25 万元的拎包入住民宿设计图；西安觉臻企业文化传播有限公司购买当地侗布做“觉臻枕头”① ……所有的资源方都表示不仅仅为铜关村出力，还愿意进入“为村”资源平台，继续支持以后申请加入“为村”的村庄。

第二，扶贫对象。“为村”项目主要是针对贫困村。就河南而言，目前有 9 个市 28 个村加入“为村”平台，其中有 19 个村位于国家级贫困县内（见表 10）。腾讯公益慈善基金会致力于通过“为村”平台，为贫困村、贫困户提供一个促沟通、增信任的渠道，从而让无论在外打工还是在村庄留守的村民都能够为村庄脱贫致富贡献自己的力量和智慧，从而使公益慈善组织从扶贫中的主力变成扶贫中的助力。

---

① 内容来自“腾讯为村”微信公众号。

表10　河南省加入“为村”项目的村庄

地市	“为村”村庄
濮阳市	范县高码头镇孔河村*、范县陈庄镇*、南乐县寺庄乡古念寺
安阳市	林州市桂园街道小菜园村
商丘市	梁园区孙福集乡小吴屯村、睢县城关镇周庄村*、民权县王桥镇杨官庄村*、睢县董店乡阙庄村*、柘城县牛城乡单桥村*
新乡市	封丘县赵岗镇老庄村、卫辉市唐庄镇仁里屯村、原阳县官厂乡小庄村
洛阳市	偃师市府店镇西口孜村、新安县北冶镇刘黄村、孟津县白鹤镇王良村、新安县石井镇元古洞村
三门峡市	卢氏县横涧乡雷家村*
驻马店市	西平县出山镇朱仓庄村、驿城区沙河店镇山湾村
南阳市	桐柏县吴城镇泰山村*、桐柏县吴城镇陈留店村*、淅川县马蹬镇邢沟村*、淅川县金河镇玉皇村*、方城县赵河镇鱼池村*
信阳市	光山县槐店乡晏岗社区*、潢川县仁和镇连岗村*、商城县丰集镇高斛山村*、新县苏河镇苏河新光村*、信阳市平桥区甘岸街道二郎村

注：*为国家级贫困县村庄。

资料来源：根据“腾讯为村”微信公众号平台信息整理。

第三，政府与村两委。在“为村”项目中，地方政府和村两委都是重要的支持主体。地方政府在“为村”项目中主要是为村庄购买软件开发服务，并动员村庄使用“为村”平台，而村两委及驻村扶贫干部共同负责平台申请以及日常操作维护。

（3）扶贫效果

仍以较为成功的贵州省铜关村为例，借助“为村”平台，铜关村建立了中国第一个村级公众服务号，包括村寨通知下发、投票调查、活动召集、物资征集、集资众筹、公共事务意见交流、文化活动分享、特产推荐等工作，均可在网上完成。同时，还建立了“铜关微信群”，群里的交流内容从一开始的打招呼逐步发展为村委会对内发布村务通知、种植养殖信息、招工信息，村民向外发布农产品销售信息等，成为村干部实现村务高效管理和带领村民一起致富的渠道。此外，通过平台连接资源，铜关村各项基础设施得以完善。铜关村从2011年人均年收入不足1800元的贫困村，到2015年人均年收入超过3200元，

摘掉了贫困村的帽子①。

（4）“为村”扶贫成功的条件

①依托腾讯互联网公司特有的优势资源。具体包括利用腾讯公司互联网技术搭建了“为村”平台，联合腾讯公司旗下其他产品推广宣传，同时借助腾讯公司的社会信誉及影响力连接了社会企业对乡村进行特色产业开发等。②基金会相对完善的管理体制。在“为村”平台项目中，腾讯公益慈善基金会对入驻条件、奖励机制、考核条件等都有明确的规定。③充分动员村民和社会各种资源。“为村”项目在建立好微信群和微信公众号后，在充分发挥村民积极主动性的基础上，通过与社会企业资源对接，深入挖掘乡村特色与市场潜力，对乡村进行市场化包装与运营，实现村民收入增加。④政府的支持。政府为村庄购买“为村”软件开发服务，是村庄加入“为村”平台的重要前提，也是村庄能够得到腾讯公益慈善基金会提供的其他公益慈善服务的重要保障。

（5）主要问题

腾讯慈善公益基金会在“互联网 +”乡村扶志模式中，主要的障碍在于：4G 设备及移动互联网在偏远地区的普及与应用还有待加强；当地村干部和村民思想相对保守，对互联网这一新鲜事物的接受有一个过程；“为村”平台的维护与运营管理人才在农村相对缺乏；以及在对接社会资源过程中，面临着如何避免千篇一律从而突出村庄特色的问题等。

（五）事业单位互联网扶贫：公立医院“互联网 + 健康扶贫”

1. “互联网 + 健康扶贫”的基本情况

2013 年，“因病致贫”和“因病返贫”人口占建档立卡贫困人口的 42.4%；2017 年 10 月，在农村贫困人口大幅降低的情况下，“因病致贫”和“因病返贫”比例上升到 46%②。“辛辛苦苦二十年，一病回到解放前”，依然是农村居民面临大病时的真实写照。医疗扶贫作为防止因病致贫、因病返贫最

① 陈圆圆、莫敷建：《腾讯为村：“互联网 +”中的为多数人设计》，《装饰》2018 年第 4 期，第 16 ~ 22 页。

② 吴华：《攻克深度贫困堡垒（造势求是）》，《人民日报》2018 年 8 月 26 日。

直接有效的方式，成为国家精准扶贫战略的重要组成部分。同时，互联网在扶贫其他领域的探索，也为“互联网+健康扶贫”提供了新思路。2018年3月，国家卫生健康委员会同工业和信息化部印发《关于开展互联网+健康扶贫应用试点项目的通知》（国卫办财务函〔2018〕164号），指出要充分借助互联网等现代信息技术手段，探索建立“一网一轴四纵”的工作机制和模式，即依托移动智能网络，建立远程医疗到村、在线慢病管理到户、医学教育与健康促进到人、移动智能医疗到病四个纵向的工作模式，推动优质医疗卫生服务资源有效下沉，实现个人健康全过程管理，推动健康扶贫不断取得实效①。互联网技术与健康扶贫的结合有利于实现医疗服务共享，提高农村医疗服务质量，解决偏远贫困地区看病远、看病难的问题。

目前，“互联网+健康扶贫”的形式主要有两种。一是医院同时提供信息平台和医疗服务。在这种扶贫形式中，医院利用自身开发的信息平台和医疗技术为贫困人口提供免费在线医疗服务，如河南科技大学第一附属医院（以下简称河科大一附院）为RY贫困人口提供的医疗服务就属于此种形式。二是企业提供信息平台，医院提供医疗服务。在这种扶贫形式中，企业和医疗合作为贫困人口提供免费的在线医疗服务，如微医集团与各地医疗服务机构合作提供医疗服务。这两种形式的共同点都是利用互联网平台，为贫困人口提供在线医疗服务。为此，课题组选择开展时间较长，已经取得明显效果的RY县事业单位“互联网+健康扶贫”案例，对RY县卫健委、扶贫办、工信部门以及医护人员代表等进行了访谈，并实地参观了RY县村、镇及县三级互联网医院，了解RY县互联网医院的基本运作过程。

2. RY县公立医院“互联网+健康扶贫”案例

（1）案例背景

RY县地处豫西伏牛山区，为洛阳市下辖县之一。全县总面积1332平方公里，总人口52万。受地势和地理等多种因素的制约，经济发展相对落后，至今仍然是国家扶贫开发重点县和秦巴片区连片扶贫开发工作重点县。2014年，全县建档立卡贫困人口13750户53250人，其中因病致贫比例为31.84%。截至2018年底，RY县尚有贫困人口9000多人，因病致贫仍是主要原因。因此，

① http://www.nhc.gov.cn/wjw/jiany/201901/bce5cdaa210b45e39d6f6f40087171ad.shtml.

自精准扶贫以来，RY 县高度重视健康扶贫工作，积极引导各类社会力量参与到健康扶贫中来。到 2018 年底，贫困人口健康体检率达 80% 以上；贫困家庭医生签约率达 100%；符合条件的贫困人口全部办理慢性病门诊卡，并且对贫困群众实行大病保险补偿。

伴随互联网基础设施的完善①，RY 县以确保农村贫困人口“看得上病、看得起病、看得好病”为目标，不断深化医疗卫生体制改革，大力发展以“互联网+医疗”为主的远程诊疗体系，实施分级诊疗。2017 年 3 月，作为帮扶单位的河科大一附院在 RY 县刘店镇红里村建起全县第一个“远程诊疗”医院，之后县委、县政府将“互联网+医疗”列为“书记工程”，充分利用“宽带中原示范县”的优势，2017 年 8 月在全县开始实施第一批村卫生室“远程诊疗”试点，2017 年底在河南省率先建成覆盖县、乡、村三级的“远程诊疗”网络，得到了河南省委、省政府的充分肯定和全省医疗系统的广泛关注。2018 年 11 月，RY 县成功入选国家卫健委和工信部支持的“互联网+健康扶贫”应用试点县。

（2）参与主体及其参与方式

对全国各地“互联网+健康扶贫”模式进行分析对比，发现大部分都是以互联网信息平台为依托，以公立医疗为主体，以政府协同为特征，在瞄准建档立卡贫困户的同时，以疾病预防为目标，普遍惠及“互联网+健康扶贫”的覆盖范围。RY 县各主体“互联网+健康扶贫”的参与方式及他们之间的相互关系如图 3 所示。

第一，扶贫主体。一是河科大一附院。作为 RY 县的对口帮扶单位，河南科技大学是 RY 县实现与河科大一附院“远程诊疗”合作的桥梁和纽带。河科大一附院及各级签约医院（主要是县人民医院和乡卫生院）利用其专业优势，为 RY 县提供“互联网+健康扶贫”服务。作为 RY 县“互联网+健康扶贫”的最主要主体，河科大一附院不但提供“互联网+健康信息”平台系统和维护服务，还为村卫室免费提供多功能免费一体机设备。同时，河科大一附院专家还对全县村级卫生室的 300 余名医疗人员进行互联网医疗信息平台操作培

① 由于 RY 县的对口扶贫单位河南省工业和信息化厅重点在该县开展了信息扶贫，因此相对于河南省其他县而言，RY 县较早实现了农村互联网全覆盖的目标。

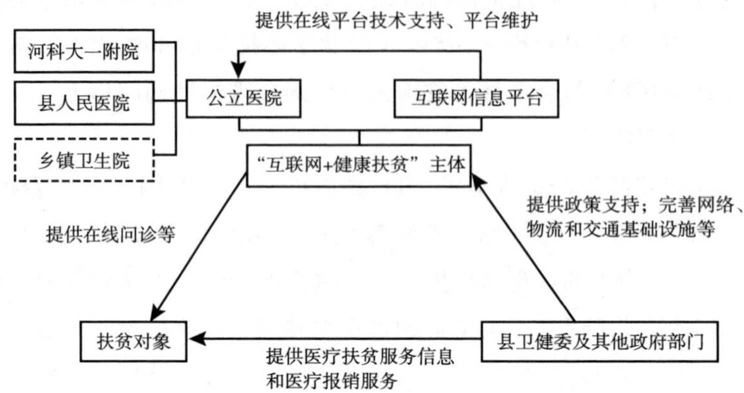

图3　“互联网+健康扶贫”的主要参与主体及其之间的关系

资料来源：作者自制。

训，已经达到了每个村级卫生室至少有一名医生熟练掌握并运用互联网医院操作水平的基本目标。

二是RY县人民医院。RY县人民医院是河科大一附院的签约医院，在“互联网+健康扶贫”中利用河科大一附院提供的互联网信息平台，与河科大一附院的医生一起提供免费在线问诊和在线会诊服务，另外与重点人群签约并为其安排专家、提供日常随访和优先转诊的服务。

三是乡镇卫生院。乡镇卫生院是财政全供单位，虽然不是慈善主体，但在RY县“互联网+健康扶贫”中依然发挥着重要作用。在市、县、乡、村四级诊疗环节中，乡镇卫生院处于中间环节。在RY县“互联网+健康扶贫”中，乡镇卫生院也设有互联网信息诊疗平台，经过培训的乡卫生院医生处理不了的问题，可以在乡镇卫生院直接连线县人民院和河科大一附院的在线专家进行问诊，直接受益对象仍然是在线问诊的病人。当然，乡镇卫生院医生的医疗水平也会在在线问诊的过程中得以提升。

四是村卫生室。村卫生室既是“互联网+健康扶贫”的参与主体，同时也是“互联网+健康扶贫”的受益对象。原来推行的分级诊治要实现“小病不出村，大病不出县”的目标很难，主要原因是农村居民对村卫生室的信任度较低，而在“互联网+健康扶贫”中，通过多功能医疗一体机在村卫生室就可以进行血糖、血压、体温等基本检查，同时还可以在村卫生室直接接受县

人民医疗和河科大一附院专家的医疗服务，在村卫生室签约家庭医生的比例逐渐上升。同时，在“互联网＋健康扶贫”中，由于经常陪村民一起接受在线问诊服务，村卫生室医生的医疗水平也明显提高。

第二，扶贫对象。“互联网＋健康扶贫”受益对象较为广泛，除了建档立卡贫困人口外，“互联网＋健康扶贫”所覆盖的村庄居民都可以享受到“互联网＋健康扶贫”带来的便利。RY县和调研的另一个县GS县都采取了对建档立卡贫困人口、60岁以上老人和慢性病患者建立在线健康管理档案，并对贫困人口和60岁以上老人每年进行免费体检。同时，积极鼓励农村居民与村医签约，这样就可以建立健康管理档案，每次就诊记录可以上传到互联网诊疗信息平台，便于进行疾病风险评估，从而建立疾病预警机制，做到疾病早预防、早发现、早治疗，有效降低因病致贫、因病返贫的比例。因此，“互联网＋健康扶贫”的受益对象并不仅限于贫困人口，而是从疾病预防、健康管理的角度具有普惠性质。

第三，地方政府。在“互联网＋健康扶贫”过程中，RY县起主导作用的部门是卫健委，扶贫办和县政府对卫健委的工作给予尽可能的支持。有关政府部门所起的作用表现在如下两方面。①统筹规划。RY县将“互联网＋医疗”列为书记工程，充分利用县域条件河科大一附院提供的免费医疗资源，将其从“远程会诊”到“远程问诊”再到“远程诊疗”的不断升级，这是在卫健委的推动下，在实践—反馈—再实践—再反馈过程中逐渐探索完善的。②完善基础设施。为便于河南科技大学为本县提供免费“互联网＋健康扶贫”服务，县卫健委积极争取财政资金对78个贫困村和105个非贫困村卫生室进行全面提升改造，使其具备“互联网＋健康扶贫”的基本条件。同时，通过政策宣传与引导，积极鼓励乡村医生参加河科大一附院提供的“互联网＋健康扶贫”基本技术培训。

（3）扶贫效果

2017年12月底，RY县216个村级卫生室网络医疗设施全部安装调试完毕，全县建立230个网络医疗站点，成为河南省第一个全面普及网络医疗的县域。2018年以来，RY县通过“远程诊疗”系统会诊的患者达18500余人次，直接节省费用370余万元。RY县因病致贫返贫率下降了5.08个百分点，群众患病县外就诊率由16.3%下降到11.3%，基本实现了“健康进家庭、小病在乡村、大病到医院、康复回基层、90%以上病人就医不出县”的目标。

“互联网+健康扶贫”使农村居民在村卫生室就可以享受县、市级医院优质的医疗服务。同时，“互联网+健康扶贫”发挥互联网数据记录、保存方便快捷等优势，实现了医疗服务无纸化办公和就诊记录网上查询，在为国家慢性病及其他疾病的预防与治疗提供临床数据的同时，也对农村居民疾病预防、及时诊治提供了前所未有的便利，有效防止因病致贫、因病返贫现象的发生。

（4）“互联网+健康扶贫”成功的条件

RY县“互联网+健康扶贫”的成功经验主要体现在三个方面。①完善的网络基础设施。RY县能够实现“互联网+健康扶贫”，很大程度上得益于“宽带中原示范县”的优势以及接入河南科技大学第一附属医院网络平台，这是发展“互联网+健康扶贫”的前提和基础。②成熟的互联网医疗信息系统和医疗机构的爱心支持。课题组调研的两个县“互联网+健康扶贫”医疗信息平台开发系统的主体虽然不同，但是成熟的互联网医疗信息系统和医疗机构的爱心支持都是两地成功开展“互联网+健康扶贫”的基础条件。③与政府部门合作。各县“互联网+健康扶贫”从一开始就有政府部门的支持，县政府、医疗主管部门卫健委和扶贫办都与爱心企业和医疗机构进行合作，为其在本县开展“互联网+健康扶贫”提供必要的公共服务、政策支持和贫困人口信息等。同时，“互联网+健康扶贫”实际上是与新农合、贫困户人口补充大病保险等社会保障政策一起助力健康扶贫的。

（5）存在问题和调研发现

课题组在调研时，通过与政府部门、医疗机构和爱心企业进行访谈，发现“互联网+健康扶贫”存在的最主要问题是这种扶贫模式的可持续性。无论是爱心企业还是爱心医疗机构，在“互联网+健康扶贫”中都以捐献资源的方式参与了该扶贫过程，并且对于建档立卡贫困户提供免费服务。但2020年现有建档立卡人口全部脱贫后，对于动态的贫困人口如何持续通过“互联网+健康扶贫”的方式进行帮助，是需要关注的问题。同时，由于互联网信息平台升级维护成本较大，如何避免企业开发建立的数据系统对当地医疗资源的绑架，也是在调研过程中当地政府比较关注的问题。

（六）政府协同的互联网平台扶贫：中国社会扶贫网扶贫

1. 政府协同的互联网平台扶贫基本情况

政府协同的互联网平台扶贫是一种较为特殊的“互联网＋慈善”助力精准扶贫模式，这类互联网平台都是以扶贫为主，专门为贫困地区和贫困对象提供帮扶服务。虽然这类互联网平台也由社会组织或者社会企业运作，但官方背景深厚，都是在政府（一般是同级扶贫办）的支持下建立起来的，在扶贫过程中政府提供各种资源支持，如提供建档立卡扶贫人口信息；对接驻村干部，精准提供贫困对象帮扶需求等。中国社会扶贫网、中国扶贫基金会、河南省扶贫基金会、河南省扶贫开发协会以及各地的扶贫基金会、扶贫开发协会等都属于政府协同的社会组织扶贫，并且都在其平台上接受社会慈善捐款。但在利用互联网平台进行扶贫方面，以社会扶贫网最具有典型性，政府虽然搭建了该平台，但帮扶贫困人口的主体来自爱心人士和爱心企业，互联网平台的主要作用是提供贫困人口的贫困需求，通过爱心主体的精准对接，实现对贫困人口的精准帮扶。为此，本报告以中国社会扶贫网扶贫为案例，分析政府协同的互联网平台扶贫的基本情况。

2. 中国社会扶贫网案例

（1）案例背景

中国社会扶贫网（以下简称社会扶贫网）是由国务院扶贫办主管、北京帮一把网络科技有限公司管理和运营①，精准对接贫困户多元化需求和社会爱心资源的扶贫信息服务网络平台。

2017 年 7 月社会扶贫网正式上线运营，2018 年 4 月，社会扶贫网获得民政部批准的第二批慈善组织互联网募捐信息平台资格。依托国家 9000 万建档立卡贫困户大数据资源，运用互联网信息技术，构建五大功能平台，即爱心帮扶、电商扶贫、扶贫众筹、扶贫展示、扶贫榜样（见图 4），搭建一个连接贫困人口和社会爱心人士、爱心企业的网络服务平台。同时，与教育部、卫计

---

① 北京帮一把网络科技有限公司是中国扶贫志愿服务促进会的全资子公司，公司性质是社会型企业，主要负责中国社会扶贫网的运营管理工作。中国扶贫志愿服务促进会成立于 2016 年 4 月，是由国务院扶贫办主管，在民政部登记注册的全国性、非营利性社会组织。促进会是《中华人民共和国慈善法》颁布后我国成立的首个致力于扶贫济困的民间组织，首届会长由国务院扶贫办党组书记、主任刘永富同志担任。

委、国资委等相关部委数据库进行连接，加快建立扶贫征信体系。社会扶贫网通过网络平台充分发挥社会力量在扶贫攻坚中的作用，最大限度地释放网络扶贫红利，建立网络空间的大扶贫格局。

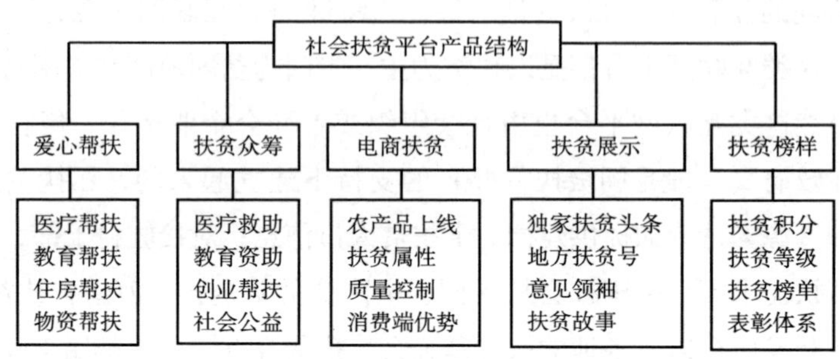

图4　中国社会扶贫网平台架构

资料来源：作者自制。

（2）参与主体及参与方式

中国社会扶贫网作为国务院扶贫办牵头，协同社会力量扶贫的专门扶贫网络平台，其参与主体既包括作为扶贫主体的个人和企业，还包括国务院扶贫办和各级地方政府，以及负责该平台运营和维护的社会企业——北京帮一把网络科技有限公司，各主体参与方式及他们之间的相互关系如图5所示。

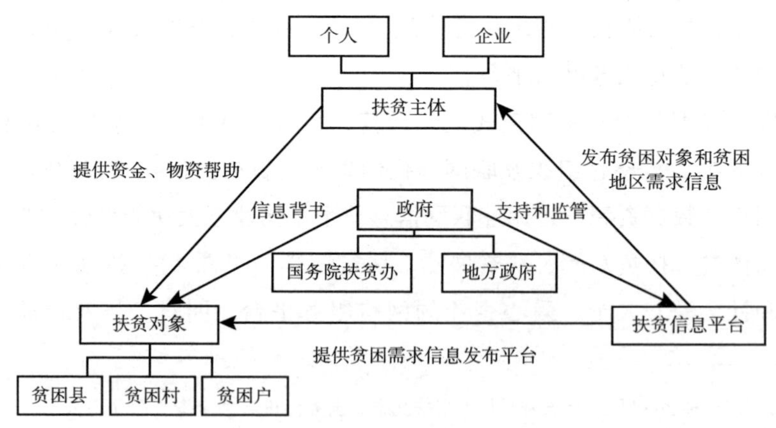

图5　社会扶贫网主要参与主体及其之间的关系

资料来源：作者自制。

第一，扶贫主体。一是爱心企业和爱心人士。社会扶贫网对外发布需求信息，爱心企业和爱心人士通过爱心帮扶、扶贫众筹和电商扶贫三大精准扶贫板块参与扶贫过程。首先，“爱心帮扶”板块通过平台设立“爱心通道”，建档立卡贫困户在平台注册后就可以在平台发布教育、医疗、房屋修缮等方面的需求，爱心人士和爱心企业在看到需求后，可以直接在网上完成对意向帮扶对象的捐款，从而搭建一个精准对接贫困人口需求的网络服务平台，切实解决贫困对象的现实困难。其次，“扶贫众筹”板块也是通过社会扶贫网络平台募集资金以解决贫困人口在教育、医疗、创业等方面的资金需求，但该板块筹集的资金是针对贫困地区某类群体，如“学前学会普通话”项目是为了帮助少数民族学龄前儿童学习普通话；光明扶贫工程是为了对建档立卡贫困户中的白内障患者进行免费救治而在社会扶贫网平台上发起的慈善募捐活动，慈善捐款主体依然是社会爱心人士和爱心企业。再次，“电商扶贫”板块的目的是打通贫困地区农产品上行渠道，与贫困地区产业扶贫一起做大做强贫困地区特色产业，实现贫困人口稳定性脱贫。为此社会扶贫网主要以各省特产馆的方式运作，对入驻平台商家有严格规定：①所售产品须来自国家贫困县；②商品扶贫属性由当地扶贫干部协助审核，当地政府或扶贫部门进行背书认证，认证该产品是有建档立卡贫困户参与种植、养殖、生产、加工、销售等环节之一的产品；③商品质量检测需符合国家有关质量标准要求。最后，“电商扶贫”板块依然是社会扶贫提供平台，爱心企业为贫困对象提供产品销售、就业等增加收入渠道。二是社会扶贫网。虽然北京帮一把网络科技有限公司和中国扶贫志愿服务促进会不是直接捐款主体，但其投入了大量资金、人力和技术等建立和维护社会扶网信息平台，其是该平台重要的扶贫主体。

第二，扶贫对象。中国社会扶贫网的扶贫对象主要是全国9000万建档立卡贫困户，同时深度贫困地区、边片贫困地区和贫困发生率较高的少数民族地区的特殊群体（如儿童、老人、大病、慢性病群体）的产业发展等是其扶贫重点。

第三，各级政府部门。国务院扶贫办作为中国社会扶贫网的主管单位，前期对网络平台建设给予大力支持，将全国建档立卡贫困户数据资源接入中国社会扶贫网；同时，国务院扶贫办协同教育部、卫计委、国资委等部委提供了相关数据接入中国社会扶贫网，加快了扶贫社会信用体系建立；并鼓励地方政府通过组织领导、宣传推广等积极推进中国社会扶贫网在地方上的落地实施，动员驻村扶贫干部审核贫困户网上发布信息的真实性①。因此，国务院扶贫办与地方各级政府部门在社会扶贫网平台扶贫中起到关键的协同作用，既协同各级政府部门的积极参与，也协同扶贫对象和公益慈善主体积极参与到这场大扶贫行动来。

（3）扶贫效果

中国社会扶贫网资料显示，截至2019年5月30日，在该平台注册的建档立卡贫困户已覆盖全国28个省份、349个市、2373个县、326222个村。在该网络平台上发布爱心需求510.28万个，对接成功377.83万个，共募集来自个人和企业的慈善捐款40520.98万元②。通过精准对接贫困对象、贫困地区需求与社会扶贫供给，精准解决了贫困对象在物资、教育、医疗、房屋修缮等方面的困难与贫困地区产业发展及产品销售问题。

（4）中国社会扶贫网扶贫成功的条件

中国社会扶贫网作为一个有深厚官方背景的扶贫信息网络平台，其成功运作的条件主要有以下几个方面。一是有完整的建档立卡贫困户信息。9000万建档立卡贫困户信息和当地扶贫干部对贫困户网上发布信息的审查，是社会扶贫网能够获取个人和企业信任的重要条件，也是公益慈善力量在该平台发挥作用的重要前提。二是各级政府的协同参与。除国务院扶贫办外，地方各级政府扶贫的有效参与是社会扶贫网有效运行的重要条件。各级政府的参与不仅为贫困对象的信息真实性进行了背书，其实也更进一步增加该网络的可信性。因此，各级政府的协同参与是社会扶贫网在可信性方面高于一般网络募捐平台的关键条件。三是需求信息与慈善捐款信息比较透明。利用互联网超越时空以及公开透明的优势，及时公布帮扶捐款信息和帮扶结果，有利于获取社会信任和争取社会帮扶资源。

（5）存在的问题和调研发现

社会扶贫网成功对接数据显示，爱心帮扶和扶贫众筹成功对接的区域主要

---

① 在爱心帮扶和扶贫众筹两个模块中，在关键环节都有地方政府的参与，从其帮扶流程中可以看出。这两个板块的主要帮扶流程为：贫困户注册中国社会扶贫网账号、通过建档立卡系统验证的贫困户发布求助需求、地方扶贫干部审核并确认需求、需求上线并接受爱心人士帮扶、各地扶贫干部督办帮扶需求、各地扶贫干部反馈帮扶结果。

② 《中国社会扶贫网》，https：//www. zgshfp. com. cn/？ w＝1？ p＝1. 2019年5月30日。

集中在湖南、江西、陕西、河南、安徽等省份，在成功对接的377.83万个爱心需求中，这几个省份占到361.5个，占比近97%。而贫困人口更为集中的西部地区占比较少，这说明“互联网＋社会扶贫”应用受到网络普及与网络扶贫认知的双重影响，这些地区由于网络普及率相对低、政府和贫困群体对网络扶贫的认知相对欠缺，参与网络扶贫行动的比例低。同时，对社会扶贫网覆盖的地方进行调研时也发现，这种扶贫需求信息发布成本较低，可能会助长一些贫困对象网络筹钱依赖的思想，从而降低公益慈善力量借助网络捐款的动力。

（七）小结

公益慈善组织互联网扶贫、企业互联网扶贫、事业单位互联网扶贫和政府协同的互联网平台扶贫这四种“互联网＋慈善”助力精准扶贫模式虽然扶贫的参与主体、扶贫对象、成效表现、存在问题等方面各具有特色，但他们的共同点体现在以下几个方面。一是公益慈善力量在其中都起决定性的作用。企业、社会组织和个人的参与是各类模式产生的逻辑起点。二是互联网技术在这些模式中都扮演着重要角色。这些模式都因互联网技术与公益慈善结合而产生，并因积极参与精准扶贫而得到发展。三是这些模式的成功都有政府的积极参与。政府参与模式有多种形式，从提供政策支持，到通过政府购买服务提供基础服务支持，到政府提供贫困对象需求信息，再到政府协同其他部门支持，政府在各类“互联网＋慈善”助力精准扶贫模式中的参与为公益慈善主体参与精准扶贫扫除了各种障碍。四是这些模式都致力于探索信息技术背景下扶贫与扶志、脱贫与可持续发展相结合的反贫困道路。因为精准扶贫事业和脱贫攻坚目标，各个模式中的利益相关者紧紧结合在一起，不仅致力于贫困对象在特定时间段内脱贫，并且致力于利用现代信息技术帮助扶贫对象获得可持续发展的能力和获得一份有尊严的收入。

四 “互联网＋慈善”助力精准扶贫的困境与原因

各类主体利用互联网信息技术在扶贫领域不断探索新的扶贫方式，为贫困人口提供更多脱贫致富的机会。但在“互联网＋慈善”助力精准扶贫过程中，在信息技术人才、网络基础设施、思想观念、各主体之间的协同合作与信任关系建立等方面还存在一些问题，需要在不断探索中寻找解决的对策。

（一）技术人才供需矛盾突出

利用互联网技术扶贫的前提有两个：一是掌握互联网技术的人才；二是拥有专业知识并具有扶贫能力与意愿的人才。对于后者，所有参与“互联网＋扶贫”的企业、公益慈善组织和二类事业单位既有明显的专业优势，也具有强烈的扶贫意愿。但在相关技术人才方面供需矛盾突出，主要体现在两个方面。

一是农村能够掌握互联网基本知识的人较少。尽管并不是所有的“互联网＋扶贫”都需要扶贫对象掌握互联网知识，如电商扶贫中的带贫模式、“互联网＋健康扶贫”中的网上问诊等。但如果在电商扶贫中贫困户想自己经营网店，或者“互联网＋健康扶贫”中贫困户想通过网络进一步了解自己的检查结果等内容，则需要掌握互联网应用的基本知识，会用手机或电脑上网。然而目前农村常住人口年龄偏大，60岁以上老人文化知识水平有限，即使有能看书识字的也大多不会使用拼音，想要掌握基本的互联网技术比较困难。同时受生活习惯影响，一些农村居民对于基本互联网技术缺乏兴趣，这进一步增加了掌握相关知识的难度。

二是公益慈善主体在农村招聘“互联网＋扶贫”的人才较为困难。与一般意义上的慈善扶贫不同，“互联网＋慈善”助力精准扶贫意味着需要相应的专业技术人员以县城为居住地，长期深入农村开展工作。但由于县城吸引力有限，年轻人工作地的首要选择还是在大城市，因此无论是事业单位，还是公益慈善组织和企业，在招聘相关人才时都面临较大的困难。在GS县调研时，该县卫计委的领导说：“我们急需专业技术水平高的医疗技术人才，但到目前我们县还没有成功引进一个博士，本科和硕士也都不愿意回到县城工作。不仅是医疗卫生领域，其他领域也是如此。”此外，调研还发现各类慈善主体在利用互联网扶贫时，工作人员流动比较频繁，工作相对稳定的多是家在本地的员工。

（二）农村基础设施相对落后

配套基础设施是利用互联网开展教育、金融、电商、健康、文化、旅游扶贫等的前提和保障。在调研中发现，基础设施的落后在一定程度上制约着互联

网扶贫的发展。

一是网络基础设施。各类主体利用互联网技术开展扶贫活动都必须依托互联网基础设施的普及。2018 年 6 月，工业和信息化部印发《关于推进网络扶贫的实施方案（2018～2020 年）》的通知，指出：2018 年，宽带网络覆盖 90% 以上的贫困村的目标已经完成。但目前 Wi－Fi 和 4G 等网络在农村的覆盖率还较低，地区发展不平衡，并且已有网络信号在农村也较不稳定。课题组在 GS 县参观微医集团的“互联网+健康扶贫”系统演示时，就遇到因为网络信号不好，而产生网络速度较慢甚至中断的现象。

二是道路基础设施。精准扶贫以来，农村道路基础设施改善明显，基本上实现了村村通公路，户户通水泥路的目标。但在一些农村，精准扶贫以前建设的村道路大都比较窄，仅限两个车道，并且使用时间较长，路面也有的出现破损，对交通有一定的影响。但总体来看，道路质量已经不是影响可及性的重要问题。现今最主要的问题是一些农村距离县城和乡镇距离较远，对于像从事电商之类的物流企业运输成本过高，从而“最后一公里”的问题难以解决。

三是物流基础设施。截至 2018 年 9 月，商务部通过电子商务进农村综合示范项目已累计支持示范县 1016 个。其中，国家贫困县 737 个，占国家级贫困县总数的 88.6%①。示范县利用该项目，都显著地改善了本地物流基础设施，同时对入驻本地的物流企业也都给予不同的优惠政策，基本实现了县、乡、村三级物流站点配置，但还有一些偏远地区，特别是山区的村庄物流依然是个问题，这对于应季农产品的在线销售极为不利，甚至带来收入损失的巨大风险。

（三）“互联网+慈善”助力精准扶贫的模式尚不成熟

虽然“互联网+慈善”和“互联网+扶贫”都有超过十年的探索历史，但各类扶贫主体在精准扶贫时期都面临如何更加精准地帮扶贫困对象的问题，这既与扶贫动机有关，也与扶贫经验成效有关。

对于企业互联网扶贫而言，这种慈善行为的动力机制既有提升企业形象和提高企业绩效的原动力，也有在企业文化影响下主动承接企业社会责任，履行

---

① 《2018 年电子商务进农村综合示范在全国范围内实施》，中华人民共和国商务部，http://www.mofcom.gov.cn/article/tongjiziliao/sjtj/jcktj/201809/20180902790214.shtml。

企业社会责任的助动力[①]。精准扶贫战略提出后，企业出于这两种动力的推动，积极投入扶贫攻坚行动中，但由于企业利用互联网进行扶贫多是新开展的业务，如“互联网+金融扶贫”、电商扶贫和“互联网+产业扶贫”，因此企业在扶贫过程中都是边扶贫边调整“摸着石头过河”的扶贫模式。例如，电商扶贫在初期并没有考虑到产品品牌、产品信任度和产品供给量的问题，只有在扶贫过程不断解决新发展的问题。同时，也有个别企业由于急功近利在项目选择时比较仓促，影响扶贫的效果和可信性。

对于公益慈善组织互联网扶贫而言，其主要动力是履行其扶贫济困的社会责任。在公益慈善组织利用互联网工具进行扶贫济困时，大都依托一定的信息平台或者信息系统。在信息技术飞速发展的今天，公益社会组织无论是利用互联网平台筹资扶贫还是自己利用互联网工具直接扶贫，都面临网络空间中的监管问题与信任构建问题。

对二类事业单位而言，主要动力来自扶贫过程中的使命担当。在扶贫过程中，二类事业单位的扶贫行为基本上都是志愿行为。例如RY县的“互联网+健康扶贫”是利用河科大一附院自己开发的网上问诊系统，由河科大一医院和RY县人民医院及医生每天提供免费在线服务。这种完全免费的在线医疗服务面临可持续问题，RY县的相关部门已经开始考虑在对口帮扶撤出后如何让河科大一附院和县人民医院在微利或维持成本的情况下继续为本县居民提供在线医疗服务。

（四）各类慈善主体对政府的依赖较强

在精准扶贫阶段，各类慈善主体利用互联网开展扶贫活动时，大都得到政府直接或间接的补贴或支持。如各县电商企业在为贫困对象提供公益就业岗位超过一定数量时，政府会对这些企业进行奖励补贴，或者当具有贷款资格的贫困户把贷款资格转到企业后，企业也会享受免息贷款优惠。虽然企业每年也以一定的利息给贫困户返还现金，但还是低于商业贷款利息。在这种情况下，企业的扶贫行为受政府相关政策的影响较大，很难判断如果没有政府的优惠政

① 汪国华、张晓光：《中国网络慈善运作模式比较研究》，《社会科学研究》2014年第5期，第104～110页。

策，这些企业是否还愿意进行扶贫活动。在企业提供的“互联网＋健康扶贫”中，政府也是给予了很大的支持。如GS县企业在“互联网＋健康扶贫”中，使用的云诊车、互联网平台、村卫生室的网络设备、医疗一体机以及村医的培训等都是通过政府购买服务的方式由微医集团提供的。这种高度依赖政府支持的“互联网＋慈善”助力精准扶贫都面临可持续性的问题。虽然GS县和微医签订了7年的政府购买服务框架协议，微医集团也承诺所有收益完全返还给该县，并且合同期满后网络平台系统永久免费使用，但是没有政府购买的支持，这种“互联网＋健康扶贫”模式也会面临平台维护方面的困难。

（五）主要利益相关者之间的信任关系建立困难

在“互联网＋慈善”助力精准扶贫过程中的信任关系包括三个层次：当地政府与慈善主体之间的信任关系、慈善主体与受益对象之间的信任关系和慈善主体与普通公众之间的信任关系。

一是当地政府与慈善主体之间的信任关系建立需要一定的条件。在精准扶贫这个阶段，一般来讲，慈善主体在进入当地开展“互联网＋扶贫”活动时，大多都是通过与政府建立某种信任关系后才开展扶贫工作的。当然这种信任关系的建立既有政府主动建立的，也有慈善主体主动建立的。例如，在电商扶贫中，各地政府对电商巨头阿里和京东比较信任，多是积极联系这些电商平台为本地电商企业提供便利入口；与此同时，各大电商平台目前也在积极占领农村市场，因此，在这种情景下信任关系比较容易建立。但对于不知名的电商平台企业想要进入可能就存在相互信任的障碍。而且政府并不是对所有进入当地的公益慈善主体都采取信任的态度，如某县对于给本县提供“互联网＋健康扶贫”的X医院就存在这方面的顾虑，担心对口扶贫任务结束后X医院会利用在本县布置的互联网医疗平台绑架政府。这种担心源于本地所在市的一场教训，在新农合数据平台建立初期，一家互联网企业以较低的类似于公益的价格承接了这项服务，但当数据平台运转之后，该企业开始以各种理由提高后续维护和升级费用。

二是慈善主体与受益对象之间的信任关系建立并不顺利。在“互联网＋慈善”助力精准扶贫过程中，受益主体和慈善主体之间的信任关系建立比较缓慢。例如在“互联网＋金融扶贫”中，扶贫对象认为企业是在利用自己的资格使用银行贷款，虽然企业每年也返还给他们现金作为对扶贫的支持，但贫困户并不认同企业是为了帮助他们，因此这种信任关系的建立比较困难。即使在“互联网+健康扶贫”时，扶贫对象起初对于这种如此方便甚至完全免费的在线医疗服务并不信任，认为是慈善主体在作秀或者得到了好处就可能会涨价。

三是慈善主体与普通公众之间的信任关系尚没有建立起来。“互联网+慈善”领域出现的一系列负面案例影响了普通公众对互联网慈善的看法，加之一些慈善主体以慈善之名盗慈善之实，都导致了普通公众对各类慈善主体的慈善行为难以形成良性的信任关系，因而在慈善主体进行互联网募捐或借助互联网扶贫时，普通公众的参与度较低。

五 “互联网+慈善”助力精准扶贫的发展对策

（一）政府方面：完善政策，提供基本公共服务，加强监管评估

1. 完善相关政策，优化“互联网+慈善”助力精准扶贫环境

从2016年10月中央网信办、国家发展改革委、国务院扶贫办联合印发《网络扶贫行动计划》到2019年4月中央网信办、国家发展改革委、国务院扶贫办、工业和信息化部联合印发《2019年网络扶贫工作要点》，在此期间，中央政府部门和各级地方政府都下发了多项政策文件，支持网络扶贫行为。各级政府都对公益慈善主体助力精准扶贫的行为予以积极支持与鼓励，并为企业、公益慈善组织和二级事业单位参与扶贫活动提供各种便利与支持。但各类政策文件更多的是对网络扶贫行为的宏观指导，缺乏微观实施条款的规定。有关部门需要结合实践经验不断完善实施条款，比如互联网人才的引进、互联网慈善扶贫的评估监督等；同时也要重视政策的可持续性和前瞻性、衔接性，在网络扶贫初期，社会需要通过政策红利的“诱导”投身精准扶贫，而在整个社会慈善扶贫意识普遍建立以及全面实现脱贫之后，在一定时期内需要现有政策的可持续性，但同时相关政策也要及时“放手”，给慈善主体更大的自主空间。

2. 完善农村基础设施，提高“互联网+慈善”助力精准扶贫的可及性

首先，农村网络和交通等基础设施属于基本公共服务范围，是政府必须承担的支出责任。目前，虽然90%以上的农村都实现了通宽带网络，但是无线

网络的普及性较低。同时，农村的宽带网络和手机网络的信号较差，特别是偏远地区，而这些地区恰恰是贫困人口最为集中的地区。在手机日渐替代电脑成为网络终端设备的今天，网络信号问题成为网络扶贫的主要阻力。同时，完善农村网络和交通基础设施，也可以帮助偏远农村消除信息贫困，提高其脱贫的机会与可能性。因此，政府还要继续加强对互联网和道路基础设施的投资，不断地提升农村边远地区宽带和4G网络的覆盖水平，缩小数字鸿沟，打通慈善力量网络扶贫农村通道。其次，政府也要积极完善农村地区公共服务建设，提升农村整体环境，吸引和防止人才外流。

3. 加强监管评估，推动慈善主体提高信用水平

为规范“互联网 + 慈善”助力精准扶贫的行为，助力各类慈善主体提高慈善活动的信任程度，政府可以优先选择对公益慈善组织的扶贫活动进行评估，主要理由有两点：一是公益慈善组织管理部门比较明确，主要是民政部门，可以由民政部门在年审时重点对其扶贫行为进行评估，并划分信用等级；二是对公益慈善组织的评估会使企业和二类事业单位的扶贫活动产生示范效应，督促这些慈善主体规范扶贫行为。另外，还要加强对各类慈善主体扶贫行为的监督，这些监督可以是政府直接监督，也可以是政府要求各类慈善主体的慈善行为公开透明，为社会监督提供便利。

4. 通过宣传引导，让社会主体主动参与扶贫过程

由于慈善领域的一系列负面案例，目前我国不少普通公众对于慈善行为有误解，加上对网络扶贫的不了解，公众与慈善主体之间的信任程度较低，一定程度上阻碍了互联网慈善扶贫。这需要各类慈善主体通过自己的事实行为为慈善正名，同时也需要政府在加强对慈善主体慈善行为监督的同时，借助电视、网络等官方媒介以宣传片等形式加强对慈善有关政策规定、慈善扶贫的优秀案例等的正向宣传与引导，一方面可以提高普通公众对慈善的正确认识；另一方面也可以鼓励更多的慈善主体参与慈善扶贫活动，构建社会大扶贫格局。

（二）慈善主体：规范自身行为，提升自身能力

1. 规范自身慈善行为，提高信任水平

在企业、公益慈善组织和二类事业单位开展的“互联网 + 慈善”活动中，

二类事业单位的扶贫活动多由其直管职能部门参与，因此一般都比较规范。因此，需要加强规范的主要是企业和公益慈善组织。对于企业而言，要在“互联网＋扶贫”过程中，科学设计扶贫项目，优化扶贫流程，做好扶贫信息公开，通过行为规范赢取公众信任，不能以慈善为名从事营利活动、开展有损公共利益的关联交易。对于公益慈善组织而言，还应做到管理好、用好慈善资金、资源，杜绝在扶贫活动中占用、浪费慈善资金，更不能盗慈善之名开展非慈善活动，骗取网络善客的支持与信任。可以说，互联网技术不仅为其参与扶贫攻坚提供了方便，还有助于其扶贫活动更加公开透明，各类慈善主体要抓住“互联网＋”背景下的机遇，提高慈善形象，提高公众信任水平，这也更有利于以后开展各类慈善活动。

2. 不断学习创新，提升扶贫能力

“互联网＋慈善”助力精准扶贫与传统扶贫最大的区别是需要慈善主体不断地根据互联网技术的发展，提高“互联网＋扶贫”的便利性和高效性。这就需要各类慈善主体不仅要不断地提高扶贫专业能力，还要与时俱进开发出更加方便的互联网扶贫系统。如在“互联网＋健康扶贫”中，需要根据互联网技术的发展和扶贫对象的需要，不断调整网络平台的便利性、可及性和高效性。在电商扶贫中，更需要根据公众消费需要的变化，不断升级改造电商平台商品的推销模式，升级电商平台系统。这就需要慈善主体能够吸引优秀人才，不断学习国内外先进技术，发现社会需求变化和扶贫对象需求变化，提升参与扶贫的能力。

3. 吸引优秀人才，打造本地团队

针对企业、公益事业慈善主体和二类事业单位“互联网＋慈善扶贫”中的人才缺失问题，一方面，可以通过制定完善的人才发展规划，在薪资、晋升等保障措施上吸引人才；另一方面，则可以借鉴课题组在调研过程中许多公益慈善组织和企业的做法，通过培训努力打造本地团队，尽可能招纳本地人才参与具体的“互联网＋扶贫”，保证团队的稳定性和本土性。

六　结论与研究展望

中国“互联网＋慈善”助力扶贫经历了创新萌芽期、探索发展期和逐步成熟期三个阶段，这既是互联网技术作为一种技术工具的价值拓展，也是各类慈善主体不断利用新的科学技术提高慈善效率和实现慈善价值的结果。国家精准扶贫战略的提出和各项网络扶贫政策的实施，促进了自然人、法人和其他组织利用互联网技术在扶贫领域的参与广度和深度。本报告从网络扶贫主体角度把“互联网＋慈善”助力精准扶贫分为企业互联网扶贫、公益慈善组织互联网扶贫、事业单位互联网扶贫和政府协同的互联网扶贫四种类型，并分别选择具有典型意义的案例进行分析。研究发现，虽然各公益慈善主体在利用互联网进行扶贫时，其项目背景、帮扶主体、帮扶对象、运作模式和扶贫成效等方面各有特色，但都通过互联网实现了公益慈善项目对贫困地区和贫困对象的有效帮扶。同时，在慈善主体助力精准扶贫的过程中，地方政府都积极参与，主动提供公益慈善主体所需要的网络和道路设施等基本公共服务。

各类慈善主体在利用互联网技术与产业扶贫、健康扶贫、金融扶贫、教育扶贫、文化扶贫等结合方面都取得了一定的成效，推动了贫困地区经济发展，帮助部分贫困人口获得了一份有尊严的收入，提高了其可持续发展能力。但“互联网＋慈善”助力精准扶贫过程也存在专业技术人才供需矛盾突出，农村网络、交通、物流等设施落后，“互联网＋慈善”助力精准扶贫模式不成熟，各类慈善主体对政府支持依赖性强，以及与主要利益相关者信任关系建立困难等问题。以问题为导向，本报告分别从政府与慈善主体两个方面提出促进“互联网＋慈善”助力精准扶贫的政策建议。在政府方面，主要是完善相关政策，优化“互联网＋慈善”助力精准扶贫环境；完善农村基础设施，提高“互联网＋慈善”助力精准扶贫的可及性；加强“互联网＋慈善”助力精准扶贫的监管评估，助其提高信用水平；通过宣传引导，让扶贫对象主动参与扶贫过程。在慈善主体方面，主要是规范自身慈善行为，不断升级互联网平台，提高信任水平；不断学习创新，提高升扶贫能力；吸引优秀人才，打造本地团队等。

虽然自接到课题任务以来，课题组积极搜集国内案例，通过与河南省对比后，在河南省内选取典型案例，并实施了近两个月的实地调研，对相关部门负责人进行了半结构性访谈。但受课题组时间与能力所限，本报告还存在诸多不足，如调查样本仅限于河南省，缺少与其他地区的比较分析；“互联网＋慈善”助力精准扶贫各类模式的成效，由于难以获取精确数据而不能得到全面评估；同时，对“互联网＋慈善”助力精准扶贫模式中的信任关系理论、合作治理理论等也需要进行更为深入的分析。这些研究不足，也将是课题组以后努力的一个重要方向。

总之，随着互联网技术的发展，还会继续推动政府和各类慈善主体继续探索如何更好利用这一技术工具提高扶贫绩效。可以预测，2020 年现有建档立卡贫困户全部脱贫后，“互联网 + 扶贫”模式的作用将会更突出，“互联网 + 慈善”助力精准扶贫模式作为政府扶贫模式的重要补充，将会在扶贫济贫方面发挥更为重要的作用。

参考文献

徐舒宁、陈为旭：《〈慈善法〉视阈下“互联网 + 慈善”模式探究》，《行政与法》2016 年第 11 期。

王云斌：《中国实现“互联网 + 慈善”的路径研究——以公益慈善信息管理系统为例》，《社会福利》（理论版）2016 年第 3 期。

汪国华、张晓光：《中国网络慈善运作模式比较研究》，《社会科学研究》2014 年第 5 期。

王少辉、高业庭、余凯：《基于移动互联网的慈善捐赠运行机制研究》，《电子政务》2015 年第 3 期。

张晓光、张强：《“自发型网络慈善”的运行机制分析》，《呼伦贝尔学院学报》2013 年第 3 期。

杨粤：《我国网络募捐法律制度思考》，《北京邮电大学学报》（社会科学版）2013 年第 5 期。

袁同成、沈宫阁：《新媒体与“善治”的可能——基于中外网络慈善监管的比较研究》，《甘肃社会科学》2014 年第 3 期。

王建民、宋金浩：《网络空间中的差序格局——“众筹”的社会学研究》，《兰州大学学报》2016 年第 6 期。

孙立人、郑惠强：《多措并举规范众筹式“互联网 + 慈善”行为》，《中国社会组织》2017 年第 3 期。

李文峰：《完善网络慈善行政法规体系》，《人民论坛》2018 年第 4 期。

张强：《“互联网 + 精准扶贫”问题研究——以河南省为例》，《经济研究导刊》2016 年第 27 期。

王军、吴海燕：《“互联网 +”背景下精准扶贫新方式研究》，《改革与战略》2016 年第 12 期。

张玉强、李祥：《集中连片特困地区的精准扶贫模式》，《重庆社会科学》2016 年第 8 期。

罗倩匀：《商业银行利用“互联网+金融”服务扶贫工作的难点分析及建议——以农行广西河池分行为例》，《农村金融研究》2017 年第 5 期。

李延平、陈琪：《西部农村“互联网+”职业教育精准扶贫的制度创新》，《电化教育研究》2017 年第 11 期。

王军、吴海燕：《“互联网+”背景下精准扶贫新方式研究》，《改革与战略》2016 年第 12 期。

赵秀兰：《“互联网+”精准扶贫模式：主要内容与政策建议》，《农村经济》2017 年第 8 期。

王晓东：《“互联网+”环境下精准扶贫实现路径分析》，《农业经济》2017 年第 5 期。

曲天军：《非政府组织对中国扶贫成果的贡献分析及其发展建议》，《农业经济问题》2002 年第 9 期。

郑功成：《中国的贫困问题与 NGO 扶贫的发展》，《中国软科学》2002 年第 7 期。

刘海英：《大扶贫：公益组织的实践与建议》，社会科学文献出版社，2011。

汪大海、刘金发：《慈善组织参与扶贫领域社会管理创新的价值与对策》，《中国民政》2012 年第 12 期。

孔祥利、邓国胜：《公益慈善组织参与扶贫：制度困境与发展建议——基于广东省的实证研究》，《新视野》2013 年第 1 期。

廖建军：《公益慈善参与扶贫：成效、问题和对策——以广东省为例》，《理论探索》2014 年第 3 期。

谢琼：《贫困治理：中国慈善组织的实践与发展》，《社会保障评论》2017 年第 4 期。

张文惠：《农村精准扶贫中政府与慈善组织的合作及行动方略》，《理论学刊》2016 年第 8 期。

倪建文：《社会慈善助推精准扶贫的对策及路径研究》，《齐鲁学刊》2018 年第 2 期。

刘辉：《管治、无政府与合作：治理理论的三种图式》，《上海行政学院学报》2012 年第 5 期。

崔鹏、肖予为：《马化腾：腾讯“互联网+扶贫”再突破》，《中国企业家》2019 年第 3 期。

陈圆圆、莫敷建：《腾讯为村：“互联网+”中的为多数人设计》，《装饰》2018 年第 4 期。

汪丹：《我国网络慈善事业的可持续发展研究》，《社会工作》2014 年第 6 期。

汪国华、张晓光：《中国网络慈善运作模式比较研究》，《社会科学研究》2014 年第

5期。

汪向东、张才明：《互联网时代我国农村减贫扶贫新思路——“沙集模式”的启示》，《信息化建设》2011年第2期。

汪向东、王昕天：《电子商务与信息扶贫：互联网时代扶贫工作的新特点》，《西北农林科技大学》（社会科学版）2015年第4期。

李秋斌：《“互联网+”下农村电子商务扶贫模式的案例研究及对策分析》，《福建论坛》（人文社会科学版）2018年第4期。

杨虹：《颠覆传统：互联网医疗需突破瓶颈》，《中国战略性新兴产业》2014年第12期。

郭薇、薛澜：《互联网医疗的现实定位与未来发展》，《探索》2016年第6期。

彭建梅主编《2014年度中国慈善捐助报告》，企业管理出版社，2014。

〔美〕朱丽叶·菲希尔：《NGO与第三世界的政治发展》，邓国胜、赵秀梅译，社会科学文献出版社，2002。

〔美〕杰弗里·萨克斯：《贫困的终结——我们时代的经济的可能》，邹光译，上海人民出版社。

爱德华·弗里曼等著《利益相关者理论现状与展望》，盛亚，李靖华译，知识产权出版社。

张晓光：《我国网络慈善运作模式研究》，安徽财经大学硕士毕业论文。

Lori A. Brainard and Jennifer M. Brinkerhoff: Lost in Cyberspace: Shedding Light on the Dark Matter of Grassroots Organizations [J], Nonprofit and Voluntary Sector Quarterly, 2004 (33).

Rigby, B.: Mobilizing Generation 2.0: A Practical Guide to Using Web2.0: Technologies to Recruit [J], Organize and Engage Youth: Jossey - Bass, 2008.

Smith, D. H.: Grassroots Associations [J], Newbury Park, CA: Sage Publications, 2000.

Voida, A.: Bridging between Grassroots Movements and Nonprofit Organizations [J], In ACM SIGCHI Conference on Human Factors in Computing Systems, 2011.

Nah S, Saxton G D.: Modeling the adoption and use of social media by nonprofit organizations [J], New Media & Society, 2013, 15 (2): 294 - 31.

WATERS R D. Nonprofit Organizations'Use of the Internet: a Content Analysis of Communication Trends on the Internet Sites of the Philanthropy 400 [J]. Nonprofit Management and Leadership, 2007, 18 (1): 59 - 76.

SARGEANT A, WEST D C, JAY E.: The Relational Determinants of Nonprofit Web Site Fund raising Effectiveness: An Exploratory Study [J]. Nonprofit Management and Leadership, 2007, 18 (2): 141 - 156.

Purdy J. M. & Jones R. M.: A Framework for Assessing Power in Collaborative Governance Processes [J], Public Administration Review, 2012, 72 (3): 409 - 417.

附录1：“互联网+健康扶贫”访谈提纲

1. 请您谈谈本县电商扶贫的基本情况（起因、目标、过程、参与主体等）。

2. 电商扶贫对贫困对象帮扶的具体措施、资金来源、监管方式等。

3. 本县电商扶贫取得的成效与主要经验。

4. 本县电商扶贫的主要困难与障碍（扶贫参与主体方面、资源方面等）。

5. 您对更好地推进电商扶贫工作有哪些建议？

附录2："互联网+健康扶贫"访谈提纲

1. 请您谈谈本县"互联网+健康扶贫"的基本情况。

2. 本县通过"互联网+健康扶贫"对贫困对象帮扶的具体措施、资金来源、监管方式等。

3. 本县"互联网+健康扶贫"取得的成效与主要经验。

4. 本县"互联网+健康扶贫"的主要困难与障碍。

5. 您对更好地推进"互联网+健康扶贫"工作有哪些建议?

附录3：社会组织互联网平台访谈提纲

1. 请您谈谈本单位互联网扶贫的基本情况（起因、目标、过程、参与主体等）。

2. 本单位如何利用互联网对贫困对象进行扶贫的？

3. 本单位互联网扶贫取得的成效与主要经验。

4. 本单位互联网扶贫的主要困难与障碍。

5. 您对更好地推进社会组织互联网扶贫工作有哪些建议？

第三章　“互联网 + ”时代慈善商业化的发展路径探索：基于中外经验的比较研究

颜　卉*

摘　要： 随着互联网的快速发展，慈善商业化越来越活跃于公众视野之中。相比国外，中国的慈善商业化发展比较晚，关于慈善商业化应借鉴西方国家的优秀经验，吸取教训，更好地指导我国慈善商业化的发展。目前，有关慈善商业化的研究还不是很多，大部分只是停留在对慈善商业化的初步探索阶段，关于“互联网 +”时代的慈善商业化发展，国内外学者的研究还存在一定空白，尤其是对于“互联网 +”时代慈善的影响机理、如何将互联网与慈善商业化相结合以及“互联网 +”时代慈善商业化的路径设计并没有形成一套完整的体系。此外，大部分关于慈善商业化的研究缺乏对中外慈善商业化的比较内容，对国际经验的借鉴还很少，缺乏吸收国际经验的中国本土化研究。因此，本文采用文献研究法、问卷调查法和实证研究法来对“互联网 +”时代下中国慈善商业化的现状、存在的问题进行深入分析，最终总结出适合中国发展的“互联网 +”时代的慈善商业化健康发展的路径。

关键词： “互联网 +”　慈善商业化　健康发展

* 颜卉，上海大学上海竞争生态研究中心副主任，博士。

一 中外相关理论研究

（一）“慈善”与“公益”关系的重新界定

中国的慈善法没有在法律上界定慈善事业，因此慈善法的范围是有限的。相反，它将申请范围定义为“慈善以及与慈善相关的活动”。根据《中华人民共和国慈善法》（简称《慈善法》）第 3 条，中国的慈善法以法律规定的形式提出了慈善活动的范围，将慈善营销活动定义为公益性质的活动。慈善营销活动的范围仅仅局限于公益类的活动，慈善法所赞同的观点与中国学术界的主流观点是相一致的，换句话说，慈善机构是公共物品，从逻辑的角度考虑，慈善与公益之间的关系实际上是两个扩展概念之间的关系①。若要证明慈善机构和公益事业之间存在差异，即不相容关系，则需要提出反例。

如果慈善机构与公共利益之间的关系是相容的，则其关联程度尚未定义清楚，兼容性关系分为相同的关系和从属的关系。首先，我们需要考虑慈善事业和公共福利的扩张是否构成类似的关系，即慈善机构是否与公共福利等机构相同。所谓的同等关系是指具有相同扩展的两个概念之间的关系。其次，我们调查慈善和公益事业的扩张是否归于从属关系。卢汉龙假设一个理念的扩充完全地包含另一个理念的扩充，且它仅仅只是另一个概念扩展的一部分，那么这里的从属关系是指相互依赖的两个概念之间的联系，这种隶属关系可以定义为包含关系②。因此，如果慈善和公共福利被认为是包容性的，慈善就是一个概念，公共福利也是一个概念。作为一个概念的公共利益应该具有慈善概念的性质，反之，则不是包容性的关系③。

那么，慈善机构之间是否存在某种关系？慈善机构属于公共物品，当涉及两者之间的关系时，慈善是一个概念，公共利益也是一个概念。慈善机构与公

① 金锦萍：《科学慈善运动与慈善的转型》，《科学对社会的影响》2009 年第 2 期。

② 卢汉龙：《慈善：关爱与和谐》，上海社会科学出版社，2004。

③ 李喜燕：《慈善捐赠人权利研究》，法律出版社，2013。

共福利之间的关系尚未建立，因为慈善机构与公共福利处于同一关系，无论慈善机构是否得到充分宣传，都证明了这一点。由于尚未确定慈善机构是否包容公共利益，慈善机构与公共福利之间的连接关系也就尚未建立。因此，对于慈善机构举办的“慈善活动”的理解只能是单方面的，它不应被视为测试慈善事业的唯一标准，而应该回归到慈善事业本身的含义。公益不等同于慈善，把慈善注入商业中，这是每个人都可以参与的活动，也是每个人的权益，慈善不应是一种外在负担，应当成为一种内在基因，注入商业模式之中，同时在“互联网+”的背景下，实现更有效的突破①。

（二）企业社会责任与现代公民社会

卡罗尔的金字塔模型是将企业社会责任划分为经济责任、法律责任、财务责任、慈善责任和道德责任这五个部分。其中，经济责任被评定为公司的主要责任。一方面，产生利润是公司存在的主要目的，另一方面，公司的各项资源是履行其社会责任的基础。第二层面是法律责任：公司的生产和经营活动不应超出法律控制的范围，应该严格按照相关法律法规，从适当的方法和措施中受益。第三个层面是道德责任，换句话说，公司需要遵守道德标准，公司有责任和义务做正确的事情。我们希望公司在享受权利的同时，维持好作为一个好公民的形象，履行相应的职责，为全社会的福利做出贡献②。互联网企业在创新互联网技术和实践的背景下，已成为社会进步和发展的重要推动力，成为履行社会责任的重要典范。此外，随着“互联网+”作为国家战略的出现，互联网公司可以有效缩小贫富差距，减少贫困人口的数量。移动互联网确实是一项可以改变世界的技术。充分利用互联网技术来有效减少贫困，其一个重要的功能是消除移动互联网世界的不平等，缩小城乡差距。互联网公司基于其社会责任，可以充分利用先进的网络技术进行捐赠，鼓励公众进行捐赠，优先发展具有扶贫功能的慈善组织，积极探索网络慈善机构和其他的新形式。通过不断优化“互联网+”公益平台的用户体验，推出形式多样、表达时尚的慈善项目，让捐

① 张柏森：《我国互联网“平台型”私益慈善活动的法律规制问题研究》，华东政法大学硕士学位论文，2018。

② 李宝平：《企业社会责任及其实施机制研究》，西南财经大学博士学位论文，2010。

助人、被捐助人及慈善组织形成信息公开透明的沟通渠道。此外，信息成本也有效地刺激了公众参与慈善工作的意愿和潜力，并最终提升了公众参与慈善组织和捐赠的主动性。

（三）社会信任与商业模式的关系

西方在社会信任理论领域的造诣相对国内的研究较为成熟，比较具有代表性的理论是弗朗西斯福山的“道德规范论”，马克·格兰诺维特的“镶嵌理论”，科尔曼的“理性选择理论”与博纳德巴伯的“秩序信任理论”。社会信任是基于共同社会文化伦理的社会历史现象的产物，具有世代相传的文化传承特征。当理性行为者的预期收入大于损失时，他们选择相互信任，当预期收入低于损失时，也就不会建立相互信任的关系。信息是理性行为者做出理性选择时的重要参考因素，即是否从其他方获得尽可能多的信息来确定是否可以在双方之间建立信任。福山的“道德规范论”认为社会信任是某一社会共享文化的产物，是一种基于文化道德规范的社会历史现象，具有文化代代相传的特性①。他指出，由于不同国家具有不同的文化道德环境，因此，各个国家的社会信任模式具有不同的特点。格兰诺维特的“镶嵌理论”与福山的“道德规范论”截然不同，他认为在现实生活中不存在依赖普遍道德或制度之上的社会信任，社会信任主要产生于经济行为主体人际关系网的互动之中②。人们通过嵌入具体的人际网络中的信任来避免麻烦与欺诈，维持社会秩序。科尔曼在研究“法人组织”中的信任问题时，指出社会信任是理性人不断进行理性博弈的产物。当理性行动者的预期所得会大于所失时，便会选择信任彼此；当预期所得会小于所失时，彼此信任将不会建立③。社会学家巴伯认为社会信任是“维护伦理道德社会稳定秩序的期望”，创建此种信任的过程可按以下程序：首先，与内部和外部系统相互作用的体制机制促进了社会秩序；其次，社会的外部秩序减少了不确定性的风险并让人们安心④。毕竟，此类社会信任秩序终

① 福山：《社会道德与繁荣的创造》，彭志华译，海南出版社，2001。

② Mark Granovetter.，“Economic Action and Social Structure：The Problem of Embeddedness”，*America Journal of Sociology*，1985.

③ 科尔曼：《社会信任理论的基础》，邓方译，中国社会科学出版社，1999。

④ 巴伯：《信任的逻辑与限度》，年斌、李红、范瑞平译，福建人民出版社，1989。

归会转化为人们的“心理秩序”。随着“互联网+”的快速发展和普及，互联网已经渗透到生活中的方方面面，慈善这一领域自然也不例外。互联网与慈善的结合使得慈善工作的执行效率大大提升，但同时，这种高效率也带来了不少的麻烦。互联网只提供了信息发布和传播的平台，在信息对接方面却难以发挥作用，对于慈善行业来说，我国暂时还未出现一个大型且权威的平台，能够迅速整合相关信息，准确对接救助方和求助方。仅有信息的发布而没有信息整合，使得信息只是一味输出，信息两端无法直接相连，而围观的多是“吃瓜群众”，解决事情的效率并没有真正提高。慈善平台资金流向难以追溯，可信度得不到保障，在互联网慈善还未普及的时候，“郭美美事件”就引发公众对慈善事业的信任危机，这种信任危机在今时今日并未完全得到妥善解决。通过互联网发布信息几乎没有门槛，因此，人们对信息真假的确认也存在极大的难度。同时，互联网上存在形形色色的商家，总会有利用公益事件牟取利益的情况出现。未来慈善商业化应将大数据理念应用到平台上，能够有效解决信息收集、整理以及对接的问题。平台将慈善组织、慈善项目、慈善服务领域等相关信息收集起来，搭建相应的数据库，然后将结果分类呈现在公众面前，充分实现公开化、透明化，让公众重拾对“互联网+”慈善的信心。

在市场经济竞争日趋激烈的大背景中，公司之间的竞争已经从产品之间的竞争转变为商业模式之间的竞争。因此，商业模式的地位对于形成现代管理体系就变得越来越重要。北京大学的魏炜教授提出了系统的商业模式定义，即利益相关者的交易结构，它清晰地定位并构造了一个相对完善的商业模型系统，主要包括了盈利模式、自由现金流结构、业务系统、企业价值和关键资源能力①。现代慈善机构不仅通过外部捐赠进行公益活动，还可以通过企业管理模式和商业运作模式，为企业和社会带来巨大的社会经济效益，通过运行满足慈善机构需求的商业模式，最大限度地提高社会和经济效益，而不仅仅是追求营利。商业模式的手段包括企业管理手段和商业运作手段，企业管理手段由三个主体组成：决策机构、政府机构和监督机构。从整个经济体系的角度来看，商业信贷的存在降低了商业周期中的交易成本，商业信贷模式的差异侧面反映了双方之间的信任。公司取得稀少资源的能力体现的是公司的社会资本数量，是展现公司竞争点的一个重

① 林伟贤、魏炜：《慈善的商业模式》，机械工业出版社，2011。

要组成部分，其与公司的商业模式创新密不可分。凭借其商业模式创新的方式，在关系网络和信任的基础上建立企业的社会资本，同时降低内外部的相关交易成本，促进知识吸收、传播、创新以及优化资源配置。

（四）多中心治理与合作治理

为了解决“互联网＋”慈善事业所面临的问题，我们显然需要聚集广泛的社会力量参与其中，基于多中心治理理论，政府、组织、公众和媒体必须承认，合作性互补和限制性关系等自愿合作的方式可以有效地管理在线慈善事业，极大地促进了线上慈善事业的持续性发展。其作为一种公共管理理论，提出该理论着重强调了等级制约，并不认为由部门提供的传统“集中”管理可能无法保证或提高效率，多中心治理理论支持权力下放，管辖权重叠，政府之外存在多中心治理模式①。这种治理模式是具有竞争力的，能有效提高商业质量。首先，其表示政府机构并不是仅有的治理组织，存在着一个超越政府的公共慈善机构。其次，治理的方向也从单一的自上而下的简单规则转为合作、相互协商和互动的多维复杂关系。再次，成立了各种社交网络组织，以解决公共关系的共同治理问题。最后，良好的社会治理不仅仅是一种有效的社会控制，更是广泛的社会信任、良好的公共服务，以及造成相对完整的社会矛盾，这种治理手段是不同的利益相关者进行管理的一个程序。这意味着，为了有效地对公共关系进行管理并提供相应的公益服务，许多相对独立的决策制定中心基于社会中某些特定群体的个体行为制定相关的行为准则。

经过漫长的发展过程，治理理论已成为世界各国管理的主流理念。结合治理理论在国内的适用性，自然能总结出多种多样的整治思想。参与到治理行为中是对行政民主思想的一种维护与追求，民间社会、第三部门和其他参与者被归入整治的行列，但政府仍然处于强有力的支配地位。社会自治侧重于非营利组织、第三部门和民间社会的治理。马长山认为协同治理是治理和参与社会自治的一个片段，必须将参与和治理的思维融合在一起，实现社会人们自治的美好愿景，达到多个不同参与者交流互动的效果②。协同治理的实质在于社会治

① 王兴伦：《多中心治理：一种新的公共管理理论》，《江苏行政学院学报》2015年第1期。

② 马长山：《国家、市民社会与法治》，商务印书馆，2002。

理多元化的重新认识和整合、传统管理和逻辑形式的重大变化，以及后工业治理的复杂性。

多中心治理理论经过不断完善和深入逐渐演变为合作治理理论，这与中国目前的真实情形是不违背的，合作治理理论的应用为中国慈善事业的商业化奠定了坚实的基础①。首先，协作是公共关系的本质，集团中的阵营由固有的紧张局势变为相对平衡，他们讨论和收集具有相似能力的同步行为计划。内部成员持续不断地沟通交流，以完成优化结果的目的。其次，协调治理是慈善事业商业化的必然要求。对于慈善机构，需要建立创新的运营和融资模式，以使组织能够生存和发展。然而，慈善组织的商业化更为广泛，包括商业企业的引入，以及传统社会贡献活动的扩展。运作模式将慈善事业扩展到商业领域，逐步全球化、市场化，随着信息化日益详尽的不断深化发展，公共领域出现的问题凸显、复杂。社会主体治理的能力和资源是有限的，不可能独自完成所有的宣传活动，并解决所有的公共问题，需要政府、非营利组织和社会团体的共同努力，利用其有效的资源实现良好治理②。因此，在控制慈善组织商业化的过程中，有必要展示多个参与者治理的有效性。多维、交互、通信、网络结构和资源相关特性是协作治理的关键先决条件。

（五）慈善的双重属性

所谓的慈善属性是指慈善机构本身的固有性质，即慈善机构的特征，可以一定程度反映慈善机构的性质。一般来说，我们所指的慈善是其道德层面的属性特征，也是某种崇高的情感道德升华③。很长一段时间，慈善机构以道德观点代表社会历史，慈善事业的经济学往往被忽视。首先，值得肯定的是，就慈善捐赠本身而言其是一种经济理性行为方式，从理性的经济角度来看，很容易理解慈善捐赠实际上是一种经济活动。亚当·斯密的经典著作指出，经济学人士总是寻求最有利的方式，并竭尽所能控制他们。因此，捐助者的慈善捐款应

① 赵俊男：《中国慈善事业治理研究》，吉林大学博士学位论文，2013。

② 陈振明：《公共管理学——一种不同于传统行政学的研究途径》，中国人民大学出版社，2003。

③ 罗伯特·L. 佩顿、迈克尔·P. 穆迪：《慈善的意义与使命》，郭烁译，中国劳动社会保障出版社，2013。

该是最大化其偏好的理性选择[①]。其次，慈善事业是经济资源的有效配置，从资源分配的角度来看，慈善机构的捐款实质是一种经济资源，慈善机构对这一经济资源进行重新分配，并将这种经济资源从捐助者转移到接受者，未来社会对慈善机构还将会有持久的需要，显而易见，慈善资源是极其稀少不足的，应该将有限的资源分配到最有需要的地方，因此，我们必须改善慈善资源的使用状况。

最后，慈善事业会产生各种经济后果。首先，有生产公共产品的效果。慈善营销活动造成流动资源并随之对其经济产生某些影响，采取举办慈善活动等形式，公共经济可以引进更多的宝贵资源。慈善活动一般是由不同的经济主体将资源进行有效合理的管理及分配。其次，慈善机构能够对收入分配产生影响。慈善机构分配的公益产品是半公共物品性质，而不是政府提供的产品，他们对特殊群体的需求更加重视。慈善机构为特殊弱势群体提供帮助与救济，以提高弱势群体的福利待遇水平，并举办一系列的慈善营销活动来减小贫富差距。慈善机构、合作社及其他慈善机构共同促进收入的平等[②]。再次，慈善组织也对就业有某些影响，其所提供的慈善物品的价值构成了社会产品总价值的一部分，同时慈善活动活跃了我国经济体系内的资产流动。

慈善机构有其客观的一面，即经济属性。陈五洲提出经济和道德特性这两种属性是共存的，两者相互映衬，道德属性的公益特质在这点获得了人民的信任，为慈善资源打下了坚实的基础。经济属性可以提高慈善机构的效率，并优化慈善机构的公益活动，经济特性对慈善机构商业化产生的影响，存在两条路径方式[③]。第一种经济属性是指通过一些慈善活动对慈善机构的商品营销产生直接或者间接的影响。首先，商业资金将为各个受益的捐助者提供奖励，合理的自利动机决定了通过慈善事业追求利润的可能性。其次，业务管理模型为慈善机构提供了解决方案，以解决资源短缺的问题，并提高效率，同时提供更有利可图的行动机会。再次，慈善事业经济属性的影响也取决于外部环境，由于外部环境不同，慈善机构的商品推销在外部形式上有所不同。慈善机构的概

① 亚当·斯密：《道德情操论》，商务印书馆，1984。
② 黄春蕾：《我国慈善组织绩效及公共政策研究》，经济科学出版社，2011。
③ 陈五洲：《慈善事业——企业与社会的双赢选择》，《企业管理》2006 年第 6 期。

念、政治和经济环境以及慈善机构的转变是最重要的外部环境因素。慈善商业化行为深层次的影响因素在于社会的慈善理念，而理念又受到政治、经济、文化、科技等因素的影响，因而政治、经济等环境是慈善商业化发展的中间影响因素，慈善组织自身则直接影响其商业化发展。

然而，在应用慈善组织的经济属性时，存在某个难题，慈善机构的商业化行为难以避免地出现超越行为，商人从事所有活动的出发点是“自利”和“自爱”。自身利益会导致慈善事业的异化，追求利润最大化和自利公益事业的腐败，存在过度的商业化行为。因此，如何平衡好慈善组织的经济和道德属性，以及促进慈善组织的商业化发展，是慈善机构面临的重要问题。目前，商业化的异化不利影响已经浮出水面，因此，我们需要重新考虑中国慈善事业的商业化规则，在设计系统时，有必要考虑在可以有效形成慈善组织的各种治理组织之间寻求某种平衡。

（六）企业生命周期与企业内生成长理论

企业生命周期理论将企业生命历程视为从初始到死亡的一个过程，公司也会经历一个从初始创建到发展结束的过程，其性能特征因阶段而异。关于对企业的生命成长周期阶段如何进行划分，国内外的研究人员都有许多不同的观点，他们从各自的角度对企业的生命周期不同阶段进行了充分的研究和论证阐述。一些学者认为公司的生命周期可以分为10个阶段，而另一些人则认为它可以分为五个阶段。然而，人们普遍认为生命周期存在四个阶段，这种观点则将公司的生命历程归为初创、成长、成熟和经济衰退四个阶段，这已被越来越多的学者认可。通过选择不同的研究前景和指标，对公司生命周期的研究将得出不同的研究结论。一些学者选择单一指标来划分和研究公司的生命周期，一些学者可能会使用不同的指标来划分和研究公司的生命周期。古继宝认为影响公司生命周期的因素很多，包括主要因素和客观因素、定量和非定量影响因素、长期和短期影响因素①。如果所选指标不同，公司生命周期的划分将不同，可以得出不同研究的结论。鉴于企业在不同的发展阶段扮演不同的经济角

① 古继宝、阳立峰：《基于生命周期的企业政治资源需求分析及战略研究》，《经济纵横》2007年第18期，第70～73页。

色，从追求股东利益最大化到兼顾相关的利益者，再到履行相应的社会责任，不同的生命周期对应着不同的需求层次及不同的社会责任目标。处于初创期和衰退期的企业侧重于经济责任和法律责任，处于成长期和成熟期的企业更关注道德责任和慈善责任，研究不同生命周期下企业的社会责任，可以为社会慈善事业质量提升提供有效的建议。

黄宏斌提出企业内生成长理论打破了规模经济的限制，并讨论了公司的资源①。此外，还涉及对企业效益增长的影响，如过去的组织结构和管理职能研究问题，以及公司内部资源可以提供的服务质量取决于人力资源知识的水平。增加人力资源的知识积累将增加公司的资源积累率，在生成过程中，企业中未使用的资源可以作为企业创新能力的基础。社会企业是中国慈善捐赠的重要组成部分，在救灾和扶贫等事项中，企业的慈善事业发挥着举足轻重的作用。然而，企业目标的不一致以及慈善文化创建的不一致产生了"落后"慈善机构的概念以及限制企业慈善机构功能的"追赶"行为。在公司生命周期框架内，即"早期成长—成熟—转型期"这一连续过程，我们将以生存和发展为基础建立企业，以社会责任的发展为核心，企业的影响力也将逐渐渗透到社会生活的各个方面，作为彰显企业社会责任之一的慈善捐赠已日益得到社会的认可。当公司各方面的资源比较充足，竞争优势增大，公司盈利水平上升，进而会考虑到社会责任问题，其会通过直接或者间接的方式进行捐赠，为社会服务，这必然会促进慈善事业的发展。

二 "互联网＋"慈善的主要特点及功能分析

（一）"互联网 +"慈善的主要特点

互联网的快速发展颠覆了很多传统行业的发展模式，并为其带来了新的发展机遇。在"互联网＋"背景下，我国的慈善事业也呈现新的特点和面貌。

---

① 黄宏斌、翟淑萍、陈静楠：《企业生命周期、融资方式与融资约束——基于投资者情绪调节效应的研究》，《金融研究》2006 年第 7 期，第 96 ~ 112 页。

1. “互联网+”慈善优点

一是便捷性。在互联网时代，中国网民数量正在不断增加，与此同时，中国慈善环境也随着网民数的增多而发生了改变。现代的慈善捐赠已经不再是通过传统的活动现场捐赠的形式，而是通过更加方便、快捷的渠道进行捐赠善款。近年来，微信、支付宝等第三方支付平台的迅猛发展，不仅捕获了广大网民的信任，也使网民养成了用这些平台进行支付的习惯。同时，微博等媒体渠道的发展也在一定程度上促进了信息传播的快速性与可触及性，这就大大提高了公益组织自身的网站浏览量，其网站影响力也得到了提升。捐赠者往往可以通过手机、电脑等设备获取受捐者信息以及其他捐赠情况，通过微信、支付宝等第三方平台进行善款的提交。整个过程免除了地理限制，降低了时间成本，使捐赠者更加便捷地触及慈善、参与慈善。

二是透明性。传统慈善捐赠都面临着一个难题，即慈善欠款的处置情况无法及时有效地传递给捐赠者。这一问题招致的信任问题也是捐赠者与受捐者共同关心的。而相比传统慈善，网络慈善则在一定程度上解决了这一问题。网络捐赠通过实时公开钱款去向来提升慈善组织的公信力。比较典型的是邓飞发起的为贫困地区孩子捐赠“免费午餐”的活动。在这一活动中，受捐者通过开通微信每日更新钱款的去向和运用情况，借助微博动态请广大网民对活动进行监督，并邀请政府进行突查和暗访。整个活动通过网民、微博、政府等多方的监督实现了社会公信力的提升①。

三是特定性。对于捐赠者来说，传统的慈善活动往往省去了筛选受捐者的步骤。慈善活动主办方首先决定受捐者，进而将信息传递给捐赠者，捐赠者再协调自身情况进行善款的捐赠。在这种捐赠模式下，捐赠者往往无法对捐赠对象进行选择，捐赠行为存在一定的盲目性。互联网慈善采用新的运作模式，充分发挥互联网的作用，不仅将慈善项目信息全面清晰地展示出来，而且将捐赠者与受捐者进行合理有效地匹配，提升了慈善捐赠的效率。

四是广泛性。随着互联网的快速发展与网络技术的快速推广普及，我国超过7亿的网民涵盖的年龄层次也越来越广泛。现今的“互联网+”时代可以说是一个全民参与的时代，互联网这一平台更是打破了地域限制与时间限制，通过

① 王海燕、邓虹：《互联网慈善的公信力研究》，《征信》2017年第1期。

手机、电脑等终端进入广大网民的生活。代替传统支付的方式层出不穷，从在线银行卡支付，到微信红包、支付宝转账支付，支付方式的不断进化与简化不仅提高了捐赠者对公益的积极性，也在一定程度上降低了潜在捐赠者的参与门槛。

五是大众性。与传统捐赠相比，互联网捐赠强调匿名性与捐赠款项的自由性，主要表现为捐赠方式的多样性，例如资金捐赠、物资的使用权与所有权的捐赠等。通过降低参与成本实现大众化是互联网慈善的制胜秘诀之一。互联网以其便捷性降低了捐赠者的参与成本，极大地节省了时间和精力，使其热情得以提升。传统慈善活动的捐赠方式使得捐赠者要去银行或者邮局汇款，过程烦琐且耗时较长，而去现场捐赠往往会让很多潜在的捐赠者心有余而力不足。互联网的极大发展，使随时捐赠成为可能。这一新型捐赠方式的出现，不仅节约了时间成本，扩展了捐赠者信息获取的渠道，也使得小额捐赠者摆脱“面子”的压力。如今，互联网慈善的个人捐款主要以小额捐款为主，这些捐款数额不等，比如腾讯推出的“乐捐”和“月捐”，倡导积少成多。

六是灵活性。有别于传统的悲情慈善，互联网慈善强调激发捐赠者的积极性，希望通过“快乐慈善”来满足捐赠者的不同需求。因此，公益慈善机构通过提供各种各样的公益产品，让捐赠者根据公益产品的特色来匹配自身在社交、教育、健康、娱乐等诸多方面的需求。2014 年微信推出“捐步”的运动公益平台。这一公益平台作为第三方，为赞助商和运动爱好者提供衔接方式，每成功捐出一万步就可以以其个人名义认领赞助商为公益项目捐出的一元钱。2014 年，美国兴起的“冰桶挑战”活动，借由互联网帮助渐冻人进行募捐善款，这种将慈善与娱乐相结合的形式在促进社会公众关注并帮助“瓷娃娃”等罕见病病人群体的项目中取得了很大的成功①。

2. “互联网＋”慈善的缺点

一是脆弱性。在我国，互联网慈善还处于起步期，互联网慈善可持续性受到质疑，主要源于两方面。一方面，慈善事业固有的脆弱性不仅使传统慈善饱受争议，也蔓延到了互联网慈善。慈善组织的非营利性使得其自身财务状况很不明朗，慈善组织的可持续性广受质疑。另一方面，互联网匿名性导致的信任

① 王凯茜、王大洲：《我国互联网慈善中的信任重建机制研究》，《中国高新技术企业》（中旬刊）2015 年第 9 期。

危机在一定程度上蔓延至互联网慈善。慈善活动一旦出现信息模糊或组织不稳定，捐赠者感受到的失信程度便会被放大，进而极大地降低组织的信任度。

二是业余性。组织的专业性是活动成功的基本保障，这在互联网慈善活动中仍然适用。组织是否具有专业性、组织目标是否合理、活动进程是否合理恰当都是决定活动能否成功开展的关键。在互联网慈善活动中，决策者的方向决定了整个活动的资源配置情况，协助人员的专业素养决定了慈善资源的投放情况。这两点直接导致了捐赠者慈善行为的专业性程度高低。

三是依附性。互联网慈善捐赠的依附性主要源于互联网的特性。首先，互联网慈善离不开互联网硬件设备，设备的完善情况直接决定了互联网慈善的影响程度。其次，互联网捐赠离不开行政制度的规范。按照我国《慈善法》的规定，互联网公益捐赠活动必须在规定范围内的互联网平台上开展。这就表示，互联网慈善活动的成功离不开行政制度的支持。为了实现慈善效益的最大化，慈善组织必须将慈善项目与行政制度有效结合，保证项目的稳定性与可持续性①（见图1）。

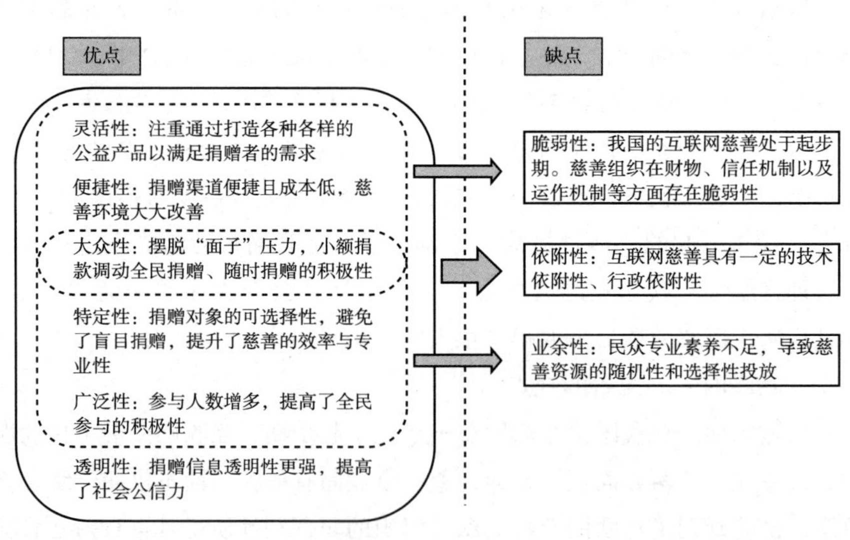

图1 "互联网+"慈善的优缺点

① 管书新：《互联网慈善型捐赠众筹的风险及应对研究》，吉林大学硕士学位论文，2017。

（二）“互联网 +”慈善的功能分析

基于以上的优缺点，我们认为“互联网＋”慈善在功能上有效地利用了互联网的技术优势，解决了慈善透明的固有难题，提高了慈善效率。

互联网捐赠的高透明度：互联网捐赠最大的特点就是改变了传统慈善活动对“透明”的定义。传统慈善活动的“透明”往往集中在结果的透明性，而互联网捐赠摆脱了这一固有思维的禁锢，将视角转向捐赠过程的透明性。互联网捐赠不再拘泥于对结果透明，反而更加重视捐赠资源的公开性，随时更新捐赠善款的情况，不仅实现了受捐者与捐赠者的有效对接，也提升了民众对慈善组织的信任度。

互联网捐赠的信息结构优化：互联网捐赠采用扁平化的传播路径与传播信息结构，这种模式下发布的慈善活动的信息内容、发布频率可以使捐赠者获得的信息更加全面而真实，极大地消除了信息不对称。传统形式的捐赠活动大多是以慈善组织代收缴善款后再分配的模式进行，资源分配的决定权归慈善组织所有，捐赠者与受捐者是分割的。而互联网慈善则是通过网络进行虚拟存储，通过沟通进行物资的再分配，这一过程中捐赠者与受捐者通过信息传播得以匹配。互联网捐赠的过程通过数据化，将整个捐赠过程展现出来，使这一过程呈现出可追踪、可质疑的特点①。

多元主体资源整合降低慈善成本：互联网捐赠过程中涉及诸多主体的参与，包括互联网平台、捐赠者、慈善组织等。这些主体的紧密合作不仅使资源得到了有效的整合与运作，更是将慈善引进了千家万户，使全民慈善成为可能。门不出户的慈善既降低了捐赠行为的时间成本，也消除了地理限制，极大地扩大了捐赠范围。互联网慈善通过将慈善事业与智能科技紧密结合起来，开发出创新的慈善捐赠模式。例如，快递公司通过网络技术的积累与运用，为农村捐赠解决了“最后一公里”的难题；“旧衣帮”App 通过创新慈善参与模式降低民间慈善的门槛等。

---

① 郑伟：《互联网慈善运行模式及监督机制研究》，《赤峰学院学报》（汉文哲学社会科学版）2016 年第 4 期。

三 慈善商业化的基本方式和风险挑战

（一）社会组织慈善商业化形成的缘由

对于社会组织商业化的研究，国外起步较早，弗斯顿伯格最早颠覆了社会组织不能从事商业活动的观点①。此后，国外有关慈善商业化的研究主要是从慈善商业化的应用可行性、运作模式、运作风险和事后控制等方面展开的。国内的一些学者也开始关注、研究慈善商业化等相关问题，但都涉入不深，大都停留在理论分析和描述阶段，真正涉及慈善商业化风险挑战问题的研究屈指可数。本章将从慈善商业化形成的缘由入手，进而深入分析慈善商业化面临的风险及挑战。

1. 社会组织存续的必要性

慈善商业化已成为全球普遍关注的问题，如何保持慈善的初衷以及如何应对慈善商业化带来的风险挑战已然成为各个社会企业、非营利组织亟待解决的问题。

第一，社会组织虽然不以营利为目的，但是为了确保组织的可持续运营，逐步进行商业化经营。当社会组织无法通过单一的社会捐赠来维持组织存续时，就会吸纳营利企业的经营管理目标和方式，组织开展的各项活动也开始涉及营利企业的商业领域。因此，走出资金困境是慈善商业化的首要动力。

第二，拓宽筹资渠道，维持财源健康。金锦萍指出，资金是组织持续运营的血液和生命线，组织筹资渠道单一往往是组织自主性丧失、组织目标置换、使命漂浮以及组织脆弱性的首要原因②。资金是一个企业的生命线，有了充足的资金，企业才能顺利运转。但是大部分组织企业的资金来源渠道单一，导致资金匮乏，进而转向不健康的筹资方式，丧失组织目标，背离初衷，最终在相

① 〔美〕弗斯顿伯格：《非营利机构的生财之道》，科学出版社，1991。

② 金锦萍：《慈善商业相对论》，《中国经济信息》2011 年第 16 期。

反的道路上越走越远。为了实现筹资渠道的多元化，保证组织财源顺利，社会组织必须走向商业化运营的道路。为了获取有限的资源，慈善组织必须维持良好的运行状况，最大化利用资金。

第三，对产品和服务进行创新，降低受助者对组织的依赖性。有研究表明，传统的慈善救助模式在一定程度上可能会伤害受助者的自尊心，使受助者产生自卑和孤独感，可能会导致受助者产生懒汉心理。有些学者认为，这种“授之以鱼”的救助方式在一定程度上阻碍了受助者的自救能力，无法实现受助者真正意义上的脱贫。因此，陈金贵提出，许多社会组织开始寻求新的路径提供项目和服务，倡导服务对象重树自信心，克服依赖心理①。于是一些慈善组织通过采用商业手段帮助受助者，帮助他们培养自立能力，激发求生意识，提升他们的创造力。慈善商业化应运而生。

第四，企业家精神的推动。社会企业家们认为评判社会组织成功的标准，除了资金、资产等物质条件以外，更多地应该囊括精神层面和社会层面的需求。因此，他们会将组织的商业业务和慈善公益事业进行结合，而不是简单的罗列相加。

正如弗斯顿伯格所说的那样，现在的各种非营利社会组织，并不是一个从宗旨上理解的简单意义的传统组织，在搜集财源上，它更多扮演的是商业组织的角色。只有两种不同的价值观融合在一起时，该组织才能健康活泼地运转。

2. 公众对慈善认识的固化

自古以来，慈善给公众留下的印象就是自愿的、无偿的公益服务，慈善组织的宗旨则是尽最大能力惠及众生，而不是仅仅以发展壮大自身为宗旨。其实营利企业和非营利企业之间的划分标准并不是以从事商业活动为主，而是根据企业资金的去向来评定的。目前学术界普遍接受的观点是，慈善组织参与商业活动所获得的利润，必须一如既往地用于慈善活动，不得私自分配。这就是著名的“禁止利润分配原则”。

其实，慈善和商业的区别并不是那么绝对，相反在很多情况下，慈善和商业是有着密切联系的。但是大部分公众基于固有的传统认识，无法认可慈善组

① 陈金贵：《非营利组织社会企业化经营探讨》，《新世纪智库论坛》2002 年第 19 期。

织进行商业活动，认为慈善就应该单纯是慈善，独立于一切商业活动。大部分公众的担忧主要来自他们不清楚、不知道慈善组织商业化后获得的利润是真正用到需要帮助的弱势群体身上，还是被慈善组织谋取私利。金锦萍认为，尽管有“禁止利润分配原则”作为防线，如果没有相关规则辅佐，变相的利润分配会导致这一防线的崩溃。虽然“禁止利润分配原则”是合理存在的，但是如果政府没有出台相关政策法规作为保障，那么慈善组织利润极大部分可能会流入私人口袋。

（二）慈善商业化的基本方式

陆道生等认为，社会组织商业化经营基本上分为两个途径：一种是运用社会组织所拥有的资源和能力，以商业化的方式来经营；另一种是从社会组织的母体中孵化出新的社会企业①。不管是哪一种方式，都必须坚持上层建筑，始终保持最初为民服务的宗旨，全面分析组织与周围环境的匹配性，寻找到适合自己的商业化方式，以此获取合理利润。借鉴台北大学陈金贵教授的分类方法，本文将社会组织商业化大致分为以下几种类型。

第一，由服务享受对象付费。慈善组织可以通过承办各类活动，来提供衍生服务。比如，慈善组织可以举办夏令营活动，为服务享受对象有偿提供活动计划、场地安排等。在精力充沛且条件允许的情况下，一些组织还会通过服务有行动障碍、自闭症等人群，进行合理收费，弥补服务支出成本。

第二，设立自己的产品经营或服务店铺，销售相关产品或者提供相关服务来赚取服务费用。慈善组织可以利用自己的店铺销售诸如纪念品或自产产品，也可以将社会公众的捐赠产品进行有偿销售，作为筹资渠道之一。就像香港的乐施会一样，在乐施商店他们会对食品、服饰、书籍等进行销售，商店经营利润将作为慈善事业资金的一部分。

第三，充分利用社会回收物品，进行加工、销售。慈善组织可以利用资源回收的方式来创造组织利润。如，可以把社会的免费捐赠产品进行回收，并对回收物品进行分类处理，加工后再卖给相关商业企业。

第四，对外运营闲置场所。慈善组织的一些活动场所，挑出一些利用率低下

---

① 陆道生、王慧敏、毕吕贵：《非营利组织企业化运作的理论与实践》，上海人民出版社，2004。

的培训场所，对外租用运用，赚取闲置费用。这样不仅可以充分利用闲置资源，也能让受助者体验到自食其力的感觉，有助于帮助受助者树立自尊心、自信心。

第五，借助政府提供的费用提供社会需要的服务，借此向第三方收取服务费用。慈善组织利用政府提供的费用，对社会上需要帮助的弱势群体提供服务，或者和企业建立合作关系，帮助企业办理诸如幼托、残障人士的料理与康复工作，向医院收取一定的费用。

第六，经营营利性业务。慈善组织可以对社会上的餐饮公司进行投资，雇用社会弱势群体作为公司员工，一方面可以解决社会就业问题，另一方面可以赚取额外利润来服务更多的慈善事业，一举两得。

第七，借用慈善组织的声誉直接进行筹资。这种筹资方法是各种慈善组织、公益事业最常用的简单快捷的方法。组织借助社会慈善组织固有的声誉，与企业一起推广慈善公益和商业活动，创建合作共赢的局面。但是前提是慈善组织必须保持良好的声誉，否则就会影响与企业的合作。

慈善商业化的不同类型在一定程度上反映了慈善组织进行商业化运作的深度和广度。慈善组织商业化的航程已经开启，如何保持正确的航向，避免商业化带来的风险和挑战是非常值得关注的领域。

（三）慈善商业化面临的风险及挑战

刘媛指出，社会组织的商业化运营意味着社会组织运营的转型，意味着社会组织驶向一个全新领域，其本身蕴含着潜在的风险①。慈善组织在进行商业化操作的过程中，很容易偏离慈善最初的航向，走向误区。因此，在对慈善商业化形成的原因进行归纳总结后，我们发现慈善商业化面临的风险与挑战主要集中在以下几类。

1. 慈善文化与商业文化的冲突

慈善组织在进行商业化运作的过程中面临的风险有很多，格雷戈里·迪斯认为，在最佳状态下，社会组织需要直面来自组织文化与经营管理两方面的挑战②。在最糟糕的情况下，组织的公益宗旨可能被商业化运营毁于一旦。慈善的商业

① 刘媛、郭梓焱：《论社会组织商业化经营风险的应对策略》，《中南大学学报》2017年第5期。

② 格雷戈里·迪斯：《非营利组织的商业化经营》，中国人民大学出版社，2000。

化运作容易引入过多的市场管理方式，将组织推向市场化、商业化，慈善活动范围从而被限制。慈善商业化容易造成慈善服务和私利之间的矛盾，正是因为商业化使得组织过分追求利润而导致宗旨遗忘，最终倒向营利一边。慈善组织和营利组织的商业合作也容易对慈善组织的公益口碑造成负面影响，甚至慈善组织过度商业化可能会沦为营利组织的工具。

2. 组织形象受损

慈善过度商业化极易导致慈善的异化。慈善商业化容易摧毁慈善组织原本的公益形象，严重的还会影响整个慈善商业的公信力。黄春蕾指出，随着人们对慈善关注度的上升，社会上出现了大量假借慈善名义开展商业活动的现象，公益腐败和过度商业化现象快速增长，慈善丑闻不断①。

陆明远认为，慈善的宗旨和使命在于维护弱势群体或更大范围的公共利益，公共性是慈善存在的基础。如果借用慈善的公共性作为个人私利的谋取工具，则应当纳入腐败的范围②。慈善组织的原始初衷是服务弱势群体，为他们提供帮助，因而公益性是慈善最基本的特征，也是慈善组织存在的基础。有存在必有漏洞，不法分子就会趁机利用慈善的公益性来谋取私利，这时就会出现所谓的公益腐败，也就是慈善异化。比如，在募集款项过程中，擅自挪用慈善资金进行不正当交易，打着慈善名义的幌子非法集资。

当慈善组织商业化的程度越来越高时，慈善组织良好的声誉就越容易受到破坏，稍不注意就会受到公众的质疑，给公众留下一个不好的印象。此外，慈善组织形象受损的程度还和组织接受捐赠的多少有很大关系。因此，慈善组织在进行商业化的运作过程中，稍有不当，就会失去政府和私人捐赠主体的信任，得不偿失。

3. 经营失败

商业化经营是一把双刃剑，在给慈善组织带来巨大利润的同时也面临着潜在的风险，Eikenberry 等的研究表明，70% 的社会企业在开张 8 年之内就倒闭了③。商业化运营耗费组织大量的时间与精力，商业化经营所得资金不属于任

---

① 黄春蕾、郭晓会：《慈善商业化：国际经验的考察及中国的发展路径设计》，《山东大学学报》2015 年第 4 期，第 34～44 页。

② 陆明远：《公益社团腐败的治理路径研究》，《学会》2009 年第 12 期。

③ Eikenberry. Kluver.：“The Marketization of the Nonprofit Sector：Civil Society at Risk?,” *Public Administration review*, 2004, 64：132～140.

何组织与团体，一旦亏损将是对社会资源的极大浪费，可能还会招致社会舆论的谴责。因为慈善组织的资源有限，这也决定了组织难以承受商业化运作带来的失败后果。

4. 使命漂浮

刘媛提出，商业化经营最坏的可能性在于它有可能埋葬社会组织的公益使命。商业化使社会组织在公益与私利，或者说慈善性和商业性两极之间做出艰难选择。当社会组织商业化氛围过浓而丢掉慈善性的时候，他们就会丢弃自己的社会宗旨，丢弃社会组织的非营利性之根本特征，转变为名副其实的营利企业，本应该具有的扶助弱势群体、维护公平正义的神圣光环被销售、收费及与营利组织结盟等商业行为玷污了①。本应具备的救助老弱病残等神圣光环因过度商业化毁于一旦，转为舆论口中的谋取私利。例如，浙江金华网络慈善平台施乐会之前广受社会赞誉，后爆出“施乐会每个社工可以从每笔捐款中最高提成15%的报酬”，“募捐提成”事件一出，导致许多公众开始质疑网络爱心救助平台的真实性。由此反映出社会公众对慈善组织和网络爱心平台的态度，本该是“爱心、无偿、互助、无私”的公益组织却因为过度商业化被贴上“有偿、私利、腐败”的标签。

商业化可能导致慈善组织在公益与私利之间游离，稍有不慎，慈善组织的商业化程度过高，很容易抛弃公益慈善的性质而转向于营利组织，变为真正的营利企业。总而言之，慈善组织如果不能很好地把握商业化的程度，很容易偏离社会组织公益性质的航道，驶向相反的方向，最终沦陷于商业化之中。

四　中外慈善商业化发展的比较研究

（一）西方慈善商业化的发展

1. 西方慈善商业化发展的历史阶段

（1）慈善商业化的萌芽

自19世纪下半叶以来，旨在解决社会问题“以规则为基础”的科学慈善

① 刘媛、郭梓焱：《论社会组织商业化经营风险的应对策略》，《中南大学学报》2017年第5期。

运动为慈善商业化的蓬勃发展开辟了道路。在促进社会财富快速增长的同时，始于18世纪的工业革命也导致了贫富差距的扩大和社会矛盾的增加，传统的救济慈善机构受到越来越多的批评与指责①。科学慈善运动的核心理念是“不寻求依赖怜悯和利他主义，而是寻求基于科学和理性的社会问题，以帮助那些真正有需要的人。”从19世纪末到20世纪初，经济社会精英开始建立现代慈善事业②。

（2）慈善商业化的发展

在20世纪，西方慈善机构从传统的扶贫转向公用事业（医疗、教育、艺术、文化等）。尤其是在第二次世界大战之后，慈善捐赠和税收优惠使社会贡献进入繁荣和发展阶段。慈善机构的规模正在扩大并变得更加专业化。在美国，许多大型基金会相继在20世纪上半叶发展壮大起来，慈善组织和一些非营利性质的机构成为独立的社会部门③。

（3）慈善商业化的升级

福利国家在新自由主义和20世纪70年代发生的赤字危机实际压力的双重影响下开始实施私有化社会服务，政府在包括非营利部门在内的私营部门中发挥了作用。社会服务外包政策不仅为慈善机构提供了越来越多社会服务生产的机会，也增加了服务收入，竞争和绩效导向强化的政策指导无疑是增强了商业机制的广泛性。20世纪80年代，史蒂芬·戈德史密斯认为以电子信息技术应用为中心的技术产业革命标志着“后工业时代”的到来，但不同的阶层、教育、技术和知识之间的差距造成的不公平现象也是比较突出的④。

2. 西方慈善商业化的外在形态

（1）开源型

随着慈善事业走向越来越职业化时，慈善组织的首要任务是如何筹集更多资本，商业企业的盈利和融资模式成为极其重要的参考指标。

慈善营销。西方慈善营销的实际运行越发普遍于20世纪80年代后期。弗斯顿伯格提出慈善营销的核心是“交换”慈善事业可以为捐赠者和潜在“客

---

① 金锦萍：《科学慈善运动与慈善的转型》，《科学对社会的影响》2009年第2期。

② 资中筠：《财富的归宿：美国现代公益基金会述评》，上海人民出版社，2006。

③ 资中筠：《财富的归宿：美国现代公益基金会述评》，上海人民出版社，2006。

④ 史蒂芬·戈德史密斯：《社会创新的力量：美国社会管理创新启示录》，新华出版社，2013。

户”（包括捐赠者、受益者和志愿者）带来价值①。为了最大限度地达到吸引潜在的捐助者的目的，少数的慈善组织还采取收集市场上有用信息的方式将其定制给不同的有特殊需要的捐助者来实行战略化的慈善产品设计。

商业化运营和投资。第一，提供有偿性的服务。慈善机构从受益人处收取相应的服务费用，而不依赖于受益人。第二，销售相关产品或服务。慈善机构设计和销售相关的产品或服务，都与其主要业务相关联。第三，是对政府采购合同的承担，多数慈善机构通过承担采购合同从社会服务性的项目中获得营业收入。第四，资本运作和商业投资。在西方国家，慈善机构使用自己的技术、资金或是其他有用的资源（如商标、声誉、机构名称）进行资本运作和商业投资是很常见的。

（2）增效型

在过去的二十年中，西方慈善机构全面引入了业务管理模式以提高其管理的效率，这已成为一种十分常见的潮流。协同慈善机构的商业化表现集中在以下几个点。①战略计划的制定。战略规划是商业世界的共同管理工具。在发达国家，战略规划也被用作实现良好运用的得力工具②。②改善组织的治理。在20世纪80年代中期之后，建立基于商业模式的治理框架和在慈善机构中实行理事会制度也逐渐趋于一种必然，多数的国家和地区将其提升到了法律的层次上。③绩效管理的强化。借助于商业管理形式，形成一套完整的绩效管理体系方案，包括但不止于内部的部分岗位竞争、薪酬与绩效挂钩等企业管理制度，有利于显著提升管理部门人员的工作有效性。

（3）盈利驱动型

利润驱动的慈善商业化得益于在美国推广风险慈善事业，以及作为英国典型代表的部分社会企业。风险慈善在公共利益领域应用商业慈善的风险投资模型，并将慈善捐赠作为社会性的资本投入。社会企业家看重投资效益和效率，因此，他们更加重视社会投资的实用性和有效性。

①商业运作，财务自治。相对于其他慈善商业化，社会性的企业更注重

---

① 〔美〕弗斯顿伯格：《非营利机构的生财之道》，科学出版社，1991。

② 保罗·布雷斯特、何豪：《善款善用：聪明慈善的战略规划》，中国劳动社会保障出版社，2013。

“足够的产品开发、市场开发和消费促进”，并对自己的利润和损失负责。②更加多样的组织形式。除去固化的慈善机构，社会企业还包括股份公司、有限责任公司和其他与公司组织无差别的社会企业，以及信托基金等。③利润分配。社会企业与慈善商业化不同的最突出的标志是利润分配。如何维护商业企业的公共服务使命，有效地避免组织的利润最大化，一些国家在商业企业的利润分配上进行严格的控制。④专职人才比例高。商业企业更加关注专职人才的有效作用，利用技术人员和社会工作者能有效地提升组织的运作效率。

（4）异化型

包括了以下几点内容。①公益性腐败。慈善事业的使命是保障弱势群体以及更广泛的公众利益。如果慈善机构的宣传被借用作为谋取私人小利的工具，则应将其归入腐败类别。从资金筹资到商业化的运作、投资风险管理，再到与社会企业开展合作，这为腐败滋养提供了良好的条件[①]。②商业化。由于对业务管理和操作方法的不够通透，不适合自愿公益的管理运作方法直接地运用到慈善组织上，或在没有基本操作能力和防控风险的情形下使用商业手段，将导致商业慈善活动背离正常的模式，进一步使组织遭受困境。慈善在商业化中，也存在仅仅为了追逐商业的私自利益，偏离公益目的，寻求利润的不良现象。慈善商业化的负向影响是慈善的异化，不仅直接性地破坏了慈善组织的美好公众形象，同时也降低了慈善组织的信誉[②]。

3. 美国慈善基金会的现状与发展趋势

（1）美国慈善基金会的类型

美国慈善基金会的数量很多，规模很大，种类数量是世界上最多的。学者们也对慈善基金会的分类有不一样的看法和标准。如今最被大家认可并广泛采用的分类方法，是美国基金会中心对慈善基金会所做出的分类。根据慈善基金会资金来源、运作方式和功能等的不同，慈善基金会被分为四种运行的基金会：独立基金会、企业基金会、运营基金会和社区基金会[③]。独立基金会的大部分资金来自个人，通过向各种机构捐赠项目来运作，它主要以姓氏命名，而

① 陆明远：《公益社团腐败的治理路径研究》，《学会》2009年第12期。

② 黄春蕾、郭晓会：《慈善商业化：国际经验的考察及中国的发展路径设计》，《山东大学学报》（哲学社会科学版）2015年第4期，第34～44页。

③ 贝奇·布查特·阿德勒：《美国慈善法指南》，中国社会科学出版社，2002。

且一个家族或个人可拥有几个彼此相关的基金会。企业基金会，也被称为公司资助的基金会，是一个慈善组织，其资金大部分来源于企业的营业利润对其的捐赠。运营基金会是拥有自己内部的员工并且可以相对独立地完成任务的基金会。一般情况下基金会由一个私人或者家庭来资助，按照自己的原则和目的去运行，并不是捐赠给其他的慈善机构和商业组织。社区基金会主要产生并坐落于大城市中，该类基金会通常是由一个地区的居民尤其是银行家们为解决本地区的问题而成立的。

（2）美国慈善基金会的现状分析

冷战后慈善基金会数量与规模急剧扩大。20 世纪 30 年代美国的经济衰退和经济大萧条都对慈善基金会的发展产生了极大影响，而在 90 年代，由于美国经济经历了一个持续性的发展时期，美国慈善基金会的发展又进入一个十分迅速的阶段①。一方面，全球化时代为慈善基金会的出现创造了良好的国际环境；另一方面，全球公民社会的形成以及全球问题新热点的出现，给慈善基金会的发展开拓了新领域，提供了新的发展契机。

美国西部慈善基金会发展迅速。根据美国基金会中心 2008 年版基金会年报显示，在 2001 年，即使全美慈善基金会成长速度有下降的趋势，但位于美国西部的慈善基金会仍以惊人的速度不断成长。2006 年，美国西部慈善基金会的总资产更是有史以来第一次在所有区域（美国西部、中西部、南部、东北部）中排名第一②。

美国慈善基金会各方面更多样化。20 世纪后期以来，基金会资金来源以及组织模式的多样化已然成为慈善基金会发展的重要特征。慈善基金会由最初标有富有的工业家专利的产物，到现在品种和数量已发展到形形色色的捐赠者，其“慈善之光”可谓照耀到了整个国家。经过一段时期的发展后，慈善基金会内部都经历了一个组织完善的过程，可以说，管理更规范、更专业③。而基金会从业人员的成分也随着社会的变迁而发生了变化。过去是

---

① 劳伦斯·弗里德曼、马克·D. 麦加维编《美国历史上的慈善组织、公益事业和公民性》，徐家良、卢水彬等译，上海财经大学出版社，2016。

② 亚瑟·C. 布鲁克斯：《谁会真正关系慈善？——保守主义令人称奇的富于同情心的真相》，王青山译，社会科学文献出版社，2008。

③ 弗莱施曼：《美国的秘密：个人财富如何改变世界》，上海财经大学出版社，2012。

清一色的白种男性，而现在，女性、非洲裔、亚裔、拉丁裔和印第安人也都在其中占有一席之地。

慈善基金会相对地退居次要地位。在20世纪70年代之前，美国政府的福利职能呈迅猛扩张的态势，到了罗斯福新政之后，这种扩张趋势显得更加明显。虽然之后，这种趋势经历了频繁调整，每一届政府对于福利干预职能的态度也不同，但总体而言，由于政府职能的演变，政府开始在福利事业方面唱主角，私人基金会相对地退居辅助地位，而且出现了“公私合营”的现象①。

（3）美国慈善基金会发展趋势

美国慈善基金会将进入一个缓慢增长时期。今天，在经济、文化甚至政治全球化的进程中，国际间的大力合作已经成为国家之间解决一些共同棘手问题的手段。由此，慈善基金会的类型和发展是前所未有的。作为非政府营利性的组织，对国际间关系产生的广泛影响也在逐步增加。虽然整体的环境给美国慈善基金会提供了广袤的进步空间，同时我们也得看到金融危机的蔓延对美国的经济产生了不可忽视的影响②。

各类慈善基金会中社区基金会数量将迅速增加。虽然由于大环境的关系，美国慈善基金会的增长速度将会放慢，但是作为美国慈善基金会中实力最强的一股力量，资金来源多渠道和“亲民”的优势还是会使社区基金会具有十足的发展潜力。不管是否在繁荣的经济环境下，社区基金会都发展良好，因为它有着丰富的捐赠者群体，这在很多情况下可以弥补个别捐赠者减少的资金投入不足③。

国际捐赠日益增加。根据美国基金会中心网的数据分析，美国慈善捐赠中个人捐赠占比超过70%。过去7年，基金会捐赠量显著增加，其中连续五年平均增长率达到7.6%，2017年，由于救灾救援的需求，企业捐赠增长了4.05亿美元④。美国慈善基金会的产生与发展，是建立在“分享文化和知识，促进理解，造福人民”的原则基础之上的，目标不仅限于国内，而是全世界。

---

① 潘小松：《社区基金会在美国社会中的作用》，载朱世达主编《美国市民社会研究》，中国社会科学出版社，2004。

② 资中筠：《散财之道——美国现代公益基金会述评》，上海人民出版社，2003。

③ 资中筠：《散财之道——美国现代公益基金会述评》，上海人民出版社，2003。

④ 美国捐款2018：2017慈善捐款年度报告。

4. 小结

慈善商业化起源于西方的传统慈善事业向现代化慈善事业转变的时机，伴随着现代化慈善事业的发展。影响和促进西方慈善商业化发展的因素较多，其中，慈善相关理念的转变、强大的经济社会基础、现代慈善机构的稳定发展、良好的国家政策背景是主要的原因。首先，慈善商业化的现象是基于对慈善概念的转变，基于追求现代慈善的科学概念，专业性、透明度和效率的提升。其次，市场经济长远的发展和有效的市场体制积累了巨大社会财富，为慈善事业的商业化提供了不可忽视的物质条件。再次，慈善组织的专业化以及大众齐创新是有效推动慈善商业化发展的直接作用。最后，慈善商业化发展的主要影响力是科技信息技术的快步发展和优良的政策环境。

（二）中国慈善商业化的发展

1. 经济社会转型期中国慈善商业化

（1）传统慈善理念受到冲击，现代慈善理念孕育发展

随着我国的工业化和城市化的大力发展，大量的社会公众慈善需求激增，然而政府慈善机构数量不足，透明度低，同时效率也较低。传统的民间慈善活动大多是紧急救援，组织程度相对也较低。管理范围广泛，缺乏“连续性和可持续发展性”①。社会呼吁慈善组织实现可持续运营，进行更加规范的管理，以重新获得慈善信誉。与此同时，西方慈善商业化的概念、技术和方法也被大批量引到国内并进行广泛快速的传播与发展。

（2）财富快速累积，现代商业管理模式逐渐成形

慈善基金会，尤其是非公募基金会的建立，成功实现了跨越式的发展。越来越多的公益组织由商业界的优秀精英带动并实行运作。商业部门的资源和管理运用方法已被纳入慈善机构，形成了慈善机构的业务管理模式②。例如，对于在中国缓慢性发展的资助类的基金会，他们邀请大量的商业界精英为需要提供帮助的慈善机构开展独特的咨询服务，并将丰富的企业管理经验模式运用在

---

① 刘振杰：《社区化是慈善事业转型新方向》，《中国社会科学报》2014 年。

② 黄春蕾、郭晓会：《慈善商业化：国际经验的考察及中国的发展路径设计》，《山东大学学报》（哲学社会科学版）2015 年第 4 期，第 34～44 页。

慈善机构的平时管理事项中。

(3) 政府加大培育扶持政策，但监管体系严重滞后

作为我国社会保障体系的重要构成部分，国家制定政策的同时也实行了非营利性慈善组织和公益类协会的免税优惠策略，并对公益类捐款的税前抵减实行了税收的大力优惠政策。近几年来，国家政府大力引导支持发展公益基金会，对基金会的登记以及管理相关权限下放，大大下调了登记进入门槛。受一些国家政策的启发，社会资金进入慈善事业的热情逐步上升。然而，目前我国的慈善相关法律严重地落后，综合性慈善监督体系不完善，政府部门的监管也薄弱，还缺乏对慈善公益的稳步发展进行严格而有效的内外监管，为慈善事业过多的商业化现象和社会公益类事业腐朽创造了有利的条件。

(4) 信息技术加速了中国慈善商业化的进程

信息技术的快速普及和公益基金会突飞猛进的增长加速了中国慈善商业化进程信息技术的迅速蔓延，特别是移动物联网技术，为中国的慈善商业化加入了强大的动力，产生了大量的慈善性营销和网上筹款活动。它还吸引了许多优秀的互联网公司，比如阿里巴巴、腾讯和新浪，并使之争先与慈善事业开展合作。它们运用互联网的运作模式以及先进经验与慈善营销活动相融合，产生了许多独特的慈善商业化形式，使慈善事业和商业企业更有力地融入互联网平台。慈善基金会是慈善商业化的有力先行者，也是加速中国慈善商业化向前发展的不可或缺的力量。自2004年《基金会管理条例》发布以来，国内基金会取得了突飞猛进的增长，基金会数量尤其是非公募基金会的数量急剧增长，并进入规模化发展阶段，活动领域进一步扩大，专业化水平提高，并带动整个国内慈善商业化的进程①。

2. 慈善组织商业化产生的原因

(1) 慈善组织内在困境催生其商业化行为

慈善资源短缺迫使慈善组织主动出击。现代慈善事业范围的不断扩增，不但牵涉贫困和弱势群体的救济，还关注更广泛的社会和公共事业，如教育、医疗保健、环境保护和卫生，以及对慈善事业需求的不断增长，形成对比的是缺

① 根据民政部统计，国内基金会总数从2003年底的仅954家增长至2008年的1597家、2013年的3549家；其中非公募基金会2011年首次超过公募基金会。

乏丰富的慈善事业资源。慈善机构的资源匮乏与其庞大的社会事项形成了显著对比①。中国慈善机构的项目资金主要来自政府补贴和社会企业及个人家庭的捐赠。社会人民的需求与日俱增，政府部门的财政也即将迎来愈来愈大的有形压力。政府不太可能给慈善机构提供大量的财政资金支持，因此社会公益捐赠仍然不够发达。慈善机构的资本来源受到巨大的威胁，大量资金主要还是依靠外部的供给方式来约束慈善机构。

慈善行政化弊端强烈呼吁商业化变革。在一定的外部环境氛围下，我国慈善事业的起步与政府部门的支持和领导分不开。行政慈善事业长期以来对促进我国慈善事业的进步起到了有力的推动作用，但伴随着社会企业的逐步推进，慈善事业的弊端越来越突出。首先，在传统观念的控制下，政府部门过度干涉慈善机构的营销活动，阻挡了慈善事业的正常提升。其次，过度的依赖行政上的资源会大大降低慈善机构的效率。中国的慈善事业过多地以行政化为参与主流，使慈善机构过度地依靠行政资源②。平稳的资金来源摧毁了慈善机构提升效率的积极性和热情。许多政府经营的慈善机构对慈善资源进行大力垄断，极大影响了慈善事业的连续性发展。

（2）慈善组织外在环境变化促使其商业化运作

慈善需求剧增亟待慈善组织科学高效运作。中国正处于变革和发展的重要时期，随着社会经济加速大力前进，人民民主化水平逐步地提高。以传统的慈善概念为指导的慈善机构主要采取承受救济的方式，直接向弱势群体捐款。随着工业化革命浪潮逐步蔓延到慈善事业领域，我们亟须着重以科学的方式开展慈善营销活动，提高运作效率，重点关注慈善领域的有限珍贵资源，选择最需要援助的群体，解决教育培训、医疗卫生及其他导致贫困机制瓶颈的棘手问题③。

企业社会责任促使企业与慈善组织合作共赢。伴随着市场化进程的加剧，企业之间的竞争愈加激烈，企业进入公共类产品的需求领域为的是“实现开源，减少支出”，履行社会责任是企业实现重大影响力的途径，公共福利的商

① 石国亮：《中国社会组织成长困境分析及启示——基于文化、资源与制度的视角》，《社会科学研究》2011 年第 5 期，第 64 ~ 69 页。

② 徐永光：《公益市场化刍议》，《中国慈善家》2014 年 4 月 14 日。

③ 资中筠：《财富的归宿：美国现代公益基金会评述》，上海人民出版社，2006。

业手段的使用、传统社会贡献领域中解决贫困和环境问题的趋势，以及传统的社会贡献影响的概念和管理方法已经通过慈善环境的变化得到了更新。社会贡献的商业化不是放弃公共福利的目标，而是适应环境变化的必要选择。市场经济不断深化，市场化生产和生活方式占据了主导地位，整个社会商业化进程不断深入，非营利组织以市场为导向并不奇怪。

国际浪潮快速传播，助力慈善组织商业化转型。国际的慈善商业化巨浪在推动中国慈善事业商业化方面发挥了不可或缺的影响力。慈善事业早已在国外发展，并且具有相对成熟稳定的模型。洛克菲勒基金会和盖茨基金会是商业化规则和商业管理慈善机构的典型例子，它们都对慈善机构产生了重大影响。许多国际慈善机构都很成熟①。在中国，商业管理体系影响了国内慈善机构的实行，国际慈善机构在中国设立了培训机构，以支持我国慈善机构的商业化发展。国际间的经验交流促进了中国慈善事业的商业化。

3. 中国慈善组织商业化的表现形态

(1) 开源创收型

开展公益营销。公益营销现已成为中国慈善商业化最稳定的一般形态，并被慈善机构广泛运用为新兴战略。慈善机构的公益慈善营销主要体现在以下两个内容。一方面，从商业广告手段中学习实施公益性开展活动的手段，建立公益性慈善项目的品牌，增强社会的影响力。另一方面，它建立了慈善与商业企业之间的合作联系。经批准的商业组织使用慈善机构相关专利以及商标等开展公司的营销等各类活动。经特许经营认证的公益营销活动正在扩大慈善组织对公共福利资源或公益声誉的使用，并允许公司获得一定的特许权使用经费②。我国慈善组织开展公益营销活动不乏成功案例，在我国慈善领域应用公益营销策略的组织非常普遍，慈善组织公益营销活动愈加专业化，抓住时代特色结合互联网新媒体开展品牌营销，成为慈善组织打造项目品牌的主要手段。壹基金的“蓝色行动”“海洋天堂”“为爱奔跑”，中国扶贫基金会“爱私包裹”“母婴平安120行动”等耳熟能详的公益项目无不是公益营销的成功典型，也已形成成熟的模式。

---

① 郭晓会：《我国慈善组织商业化的治理问题研究》，山东大学硕士学位论文，2015。

② 郭晓会：《我国慈善组织商业化的治理问题研究》，山东大学硕士学位论文，2015。

承接政府购买的公共服务。负责政府购买的公共服务的慈善机构是政府运作转型和行政管理体制内改革不断深化的结果，反映了治理思想的转变。随着中国经济社会的发展，改革不断深化，社会管理的加强和创新是当前的主要目标。政府提供公共服务的情况已经转变为多个社会实体的参与状态。政府继续下放权力和鼓励社会组织。协助社会组织承担提供公共服务的相关职能。政府购买慈善机构和伙伴关系服务已经大大改变了政府的管理方式①。2013 年国务院进一步对转变政府职能和改善创新公共服务供给模式做出重大部署，推行政府向社会力量购买服务的方式。政府购买的服务大多是基本公共服务，对此类公共服务慈善组织具有明显的优势，适合作为承接政府转移职能的载体。传统的政府资金直接支持慈善组织，并通过购买服务实现商业化思维模式转变，提供经济援助。参与政府采购服务投标筹集资金，提升慈善组织商业化的基础，同时改善慈善组织的商业化和公共服务质量，促进慈善组织的发展和成长。

开发出售新的商业产品或服务。中国的慈善组织与电子商务的发展，创新的管理实践以及新产品和服务的开发与销售保持同步②。目前，中国的大多数慈善机构认识到互联网的普及、运营新的媒体平台，以及开发和生产公益产品和服务的重要性。慈善机构将慈善和电子商务结合起来，运用最新的电子商务技术，实现公共产品和服务的创新。为了使公益更加高效和受到尊重，它已成为许多慈善机构商业管理的新模式。事实上，一些慈善机构已在官方网站上建立了类似淘宝购物的平台。一些慈善机构设计公益项目，并结合最新的网络游戏，实现公益项目的创新。中国扶贫基金会官方网站为销售优质产品奠定了平台。为了实现网上购物技术和公益事业的良好结合，公众可以通过网络购买一些慈善产品，然后在慈善机构销售。它将根据“利润捐赠”或“100% 捐赠”模式捐赠给中国扶贫基金。为获得社会公众的广泛认可和参与，善品网不断趣味化和生活化公益慈善，推出“在线拍卖”活动。此外，网络游戏与公益结合也是比较具有创新的做法，上海益优青年服务中心将商业化模式与“赶碳

① 国务院办公厅：《国务院办公厅关于政府向社会力量购买服务的指导意见》（国办发〔2013〕96 号）。

② 郭晓会：《我国慈善组织商业化的治理问题研究》，山东大学硕士学位论文，2015。

号”项目相结合生产出可复制的公益产品，传递低碳环保的生活理念，该项目在热门的桌游中融入低碳环保理念，游戏巧妙地结合公益项目使人们在娱乐消遣中感受低碳环保。

公益服务收费。慈善组织为受益人创造价值，但寻找自己的财政支持比较困难。将公共服务提供引入商业化模式是慈善事业商业化的新尝试。慈善机构正在推动寻求服务和产品创新的过程，资金来源的一部分是公共服务费用，根据邓国胜的调查，中国非营利慈善组织的服务性收费占收入来源总额的27.18%①。象征性服务收费的征集与现代慈善机构的理念是相符合的，是减少慈善机构资金的有效方法。公益性小额信贷中的扶贫是公共服务费的典型代表。在我国公益性小额信贷扶贫也逐渐发展起来，前身为世界银行和中国政府联合发起的“小额贷款试点项目”的中和农信公司，针对中西部县级及以下的贫困地区已累计发放总额达68亿元的80万笔贷款，覆盖全国112个县，帮助无数贫困农民开拓创业之路，摆脱贫困面貌②。慈善事业的慈善服务在国外并不少见。它们是外国慈善机构的重要资金来源。但是，中国受传统慈善事业的影响，公共服务性收费并未被大众广泛接受，目前的发展形式也不够成熟。但是，公共服务费是一种有价值的工作方式。

进行商业投资为资本增值。现代非营利慈善组织应该是以保护公众利益为使命的传统慈善机构和积极探索资源的商业组织的双重混合体。发展至今慈善组织已进行了大量的内外投资，包括海外投资。近年来，中国慈善机构也开始尝试商业投资以实现资本折旧。慈善机构的初始投资主要选择购买政府债券和银行存款。随着降息和慈善事业的商业化，一些慈善机构开始尝试进入资本市场。根据基金会的年度报告，国内非公开发行基金正在进行短期或长期投资。2005年，参加年检的84个基金会中有10个是获得了超过100万元的投资收益，宋庆龄基金会2006年累计投资回报达10553亿元③。2010年度检查结果显示，全国18个基础投资收益高于1000万元，其中清华大学教育基金名列榜

---

① 邓国胜：《非营利组织评估》，社会科学文献出版社，2001。

② 《公益性小额信贷扶贫的喜与忧》，人民网，http://gongyi.sohu.com/20140729/n402947608.shtml.2019-05-06。

③ 《全国性基金会保值增值情况堪忧，过半投资收入为0》，《公益时报》。

首，投资收益为9770万元，2010年末净资产约14.93亿元①。2005年，参加年检的84个基金会中有10个是获得了超过100万元的投资收益。宋庆龄基金会2006年累计投资回报达10553亿元。为了管理投资风险，清华大学教育基金投资银行资产管理产品、股票和其他证券等理财产品等，聘请专业团队进行资产管理。中国基金会的扶贫投资主要是基金和股票、信托、基金和债券。尽管目前正在就慈善机构的商业投资进行辩论，但中国慈善机构的商业投资经验仍然不足。尝试商业投资的慈善机构更加强大，它们在管理和运营方面渐趋成熟。成功的投资为慈善机构投资业务开辟了道路。

社会企业——慈善组织演变的高级形态。慈善机构的推销呈现出各种发展模式。作为一种高度发展的类型，社会企业已经很受欢迎。“社会企业”的概念在20世纪后期开始进入中国，近些年来，大量社会企业快速崛起发展，中国也不甘示弱，呈现出强有力的发展实力。社会企业模式已成为慈善领域的一种新的传播方式，中国对社会企业没有标准定义，社会企业的定义仍存在争议。根据从慈善事业到市场的逐步过渡，中国社会企业投资模式可具体分为四种类型。第一个是在民政部门注册的NPO慈善机构；第二个是在商务部注册的非营利组织公司，没有分配他们的收入和利润；第三个是非营利组织和市场的综合投资类型；第四个是纯粹的私人投资。四种不同投资类型的社会公司在其各自的治理结构、产品竞争力、管理效率和资金来源方面都具有不同的特征，每个优势都不尽相同②。解决社会问题的创新及有效的商业工具是慈善事业的发展目标。知名社会企业在慈善领域享有盛名，规模大，对中国公益社区有利。社会企业的发展是我们社会的一种趋势，有人说社会企业时代已经到来。但是，社会企业的标准还并不统一，发展方向仍然未知，只能说中国的社会企业正处于起步阶段，社会企业的标准化是促进慈善事业商业化的必要工具。

（2）提升内效型

人事制度改革。由政府主导的慈善事业的内部事务制度问题日益突出，这

① 刘凌玄：《商业理念改变慈善基金会运作模式》，《新财富》2008年第9期，第112～118页。

② 徐永光：《社会企业做不大原因是非盈利机制的竞争劣势》，2010社会创新国际论坛，http：//wenku.baidu.com/view/aaabf55102768e9951eB8cd.html，2010－12－23。

严重阻碍了慈善事业的正常发展。因此，在慈善组织商业化的过程中，一些组织提到了企业模式，试图改革人事制度，并且拒绝逐步减少管理的这个过程。商业慈善机构内部人事制度的改革主要体现在以下两个方面。首先，人员招聘。董事会成员不再为退休人员服务，而是聘请经验丰富的商业管理人员，还将以开放和竞争的方式招聘主要工作人员，以尽可能丰富团队内部人才的法律、新闻、项目管理和投资等专业知识，并取消公共机构的初步建立和管理水平，实现从政府与社会的角度进行分离。其次，人事管理。采用合同管理制度的人事管理方法，与员工签订劳动责任合同，每年实施业务评估。中国扶贫基金作为代表废除了中国慈善机构人力资源系统的行政改革，在此之前，探寻的是商业思维的内部改革。随着广东省等相对发达的沿海地区慈善事业的发展，商业人事制度的管理也得到迅速发展。虽然新注册的北京基金会的管理逐渐偏离了公正，但很难彻底改变慈善事业管理的惯性，商业人事制度改革还有很长的路要走①。

优化组织运作管理方式。随着人才的引进和慈善组织商业化的不断深入发展，慈善组织的规模也在不断扩大，提出了慈善机构框架的标准化管理和专业化管理的高标准要求。慈善机构不断优化运营方式。慈善机构优化管理的基本方法是根据企业管理模式重组组织结构。慈善组织是指公司的管理结构，根据组织的目的建立职能和制度，详细描述岗位权责和内容，规范标准的工作流程，建立有效的监督评估和奖惩机制，充分有效地实现组织的内部管理流程。从中国基金会扶贫官方网站明确的组织结构中，我们可以了解企业管理模式，明确部门划分，职责明确。在慈善组织商业化的浪潮下，中国的许多大型慈善机构已经融入企业的管理结构中。

规范财务管理。为了充分利用慈善机构的资源价值，防止公益事业的腐败，慈善机构逐步引入企业财务管理理念，建立以财务管理为核心的管理模式②。一是严格和标准的财务管理制度。目前，中国许多大型慈善机构建立了相对规范、严谨的财务管理体系，在整个过程中进行全面的财务管理，管理和

---

① 《中国官办慈善组织去行政化正提速，倒逼体制破冰》，搜狐新闻，http：//news. sohu. com/20120806/n349971291. shtml. 2019 - 06 - 01。

② 郭晓会：《我国慈善组织商业化的治理问题研究》，山东大学硕士学位论文，2015。

监控资金流动，严格控制管理资金。开发专门的财务管理软件进行管理，为了充分保证组织财务部门管理形式的相对规范化与合理化，尽可能提高其透明度，甚至是实行基于上市公司为标准的严格财务信息披露制度。2014 年福布斯中国慈善基金榜显示，上海真爱梦想基金会处于财务规范管理的最前沿。它所有的财务数据都是严格按照我国上市公司财务报表的标准进行详尽披露的，是中国的第一份“裸报”的基础①。不完善的财务管理制度是中国慈善事业的共同问题，但一些强大的慈善机构对金融体系进行规范和商业化模式的改革，寻求规范财务管理的途径。

通过以上对国内外慈善组织的探索与梳理，为了更深入分析“互联网+”背景下我国慈善组织商业化的发展路径，提出更有效的路径设计和政策建议，基于目前中国的慈善现状，并结合公民捐赠意愿的已有研究，我们设计了“互联网+”时代中国慈善商业化的发展路径调查问卷，完成预调研，对初步量表和问卷进行精简、修正，发放和回收了正式问卷，并对其进行了具体详尽的实证分析研究。

五 “互联网+”时代中国慈善化现状的实证分析

（一）样本概况分析

1. 样本统计特征分析

样本统计特征分析：本次调查结果显示，受访样本男女比例基本均衡。在年龄比例中，25 岁以下的比例为 50.9%，其次是 26～34 岁和 35～44 岁，合计为 38.63%，45 岁以上的比例为 10.47%。在受访者的教育背景中本科学历的比例为 51.62%，硕士和博士的比例合计为 32.85%，大专和高中及以下合计为 15.52%。在受访者组织性质方面，其他占 39.71%，其次是民营企业，为 29.24%，事业单位为 12.27%，国有企业、外资企业和合资企业合计为 18.78%。在职业方面，学生主要占 42.24%，由于当前大学生是最受互联

① 《2014 福布斯中国慈善基金榜》，福布斯中文网。

网影响的一代，其主要特点是能够熟练使用各种互联网终端，且使用频率较高，因此他们也将成为互联网慈善的主要参与者，其次是公司职员占29.24%，其他占12.27%，公务员、事业单位职员、工人和服务业从业者共计16.24%。月平均收入各比例较为均衡，1500元以下占31.05%，5000元以上占28.88%，3000～5000元占21.66%，1500～3000元占18.41%（见表1）。

表1　样本统计特征

特征	类型	数量（人）	占比（%）	特征	类型	数量（人）	占比（%）
性别	男 女	109 168	39.35 60.65	组织性质	国有企业 民营企业 外资企业 合资企业 事业单位 其他	25 81 22 5 34 110	9.03 29.24 7.94 1.81 12.27 39.71
年龄	25岁以下 26～34岁 35～44岁 45岁以上	141 66 41 29	50.9 23.83 14.8 10.47	职业	公务员 事业单位职员 公司职员 工人 服务业从业者 学生 其他	9 20 81 12 4 117 34	3.25 7.22 29.24 4.33 1.44 42.24 12.27
教育背景	高中及以下 大专 本科 硕士 博士	12 31 143 78 13	4.33 11.19 51.62 28.16 4.69	月平均收入	1500元以下 1500～3000元 3000～5000元 5000元以上	86 51 60 80	31.05 18.41 21.66 28.88

注：N＝277。

2. 样本地理位置分析

样本地理位置分析：受访者主要分布于上海市、河北省、浙江省和北京市，共计83.38%，其中，我国最发达地区北京以及苏浙沪地区的受访者占比超过50%，数据具有前瞻性和代表性。江苏省、河南省、安徽省等地也有少量受访者（见表2和图2）。

表 2　地理位置分布情况

省份	数量	百分比(%)	省份	数量	百分比(%)
上海	103	37. 18	湖北	2	0. 72
河北	64	23. 10	四川	2	0. 72
浙江	52	18. 77	天津	2	0. 72
北京	12	4. 33	重庆	2	0. 72
江苏	8	2. 89	云南	1	0. 36
河南	6	2. 17	湖南	1	0. 36
安徽	5	1. 81	甘肃	1	0. 36
福建	3	1. 08	广东	1	0. 36
江西	3	1. 08	黑龙江	1	0. 36
山东	3	1. 08	其他(国外)	5	1. 81

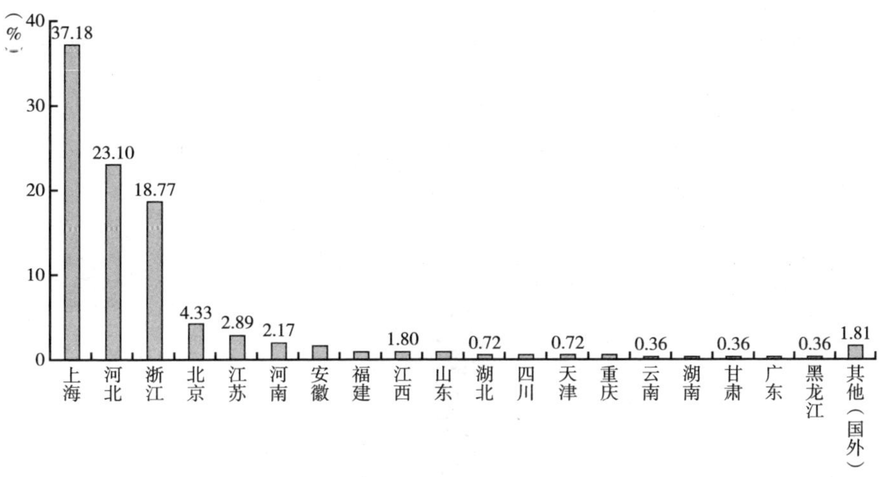

图 2　地理位置分析

（二）慈善活动的现状分析

1. 慈善活动主要运作方式分析

表 3 数据显示，277 名有效受访者认同的慈善活动的主要运作方式为民政拨款、社会捐助和慈善基金会。说明民政拨款（如中华慈善总会、中国红十字会等）、社会捐助（多为民间非政府组织）、慈善基金会（如李连杰壹基金）这三类运作方式是最具代表性的运作方式，民众对其接受度和了解程度较高。另外，与其他领域衍生品相结合的公益组织（如艺术衍生品等）这一运作方

式只有近三分之一的受访者对其进行了选择，说明受访者对其的认可程度并不高。

表3 慈善活动主要运作方式

选项	小计(人次)	比例(%)
民政拨款	179	64.62
社会捐助	194	70.04
慈善基金会	180	64.98
与其他领域衍生品相结合的公益组织	94	33.94
本题有效填写人次	277	

2. 慈善活动参与频率分析

根据图3分析可得，受访者参加慈善活动的频率主要分布在偶尔参加（38.27%）、一般（24.55%）和基本不参加（23.47%），合计86.29%，说明大多数的受访者参加慈善活动的频率基本保持适中程度，相比之下，不参加（8.3%）和经常参加（5.42%）所占比例较小。

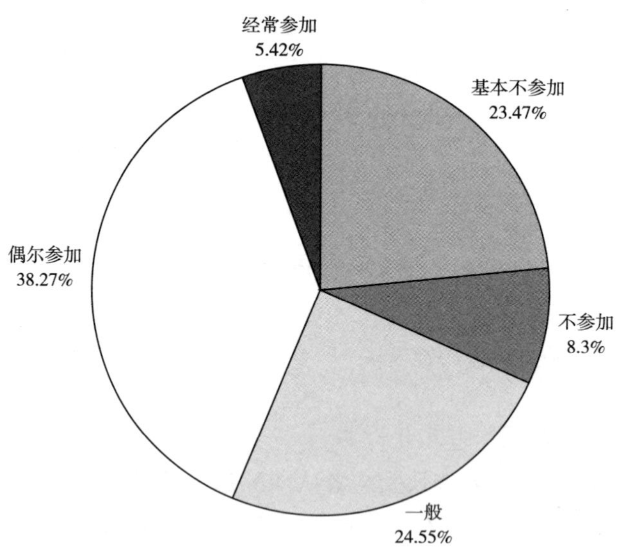

图3 慈善活动参与频率

3. 慈善活动的参与动机与参与频率分析

（1）慈善活动的参与动机分析（对应第 16 题）

根据表 4 分析可得，受访者主要是出于对不幸者的同情和人道主义义务的动机进行慈善活动，希望通过慈善捐赠积善修福并赢得好名声，出于对善有善报信念的坚持。少部分受访者也出于个人因素，如为企业赢得更大的利益来进行慈善捐赠，极少数人是出于从中赎罪等其他层面的动机进行慈善活动。

表 4　慈善活动的参与动机

选项	小计（人次）	比例（%）
对不幸者的同情 – 积善修福，相信善有善报	183	66.06
出于人道主义义务和责任感 – 赢得好名声	67	24.19
为个人	19	6.86
其他	8	2.89
本题有效填写人次	277	

（2）慈善活动动机与参与频率的交叉分析

通过对图 4 的分析可知，在出于对不幸者的同情 – 积善修福，相信善有善报动机的受访者偶尔参加所占比例较高；出于人道主义义务和责任感 – 赢得好名声动机的受访者一般和偶尔参加的比例较高；出于个人和其他动机的受访者参加的频率都集中在偶尔参加和经常参加。

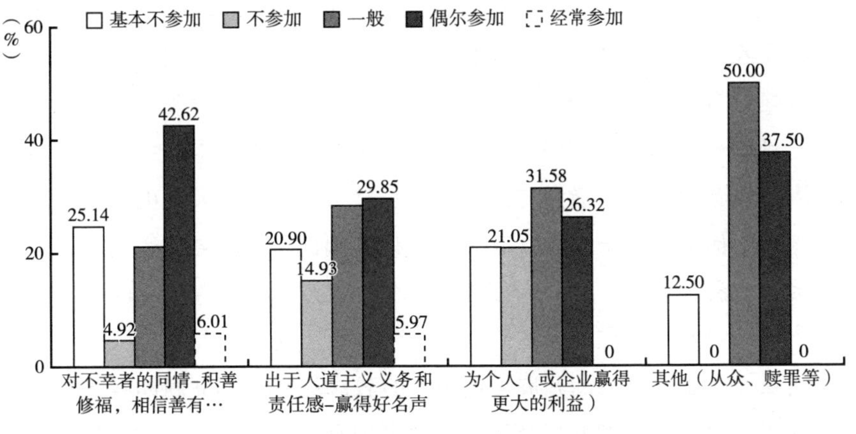

图 4　动机与参与频率的交叉分析

4. 慈善活动的发起者与参与频率分析

（1）慈善活动的发起者分析（对应第17题）

根据表5数据分析可得，受访者主要参与过政府或所在单位（企业、学校、机关、社区）等举办的慈善活动较多，其次是社会慈善机构，新闻媒体和其他发起者所占比例较小，说明政府或所在单位以及社会慈善机构的影响度较广，社会参与度也较高。

表5　慈善活动的发起者

选项	小计（人次）	比例（%）
政府或所在单位（企业、学校、机关、社区等）	95	34.3
新闻媒体	48	17.33
社会慈善机构	80	28.88
其他	54	19.49
本题有效填写人次	277	

（3）慈善活动的发起者与参与频率的交叉分析

根据图5分析，受访者的参与频率在不同慈善活动发起者间存在差异。在政府或所在单位发起的慈善活动中，受访者的参与频率主要集中在“偶尔参加”；在新闻媒体发起的慈善活动中，受访者的参与频率主要集中在“一般”和“偶尔参加”；在社会慈善机构发起的慈善活动中，受访者的参与频率主要分布在“偶尔参加”；在其他发起的慈善活动中，主要集中在“偶尔参加”。比较四种发起者发起的慈善活动中受访者的参与频率，组织发起慈善活动未能与受访者建立有效连接是造成这种差异的原因：政府或单位发起慈善活动的频率较低，且这一活动存在不确定性，受访者参与的机会相对较少，即有参与意愿也会因为机会缺乏而不能参与慈善活动；社会慈善机构发起的慈善活动未能广泛地宣传，借此与受访者建立起有效连接，因此也可能导致受访者未能有效且及时地获取慈善活动信息；新闻媒体的宣传能力较强，宣传范围较为广泛，且虽然传统慈善本身存在一定的脆弱性，但慈善本身一直是社会大众谈论的焦点，新闻媒体在慈善活动的开展方面也具有较高频率，因此新闻媒体较之其他发起者发起的慈善活动能够与受访者建立更加有效的连接，受访者的参与频率相对较高。

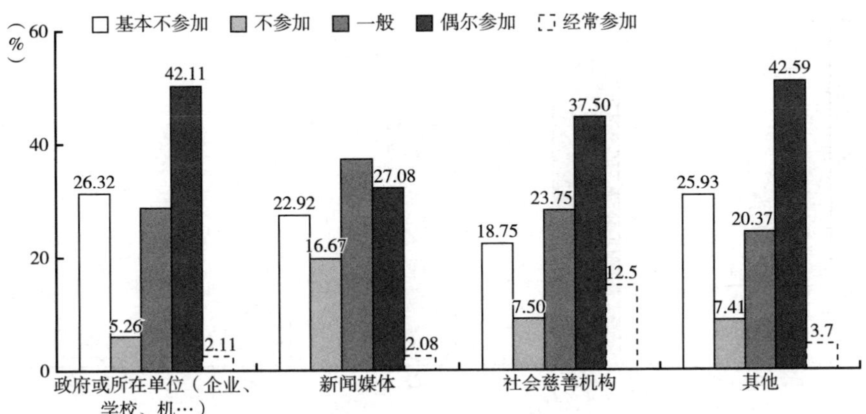

图5　发起者与参与频率的交叉分析

（三）“互联网+”慈善与慈善商业化的现状分析

1. “互联网+”慈善与慈善商业化的概念

根据图6、图7分析可得，受访者对“互联网+”慈善的了解较少，主要分布在不了解和一般两个选项中，合计占比达74.01%，非常了解的受访者很少。受访者对慈善商业化的了解也较少，主要集中在不了解和一般两种选项，合计达80.51%，非常了解的人数也很少。

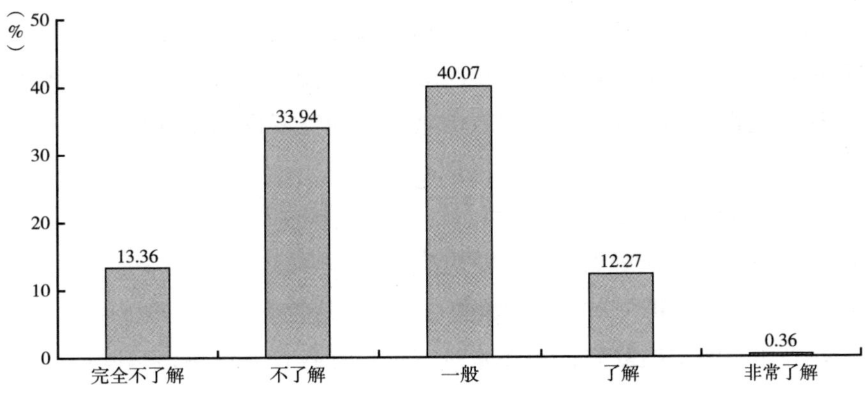

图6　对“互联网+”慈善了解情况

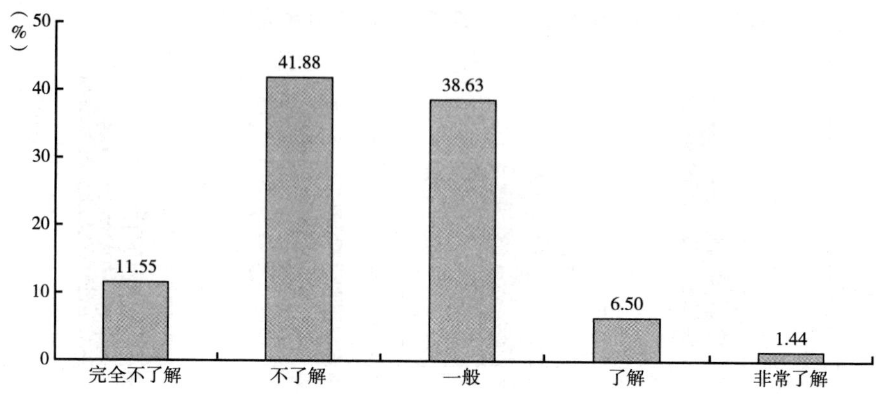

图7　慈善商业化了解情况

2. “互联网+”慈善的现状分析

根据图8分析可知，受访者大多数认为互联网捐赠可以令群众接触到更多的慈善项目，并且因其接触的方式广且简单，使捐赠者可以随时进行互联网捐赠，从而节约了时间成本，这些优点也促使更多的捐赠者参与到互联网捐赠中来。相反地，受访者也指出，互联网捐赠同样也面临着诸多困境，比如捐赠者很难保证捐赠款项的用途，互联网捐赠中的真正组织者往往并不清楚，捐赠过程很难进行有效监管等。另外，在其中的一些方面受访者还是持保守态度，比如互联网慈善是否能够保证善款快速到达指定的慈善机构，这是互联网本身固有的不确定性造成的；互联网捐赠较之传统捐赠方法能否更好地展现慈善项目的内涵也是不确定的，传统慈善捐赠能够通过现场接触和了解相关信息这一过程，真实地展现受捐者的情况，而互联网捐赠缺少这一真实体验的过程。

3. 慈善商业化的现状分析

(1) 慈善商业化的观点分析（对应第10题）

根据表6数据分析可知，大多数受访者支持慈善商业化，并认为慈善商业化可以提高慈善活动的效率，与此同时应规范操作，实现慈善捐赠的公开透明。近两成的受访者反对慈善商业化，认为慈善商业化会造成慈善的利益化，最终造成爱心被利益驱使。另外两成的受访者持保守意见，认为应具体情况具体分析。

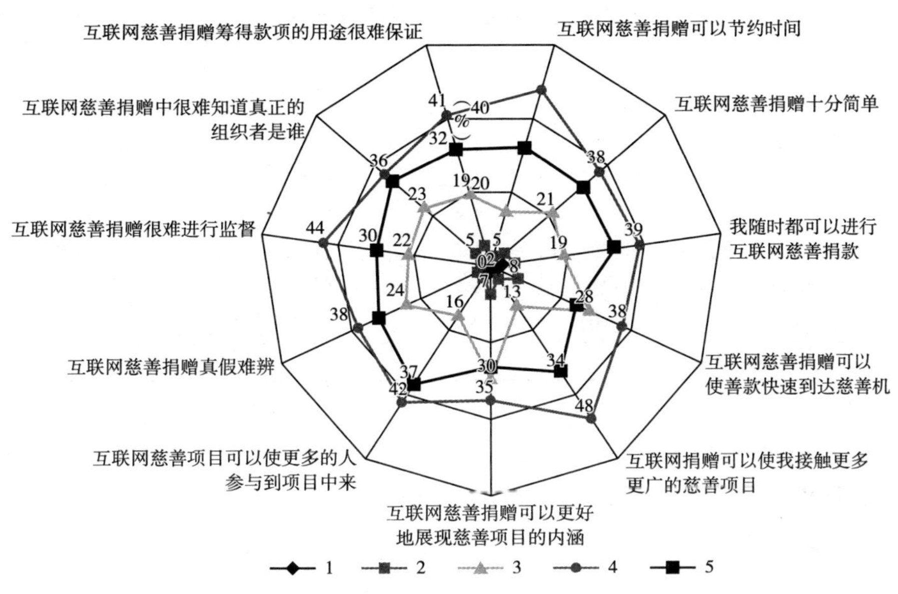

图 8 “互联网 +”慈善的总体分析

表 6 慈善商业化的观点

选项	小计(人次)	比例(%)
可以采用,更有效率,但必须规范操作,公开透明	168	60.65
不可以采用,爱心不可以让商业、利益左右	52	18.77
说不清楚,得具体情况具体分析	57	20.58
本题有效填写人次	277	

(2) 慈善商业化模式转型的原因分析（对应第 8 题）

根据表 7 分析可知，在谈及慈善商业化模式转型原因时，较多的受访者认为是由慈善环境日益恶化、传统慈善组织缺乏创新性造成的，同时，非营利组织为了摆脱资金短缺也促进了慈善的商业化模式转型。其次有三成以上的受访者认为，维持资金来源的需求、慈善需求剧增亟待慈善组织科学高效运作、捐赠人意识增强要求慈善组织提高竞争力、企业社会责任催使企业与慈善组织合作共赢等也是造成慈善商业化模式转型的原因。

表7 慈善商业化模式转型的原因

选项	小计(人次)	比例(%)
传统慈善组织缺乏创新	118	42.6
慈善环境日益恶化	130	46.93
非营利组织摆脱资金短缺困境的需求	124	44.77
维持资金来源的需求	106	38.27
慈善需求剧增亟待慈善组织科学高效运作	110	39.71
捐赠人意识增强要求慈善组织提高竞争力	84	30.32
企业社会责任催使企业与慈善组织合作共赢	89	32.13
本题有效填写人次	277	

（3）慈善商业化的运作模式分析（对应第9题）

根据表8数据分析可知，过半的受访者较看好的慈善商业化的运作模式是承接政府购买的公共服务。与企业合作开展公益营销和直接开展公益营销两种方式也受到了广泛的认可。与此相反，公益服务收费和进行商业投资为资本增值两种运作模式仅获得了约三成受访者的支持，说明较其他三种运作模式，这两种运作模式的接受度较低。

表8 慈善商业化的运作模式

选项	小计(人次)	比例(%)
直接开展公益营销	92	33.21
公益服务收费	88	31.77
承接政府购买的公共服务	158	57.04
进行商业投资为资本增值	85	30.69
与企业合作开展公益营销	127	45.85
本题有效填写人次	277	

（四）“互联网+”时代慈善商业化的前景分析

1.“互联网+”时代慈善商业化的现状分析

（1）在“互联网+”时代，慈善商业化的支持度分析（对应第13题）

根据图9分析可知，支持与非常支持慈善商业化的所占比例合计为54.15%，说明过半的受访者支持“互联网+”时代进行慈善商业化探索，完

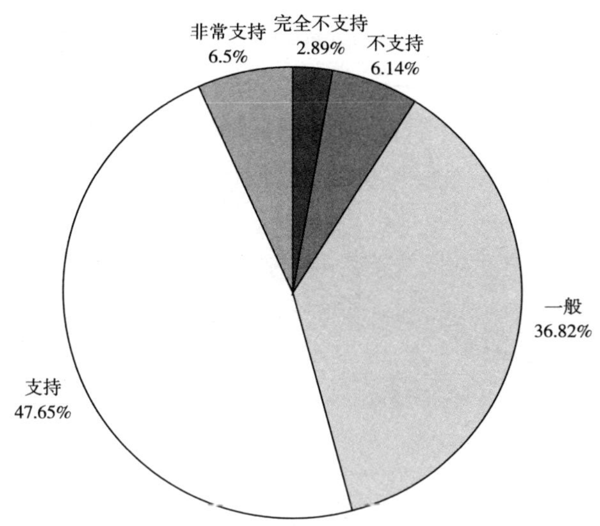

图 9 慈善商业化的支持度

全不支持和不支持所占比例合计为 9. 03%，说明不支持“互联网 +”时代进行慈善商业化探索的比例较少。

（2）慈善商业化的实践活动分析（对应第 22 题）

根据图 10 分析可知，受访者中表示有从事慈善商业化活动或有从事商业化活动打算的比例合计达 70. 03%，其中仅有 4. 33% 的受访者表示自身有相关资源来支持进行慈善商业化活动，说明目前慈善商业化活动资源还是比较缺乏的。另外，仅有 29. 96% 的受访者表示没有进行慈善商业化活动的意愿，说明慈善商业化活动的呼声还是比较高的。

（3）慈善商业化支持度与实践活动的交叉分析

根据图 11 分析可知，慈善商业化活动资源分布不均衡，支持与非常支“互联网 +”时代进行慈善商业化的受访者能够掌握的相关资源较少，不支持慈善商业化的受访者能够利用的相关资源较多一些，说明我国慈善商业化领域相关资源还是比较缺乏的，未来完善资源分布，使支持慈善商业化的人群能够接触更多的相关资源，避免资源浪费。本次研究的受访者多为年轻一代，因此受其控制的有效资源较少，因此此项可在特定目标对象的研究中作为参考，并不具有广泛指导意义。

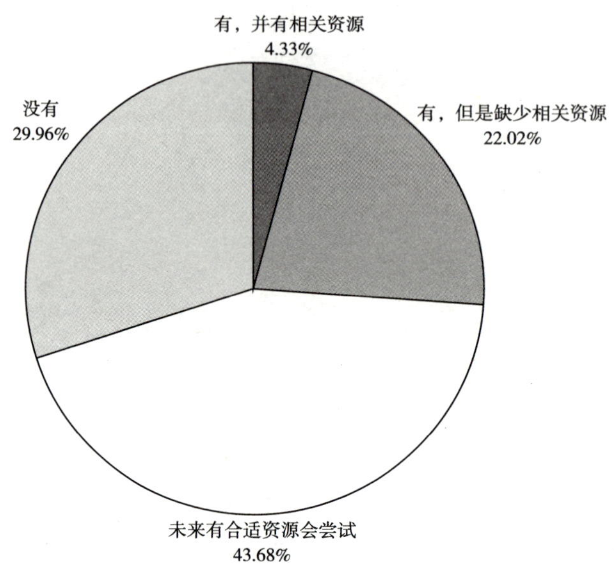

图10　慈善商业化的实践活动

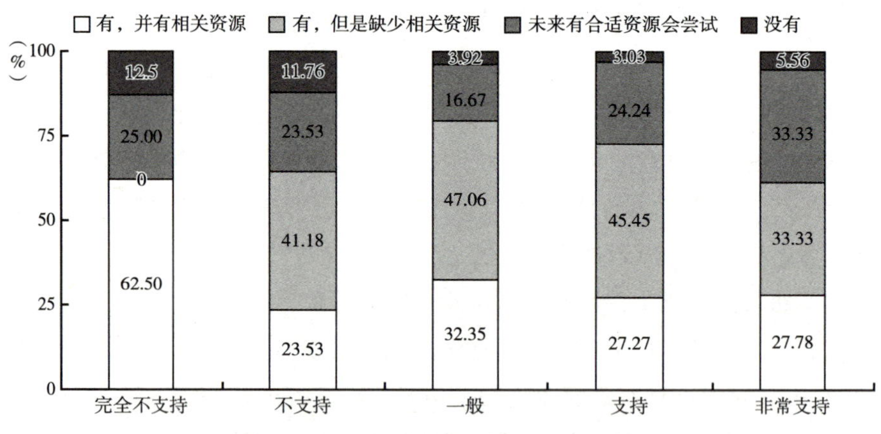

图11　慈善商业化支持度与实践活动的交叉分析

2. “互联网+”时代慈善商业化的困境分析

（1）当前慈善组织商业化的治理困境（对应第21题）

根据表9数据分析可知，政府监管严重滞后、行业监管缺失、慈善组织内

部治理不足、社会监督乏力都是“互联网 +”时代慈善商业化所面临的主要困境。

表 9　慈善组织商业化的治理困境

选项	小计(人次)	比例(%)
政府监管严重滞后	159	57.4
行业监管缺失	198	71.48
慈善组织内部治理不足	192	69.31
社会监督乏力	169	61.01
本题有效填写人次	277	

（2）在“互联网 +”时代进行慈善商业化活动，最希望得到的支持（对应第 23 题）

根据表 10 数据分析可知，在“互联网 +”时代进行慈善商业化活动时，受访者最希望获得相关政策的出台和既有政策的解读，政府、企业等给予资金上的支持，说明资金和政策这两种支持是“互联网 +”时代进行慈善商业化活动时，群众最想得到的支持。

表 10　“互联网 +”时代进行慈善商业化活动希望得到的支持

选项	小计（人次）	比例（%）
政府、企业等给予资金上的支持	172	62.09
相关政策的出台和既有政策的解读	194	70.04
社会创业实训基地、服务中心等孵化支持	145	52.35
社会大众的支持亲朋好友的理解	126	45.49
本题有效填写人次	277	

（3）互联网捐赠的风险（对应第 27 题）

根据表 11 数据分析可知，受访者认为互联网捐赠的风险主要有求助者信息造假、善款被挪用等安全方面的风险，说明受访者对互联网捐赠的安全性存疑。其次目标金额夸大、余款滥用、求助后期情况不公开等诚信方面的风险也是受访者较为关心的方面。说明互联网捐赠首要应降低安全、诚信两方面的风险来获得广大捐赠者的信任。

表11　互联网捐赠的风险

选项	小计（人次）	比例（%）
求助者信息造假	194	70.04
目标金额夸大	157	56.68
善款被挪用	200	72.20
余款滥用	158	57.04
求助后期情况不公开	182	65.70
求助者被人肉搜索	94	33.94
本题有效填写人次	277	

（4）互联网慈善捐赠出现风险的原因（对应第28题）

根据表12数据分析可知，大多数受访者认为，互联网捐赠中出现风险的原因主要是监管力度不强，主要表现为平台审核不严、缺乏专门细致的法律约束、缺乏有效监管等，说明群众认为互联网慈善捐赠出现的风险可通过加强监管力度来解决。

表12　互联网慈善捐赠出现风险的原因

选项	小计（人次）	比例（%）
平台审核不严	194	70.04
捐赠者的不理性	91	32.85
受捐者不诚实	168	60.65
缺少专门细致的法律约束	186	67.15
缺少有效监管	196	70.76
本题有效填写人次	277	

（5）预防互联网慈善捐赠风险的有效措施（对应第29题）

根据表13数据分析可知，大多数受访者认为为了预防互联网慈善捐赠风险，应加强标准性，严格统一审核标准，将线上线下审核结合起来，同时加强公开性，全程公开善款的具体用途。其次，还应该建立、健全法规和制度。

表13 预防互联网慈善捐赠风险的有效措施

选项	小计（人次）	比例（%）
加大宣传，使捐赠者更加谨慎理性	126	45.49
平台严格统一审核标准，线上线下审核结合	208	75.09
建立独立第三方评估制度，平台优胜劣汰	186	67.15
加大监管，全程公开善款的具体用途	202	72.92
建立、健全互联网慈善捐赠的专项法律法规	181	65.34
本题有效填写人次	277	

3. “互联网+”时代，慈善商业化前景分析

（1）中国慈善商业化的发展前景（对应第14题）

根据表14数据分析可知，大多数受访者认为中国慈善商业化的发展前景不错，社会公众的接受度和参与度会越来越高，但同时也有较多的受访者认为中国慈善商业化的发展是会随着国家政策的变化而变化的，因此持中立态度，仅有少数受访者不看好中国慈善商业化的发展前景，他们认为中国慈善商业化所受限制因素较多，相关具体的操作流程也不够完善。

表14 中国慈善商业化的发展前景

选项	小计（人次）	比例（%）
发展前景不错，社会公众的接受度和参与度会越来越高	107	38.63
发展前景不明确，随国家政策变化	96	34.66
发展前景不好，客观的限制因素很多，慈善商业化的操作流程不够透明	43	15.52
不清楚	31	11.19
本题有效填写人次	277	

（2）目前慈善商业化最应加强的地方（对应第12题）

根据表15数据分析可知，大多数受访者认为目前中国慈善商业化应该积极整合社会公益资源，同时，公益组织应积极建立与社会公众的联系。另外，政府也应通过加强与完善税收政策、拨款补助等政府工具，保证慈善商业化的实施。

表 15　目前慈善商业化最应加强的方面

选项	小计（人次）	比例（%）
政府完善税收政策、拨款补助等政府工具以利于慈善商业化的规划与实施	110	39.71
公益组织积极与社会公众关联，加强整合社会公益资源	114	41.16
公益组织积极鼓励与调动受助者进行价值再造的能力	53	19.13
本题有效填写人次	277	

（3）最看好的慈善商业活动行业和领域（对应第 15 题）

根据表 16 数据分析可知，受访者看好的慈善商业活动多集中在教育文化、扶贫开发、医疗卫生、老人和残障、环境保护、妇女儿童等领域。经归纳分析可知，这些领域都是传统慈善活动的重点领域，也是现代社会最为关注的热点领域。

表 16　看好的慈善商业活动行业和领域

选项	小计（人次）	比例（%）
教育文化	164	59.21
扶贫开发	151	54.51
环境保护	130	46.93
医疗卫生	153	55.23
老人和残障	135	48.74
妇女儿童	124	44.77
新能源	58	20.94
其他	23	8.30
本题有效填写人次	277	

六　“互联网 +”时代中国慈善化商业化发展的路径设计

（一）“互联网 +”慈善的运行机制及治理思路

1.“互联网 +”慈善的运行机制分析

电子资金模式的可行性分析。在 5·12 汶川大地震发生后，世界华人积极开展

捐款捐物活动，据相关数据统计，通过移动网络救援短信平台捐赠总额达 1 亿元，来自支付宝等电子支付平台的捐款总额达到 6000 万元①。这表明电子支付和移动网络是中国人民捐赠的重要手段，为互联网慈善商业模式的发展奠定了公共基础。此外，中国的电子商务运营机制也转变为网络支付的完整电子商务模式，网络通信和互联网慈善事业发展的可信度网络评估相对成熟，它们有成熟的电子商务平台和物流环境，从建立高网络技术平台、收集资金到分销好产品，它们可以快速准确地完成②。

互联网慈善机构的建立。首先，慈善机构应提前完成慈善事业，以提前准备计划项目。经过认真的内部讨论，项目可以在慈善网络信息平台上发布。面向平台的用户，用于介绍和宣传项目，包括相关信息、项目背景、具体流程和实践、所需资金数量、项目完成后的预期效果，这是永久性公益项目的要求。在突发灾难或紧急情况下，网络信息平台管理委员会必须统一发布有关捐赠信息指南。捐赠者可以选择通过电子支付直接捐款，如果是项目，它将通过配送中心分发给有需要的人。其次，作为捐赠者，将个人有效信息（如捐赠者的真实姓名和身份证明）提交给网络信息平台，然后注册为用户，以便记录和存储每个捐赠者，帮助管理和促进捐赠过程。只有实施慈善发展实名管理，互联网慈善模式才能成为受到监督的追溯慈善模式③。

2. “互联网 +”慈善的治理思路

现代慈善文化的概念涉及两个方面。首先，我们将获得慈善法的知识。它应由政府领导，通过大学、企业、社区街道、广播电视和互联网进行广泛宣传，特别是充分利用互联网平台，设立慈善法律栏目。为了公共利益，一般的慈善方法和规则，以简单的方式为公众提供法律知识。通过这种方式，公众可以获悉中国的慈善机构正在进入一个有序和标准化的发展阶段，这也增加了他

① 郑伟：《互联网慈善运行模式及监督机制研究》，《赤峰学院学报》（汉文哲学社会科学版）2016 年第 4 期，第 91 ~92 页。

② 张明：《社会转型期我国慈善组织发展的 SWOT 分析及对策研究》，湖南师范大学硕士学位论文，2010。

③ 石国亮：《慈善组织公信力重塑过程中第三方评估机制研究》，《中国行政管理》2012 年第 9 期。

们的信心。其次，培养大众慈善组织内化的意识，鼓励公众将慈善行为作为个人义务，即完成社会慈善文化的个人内化。通过学校教育，将慈善相关理念融入社会主义核心价值观体系中，充分发挥中华优秀传统文化的作用，一起探索慈善文化的传统根源①。简而言之，我们应该教育公众建立一个帮助他人的愿景，一个愿意给予和共同创造社会财富的观点。

为了实现“互联网+”慈善模式的“专业化”，首先，要引入专业人才，为互联网慈善事业的运作提供强有力的人才支持。这不仅包括具有专业计算机背景的网络平台的维护和运营人才，还包括具有社会保障背景、专业管理背景、广告规划和运营背景的人才。我们必须建立一个安全、可靠、功能齐全的互联网资金平台。该平台用于增强相关功能，包括咨询推送和检索、援助和忽视、捐赠查询、客户服务等，同时采取严格的安全保护措施，以确保资金和网站安全。再次，必须促进全行业标准化和成熟发展。慈善行业的所有组织都必须得到专业认可并遵守法律规范，以共同促进行业标准化和专业发展②。

在遵守法律法规的前提下，了解互联网用户的心理并运用他们的想法优化用户体验设计是一项倡议，通过实现“互联网+”慈善模式对于慈善机构参与者来说是一种有效的赚钱方式，良好的用户体验设计需要反映在以下几个方面。首先，网站环境的舒适性、网页的美感、风格的统一、文本的情感识别、信息的新鲜感、网页浏览的流畅性都是吸引用户、改善用户体验和可访问性的重要因素。其次，网站的易用性。捐赠方法的便利性、信息查询的便利性、预咨询、信息访问和后处理进度、跟踪等应放在主页的显著位置，以及用户使用的所有想法、细节的设计也应简明扼要③。最后，使用的多样化。

为了解决“互联网+”慈善事业所面临的问题，需要各种社会力量如政府、组织和公众的广泛参与，形成互动和互补的合作，这将有效促进网络社会贡献的可持续发展。首先，治理意味着政府组织不是唯一的治理组织，是一个

---

① 徐舒宁、陈为旭：《〈慈善法〉视阈下“互联网+慈善”模式探究》，《行政与法》2016年第11期，第62~67页。

② 汪丹：《我国网络慈善事业的可持续发展研究》，《社会工作》2014年第6期，第91~98页。

③ 王凯茜、王大洲：《我国互联网慈善中的信任重建机制研究》，《中国高新技术企业》2015年第26期，第1~3页。

超越政府的公共机构。其次，治理方向也从单一自上而下的规则转变为互动、合作和相互协商的多维关系。最后，良好的社会治理不仅仅是一种有效的社会控制，而是广泛的社会信任、良好的公共服务、满足人们的需求，以及导致相对完整的社会冲突。

（二）“互联网+”时代的中国慈善商业化健康发展的路径设计

周秋光等认为未来中国慈善商业化的健康发展，应从中国现实国情出发，借鉴国际经验，围绕实现慈善的民间化、专业化、法治化、国际化和普及化①。因此，本文结合200多份调研数据，从现阶段我国慈善商业化面临的现实问题出发，借鉴国外先进经验，对慈善商业化的健康发展进行有针对性的路径设计。

1. 加强对“互联网+”慈善和慈善商业化的宣传与推广，培育公众慈善商业化意识

调研结果显示，百分之七八十的受访者对“互联网+”慈善和慈善商业化的了解甚少，要想进行慈善商业化的路径设计，首先，必须让慈善商业化意识深入人心。政府应加强引导，充分调动社会各成员的参与性，加强对慈善商业化的宣传，利用各个媒体，对“互联网+”慈善和慈善商业化概念进行深入学习教育，弘扬健康的慈善商业化理念，创建浓厚的社会慈善氛围。其次，普及慈善活动的运作方式。根据调研，我们发现大部分受访者对民政拨款、社会捐助和慈善基金会比较认可，而对与其他领域衍生品相结合的公益组织表示不太了解，认可度较低。政府可以对这类公益慈善活动进行宣传，鼓励慈善组织多尝试，以主题衍生品的形式做公益慈善，结合消费者多样化的个性需求，利用新形式充分释放消费者的创意和个性，既可以有效地宣传多样化的慈善形式，又可以满足消费者或捐赠者的消费需求。具体的主题形式可以集中在教育文化、扶贫开发、环境保护、医疗卫生、老弱病残等社会公众最为关注的领域，充分调动捐赠者的慈善热情和捐赠积极性。

2. 加快政社分离的步伐，转变政府角色，化干预为引导扶持

国外学者仍普遍认为，慈善的专业化和职业化对慈善组织至关重要。对于

① 周秋光、曾桂林：《中国慈善简史》，人民出版社，2006，第404～406页。

中国来讲，最亟待解决的事情就是加快政社分离的脚步，打破慈善垄断。转变政府角色，化干预为引导、扶持，引导慈善回归大众，积极引导慈善走向专业化和职业化的发展道路①。在慈善商业化的调研中，在被问及进行慈善商业化活动最想得到什么帮助时，70.04%的受访者希望政府出台和解读相关政策，62.09%的受访者希望政府、企业等给予资金上的支持，剩余受访者则表示希望得到社会大众和创业孵化中心等的支持。由此可以看出，大部分公众希望政府可以对慈善商业化进行引导与扶持，而不是干涉，还有获得来自社会公众的自发性支持。此外数据还显示，41.16%的受访者认为慈善商业化最应该做到公益组织积极与社会公众关联，加强整合社会公益资源。39.71%的受访者认为应该完善税收政策、拨款补助等政府工具来帮助慈善商业化的规划与实施。政府应该更多地发挥激励和引导职能，简政放权，简化慈善组织活动流程手续，提高服务效率。政府还可以更多地扮演监督的角色，加强对慈善活动的流程监管。此外还可以提供慈善人才相关培训，积极引导促进慈善的健康发展。

3. 健全“互联网+”时代慈善商业化监管体系，规范慈善商业化发展

慈善商业化是一把“双刃剑”，其发展离不开政府的正确引导。近年来，中国慈善异化现象普遍，公益腐败更是频发。其背后反映出来的是政府管理的缺失问题，如何利用好这把“双刃剑”成了亟待解决的问题。调研过程中，受访者在被问及慈善组织的困境时，认为行业监管缺失的占比为71.48%，认为慈善组织内部治理不足的占比为69.31%，认为社会监督乏力的占比为61.01%，认为政府监管严重滞后的占比为57.4%。从调研结果可以分析出，大部分受访者普遍认为监管不力是慈善商业化面临的重要问题。受访者在被问及“互联网+”时代进行慈善商业化活动希望得到的支持时，在政府、企业等给予资金上的支持，相关政策的出台和既有政策的解读，社会创业实训基地、服务中心等孵化支持以及社会大众的支持和亲朋好友的理解选择占比分别为：62.09%、70.04%、52.35%、45.49%。由此可见，社会公众希望政府、行业组织和社会在慈善事业方面能够给予足够的支持。因此，本文认为应该从以下几个方面对慈善商业化进行强化。首先，必须构建一套完善的监管制度作

① 黄春蕾、郭晓会：《慈善商业化：国际经验的考察及中国的发展路径设计》，《山东大学学报》2015年第4期，第34~44页。

为后盾保障，做到有据可循。具体可分为以下三方面。第一，政府监管方面，必须改革和优化管理，严格按照《中华人民共和国慈善法》来执行，监管部门严格执行认定标准和注册流程措施，为慈善商业化树立底线保障；明确规范化各类投资行为和风险控制措施；强化信息公开制度，保证“慈善中国”网上信息公开平台的信息真实可信；对慈善商业化活动流程进行阶段监管控制，信息完全公开，做到严格透明化；厘清财税制度[①]，合理划分优惠范围；加强政府监管力度，完善慈善责任审查机制；建立健全多部门的综合管理机制，加强部门间的联合，建立起权责明确、协同交流的综合监管体系。第二，行业监管方面，慈善组织更多的应该提升自律能力。严格遵守民政部在2017年颁发的《慈善组织互联网公开募捐信息平台基本技术规范》《慈善组织互联网公开募捐信息平台基本管理规范》两项推荐性行业标准。根据特定的慈善行业行为制度，慈善组织应加强自我约束和自我管理的能力。第三，社会监督方面，充分调动民间组织和第三方机构的主观能动性，强化社会监督。根据社会信任理论，信任产生过程可以归纳如下：首先，由内在制度与外在制度共同作用推动社会秩序化；其次，社会的外在秩序降低了人们的不确定性风险，使人们产生安全感，进而产生社会信任。社会公众应充分利用自媒体进行个人监督，每个人都可以成为一名监督者，形成全民参与、全民监督的风气。此外，还可以调动民间机构的积极性，例如，民间专业审计机构，弥补政府方面的不足；鼓励第三方慈善组织评估机构的发展，提升慈善评估的专业度和可信度；打通公众对慈善不良行为的举报渠道，提升社会参与及监管力度和问责力度。

4. 优化慈善组织内部治理结构，提高慈善组织商业化运作能力

郭晓会指出，慈善组织作为商业化运作的直接作用者，推动慈善组织商业化的走向和进程，因此慈善组织自身治理能力同样关乎慈善组织商业化治理的质量，提升慈善组织自身商业化运作能力是构建合作治理体系的重要步骤[②]。参考国际经验和教训，预防慈善过度商业化的首道底线就是慈善组织自身的商业化运作能力[③]。著名慈善机构乐施会在2011年参与海地地震救援期间召妓

---

① 郭晓会：《我国慈善组织商业化的治理问题研究》，山东大学硕士学位论文，2015。

② 郭晓会：《我国慈善组织商业化的治理问题研究》，山东大学硕士学位论文，2015。

③ 黄春蕾、郭晓会：《慈善商业化：国际经验的考察及中国的发展路径设计》，《山东大学学报》（哲学社会科学版）2015年第4期，第34～44页。

的丑闻，英国慈善机构深陷信任危机①；2018年美国慈善机构同样陷性丑闻，慈善机构 More Than Me 被曝出性侵多名女学生②。再看我国慈善丑闻，从2011年郭美美事件，到河南宋庆龄基金会大量资金用于放贷，再到2014年李亚鹏嫣然基金会事件。从这些事件可以看出，慈善组织内部控制存在严重缺陷，财务制度混乱，运营管理失效，慈善组织内部控制体系建设刻不容缓。

目前，从调研结果情况来看，69.31%的受访者认为慈善组织商业化是治理困境之一。虽然部分组织建立了相关的治理架构，但也未能真正实施到位，这也是亟待解决的问题之一。优化慈善组织内部结构的首要任务就是要明确组织各自的职能，建立一套严格有力的组织架构，比如组织的决策谁来负责等，各司其职，避免混淆，实现慈善组织商业化运作的专业化。

此外，提升慈善组织的商业化运作能力，我们还要关注慈善组织内部的微观因素③。其中，人力资源和财务板块尤其重要，必须对公司人事制度进行革新，有关慈善组织成员的引进、管理、考核问题都要权责清晰。财务方面，慈善组织的财务信息要做到公开透明，加强对财务人员的管理和培训，做到专业化和职业化。严格规范慈善组织的财务制度，从资金的申请、审批到资金最后的流向，都要进行严格的全程跟踪，充分利用互联网这个平台，进行线上线下追踪，确保每一个环节的可靠性，保证资金用到实处。

5. 积极引导培育健康的现代慈善理念，为慈善商业化发展提供良性内在动力④

针对社会公众参与慈善动机的调查结果显示，66.06%的受访者是出于对不幸者的同情，积善修福，相信善有善报的动机进行慈善活动。这一点可以反映出大部分的慈善参与者的慈善理念是比较健康的，这可能与中国自古以来受儒家仁爱思想的影响有关。因此，政府应该加大对中国优秀传统文化的宣传力度，不断加强中国和国外慈善理念的碰撞与交流，提升现代公众的社会公益理

---

① 《英国乐施会性丑闻持续发酵，慈善机构深陷信任危机》，《中国公益慈善论坛》2018年。

② 《美慈善机构爆丑闻》，《观察者》2018年。

③ 黄春蕾、郭晓会：《慈善商业化：国际经验的考察及中国的发展路径设计》，《山东大学学报》2015年第4期，第34~44页。

④ 黄春蕾、郭晓会：《慈善商业化：国际经验的考察及中国的发展路径设计》，《山东大学学报》2015年第4期，第34~44页。

念和意识。在互联网的推动之下，可以利用各大媒体进行潜移默化的宣传与普及，诸如官方微博、微信公众号、抖音 App 等各大社交网络平台，不间断地在这些有影响力的平台上推送一些相关的理念、新闻等，间接引导公众树立健康的慈善理念。除此之外，要想培育健康的慈善理念，在多中心治理理论基础上，各个治理主体应该相互依赖，充分发挥各自资源优势，形成互动的组织网络机构，治理过程中各主体通过反思谈判不断调整目标，达成共识和信任，在共享互补中实现公共事务的高效治理，共担风险和责任。

6. 培育多元治理主体，借助“互联网+”慈善平台，共同推进合作治理

合作治理理念是目前慈善商业化治理的比较有前景的一条路径，可以有效地推动中国慈善事业的发展①。因此要想解决慈善商业化面临的问题，必须培养合作治理理念。调查数据显示，受访者被问及认为慈善商业化最应加强的方面时，41.16%的受访者认为公益组织积极与社会公众关联，加强整合社会公益资源；39.71%的受访者认为政府应该完善税收政策、拨款补助等政府工具以利于慈善商业化的规划与实施；其余受访者则认为公益组织应积极鼓励与调动受助者进行价值再造的能力。从这一点可以看出，中国慈善商业化的健康发展需要政府、慈善组织和社会各界的共同努力，缺一不可。根据我国目前发展现状，充分合理地发挥各界职能，慈善组织、政府和社会各界彼此之间进行合作交流，明晰自身职责，不断优化慈善商业化治理效果。依据我国国情，政府、慈善组织和社会各界应做到以下几点。第一，政府发挥主导作用。建立健全慈善商业化的各项规章制度，完善慈善的监管制度，提高办事效率。第二，慈善组织应提升自身治理能力，加强各方面优化，做到自查、自审和自律。第三，社会各界应积极参与、支持我国慈善事业的发展，充分调动大家的积极性和参与度。第四，搭建线上合作治理互动平台。政府、慈善组织和社会各界要想实现合作治理，必须搭建一个实现合作治理的有效平台②，并且建立完善合作治理机制，构建一套完整的合作治理体系，发挥合作治理的最大效用。

7. 小结

本章的“互联网+”时代的中国慈善商业化健康发展的路径设计归纳起

① 郭晓会：《我国慈善组织商业化的治理问题研究》，山东大学硕士学位论文，2015。

② 郭晓会：《我国慈善组织商业化的治理问题研究》，山东大学硕士学位论文，2015。

来主要为以下几点。第一，加强对“互联网+”慈善和慈善商业化的宣传与推广，培育公众慈善商业化意识。第二，加快政社分离的步伐，转变政府角色，化干预为引导扶持。第三，健全“互联网+”时代慈善商业化监管体系，规范慈善商业化发展。第四，优化慈善组织内部治理结构，提高慈善组织商业化运作能力。第五，积极引导培育健康的现代慈善理念，为慈善商业化发展提供良性内在动力。第六，培育多元治理主体，借助“互联网+”慈善平台，共同推进合作治理。本章的路径是吸取国外先进经验，结合我国慈善商业化发展的实际情况进行设计的，具备一定的本土化特征，但是其普适性还有待验证。中国慈善商业化建康发展的路径设计见图12。

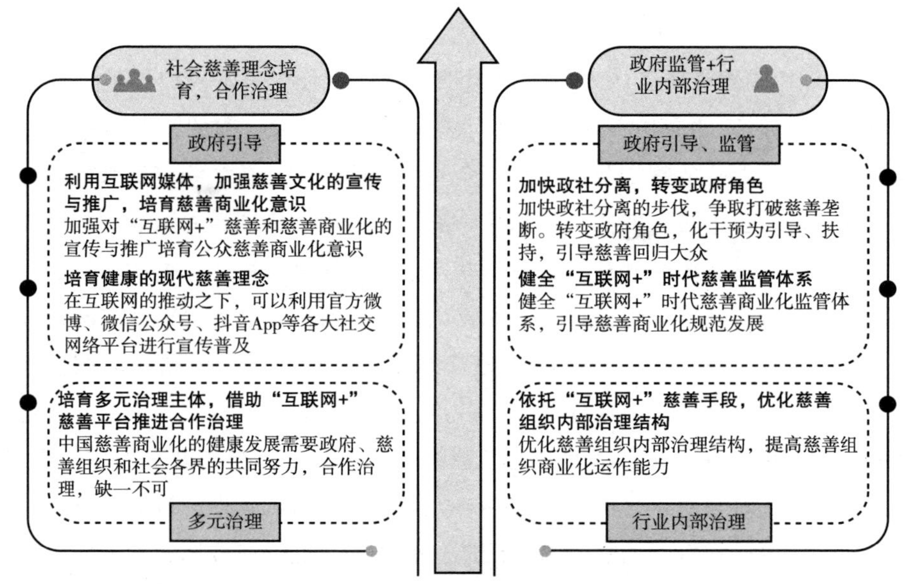

图12 中国慈善商业化健康发展的路径设计

（三）“互联网+”时代中国慈善商业化发展的政策建议

1. 完善网络慈善募捐主体资质的审查制度

在网络慈善事业发展过程中，中国应始终完善公共接入平台审计机制。从西方传统慈善事业向现代慈善事业转变的结果来看，强调的是慈善事业的专业性和透明性的提升①。随着我国互联网技术的快速发展，以互联网为依托的各平台以其透明、公正的特点，让我国的传统慈善事业向现代化慈善事业的转变成为可能②。结合我国审查制度的特点来看，审计机制的完善可以确保慈善机构由有困难的人行使，而这一机制的完善使中国有可能非常难以筹集资金。申请社会服务和非营利组织后，国家可以筹集资金，并授予他们依法开展各种慈善活动的权利。对于社会信息的不断发展，未来社会贡献的发展必须与网络相结合。因此，在未来慈善事业的发展中，国家可以不断降低其入职标准，探索慈善事业发展的特点，建构适用于慈善机构的注册和提交管理系统。通过不断完善制度，参与者将不断合法化③，国家也将能够更好地管理这些机构。

2. 充分发挥网络在慈善事业发展中的作用

对比分析现代社会中可靠的互联网慈善机构可以发现，壹基金和腾讯公益都有自己独特的设计理念和发展经验。例如，壹基金是在中国红十字总会架构下独立运作的慈善计划和专案，致力于传播公益文化，搭建公益平台，以推动公益事业的发展。其搭建的平台诸如壹基金联合救灾、壹基金海洋天堂计划、壹基金温暖包等都是依托互联网建立起来的。因此各国政府应继续鼓励适合区域发展的网络，并结合这些机构的成功经验，为建设融资平台及其发展提供技术和财政支持。互联网慈善平台在设计和施工过程中应该更加方便、透明和智能化④，旨在支持更低的成本，以及如何让更多的互联网用户参与在线慈善事业。根据社会信任理论，要想被公众信任，需要社会的全面支持，需要各方力量的投入，以实现慈善领域真实可靠。同时，平台广告也是非常重要的内容，它可以在发展过程中与媒体平台相结合，并继续慈善活动，以提高慈善网站的知名度和影响力，以帮助更多的使用者。慈善界是社会良心和信任的体现，慈善新闻年会、公益媒体未来更多地应探讨如何激发这个社会的正向能量，激发

① 刘伟：《论地方政府社会治理创新的政策转化：影响因素与优化路径》，《理论探讨》2016年第4期。

② 徐雪梅：《新常态下地方政府的政策转化能力与优化路径》，《大连海事大学学报》2017年第4期。

③ 孙发锋：《我国慈善组织行政化的根源、危害及对策》，《理论月刊》2013年第12期。

④ 唐梦岑：《重塑我国慈善组织公信力的对策研究》，《山西青年》2017年第13期。

人和人之间的信任和爱。使用移动程序使信息的传递更加方便和快捷，并且信息的查看者将显著增加。此外，支付宝和微信等快速支付方式也为在线慈善事业的发展提供了新的机会①。您可以通过在手机上输入付款密码或直接进行指纹付款来完成捐赠。因此，在未来慈善事业的发展中，必须与快速支付方式很好地结合，这将开启慈善事业发展的新篇章。网络捐赠要吸引了网民的参与，项目要设计要遵循网民的捐赠习惯。因此，在设计在线慈善平台的过程中，有必要对网民的捐赠习惯进行全面的市场调查，并结合相关数据的研究。刘晓艳提到过，为了最大限度地提高网民的捐赠能力，需要进行分析，以设计出符合网民习惯的页面②。

3. 加强网络筹资平台监管的建议

从西方现代慈善事业的成功经验来看，优良的政策环境和严格的政府监管是慈善商业化健康、持续发展的坚实基础与可靠保障。我国互联网慈善刚刚起步，其本身存在的依附性与脆弱性决定了其很难在缺乏有利政策与严格监管的条件下与我国的慈善事业现状结合起来。与此伴随的后果还有互联网原有的弊病被暴露，慈善组织在财务、信任等方面的危机被放大化等。网络资金平台以大量中国网民为基础，公共福利资金发展势头良好。“互联网+公共福利”融资模式颠覆了传统的公益理念，削弱了慈善地位。但是，这种融资模式存在一定的风险。有三种方法可以降低风险：监督、管理和创新。

一是加强监管来保护公益事业。加强监管是促进网络资金平台健康发展的关键。网络资金平台具有强大的排水能力，可以收集大量的慈善捐款。首先，网络资金平台应主动提高对信息披露的认识，并披露公益金的使用情况③。平台内部配置是增强监控的最重要任务。通过信息披露，理论上每个人都可以成为网络资金平台运营的监督者。为了有效地解决相关风险，网络资金平台的行为公开显示在网络生态系统中。其次，各级政府职能应积极推进健康有序的公

① 张怡晟：《高校公益性网站如何朝商业化转型——以武汉大学讲座网为例》，《经营管理者》2014年第33期。

② 刘晓艳：《互联网商业化元年到“互联网+”元年的发展变迁：原因及启示》，《安徽电子信息职业技术学院学报》2017年第16期。

③ 王继远、陈雪娇：《商业化慈善与慈善商业化的法律规制》，《昆明理工大学学报》2012年第12期。

益环境网络，包括产业监管和法制改善。从内到外，依靠平台自身的意识，这是公益事业的推动力，是网络资金平台可持续发展的必要条件。从外到内的结构取决于系统的结合力。“第三方”的自然本质可以用来使其成为网络资金平台健康发展的有效力量。

二是制定总体计划以规范行业行为。近年来，中国的网络金融平台发展迅速，商务部已宣布选择第二批慈善组织的在线公共资金信息平台。对行业行为的监管正在进行中，在此过程中制定总体计划尤为重要①。首先，集成平台至关重要，除了基本的网站链接导航和新闻公告外，综合平台还应该有相应的网络评估系统来纠正行业标准，实现调整行业资源的目标。其次，在综合网络平台的背后，它离不开整个行业协会的支持。慈善机构和互联网公司基本上占据了所有在线资助平台，但具有多种品质的平台难以形成一致的行业标准。市场还对“互联网＋公益事业”的健康发展进行了严格的测试。此外，网络资金平台正在迅速发展，形成了一个关爱各行各业的组织体系，推动“互联网＋公益事业”② 的发展。

三是加强创新。通过对西方慈善商业化演变的研究，我们可以看出，“创新”一直是永恒不变的话题。美国在经济衰退和经济大萧条之后，通过开拓新领域迎来了一个新的持续发展时期。可见，全行业乃至多行业的共同创新是慈善商业化持续性发展的直接推动力。“大数据”和“人工智能”、“互联网＋公共福利”资助模式利用网络生态学的特点为慈善机构创建一种新的格式，以收集公共信息。然而，除了上述风险之外，尽管大数据和人工智能技术迅速普及，但这种互联网公益模式并没有表现出整合的意义。

根据企业生命周期理论，进入成熟期的企业管理模式逐渐成熟，企业经过了初创和成长两个阶段的积累，在某行业拥有一定的地位或竞争力。企业需要实现自我价值或赢得更好声誉，企业考虑的社会目标将由实现股东短期利润最大化转向企业长期利润最大化。社会目标也会随之扩展，包括法规层、标准层、道义层，企业会把提高社会公众利益作为企业的社会责任。承担这样的社

① 杨思斌：《我国慈善事业发展的法治困境及路径选择》，《法学杂志》2012 年第 33 期。

② 魏喜玲：《走出慈善的尴尬——试析我国慈善事业发展的困境及出路》，《当代社科视野》2011 年。

会责任意味着企业经营者积极促进社会公正、保护环境、支持社会公益活动等，即使这些活动可能在短时期内对企业利润产生消极影响，但企业责任感也不会降低，因为他们认识到企业的发展必须和社会发展总目标一致时企业才会有更繁荣的未来，这个阶段为企业大力发展创新提供了有利的条件，无论是人力还是财力上。当进入了衰退期，其销量减少、市场规模减小、利润下降致使企业可能无暇顾及社会责任，社会责任目标退居经济目标之后，社会责任目标可能由道义层向标准层甚至法规层下降。企业如果在此阶段可能会尽力争取市场利润而忽视了消费者的利益，也可能侵害债权人和投资者的利益，员工与企业间的关系变得紧张，这些会加速企业的衰败。但如果企业社会责任履行较好，使企业及其他利益相关者愿意与企业同甘共苦，锐意创新，找到新的发展方向，抓准社会的前沿技术，就有可能发生蜕变，进入新的发展周期，实现企业可持续发展。

目前的互联网公益事业只是基于网络平台的公益金融投资活动，其网络技术并不复杂。人工智能、大数据和其他技术应用具有巨大的潜力和广泛的领域，但在慈善筹资领域并未得到有效利用，结合上文所述企业在生命周期中呈现的不同特点，应将组织的不同阶段与大数据有效结合，提高公益项目的准确性，促进公益项目之间的信息和资源共享，借此达到在降低慈善项目的运营成本的同时，为组织的健康发展积累一定的资金基础，保证组织的发展的持续性。

4. 发挥政府监管的主体作用

相较于西方慈善商业化进程，我国传统慈善事业向慈善商业化迈进的步伐稍显滞后。由于西方慈善商业化起步较早，加之强大的经济社会基础为之提供了不可忽视的物质基础和社会保障，西方慈善商业化通过稳定的增长保持着健康的发展状态。然而我国慈善商业化起步较晚，为了加快慈善商业化的发展进程，必须将慈善商业化与“互联网+”相结合，借助先进的互联网技术促进慈善商业化的快速实行。然而，政府通过颁布相关的优惠政策并降低平台等级进入门槛，再加上我国的慈善相关法律比较落后，综合性慈善监督体系不完善，政府部门的监管也相对薄弱，这就为公益性腐败的滋生埋下了隐患。因此从我国政府的角度来说，首先，政府要明确地认识到自身的职能。第一，去行政化。去行政化是指将工作中的行政因素去除，借以强调行业特点。在慈善组织商业化治理过程中实现政府监管，首先要削弱甚至取消慈善组织与政府之间所存在的行政隶属关系，为了遵循慈善组织发展的内部规律，其内部一切事项，包括人事调配、资金筹款和物资分配等问题，均不得由政府着手干预。政府在进行慈善活动的同时，应着重加强自身的能力，为实现慈善的多元化发展提供政策上的支持与鼓励。第二，优化公共政策。政府要积极投入公共政策民主化、科学化的指定当中，为慈善组织在互联网时代的商业化发展和治理提供制度上的保证。优化公共政策的同时，更要完善监管职能，尤其是对互联网平台的监管，要时刻监督公共政策的执行，确保各项政策已落实到位。

其次，政府不仅应该充分发挥自身的职能，还应保证这些职能能够有效发挥。第一，政府应发挥自身在互联网慈善活动中的协调作用，切实保障慈善组织商业化进程中的良好表现，并不断加强政治制度的建立与健全，对互联网潜在的安全问题等进行排查和预防，对慈善组织商业化过程中可能存在的问题进行提前防治，对已经出现的问题进行规范与监管。政府在治理的过程中，由于主体的多样化和多元化，各个主体之间在利益导向和治理结构上难免会出现分歧甚至冲突，此时，政府应发挥协调者的作用，对存在的分歧与冲突进行沟通和排解，使各个治理主体的力量凝聚在一起，共同提高慈善组织商业化的治理效能，在多中心治理的基础之上，政府、组织机构、大众、媒体等应自愿合作，形成互动、互补合作、制约的关系，有效地管理网络慈善事业，切实推进网络慈善事业的可持续发展。第二，发挥政府自身的保障作用。政府要大力完善责任追究的制度，对慈善组织商业化过程中出现的违背常理、不符合规定的问题依法严查严惩不贷，同时政府对自身内部出现的徇私舞弊、推卸责任、作奸犯科等行为不能姑息养奸，同样要依法彻查到底，严惩不贷。

最后，要建立健全互联网时代下慈善商业化制度基础。在慈善组织中，建立完善的制度是规范慈善行为的基础，是慈善组织商业化健康发展的前提。2005 年，我国民政部就已提出慈善立法。现今时代，互联网技术日新月异，慈善组织商业化迅猛发展，由此引申出的“互联网+”与慈善组织商业化的融合也越来越受到广泛群众的关注。通过建立相关的制度基础，避免互联网时代慈善组织商业化发展进程中出现混乱和盲目的局面，切实有效地保证慈善组织的正常可持续发展。具体方法如下。

第一，完善信息公开制度。最早的西方慈善商业化就是基于对公开度、透明度的追求而诞生的。无论哪个行业，信息的公开透明都已成为主流，慈善组织商业化发展更不能例外。借助互联网本身的公开性，保证慈善组织运作信息的公开透明，是使慈善事业健康长久发展的关键一步，是提升其治理能力的有效手段。涉及资金流向、收益等财务的问题以及年度报告、审计报告等流程也必须公开，但某些复杂的问题也要结合发展的实际情况，酌情考虑公开程度。在公开信息的时候，要注意明确信息公开的周期，并且确定好信息公开的平台和路径。根据社会信任理论，理性人做任何事情都是以满足个人利益为目的的。在是否采取信任行为问题上，理性人的出发点在于“一是潜在收益与潜在损失相比孰轻孰重；二是对方失信可能性的大小”。信任是一种预期行为，是在缺少相关信息的情况下做出的行动决策，其不确定性需要社会机制补充。这种补充逐渐内化为个人行为进而形成普遍的社会约束力，从而降低行为的不确定性，增加社会信任度。信任本身就是制度的化身，它是对制度有效性认可的表现形式。补充机制发展为制度后不仅包括社会公认的非正式性约束也指具有国家强制力的正式性约束。慈善组织需要打造一个“透明口袋”来进行公信力建设，即要建立一个透明完善的信息公开平台。我国对于社会弱势群体并不缺少爱心，他们缺少的是对慈善组织的信心。借助互联网的透明性与公开性，打造“透明口袋”才能弥补我国慈善组织信息公开的缺失，加强对其多方位监督，才能重建其公信力。信息的透明化并不是毫无规律、随时随地的公开，而是要制定一定的周期，信息公开期间，不得逾越所规定的周期范围，在发展过程中遇到的变化也需要及时公开和更新。互联网平台在进行信息公开时，可以借助政府民政部门的官方网站或慈善组织的官方网站，也可以借助流量较大的第三方网站，确保相关组织机构及个人可以随时随地查阅和监督，确保公众的知情权。

第二，补充完善准入制度。准入制度，既能够满足互联网慈善组织商业化的标准和要求，只有把好这一关，才能避免在发展的起跑线上出现问题。完善准入制度是从法律角度判断该行为的合法性，依法规范慈善组织商业化行为是确保其健康发展的重要基石。

第三，建立严格的问责制度。严格的问责制度，在一个组织或机构的发展中极具威慑力，可以有效避免互联网时代下慈善组织商业化发展过程中出现偏离预期轨道的异化问题。在建立问责制度时，首先要明确责任主体。一方面，要了解问责主体所享受的权利和需要承担的责任，在此基础上才能判断该主体是否需要被问责，需要从哪些方面、采用哪些方式对其进行责任追究。另一方面，要明确问责对象，了解责任承担者应承担的责任范围，避免内部部门不作为，甚至互相推脱责任的情况发生。

西方慈善商业化进程稳健而持久，不仅在较长的发展过程中积累了深厚的文化底蕴，也在社会的发展中储备了丰厚的物质基础和社会保障。虽然我国慈善事业发展进程与西方慈善事业的发展历程有所不同，但西方慈善商业化的大方向是值得借鉴的。加之我国互联网技术发展的优越性，其将成为我国慈善事业突破瓶颈、跨越障碍的关键。因此，我国慈善商业化必须与“互联网＋”相结合，坚持对高公开性、高透明度的追求，走出适合中国慈善事业发展的道路。

5. 小结

目前，我国“互联网＋”慈善事业尚在起步期，慈善商业化进程相对滞后，总体来说有着相对的脆弱性和依附性，尤其是对行政方面的依附性。这就决定了政府在“互联网＋”时代的慈善商业化中，政府扮演着不可替代的重要角色。相较于稳步发展的西方慈善商业化，我国为了加快慈善商业化进程而出现的一系列问题成为现今慈善事业发展中的顽疾。为了摆脱这一困境，我国必须在吸取西方慈善商业化经验的基础上，将慈善事业与前沿的互联网技术密切结合起来，打造“互联网＋”时代的中国特色的慈善商业化。这就要求我国政府首先应完善慈善募捐主题资质的审查制度，严格把好慈善事业准入的第一关。其次，慈善事业应坚定且密切地与互联网时代特点相结合，并且政府应在此基础上加强对网络平台的审查与监督，保证慈善事业的先进性与专业性。最后，政府应明确自身职能，建立健全适合中国慈善商业化健康持续发展的制度基础。无论是极速发展的互联网行业还是极具挑战的慈善商业化转变，对我国的慈善事业来说都是非常艰巨的挑战。政府在我国慈善商业化发展中发挥着十分复杂且重要的作用。政府如何摆正自身位置，找准合适的姿态来帮助我国慈善事业面对这些挑战是十分值得探讨和研究的。

七　研究局限

本研究针对“互联网+”时代下我国慈善商业化，从中外经验对比研究的角度对其发展路径进行了尝试探讨。虽然本研究在进行过程中在条件允许的情况下查阅和参考了诸多方面的文献与教材，但仍然存在着以下几点不足。

第一，虽然本研究在进行问卷调查时，尽可能地选取了不同地区的大量样本，但本研究课题所涉及的问卷问题适用性较广泛，可理解性也较高，适合于较为广泛的人群进行回答，也即未来可进行更为广泛的田野实验，利用田野调查法深入研究和解释被调查者的行为特征，消除可能存在的由年龄、地域甚至职业造成的不确定性对研究结果的干扰。

第二，我国慈善商业化虽然开始进行了一系列的初步探索，加之政府颁布的特定政策在这一阶段或初见成效，或有待完善，但是借鉴西方慈善商业化探索中的经验，任何政策都应结合特定的发展阶段。本研究提出的政策意见未经历过实际情况的检验，因此可能存在不足或片面的特点。

第三，本次研究采用了较为传统且主流的研究方法——问卷调查法，是通过调研并针对核心问题形成针对性的报告。与这一方法相比，数据挖掘这种新型研究工具则更加适用于大量数据的分析。数据分析一般指通过算法从大量的数据中检索隐藏的信息，这一过程又被称为数据库知识发现。由于数据挖掘所需样本量过于庞大，故本次研究并没有采用这一方法。而在上文所述的未来可以加以探索的田野实验中，数据挖掘是比较有效且可靠的研究方法与分析工具。因此期待在之后的研究中能够将这一方法与主题之间建立合理的联系，并得出更具指导性的意见和建议。

总　结

慈善组织商业化是一股新兴潮流，在慈善领域风起云涌，开启了慈善组织运作的新模式，是慈善组织前行发展的新航道，然而也导致了诸多的慈善丑闻，削弱了慈善组织的社会公信力。在“互联网+”背景下，本文在分析中外慈善商业化的异同中尝试从合作治理等多个理论的角度分析当前我国慈善组织商业化的问题并提出了治理之策。本文在吸取国外优秀经验的同时，结合问卷调查，分析出中国慈善商业化的现状，引入“互联网+”，设计出“互联网+”时代中国慈善商业化健康发展的路径。主要路径总结如下：第一，加强对“互联网+”慈善和慈善商业化的宣传与推广，培育公众慈善商业化意识；第二，加快政社分离的步伐，转变政府角色，化干预为引导扶持；第三，健全“互联网+”时代慈善商业化监管体系，规范慈善商业化发展；第四，优化慈善组织内部治理结构，提高慈善组织商业化运作能力；第五，积极引导培育健康的现代慈善理念，为慈善商业化发展提供良性内在动力；第六，培育多元治理主体，借助“互联网+”慈善平台，共同推进合作治理，并且根据调研结果，提出了针对性的政策建议。

目前慈善组织商业化受到越来越多的关注，政府、慈善组织、社会公众以及学术界都在探讨慈善组织商业化治理问题，未来慈善商业化的发展需要多方参与，共同努力，实现真正意义上的合作治理。并且利用云计算、物联网、大数据等先进技术，与慈善商业化的运营发展充分结合，如此一来，慈善商业化的发展才能取得切实可靠的成效。

参考文献

Coleman, Sam. The Decimation of America \ 's Middle Class and Its Meaning for Social Work [J]. Journal of Progressive Human Services, 2012, 23 (1): 76-93.

Dowie M. Philanthropy and the nonprofit sector in a changing America. (Review) [J]. Whole Earth, 1999 (Fall).

Jackson, Michael C. Creative holism: a critical systems approach to complex problem situations [J]. Systems Research and Behavioral Science, 2006, 23 (5): 647-657.

Newson A. Postgraduate Forum on Genetics and Society: Report on the Fourth Colloquium [J]. New Genetics & Society, 2001, 20 (1): 69-73.

Polyzoidis P. Nonprofit Organizations and Human Services in Greece: The Residual Segment of a Weak Sector [J]. Voluntas: International Journal of Voluntary and Nonprofit Organizations, 2009, 20 (2): 188-206.

Rui W. A Research on the Policy Defects of Financial and Tax Initiatives of China Charity Donation—Four Plights Facing Non-governmental Charity Organizations [J]. Journal of Audit & Economics, 2009.

Taket, White A, Leroy. Partnership and Participation [J]. Classical Journal, 1909, 5 (1): 1-2.

White L, Bourne H. Voices and values: Linking values with participation in OR/MS in public policy making [J]. Omega, 2007, 35 (5): 588-603.

巴伯:《信任的逻辑与限度》,年斌、李红、范瑞平译,福建人民出版社,1989。

〔美〕弗斯顿伯格:《非营利机构的生财之道》,科学出版社,1991。

傅鸿震:《社会企业的商务模式创新研究——基于格莱珉银行的案例分析》,《上海商学院学报》2012年第1期。

郭大林、徐云峰、谢妮霞:《建构慈善事业的社会治理模式——基于对中国慈善组织行政化的分析》,《云南农业大学学报》(社会科学版)2010年第3期。

黄春蕾、郭晓会:《慈善商业化:国际经验的考察及中国的发展路径设计》,《山东大学学报》(哲学社会科学版)2015年第4期。

金锦萍:《慈善商业相对论》,《中国经济信息》2011年第16期。

赖奕志、潘昭荣:《非营利组织社会企业化转型困境与实践》,《海峡科学》2016年第5期。

刘莉莉:《我国非营利组织(NPO)市场化运作模式研究》,中国海洋大学硕士学位论文,2010。

刘伟:《论地方政府社会治理创新的政策转化:影响因素与优化路径》,《理论探讨》2016年第4期。

刘晓艳:《互联网商业化元年到“互联网+”元年的发展变迁:原因及启示》,《安徽电子信息职业技术学院学报》2017年第1期。

刘媛、郭梓焱:《论社会组织商业化经营风险的应对策略》,《中南大学学报》(社会科学版)2017年第5期。

陆明远:《公益社团腐败的治理路径研究》,《学会》2009年第12期。

倪庆萍:《论Internet互联网商业化的发展趋势及其对传统行业的冲击》,《财贸研究》1999年第5期。

史蒂芬·戈德史密斯、戈德史密斯:《社会创新的力量:美国社会管理创新启示录》,王栋栋、沈丹琳、洪漫译,新华出版社,2013。

孙发锋:《我国慈善组织行政化的根源、危害及对策》,《理论月刊》2013年第12期。

唐梦岑:《重塑我国慈善组织公信力的对策研究》,《山西青年》2017年第13期。

汪大海、何立军:《中国慈善事业的合作治理模式及其路径选择》,《江西社会科学》2010年第5期。

王继远、陈雪娇：《商业化慈善与慈善商业化的法律规制》，《昆明理工大学学报》（社会科学版）2012 年第 6 期。

王晓波：《从公益项目到公益产品：非营利组织的社会企业化转型路径探索——以佰特教育为例》，《长江丛刊》2017 年第 26 期。

林伟贤、魏炜：《慈善的商业模式》，机械工业出版社，2011。

魏喜玲：《走出慈善的尴尬——试析我国慈善事业发展的困境及出路》，《当代社科视野》2011 年第 4 期。

徐雪梅、迟浩田：《新常态下地方政府的政策转化能力与优化路径》，《大连海事大学学报》（社会科学版）2017 年第 4 期。

亚当·斯密：《道德情操论》，商务印书馆，1984。

杨思斌：《我国慈善事业发展的法治困境及路径选择》，《法学杂志》2012 年第 3 期。

张文：《商务模式创新——企业经营“魔方”的旋启》，《中国经济问题》2004 年第 6 期。

张怡晟：《高校公益性网站如何朝商业化转型——以武汉大学讲座网为例》，《经营管理者》2014 年第 33 期。

李莉：《中国公益基金会治理研究——基于国家与社会关系视角》，中国社会科学院出版社，2010。

卢汉龙：《慈善：关爱与和谐》，上海社会科学院出版社，2004。

万莉、罗怡芬：《企业社会责任均衡模型中国工业经济》，《中国工业经济》2006 年第 9 期。

肖雪慧：《公民社会的诞生》，上海三联书店，2000。

福山：《社会道德与繁荣的创造》，彭志华译，海南出版社，2001。

科尔曼：《社会信任理论的基础》，邓方译，社会科学出版社，1999。

王兴伦：《多中心治理：一种新的公共管理理论》，《江苏行政学院学报》2005 年第 1 期。

马长山：《国家、市民社会与法治》，商务印书馆，2002。

陈五洲：《慈善事业——企业与社会的双赢选择》，《企业管理》2006 年第 6 期。

古继宝、阳立峰：《基于生命周期的企业政治资源需求分析及战略研究》，《经济纵横》2007 年第 18 期。

黄宏斌、翟淑萍、陈静楠：《企业生命周期、融资方式与融资约束——基于投资者情绪调节效应的研究》，《金融研究》2006 年第 7 期。

《全国性基金会保值增值情况堪忧，过半投资收入为 0》，《公益时报》2012 年 2 月 7 日。

刘凌玄：《商业理念改变慈善基金会运作模式》，《新财富》2008 年第 9 期。

资中筠：《散财之道——美国现代公益基金会述评》，上海人民出版社，2003。

金锦萍：《论公益信托之界定及其规范意义》，《华东政法大学学报》2015年第6期。

李喜燕：《慈善捐赠人权利研究》，法律出版社，2013。

张柏森：《我国互联网“平台型”私益慈善活动的法律规制问题研究》，华东政法大学，2018。

李宝平：《企业社会责任及其实施机制研究》，西南财经大学，2010。

陈振明：《公共管理学——一种不同于传统行政学的研究途径》，中国人民大学出版社，2003。

赵俊男：《中国慈善事业治理研究》，吉林大学博士学位论文，2013。

罗伯特·L. 佩顿、迈克尔·P. 穆迪：《慈善的意义与使命》，郭烁译，中国劳动社会保障出版社，2013。

黄春蕾：《我国慈善组织绩效及公共政策研究》，经济科学出版社，2011。

金锦萍：《科学慈善运动与慈善的转型》，《科学对社会的影响》2009年第2期。

资中筠：《财富的归宿：美国现代公益基金会述评》，上海人民出版社，2006。

史蒂芬·戈德史密斯：《社会创新的力量：美国社会管理创新启示录》，新华出版社，2013。

保罗·布雷斯特、何豪：《善款善用：聪明慈善的战略规划》，李存娜译，中国劳动社会保障出版社，2013。

陈金贵：《非营利组织社会企业化经营探讨》，《新世纪智库论坛》2002年第19期，第39~51页。

陆道生、王慧敏、毕吕贵：《非营利组织企业化运作的理论与实践》，上海人民出版社，2004。

格雷戈里·迪斯：《非营利组织的商业化经营》，《非营利组织管理》，中国人民大学出版社，2000。

Eikenberry A M, Kluver JD. The Marketization of the Nonprofit Sector: Civil Society at Risk? [J]. Public Administration review, 2004, 64: 132 - 140.

郭晓会：《我国慈善组织商业化的治理问题研究》，山东大学硕士学位论文，2015。

Mark Granovetter. Economic Actionand Social Structure: The Problem of Embeddedness [J]. America Journal of Sociology, 1985.

贝奇·布查特·阿德勒：《美国慈善法指南》，中国社会科学出版社，2002。

弗里德曼、麦加维等《美国历史上的慈善组织、公益事业和公民性》，上海财经大学出版社，2016。

布鲁克斯：《谁会真正关系慈善》，社会科学文献出版社，2008。

弗莱施曼：《美国的秘密：个人财富如何改变世界》，上海财经大学出版社，2012。

周秋光、曾桂林：《中国慈善简史》，人民出版社，2006。

《英国乐施会性丑闻持续发酵，慈善机构深陷信任危机》，中国公益慈善论坛，

2018。

《美慈善机构爆丑闻》，《观察者》2018。

郑伟：《互联网慈善运行模式及监督机制研究》，《赤峰学院学报》（汉文哲学社会科学版）2016 年第 4 期。

张明：《社会转型期我国慈善组织发展的 SWOT 分析及对策研究》，湖南师范大学硕士学位论文，2010。

石国亮：《慈善组织公信力重塑过程中第三方评估机制研究》，《中国行政管理》2012 年第 9 期。

徐舒宁、陈为旭：《〈慈善法〉视阈下“互联网＋慈善”模式探究》，《行政与法》2016 年第 11 期。

王凯茜、王大洲：《我国互联网慈善中的信任重建机制研究》，《中国高新技术企业》2015 年第 26 期。

汪丹：《我国网络慈善事业的可持续发展研究》，《社会工作》2014 年第 6 期。

刘振杰：《社区化是慈善事业转型新方向》，《中国社会科学报》2014 年。

石国亮：《中国社会组织成长困境分析及启示——基于文化、资源与制度的视角》，《社会科学研究》2011 年第 5 期。

徐永光：《公益市场化刍议》，《中国慈善家》2014 年第 4 期。

《国务院办公厅关于政府向社会力量购买服务的指导意见》（国办发〔2013〕96 号）。

邓国胜：《非营利组织评估》，社会科学文献出版社，2001。

《公益性小额信贷扶贫的喜与忧》，人民网。

徐永光：《社会企业做不大原因是非盈利机制的竞争劣势》，2010 社会创新国际论坛。

《中国官办慈善组织去行政化正提速，倒逼体制破冰》，搜狐新闻。

附录1　调查问卷

“互联网+”时代中国慈善商业化的发展路径调查问卷

尊敬的先生/女士：

您好！

本问卷是上海大学管理学院的研究团队关于“互联网+”时代中国慈善商业化发展的一项研究。您的真实意见对本研究非常重要，我们承诺对您的私人信息及数据严格保密，保证调查结果仅作为学术研究之用。同时，您的答案没有“对”与“错”、“好”与“坏”之分，您的客观准确填写，是我们取得真实研究结论的重要前提条件，对您的真诚合作致以衷心的感谢！

慈善商业化是慈善组织为更好地实现公益目标而运用商业化手段开展运作，实现慈善道德属性与经济属性的统一。

一、受访者基本信息

1. 您的性别：□男　　□女

2. 您的年龄：□25岁以下　□26~34岁　□35~44岁　□45岁以上

3. 您的教育背景（学历）：□高中及以下　□大专　□本科　□硕士　□博士

4. 您所在组织性质：□国有企业　□民营企业　□外资企业　□合资企业　□事业单位　□其他

5. 您的职业是：□公务员　□事业单位职员　□公司职员　□工人　□服务业从业者　□学生　其他

6. 您的月平均收入：□1500元以下　□1500~3000元　□3000~5000元　□5000元以上

7. 您目前所在地区：______省______市

二、“互联网＋”时代慈善商业化状况调研

1. 您是否经常参加志愿公益等慈善活动？

□基本不参加　□不参加　□一般　□偶尔参加　□经常参加

2. 您对“互联网＋”慈善的了解程度如何？

□完全不了解　□不了解　□一般　□了解　□非常了解

3. 网络慈善捐赠使得善款可以迅速到达慈善机构

□非常不同意　□不同意　□一般　□同意　□非常同意

4. 网络慈善捐赠是一种不安全的慈善捐赠方式：

□非常不同意　□不同意　□一般　□同意　□非常同意

5. 在朋友圈等渠道看到慈善捐赠众筹等信息时，您的做法是：

□直接忽视　□点进去看，但只是了解　□会看，有时转发　□会详细看，捐赠但不转发　□会详细看，捐赠并且转发

6. 目前，爆出一些网络慈善众筹诈捐、骗捐的案例，对您以后捐款的影响是：

□不会影响，继续捐，诈捐是少数　□会谨慎，确定真实后再捐　□会减少捐款金额，分散捐款　□为避免被骗，不敢再捐

7. 您对慈善商业化的概念、特点及内涵是否了解？

□完全不了解　□不了解　□一般　□了解　□非常了解

8. 您认为以下哪些原因导致了慈善的商业化模式转型：（可多选）

□传统慈善组织缺乏创新

□慈善环境日益恶化

□非营利组织摆脱资金短缺困境的需求

□维持资金来源的需求

□慈善需求剧增亟待慈善组织科学高效运作

□捐赠人意识增强要求慈善组织提高竞争力

□企业社会责任催使企业与慈善组织合作共赢

9. 您看好下列哪种慈善商业化运作模式？（可多选）

□直接开展公益营销

□公益服务收费

□承接政府购买的公共服务

□进行商业投资为资本增值

□与企业合作开展公益营销

10. 在募款中采用商业方式，你怎么看？

□可以采用，更有效率，但必须规范操作，公开透明

□不可以采用，爱心不可以让商业、利益左右

□说不清楚，得具体情况具体分析

11. 您认为下列哪些方式是慈善活动的主要运作方式（可多选）？

□民政拨款（如中华慈善总会、中国红十字会等）

□社会捐助（多为民间非政府组织）

□慈善基金会（如李连杰壹基金）

□与其他领域衍生品相结合的公益组织（如艺术衍生品等）

12. 您认为目前慈善商业化最应加强以下哪方面？

□政府完善税收政策、拨款补助等政府工具以利于慈善商业化的规划与实施

□公益组织积极与社会公众关联，加强整合社会公益资源

□公益组织积极鼓励与调动受助者进行价值再造的能力

13. 您是否支持在“互联网＋”时代进行慈善商业化探索？

□完全不支持　□不支持　□一般　□支持　□非常支持

14. 您认为中国慈善商业化的发展前景如何？

□发展前景不错，社会公众的接受度和参与度会越来越高

□发展前景不明确，随国家政策变化

□发展前景不好，客观的限制因素很多，慈善商业化的操作流程不够透明

□不清楚

15. 您最看好的慈善商业活动行业和领域：（可多选）

□教育文化□扶贫开发　□环境保护　□医疗卫生　□老人和残障　□妇女儿童　□新能源　□其他____

16. 您参与慈善捐赠（服务）的动机是？

□对不幸者的同情－积善修福，相信善有善报　□出于人道主义义务和责任感－赢得好名声　□为个人（或企业赢得更大的利益）　□其他（从众、

赎罪等）

17. 您曾参与的慈善捐赠（服务）主要是由谁发起的？

□政府或所在单位（企业、学校、机关、社区等） □新闻媒体 □社会慈善机构 □其他

18. 由政府、新闻媒体、民间机构发起的慈善募捐，哪一个更值得信任？

□政府 □新闻媒体 □民间机构

19. 当您身边的亲戚、朋友、同事、同学遭遇不幸需要物质帮助时你是否给予帮助？

□是 □否 □视情况而定

20. 您目前认同哪种慈善救助模式？

□慈善机构做中介，救助者直接选择被救助者进行救助 □救助者定期捐款给慈善机构，由慈善机构选择被救助者进行救助

21. 您认为当前慈善组织商业化的治理困境有哪些？（可多选）

□政府监管严重滞后 □行业监管缺失 □慈善组织内部治理不足 □社会监督乏力

22. 您是否有从事慈善商业化活动的打算？

□有，并有相关资源 □有，但是缺少相关资源 □未来有合适资源会尝试 □没有

23. 如果您在“互联网+”时代进行慈善商业化活动，您最希望得到哪些支持？（可多选）

□政府、企业等给予资金上的支持 □相关政策的出台和既有政策的解读

□社会创业实训基地、服务中心等孵化支持 □社会大众的支持 □亲朋好友的理解

24. 以下有关互联网的陈述，请根据您的真实想法进行选择：（1－完全不同意 2－基本不同意 3－不确定 4－基本同意 5－完全同意）

项目	1	2	3	4	5
Q1. 互联网慈善捐赠可以节约时间	□	□	□	□	□
Q2. 互联网慈善捐赠十分简单	□	□	□	□	□
Q3. 我随时都可以进行互联网慈善捐赠	□	□	□	□	□

续表

项目	1	2	3	4	5
Q4. 互联网慈善捐赠可以使善款快速到达慈善机构	□	□	□	□	□
Q5. 互联网捐赠可以使我接触更多更广的慈善项目	□	□	□	□	□
Q6. 互联网慈善捐赠可以更好地展现慈善项目的内涵	□	□	□	□	□
Q7. 互联网慈善项目可以使更多的人参与到项目中来	□	□	□	□	□
Q8. 互联网慈善捐赠真假难辨	□	□	□	□	□
Q9. 互联网慈善捐赠很难进行监督	□	□	□	□	□
Q10. 互联网慈善捐赠中很难知道真正的组织者是谁	□	□	□	□	□
Q11. 互联网慈善捐赠筹得款项项的用途很难保证	□	□	□	□	□

25. 您是否会关注互联网慈善捐赠款项的进度和资金流向？

□会持续关注 □想起来就关注一下 □不关注

26. 您对互联网捐赠的看法是（可多选）：

□便民利民，自救手段 □公开透明 □善款筹集速度快

□大众化，全民参与 □真假难辨，不可靠

27. 您认为互联网捐赠的风险有哪些（可多选）：

□求助者信息造假 □目标金额夸大 □善款被挪用 □余款滥用

□求助后期情况不公开 □求助者被人肉搜索

28. 您认为互联网慈善捐赠出现风险的原因是（可多选）：

□平台审核不严 □捐赠者的不理性 □受捐者不诚实 □缺少专门细致的法律约束 □缺少有效监管

29. 您认为预防互联网慈善捐赠风险的有效措施是（可多选）：

□加大宣传，使捐赠者更加谨慎理性

□平台严格统一审核标准，线上线下审核结合

□建立独立第三方评估制度，平台优胜劣汰

□加大监管，全程公开善款的具体用途

□建立、健全互联网慈善捐赠的专项法律法规

非常感谢您细致耐心的作答！

第四章　以互联网为依托推进我国传统慈善组织转型研究

孙永勇*

摘　要： 随着网络技术日新月异的发展，网民数量急速增长，慈善组织的形式开始走向多元化。基于此背景，本文探讨了互联网发展为慈善组织转型提供的机遇，如更为广阔的发展平台、更多样的筹资机制、更加灵活的组织结构、更加高效透明的运作方式、更具影响力的传播效果、给予了慈善组织提高自身能力的钥匙，并对美好公益基金会、WH市慈善总会、HB省慈善总会做了个案分析，较为全面地展示了它们的发展现状与经验特色。进而，详细分析了慈善组织在互联网背景下转型的困境，包括政府层面的运用互联网意识依旧不足、平台建设不完善、品牌意识需要提高、公信力不足、协调能力难以施展、网络人才不足等；以及社会层面的慈善氛围不浓、公众注意力稀缺。在此基础上，本文从多元主体协同治理理论角度提出政策建议：慈善组织要完善内部治理结构，依托互联网谋发展；政府要从行政化到多元化，助力慈善组织转型；公众要树立正确的慈善观念，发扬志愿服务精神。

关键词： 慈善组织　互联网　组织转型

---

* 孙永勇，华中师范大学公共管理学院副教授。

一　慈善组织转型的相关背景

（一）经济体制变革要求救助体系转变

慈善具有再分配的功能，它是社会的减震器与稳定器，对于维持社会稳定、解决社会难题、实现社会公平和推动社会的可持续发展而言是必不可少的。我国的慈善思想及活动历史悠久、源远流长，但慈善事业的发展并非一帆风顺，其间经历了各种艰辛曲折。新中国成立之后，我国学习苏联实行政府包办一切的计划经济体制。相应的，慈善事业也是实行“国家—单位社会管理体制”，国家负责、单位包办、全面保障成为其特点。其间，政府对旧社会留下来的慈善机构进行接管改造，成立了诸多群众互助组织，并新建了一批机构设施，慈善事业有了一定发展。但到了“文革”期间，“慈善”被视为资产阶级的产物，慈善事业则被视为洪水猛兽而备受打击，多年的慈善事业毁于一旦。

改革开放后，邓小平提出要转变经济发展方式，发展市场经济；允许一部分人先富起来，通过先富帮带后富，逐步实现共同富裕，社会主义市场经济在我国建立并逐步发展起来。20 世纪 80 年代之后，伴随着我国政治体制、经济体制以及社会体制的改革，社会处于高速发展状态。经济的高速增长使得社会结构发生了巨大的变化，与此同时也带来了诸多的社会问题，例如个人生存风险增加、家庭保障功能日趋弱化、社会贫富差距增大等。这使得以往由政府或企业承担的许多社会事务不得不由各种社会团体共同承担。政府的社会治理理念由此改变，从“大政府、小社会”开始向“小政府、大社会”逐渐转变。

受此影响，我国社会保障制度也开始进行改革以改变过去由政府与企业包办各种福利救济的传统。20 世纪 80 年代初至 20 世纪末，随着《基金会管理条例》颁布及相关政策的放宽，国家开始允许企业和个人设立非公募基金会，民间意义上的慈善组织开始增多。各种以帮助他人为目的的非营利民间慈善组织纷纷成立。它通过募捐，把一定的资金或财物集中起来，分配给有

需要的人①。2004 年，中共十六届四中全会提出："要健全社会保险、社会救助、社会福利和慈善事业相衔接的社会保障体系"；2015 年 3 月，十届全国人大三次代会议审议的政府工作报告也提出："支持发展慈善事业"；2007 年 10 月，胡锦涛总书记明确指出："要以社会保险，社会救助，社会福利为基础，以基本养老，基本医疗，最低生活保障为重点，以慈善事业，商业保险为补充，加快完善社会保障体系"。党和国家越来越重视慈善事业的发展，主张建立以保险为基础，慈善为补充的新型社会保障、社会救助体系；强调必须在政府之外尽快建立和发展慈善公益组织来帮助解决相关社会问题。这为公益慈善事业的发展创造了有利条件，使其发展环境得到了极大的改善。

（二）民营经济的兴起，奠定经济基础

改革开放以来，民营经济作为社会主义经济的有益补充和社会主义初级阶段的基本经济制度，逐步发展为社会主义市场经济的重要组成部分。民营经济随着开放的扩大和改革的深入，不断受到鼓励、支持和引导，从小到大、从弱到强不断壮大。截至 2017 年底，我国民营企业数量超过 2700 万家，个体工商户超过 6500 万户，注册资本超过 165 万亿元。2018 年，在世界 500 强企业中，我国民营企业有 28 家。民营经济产业结构、地区结构、城乡结构、企业组织结构及国际化程度逐步完善。民营经济贡献了 50% 以上的税收、60% 以上的国内生产总值、70% 以上的技术创新成果、80% 以上的劳动就业、90% 以上的企业数量。民营经济已经成为推动我国发展不可或缺的力量，成为创业就业的主要领域、技术创新的重要主体、国家税收的重要来源，为我国社会主义市场经济发展、政府职能转变、农村富余劳动力转移、国际市场开拓等发挥了重要作用。民营经济的发展壮大，极大地促进了我国生产力的发展、综合国力的提高和人民生活的改善，我国社会主义建设事业取得了重大进展。

随着民营经济的发展及民间资本实力的增强，民营企业逐步参与到社会管理中来，切实履行社会责任，民营企业逐渐成为企业捐赠的主体。许多民营企业及企业家投身到慈善事业中。如 2003 年的"非典"、2008 年的"汶川地震"、2010 年的"玉树地震"捐赠中，频现民营企业的身影。根据中华慈善总

① 黄力：《"互联网 +"背景下公益性社会组织发展研究》，南京大学硕士学位论文，2016。

会的慈善报告披露，自2008年之后，民营企业捐赠数量超越国企，成为慈善捐赠最大的资金来源。截止到2017年，中国慈善捐赠的主要来源依然是企业和个人，二者捐赠合计1312.51亿元，占捐赠总额的87.51%①。其中，来自企业的捐赠共计963.34亿元，占64.23%；来自个人的捐赠共计349.17亿元，占23.28%。企业捐赠中，民营企业仍然是慈善捐赠的中坚力量，全年捐赠达482.83亿元，占企业捐赠总量的50.12%；国有企业保持第二位，捐赠总额为314.82亿元，占企业捐赠的32.68%；外资企业、港澳台企业的捐赠金额分别为115.7亿元、49.99亿元，占企业捐赠的比重分别为12%、5.2%。总之，改革开放促进了民营经济的发展和民间资本的壮大，为慈善事业提供了合宜的经济土壤，奠定了良好的经济基础。

除了向公益组织直接捐赠以外，越来越多的民营企业开始设立基金会。2004年6月《基金会管理条例》开始施行，打开了民间资本设立基金会的政策大门。广东香江集团成立了我国第一家非公募基金会——香江社会救助基金会，该基金会的成立使由民营企业发起成立的非公募基金会得到了迅速发展。基金会中心网数据显示，截至2015年4月底，我国企业基金会已有565家，其中民营企业基金会441家，占企业基金会总数的78%，成为企业基金会的绝对主力②。这些民营企业基金会独立性越来越强，商业化运作越来越成熟，以其独特的创新性、前瞻性在项目运作和社会问题解决方面展现出蓬勃生机。从此，“企业——慈善组织联盟”成为最主要的慈善运作模式，其本质是多方基于利益最大化达成的互利共赢的合作关系。与政府资助相比，该模式更具市场化和开放化。截至2015年底，非公募基金会达到3198个，占基金会总数的66.8%；此外，各种网络慈善组织和“草根”慈善组织也在蓬勃发展。

（三）慈善领域依旧存在诸多问题

2016年以前，中国立法中一直没有对慈善和慈善组织进行界定，《公益事

① 《2017年度中国慈善捐助报告》，民政部官网，https：//baike.baidu.com/item/2017年度中国慈善捐助报告/22888956fr = aladdin#2，访问时间：2019年4月2日。

② 《民营企业是我国公益事业的主力》，《光明日报》，2015.12.21，http：//epaper.gmw.cn/gmrb/html/2015 - 12/21/nw.D110000gmrb_ 20151221_ 2 - 16.htm? div = -1，访问时间：2019年4月2日。

业捐赠法》第3条和《信托法》第60条都只对"公益"做了简单界定。从其内容来看，公益所包含的内容和慈善是一致的。2016年3月16日第十二届全国人民代表大会第四次会议通过的《中华人民共和国慈善法》（以下简称《慈善法》）第二章为"慈善组织"，其中第八条明确指出"本法所称慈善组织，是指依法成立、符合本法规定，以面向社会开展慈善活动为宗旨的非营利性组织。其规定慈善组织可以采取基金会、社会团体、社会服务机构等组织形式。"① 自此，"慈善组织"的认定和管理以法律的形式确立下来。

改革开放以来特别是近20年来，我国慈善事业发展较快，社会捐赠额从2006年的不足100亿元发展到目前的1000亿元左右。随着慈善事业的快速发展，慈善领域也出现了一些新情况、新问题。近年来，以"郭美美事件"为典型的 些负面案例，为我国慈善事业蒙上了阴影，也让"慈善"二字在公众心中的形象大打折扣。社会上不少人对慈善事业失去信心，对慈善组织失去信任。从根本上说，"郭美美事件"就是慈善事业无法可依、慈善组织无章可循而导致的信任危机。2016年的《慈善法》对慈善组织、慈善募捐、慈善捐赠、慈善服务、信息公开等都做出亻规定，特别是明确了慈善组织的定义及其设立程序，规范了慈善组织的行为准则和内部治理，强化了慈善组织的信息公开义务，它的制定和实施有利于重塑社会对慈善事业的信心，加强对慈善组织的信任②。这加强了对我国的慈善事业的引导和规范，有利于促进慈善事业的健康发展。

我国首部慈善法施行一年来，慈善组织数量快速增长，慈善组织动员社会捐赠的能力明显提升。截至2017年8月底，各级民政部门共认定和登记慈善组织2109家，其中给予公开募捐资格的513家；2016年慈善组织募捐额达800亿元。随着慈善组织登记认定工作的逐渐展开，慈善组织数量快速增长。截至目前，全国32个省、自治区、直辖市全面启动了慈善组织认定登记、公开募捐资格审批、慈善信托备案、公开募捐方案备案等工作，慈善信托备案37件，信托合同规模约8.4亿元；民政部共认定和登记慈善组织110家，其中

① 《中华人民共和国慈善法》，中华人民共和国主席令，第四十三号。

② 叶托：《〈慈善法〉为我国慈善事业保驾护航》，《中国社会科学报》2019年5月22日，第5版。

给予公开募捐资格的有61家。根据《慈善法》的要求，民政部通过公开遴选指定了首批互联网公开募捐信息平台，上线运行了“慈善中国”信息平台和全国志愿服务信息系统，基本完成了社会力量参与救灾信息平台建设工作。同时，探索建立困难群众基本信息数据库或社会救助管理综合信息平台，推进救助部门与慈善组织之间信息互联互通，强化救助资源统筹使用，避免救助遗漏或重复救助。因此，《慈善法》中的条例不但可以有效约束慈善行动主体的行为，而且使得虚拟的网络慈善存在现实的法律支撑，可以平衡虚拟的网络世界与人们现实的慈善行为，帮助人们进行慈善行为，减少慈善质疑，有利于互联网慈善的发展①。

另外，随着互联网慈善在我国的不断发展，慈善资金的安全问题及慈善信息的信任事件频发。一方面，互联网慈善的资金管理仍存在风险，导致善款无法顺利送到真正有需要的人手中；另一方面，许多募捐形式仍然是“个人信息+账户链接”，缺乏第三方监管等。慈善组织的运行机制、信息公开程度以及信息反馈不完善是造成互联网公益失序的重要原因。缺乏精准的跟踪和监管，就极易造成公众的信任危机。

虽然目前中国在互联网慈善方面已经出台了相关规定。比如去年7月，民政部公布《慈善组织互联网公开募捐信息平台基本技术规范》《慈善组织互联网公开募捐信息平台基本管理规范》等两项推荐性行业标准，对募捐的主体、信息、安全管理及评价退出机制等都做出了明确规定，并于去年8月1日开始实行。但“互联网+公益”是一个新鲜事物，发展速度非常快，有很多出现的新情况目前还并没有受到相关法律的约束。互联网慈善发展离成熟有序还需要相当长的一段时间②。

（四）互联网兴起，提供新的机遇

随着信息化技术的发展及其应用，我国互联网普及率不断攀升，网民的规模也在日益扩大。据统计，截至2018年12月，全国网民数量高达8.29亿，

① 《2017社会服务发展统计公告》，民政部网站，http：//www.mca. gov.cn/article/sj/tjgb/2017/201708021607.pdf，访问时间：2019年4月2日。

② 贾识渝：《“互联网+慈善”面临的困境及对策的研究》，华中师范大学硕士学位论文，2017。

手机网民规模达到 8.17 亿人①。越来越多的人通过互联网展开学习、工作和日常生活。网络技术的应用及其普及，使社会生活中的信息资源得到了极大整合。网络作为人们认识、了解并且感知信息的最关键的媒介，已经渗透到了人们的日常生活之中。人们在生活和沟通交流中都需要网络，网络的特点和优势在人们的衣、食、住、行领域都有所体现。随着信息技术的快速发展，互联网已经成为整个社会生活、生产不可分割的一部分，它深刻改变了人们的生活工作状态，同时也进一步改变了中国社会的组织方式。各行各业都开始尝试与互联网相结合以获得更好的发展。

2016 年《国务院关于积极推进“互联网 +”行动的指导意见》更是进一步强调了将互联网的创新成果与经济社会各领域深度融合，实现技术之进步、效率之提高和组织之变革，提升我国实体经济的创新力与生产力，形成以互联网为基础设施和创新要素的社会经济发展新形态。信息化时代互联网的发展与应用，已经渗透到政治、经济、社会和文化等各个领域。截至 2018 年 12 月，我国在线政务服务用户规模达 3.94 亿，占整体网民的 47.5%。据第 43 次《中国互联网络发展状况统计报告》指出，2018 年，我国“互联网 + 政务服务”深化发展，各级政府依托网上政务服务平台，推动线上线下集成融合，实时汇入网上申报、排队预约、审批审查结果等信息，加强建设全国统一、多级互联的数据共享交换平台，通过“数据多跑路”，实现“群众少跑腿”，推动了政府向服务型政府的转型进程。同时，在经济领域，依托于互联网及移动 App 的开发，电子商务持续发展②。

互联网的发展，提供了资源获取和资源整合的新渠道。网络技术的发展，使得人们把原来不可能做到或短时间内不可能做到的救助轻松进行。人们没有身份、年龄、时间、空间的任何限制，只要有救助需要且情况真实，就可能得到帮助；网络的传播速度快，能够促进救助活动的不断开展，使得更多需要救

① 第 43 次《中国互联网发展状况统计报告》，中国互联网络信息中心网站（CNNIC），http：//www.cnnic.net.cn/hlwfzyj/hlwxzbg/hlwtjbg/201902/P020190318523029756345.pdf，访问时间：2019 年 04 月 02 日。

② 第 39 次《中国互联网发展状况统计报告》，中国互联网络信息中心网站（CNNIC），http：//www.cnnic.net.cn/hlwfzyj/hlwxzbg/hlwtjbg/201902/P020190318523029756345.pdf，访问时间：2019 年 4 月 2 日。

助的群体同时受益。以微信朋友圈为例，人们只需要几分钟的时间，就能在朋友圈中发布求助状态，朋友圈中得知状态的都是熟人，在判断救助的真实性之后，救助行为得以扩散，这大大缩短了受助者的求助时间，有效地扩大了求助信息的辐射范围，让救助达到了事半功倍的状态。网络不仅可以让救助信息迅速被有关部门和公众知悉，打开求助渠道，还能实时提供受助者救助状态，持续跟进受助者救助情况，在人们的沟通交流中搭建了关键的网络慈善平台。不断提升的网络平台，为慈善提供了条件——网络慈善平台通过媒介化的数据进行支撑，实时地为需要救助的人们提供救助服务。①

另外，网络能够凝聚帮扶行为主体，把原来只有少数企业、组织进行参与的慈善行为，发展成全民参与行为，把原来只有少数情况才能进入救助范围的，现在只要符合救助原则，或只要捐款方愿意，再小的救助项目都可以得到支持。网络成为我国慈善走入现代化的平台，使我国慈善真正被当作了社会事业来做②。

网络还能够满足人们小额慈善的需求。传统的慈善形式往往出于人们面子攀比，人们不能进行或者不想进行小额捐款。但是，小额慈善活动非常关键，也得到越来越多人的认可。人们喜闻乐见的形式有很多种，比如最常见的有“一元捐”，每个人只需要拿出一元钱，这样可以减少捐款的压力，减少人们之间的比较。不攀比、不违背个人意愿地进行救助活动，尊重公民捐款和不捐的自由，提升人们的认可程度和传播效能，人们的小额慈善行为，更为符合人们的需要，推动了促进时代发展的慈善行为。

当今网络平台的进步和发展，使慈善的宣传力度、资源、资金和能力都有所提升。任何的传统慈善形式都需要花费成本和资源来进行宣传，广告、海报宣传需要非常多的经费支撑，但宣传效果往往不尽如人意，不能让人们轻易接受。而网络在宣传成本和力度上的优势为慈善提供了低廉甚至免费的宣传，传播对象为所有网民，受众广泛。网络平台提供以往救助行为的情况，让人们看到救助全过程，实现救助流程透明化。人们不再需要花费过多成本进行宣传，成本减少的同时网络的宣传更为有效，使得救助人员放心。这种最直接的形式

---

① 刘威：《国家在场的慈善事业：经验局限与转型进路》，《学术论坛》2015年第10期，第90~96页。

② 童婷：《网络公益慈善发展研究》，南京大学硕士学位论文，2018。

促进慈善帮扶不断发展，从而实现互联网自身的发展与社会进步。类似湖北省慈善总会这样的管理类慈善组织还和第三方公司合作，设计自己的慈善项目App，以更好地完成慈善项目，联系公众。公益事业与网络的联姻，从某种意义上讲，是因为互联网的底层价值观与公益机构不谋而合。互联网一方面作为传播媒介、动员渠道、筹资和捐款的中介，为公益传播与推广提供了便利条件；另一方面，它也使得社会公众与公益慈善机构在重复博弈的过程中建立信任，形成良性互动，在当前慈善制度体系没有发生体制性变革的背景下推动我国公益慈善事业形成新的生长点。

二　互联网为传统慈善组织转型提供机遇

互联网作为新的社会生产方式的载体，它使慈善变得更容易，让慈善组织有了更为广阔的发展平台、更多样的筹资机制，催生了更加灵活的组织结构、更加高效透明的运作方式、更具影响力的传播效果，这都为传统的慈善组织转型提供了更多机遇。

（一）互联网提供了更加广阔的发展平台

新兴的互联网公益平台结合传统的公益目标，利用互联网交互的特性，将各种公益需求、公益服务资源整合在网络共享平台中，使得慈善组织筹集的成果能够有效地转换以及分配到有需求的个体上。

案例一：HB 慈善总会

HB 慈善总会是热心慈善事业的公民、企业及其他组织自愿组成的全省性、专业性、非营利性的社会团体。慈善总会致力于发扬人道主义精神，弘扬中华民族尊老爱幼、扶贫济困的传统美德，筹募慈善款物，开展安老、扶幼、助学、济困等公益援助，促进社会的公平和进步。

0325 - HB：HB 省慈善总会成立于 1995 年，大约是从 2013 年开始注册使用微信公众号，也算是 WH 市比较早的开始接触互联网。但是当时只是利用微信发送一些推文，做一些宣传，更多只是把它作为一个宣传推广的平台。慢慢地这个平台开始做一些信息上的公开，比如捐赠查询，我们可以做到实时同步，你捐了多少钱，什么时间捐的，通过什么渠道，我们使用到了哪个项目，在手机上一目了然都可以看到。

0325－HB：我们现在主要有一个慈善医疗众筹的项目，利用这个项目平台，患者可以在上面发送求助信息，然后筹集钱，我们会对其进行一些配捐。主要的流程顺序是，患者要符合救助的条件，然后提供相关证明，比如身份的真实性、病情的真实性等相关证明，经过审核之后，会把钱打到患者所在的医院。这也是我们的创新点所在，我们不是把筹集到的钱直接打给患者，而是和医院建立系统平台，直接将钱打到医院的账号上。当然，这个钱最初打过去的时候不是真正的金钱，而是虚拟数字交易。等到患者出院的时候，再出结算清单。我们会每季度统一结算，把钱打到医院，这样做主要是为了方便，因为如果每笔交易都直接立刻打过去的话，太烦琐，成本太高。我们的一个基本思路就是精准、有效、创新。

0325－HB：我们还在做一些小的项目，比如“慈善阳光班”，我们在全国的高中学校找到需要帮助的一些贫困学生。搜集核实信息后，会在征得他们同意的情况下，遵守保密原则，在一个特定的平台上，发布他们的信息。有帮扶意愿的慈善方看到他们的信息后就可以选择一对一帮扶对象。我们现在就在考虑转型，怎么利用互联网，把这种项目做得更好、做出新意。

慈善组织以互联网与公益慈善相结合的方式，实现了公益实践的创新。从“互联网＋”行动开始推行，越来越多的行业开始利用科学技术以及互联网平台，让互联网与传统行业进行深度融合，创造出新的发展生态。这代表一种新的社会形态，即充分发挥互联网在社会资源配置中的优化和集成作用，将互联网的创新成果深度融合于经济、社会各域之中，提升全社会的创新力和生产力，形成更广泛的以互联网为基础设施和实现工具的经济发展新形态。互联网作为新的社会生产方式的载体，为慈善组织提供了广阔的发展平台。慈善组织将具有革新性的互联网思维和卓越的互联网模式注入传统的公益慈善组织中，形成具有创新性的公益实践。

（二）互联网提供了更加多样的筹资机制

随着互联网的发展，越来越多传统的慈善组织开始进行转型探索，它们借助互联网的力量来促进组织的发展，特别是在资金募集上。

1. “微公益”众多微小力量汇集

在互联网的影响还未深入我们日常生活中时，我们往往通过传统的电视新闻媒体或者报纸杂志来获取关于公益慈善的信息，这也让大多数人形成了公益慈善多与大型慈善组织、大企业家或者影视明星联系在一起的认知。例如电视媒体上关于明星或企业家捐赠大额慈善款物的报道，以及各种慈善晚宴、慈善拍卖的消息等，这使得大部分人认为慈善似乎距离我们普通民众很遥远，不是我们需要关心以及能够做到的事情。但是公益慈善的本质是人人都能献出一份爱心来共筑美好世界，它并不希望把普通民众排除在外，而是希望人人参与，人人都能根据自己的实际情况献出爱心，积极践行“人人可慈善，慈善为人人”的理念。“互联网＋公益”带来的可及性和影响力使得每个微小力量汇聚在一起，通过“众筹”来帮助那些需要帮助的人。因此，“微公益”所传播的人人参与的理念让大众的慈善变为可能。

水滴筹是大家较为熟悉的一种社交筹款平台，它是目前国内免费大病筹款平台，也是国内网络大病筹款零手续费的开创者。截至 2018 年 12 月底，水滴筹成功为 100 多万名经济困难的大病患者提供免费的筹款服务，累计筹款金额超过 120 亿元，捐款人次超过 4 亿①。水滴筹在发展早期是水滴互助和中国社会福利基金会共同运营的大病筹款项目，让大病患者自主发起爱心筹款，快速获得救助。它的筹款流程包括上传一系列身份材料和医疗材料供平台审核，通过审核之后将筹款链接分享给亲友开始筹款，它需要持续发动亲友、同学、同事等人来帮忙扩散，基金会将主动联系本人了解治疗方案和经济情况，通过进一步审核后，将捐款拨付医院。这种由本人发起，借助互联网平台的力量，通过互联网的传播和扩散发动众多亲朋好友以及并不熟识的网络爱心人士，更加简单便捷地筹集了善款。

---

①《水滴公益邀你见证指尖背后的公益世界》，水滴互助官网，https：//www. shuidihuzhu. com/aboutUs/media/190？pageFlag = prev，访问时间：2019 年 4 月 2 日。

互联网与公益慈善相结合可以发动多元的主体参与公益慈善，从而获得更加多元的资金来源。腾讯公益慈善基金会推出的“99公益日”活动为多元主体参与公益慈善提供了一个契机。“99公益日”是腾讯公益慈善基金会联合数百家慈善组织、知名企业、明星名人、爱心媒体，由中央网信办网络社会工作局、民政部社会组织管理局指导，响应国家9月5日中华慈善日的号召，共同发起的一年一度的全民公益活动，是国内最大的全民互联网公益日。2017年有300多家企业加入“99公益日”爱心阵营，捐赠近3亿配捐，发起上万个企业一起捐，撬动305万爱心网友，成为场景化公益的重要平台[①]。腾讯公益慈善基金会以节日的概念，利用互联网的号召力，采取线上线下相结合的方式，吸引多元主体参与到公益慈善活动中来。例如通过打入一些日常生活的社区、商圈、高校等线下场景，引导普通大众参与公益慈善。同时参与的不仅有一些传统的慈善组织，还有加入公益慈善活动的与腾讯公益慈善基金会合作的企业，在这些企业中除了包含企业本身的捐赠外还有企业员工的捐赠。这使得公益慈善获得资金的形式变得灵活丰富，获得资金的来源变得更加多元。

> 0325－HB：在以前的时候，我们这边的资金来源多是由政府、企业捐赠，大约90%是这两个来源。2015年之后，我们领导班子换届之后，也开始大力推行网上募捐。最近的资金情况显示，我们来自网上公众募捐占到了30%，网上募捐的出现，快捷方便的属性让更多人能够参与进来，激发大家的善心，从而我们收到的捐款额度呈现上升趋势，占据了不小的份额。这也是一个进步、变化吧。

2. 募资新模式：联合劝募

联合劝募筹款模式起源于英国，在西方国家的公益慈善事业发展中发挥重要作用。由于各个国家的实际情况的不同，我国的联合劝募实践与西方国家有一定差别。联合劝募是指通过一个专门负责募集款项的机构，有效地集结社会资源，通过专业的、高度问责的方式将资源按需分配给合格的公益组织，并且

① 《2018年99公益日规则正式发布》，中国发展简报网，http：//www.chinadevelopmentbrief.org.cn/news－21627.html，访问时间：2019年4月11日。

代替捐赠人监督善款使用情况的筹款模式。互联网的出现和普及，使得互联网公益平台快速发展，大大促进了联合劝募模式的发展。在我国，联合劝募是指公募机构通过共享公募权与非公募机构合作，共同进行筹款的模式。非公募的公益机构提出公益项目并寻找公募机构合作。当公募基金会认同非公募机构提出的项目时，公募基金会向非公募机构开放公募权，与非公募机构合作进行筹款。完成筹款后，再由非公募的公益机构负责后续的项目执行①。

2011 年中华少年儿童慈善救助基金会（以下简称儿慈会）推出了“童缘”资助项目，主要通过基金会募集的资金来资助民间公益组织的慈善项目。随着项目的开展，一些问题也逐渐开始显现。一方面，民间公益组织的筹资主动性较差，往往都选择寻求基金会的资助。另一方面，基金会资助的项目类型、时间和地域跨度非常大，对于项目审批、管理和评估都是巨大的挑战。为此，儿慈会于 2013 年启动了“童缘联合劝募计划”，在支持民间公益组织募款和公益传播上开始了一种新的探索，以一种从线上到线下的模式为民间公益组织提供联合募款支持与服务。

“童缘联合劝募计划”通过线上线下的配合，以达到募集善款、宣传公益理念，让更多的人参与公益的目的。线上的服务，主要包括新闻媒体、官方网站的宣传以及网络平台的筹款合作。很多网络筹款平台，比如腾讯公益慈善基金会，只开放给了有公募资质的基金会，一些民间公益组织很难使用到。通过联合劝募，儿慈会给民间公益项目做认证，从而使这些民间公益组织也可以享用到这些筹款平台。线下的支持，主要包括公益资源的对接和募款活动的支持。儿慈会搭建联合劝募平台，帮助公益组织连接政府、企业和社区的资源。此外，儿慈会还对民间公益组织的筹款活动提供支持，民间公益组织可以申请承办儿慈会的筹款活动来进行公开募款，也可以自行举办活动，而儿慈会作为支持单位会帮助民间公益组织开展筹款活动。

这种联合劝募的方式使得民间公益组织在筹资方面取得良好成效，部分解决了资金瓶颈的问题。前几个加入“童缘联合劝募计划”的民间公益组织平均每个月能募集到几万元不等的项目资金，而且公众的捐款也相对稳定。相比向企业或基金会申请资助资金，通过联合劝募，民间公益组织能把资金筹集的

① 陈一丹：《中国互联网公益》，中国人民大学出版社，2019。

主动权掌握在自己手中。[①]

3. 捐赠新玩法：配捐

配捐出现于腾讯“99公益日”活动中，是“99公益日”中一种公益捐赠新形式。配捐，就是C对A或B承诺，如果A捐赠或者B接受捐赠，就按照捐款额X元的一定比例捐款Y元。例如公司鼓励员工捐款，会承诺员工捐款1元，公司也一起为员工捐款的慈善组织捐款1元，这个可以简称公司对于员工捐赠1∶1配捐；还有的是基金会鼓励慈善组织多元化募款，所以承诺慈善组织总预算为10万元的项目，慈善组织自筹款2万元，基金会则捐赠剩下的项目预算缺口的8万元。

在2015年首届“99公益日”上，仅三天就吸引了205万爱心网友捐款1.279亿元，创下互联网公益的温暖募捐纪录[②]。这其中，腾讯公益慈善基金会9999万配捐额的撬动作用功不可没。腾讯公益慈善基金会表示，配捐的全面加码，旨在撬动更多爱心力量加入，推进公益项目更广泛地连接公众。同时，目前配捐机制也更加灵活，通过引入“随机配”的新玩法，在撬动更多参与人群的同时，也有望让公益变得更加时尚和有趣，吸引更多人夹带着快乐参与到公益中来。

根据腾讯公益慈善基金会统计，2016年，有包括东方园林、链家、滴滴出行、分众传媒、完美公司等近百家爱心企业贡献捐赠近2亿元，为爱佑未来慈善基金会、中国社会福利基金会、中国妇女发展基金会、上海真爱梦想公益基金会、中国扶贫基金会、中国儿童少年基金会、阿拉善SEE基金会、中华少年儿童慈善救助基金会等十余家公益组织发起的数千个公益项目进行1∶1配捐[③]。这意味着慈善组织借助互联网的力量，与互联网公益平台合作，为公益项目筹集了更多的资金。2017年“99公益日”，筹款排名前10的公募组织共发起和认领项目3470个，项目数量占53.7%，所获配捐占69.6%。在3470个项目中，公募组

---

① 《新媒体时代联合劝募的服务之道》，新浪网，http：//gongyi.sina.com.cn/gyzx/2014-05-06/183449014.html，访问时间：2019年4月8日。

② 《总配捐额近4亿，今年99公益日要打造生态公益》，腾讯网，https：//new.qq.com/rain/a/20160905051583，访问时间：2019年4月11日。

③ 《99公益日3天善款破6亿677万人次网民共创新纪录》，腾讯网，https：//new.qq.com/rain/a/20160910003827，访问时间：2019年4月11日。

织自主发起的仅361个，这意味着89.5%获得配捐的项目来自公募联合劝募的民间公益组织①。在“99公益日”期间努力连接公众的公益慈善类组织除获得项目款配捐外，还将可能获配腾讯公益慈善基金会的非限定性捐赠，支持组织可持续发展，同时项目将获得用于日常筹资的流量支持，助力慈善组织在除“99公益日”外的时间也能进行更好的公众倡导和筹资。

（三）互联网催生了更加灵活的组织结构

腾讯，1998年11月诞生于中国深圳，是一家以互联网为基础的科技与文化公司。其使命是“通过互联网服务提升人类生活品质”，愿景是成为“最受尊敬的互联网企业”。2007年，腾讯发起成立腾讯公益慈善基金会，并持续捐赠投入，是腾讯公益慈善基金会的主要捐赠方。腾讯公益慈善基金会组织结构见图1。

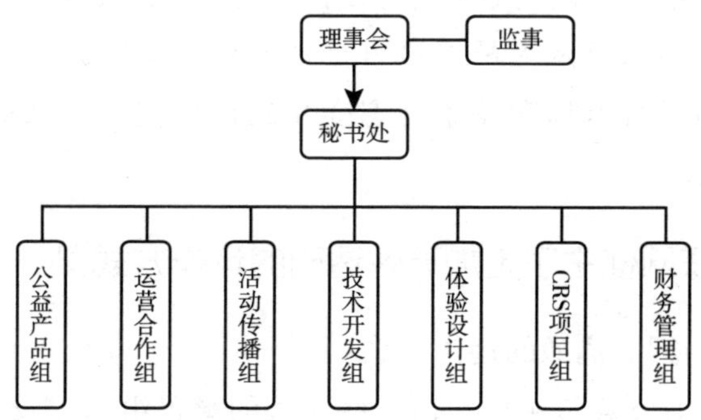

图1　腾讯公益慈善基金会组织结构

互联网下的组织结构跟传统的组织结构相比具有扁平化、去中心化的特点。传统的组织结构多是金字塔式的分层管理模式，在此基础上，职能式组织结构、事业部式组织结构、矩阵式组织结构都是沿用至今的经典组织结构。这些组织结构在互联网时代遭遇了挑战，由于外界环境变化快，现场管理和临机决断的事宜增多，这就要求组织缩短决策半径，采取扁平化的组织结构。

在这样的背景下，多数新兴互联网公司采用了扁平化的组织结构。以数百

① 《2018年99公益日规则正式发布》，中国发展简报网，http：//www.chinadevelopmentbrief. org. cn/news－21627. html，访问时间：2019年4月11日。

号员工的互联网公司为例，其组织结构一般只有两层，通常以CEO为首的核心管理团队，分管下面几十个工作小组，每个工作小组是一个基础的作战单元。工作小组平时独立作战，当有重大任务时，会根据需要重组某几个工作小组为一个全新的大项目工作组，任务结束后再解散回归原编制。

慈善组织在互联网背景下所需要的组织结构与互联网公司相类似。腾讯公益慈善基金会的组织形式相较于传统的慈善组织，具有扁平化的特点。腾讯公益慈善基金会设理事会为决策机构，由数名理事组成，理事会中设立理事长、副理事长和秘书长；理事会下设秘书处，秘书处管理着几个不同职能的工作组。这种扁平化的组织结构，通过减少管理层次、裁减冗余人员来建立一种紧凑扁平的结构，使组织变得灵活、敏捷，提高组织效率和效能。扁平化的组织富有创造性和灵活性，致使士气和生产效率提高，员工工作积极性增强。同时这种组织结构有助于增强组织的反应能力和协调能力。所有职能部门及人员能更直接地面对市场，减少了决策与行动之间的时滞，增强了对市场和竞争动态变化的反应能力，从而使组织能力变得更柔性、更灵敏①。

（四）互联网催生了更加高效透明的运作方式

1.“移动公益”，高效的运作方式

传统的“线下公益”主要是由一些大型的慈善组织以及基金会发起，人们在特定的场所或组织内进行捐赠活动。这种捐赠活动的捐赠方式较为单一，并且无法在短时间内大规模多次组织，组织捐赠活动较为复杂，捐赠活动的成本也比较高。这些特点在一定程度上阻碍了慈善捐赠活动的持续开展。随着互联网及其移动设备的普及，“移动公益”意味着人们想进行捐赠活动再也不需要到指定场所，即使身处不同地方也能通过指尖敲击完成。而所有接收到的捐赠消息通常会在网络上滚动播出，实时更新。因此，“移动公益”这种形式正在引领大众的慈善潮流，不仅减少了很多捐赠成本，也使得线上捐赠的个体感

① 张晓全、曹光明：《扁平化——西方企业组织结构的演变趋势》，《管理现代化》1994年第3期，第58页、第64页。

受帮助别人的快乐①。

案例二：阿里公益

阿里作为国内互联网企业三巨头之一，阿里巴巴集团经营多项业务，另外也从关联公司的业务和服务中取得经营商业生态系统上的支援，其中包括：淘宝、阿里云、蚂蚁金服、菜鸟网络等，它们深入我们日常生活当中，并逐渐改变了我们的生活方式。目前，阿里巴巴的公益实践主要由平台（大淘宝）、资助（阿里巴巴公益基金）、技术（互联网技术、大数据云计算技术）三个基础构成，具体落实在淘宝公益和蚂蚁金服公益两个互联网公益平台上。

阿里巴巴的大部分公益项目是基于类似“商店”与“商品”的概念，在平台信用“交易”的环境下去实现。国内公益组织在平台上开设“商店”，以出售“商品”的形式募集善款，平台为筹款项目和筹款机构提供公共信用担保。阿里系统拥有庞大而具有持续性的流量，这使得公益组织的筹款获得较高的效率和理想的效果。阿里系统内平台的商家和消费者的公益意识，也在阿里平台的影响下不断增强，成为“互联网＋公益”领域中非常活跃的一个群体，同时阿里的平台具有开放性和社会性的特征，在实践发展过程中阿里逐渐形成了一套独特而具有持久影响力的公益体系。以阿里的淘宝平台为例，只要卖家在商品页面设置开通“公益宝贝”，那么消费者在淘宝上每买一件公益宝贝的商品，淘宝就会相应捐出一定比例资金。此外，“公益宝贝”在后期款项申报方面有着相当严格的管理，申请募捐的公益组织必须明确善款的使用用途，提交申报材料，给予使用证明，保证善款的专款专用。这种运作方式既有参与度又有监管力度，给资助者和被资助者都带来了极大的便利。

支付宝推出的“蚂蚁森林”借助互联网大数据记录用户的低碳环保行为，并将它们变成虚拟能量，当能量值到达一定数值时就可以兑换成种树资格，阿里的公益合作组织就会替用户在一些地区种成一棵专属于用户的真实树木。“蚂蚁森林”这样的公益推广模式颇具娱乐性和趣味性。支付宝用户可以通过互相“偷取”好友能量和自我积蓄能量，自己种树或者与家人朋友合种，在获得成就感的同时完成公益行为。这种始于腾讯 QQ 空间中“偷菜”的玩法，

① 余海滨、张燕宁：《“服务＋公益”微公益理念的实践经验研究——以北京理工大学教育基金会公益自助咖啡平台为例》，《中国社会组织》2017 年第 12 期，第 50～53 页。

在支付宝“蚂蚁森林”里，以公益的形式而焕发出新的生机。仅在2017年，开通“蚂蚁森林”的支付宝用户，已经在广漠无垠的内蒙古阿拉善生态区域种下了547142棵梭梭树。总计10943亩的梭梭林，能够固定109430平方米的荒漠，帮助那里的农牧民改善了整体生态环境①。“蚂蚁森林”与阿拉善SEE基金会、中国绿化基金会等公益慈善组织合作，用互联网的方法来动员公众一起做环保公益，把数亿公众连接在这个环保平台上，为荒漠化防治做出了新的贡献。

从现实意义而言，阿里的公益体系是充分激活了从淘宝到支付宝的全平台用户，完成了从线上贯穿线下、从电商购物到生活支付，形成了一个生态内的“公益闭环”，把商业、公益、生活三者无缝对接，利用技术创新，通过商业模式，整合社会资源，促进公益慈善事业的可持续发展。

2. “信息披露”，透明的运作方式

在互联网时代，网民对慈善组织的信息公开将会越发关注，公众对慈善组织的公开透明要求也会更加严格。如果没有阳光透明的信息公开，一旦流言、谣言肆虐，将对慈善组织造成致命的打击。

慈善组织受益于移动互联网，让慈善变得更加透明。依托平台，慈善组织可以将各类公益慈善项目公开在网上，并且能够实时更新公益慈善项目的实施动态，增加了慈善项目的透明性和开放性。公众在参与网络慈善时，也会形成公益慈善的记录。以互联网的分享功能来说，参与网络慈善的行为可以在网络上进行公开分享，这样可以以更加公开透明的方式记录参与者的公益慈善行为。互联网的普及让网络公益慈善有了存在和发展的可能，让慈善组织变得更加透明化。

案例三：上海真爱梦想基金会

上海真爱梦想公益基金会是专注于发展素养教育的5A级公募基金会，自2007年以来，在全国31个省份3000余个中小学建立了活跃的教育生态网络，帮助超过360万名师生自信、从容、有尊严地成长②。真爱梦想基金会的创始

① 《互联网+公益时代，腾讯模式和阿里模式的差距在哪里?》，搜狐网，https：//www.sohu.com/a/227544253_413086，访问时间：2019年4月11日。

② 上海真爱梦想公益基金官网，http：//www.adream.org/about/whoweare，访问时间：2019年4月11日。

人潘江雪先前是一位金融高管。金融行业一直以来都对信息透明具有很高的要求。上市公司通常都有一套完整的信息披露机制来保护投资人的利益，而这也是现阶段大多数公益慈善组织所欠缺的。受到先前职业经历的影响，潘江雪希望可以把金融行业对于信息披露的思维和模式带到公益慈善组织当中。真爱梦想是中国第一家按照上市公司标准披露年报的慈善基金会，从2009年开始每年公开举办年报发布会，公开详细的财务数据和审计报告，连续四年被《福布斯》评为“中国最透明基金会”。

真爱梦想基金会从成立以来就在结果和过程两方面做了很多努力，致力于以高效透明的运作方式管理基金会。在过程方面，真爱梦想基金通过专业化的管理流程加以保障。从成立初期，真爱梦想基金会就是根据企业管理的模式，设计并建立了全面预算管理体系。基金会从理事会到秘书处再到总监会议，每一个决策都是分层进行的；每一个项目的立项审批，也都有一套完整的流程。通过这样一个完整的流程，基金会可以做到把所有的工作都记录下来，不仅实现了结果透明，更保证了过程的公开透明。在结果方面，真爱梦想基金会借鉴了商业信息披露的模式，一直坚持参照上市公司财报披露的要求，对基金会的各项工作进行结构化的披露。基金会披露内容包含人均效能、财务数据、筹资与行政费用比例、高管薪酬、营运能力、关联交易等①。

真爱梦想基金会依托互联网，在其基金会官网上专门设置公开透明板块。在公开透明板块中，具体包括年度报告、月报季报、爱心榜、财务信息等。基金会每年发布真爱梦想年报，在线下举办年报发布会，在线上通过官网提供年报下载，做到信息公开共享。同时基金会还在官网上实时更新月报季报和工作简报，使得大众可以时时关注和监督基金会的动态。在爱心榜公开方面上，官网会每月公布捐赠名单和捐赠金额。对于财务信息公开，基金会官网提供每年的审计报告和检查报告进行公示。这种利用互联网的公开方式，一方面实现了信息的快速传递，另一方面也是大众了解监督基金会运作的窗口。

（五）互联网催生了更具影响力的传播效果

传统的公益传播形式主要有电视公益传播、现场公益传播、纸质媒体公益

① 陈一丹：《中国互联网公益》，中国人民大学出版社，2019。

传播等，从现实情况看，传播范围有限，效率也极其低下①。而互联网的发展为公益传播提供了新的机遇。互联网媒体是一种数字化、多媒体的新型传播媒介。互联网的信息传播速度远远快于任何传统的媒体形式，并且展示方式更加多样化和精细化，已经成为目前大众获取即时信息的重要来源。我国互联网用户数量庞大，移动互联网媒体占据了受众大量的碎片化时间，与受众联系紧密，能渗透到传统媒体无法达到的细分领域。

微博作为一种新兴的互联网媒体为用户提供了社交互动所需要的有力平台，用户可以进行实时公开的自我表达。任何用户都可以创作和发布微博，并附加多媒体或长博文内容。微博上的用户之间的关系可能是不对称的，每个用户都可以关注任何其他用户，对任何一条微博都可发表评论并转发。微博简单、不对称和分发式的特点使原创微博能演化为多方参与并实时更新的话题流。而公益传播与微博相结合，能够在较短的时间内汇集个人与社会的力量，进而实现公益传播效果质的提升。

案例四："冰桶挑战"

"冰桶挑战"源于美国公益组织ALS协会（ALS病，即"渐冻症"）为筹集善款，在社交媒体上发起的一项活动。该项活动号召参与者拿起冰水从头泼下来，体验"渐冻"的感觉；参与者还需拍一段影片发到社交媒体上，并在视频中点名邀请3位接下来接受挑战的好友。而被点到好友则需要在24小时内完成挑战，否则要向"渐冻人"慈善组织捐款100美元。"冰桶挑战"开始在西方国家风靡并渐渐蔓延到国内。这项公益活动第一次在国内开始后，新浪微公益就联络到"瓷娃娃"，认为这是一个普及公益理念、倡导公众关注罕见病群体的好机会，邀请"瓷娃娃"参与发起。"瓷娃娃"罕见病关爱中心是一家为各类罕见病人士开展基础支持、能力培养、社会融入、政策倡导等工作的民间公益组织。"瓷娃娃"中心很快做了策划，并在新浪平台上线了"助力罕见病、一起冻起来"的"冰桶挑战"中国项目。之后，他们将募集到的善款成立了"冰桶挑战"专项基金，现挂靠在中国福基会。这是国内首次以社交媒体为平台、线上与线下联动的公

---

① 汪万福：《基于新浪微博的社会公益传播策略研究》，《新闻战线》2015年第16期，第139~140页。

益尝试。

微博是“冰桶挑战”的主要网络传播平台，让公益慈善机构和数十万渐冻症患者获得更多关注，而这种关注也同样得益于微博平台的有效推广。“冰桶挑战”利用了名人效应，选择从明星上寻找引爆点。该项活动并没有直接把捐款搬到网上来，而是充分利用圈层泛化传播，扩大了传播面，提高了影响力①。小米董事长雷军是国内第一个接受“冰桶挑战”的人，随后他点名刘德华，这场公益接力从企业界向娱乐界传递，并最终风靡开来。周杰伦、章子怡、潘石屹、姚明等近200位各界名人完成了“冰桶挑战”。名人参与“冰桶挑战”创造了一种双赢的结果，名人不仅给自身营造了良好的公众形象，也给慈善机构带来了善款和关注，使得渐冻症及患病人群迅速进入公众视野。

具体来说，利用互联网进行公益传播有以下突出优势。一是传播效率高、效果佳。互联网平台运用了新媒体技术，使公益慈善信息能够在极短的时间内实现传递与互动，并通过大家的点赞、评论与转发进行广泛而高效的传播，体现出信息传播速度快、范围广、更新及时、互动性强等传播优势，既精简明确、智能便捷，又功能丰富、形式多样，综合了文字图片、数据表格、视频影像等多种视听手段，能够对公益慈善项目进行全面细致、真实感人的报道，提高了公益慈善项目的可信度。二是传播成本低。对于一些公益慈善组织而言，资金短缺成为最现实的问题。一方面，公益慈善组织因担负不起高额的广告宣传和推广费用，造成很多公益慈善项目处于无法推广的状态；另一方面，即便公益慈善组织的部分项目能够顺利进行，但在项目宣传推广过程中花费了大量的资金，使得公益慈善资助金额的数量大大降低。互联网平台对公益慈善信息的传播不但能实现大范围传播，而且还能实现传播的“零成本”。三是传播渗透力强，受众参与度高。以微博为例，微博作为一种新兴的信息传播方式，用户规模正呈井喷之势，构成一个名副其实的“微时代”。微博社交平台的创建目标是满足人与人之间的信息交流需求，依托这个互动性极强的交流平台及其简便的操作方式，实现了更易于公众关注、关心和践行公益慈善的目

① 侯远：《社交媒体助力公益营销——以新浪微博“冰桶挑战”为例》，《新闻世界》2014年第12期，第122~124页。

的，传播了公益慈善价值和理念。因此，公众不仅仅是被动的信息接收者，也可以成为公益慈善项目的发起者、传播者，个人救助与转发捐助等类型有效引起了公众对公益慈善的关注，提升了公益慈善参与者的参与意识和主体地位，改变了“慈善是富人的舞台”的传统观念。四是传播的名人效应影响力大。互联网平台可以借助社会名人的传播影响力和号召力对公益慈善项目进行传播，通过名人投身公益慈善的传播带动效应，呼吁其粉丝支持公益慈善的发展。

三 互联网背景下传统慈善组织的积极探索

慈善组织的成功转型是实现我国慈善事业健康发展的必然路径，是普及慈善文化，引导大众积极参与慈善，从而构建“全民慈善”的重要推手。慈善组织在我国的发展经历了三次大的转折[①]。学者们普遍认为，“郭美美事件”的爆发使得大众对官办慈善组织管理、透明度产生诸多质疑，从而对官办慈善的信任降低到冰点[②]。2008 年中国重大自然灾害频发，特别是年初南方的冰雪灾害和“5·12”汶川的地震最为严重。大灾激发了中国社会各界空前的慈善捐助热潮。截至 2008 年 12 月初，各界地震捐赠款物达 751.97 亿元，其中，个人捐款达 458 亿元，首次超过企业捐赠。大灾中迸发出的巨大民间力量影响深远，使得 2008 年被称为“中国民间公益元年”[③]。2013 年，《中共中央关于全面深化改革若干重大问题的决定》明确允许慈善组织直接登记注册[④]。2015 年取消双重管理制度，为慈善组织的设立松绑，降低了慈善组织的准入门槛。2016 年 9 月 1 日，我国正式颁布实施《中华人民共和国慈善法》，这是慈善事

---

① 刘威：《国家在场的慈善事业：经验局限与转型进路》，《学术论坛》2015 年第 10 期，第 90～96 页。

② 林卡、吴昊：《官办慈善与民间慈善：中国慈善事业发展的关键问题》，《浙江大学学报》（人文社会科学版）2012 年第 4 期，第 132～142 页。

③ 《2008～2018 中国公益慈善十年十大热点评选》，公益时报网，http：//www. gongyishibao. com/html/gongyizixun/14141. html，访问时间：2019 年 6 月 16 日。

④ 《中共中央关于全面深化改革若干重大问题的决》，http：//cpc. people. com. cn/n/2013/1115/c64094－23559163. html，访问时间：2019 年 6 月 16 日。

业第一部基础性和综合性法律。这一系列突破瓶颈的改革政策全面肯定了慈善组织的社会作用，带来了慈善组织发展的热潮。伴随着互联网时代的来临，网络浪潮风起云涌，改变了慈善事业的组织形态、重塑了慈善事业的组织认同、改造了慈善事业的组织文化。对于中国慈善发展的现状，刘威认为中国慈善的发展具有行政主导的慈善管理模式、运动式的资源动员过程、依附性的政社互动关系、边缘化的草根慈善团体、泛道德化的主流慈善文化的特质，因此将中国慈善发展的独特现状界定为“中国式慈善”①。

这种界定是对当前我国慈善事业发展的精辟概括，慈善组织的转型绝不只是简单的“去行政化”，那种认为摆脱政府的控制，完全由社会承办慈善事业的想法不仅不切实际，也不可行。徐家良、侯志伟认为中国慈善体制改革的核心是从政府型慈善组织转变成社会型慈善组织。这一转变过程表现为社会化、企业化、市场化的三重路径②。刘威认为，推动慈善事业的深度转型，不仅要转变慈善事业的组织架构、治理结构、运行机制，更要重构慈善事业的社会认同和价值基础③。

本文界定传统慈善组织是相较于微公益、互联网公益组织而言的慈善组织，特别是“官办”或“半官半民”性质的慈善组织。从时间维度来说，“传统”体现在对互联网工具的运用从无到有，逐步借助互联网来完成慈善项目的推进。慈善组织的转型是一个系统工程，在行政派生性和社会自主性的矛盾逻辑支配下，慈善组织面临着持续发展和转型升级的重重困境。在当前政府监管放松，但依然采用隐蔽且全面的分类控制手段④。在“互联网 +”浪潮的背景下，慈善组织的转型发展依然面临着诸多困难。接下来，我们将结合具体调研案例详细描述传统慈善组织的积极探索，期望为中国慈善组织的转型发展提供有益的经验借鉴。

---

① 刘威：《超越官与民：慈善事业转型与组织生态重构》，《中州学刊》2015 年第 9 期，第 67 ~ 72 页。

② 徐家良、侯志伟：《中国慈善体制改革的三重路径及其演进逻辑——基于三个案例的比较分析》，《北京行政学院学报》2013 年第 3 期，第 28 ~ 32 页。

③ 刘威：《回归国家责任：公益慈善之资源动员及群众参与的新传统》，《深圳大学学报》（人文社会科学版）2010 年第 5 期，第 86 ~ 92 页。

④ 康晓光、韩恒：《分类控制：当前中国大陆国家与社会关系研究》，《社会学研究》2005 年第 6 期，第 73 ~ 89 页、第 243 ~ 244 页。

（一）积极探索的WH市慈善总会

WH市慈善总会成立于1993年9月，在市委、市政府领导的关怀下，在社会各界的关心支持下，围绕“安老、扶助、助学、济困”的宗旨，以募捐工作为基础，以救助工作为重点，努力打造慈善品牌。近年来，举办公益慈善活动近百次，建立了21个慈善公益基金，募捐款（物）2亿多元，为贫困人群提供了近30万人次慈善救助。实施了“爱满江城，慈善四送”（春节慰问）、“没有院墙的孤儿院”、“暖冬行动”、“慈善阳光班”、“温暖工程”、“夕阳扶老”等救助项目，充分发挥了慈善事业在社会保障体系中的重要补充作用。慈善总会荣获了中华慈善总会授予的“中华慈善先进机构”“中华慈善突出贡献”奖项，还先后获得了“WH市先进社会组织”“WH市创先争优活动先进单位”等荣誉称号。

1. 设立冠名基金，项目化运作

WH市慈善总会在冠名基金建设的道路上前行了12年，为慈善发展的模式创新进行了有益探索。截止到2018年8月份，冠名基金累计募集善款近5700万元，目前在建冠名基金103只，资助了涵盖“安老、扶幼、助学、济困”等多个慈善领域。冠名基金主要有留本冠名基金、单位（个人）冠名基金、小额冠名基金。冠名基金是指捐赠人（或发起人）以支持慈善公益事业为目的，在市慈善总会账户下设立冠名专科项目，在符合本会宗旨的前提下遵照捐赠人（或发起人）的意愿专款专用的资金。基金的命名一般统称为“XX（单位、个人称谓或指定称谓）”，例如板车哥慈善公益基金。建立冠名基金的优势在于：一是可以对特定困难群体提供长期稳定的救助，提升公益形象；二是由市慈善总会实行专款专账管理；三是捐赠方可凭捐赠票据依法享受相关税收优惠政策；四是每一笔资金的使用，充分尊重捐赠者意愿，使用方便灵活；五是实现持续发展，为基金设立者扩大社会影响力，形成品牌效应。冠名基金的设立大多依托于互联网进行，流程快捷方便，运用微信、官网等平台的宣传也吸引了小额人冠名基金的设立。

（1）百万留本冠名基金

基金本金归捐赠方所有，10年内，捐赠方每年向市慈善总会捐赠基金本金的10%，捐款定向资助共同确立的对象。目前现有的留本冠名基金见表1。

表 1　留本冠名基金

基金名称	设立方	基金简介
柏高慈善关爱基金	WH 天诺贸易有限公司	2007 年 11 月设立，主要用于脑瘫患儿康复计划
绿爱公益基金	WH 绿时代创新科技有限公司	2017 年 1 月设立，主要用于资助特困家庭、孤寡老人、残疾人、贫困学生等社会弱势群体和急需救助的疾病患者，是为社会做出突出贡献的人，提供免费的绿色自然健康生活服务和创业平台
农商行慈善关爱基金	WH 市农村商业银行股份有限公司	2012 年 6 月设立，基金由农商行提供资助对象，严格按照冠名基金的管理办法使用，专款专用
楚天医院哮喘慈善关爱基金	WH 楚天医院	2014 年 9 月设立，定向用于资助特困患病家庭及符合规定的其他项目
WH 善缘公益慈善关爱基金	WH 鑫隆置业有限公司	2011 年 10 月设立，主要定向用于重疾、伤残、助学、公益性优秀传统文化推广、环保、“互联网 + 微慈善”项目
储居汇慈善关爱基金	储居汇时尚万家家居有限公司	2015 年 12 月设立，按照慈善总会的宗旨使用
时尚万家 · 浪鲸慈善关爱基金	WH 时尚万家家居有限公司	2008 年 5 月设立，按照慈善总会宗旨使用，主要资助 WH 市贫困学生及开展其他公益活动
衣心衣益慈善关爱基金	吴刚	2017 年 6 月设立，按照总会宗旨使用
存济向阳花护齿基金	WH 市存济口腔医院有限公司	2018 年 4 月设立，基金以“让每个人都有一口好牙”为宗旨，发扬公益精神，为社会上受口腔疾病困扰的人群提供各种形式帮助

续表

基金名称	设立方	基金简介
口腔健康公益基金	HB省咿呀医疗投资管理股份有限公司	2018年4月设立,主要用于贫困口腔患者,全民口腔问题筛查,及其他符合我国法律规定及WH市慈善总会宗旨的其他项目
百步亭慈善关爱基金	百步亭集团有限公司	2006年设立,百步亭确定善款使用对象,包括资助贫困学生、困难家庭,同时开展其他公益活动
视佳医慈善关爱基金会	WH视佳医眼科近视防控中心	2014年1月设立,主要用于帮扶困难青少年学习资助和视力健康
三迪国际帮扶基金	WH三迪国际贸易发展有限公司	2017年6月设立,旨在帮助监狱服刑人员及家庭走出困境
布衣行动慈善关爱基金	WH市布衣行动社会工作服务中心	2017年6月设立,走进社区帮助困难家庭,争取社区支持,加强社会融合,帮助留守儿童、困境儿童做好心理辅导
WH大爱人生慈善关爱基金会	"中国好人"新洲区汪集街魏咀村党支部书记兼村委会主任魏剑英	围绕总会宗旨开展慈善活动
WH钻具慈善关爱基金	QJ市江汉钻具有限公司	2015年5月设立,帮助解决江城居民废旧衣服囤积衣柜的困扰和浪费问题,同时也为甘肃、云南等偏远地区居民一江城弱势群体奉献爱心
健康江南慈善关爱基金	WH江南脑科医院	2016年12月设立,主要用于贫困患者医疗救助、空巢孤寡老人帮扶,以及对自闭患者特殊家庭的关怀

资料来源:根据调研资料制作。

(2)单位(个人)冠名基金

一次性捐款5万元以上的单位(一万元的个人),可以向市慈善总会申请设立冠名慈善基金,基金的捐赠人拥有基金冠名权。每年的善金到账金额不限。

（3）小额冠名基金

小额冠名基金，是一个普通大众都可以便捷参与的慈善平台，它有别于以往推出的企业或者单位冠名的慈善基金，主要面向个人、家庭、自愿组建的小团队。个人、家庭以每月 100 元为起捐点，单位、小团队以每月 1000 元为起捐点，按月或者每年一次性捐赠，即可自己命名设立小额冠名爱心基金。小额冠名基金，有板车哥慈善公益基金、当代嘉汇爱心基金、3506 社区红色慈善关爱基金和爱特爱心基金、WH 好人扶贫帮扶基金、WH 得象慈善关爱基金、中盈智源雨滴慈善关爱基金、HB 省婴童用品协会爱心基金和启萌星慈善关爱基金等众多基金会，活动领域涵盖“安老、扶幼、助学、济困”等方面，为贫困患者提供援助之手，帮扶他们走出家庭困境，营造和谐友爱的社会氛围。

2. 基金设立和善款捐赠的流程清晰快捷

基金会的设立门槛较低，无论是个人、家庭还是企业，只要有爱心，愿意为慈善事业出力，都可以通过签订协议，提交申请表，明确基金的名称、类型、使用方向，便可以顺利地设立基金。对于此，慈善总会也会颁发证书进行表彰。清晰便捷的冠名基金设立程序，省去烦琐的步骤，以免爱心人士望而却步。物质与精神层面的双重表彰也积极对慈善捐赠者给予回应。这些措施的推行，都有助于冠名基金数量的增长，以帮助到更多人士。基金设立的流程见图 2。

对于慈善捐赠，慈善总会也积极借助网络平台，大众既可以登录官方网站，进入指定的基金页面，进行个人捐款或发动一起捐，也可以通过关注微信公众号，进行捐赠。便捷的捐赠手段使得人们足不出户，就可以释放自我的爱心，而图片、视频、音乐等丰富的展示形式，也更能激发出人们的共情心理，为屏幕那端需要帮助的人伸出援助之手。同时，捐赠者也可以获得电子荣誉证书，以给予精神上的奖励。慈善捐赠的方式见图 3。

3. 积极推进信息公开

基金的管理公开透明。第一，市慈善总会网站和微信公众号将为每个冠名基金制作单独基金页面，页面及时公开每笔捐赠，并及时更新款项使用情况，接受社会监督。第二，只要爱心人士捐款时留下手机号码，这笔钱被使用时市慈善总会短信系统会自动发送短信告知捐款去向，每一笔善款都晒在阳光下。

0321－WH：对于每一笔捐赠都有一个记录，对于每一个支出也有一

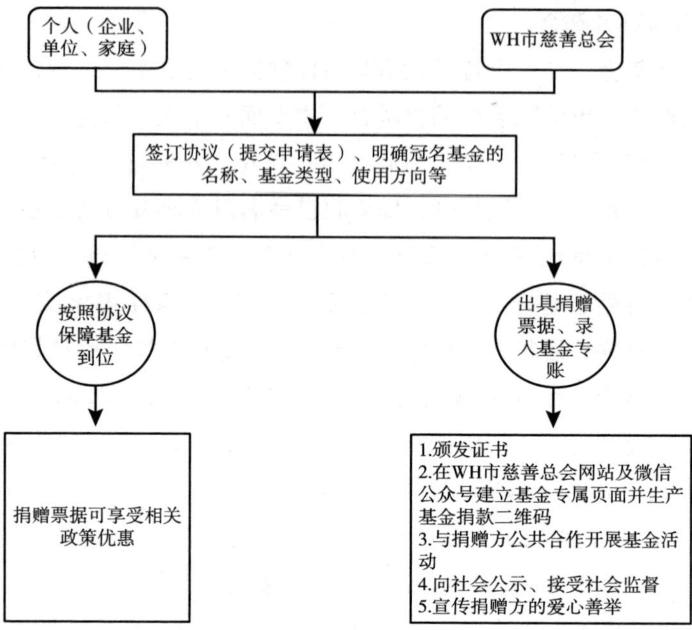

图2 基金设立相关流程

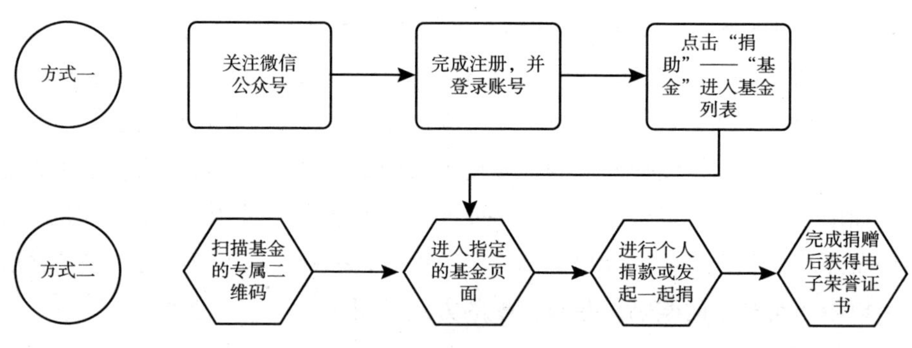

图3 慈善捐赠的方式

个公示，放在网上，细化到每一笔资金。如果通过手机支付捐款，可以实时显示；如果通过转账会有一个滞后，那之后我们会通过人工填写上去，这是捐款方面。在支出这方面，我们叫核销。在使用这笔款物的时候要拿相应的票据和资料核销。我们在程序上会有核销的手续，支出在官网上也有明细。

4. 参与“99 公益日”，玩转新玩法

慈善组织的发展呈现出“项目化”倾向，这里所指的项目化不是指中央政府作为发包方、中间政府作为打包方、基层政府作为承包方的项目制，而是指慈善组织的日常运转，包括资金的筹集、志愿者的参与、受助人的寻找等步骤，都是围绕特定的项目开展的。慈善组织拥有常规的慈善品牌活动，也不断建立、开发新的慈善项目。

0321 – WH：主要情况就是打造项目，运作项目。

0321 – WH：腾讯公益，点进去都是些项目，它有它的规则。这个项目是一块，还有月捐、公益项目等，有各种规则。你只有读懂它的规则，然后按照它的规则进去就可以了。每个平台有每个平台的规则，比如你要怎么去放项目，你这个项目能放多久，筹多少钱。

WH 慈善总会积极借助互联网，探索新的规则。进军“99 公益”，充分利用水滴筹等二十大拥有募捐资格的平台，募集更多的资金，推出更好的项目，满足更多人的需求。最为重要的是，慈善总会运用互联网思维，开拓筹资渠道、宣传渠道，顺应时代发展的潮流，面对慈善组织转型的困境，积极顺势而为。

（二）蔚然成型的 HB 省慈善总会

HB 省慈善总会（简称总会）是热心慈善事业的公民、企业及其他组织自愿组成的全省性、专业性、非营利性的社会团体。慈善会的宗旨为遵守宪法、法律、法规和国家政策，践行社会主义核心价值观，遵守社会道德风尚。积极发扬人道主义精神，弘扬中华民族尊老爱幼、扶贫济困的传统美德，筹募慈善款物，开展安老、扶幼、助学、济困等公益援助，促进社会的公平和进步。业务主管单位是省民政厅，登记管理机关是省民政厅，接受业务主管单位和登记管理机关的业务指导和监督管理。

1. 组织架构介绍

总会的最高权力机构是会员代表大会，理事会是会员代表大会的执行机构，秘书处是总会的日常工作机构。秘书处下设四个部：综合部、宣传募集部、项目部、基金监管部，各部设部长1名，副部长1~2名。秘书处现有工作人员25人。其中，专职行政人员8人，项目专员12人（“慈善医疗众筹”项目专员6人、“幸福家园”村社互助项目专员3人、“一张纸献爱心”项目专员1人、中华慈善总会药品援助项目专员1人、老年公寓项目专员1人），全职志愿者5人。除秘书长外，其余工作人员均由慈善总会聘任，按照规定购买五险一金。专职人员中大专学历3人、本科14人、研究生学历2人，平均年龄为35岁。①

> 0325-HB：民政部是我们的监管部门，但是我们是不入编的，属于社会团体。国家法律是规定慈善部门从管理层到员工都不允许有编制的。

2. 重点项目，效果显著

截止到2018年11月30日，总会收入总计71912.41万元。其中接受捐赠资金收入为22159.91万元，物资收入为43713.76万元，投资收益为895.32万元，其他收入为5143.42万元（含老年公寓土地补偿收入）。2018年总会公益支出53540.49万元，其中拨付救助资金9826.73万元，拨付捐款物资43713.76万元，管理费用支出275万元。

（1）大病救助项目

以低保对象、建档立卡贫困家庭、特困优抚对象家庭中患有复杂先心病、白血病、恶性肿瘤、尿毒症等大病患者为对象，近年来累计救助患者13269人，自主治疗经费12369.91万元。同时，总会承接中华慈善总会医疗援助项目，主要针对慢性粒细胞白血病、肺癌、肝癌等重大疾病患者开展特效药援助项目。截止到2018年12月，总会共承接慈善药品援助品种16个，发放药品价值25.6亿元，援助各类大病患者7万人次。“微笑列车”是中华慈善总会和美国“微笑列车”基金会共同实施的唇腭裂修复手术的慈善项目，1999年经总会争取在全省实施以来，累计为17940名唇腭裂患者免费实施了矫治手术。

（2）助学

慈善“阳光班”项目是2003年HB省总会贯彻落实的科教兴国发展战略，

---

① 本部分的数据资料，如果未做特殊说明，均来自调研资料整理。

为 HB 省“特困、特优”的初中应届毕业生提供继续学习的机会，帮助他们完成高中学业的“希望工程”。截至 2018 年 12 月，总会在劲牌公司支持下，在全国除港、澳、台地区外的 31 个省份和 HB 省内 57 个老、少、边、穷市县区开设了 797 个慈善“阳光班”，共资助 35859 人，目前已毕业 479 个班的 23959 名贫困高中生，全部考上了大学。

（3）安老

“关怀老人”项目设立于 2006 年，由香港英皇集团主席杨受成先生向省慈善总会首批捐赠 500 万元设立“HB 慈善英皇集团关爱孤寡老人基金”，并在省荣军医院建立“HB 慈善香港英皇关爱老人护养中心”，面向 WH 市“1 + 8”城市圈临终孤寡老人开展“关怀老人”服务。项目实施 12 年来，料化护养中心（站）8 个，累计接受捐赠 1700 万元，服务各类社会老人 4274 人，其中临终关怀 993 人。

（4）扶幼

“准孤儿的营养午餐”项目是总会开展的一个经常性救助项目。项目资助对象为农村留守儿童中的困境儿童。项目资助标准为每位“准孤儿”每年提供 3000 元的资助款，作为一年的生活补助费用。

（5）救灾

总会先后为 2008 年的冰雪灾害、汶川大地震、西南旱灾、青海玉树地震灾害、甘肃舟曲特大泥石流、江西水灾、四川芦山地震及 HB 省内部分地区洪满灾害募集救灾款物价值 3.3 亿元，最近的是 2016 年湖北水灾，募集款物共计价值 8645.19 万元。

3. 积极创新，拾级而上

（1）引进新评估，完善内部监督

为给传统项目的继续实施和转型升级提供科学依据，最大限度提高项目的教助成效，总会引入第三方评估力量，探索建立项目的评估机制。传统项目慈善“阳光班”首次引入第三方专业团队，用科学的评估方法，以详细的调研数据和分析模型对项目开展全面评估，为慈善“阳光班”项目后续科学的实施提供了依据。同时，形成完善的内控制度体系。总会根据相关法律法规和工作实际，陆续出台、修改完善了《总会秘书处工作人员考核管理办法》《薪资管理办法》《财务管理办法》《大额定向捐赠跟踪审计制度》等 26 项工作制度，并将这些制度汇编成册，要求全体工作人员及志愿者严格遵守。经过两年时间的不断努力，逐步形成了完善的内控制度体系，规范了总会的人、财、物管理，保障了总会日常工作的正常运转。

（2）掌握新工具，满足新需求

第一，小额冠名基金可以“自主拨付”，捐赠互动增强研发了总会微信公众平台上小额冠名基金的自主拨付功能。小额冠名基金由传统的“月捐”改变成捐赠人对善款的自主管理。第二，定向开发总会信息平台，致力于实现慈善资源全系统整合。总会运用自身的互联网平台，相继推出了“慈善医疗众筹”、“幸福家园”村社互助、“童享阳光”困境儿童结对帮扶、慈善志愿者管理等项目。这些项目将省慈善总会与各市、县慈善会连接起来，将优质的慈善资源和迫切的慈善需求实现对接，让优秀慈善项目、项目执行团队和热心慈善事业的爱心人士在平台得到最佳组合，实现慈善资源的有效配置。第三，打通捐赠、求助两端，实现慈善活动“掌”控总会在推动“互联网+慈善”的过程中，已经走过了简单的公示查询阶段，正在向慈善工作数字化方向迈进。从传统的网页展示，升级为便捷的手机“掌”控。总会的官方网站、微信公众平台，已经逐步变成总会的工作平台和社会各界的参与平台，成为数字化的慈善工作。

（3）搭建新平台，打开新局面

依靠互联网搭建平台，超过34.5万人次参与转发、捐赠。项目具有平台性质，是慈善组织社会动员方式的重大创新，如果能够全省推广，将对全省慈善组织建设、项目培育、人才培养和资金募集产生重大影响。

（4）拓展新渠道，尝试新动员

第一，借力内外平台资源，实现公众社会捐赠广泛动员。截至目前，省慈善总会的互联网微捐各个项目的总笔数已达到64.35万笔，总额度为2743.78万元。仅微信平台渠道的数据，最近四个月的捐赠数据分别是178.94万元、271.46万元、409.27万元、387.64万元，分别对应捐赠6.4万笔、6.1万笔、8.97万笔、9.02万笔。相对于上年实现接近五倍的增长，相对于三年前约100万元的捐赠量来看，增长超过30倍。明年设定的基本目标是捐赠超过100万笔，社会微捐总额度确保突破7000万元，力争达到10000万元。第二，多形式、全方位、立体化传播慈善文化。一是在WH市内5条地铁线路站台、地铁

机车共1.2万块电视屏全年持续播放总会项目宣传片，让慈善活动直达公众生活场景。二是向爱心企业募集影院映前15秒公益广告资源，共获得全省69家影院、514个放映厅的映前视频广告支持。三是联系爱心企业HB龙帆传媒公司捐赠1、3、6、8四条地铁线公益广告位、爱心专列，市场价值近亿元，可以长期投放公益广告。四是深入学校、社区开展“一张纸献爱心”项目，共放置废旧物资捐赠箱3593个，分布在全省342个单位和2268个居民小区，超过150万人次通过项目支持慈善事业。

（三）致力于美好社区建设的美好公益基金

2016年7月，美好集团董事长L先生及夫人W女士个人捐资2000万元，于省民政厅注册成立了“HB美好社区志愿者公益基金会”。为保障美好志愿者公益事业的稳步进行，L先生决定继续捐资1亿元，在民政部设立“美好志愿公益基金会”（以下简称美好基金会）。基金会以美好价值观为导向，以资助老年人为主，旨在促进社会互信，营造亲人社区，关爱老年人生活，改善儿童教育，助推“三农”发展，将社区建设成“长者的天堂、儿童的乐园、奋斗着的港湾”，让更多人生活更美好，生命更精彩。自2015年以来，美好公益重塑企业价值观，提出“服务社会化”的战略目标，毅然承担社会责任，以“让更多人生活更美好”为使命，在营造幸福社区、解决“三农”问题和人口老龄化问题等方面取得了一定成就，用责任与爱心将志愿精神带到了全国。美好公益的诸多行动与制度建设中，在JL社区试点并最终落地生根的“爱心时间银行”最为成功，旨在为失能老人、老龄老人、孤寡老人、志愿者、社区儿童、贫困家庭、残疾家庭等群体营造“我为人人，人人为我”的社区氛围，真正做到了“存进款款服务，取出脉脉温情”，爱心时间银行为爱而生，用心服务。

1. 美好时间银行成立

首义路街以党建为引领，不断创新和优化志愿服务工作模式，积极回应老旧社区民生需求，运用“互联网+志愿服务+为老服务”思维，大胆探索以“首义美好时间银行”为特色品牌的志愿服务新路径，以全新的服务框架、全新的管理模式、全新的运行理念，建立了一套“养老志愿服务时间储备银行”运行机制，以互帮互助方式进行居家养老。美好时间银行采取党建引领、政府主导、慈善支持、保险兜底、群众兜底的运行机制，并且激发红色细胞，吸引更多的老人加入其中，让受益人共同创造美好生活。

0410－JL－X：我应该说是这里的志愿者，也是志愿者发起人。我们是去年成立的筹备组，在美好公益基金会指导和培训下成立这个服务站。所以我是美好公益基金组织下美好志愿服务站的志愿者。而且我们这个服务站就是在街道党工委及社区的领导下，以党建引领、政府主导，社区的居民积极参加的一种志愿服务模式。

2. 以积分为核心的服务模式

美好时间银行的服务模式以积分为运转轴心，通过积分将劳动、物品、服务串联起来，其中洋溢着浓浓的善意，彰显了慈善的真正含义（见图4）。首先，志愿者可以通过劳动、提供服务，比如帮厨、巡逻、为他人剪发等形式多样的志愿服务换取积分。这是时间银行运行的一个维度，另外，通过获取的积分，志愿者可以选择用积分来兑换服务，换取他人的劳动和服务，比如他人烹制的可口饭菜、剪发等，也可以用来兑换相应的物品，比如食用油、大米、苹果等。当然，兑换的物品、服务绝不是这里所列举的简单几类，美好时间银行正处于起步阶段，相应的服务体系并未完善。比如，兑换服务的本意是年轻的老人为其他老人提供服务，从而赚取积分；待到年老之时，便可以在家换取别人提供的服务，如上门做饭、打扫卫生、聊天解闷等。值得一提的是，为了避免纸质记录、人为记录所带来的保存不便、人为操作等弊端，志愿者注册“美好 App”，积分直接记录，管理方便且科学合理。

0410－JL－D：我们长远的目标是服务换服务，现在是你服务别人，当你老了之后，需要别人帮助你的时候，那时候就可以将时间银行里的时间取出来，让别人服务于你。

0410－JL－X：积分标准一般是一个小时三分。但帮厨是一个小时六分，英语课的老师也是一个小时六分。因为老师花费的精力、付出的代价大一些。我们这块儿做得还是比较规范严谨的，因为这个钱使用之后都会向社会公示的。所以说我们每个志愿者参加活动都会登录这个 App，有详细的记录。

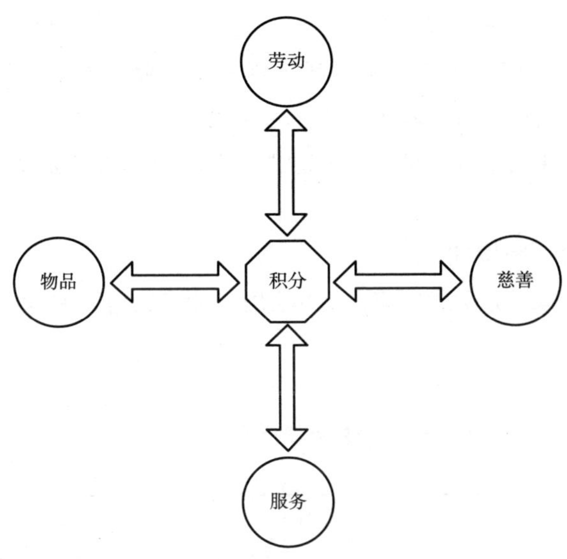

图 4　以积分为核心的服务模式

但是目前可以进行积分兑换的物品以及服务种类较少，要想真正推广时间银行，必须拓宽积分兑换的领域和范围，满足青年、中年、不急需使用积分的部分老年人的需求，这样能够更好吸引不同年龄阶段的人参与到时间银行的建设推广中。这不仅需要时间银行自身积极开发可供兑换的服务和物品，政府也需要出面从中牵线搭桥，信任背书，促成合作。

0410 - JL - X：这些积分目前基本用以兑换物资，给志愿者一些激励。进一步的发展需要政府层面、相关事业单位与之进行衔接，拿出相应的政策。这里面就需要签订新合同。我想这也是以后政府和相关部门考虑的事情。比如惠民医院就在我们附近，相当于一个社区医院。如果说我们的志愿者有这么多积分，当感冒、腰疼、扎针灸、拔火罐等时可以拿出一点积分兑换。这就是以志愿兑换志愿的形式。但能不能做得起来呢，能不能在社区里面打开一个窗口就需要政府出面，将这些方面协调起来。我们这些积分怎么跟医院进行兑换都是需要进行考虑的事情。需要相关的（政府工作人员）跟医院进行衔接，跟医院进行交涉。这些东西不能随便记，不管是100分还是200分，要后台进行操作，政府部门要有相应的政策来支撑才行，要有实施的方案。

0410－JL－X：今后，周末还可以到周围超市或者其他商店去兑换一点小商品，或换点油、米之类的。志愿服务后登记积分、姓名，用积分兑换商品，这样就可以激励更多的志愿者参与到志愿服务中来。

3. 服务内容不断增加

美好公益整体形势发展迅速，短短几年，就建立了100多支服务团队，具体情况见表2。

表2　美好志愿服务队伍总览

单位：支

名称	数量	名称	数量	名称	数量	名称	数量
支志愿巡逻队	24	社区调节队	2	宣讲团	4	支绿化队	8
环境监察队	23	体育娱乐	16	健康咨询	7	房产服务队	1
爱心帮扶队	12	管家服务队	11	生活配套服务队	1	流动党小组	1
义务理发队	9	便民服务队	9	文化艺术	29	协警队	1

资料来源：根据调研资料整理制作。

JL社区的服务团队也一直不断扩充，逐渐形成了7支志愿服务队伍。

0410－JL－X：我们服务站是去年11月6号正式成立的。WH市，包括全国，像我们这样的服务站有十来个，现在可能还不止，大概全国每个城市里都有。美好志愿江零服务站是这个美好志愿在WC区的第一个时间银行服务社区。我们通过准备以及接受美好基金领导人的价值观宣讲、学习培训，然后开展志愿服务活动。治安巡逻队、环境巡逻队、爱心帮厨队、综合服务队及邻里志愿服务队，这五个队伍的队长都有固定的职务积分。因为我们现在的积分都要上电脑，不仅要把它写在纸上还要上传到电脑上。再一个就是我们的骨干，即主任、副主任和综合部长，还有几个队长以及党支部的委员，这些人成立了一个应急服务队。五个队伍加上中南

财大的志愿服务以及我们成立的这个应急服务队一共有七个志愿服务队伍。应急服务队负责晚上值班、食堂的巡查，一些临时活动的发布，还有应付出现一些紧急活动。

4. 效果彰显

美好时间银行运转下来，取得了不错的成效。其中，老年食堂的建立切实地解决了社区内部分老人的吃饭问题，得到了大部分老人的交口称赞。

0408 – JL – M：当时建立这个食堂的时候，就是考虑到社区里一些老人向我反映吃饭存在问题。我就是想着建一个食堂，解决大家的问题。这期间的工作也很累，各种协调、宣传，但是现在看到老人在这里吃饭，笑得很开心，我也很开心，感觉一切都是值得。

0408 – JL – ZY：这里的饭菜很便宜，花不了几个钱，味道也不错。这里的厨师也是特意请过来的，帮厨的也都是街坊邻居，卫生也都放心。我们吃得很开心，M 书记她们都辛苦了。

0412 – MH：这是时间银行也是我们的一个主打招牌项目，目前来看在 JL 社区取得了不错的效果。这些 M 书记和 X 主任应该都告诉你了，我们也希望将这个模式推广开来，吸引更多的人参与进来。

在调研过程中，大部分参与到美好时间银行的志愿者都对美好公益基金会称赞，认为自己在从事有意义的事业，愿意为此奉献自己的时间和精力。对于广大参与到美好时间银行的志愿者来说，将自己的时间和精力奉献到一件有意义的事业中，是幸福的、值得的。对于广大接受志愿服务的居民来说，享受到便捷的服务，解决了自己的难题，也是由衷的开心的。对于整个社区建设来说，以时间银行为载体，激发了居民的志愿精神，促进了社区人员的沟通交流，连接了社区内的闲散资源，同时培育了社区自治能力，推动和谐氛围的建立。

（四）转型现状与经验总结

本研究中我们对于传统慈善组织转型的理解采用上文所述的定义，然后从单位性质、议题发起方、人员决策权、资金来源、公众回应性、信息公开、特色品牌影响力、互联网使用程度八个方面来透析慈善组织的转型进度。

传统慈善组织和新型慈善组织之间属于泾渭分明的关系，传统慈善组织基本上完全由政府掌控，慈善议题的发起、人员决策、资金来源于政府部门的决策，更多的是在扮演着政府附属部门的角色。同时，因为组织日常运转的资源都来自政府部门，相对来说不需要对民众负责，因此在公众回应性、信息透明度上没有太多追求。同时囿于时代环境限制，在互联网使用程度上也相对较低。新型慈善组织大部分属于民办慈善的范畴，在慈善议题的发起、人员决策、资金来源上都自主决策、自主筹集。互联网在公众回应性、透明度上有着得天独厚的优势。

三个正在转型中的传统慈善组织在八个方面表现出显著的差异化。在单位性质上，WH 市慈善总会依然隶属于政府部门管辖，属于典型的官办慈善组织，HB 省慈善总会经去行政化，成为社会团体。美好公益基金由企业设立，属于典型的民办慈善组织。在慈善议题发起、人事决策权、资金来源上，WH 市慈善总会都属于政府决策，HB 省慈善总会则褪去行政化色彩，在这些方面享有自主决策的权限，但是也依然与政府保持着“半嵌入”式的联系，获得政府资金的支持。而美好公益基金属于典型的民办慈善组织，享有自主决策的权限。在公众回应上，HB 省慈善总会和美好公益都拥有相对的决策权限，因此相对较好。WH 市慈善总会的部分工作要围绕政府部门的安排进行，因此会影响对公众注意力的关注。在信息透明度上，三者之间都做到了依托于互联网进行信息公开。但是 WH 市慈善总会还要接受上级政府部门的监管，HB 省慈善总会又聘请了第三方评估，进一步强化信息的透明度。在特色品牌影响力上，HB 省慈善总会最高，“慈善医疗众筹”项目打造属于自己的平台来满足困难患者的需求，“幸福村社互助”项目以互联为依托，以村庄为筹款申请人，以配捐来刺激转发，积极吸纳更多的村民加入村庄建设中，在满足村庄公共事务需求的同时，也密切了村民联系，催生了村庄社会资本的产生。WH 市慈善总会“暖冬行动”项目也具有相当的影响力，美好公益基金的“时间银行”模式还处于试点阶段，运行中也存在一定的问题，相对影响力较小。在互联网使用程度上，WH 市慈善总会和美好公益基金相当，仅满足于日常网站、媒体的运营，而 HB 省慈善总会打造了专属的平台，并借此积极推动慈善事业，显然对互联网的使用程度更高（见表 3）。

表 3　慈善组织转型现状对比情况

维度分类	传统慈善组织	新型慈善组织	WH 慈善总会	HB 慈善总会	美好公益基金会
组织性质	官办	微公益、互联网慈善组织	官办	半官半民*	民办
议题发起方	政府发起	自主发起	政府发起、自主发起	自主发起	自主发起
人员决策权限	上级政府决策	自主决策	上级政府决策	自主决策	自主决策
资金来源	政府拨款	自主筹集	政府拨款	自主筹集、政府拨款	自主筹集
公众回应性	不及时	及时	一般	及时	及时
信息透明度	低	高	较高	较高	一般
特色品牌影响力	一般	高	较高	高	一般
互联网使用程度	较低	很高	一般	高	一般

* HB 慈善总会已经去行政化，成为社会团体，但是依然和政府保持着诸多联系，例如项目资金的支持，和医院沟通时上级政府出面发文帮助推行项目，因此定义为民办慈善组织不合适，我们将其性质定义为“半官半民”。

注：本文调研所选取的三个慈善组织，将其界定为正在转型中的传统慈善组织，它们与未转型的慈善组织和新型慈善组织进行对比，来分析转型过程中的表现。

资料来源：根据文献阅读和调研资料整理而成。

不同慈善组织处于不同的转型进程中，但是我们通过调研资料的整理以及表 3 的呈现，依然可以看到诸多共性。

1. 改革组织结构，打造项目团队

出于制度惯性的依赖和方便对口部门的工作安排，传统慈善组织的组织架构大多沿袭政府部门的职能设定，虽然在特定的时代下发挥了相应的作用。但是互联网时代的来临，使得等级制的慈善组织架构日益显得烦琐臃肿。效率低下、透明度不高等一系列弊端都显示了组织架构的僵硬老化。两个处于转型中的慈善总会都建立了会员代表大会，理事会是会员代表大会的执行机构，秘书处是总会的日常工作机构。不同的是 WH 市慈善总会下设办公室、募捐部、项目部，而 HB 省慈善总会包括综合部、宣传募集部、项目部、基金监管部。美好公益基金的慈善组织采用扁平化的组织架构，包括办公室、项目部、募集部。组织结构的革新，提高了信息传递的效率，权责更加匹配。同时，三个慈善组织无一例外都设立了项目部，采用项目化的运作方式来推动慈善组织的发展和慈善文化的传播。项目化运作是成立专门的团队来负责某一主题的慈善项目，集聚人力、物力、财力，项目小组集思广益，共同负责，一同推动项目的发展。项目化的运作模式确保了工作人员的专职性，不必被日常性工作分心，同时，专门小组负责慈善项目的运行也便于进行绩效评估，从而进行设立科学可行的奖惩体系。

2. 大力利用互联网工具

无论是慈善总会，抑或是基金会，都懂得顺势而为，大力运用互联网工具。在慈善组织的宣传、项目运行、信息公开等环节处处都显露出互联网工具的便捷与高效。第一，组织宣传。慈善总会充分利用官网、微信公众号进行宣传推广，扩大了慈善组织的知晓度，增加了个人冠名基金的设立。在重点项目上，比如“爱满江城”“慈善医疗众筹”，微信平台增长的阅读量和转发量都促进了项目在更多公众之间传播。第二，项目运行。基金会的“时间银行”在积分记录、活动发布、积分兑换以及后续的管理上就充分利用了互联网，科学便捷的管理消除了纸质记录、手动归档的诸多弊端，使得运行风险下降。慈善总会的相关项目更是借助互联网来展开的，例如“医疗众筹”项目，求助者需要在对应的App上发布信息，慈善组织人员会根据接收到的救助申请，仔细审核信息，资质审核通过才能享受帮扶。借助互联网运作项目，减少了因时空不便带来的运行成本，大大提高了项目效率，也提升了救助的精准度。第三，信息公开。HB省慈善总会和WH慈善总会积极利用互联网进行信息公开，一方面民众可以登录官网、微信查看捐助信息，另一方面也可以留下电话号码，通过总会发送的消息了解善款的使用状况。“时间银行”项目的运作也积极借助互联网进行信息的公开，包括资金的获取与支出、积分的记录与兑换等。三者对互联网工具的大力使用方便了组织的管理，提高了项目活动的效率，扩展了信息的传播范围，促进了慈善组织的发展。

3. 积极调动个体力量

官办慈善组织往往与政府关系密切，在人事决策、资金来源上多依附于政府，因此在活动领域、组织目标的设定上也多受限。互联网时代下，慈善总会和基金会在和政府保持必要联系的同时，均积极运用互联网调动个体力量，既是汲取更多资源的必要，也是扩大影响力的手段。慈善组织在积极调动个体力量上主要体现在资金获取和志愿者吸纳两个方面。第一，资金获取上，HB省慈善总会和WH市慈善总会一方面接受政府对相关慈善项目的配套补助，另一

方面积极借助互联网宣传，推动个人冠名基金设立，上文中提到2018年省慈善总会的互联网微捐各个项目的总笔数已达到64.35万笔，总额度达2743.78万元。并且在访谈中我们也了解到，通过互联网收集的善款在省总会资金收入中占比越来越大。这些举措在扩大基金来源的同时，也调动公民的善心，助力慈善文化的形成。第二，志愿者吸纳。省慈善总会打造专门的App，完成志愿者的在线注册、招募、记录等管理，快捷方便。WH市慈善总会也积极借助互联网发布招募信息，扩大了信息的知晓范围，吸引了大批志愿者的注册。“时间银行”项目也是借助专门的App对志愿者进行积分管理。周边的大学生志愿团队也是因为在网络上浏览到“时间银行”的相关报道，从而自愿“找上门”充当志愿者。互联网工具的使用促进了志愿者需求信息的扩散传播，专门App的建立方便了对志愿者的管理，都在一定程度上提高了慈善组织的运作效率和运作效力。

4. 积极打造特色品牌

在打造特色品牌上，三家慈善组织各显神通。HB省慈善总会的“幸福村社互助”项目以互联为依托，以村庄为筹款申请人，以配捐来刺激转发，积极吸纳更多的村民加入村庄建设中，推动了农村公共事务治理的创新。慈善医疗众筹项目打造医疗众筹善款与医院收费系统自动结算的慈善救助平台，鼓励护士向贫困患者推荐使用“医疗众筹”软件。患者通过平台募集的资金，可自行在手机端拨付至治疗的定点医院，立筹可用、边筹边用，治疗结束后，由省慈善总会与医院直接结算。目前该平台已经对接医院96家，救助人数10326人，转发次数913088次[①]。WH市慈善总会的“暖冬行动”项目在十月底开始，在全市号召大家捐衣物，将衣物清洗分类，最后分批运往本市困难家庭、精准扶贫对象、其他偏远地区等困难群众家中。2018年的活动开展借助线上线下两种手段，20余个爱心单位和100名志愿者参与了现场活动，活动历时30余天，共接收社会各界爱心人士和单位捐赠衣物近13万件，总价值超过400万元[②]。美好公益基金的“时间银行”项目，志愿者存储志愿服务时间，折算成积分可兑换物品或养老服务。JL社区就成立了7支服务队，这些

① 湖北省慈善总会官方网站，http：//www.hbcf.org.cn/tpn.html？type＝0，访问时间：2019年6月16日。

② 根据调研资料整理所得。

平均年龄65岁左右的志愿者，为社区其他老人提供生日会、上门慰问、卫生清洁等志愿服务。截至2018年2月底，美好公益有181支美好志愿者队伍、11077位美好社区志愿者，志愿服务总时长达171355个小时①。特色品牌的打造在完成慈善组织宗旨时，也能最大限度地吸引更多公众的参与，能够筹集到更多的资金，帮助更多的需求者，从而扩大慈善组织的影响力。同时，特色品牌的打造也有助于调动组织内部的资源，激发组织的创新力，增强组织的凝聚力。“内外兼修”能够最大限度完成慈善组织的转型升级，特色品牌的打造能够在公众心中留下深刻印象，从而有利于引导下一次捐赠行为的发生，推动慈善组织的可持续运转。

四　互联网背景下传统慈善组织发展面临的挑战

官办慈善组织一般是指享有政府人员编制、待遇与一定资源的体制内慈善机构，如慈善总会、红十字会等。相应的，民办慈善组织则是体制外慈善机构，其资源来自民间运作②。互联网时代下，慈善组织搭上互联网便车狂飙突进，慈善组织的数量呈现快速增长趋势。但是“量”的爆炸增长并不能掩盖“质”的参差不齐。无论是官办抑或是民办慈善组织，在互联网时代都遭遇了困境，迫切需要转型，以适应新时代、满足新需求，更好地提供慈善服务。总而言之，中国慈善事业的组织生态显现出浓厚的中国特色。在组织结构上，一些公益组织行政色彩浓厚、数量规模庞大，呈现出“一家独大”“一枝独秀”的局面；在资金来源上，众多公益组织过度依赖政府部门“输血”，自身“造血”能力不足；在活动领域上，公益慈善组织主要在扶贫、助学、宣传等政府鼓励的领域展开活动，而鲜少涉足倡导社会运动、维权、艾滋病防护等政府敏感的领域；在功能发挥上，慈善组织功能严重失衡，准政府组织发挥较大的作用，而民间组织仅仅扮演“拾遗补阙”

① 《美好公益2018年度盛典圆满落幕现场捐9900万元助力公益事业》，湖北频道，凤凰网，http：//hb. ifeng. com/a/20180209/6370594_ 0. shtml，访问时间：2019年6月16日。

② 刘秀秀：《官办抑或民办：中国慈善事业在网络化时代的变局》，《思想战线》2014年第6期，第78～83页。

的角色①。

因此，中国慈善组织的发展带有鲜明的“官民二重性”，即众多慈善组织在产生方式、活动形式、运作模式等模式上，既受到政府体制的资源约束和权威限制，与政府部门有着密不可分的联系，从而带有强烈的行政派生性和官办色彩；同时又是社会群体的爱心表达和利益诉求纽带，与公民社会有着紧密相连的关系，因此具有一定程度上的独立性和民间自主性②。互联网技术的发展，扩展了组织活动的边界，比如借助互联网，更大范围地发布慈善信息，募集善款，同时，二者之间的交融赋予了组织发展的新动能，但是也带来了诸多问题③。因此，下文将以“官民二重性”这一深层次矛盾为切入点，从慈善组织、政府、公众三个角度审视慈善组织运行，同时凸显出互联网的重要性，探究慈善组织发展中互联网使用的状态，以及由此带来的困境。当然，调研之中还涉及其他方面的困境探究，也会一并呈现。

（一）慈善组织层面：自身建设不足

1. 运用互联网意识依旧不足

现如今，慈善组织的运行已经离不开互联网，从日常办公、信息发布，再到资金募集、信息公开，诸多方面都必须借助互联网才能运转下去。可以这样说，互联网已经完全渗透到慈善组织运作的方方面面。但是一些慈善组织缺乏互联网意识，具体而言分为两类。第一类，基本没有利用互联网进行项目发布、资金募集、活动开展的意识。这样的慈善组织只局限小范围的“小打小闹”，更多的是依赖于传统的办公手段、资金募集手段等，丝毫没有意识到借助互联网扩大影响力，推动慈善项目的发展。第二类，意识到互联网的重要性，但囿于自身资源的有限性、自身能力的有限性，无法充分使用互联网来满足自己更多的慈善工作，发挥更大的慈善效力。无论是出于主观上的惰性抑或

① 刘威：《超越官与民：慈善事业转型与组织生态重构》，《中州学刊》2015 年第 9 期，第 67 ~ 72 页。

② 刘威：《反思与前瞻——中国社会慈善救助发展六十年》，《学术论坛》2009 年第 12 期，第 99 ~ 104 页。

③ 刘秀秀：《互联网对官办慈善组织的互构式影响及其边界》，《国家行政学院学报》2017 年 4 期。

是客观上的局限性，都从本质上反映出对互联网没有足够的重视，仅满足于当前工作的状态。调研中，我们也发现虽然 WH 市慈善总会、HB 省慈善总会在互联网运用上相对较多，但是工作人员也表示一些活动的规则过于烦琐，自己没有时间和精力去了解，只能做多少是多少。

2. 平台建设不完善

网络平台建设不完善，主要涉及两个方面。第一，渠道开发少。慈善组织只是通过建立官方网站和运营公众号这两块主要阵地进行宣传推广，没有尝试开发更多的渠道去宣传推广，同时也没有借助线下渠道，进行更大范围的宣传以推动慈善项目的发展。第二，内容吸引力欠缺。网络平台建设的中规中矩，在宣传推广上也平淡无奇，无法通过内容以及宣传充分引起民众的共情，调动民众的捐赠意愿。

> 0321 - WH：现在更主要的还是在公众号和官网上面。我觉得这个平台技术方面还是依靠第三方，自己的信息还是自己来维护，但是的确平台还是发展得不够好。我去过广州市慈善会，他们专门成立一个信息部，有 3～5 个人。他们如果有一个部门，专一去做这个事情，那么结果肯定是 1+1>2 的。
>
> 0321 - WH：我觉得还是不行，我们的流量还不够高，推广还不够好。

3. 品牌意识需要提高

WH 市慈善总会的“爱满江城”“夕阳扶老”，HB 省慈善组织的“慈善医疗众筹”“幸福村社互助”项目，美好公益的“时间银行”项目，相对来说都具有较高的关注度，吸引了较多人员参与，筹集了较多的资金。但是不可否认的是相对于这些“明星”项目，其他项目有些黯然失色。在善款筹集量、公众关注度、救助人数等方面都存在显著差距。而在项目化运作的逻辑下，慈善组织的人员会将大部分的精力、时间和资源进一步倾斜，形成了“穷者愈穷，富者愈富”的局面，不利于慈善组织的整体协调发展。对于众多项目，慈善组织也大多没有形成品牌意识，没有过多花费心思挖掘项目的亮点，划分受众群体，精准投放宣传，只是日常工作中的例行宣传。

0321－WH：基金是很多，但是我们的工作还是主要围绕这些关注度较高的工作。毕竟大家也比较了解，它也有名气，我们更好开展一些。

0325—HB：我们现在的工作就是网站上挂的比较醒目的几个项目，也算是重点项目吧。我们感觉推动这个效果更好，能够帮助更多的人。

4. 公信力不足

虽然互联网的发展为慈善组织的发展提供了诸多机遇，但是不可否认的是互联网也是一把“双刃剑”，互联网本身的特质也会带来一定的负面影响。慈善组织发展公信力不足，就在于市场经济下一些人的利欲熏心、慈善组织自身透明度不高二者的交织作用。第一，市场经济突飞猛进下，一些利欲熏心的人利用公众与人为善的心理坑蒙拐骗，譬如街上常见的“假乞丐”，诸如此类的行为都消耗了公众的慈善之心，使得原本原子化的社会人际环境遭遇“寒冰”。相关新闻报道使得大部分人在面对慈善捐助、需要伸出援助之手时迟疑，甚至直接拒绝捐助。第二，慈善组织自身透明度不高，虽然相较于过去信息披露渠道和力度都显著增强，但是依然无法消除民众内心的疑虑。大部分的慈善组织一方面接受来自政府部门的监督，另一方面利用微信公众号、微博、官网等渠道进行信息披露。但是，政府自身公信力的下降使得监督的效果受到公众质疑。公众普遍认为政府部门只是例行公事，走马观花式的监督不会起到任何作用，数据的真实性无法得到公众的认可。利用网上各种渠道进行简单的信息披露，虽然能够保证公示的及时性，但是屏幕上跳动的数字似乎也只是数字，只能从简单的收支平衡上考量是否有猫腻，普通人也无法通过慈善组织公开的信息中挖掘出更有价值的信息，从而认定慈善组织将钱花在合理之处，不存在贪污挪用等行为。在这样的背景之下，每一位网民保持“不信任”是一种常态，“信任”才是一种特殊状态。对于慈善组织的“不信任,”或许大众并未戴着“有色眼镜”，只是一种理性应对下的自然选择。慈善组织公信力不足，也必然会导致部分民众无法放心地捐赠善款、表露爱心，不仅仅使慈善组织无法获得足够的善款开展公益活动，长此以往，更会恶化慈善环境，稀释慈善氛围①。

① 孔云梅：《我国慈善事业发展中公信力缺失的原因及防范》，《中州学刊》2011 年第 5 期，第 137～138 页。

0321－WH：是的，还是通过网络这一块好，因为我们不可能通过在外面张个“榜”，比如现在的纸媒，成本太高，单纯公开一个信息，我们做不到这个，我们没有这个能力去做，还是通过自己的平台去做这个，大家知道钱到哪里去，这是慈善法规定的，必须有这个。

0325－HB：我们信息公开就是官网和手机端微信公示，就是打开微信，会有一个信息公示的模块，点进去会显示捐了多少钱、通过了多少钱。目前，我们也只是做到了这些。

5. 协调能力难以施展

慈善组织协调力难以施展主要是指在和其他外部机构打交道时的力不从心或者无能为力。慈善组织活动的开展，不可能只是自身内部的工作运转以及和民众的互动，必然要与其他部门发生关系，才能更好地完成慈善项目。此时，中国式慈善组织的“二重性”显露无遗，一方面“官办”标签有助于慈善组织展现自身的深厚背景，由政府部门出面信任背书，让其他机构放下疑虑，能够与慈善组织开展合作。另一方面，政府的信任背书也具有成本。比如，得到政府的帮助越多，就要与政府保持一致，在活动领域、人事决策等方面就要更多听从政府部门。同时，与政府部门保持过于亲密的互动，部分官办机构行政效率不高等，也会使民众对慈善组织产生不信任感，进而影响慈善组织的形象。

0321－WH：慈善项目主要是靠自己宣传推动，但是到一些社区开展活动可能就需要政府方面的支持。现在都在提慈善组织去行政化，但我们还是市民政局下设的单位，省慈善总会就不一样，他们去行政化的程度比较高。慈善组织在管理上还是要去行政化，这是个趋势。

0321－WH：我觉得行政化有利有弊，慈善机构有政府作为背书，公信力上还是很强的，慈善最重要的是信任，慈善从商业的角度看，产品不是慈善项目，产品是信任，如果有政府背书、有公信力开展工作就更为方便，当然也存在一些弊端，这个还没总结过，还真不好说。

慈善组织在与其他机构、部门合作时大多处于弱势地位，这种弱势不在于

自身实力、影响力的弱势，而在于自身有求于人，例如，“医疗众筹”项目的开展需要医院方面的积极配合，从医院准许接入到护士积极推广，每一个步骤都不是只靠慈善组织就能解决的，需要其他机构的配合，才能真正发挥项目的功效。甚至很多时候，没有相关部门的配合，项目都难以开展。

0325－HB：我们怎么会知道都有哪些是二甲医院，医院可以不接受和我们合作的，为什么会有那么多家医院和我们合作搭建了这个平台？卫计委当时的支持是很重要的。全省的二甲医院名册是卫计委给我们的，并且还以下达文件的方式鼓励支持或要求医院帮助我们搭建这个平台。同时，政府部门也起着一个信用背书的作用，医院对信息安全特别在意，特别害怕患者信息泄露被不法企业用来做不好的事情，那政府的支持就起到了一个担保的作用，医院才会打消这个信息安全的疑虑来和我们合作。

0325－HB：我们下面的项目运作需要依托当地慈善总会对接、上传、使用、汇总材料，但是我们在对接的过程中可能会接触民政兼职工作人员。他们要做别的事情，还要负责慈善会的事情。一个季末就一个人或者两个人，要他做所有的事情、负责所有的项目，他可能顾不过来。另外，地方慈善会的员工年龄层较大，一般对项目运作搞不清楚，并且地方机构的动员能力、组织能力都不强，这都需要慢慢带动起来。当然现在也需要公众动起来，公众动起来才是社会团体的维系动力。

官办慈善组织在由政府信任背书的情况下尚且难以解决与其他机构的协调问题，那么民办慈善组织在缺乏政府部门出面的情况下，只能依靠自身影响力、项目的吸引力，“苦口婆心”与其他机构商量。

0410－JL－M：这个积分兑换，我们是希望能够扩大兑换范围，但是这个和其他组织的协调我们就无能为力了，因为人家不信任我们，还是需要政府部门出门，帮我们谈。

6. 网络人才不足

网络人才是慈善组织借助互联网进行项目运转的关键性人物，网络人才不仅仅包括技术性人才，也包括懂得借助互联网进行创新的人才。慈善组织中，网络人才的不足存在两层含义。第一层是指未设立网络部门，没有相应的网络人才负责项目的运转，只是进行简单的信息发布、网站内容更新。第二层是指设立了网络部门，除去技术性开发外包给网络公司，剩余的日常运营等工作都是由内部员工担任。但是，内部员工往往身兼数职，诸多事务缠身，筋疲力尽，无法应对众多工作。同时，作为网络技术的“门外汉”，兼职的内部员工也无法在技术和意识上满足网络人才的要求，最后只能导致网络部门只是漂亮的“花架子”，没有实际项目运转的能力，对于更高的要求，也只能心有余而力不足。

0321－WH：我们这只有3个人，我是2017年2月到这来的，我负责把所有跟技术相关的事情，微信公众号是我在维护，官网和第三方沟通也是由我来负责。像发微信公众号都是我后来学会的，现在微信公众号上面的东西都是我做的。我也是学着点皮毛然后做上去，想真正把它做好，真不是这点，不是专业的人真不好搞。

0325－HB：技术这块的话倒是没有什么问题。人员这块还存在人手不够的问题。

（二）政府层面：支持力度不足

1. 行政权力影响

WH市慈善总会属于民政局管辖，两块牌子，一套班子，工作人员享有编制，属于典型的官办慈善组织。省慈善总会以前属于省民政厅管辖，现在褪去了政府身份，但是自身身份的特殊性以及“制度依赖”的惯性路径，都使得它与政府走得更近。这一方面能够成为优点，通过政府吸引资金，靠政府信用背书与其他机构协调，委托政府出面与其他政府部门打交道，都大大减少了时间、协调成本，但是或隐或现的官办身份也带来了一些困境。对于美好公益等类似的民办慈善组织而言，官方过于严苛的管控以及条条框框的限制都带来了诸多不便。第一，活动范围受限。根据调研，我们也发现，无论是WH市慈善总会、HB省慈善总会抑或是美好公益基金，它们的活动多是“扶贫、助幼”

等领域。这些领域确实存在诸多需要民众伸出援助之手，但是慈善的意涵绝不意味着活动领域仅仅局限于此。慈善组织不能充当政府的附属组织，完成政府民生领域的“拾遗补阙”，而应该充分发挥自身主动性，积极涉足更多领域。直到现在，“慈善机构是政府职能向社会转移和延伸”的功能定位并未完全改变，它们距离真正意义上的公民社会组织仍有很大距离。① 第二，人事决策受限。这一点主要针对官办慈善组织，归属于政府部门管辖，在人事决策上就没有企业那般自由，新人员的进入需要诸多条件和程序。而上级管理部门并未真实了解慈善组织的现况，同时处于自身利益考量，并不总是与下级慈善组织站在同一条战线。二者之间产生意见不一致属于正常现象，但是对于慈善组织的发展产生了不利影响。

> 0321 - WH：事业单位讲究编制。总会这边是这样的，慈善组织根据《慈善法》来说，它是可以提取一定的管理费用，就是慈善款项的管理费用。我们的工资是不和慈善总会挂钩的，我们是和中心这边挂钩的。但是，总会这边的业务推展的确有时候需要，它可以通过劳务派遣应聘招募，省慈善总会就是这样的。它就直接去招募人，扩充它的团队。这样的话，组织才能够慢慢发展。

相较于官办慈善组织的“人难进”，对于社会团体性质的慈善组织而言，更大的问题在于“人难留”。

> 0325 - HB：我们这边社会属性多一些，所以公众对它的期待多一些。而且我们工资属于中低以下，工资水平、待遇太低，留不住人才。与行政单位相比，如机关单位、事业单位，我们福利没有他们那么好，我们与企业更是没得比，因为和企业就不是一个级别。并且，我们招的主要是年轻人。因为我们现在走互联网方式，需要年轻人管理，年龄大的话可能不行，需要创新的东西。但是年轻人他们需要养家糊口，留不住。我们原来

① 刘威：《国家在场的慈善事业：经验局限与转型进路》，《学术论坛》2015 年第 38（10）期，第 90 ~ 96 页。

就是招一些大学生志愿者，大四的毕业生或者研究生，考核过关的话他们就可以优先过来，但是最后走了很多人。

2. 资金筹集有限，政府支持力度不足

资金是组织发展的基础动力，没有资金就如同无源之水，慈善事业的开展更是如此，必须投入大量的“真金白银”才能使组织运转起来。但是目前，大部分的慈善组织面临着资金短缺的问题，资金筹集的有限性导致很多活动难以开展。同时，政府的支持力度有限，虽然出台相关的政策法规，但更多起规范引导作用，不能代替资金支持。

0321－WH：它本来就是民间行为，是一个民间的慈善，政府讲的是政策，有条条框框和规划安排。比如说，对低保户是一个怎样的安排，对低保的政策是一个怎样的安排。我们这个是民间的，如果民间有人捐钱，我们就可以做这个事，如果民间没这个钱，我们就没必要做这个事。我们可以不做这个事，因为我们没有钱。

0325－HB：政府支持，这个是看具体项目的。比如“扶你一把”项目，我们之前开展的安装厕所扶手，老人因为年纪大了，如厕站起困难，我们就在政府的支持下，购置了一批特别的座椅，帮助老人起蹲。去年我们帮4000多户老人安装了这种座椅，每个座椅大约100块钱，我们为500位老人安装了这个座椅，民政大约支持了一半资金，也就是50万元。虽然对于每个座椅来说也不多，但是这是有必要去做的小项目。还有另一个方面是医疗救助方面的支持。我们尚且会面对资金短缺的问题，民办慈善组织更是“缺吃少穿”，政府的支持力度匮乏。

0410－JL－X：再就是每个月的生日会，社区里面有一万多人，我们也不可能为社区里面所有的老人提供这样的生日会，因为这个是需要钱的。我们仅仅对那些过来就餐的80岁以上的老人（80岁以上的老人大概有93人），办生日会。

此外，资金来源渠道狭窄。官办慈善组织多数资金依赖于政府部门的拨款，或者与企业交涉，依靠彼此心照不宣的默契来获取企业的捐款，没有过多动力吸引个人的捐款。对于民办慈善组织而言，只能靠企业、个人捐款，一般来讲资金筹集较少，也没有政府的财政补贴，财力受限，诸多活动也无法开展。

（三）社会层面：志愿精神不足，注意力稀缺

1. 慈善氛围不浓

社会责任、社会压力、愧疚感、同情心、炫富心理或一个简简单单想获得“光热”效应的愿望都会促使人们生成慈善参与动机。慈善既是一种“外化于行”的道德行为，亦是一种“内化于心”的道德观念，因而，慈善本身不仅关乎行动更关乎价值，不仅是显见的捐款捐物、好人好事，更是深层的社会心理和伦理道德①。换言之，建设成熟完备的现代慈善文化，是中国慈善事业转型升级的关键所在。② 目前，我国慈善参与氛围不浓，没有形成现代的慈善文化，原因在于中国传统社会通行的“上儒下道”伦理构成了求助关系的文化基础，居民多向熟人寻求帮助；家国同构，使国家理所当然地成为履行社会救助责任的唯一主体，缺乏自主性、统一性的民间力量“见缝插针”地充当政府救助的“替补者”，成为总体性社会语境中的一种无奈选择；公私界分，公共精神之稀缺、公民人格之萎缩、国民公德之缺乏等问题都使得民众多是注重自身、自家、小团体的私，而不注重大范围的、涉及多数人的公③。无论是求助关系的文化基础、家国同构的组织架构、公私界分的心理动机，都不是说任何一个人都不可能产生捐赠行为，而是从文化逻辑上说明，我国居民慈善氛围不浓的深层次原因。虽然，近年来慈善组织快速发展，面对国家发生的重大灾难，人们能够积极踊跃的捐款捐物，但慈善不是一时的井喷爆发，而是细水长流的点滴滋润。目前，无论是意识不足，没有慈善动力，还是资金有限、无力资助，大众日常参与慈善的氛围都不浓。这也是慈善组织进行动员时所面临的主要困难。

---

① 刘威：《超越官与民：慈善事业转型与组织生态重构》，《中州学刊》2015 年第 9 期，第 67 ~ 72 页。

② 刘威：《慈善资源动员与权力边界意识：国家的视角》，《东南学术》2010 年第 4 期，第 53 ~ 60 页。

③ 刘威：《从“中国经验”到“中国模式”——慈善救助之文化逻辑、经验局限与发展走向》，《福建论坛》（人文社会科学版）2010 年第 2 期，第 156 ~ 161 页。

0325－HB：有的人可能就没有这个想法，说我捐这些钱干什么。有的人可能就乐意做这些事情。志愿者也是这样，不能强求，只能说尽可能多吸引人参与。

2. 公众注意力稀缺

信息爆炸的时代，公众的注意力已经是一种稀缺品。在追求流量的互联网经济下，各种吸引眼球的信息层出不穷。引爆社会话题的社会新闻、百看不厌的明星花边、频频更换的热搜，还有各种网络直播、游戏、短视频等诸多产品在疯狂地瓜分着大众的注意力。慈善组织的运转是一个社会动员的过程，在当前资金募集、项目运行越来越多需要在互联网上“演出”时，能够吸引到大众的注意力，调动大众的参与性，是慈善组织动员的关键点所在。如果民众不愿意浏览慈善组织的网站，面对推送的公众号消息提不起半点兴趣，对于慈善活动没有一丝在意，又怎么可能号召他、吸引他为素未谋面的、陷入困境之中的他人献出爱心呢？或许，公众注意力稀缺，可能是慈善组织自身建设不到位、宣传不够有效、推送的信息质量不高、活动的吸引力不够，但是我们不可否认，公众注意力稀缺是当前信息爆炸时代下，大多数借助互联网生存、发展的机构所面临的共同问题。从这个意义上来看，慈善组织的转型，必须迈过这道门槛，在泥沙俱下的互联网信息中，脱颖而出。如此，才能更好推动慈善组织的运行。

0321－WH：我们所说的困难还是筹款渠道比较窄，我们需要自己去开阔这个渠道，让这个事情更可能去传播。在腾讯“99公益”上面，手机或者电脑用户的阅读习惯是就看前面几个，让他们翻到十几页去看这个项目，我想那是很难的。

0325－HB：我们的宣传方式很多，比如说媒体、地铁公司、传媒公司这些线下的宣传方式。媒体宣传是主要的，大众会了解一部分。但是我觉得在医院里宣传效果会比较好，因为你可能跟大众说一下一眼就过去了，他没什么印象，但是你在医院里面做好宣传的话，你可以精准找到你的用户在哪里。

重构慈善组织生态、促进慈善转型升级，不能陷入“官民二元对立”的惯性思维逻辑，盲目遵从“非此即彼”的“二选一式”发展逻辑和一味崇尚“官退民进”的“去行政化”发展模式。相反，“官民二重性”命题要求我们发挥官民互动、共生关系的潜在优势，构建官民合作、政社互补的慈善组织生态体系。① 这对我们依托互联网进行慈善组织转型格外具有启发意义。

五　依托互联网推进传统慈善组织转型的对策

随着互联网与慈善组织的“联姻”发展，互联网与慈善组织之间形成了良性互动。互联网时代的到来，冲击、重塑着传统慈善组织，为慈善事业发展打造了新的格局。它为慈善事业注入了新的活力，以高效、透明、便捷、科技的优势推进了慈善组织的多元创新发展。但互联网与慈善组织的融合发展方兴未艾，如何依托互联网有效解决这一发展过程中慈善组织的诸多问题从而推进慈善组织的转型发展是未来互联网慈善事业发展的关键所在。慈善组织是集基金运作、劝募社会资源、提供服务三个功能于一体的社会组织，其“三位一体”的机制运作需要慈善组织自身、政府和公众等多方主体的共同合作。

传统慈善组织需要重新对自己进行定位。一些传统的慈善组织在与政府的关系、传统筹资手段、传统慈善活动等方面仍然具有较大的比较优势，因此，他们需要继续利用这些优势做好传统业务，但也需要同时依托互联网拓展新兴业务，因此，关键是要协调好这两个方面，防止出现冲突。另外一些传统慈善组织的传统优势已经或正在丧失，面对新型慈善组织的竞争，需要尽快转型以谋求生存与发展，因此，依托互联网拓展新兴业务的需要更为迫切。

（一）慈善组织：完善内部治理结构，依托互联网谋发展

1. 完善内部结构治理，推动组织优化管理

互联网的发展在催生了一批新型的互联网慈善组织的同时，也使得慈善组

① 刘威：《国家在场的慈善事业：经验局限与转型进路》，《学术论坛》2015 年第 10 期，第 90 ~ 96 页。

织的问题日渐暴露于公众面前，而这些问题也限制了慈善事业的发展。除却部分草根组织因规模小、管理松散和资金不足等问题导致慈善项目开展屡屡碰壁外，一些慈善组织往往因为存在慈善项目操作运行失范，组织活动缺乏严密规划、活动效率低的问题而饱受诟病。尤其是慈善组织募捐资金的使用是公众关注的焦点，而慈善组织在善款管理、收支核算及费用报销方面的规范欠缺，慈善活动随意性较大，善款管理不到位常常引发信任危机。[①] 网络时代一旦出现负面信息，网络的虚拟空间就会放大丑闻，慈善组织的公信力毫无疑问会大打折扣而身陷囹圄，归根结底，在于慈善组织内部结构和组织管理滞后。故而，完善慈善组织内部治理结构，优化组织管理是慈善组织转型的必要前提。慈善组织想要依托互联网成功转型谋求更好的发展，首先就是组织的内部治理结构和建设管理与发展要相契合。

内部治理结构和组织管理是社会组织的核心部分，建立科学、规范、严格的内部治理机制，优化组织管理是社会组织生存和可持续发展的制度基础和内在动力。慈善组织内部治理结构和优化管理主要在于以下四方面。首先，只有完善慈善组织自身的章程，才能明确慈善组织的运行机制和行为规范。合理的组织章程是组织内部民主选举、民主决策、民主管理和民主监督等一系列内部事务有效解决的关键要素，这有利于增强组织自身的独立性和自主性。其次，对于慈善组织而言，组织的慈善文化和慈善理念是慈善组织的灵魂与根本。组织的慈善文化与其章程同等重要并与章程的健全、完善息息相关。慈善组织只有将其慈善理念渗透到组织章程中，才能更好地引领和规范组织慈善活动，提高组织员工的社会责任感和社会责任心。通过将组织慈善理念和慈善文化融入章程甚至是组织文化中，潜在地增强员工对于慈善组织的归属感和认同感，提高员工工作的积极性和有效性。再次，完善的组织内部结构是保证项目良好运作的前提，而完备的内部管理制度也是慈善组织实现内部治理的重要方面。根据组织的制度章程和慈善理念，建立以章程为核心的组织内部结构和组织管理建设并适时调整。建立健全各项管理制度，规范组织内部管理制度。慈善组织的项目管理、财务审核、人资档案、宣传推广、分支机构等内部管理制度必须形成文件，系列审批流程规范务必清晰且落到实处；厘清内部人员的职责义

① 杨艳芳：《“互联网＋”背景下的公益事业发展研究》，南京大学硕士学位论文，2017。

务，部门职责清晰明确，避免互相推诿扯皮。这不仅能够保证组织在重大项目决策时实现科学决策，激活组织活力，关键在于能避免组织决策能力缺失、内部监督缺位和机构执行力弱的问题。充分发挥组织职能，提高项目运行效果，增强组织公信力。最后，通过章程、慈善理念和组织的内部管理实现慈善组织的自我规范和行业约束，达成行业自律机制。互联网慈善的不断成熟转型有赖于慈善组织自身完备的道德理念和其专业化程度。

总之，慈善组织必须根据相关法律、法规，制定公益慈善机构章程，章程内容必须对组织的治理结构、相关领导的任免等人事管理制度以及组织的资金募集、使用、管理等财务管理制度做出完善规定，建立规范化、可操作的内部治理结构和运作流程标准体系，保证组织的活动能够依规进行①。以此实现慈善组织内部管理合理化、工作人员专业化和组织运作高效化的良好状态，将公益丑闻的苗头从源头上扼杀。

2. 加强慈善平台建设，注重平台规范化管理

互联网时代公益慈善的转型发展离不开互联网平台，其在慈善领域的应用催生了慈善组织的转型。互联网慈善平台的应用贯穿了慈善组织发展的全程，从慈善组织项目建设、活动宣传、资金募捐，到监督管理等环节无一例外，这对慈善事业发展的作用不容小觑。在互联网、新媒体技术的推动下，虚拟公益慈善组织大量涌现，创新性慈善活动形式令人目不暇接，社会捐赠将更多通过互联网金融工具实现②。但互联网平台的使用在推动慈善组织发展转型的同时，互联网平台也因技术漏洞，或突发故障的存在等使慈善组织的发展合作面临系列不确定、不稳定风险。故而，安全、便捷、高效、多元化的互联网慈善平台建设对于慈善组织的发展尤为关键。

加强慈善平台建设。首先，互联网平台涉及募集资金的转接、善款使用进度追踪、个人和组织详情等敏感性信息，网络平台的安全性就显得十分重要。一方面，在网络平台搭建过程中，要将慈善组织内部信息安全性摆在首位，这涉及慈善组织自身公信力问题。对潜在技术问题格外关注并积极防范，在使用

---

① 杨艳芳：《“互联网 +”背景下的公益事业发展研究》，南京大学硕士学位论文，2017。

② 高静华：《新媒体慈善之意义与困境》，《河北大学学报》（哲学社会科学版）2018 年第 4 期，第 159 ~165 页。

过程中注意做好网络慈善平台维护工作，防患于未然。另一方面，加强网络慈善平台信息安全力度，升级网络安全平台操作，注意慈善平台信息漏洞修补。避免类似机器人刷单骗取配捐问题的出现，加强技术升级、自动筛选并排除非法刷单等恶劣性质事件的发生。其次，关注用户体验，提高网站环境的舒适度和便捷度。在符合法律规范的前提下，掌握互联网用户的心理并利用其思维来优化用户体验设计，是发挥“互联网+慈善”模式优势赢得主动权的有效途径。对于慈善参与者而言，好的用户体验主要表现为以下方面。一是网站环境的舒适度。网页的视觉美感、格调的统一、对文字的情感认同度、信息的新鲜度以及网页浏览的流畅度等都是吸引用户、增强用户体验感和访问黏性的重要因素①。二是网站平台操作的便捷、简单、快速。本着方便用户、为用户着想的原则和理念，捐款方式的便捷度，信息查询的简易化，前期咨询、获取信息和后期进度查询、跟踪情况等都应放置于网站主页的显要位置，对于网页链接等细节的设计也应做到简洁、明了。三是在慈善项目、活动宣传上，充分借助新媒体网络平台做到高效传播。搜索引擎优化是实现慈善组织项目宣传、成功营销的初步策略。慈善组织要想推广宣传、发展品牌项目，让公众在海量的互联网慈善信息中被搜索引擎找到是关键。搜索引擎优化，主要目的是增加特定关键词的曝光率（关键字密度的提高、标题标签突出）以增加网站的能见度，最终提升网站的宣传能力和销售能力。在传播内容的设计上，也需要通过故事化的叙事来实现内容层面上吸引用户、视觉化的冲击来刺激参与并通过链条式的持续推送来实现情感层面的劝服②。即网站设计的宣传内容需要有“吸睛点”，给受众以眼前一亮的创意，吸引合作方、媒体、大众等群体。针对不同的受众群体设计网站平台的宣传内容，慈善活动内容宣传尽可能包括文字、图片、视频等多种宣传元素，真正地实现网络慈善宣传的有效性。从而缩小虚拟空间给公众的距离感，在技术层面上实现互联网平台虚拟空间与现实空间的对接，提升公众、企业等合作方的参与感和获得感。四是网络平台多元化发展。由于各种垂直网站与服务平台的不断发展，用户及流量向移动端转移

---

① 徐舒宁、陈为旭：《〈慈善法〉视阈下“互联网+慈善”模式探究》，《行政与法》2016年第11期，第62~67页。

② 陈志强：《互联网思维与新媒体慈善活动》，《学术交流》2015年第10期，第210~214页。

明显。结合当前公众用户的浏览偏好和群体使用习惯，手机端、网页端多元化慈善平台的运营不可或缺。门户网站和社交平台对慈善组织延伸发展的作用功效多样，慈善组织应在手机应用软件的开发上下功夫，如开通慈善微博、慈善微信公众号等，以此来扩大互联网慈善事业的辐射范围。以多元化的渠道吸引大众关注参与，及时更新项目活动情况，与公众形成良性沟通互动以进行受众管理，实现公众慈善参与的触手可及。

注重平台规范化管理。鱼龙混杂的网络时代，网络平台的开放性赋予了公民自由话语权，也导致了网络信息质量的虚实难辨、参差不齐。因而，要打造公信力较好的慈善机构除了要有组织自身独特的设计思路和发展经验外，其对网络平台的规范化管理也需格外重视。这里的规范化管理主要指慈善组织在使用互联网平台和对互联网平台信息管理时应严格恪守法律法规，依章程办事。准确把握法律的边界，不踩线、不越界。具体而言，慈善组织须在法律规定下开展扶老、助残、救孤、济困等各类慈善项目；同时，在基于互联网平台开展慈善项目或进行公益跨界合作时，要实现“全过程”的信息审核——包括公益活动合作方的资质审核、受助者信息的真实性检验、合作项目后续开展的跟进信息等。此举既能使网络慈善平台发展趋于合法化，也能进一步规范慈善组织互联网平台使用过程中的法律边界。提高慈善组织的公信力，营造健康良好的互联网慈善氛围，推动互联网慈善事业的健康发展。

3. 树立慈善品牌导向，建设网络慈善品牌

互联网时代慈善组织的快速发展，加剧了社会慈善资源的竞争。随着慈善组织公益事业参与门槛的降低，众多中小微慈善组织为了获得善款而大都集中在相同领域开展慈善项目。为避免慈善领域的同质化竞争以及由此导致的慈善资源的无效整合和资源浪费现象，慈善组织需要树立慈善品牌导向，建设网络慈善品牌。品牌导向是慈善组织把自身看作品牌的程度，是慈善组织基于其慈善理念、慈善文化和慈善价值的一种战略选择。某种意义上来看，品牌是慈善组织驱动竞争力的潜在力量，品牌导向是慈善组织管理的核心，品牌建设是慈善组织的重要核心竞争力。慈善组织要树立品牌导向，建设慈善品牌，品牌管理尤为关键。慈善组织品牌管理有四个基础活动很重要，分别是理解利益相关者的品牌感知、创建独特的品牌识别、选择准确的品牌定位及与利益相关者进

行沟通，这些活动使得利益相关者在与慈善组织进行沟通时更为有效①。理解利益相关者的品牌感知，主要在于培养公众对慈善项目的信任和忠实程度。公众品牌感知度越高的慈善项目，被公众考虑、选择的概率就越高，进而品牌的公信力和影响力就会成为品牌的最大资产。创建独特的品牌识别是一个长期的过程，体现为视觉识别、行为识别和理念识别三个方面。视觉识别上，品牌标识辨识度避免同质化，要特色鲜明；行为识别上，品牌的服务对象、服务内容、传播方式要差异化发展；理念识别上，坚持慈善组织的慈善理念，以慈善理念为组织价值观并付诸实践，建立慈善组织的品牌愿景和形象。选择准确的品牌定位，让公众快速认识到品牌的特征及核心价值，形成一个为公众认同的品牌形象。与利益相关者进行沟通，即品牌互动。品牌互动则是慈善组织与多利益相关者（公众、政府、企业、媒体）进行积极互动，树立与社会沟通的品牌意识。在慈善项目的设计上，理解当前社会关注的利益诉求，满足服务社会大众的多重需求。注重与政府、企业组织的沟通对话，关注社会政策和企业策略，供给优秀公益产品，更好地将品牌等商业理念融入慈善项目管理中来，使得人们在获得公益价值的同时，能够实现诸如社会教育、社交、健康等需求，从而将个人需求与公共利益进行有效整合。另外，慈善组织可加强与媒体的合作，运营媒体网络平台广泛宣传品牌项目，为慈善项目营造良好的口碑效应。慈善组织需要创建独特的品牌识别，选择准确的品牌定位，使得组织与利益相关者沟通更为有效②。这样才能保证利益相关者的品牌感知，不断增强组织品牌影响力，让慈善组织从同行竞争中脱颖而出并实现长足发展。

4. 借力网络信息平台，完善组织信息公开

慈善事业的快速发展吸引社会各界的广泛关注，慈善丑闻的屡见不鲜让慈善组织面临“透明与问责”的危机，慈善组织的信息公开透明成为其发展的重大议题。归根究底，慈善组织的有效运行得益于公众的普遍参与和信任，而信息公开则是公众普遍参与和信任慈善事业的“敲门砖”。慈善组织信息公开

---

① Tapp A. Charity brands: a qualitative study of current practice ［J］. International Journal of Nonprofit & Voluntary Sector Marketing, 2015, 1 (4): 327-336.

② Keller K L. The Brand Report Card ［J］. Harvard Business Review, 2000, 78 (1): 53-54.

的目的在于让公众充分了解慈善组织的使命宗旨、决策过程以及项目执行情况，满足社会公众的知情权，了解、理解慈善组织的公益性，通过让公众获得充分、真实和可靠的信息资源，为其提供足够的信息支持，从而缩短其认知和接受过程。避免由于信息限制导致的主体参与积极性的丧失和抵触参与情绪，降低参与门槛。换言之，信息开放的程度和获取信息的途径直接影响到公众的慈善参与兴趣和能力。随着新媒体和互联网技术的广泛参与和介入，互联网平台成为慈善组织信息公开最为直接、便捷、高效的平台。在慈善组织公信力备受质疑和关注的情况下，借力网络信息平台，完善组织信息公开成为当前慈善组织生存、转型、发展不得不做的选择。

2016 年《中华人民共和国慈善法》的正式施行，更以专章形式从主体、内容、时间、渠道等多方面对慈善组织信息公开提出了新的要求：真实、完整、及时，这意味着慈善组织的信息公开正在由软约束升级为硬约束，由“结果透明”转向“过程透明”。最大透明度是慈善组织信息公开的基本原则，应当公布信息而不予公布或公布虚假信息或公布了不应当公布的信息，都不符合透明最大化原则，慈善组织均应承担相应的法律责任①。故而，慈善组织应充分利用网络平台，依要求做到真实、完整、及时的信息公开。真实是信息公开的根本原则和底线，它要求公开的信息是以客观事实为基础、不加粉饰、不掺杂任何虚假成分的可靠信息。完整性要求公众有权获知的、与捐赠人决策相关的慈善公共信息都应该公开，做到不隐瞒、不遗漏按制度要求公开有关事项；需要注意的是，这里需要把握好信息公开完整性原则的实质性要求，强调有限度的信息披露，而不是事无巨细的公开所有信息。也就是说，存在信息公开的豁免内容，涉及利益相关主体的隐私、商业机密范围的可以不公开。及时性则是强调信息公开的时效性，慈善组织的信息更新做到及时有效，不弄虚作假，发布过时、滞后信息。详细来看，围绕慈善组织公益性而言其所需要公开的信息主要包括三方面：慈善组织的基本信息、财务信息和活动信息。第一，慈善组织的基本信息是慈善组织首要公开的内容。这涉及慈善组织基本要素信息（名称、类型、负责人信息、具体地址、联系方式、组织登记事项、信托备案事项），组织章程，治理结构，业务范围和管理信息等。公开此类信息，有

① 李健：《我国慈善组织信息公开研究》，中国社会科学出版社，2017。

利于公众判断慈善组织的具体目标、公共服务内容、受益人群定位，以及判断该组织的筹款是否偏离公益、是否成为管理者的营利工具等①。第二，财务信息是慈善组织信息公开必不可缺的重要内容，也是慈善组织饱受质疑的症结所在。财务信息具体包括慈善组织的资产（流动资产、投资性资产、继承性资产、固定资产、无形资产）、收入（基金收入、募集善款和其他收入）和成本支出（基金成本、活动成本和管理成本）等，具体以年度报告、资产负债表、财务活动表、现金流量表和审计报告的形式披露。作为公共机构，慈善组织只有定期向利益相关主体公开其财务信息，才能让社会各界了解组织的资金来源、流向，以获取公众信任，塑造组织公信力和影响力。第三，项目活动信息。项目活动信息具体指项目活动开展的全流程，包括项目计划书、招标书、项目活动情况、善款筹募和善款使用的详细介绍。通过网络信息平台主动、及时公布慈善项目的详细运作、项目运作效果、项目动态、募集资金总额和善款使用情况，提高公众慈善参与动力。高度透明化的信息披露，能让慈善组织运营趋向规范化，在清除互联网慈善上下游管理积弊之余增强与民众之间的交流与互动，提升互联网公益的形象和公信力。

（二）政府层面：从行政化到多元化，助力慈善组织转型

目前，我国慈善组织行政化色彩浓厚，组织外形化呈现常态化趋势。绝大多数慈善组织依附于民政部门，与民政部门“一个部门、两个牌子”。而事实上，不论是民政部门管理者还是慈善组织成员对组织行政化色彩都颇有微词。对于民政部门管理者而言，他们认为慈善工作并非自身主要职责，身兼数职往往会导致工作效率低下、社会认同度低的问题。而对于慈善组织本身而言，行政化色彩过重限制了自身发展的自主决定权，干预过强，活动有效性大打折扣。而如果慈善组织完全独立于政府，则面临资金匮乏、资源稀缺、公信力不足等生存风险。慈善组织运作从行政化到多元化的发展代表了网络舆论对于大多数慈善组织的期待，但慈善组织的“去行政化”之路并非易事。由于慈善组织先天产生缺乏自发性、后天发展缺乏独立性，要想完全独立于政府、完全脱离于政府成为满足人民需要的第三方力量并不现实。故而，慈善组织去行政

① 李卫华：《慈善组织的公共责任与信息公开》，《理论探讨》第6期。

化之路重在循序渐进，政府需要在慈善组织管理过程中不断摸索探讨。逐步放宽对慈善组织的管理，适当简政放权。在互联网慈善蓬勃发展的背景下，慈善组织运作要从“一元”管理到“多元”治理，实现从行政化到多元化的转变，重在政府管理介入边界的问题。政府要摆正自身的角色定位，注意把握、瞄定管理边界。政府在未来慈善事业中的角色应当是政策引导者、“慈善公益制度的设置、完善和监督者”，而是主角①。政府要明确自己在慈善组织发展过程中的职责，扮演好慈善政策的制定者、慈善运行监督者和慈善环境营造者的角色。

1. 健全慈善法律体系，完善公益法律架构

2016 年《慈善法》的出台使得慈善的概念更加明晰，引导了互联网慈善事业的规范化发展，使互联网慈善“有法可依”。但《慈善法》中对应细则仍存在滞后现象，如对信息披露程序缺乏统一规范、合理有效的监督渠道尚未涉及、审计制度尚不明确等，且法律制度并非“一劳永逸”，需要随实践发展不断完善。完善的慈善法律体系和政策法规对于慈善组织而言具有重要的规范作用和指引效应。为进一步推动慈善组织实现专业化、法制化、系统化的转型发展，政府作为政策制定者必须着力于互联网公益慈善法律法规和法律架构的健全完善。政府应基于互联网慈善发展的需求出发，关注互联网慈善方面法律法规的缺失。在充分考量法律法规可操作性的前提下，权衡可承受的执法成本和可支配的执法力量，合理设置执法权限。进一步制定符合互联网慈善发展的专项法律，专门解决互联网慈善发展中的问题，明确互联网慈善组织的行为规范。对慈善法规中可操作性不强或未涉及问题做补充说明，为互联网慈善的发展保驾护航。首先，互联网慈善组织准入门槛“宽严相济”。放宽互联网慈善组织的登记门槛，严格互联网慈善组织的登记备案制度②。登记门槛的放宽主要在于降低慈善组织的准入条件，严格备案是指登记程序和管理制度必须审慎有序。完善慈善组织的组织结构、人事管理、资金运作等制度，实行对其资金流向的公开化和透明化，建立双向互动平台③。规范组织的内部治理、信

---

① 刘威：《慈善资源动员与权力边界意识：国家的视角》，《东南学术》2010 年第 4 期。

② 柳翠：《互联网慈善立法研究》，西南交通大学硕士学位论文，2018。

③ 陈成文、雷旦丹、尹伟：《慈善：政府与民间的责任边界》，《湖南社会科学》2013 年第 1 期，第 37 ~41 页。

息公开等程序，推动慈善发展的合法化、合规化。其次，强化网络慈善募捐审核。慈善募捐主体审核力度的加强有助于实现募捐主体身份、募捐平台的合法化，规避不规范的募捐行为。最后，完善信息公开条款，目前关于慈善信息公开的法律规定不够清晰明确。信息公开条款的完善，应明确慈善组织信息披露的响应时间、违反规则的具体罚则、慈善组织的临时报告制度、对例外情形的详细说明、慈善信托的具体披露条款等。

2. 引导人力资源建设，营造慈善发展环境

人力资源管理的有效性在于通过人力资源的有效配置和运用来满足组织当前和未来发展的需要，保证组织目标实现与成员发展的最大化。这就需要政府加强人力资源建设引导，注重专业化慈善团队的打造。从人力资源管理建设角度来看，一支高效、专业、稳定的慈善队伍能有效推动慈善组织目标的实现，达到事半功倍的效果。但如何“引人、留人、用人”是慈善组织人力资源管理当前面临的一大难题。慈善组织本就与政府部门、企业组织有所区别。组织的特有属性和成分就决定了慈善工作人员薪酬水平与政府、企业组织的差距，这也对员工的工作态度和忠诚度提出了要求。慈善组织要想“引人、留人、用人”，就需要政府加强人力资源引导建设，为慈善组织营造良好的运营环境。

引导人力资源建设，打造专业慈善团队。首先，慈善组织人力资源管理要注意强化分工和加强团队协作，实现慈善组织管理的高效化。充分发挥个人优势，扬长避短，弥补抵消各自的弱点。其次，政府要采取合适的人才管理政策来帮助慈善组织“留人”，引导慈善组织以合理的职业薪水、绩效评估体系和灵活的激励机制（物质性激励、精神激励、晋升激励）留住人才。通过绩效结果与薪酬激励挂钩实现人才管理激励目标，将人力资源优势最大限度地变为人力资本优势，优化互联网慈善的组织建设和长远发展。最后，打造慈善专业团队，注重引进技术人才。互联网慈善事业的发展对技术人才的需求主要体现在网络技术人才和财务专业人才。一方面，互联网作为集传播方式、募捐平台、信息披露、资源整合和监督管理为一体的潜在信息交流工具，其对话沟通潜力还没有被多数组织有效使用。慈善组织在互联网专业技术人才方面的缺乏，导致了慈善组织内部互联网技术的不成熟应用。目前，从外部聘请网络技术人才进行组织内部的互联网平台运营是部分慈善组织的主要方式，而这一类

组织多为发展典型、具有一定影响力的慈善组织；他们不依附政府部门，对于组织的发展具有较高的自主性。与之形成对比的是，多数不上不下、效益平平的慈善组织要么由于“行政化参与”元素的存在，不具有自主决定权；要么就是不具备聘请外部技术人才进行网络平台开发运营的资本。由外部人员负责慈善组织网络平台开发工作不仅存在安全性和保密性问题，还导致了互联网技术应用成本的增高。“行政化参与”、非专人员管理运营的慈善组织则因互联网技术应用不足难以实现转型升级处于“有苦难言”的不利境地。因而，政府应对互联网慈善采取更为开放的态度，在慈善组织引进网络技术人才，建立专业的互联网公益技术管理团队。在互联网技术人才培训方面予以支持并帮助慈善组织改进硬件设施，使慈善组织朝着更专业化的方向发展。另一方面，互联网慈善的发展对财务专业人才的需求显而易见。如果说网络技术人才的引进是慈善组织发展的充分条件，那么财务专业人才就是其发展的必要先决条件。慈善组织内部资金管理、财务动态、资金预算规划、财务报告等均有赖于财务技术人才，财务技术人员的专业性决定了慈善组织的财务管理能力，这与慈善组织信息公开及其组织公信力息息相关不容忽视。过硬的专业能力是培养慈善组织内生力量、减少外界依赖的根本所在，专业能力来源于专业的人才队伍。政府部门应积极为慈善组织扶持引进技术人才，重视慈善组织内部人员的培训教育，从而促进慈善人员队伍能力的提升。

此外，政府需要在资金筹集、部门调动、志愿服务等方面给予支持，从而营造良好的慈善发展环境。慈善组织要运转，资金不可或缺，而慈善组织筹资能力弱是当前慈善组织的共性问题。同时，慈善组织特色项目的打造多需要深入基层，这就需要有关部门的多层协助。上至省市级部门，中至区县、乡镇，下至乡镇每个村，通过多个运营层级的联动，才能打通项目运作脉络实现互联互通解决连接问题①。但慈善组织运作过程中受主客观条件限制，慈善组织常独立开展项目，缺乏相关部门配合、协调，项目开展情况往往不尽如人意。政府部门作为慈善环境营造者，除协助慈善组织解决项目开展资金困难等问题，还应完善部门协调机制。积极促进慈善组织与相关部门沟通协作，实现第一、第二部门为慈善组织的运转操作“搭台”，以为慈善组织提供充足的人力、物

① 陈一丹：《中国互联网公益》，中国人民大学出版社，2019。

力和财力。同时，志愿者是慈善组织拓展资源的重要手段；但慈善组织往往难以招募志愿者或难以开展志愿服务。政府就需要注重引导慈善组织志愿服务的制度化建设，以形成志愿者参与志愿服务的长效机制①。这一引导具体表现为三点：其一，引导志愿服务团队的规范化管理，推动志愿服务制度化、专业化；其二，加强对志愿者基本服务知识和服务技能的培训力度，提高志愿者志愿服务的质量和效率；其三，为慈善组织志愿服务提高技术支持，如建立志愿者信息化机制，搭建志愿者数据库。归一处理志愿者信息档案、依托电子化信息管理、搭建志愿者数据库，有利于实现慈善资源整合和资源共享，减少资源调配阻隔，实现志愿服务的智能化。

3. 完善外部监督机制，联合多方协同监管

随着慈善组织的日渐增多，互联网慈善与日普及，复杂多元的网络慈善事业仅靠慈善组织内部的自我监管是不切实际的。由于慈善组织的公益性和合作方之间的委托关系以及利益主体之间的相关性，慈善组织往往会出于利益动机模糊内部监管和行业自律准则，从而导致了内部监督自主性的缺失。要想保证慈善组织运行更公开、财务信息更透明、管理更高效，互联网慈善监管体系的完善就需要动员外部监督力量的广泛参与，形成切实有效的第三方约束机制。内外部监督双管齐下，联合政府、媒体、公众多方协同监管，才能实现慈善行业的透明化、规范化和效率最大化。

政府作为慈善运行的监督者，有必要认清其监管的主体地位和主要监管职责，强化监督管理力度。首先，政府要制定互联网慈善监管的实施细则。宏观上完善慈善监督机制，中微观上注重实施细则的制定落实。对于慈善组织的监督管理不能仅限于慈善组织的登记管理和门槛资质的检查审核，还要对互联网慈善运作、项目开发、资金募集和宣传管理等行动步骤、培育措施、法律责任方面有相应的管理措施。相关政策措施要有一定的可操作性、可界定性，赏罚分明。细则落地后要注意规定的有效实施，对慈善组织的慈善行为严格把关。定期或不定期抽查慈善组织年度报告、审计报告、财务报表等，密切关注慈善组织动态，避免违规操作情况的出现，实现慈善组织的健康发展。

其次，强化外部监督，实现多主体联合监管。政府作为主要监督主体，需

---

① 郑秉文、施德容主编《新时代慈善十大热点》，社会科学文献出版社，2018。

明确多方主体监管责任，积极动员媒体、捐赠者、公众等社会力量的广泛参与和共同监管。媒体监督堪称继立法权、行政权和司法权后的“第四种权力”，以其威慑力、渲染力和广泛的影响力对慈善业界的监督达到立竿见影的效果。政府应充分利用媒体监督传播速度快、监督范围广的天然优势，借助舆论舆情挖掘互联网慈善发展因监督不足而存在的陷阱。同时，行业监督是互联网慈善社会监督不可缺少的一部分。政府可积极倡导成立行业协会，健全行业规范，制定行业标准。通过行业监督机制的探索，形成行业间的互相管理、互相约束、互相监督，弥补政府监管的不足。同时，慈善捐赠方、合作方作为慈善事业发展的重要一方，其监督意识的提高也有助于互联网慈善的健康发展。政府要让慈善捐赠方、合作方从思想上认识到监督网络慈善事业的重要性和必要性，以及他们有权参与慈善监督、要求慈善组织给予公示、获得慈善反馈，以及对违章操作加以质询问责，以此，不断提高慈善捐赠方和合作方对互联网慈善的关注度和监督意识。此外，网民和媒体舆论也是监督互联网慈善运行和发展的强大的监督主体。政府可以通过设置合理的举报渠道、奖惩措施，积极鼓励媒体、网民随时参与到监督中来；也可以在网络慈善募捐平台开辟“社会监督反馈”板块，网民可以针对网络慈善的本身真实性，对政府及专门监管机构的职责履行进行监督，并可以问责的形式要求给予反馈或公示①。从而建设一个主体多元化的网络慈善事业监督体系，促进慈善事业的公开透明。

最后，加强第三方评估制度建设，引入科学、系统、专业的网络慈善评估体系。当前，慈善组织的第三方评估主要受政府委托，评估频率低、报告官方色彩重、评估信度不高②。所以，综合性评估机制的建立要严谨、专业和客观。评估机构应为完全独立、具有权威性的社会认可度高的专业评估机构；评估主体综合考虑多方，兼顾慈善活动参与各主体；评估标准客观、全面、切合实际，以事实调查为基础。评估过程要建立评估后整改机制，及时将评估结果反馈给有关组织并定期公布、落实评估结果，以充分发挥第三方评估机构的独立评估作用，向公众提供公正、客观的评估结果。

---

① 汪丹：《我国网络慈善事业的可持续发展研究》，《社会工作》2014 年第 6 期，第 91 ~ 98 页。

② 刘园园：《我国政府解决慈善组织募捐困境的途径探析》，长春工业大学硕士学位论文，2017。

（三）社会层面：引导培育慈善文化，发扬慈善志愿精神

互联网为慈善事业的发展加入了催化剂，推动了互联网与慈善事业的逐渐融合，实现了互联网慈善事业突飞猛进的发展。随着信息流转加速，传播链接缩短和社会圈层的打破，有价值的公益慈善项目借助互联网拆除了时空的藩篱直接诉诸社会公众。要发展一个集政府、行业、社会多元主体共同参与的网络慈善体系，其发展也有赖于社会多层的推动支持。要充分调动社会各主体积极参与慈善事业，重点引导培育慈善文化和发扬慈善志愿精神。

1. 引导培育慈善文化，加大慈善精神宣传

引导培育慈善文化，加大慈善精神宣传，形成良好的慈善事业发展氛围。互联网时代，慈善集爱心、商业、道德、法制于一体。但追根溯源，慈善的本质在于人性关爱与乐善好施，这是慈善理念和慈善行为的先决条件。浓厚的慈善氛围和充沛的慈善精神是慈善事业发展的核心力量。政府、媒体等应从人文关怀和人性本善的角度出发，充分借助互联网平台和大众媒体宣传慈善精神和公益理念，激发社会公众参与慈善的热情。通过慈善理念和慈善文化的潜移默化，引导公众树立正确的慈善观念和培养个人权责意识。推动社会公众积极参与慈善实践和志愿服务，在全社会形成良好的慈善氛围。

正确的慈善观念是指公益慈善行为基于公共理性而非个人主观色彩，以更加专业的态度参与慈善事业；个人权责意识的培养在于慈善行为由行政参与化转为自主自愿，视公益慈善事业为己任。当前，公众对于公益慈善事业的参与往往出于浓厚的功利心或一时的情感冲动。且对慈善的了解往往处于被动接受状态，主动性较低。公众作为慈善参与的重要力量，慈善观念的培养亟待加强，权责意识仍有很大提升空间。公众慈善观念的树立和权责意识的培养，慈善理念和文化的宣传引导，可以用慈善展览的形式呈现，如南通市建设的中华慈善博物馆，将收集的与慈善相关的内容分慈善思想、慈善历程、慈善组织、慈善人物、当代中国慈善事业、港澳台及海外华人的慈善事业等六个板块予以展现，并且运用现代科技，生动形象地展示了我国传统慈善文化和当代慈善事业的发展①；也

---

① 石国亮：《培育和坚持慈善文化自信的战略考量》，《长白学刊》2018年第6期，第143～148页。

可以以公益广告的形式或公益慈善交流会的形式，将慈善文化融入公众生活中。

2. 树立正确的慈善观念，发扬志愿慈善精神

作为现代社会的一员，参与公益慈善事业是我们的责任；社会的正义原则要求现代社会中的每个人都有权利在陷入困境的时候得到社会救助，这也有利于维护社会稳定；与此同时，救助他人、乐善好施就成了一种社会义务。① 基于权力和责任统一的原则，公众应自发地、积极地参与慈善事业。公众自身要有意识地树立正确的慈善观念，培养个人权责意识，发扬志愿慈善精神。这对于让慈善日渐融入个人生活，实现全民公益、全民慈善而言至关重要。

一方面，公众正确慈善观念的树立和个人权责意识的培养是互联网慈善事业发展的先导。公众有必要了解慈善之于社会的价值所在，以理性的眼光看待网络慈善；主动了解、关注慈善领域动态，专业地参与到慈善活动的每一环节。尤其注意培养个人权责意识和法律意识，扮演好自身在慈善领域捐赠者、监督者的角色，为慈善事业贡献个人价值。另一方面，发扬志愿服务精神，积极参与志愿活动，是互联网慈善践行的基础。志愿服务是慈善募集的重要内容，具体表现为对于救助对象的直接救助和无偿服务等行为②。志愿服务的核心是自愿和无偿，这不仅有助于节省慈善组织的运作成本和工作经费，更有利于推进“网络共意动员”。“互联网 + 慈善”的发展需要大量志愿者的持续和主动参与，公众作为慈善组织开展公益活动重要的社会资源和志愿服务主体，应积极参与慈善组织志愿服务。本着仁爱、利他和为公益着想的原则，充分发挥发扬志愿服务精神。这有助于慈善组织扩大慈善服务覆盖范围，提高慈善服务效率和质量，在社会上形成良好的志愿服务氛围。

参考文献

童婷：《网络公益慈善发展研究》，南京大学硕士学位论文，2018。

① 陈一丹：《中国互联网公益》，中国人民大学出版社，2019。

② 赵海林：《从行政化到多元化：慈善组织运作研究》，中国社会科学出版社，2013。

杨艳芳：《“互联网+”背景下的公益事业发展研究》，南京大学硕士学位论文，2017。

黄力：《“互联网+”背景下公益性社会组织发展研究》，南京大学硕士学位论文，2016。

叶托：《〈慈善法〉为我国慈善事业保驾护航》，《中国社会科学报》2019年5月22日第（005）期。

冯叶露：《“互联网+公益”的筹资模式探索——以13家慈善组织互联网公开募捐信息平台为例》，《西部学刊》2018年第12期。

贾识渝：《“互联网+慈善”面临的困境及对策的研究》，华中师范大学硕士学位论文，2017。

杨逸歌：《中国大型慈善组织慈善资金获取源探讨——以香港东华三院慈善事业资金获取渠道为例》，《郑州大学学报》（哲学社会科学版）2014年第47（04）期。

徐道稳：《中国慈善立法若干问题研究——基于对地方慈善立法的分析》，《南开学报》（哲学社会科学版）2016年第2期。

陈一丹：《中国互联网公益》，中国人民大学出版社，2019。

张晓全、曹光明：《扁平化——西方企业组织结构的演变趋势》，《管理现代化》1994年第3期。

余海滨、张燕宁：《“服务+公益”微公益理念的实践经验研究——以北京理工大学教育基金会公益自助咖啡平台为例》，《中国社会组织》2017年第12期。

汪万福：《基于新浪微博的社会公益传播策略研究》，《新闻战线》2015年第16期。

侯远：《社交媒体助力公益营销——以新浪微博“冰桶挑战”为例》，《新闻世界》2014年第12期。

林卡、吴昊：《官办慈善与民间慈善：中国慈善事业发展的关键问题》，《浙江大学学报》（人文社会科学版）2012年第4期。

徐家良、侯志伟：《中国慈善体制改革的三重路径及其演进逻辑——基于三个案例的比较分析》，《北京行政学院学报》2013年第3期。

康晓光、韩恒：《分类控制：当前中国大陆国家与社会关系研究》，《社会学研究》2005年第6期。

刘秀秀：《官办抑或民办：中国慈善事业在网络化时代的变局》，《思想战线》，2014。

刘威：《超越官与民：慈善事业转型与组织生态重构》，《中州学刊》2015年第9期。

刘秀秀：《互联网对官办慈善组织的互构式影响及其边界》，《国家行政学院学报》2017年4期。

刘威：《回归国家责任：公益慈善之资源动员及群众参与的新传统》，《深圳大学学报》（人文社会科学版）2010年第5期。

刘威：《反思与前瞻——中国社会慈善救助发展六十年》，《学术论坛》2009 年第 32（12）期。

刘威：《国家在场的慈善事业：经验局限与转型进路》，《学术论坛》2015 年第 10 期。

刘威：《慈善资源动员与权力边界意识：国家的视角》，《东南学术》2010 年第 4 期。

刘威：《从“中国经验”到“中国模式”——慈善救助之文化逻辑、经验局限与发展走向》，《福建论坛》（人文社会科学版）2010 年第 2 期。

孔云梅：《我国慈善事业发展中公信力缺失的原因及防范》，《中州刊》2011 年第 5 期。

高静华：《新媒体慈善之意义与困境》，《河北大学学报》（哲学社会科学版）2018 年第 4 期。

徐舒宁、陈为旭：《〈慈善法〉视阈下“互联网 + 慈善”模式探究》，《行政与法》2016 年第 11 期。

陈志强：《互联网思维与新媒体慈善活动》，《学术交流》2015 年第 10 期。

李健：《我国慈善组织信息公开研究》，中国社会科学出版社，2017。

李卫华：《慈善组织的公共责任与信息公开》，《理论探讨》第 6 期。

柳翠：《互联网慈善立法研究》，西南交通大学硕士学位论文，2018。

陈成文、雷旦丹、尹伟：《慈善：政府与民间的责任边界》，《湖南社会科学》2013 年第 1 期。

刘园园：《我国政府解决慈善组织募捐困境的途径探析》，长春工业大学硕士学位论文，2017。

郑秉文、施德容主编《新时代慈善十大热点》，社会科学文献出版社，2018。

赵海林：《从行政化到多元化：慈善组织运作研究》，中国社会科学出版社，2013。

陈一丹：《中国互联网公益》，中国人民大学出版社，2019。

冷向明、张津：《半嵌入性合作：社会组织发展策略的一种新诠释——以 W 市 C 社会组织为例》，《华中师范大学学报》（人文社会科学版）2019 年第 58（03）期。

Tapp A. Charity brands: a qualitative study of current practice [J]. International Journal of Nonprofit & Voluntary Sector Marketing, 2015, 1 (4): 327 - 336.

Keller K L. The Brand Report Card [J]. Harvard Business Review, 2000, 78 (1): 53 - 5.

第五章　构建社会信用共同体：互联网慈善中的社会信用体系重构研究

唐　俊*

摘　要： 互联网慈善是慈善与互联网深入融合的新业态。互联网不但给慈善创造新的平台和机制，能够将慈善需求方的信息瞬间扩散到整个网络，动员社会各方面的广泛参与和传播，实现供需方的资源对接。信用是现代社会的基础，对社会的各个方面都有着广泛的影响。社会信用对于互联网慈善起到支撑性作用，贯穿于互联网慈善活动的始终。随着互联网技术的更新以及与慈善的深入融合，互联网慈善也经历了 1.0 阶段、2.0 阶段和 3.0 阶段的进化历程。与此同时，我国的社会信用体系也在不断地发展和完善。因此，互联网慈善不同阶段的社会信用体系经历了一个逐步发展的过程。因此，需要加强宣传和协调，树立互联网慈善社会信用共同体意识，完善互联网慈善社会信用共同体法律体系，创新互联网慈善社会信用共同体的评价指标体系，建立互联网慈善社会信用共同体与全社会信用体系联动机制。

关键词： 互联网慈善　社会信用体系　社会信用共同体

* 唐俊，江西财经大学人文学院副教授，亚太经济与社会发展研究中心主任。

一　绪论

（一）研究背景

根据中国互联网络信息中心于2019年2月28日发布的第43次《中国互联网络发展状况统计报告》中有关数据显示，“截至2018年12月，我国网民规模达8.29亿，普及率达59.6%”[①]。随着互联网用户人数的连年攀升，互联网正在日益影响国家的政治、经济、文化的运行以及人们的日常生活，互联网与社会领域的各个业态结合起来，形成“互联网+”的新业态范式。

在慈善领域，正如美国社会学家曼纽尔·卡斯特所言，信息时代的支配性功能与过程以网络组织起来，与互联网结合在一起建构了新的慈善形态，实质性地改变了慈善活动的操作过程和结果[②]。互联网不但给慈善创造新的平台和机制，能够将慈善需求方的信息和需求瞬间扩散到整个网络，动员社会各方面的广泛参与和传播，实现供需方的资源对接，整个慈善过程能做到公开透明，便于接受政府和公众的监督。得益于这些优势，“互联网+慈善”的新型慈善事业蓬勃发展起来。根据北京师范大学中国公益研究院发布的《2017中国互联网公益发展报告》推算，2017年使用过互联网参与慈善的网民人数规模约为2.51亿。当年通过12家网络筹款信息平台共筹集的善款总额约25.9亿元[③]。中国的慈善事业迈入了“全民参与”的繁荣阶段。

然而，随着互联网慈善的发展，许多问题也逐渐浮出水面，甚至在互联网时代会进一步放大其负面影响。互联网慈善快速筹款的优势成为一些

① 第43次《中国互联网络发展状况统计报告》，2019年2月28日，http://www.cnnic.net.cn/hlwfzyj/hlwxzbg/hlwtjbg/201902/t20190228_70645.htm，访问日期：2019年3月3日。

② 〔美〕曼纽尔·卡斯特：《网络社会的崛起》，夏铸九译，社会科学文献出版社，2000，第569页。

③ 张明敏：《〈2017中国互联网公益发展报告〉：中国互联网公益进入3.0时代》，《公益时报》2018年9月13日。

居心不良的人的生财之道。在互联网慈善平台上，利用他人信息诈骗事件层出不穷。利用互联网慈善行营销之实，透支了善良的人们的慈善热情。如2017年轰动一时的“罗一笑事件”。还有类似“郭美美炫富”这样的网络事件，也冲击着人们对传统慈善机构的信任。由于相关法规和监管措施尚不成熟，这样的事件无法得到有效的遏制。如果任由其发展下去，会导致“劣币驱逐良币”，不仅会使真正深陷困境的人失去在互联网上得到帮助的机会，而且会使整个社会对互联网慈善丧失信任，乃至动摇整个社会的信用根基。

互联网慈善需要法律法规的规范，已成为整个社会的共识。近年来我国政府在构建互联网慈善法律法规方面也付诸了大量的努力，着力打造社会信用体系。2016年3月，我国正式颁布《中华人民共和国慈善法》（简称《慈善法》）并于当年9月开始正式实施。《慈善法》明确规定“开展慈善活动，应当遵循合法、自愿、诚信、非营利的原则”，并要求慈善组织、慈善信托的受托人、县级以上人民政府民政部门和其他有关部门都应当公开相关信息，对慈善的社会信用系统做了原则上和技术上的规定。2018年，民政部发布了包括《社会组织信用信息管理办法》在内共计6个与社会组织信用管理相关的文件，要求社会组织进行信息公开，加强信用信息管理，并发布社会组织活动异常名录以及严重违法失信名单信息。同一年，民政部联合近40个部门和单位共同发布《关于对慈善捐赠领域相关主体实施守信联合激励和失信联合惩戒的合作备忘录》，公布了对慈善捐赠领域守信行为的26项激励措施以及失信行为的24项惩戒措施。这些政策文件的出台，为互联网慈善构建了一个基本的信用管理体系。

社会信用体系是社会主义市场经济体制和社会治理体制的重要组成部分。社会信用体系对互联网慈善的发展有着决定性的影响。在互联网社会这样一个虚拟性、匿名性的社会结构中，良好的社会信用体系可以激发慈善发起人和捐赠者的热情，维护慈善机构和受益人的诚信和公信力，保证慈善资源能够流向需要的地方，引导慈善事业的良性运行。同时，互联网慈善中的社会信用体系还可以增加互联网用户彼此之间的信任，为整个社会的信用体系添砖加瓦，为构建一个更加诚信的社会环境做出自己的贡献。因此，互联网慈善中的社会信用建构具有十分重要的社会示范意义。

（二）已有的研究文献综述

作为新技术革命的标志，互联网不仅带来的是科学技术上的变革，而且促成了社会结构的变迁。万维网的创始人蒂姆·伯纳斯-李就曾指出，万维网不仅是一种技术的创造物，更是一种社会性的创造物[①]。美国未来学家泰普思科认为，网络将人类、组织及社会连接在了一起[②]。这种新型的社会形态被美国学者曼纽尔·卡斯特称为“网络社会”（network society）。在其代表性著作《网络社会的崛起》一书中，卡斯特认为，“信息时代的支配性功能与过程日益以网络组织起来。网络建构了我们社会的新社会形态”[③]。美国学者莱恩格尔德在其《虚拟社区：电子边疆的家园》一书中认为，“网络最终所能带来的社会变化并不只是建立一个信息市场，而在于形成长久的个体关系与群体关系”[④]。中国学者冯务中、李艳艳在接受“互联网社会”概念的基础上，进一步指出，互联网社会是一切技术关系和社会关系以及技术与社会之关系的总和[⑤]。互联网社会（或网络社会）作为当今社会特征的典型话语描述，已经在国内外学界基本形成共识。

互联网作为有史以来最为强大的信息平台正在发挥着集聚和共享人类智慧、资源和能力的重要作用[⑥]。在慈善领域，互联网为慈善组织发展提供了新的平台，建立并提升它们与捐赠者、志愿者、所服务的社区之间的关系[⑦]。互联网慈善的诸多便利之处已为人们所熟知。Pinho，J. C. 等人认为，相对于传

---

① 〔英〕蒂姆·伯纳斯-李著《编织万维网》，张宇、萧风译，上海译文出版社，1999，第124页。

② 〔美〕D·泰普思科著《泰普思科预言：21世纪人类生活新模式》，卓秀娟、陈佳伶译，时事出版社，1998，第10页。

③ 〔美〕曼纽尔·卡斯特著《网络社会的崛起》，夏铸九等译，社会科学文献出版社，2001，第569页。

④ Reingold H., *Virtual Community: Homesteadingon the Electronic*, Reading, Massachusetts, Addison-Wesley, 1993, P. 4.

⑤ 冯务中、李艳艳：《“网络社会”概念辨析》，《广西社会科学》2008年第9期，第176页。

⑥ 《2016年世界互联网发展乌镇报告》，中华人民共和国互联网信息办公室，http://www.cac.gov.cn/2016-11/18/c_1119941092.htm，访问日期：2019年4月1日。

⑦ Goatman, A. K., & Lewis, B. R., Charity E-volution? Anevaluation of the attitudes of UK charities towards website adoption and use, *International Journal of Nonprofit and Voluntary Sector Marketing*, 2007 (1): PP. 33-46.

统的募集资金方法，互联网慈善性价比更高，不但可以在全球范围内吸引并保持捐赠者，提升传播信息的手段，获得更广泛知名度，还可以提升公众对慈善的意识①。王云斌认为，网络慈善支付便捷、筹款高效、信息公开、易于传播、互动性强，公众还可以了解、参与、监督慈善活动，对于捐赠者、慈善组织和求助者三方都是最佳的信息通路和慈善渠道②。从全球范围来看，目前很多慈善组织通过网络捐赠获得的资金有显著的增长③。近年来，随着“互联网+”时代全面来临，我国的互联网慈善事业蓬勃发展起来。中国正在进入网络慈善快速发展期，我国慈善正由传统模式快速转向“互联网+慈善”的现代模式④。

对互联网慈善的研究已经引起国内外学者的广泛兴趣。刘秀秀发现互联网慈善对于官办慈善组织产生了互构式影响：一方面互联网对于官办组织在慈善生态、组织内部治理状况、公信力重建、制度建设等方面的改造与影响；另一方面官办组织对于互联网的吸收与选择，表现为社会化逻辑与垂直管理制度、开放性逻辑与专业化趋向、注意力逻辑与科层文化这三对互构机制。在刘秀秀看来，互联网特质与民办慈善具有高度的契合性，因而网络慈善是当下中国民办组织采用的重要形式。网络慈善的捐赠机制分为动员和参与机制。在中国的语境下，一项网络慈善能够取得成功，其决定因素不只停留在动员技术层面，还需考虑复杂的社会现实因素。如何形成健康合理的动员格局，并有效利用网络技术手段，是未来中国慈善事业发展的重要课题⑤。邵祥东基于长尾理论和责任扩散理论，选取了1000个重大疾病救助众筹项目，探究民间匿名散捐力量主导的重大疾病救助善款众筹获取机制、内在逻辑和治理导向。研究发现：

---

① Pinho, J. C., & Macedo, I. M., The benefits and barriersassociated with the use of the internet within the nonprofit sector [J]. *Journal of Nonprofit & Public Sector Marketing*, 2006 (1-2): 171-193.

② 王云斌：《中国实现“互联网+慈善”的路径研究》，《社会福利》2016年第3期，第7~10页。

③ Bennett, R, Impulsive donation decisions during online browsing of charity websites [J]. *Journal of Consumer Behaviour*, 2009 (2-3): 116-134.

④ 秦安兰：《网络慈善心愿共同体：概念、特征与聚散路径》，《社会福利》2018年第9期，第8页。

⑤ 刘秀秀：《动员与参与：网络慈善的捐赠机制研究》，《福建论坛》（人文社会科学版）2014年第1期，第187~192页。

网络慈善众筹具有独特的内生机理特征，特急救助捐赠的羊群效应较强；众筹周期和众筹绩效反相关，捐赠责任扩散效应先弱后强的特征明显；众筹绩效的社会长尾效应显著，慈善救助的公共福利效用纳什均衡特征不明显；在信用讯号被社会有效识别基础上，众筹绩效与项目执行方认同度正相关，且存在显著的机构类型差异和不显著的机构层级差异。在治理导向上，互联网众筹还需政府、公益慈善机构、互联网众筹平台合力逐步引导完善。对于互联网慈善的运行机制，[①] 郑伟认为，互联网慈善应采取“线下前期的筹备与策划、慈善网络信息平台上发布项目的相关信息、参与者线上捐赠、线上平台对项目执行的评估”等过程，同时，还需要接受政府、社会和第三方机构的监督。以电子技术平台为中介，将有关慈善的所有环节都置于阳光之下，不仅有助于慈善组织公信力的建设与维护，还能进一步提高慈善组织工作效率，推动慈善事业的发展[②]。王少辉等认为，基于移动互联网的慈善捐赠运行机制主要由动员机制、参与机制、善款管理机制、监督机制构成，各项机制之间相互依赖，相互影响，相辅相成，缺一不可[③]。

2016 年《慈善法》颁布后，互联网慈善有了一定的法律依据，但依然需要从原理到规则层面进行全面梳理和廓清[④]。柯湘认为，《慈善法》颁布后，公益众筹目前的若干运作模式将受到合法性挑战，甚至某些模式将面临不得不转型的问题。直面这些风险和挑战，并从监管者角度和被监管者角度同时采取有效的应对措施，方能确保新兴的公益众筹走上良性发展的轨道[⑤]。朱虹、吴楠发现，《慈善法》实施后，网络募捐的主体、地域、平台都受到了一定的限制，建议围绕《慈善法》，尽快出台规范网络募捐的相关规定及实施细则，建立相对完备的新时代慈善法律法规体系，加强对网络募捐平台事中事后的监

① 邵祥东：《重大疾病救助公益慈善网筹机理与治理导向》，《社会保障研究》2017 年第 6 期，第 67 ~ 78 页。

② 郑伟：《互联网慈善运行模式及监督机制研究》，《赤峰学院学报》（汉文哲学社会科学版）2016 年第 4 期，第 91 ~ 92 页。

③ 王少辉、高业庭、余凯：《基于移动互联网的慈善捐赠运行机制研究——以湖北省“拯救一斤半早产儿”慈善募捐活动为例》，《电子政务》2015 年第 3 期，第 26 ~ 32 页。

④ 金锦萍：《〈慈善法〉实施后网络募捐的法律规制》，《复旦学报》（社会科学版）2017 年第 4 期，第 162 ~ 172 页。

⑤ 柯湘：《互联网公益众筹：现状、挑战及应对——基于〈慈善法〉背景下的分析》，《贵州财经大学学报》2017 年第 6 期，第 53 ~ 60 页。

管，大力构建网络募捐社会共治格局①。

在互联网慈善迅速发展的同时，也爆发出了“罗尔事件”等负面事件，引起社会对互联网慈善的公信力和社会信用危机，因而也引起学界的关注。王海燕、邓虹通过分析“郭美美事件”“罗尔事件”等互联网慈善的热点事件，发现互联网慈善的公信力存在喜忧参半的现状。特别是，互联网慈善让一些慈善机构陷入信任泥潭难以自拔，互联网慈善中一些合法性缺失、善款使用不透明乃至诈捐、骗捐等行为也广受诟病，使其公信力蒙上了阴影，因此，必须推进互联网慈善公信力建构的法治进程②。杨睿宇、马箫指出，法律监管滞后、相关法规不完善、运营模式不够成熟等问题，使网络公益众筹面临平台信用风险，进而影响到互联网慈善的健康发展。要充分运用互联网思维，完善相关法律法规，加强平台管理的内控规范，增强投资人风险意识教育，才可以避免网络公益众筹发展面临的风险和挑战，促进众筹平台形成良好的信用体系和抗风险能力，推动公益众筹行业的可持续发展③。张鸣建议，利用好公证参与网络慈善项目的前期筹备、中期运作、后期运作以及纠纷调处，维护社会诚信，推进网络慈善活动的规范化建设④。

通过以上有关互联网慈善的研究文献，我们可以发现，互联网慈善的实践发展，引起学者们较大的研究兴趣。现有的研究大多关注互联网发展的筹资机制、治理机制、监督机制以及对社会的影响，一些学者虽然注意到互联网的公信力问题，但相关的文献偏少，且主要还是就互联网慈善论及信用问题，没有将其扩展到整个社会信用的建构上。事实上，社会信用关乎互联网慈善发展的根本性问题，互联网慈善对社会信用的重构也会起着推动作用，两者互相影响，相互依存，这不但关系到互联网慈善深入健康领域，也关系到整个社会信用体系的构建。因此，互联网慈善中的社会信用体系重构，是互联网慈善研究中急需进一步探讨、发展和突破的新空间、新问题和新领域。

---

① 朱虹、吴楠：《〈慈善法〉背景下中国网络募捐的现状、困境及其应对》，《社科纵横》2018年第10期，第89~93页。

② 王海燕、邓虹：《互联网慈善的公信力研究》，《征信》2017年第1期，第27~31页。

③ 杨睿宇、马箫：《网络公益众筹的现状及风险防范研究》，《学习与实践》2017年第2期，第81~88页。

④ 张鸣：《公证在互联网慈善项目运作中的作用》，《中国公证》2017年第7期，第29~34页。

（三）研究意义

互联网慈善中的社会信用体系重构既是一个全新的理论命题，又是一个实践性和政策性的现实问题。因此，对这一问题的研究既要包括理论上的建构，又要提出解决问题的对策建议。

本研究的理论价值在于：将采用风险社会理论、社会信任理论、委托代理理论等多理论视角，通过对互联网慈善和社会信用相互影响、相互依存的关系的研究，进一步扩大社会信用相关理论的内涵，进而对互联网慈善有关学理性、机制性的问题进行理论上的深入挖掘和探讨，构建互联网慈善的社会信用理论体系。

本研究的政策应用价值在于：在理论研究的基础上，深入剖析提出我国互联网慈善发展过程中存在的社会信用问题，结合国外社会信用体系尤其是互联网慈善中的社会体系建设的经验，提出社会信用体系重构的政策建议，进一步完善互联网慈善的相关立法，推动政府在发展互联网慈善过程中进一步完善社会信用系统，从而构建中国特色的全面信用体系。

二　互联网慈善中的社会信用体系基本内涵

（一）社会信用体系的基本含义

1. 信用关系的发展

在汉语中，“信用”意味着信任和委用。在英语语境中，信用（Credit）一词源于拉丁语 Credere，意为信任①。可见，信用几乎与信任同义。早在古代时期，“诚信”就成为人类公认的美德之一。如中国古代的儒家核心道德标准中就崇尚“仁、义、礼、智、信”，其中“信”就是诚信的意思。《论语》中记载的“民无信不立”“言必信，行必果”“人而无信，不知其可也”等经典名

① 杜金岷、林永亮、朱小明：《社会信用的经济学分析》，《学术研究》2001 年第 9 期，第 56 页。

句，一再强调诚信的重要性，并将其发展成为中华民族的传统文化。古希腊先贤亚里士多德在其经典著作中多次论述了诚实守信的原则。《圣经》中也以上帝的名义教导信徒要“行事诚实”。在诚信思想的指引下，古代的信用经济已经有了相当的规模。如在中国古代的春秋时期，民间借贷已经非常普遍。到唐宋时期，已经出现了民间钱庄发行的信用货币。在古代西方国家，以信用关系为基础的民间借贷也很发达。商人从中获利，直接导致了近代商业经济的发展。

当人类社会进入市场经济以后，经济主体在信任的基础上采取在得到或提供货物或服务后承诺在将来支付报酬的形式，或者以还本付息的方式或者让渡资本所有权，构建市场经济条件下的信用关系。市场经济中的信用关系错综复杂。政府、企业、社会组织、个人等经济主体既有各自的信用体系，又交织在一起，围绕建立和完善以信息共享为核心，制定出一整套信用法律、法规。

在市场经济条件下，商品交换的范围和规模不断扩大，商品或者资本的所有权和使用权的分离已经成为常态，由此产生委托—代理关系。市场经济的本质就是信用经济。信用体现了一种契约精神，是市场经济的基础，是现代社会有序运行的基本保证。首先，在市场经济条件下，信用也是一种商品和资源，是社会生产和交换必不可少的条件之一。良好的信用是经济主体无形资产的重要组成部分。比如，政府可以依赖国家信用发行货币，保证国内经济有序运行。还可以发行国债，在国内外市场募集资金，获取财政收入。美国更是通过自身的信用，使美元成为世界货币，在全球范围内收取“铸币税”，确立全球经济霸权。良好的企业信用可以使企业摆脱现有资源的束缚，调配市场上更多的资源组织生产和销售，加速资本周转，获取更多的利润。其次，信用是市场经济下资源配置的手段之一。信用宛如一只“看不见的手”，在市场中有效地配置各种资源，这种资源可以是当期的，也可能是未来才会实现的。良好的社会信用环境还可以降低交易成本，减少在交易主体信息收集、产品质量鉴定、条件谈判、聘用律师、解决纠纷等方面的费用。再次，信用是解决市场经济条件下信息不对称风险的有效手段之一。在市场经济条件下，社会分工日益深化，经济主体早已跨越“熟人社会”的局限，在时间和空间上分布极为分散，因而信息不对称成为经济领域的常态和基本特征，导致在市场交易中的不确定性增加。社会信用体系就是尽量缩小交易双方的信息不对称，减少经济不确定性，提高经济运行的效率。最后，信用是市场经济中道德和法律的标准之一。

当今世界各国无一不要求在市场交易中“诚实守信”，构成民法、经济法、合同法等法律的基本原则。同时，各国还针对社会信用体系的管理制定专门的法律。如在美国，除几部相关的基础法律之外，美国国会颁布实施的信用投放和信用管理相关的法律就有近 20 部，构成了完善的社会信用法律体系。

2. 社会信用体系

社会信用体系是由社会信用元素组成的一个相互联系、相互作用的整体。它以法律、法规、标准和契约为依据，以健全和充分的社会成员的信用记录和信用基础设施网络为基础，以信用信息合规应用和信用服务体系为支撑，以树立诚信文化理念、弘扬诚信传统美德为内在要求，以守信激励和失信约束为奖惩机制，目的是提高全社会的诚信意识和信用水平①。从构成形式来看，社会信用体系包括政府信用、企业信用、社会组织信用、个人信用。其中个人信用是社会信用体系的基础，企业信用是社会信用体系的主体，政府信用在社会信用体系中占主导地位，社会组织信用对社会信用体系起到重要的补充作用。

社会信用体系具有几个鲜明的特征。第一，强制性。在市场经济条件下，社会经济主体必须如实披露自己的信用记录，以方便经济关联方能够查阅和审核。任何故意隐瞒、篡改或者阻止信用采集等行为，将会被视为失信。各国政府都会通过立法，强制收集社会主体的信用记录，作为社会共享的信息资源。第二，全面性。社会信用体系中的信息档案会涵盖经济主体所有经济活动的信息档案。例如，一个企业的信用档案必须包括其经营资质、产品生产许可、质量检验报告、借贷信息、诉讼、奖惩记录以及来自政府、交易方、合作伙伴、员工和消费者等关联角色的评价。这种信息不但会具有很强的溯及性，还会在信用主体的经济活动过程中不断进行动态更新，贯穿信用主体的生命全过程。第三，跨界性。在经济全球化和网络化的今天，经济活动越来越具有跨区域、跨国界乃至全球化的特点，社会信用体系也会跨越区域、行业、国界，形成全国覆盖、全球联网的信用机制。第四，标准性。为了行业间、地区间和国际的信用交流和比较，各国会逐步采用统一的征信标准和模型，保证所有经济主体

① 国务院：《关于印发社会信用体系建设规划纲要（2014～2020 年）的通知》，http://www.gov.cn/zhengcc/content/2014－06/27/content_ 8913. htm，访问时间：2018 年 12 月 21 日。

的信用档案具有可比性和通用性。

完善的社会信用体系是信用发挥作用的前提。社会信用体系的功能在于以下几方面。第一，记录功能。一个完善的社会信用体系可以记录每一个社会主体的信用状况，政府和公众可以查询到社会主体的信用记录。第二，揭示功能。社会信用体系可以横向和纵向比较社会主体的信用优劣，揭示在经济交易和社会活动中存在的信用风险。第三，示范功能。社会信用体系可以整合全社会力量对信用好的社会主体进行褒扬，对信用差的经济主体进行惩戒，引导全社会树立崇尚诚信、遵纪守法的社会风尚，提高整个社会的道德和法律水准。

（二）传统慈善的社会信用危机及其根源

风险是指未来结果的不确定性或损失。传统慈善的社会信用风险是指在慈善中行为主体的各项活动对社会信用产生的不确定性或者损失。属于传统慈善遗留的社会信用风险主要包括以下四方面。一是官办慈善机构的社会信用风险。慈善组织缺乏有效的监督，在慈善活动中侵吞、挪用善款的现象时有发生，造成社会对官办慈善的信任度降低，因此引发社会信用风险。二是求助人的社会信用风险。求助人的信息不真实，甚至存在严重的欺诈行为，在传统慈善中对求助人的个人征信审核出现漏洞的情况下，也会引发社会信用风险。三是捐赠人的社会信用风险。捐赠人为了博取社会关注，任意口头许诺而不履行，造成的失信行为得不到应有的惩戒，也会引发社会信用风险。四是慈善项目的社会信用风险。慈善项目的真实目的在于商业运作而非慈善，慈善项目各环节中的违法违规行为，都会损害社会信用而引发风险。

传统慈善在制度、社会和文化上的局限性，导致社会信用风险没有得到有效地管控，酿成传统慈善出现了社会信用危机。

1. 传统慈善社会信用危机的制度根源

我国传统的慈善事业具有显著的官办特征。曾几何时，慈善组织属于政府下辖的事业单位，具有一定的行政级别，慈善组织的负责人也是由政府任命的。这种“官方动员式”的慈善模式虽然有利于各种慈善资源的动员、组织和调度，但也造成了慈善组织的运作高度内部化，只有政府体制内的监督，缺乏有效的社会监督机制。慈善资源在调度和使用过程透明度不高，很少对社会公布，对捐款人也没有履行报告的程序。监督和公开程序上的不完善给慈善工

作人员克扣善款、中饱私囊以可乘之机。一旦某一个慈善组织的失信行为被曝光，将会引起社会舆论的强烈反弹，并将这种不信任感迅速扩散到整个慈善事业中来，形成全社会对慈善事业乃至政府的质疑。这种社会信用危机的恶劣后果在短时间之内很难得到修复。

2. 传统慈善社会信用危机的社会根源

改革开放以来，我国经济社会各项事业取得迅速的发展，传统社会面临着向现代社会的剧烈转型之中。在这一过程中，各种社会问题丛生，社会失范行为增多，旧有的以血缘关系为基础的差序社会结构趋于解体，以信用为核心的新社会结构正在建立，完备的社会信用体系还没有形成，社会失信行为层出不穷，也波及慈善领域。慈善事业也面临着转型的过程，其中不可避免地会出现慈善行为主体失信、失范的行为，在社会信用管理制度和相关的失信惩戒措施还没有完全建立的情况下，很难对失信行为进行有效的惩戒。因此，在社会转型过程中，传统慈善的社会信用风险难以得到有效的管控，一旦社会风险大面积的爆发，就会形成社会信用危机。

3. 传统慈善社会信用危机的文化根源

尽管中国传统的儒家文化中一直有“诚信”的传统，但是新中国成立以后，儒家文化一度被视为封建糟粕受到批判。在市场经济建立过程中，精神文明建设的滞后导致“唯利是图”“不讲信用”大行其道，从而造成信用文化严重缺失。与此同时，“官本位”文化依然十分严重，官办色彩浓厚的慈善组织也不能幸免，在慈善活动中高高在上，以施舍者自居，缺乏慈悲和服务的情怀，导致传统慈善组织面临着重大的社会信用危机。

（三）互联网慈善的基本内涵

作为 20 世纪人类最伟大的发明之一，互联网已经成为当今人类社会发展的战略性基础设施，推动着生产和生活方式的深刻变革，进而不断重塑经济社会的发展模式，成为人类社会新形态的重要基石。互联网与人类社会的传统领域深度融合，形成了许多新的业态。互联网慈善即是其中之一。互联网作用于慈善领域，催生了慈善事业在新领域、新模式、新场景中的尝试和突破，形成了互联网慈善这一新业态。

与传统慈善相比，互联网慈善的鲜明特征表现为以下 5 个方面。

1. 传播性

传播性是互联网的典型特征，因而也成为互联网慈善传播较之于传统慈善的优势所在。

首先，互联网慈善传播主体的多元性。除了政府、慈善组织、求助人、捐赠人等互联网慈善行为主体是传播的主体之外，互联网网站、社会公众乃至海外网民都有可能积极参与到互联网慈善的传播中来。慈善活动不再局限于政府和专业的慈善组织，任何组织和个人都可以通过互联网平台单独或合作来发布信息、募款捐款、组织活动。在传播过程中，更多的组织和个人会成为互联网慈善新的行为主体。

其次，传播媒介的多样性。除了原有的报纸、书籍、杂志、电视、无线电等传统传播媒介之外，互联网上的官方网站、论坛（BBS）、购物网站、视频网站、社交游戏、微博、社交网络、即时通信工具等网络工具和平台成为慈善传播的新媒介。每一种媒介的种类和数量都十分庞大，除了各自独立的渠道之外，也会联合起来形成综合传播渠道，发挥传播的规模效应，使传播效应达到最大化。

再次，传播内容的丰富性。互联网内容的丰富性，改变了传统慈善传播单调、呆板的内容形式。互联网慈善可以根据传播的需要，通过文字、图片、动画、音频、视频等形式把互联网慈善的项目做成老少皆宜、喜闻乐见的传播内容。

2. 交互性

借助于互联网的交互性，互联网慈善打破了传统慈善领域中政府、慈善组织和个人之间的界限，方便这些慈善活动的参与主体在网络上进行慈善信息的发布与分享、慈善话题的创设与讨论、慈善状况的统计和实时追踪等交互式活动。

政府可以通过互联网慈善平台发布有关慈善活动的政策、法律、法规，公布慈善组织备案的项目信息，开辟论坛供网民开展对慈善事业的讨论和监督，虚心听取网民的意见和建议。

慈善组织可以通过互联网慈善平台发布慈善项目，动员民众关注和参与。慈善组织可以在网络平台上开辟讨论空间，听取网民对慈善组织和项目的意见和建议。

个人是互联网交互的主体。求助人可以通过互联网慈善平台发布求助信息，公布善款使用和余款处置的动态，与网民互动，争取社会更多的关注和支持，并向捐赠人表达谢意。捐赠人可以及时了解求助人的信息、项目的进展状态，还可以通过网络发动更多的人关注、参与到慈善项目中。慈善项目往往是网络舆论的焦点事件，能引起公众的热烈讨论。互联网慈善通过慈善项目的进行，广泛地激发网民的同情心和同理心，宣传慈善理念，使“悲天悯人、扶危救困”的慈善观深入人心。交互性是互联网慈善得以快速发展的动力之一。

3. 便捷性

互联网自身的便捷性赋予了互联网慈善高度的便捷性。一是信息传递的便捷性。无论是政府发布政策和公告，还是慈善组织发布项目信息和信息公开，或者是求助人发布求助信息，借助互联网都非常的便捷。公众通过移动互联网，可以在掌上获取相关的慈善信息。二是慈善参与的便捷性。互联网成为慈善活动最重要的场景。慈善组织与互联网平台合作，开辟了各种便捷的捐赠端口。捐赠者可以通过在线支付奉献爱心，操作流程得到了极大的简化。慈善组织也可以通过在线支付转移善款。整个慈善活动通过互联网实现了无现金化的便捷运作。三是社会监督的便捷性。通过互联网，慈善机构可以便捷地实现法定要求的信息公开，便于无论是政府还是公众，都可以方便地查阅。

4. 经济性

相比传统慈善来说，互联网慈善的参与主体可以利用网络平台实现无纸化操作，从而大规模地节省直接成本和间接成本。直接成本包括政府精简慈善管理机构和节省审批、监管和服务的成本；慈善组织精简服务团队节省的人力、物力和慈善活动的策划、组织和运营的成本；求助人发布信息所需的成本；以及捐赠人参与慈善活动的成本。间接成本包括各种信息传递的成本、供需匹配的成本以及等待的时间成本。另外，互联网慈善筹集到大量的经费，纾解了求助者的困境，甚至挽救了一个个的生命，也间接地节约了大量的社会成本。

5. 透明性

互联网慈善改变了传统慈善封闭式的管理模式，使慈善活动置于“阳光”之下。“阳光慈善”包括如下三点。一是“阳光”政务。政府会在互联网上公开发布慈善的法律法规，向社会公布互联网慈善募捐平台的遴选结果，在“慈善中国”网站上发布慈善组织的公开信息，以便社会公众查阅和监督。二是“阳光”组织。慈善组织按照法定要求和程序进行信息公开，开展的慈善项目也必须向有关部门备案。慈善组织的活动信息在互联网上形成的大数据，可以让社会公众关注和跟踪，有据可查。三是“阳光”慈善活动，无论是求助者的个人信息还是求助信息，善款的筹集、移交、使用和余款的处置，都置于互联网的公开平台上，接受社会公众的监督。可以说，互联网慈善使得慈善不再“神秘”，而是普通社会生活的一部分。互联网慈善的透明度也成为必然要求，直接影响互联网慈善的生存与发展。

总之，互联网慈善的兴起，颠覆了传统的慈善单一动员的组织模式，赋予了慈善新的内涵，掀起了慈善事业一场史无前例的变革和转型发展。互联网慈善以其快速高效的传播性、良好的交互性、低廉的成本优势、简单便捷的操作过程以及优质的信息服务和透明度，极大地提高了社会公众参与的积极性，有效地整合了慈善资源，成为慈善事业非常重要的载体和平台，引领新的社会慈善理念，在经济社会生活中发挥着越来越重要的作用。

（四）社会信用在互联网慈善中的重要意义

信用是现代社会的基础，对社会的各个方面都有着广泛的影响。社会信用对于互联网慈善起到支撑性作用，贯穿于互联网慈善活动的始终。

首先，社会信用是慈善存在的基础。我国幅员辽阔，人口众多，正处于社会主义初级阶段，养老、医疗、扶贫、救灾等社会保障体系尚不完善，弱势群体的脆弱性较高，除了政府主办的各种社会救助项目之外，社会成员间的互助共济也非常重要。慈善活动从本质上来看，是一项建立在信任基础上的经济社会行为。求助人相信政府和慈善组织扶危救困、帮助弱者的慈善本意而发出求助信息。捐赠人相信经政府和慈善组织审核过的求助人信息和需求的真实性，相信慈善组织会将其捐助的善款用于救助受益人而非中饱私囊或转作他用才自愿地以捐赠的形式无偿地让渡自身的财产所有权。政府相信慈善组织成立和运行的本意是出于慈善目的而非商业性盈利，相信慈善组织在慈善活动中会尽心竭力地筹集资源，并将善款顺利转交给受益人，中间不存在克扣、截留、侵吞、转移等行为。慈善组织相信求助人信息和需求的真实性，相信捐赠人会履行捐赠承诺。由此可见，慈善建立在各个行为主体彼此之间互相信任的基础之上，如果缺乏这种信任关系，那么慈善活动很难顺利地进行下去。

其次，社会信用是互联网慈善得以兴起和成长的关键因素。互联网慈善是一项新兴的业态，需要全社会的认同与支持。互联网具有的用户规模大、信息传播高效快捷等优势一方面有利于互联网慈善的快速兴起和成长，另一方面，也会导致谣言和负面情绪的病毒式传播。因此，要在互联网慈善中建立社会信任，才能更好地带动全社会认同和参与互联网慈善，减小负面新闻对互联网慈善乃至整个慈善的冲击。作为一项全社会参与的公益性、群众性项目，互联网慈善与社会各个领域息息相关，需要得到来自互联网行业、金融行业、医疗行业、教育行业以及政府的通力合作。这些合作需要建立在社会信用的基础之上。只有当互联网慈善事业建立了良好的社会信用体系，得到全社会的广泛认同，才能与各行业达成高度的共识，形成多方共赢的局面，构建互联网慈善事业的发展基础。

再次，社会信用影响互联网慈善项目的发展规模和质量。如果互联网慈善的社会信用良好，慈善行为主体之间相互信任，项目信息真实可靠，那么公众就会踊跃地参与到慈善项目中，积极地解囊相助，充分表达善意。整个慈善项目的筹款进度会非常快，受益人的困境也能得到及时的纾解。慈善的社会信用度和美誉度会得以提升，形成一个慈善规模和社会信任不断增长的良性循环。反之，如果互联网慈善的社会信用较差，慈善行为主体互相不信任，直接挫伤捐赠人的参与积极性，减缓慈善项目的筹款进度。这种不信任感经互联网传播之后会扩展到慈善之外的领域，形成整个社会对慈善的不信任，慈善事业就会饱受非议，愿意为慈善项目捐款的企业和个人会越来越少，慈善项目的规模会逐渐萎缩，难以完成慈善筹款的目标。

最后，社会信用度会影响互联网慈善平台的建设。互联网慈善的发展离不开平台的建设。社会信用是互联网慈善平台的重要评价因素。一个社会信用良好的互联网慈善平台会吸引海内外网民的关注，树立良好的口碑和品牌，吸收与整合更多的慈善资源，有利于平台的长期健康发展。社会信用也是政府遴选互联网慈善公开募捐平台的重要考量因素。只有那些社会信用良好的互联网平台才可能得到政府的认定，拥有公开募捐资格。如果互联网慈善平台在运作过程中出现严重失信行为，造成社会信用严重下降的话，这一资格将会丧失，平台的合法合规性、运营范围和筹款能力将会受到严重的削弱。

因此，社会信用建设对于互联网慈善意义重大，不可或缺。如果互联网慈善中出现社会信用问题，则会爆发社会信用风险，动摇互联网慈善的根基，对整个社会造成负面影响。

在互联网慈善中，借助互联网技术和优势，一些社会信用风险得到了降低，如大数据、云计算可以使个人和慈善组织的失信行为公之于众，慈善活动的一些环节也受到了监督，但还不能完全消除社会信用风险。传统慈善中的社会信用风险还时有发生，除此之外，互联网慈善还出现了新的社会信用风险，主要包括三个方面。一是互联网慈善平台的社会信用风险。许多互联网慈善平台违规包装、炒作众多慈善项目，具有很强的迷惑性，使公众产生误导，损害了互联网慈善的公信力。另外互联网平台对技术存在着严重依赖，病毒、后门程序等技术风险也会引发社会信用风险。二是互联网上人际互助的社会信用风险。互联网还为捐赠者直接对求助者进行救助提供了便利，这在互联网慈善中是一个灰色地带，容易引发社会信用风险。三是互联网会进一步放大社会信用风险。互联网慈善中的许多社会信用问题一经互联网报道之后，传播的速度之快、范围之广、影响之深，往往会将原来可控的、局部的社会信用风险升级成重大的、全面的社会信用风险，动摇慈善事业的社会信任度。

鉴于社会信用对于互联网慈善的重大意义，为了降低社会信用风险，在互联网慈善中引入社会信用体系建设就成为互联网慈善发展的必要之举。

三　我国互联网慈善的社会信用体系变迁

随着互联网技术的更新以及与慈善的深入融合，互联网慈善也经历了1.0阶段、2.0阶段和3.0阶段的进化历程。与此同时，我国的社会信用体系也在不断地发展和完善之中。因此，互联网慈善不同阶段的社会信用体系经历了一个逐步发展的过程。

（一）互联网慈善1.0阶段（2012年以前）的社会信用体系

互联网慈善1.0时代是互联网慈善发展的初级阶段。这一时期的互联网慈善主要是“慈善+互联网”业态，即慈善体制还主要是以政府主导的官办慈善机构为主体，引导企业和民众广泛参与的现代慈善架构，互联网充当慈善事

业信息传播的平台，让互联网用户能够了解各种灾害事件，激发民众的慈善之心，动员社会成员积极参与慈善活动。

以 2008 年 5 月 12 日爆发的“汶川大地震”为例，在地震发生后的第一时间，除了电视、报纸之外，互联网也迅速做出反应，国家政府网站、权威新闻网站、地方新闻网站、商业门户网站等在中央的统一部署下发布灾害以及救援情况，满足了民众的知情权。新浪等门户网站开通了专门的栏目，开通了网页捐款渠道，极大地激发了普通民众的慈善之心。网民们通过互联网相互传递信息，“一方有难，八方支援”的情绪在互联网上蔓延，推动了全国人民参与到支持抗震救灾的慈善募捐活动中来。例如，壹基金通过“小额公益”十天内在互联网上筹得 5000 万人民币。募款最高峰时，10 万人同时在线，成为当年现象级的网络募捐事件①。互联网还给全球互联网用户开辟了了解汶川地震的信息渠道，激发了他们对汶川灾民的同情之心，吸引了海外庞大的慈善捐助款项。可以说，在汶川地震接受的史上最高的慈善捐助中，互联网功不可没。

在互联网慈善 1.0 时代，政府对慈善事业的控制和管理已不容置喙，互联网为普通民众了解和讨论慈善事业提供了平台和渠道。过去讳莫如深的慈善组织的善款去向，时常成为互联网讨论的焦点问题之一。此时我国的社会信用体系也在发展探索之中，慈善组织的社会信用意识不强，面对互联网的讨论，没有采取正面回应的积极态度，而是一如既往地保持着“傲慢”，这进一步加深了公众对慈善组织的质疑，削弱了慈善组织的公信力。以中国红十字会为例，该会作为国务院领导下的从事人道主义工作的社会救助团体，一直在自然灾害、事故灾难、公共卫生事件等突发事件中积极执行救援、救助任务，兴办各种公益事业，为挽救国家财产和人民生命安全做出了极大的贡献。但因为长期封闭式运行，财务状况不公开、不透明，其运行情况受到公众质疑。2011 年网络上爆发的一桩“郭美美炫富”事件将中国红十字总会推到了舆论的风口浪尖，引发公众对红十字公信力的广泛质疑。事实上，郭美美本人非其自吹自擂的“红十字会商业总经理”，与中国红十字会总会及商红会没有任何关系，其炫耀的财富与红十字会、公众捐款及项目资金没有

① https：//gongyi. ifeng. com/a/20171026/44730330_ 0. shtml。访问日期：2019 年 4 月 1 日。

任何关系。虽然事后的调查水落石出，中国红十字总会对此做出了澄清，郭美美本人亲口也承认与红十字总会并无瓜葛，后来也因为违法行为郭美美被公安机关抓获，并被北京市东城区人民法院依法判处有期徒刑5年，并处罚金人民币5万元。但是因这起网络事件而遭受极大削弱的中国红十字会公信力却需要相当长的时间来恢复。

“郭美美炫富”事件殃及几乎所有的慈善组织的公信力。在互联网开放、互动的语境中，任何一个关系到慈善组织的话题都会引起广泛的热议，舆论的焦点直指慈善组织的社会信用问题。在类似于“郭美美炫富”网络事件接连发生以后，慈善组织的公信力已经陷入饱受质疑的危机之中，甚至牵涉到整个社会的信用体系。为此，慈善组织不得不认真思考如何以信息公开来挽回日益严重的“塔西陀陷阱”，重新树立自身的公信力。互联网一方面促进了慈善事业的转型，另一方面也对慈善机构的社会信用体系提出了更高的要求。在互联网慈善中重构社会信用体系已经成为慈善事业发展的自身需求，也是整个社会信用体系建设的大势所趋。

（二）互联网慈善2.0阶段（2012～2016年）的社会信用体系

2012年以后，随着智能手机、平板电脑等便携式工具的普及使用，我国进入了移动互联网时代。移动互联网可以使用户随时、随地、随心所欲地使用互联网，进一步增强了互联网的便捷性和交互性，促进了互联网与社会生活的深度融合。移动互联网与慈善的融合推动了此前的“慈善+互联网”向“互联网+慈善”的进化，互联网慈善进入2.0时代，即“指尖慈善”模式。移动互联网用户可以通过各种手机应用软件（App）接入慈善组织的网络端口，用支付宝、微信等各种在线快捷支付手段快速、便捷地捐款。尽管企业捐赠仍然是第一大来源，但是来自普通民众的个人捐赠的比例日益上升。据统计，2016年，我国个人捐赠额达到了293.77亿元，占到捐赠总额的21.09%①。有32.5%的中国网民使用过互联网进行慈善行为，规模达到2.38亿人次②。

① 《公益时报》，2017年11月2日，http://www.gongyishibao.com/html/gongyizixun/12735.html。

② 第39次《中国互联网络发展状况统计报告》。

慈善组织敏锐地观察到移动互联网带来的种种利好和机遇，主动与移动互联网实现对接，慈善移动互联网化趋势明显。各种慈善项目、求助信息通过移动互联网得到更快、更广泛的关注和参与。这一时期，各大移动互联网公益平台纷纷上线，据统计，2015 年底，全国互联网慈善平台多达 200 多家。除了传统的网络募捐之外，越来越多的创新性慈善项目纷纷推出，如“捐步数”活动，2015 年 9 月 9 日，腾讯公益联合数百家公益组织、知名企业、明星名人、顶级创意传播机构共同发起的“99 公益日”活动。

在互联网慈善借助移动互联网的优势迅速发展的同时，社会信用发展滞后的问题越发凸显出来。社会信用问题在各个节点都有爆发。

在慈善组织方面，诚信问题仍是层出不穷。移动互联网一方面降低了慈善准入的门槛，另一方面，又充满了可以轻易获得巨额善款的诱惑，因此，在移动互联网上，各种“慈善公益平台”鱼龙混杂，真伪难辨。其中大量的慈善平台并不具备法律法规规定的从事慈善活动的相关资质，甚至有些平台连实体组织机构都没有，纯属网络虚拟平台。这些平台往往成为一些不法分子敛财诈骗的工具。还有一些平台，打着“慈善公益”的旗号，行网络营销之实，从事营利行为，甚至是传销等违法行为。例如，在中央电视台曝光的“人人公益”传销案中，深圳人人优益公司就利用“‘人人公益’全返投资网络平台”，通过购买“爱心”“拉人头”获返利等诱骗方式组织、领导传销犯罪活动，卷入这个平台的商家达到了 5267 户，涉及的消费者达到了 48505 人，短短一个月吸纳的金额就达到了 10 亿元①。

在求助人方面，由于互联网可以方便快捷地发布、传播求助信息，并能够快速获得求助，而平台很难完全获取或者审核求助人的真实信息，因此，求助人存在着失信的道德风险。有些求助人为了获得更多的捐助，可能隐匿自身的财产状况，夸大目前遭受的困难程度，以此博得网络捐助者的同情心。例如，在 2016 年 12 月的“罗一笑事件”，作为白血病患者罗一笑的父亲罗尔通过网络求助，几天之内获得的捐款超过 200 万元。但是很快，罗尔被爆料经济条件良好，足以支付罗一笑的医疗费用，引起网络上的热烈讨论，处于舆论漩涡中

① 《人人公益调查：一个月吸金 10 亿，实为新型传销》，http://tech.163.com/17/0619/08/CN9GR3P300097U7R.html，访问日期：2019 年 4 月 15 日。

的罗尔不得不原路退回微信上的“打赏”。这一事件虽然前后经历不到一周的时间，对中国的互联网慈善的社会信用却造成不小的危机。更有甚者，还可能会虚构遭遇困难的情节，滥用网友的爱心来骗取捐款。诈捐事件更是层出不穷。如2016年1月发生的“知乎‘大V’童瑶诈捐事件”，后经查实，求助人“ck小小”所称自己“患先天心脏病，手术失败、生无可恋”的困难情节正是推送人“大V”童瑶自导自演的双簧剧，共骗取爱心捐款多达15万元。不管是求助人的信息不实，还是有意的隐瞒，都可能挫伤公众的同情心，损害互联网慈善的社会信任度。

在慈善项目方面，业已存在的社会信用问题不但没有解决，反而在移动互联网的助推下有愈演愈烈之势。除了慈善项目正式备案的不多，公众关心的筹集善款的流向地区、支持的项目以及空间配置合理性等信息公开程度不够，私自截流善款或者改变善款的用途等慈善行业的痼疾之外，受互联网金融的影响，许多慈善项目和商业项目纠缠不清，最后演变成商业投资项目，慈善公益的性质成为摆设。许多慈善项目的各项条款在履行过程中不经捐款人同意而随意更改条款，导致项目最后的成果偏离预计的结果和公众的期望。在移动互联网语境下，公众对于慈善的参与和关注较之以前已经不可同日而语，对慈善项目的进展和变动也更加敏感，对慈善项目违背合同约定的细节容忍度较低，直接会降低公众对慈善项目的社会信任度。

在技术环节上，慈善也存在着较大的社会信用风险。用户的手机、平台电脑里储存着用户大量的个人隐私，在线支付关系到用户的财产安全，在连接互联网慈善平台后一旦平台出现技术漏洞，就会危及用户的隐私和财产安全。还有不少网络慈善平台在App中设置各种优先权限，接入用户手机后，暗中收集用户的消费记录、浏览记录等个人数据，用作商业用途，已经是不公开的秘密了。这些现象都增加了公众对互联网慈善平台日常运营的疑虑，降低了互联网慈善的社会信用度。

在政府监管方面，尽管慈善事业已对社会信用建设做出了总体性的规划和部署，并取得了显著成效，但是在监管方面仍然存在多方缺位。尤其是面对移动互联网慈善这一新鲜事物，政府的反应经常慢于互联网的传播速度，在事前的监管缺位造成了事后的被动应对，一定程度上也影响了社会公众对政府的信

任程度。因此，加强对慈善的立法工作，加大对互联网慈善的规范和监管，已经成为大势所趋，民心所向。

（三）互联网慈善3.0阶段的社会信用体系

2016 年 3 月 16 日，第十二届全国人民代表大会第四次会议审议通过了《慈善法》，并于 2016 年 9 月 1 日起正式施行。这是新中国历史上慈善领域一部基础性、综合性的法律，具有划时代的里程碑式的意义。《慈善法》共 12 章 112 条，明确了慈善活动的范围与定义，规范了慈善组织的资格与行为，回应了社会普遍关注的慈善募捐和慈善捐赠的重大问题，进一步明确了慈善信托制度，提出了政府促进慈善事业的措施，确立了政府监管、社会监督和行业自律三位一体的综合监管体系。民政部还根据相关法律法规，先后制定了《社会组织信用信息管理办法》《慈善组织信息公开办法》《慈善组织保值增值投资活动管理暂行办法》等法规以及《慈善组织互联网公开募捐信息平台基本技术规范》《慈善组织互联网公开募捐信息平台基本管理规范》等 2 项行业标准，基本建立起互联网慈善的法律法规体系。互联网慈善从此进入了法治化的 3.0 时代。

互联网慈善 3.0 时代的另一个主要推手是大数据、云计算、区块链等互联网新思维的蓬勃发展。这些新理念、新技术使以前分散的、混杂的互联网信息整合成一个全局性的、精确的数据闭环，促进了互联网慈善的事前、事中和事后的动态监管，使互联网慈善相关法律法规和行业标准能够落到实处，推动互联网慈善的规范发展。

在互联网慈善 3.0 时代，互联网慈善和社会信用体系将会同步发展、互相促进、深度融合。较之于互联网慈善 1.0、互联网慈善 2.0，互联网慈善 3.0 时代的社会信用体系具有以下鲜明的特征。

一是互联网慈善组织平台建设进一步规范，公信力不断上升。为了履行《慈善法》中有关“慈善组织通过互联网开展公开募捐的，应当在国务院民政部门统一或者指定的慈善信息平台发布募捐信息”，民政部分别在 2016 年和 2018 年遴选了两批网络公开募捐信息平台（见表 1）。民政部对这些互联网慈善平台进行动态管理，加强监管，做好舆情监测、日常巡检和投诉举报受理，持续传导压力，督促平台履行主体责任，对存在问题的平台进行约谈和全面巡检，及时发出责令整改通知书和改进建议书，对不符合规范的平台予以劝退。通过这些监管措施，指定平台的募捐信息发布服务更加专业，互联网募捐运行更加规范，公信力不断上升。据统计，由民政部指定的全国首批12家互联网募捐信息平台，在2017年募集善款共计25.89亿元，累计捐赠62.49亿元。2018年，20家互联网募捐信息平台，共为全国1400余家公募慈善组织发布募捐信息2.1万条，网民点击、关注和参与超过84.6亿人次，募集善款总额超过31.7亿元，同比2017年增长26.8%①

表1 民政部认定的慈善组织互联网募捐信息平台

2016年8月31日认定的第一批	
单位	平台名称
腾讯公益慈善基金会	腾讯公益网络募捐平台
浙江淘宝网络有限公司	淘宝公益
浙江蚂蚁小微金融服务集团有限公司	蚂蚁金服公益平台
北京微梦创科网络技术有限公司	新浪微公益
中国慈善联合会*	中国慈善信息平台
网银在线（北京）科技有限公司	京东公益互联网募捐信息平台
北京恩玖非营利组织发展研究中心	基金会中心网
百度在线网络技术（北京）有限公司	百度慈善捐助平台
北京厚普聚益科技有限公司	公益宝
新华网股份有限公司	新华公益服务平台
北京轻松筹网络科技有限公司	轻松筹
上海联劝公益基金会	联劝网
广州市慈善会	广州市慈善会慈善信息平台
北京三快云计算有限公司	美团公益
北京小桔科技有限公司	滴滴公益
北京善源公益基金会	善源公益 （中国银行发起成立）
中国工商银行股份有限公司	融e购公益

① 《互联网慈善的“中国样本”正在形成》，民政部网站，http：//www.mca.gov.cn/article/xw/mzyw/201904/20190400016396.shtml，访问日期：2019年4月1日。

续表

2018 年认定的第二批	
北京水滴互保科技有限公司	水滴公益
江苏苏宁易购电子商务有限公司	苏宁公益
中华思源工程扶贫基金会	帮帮公益
易宝支付有限公司	易宝公益
北京帮一把网络科技有限公司（国务院扶贫办指导）	中国社会扶贫网

＊数据截止到 2019 年 4 月。2017 年 7 月，中国慈善信息平台退出首批慈善组织互联网公开募捐信息平台。

资料来源：民政部网站。

二是慈善组织信息公开常态化，社会信用体系的建设进一步加快。《慈善法》规定，慈善组织募捐活动应该依法依规取得募捐资格，制定募捐方案，并进行信息公开，接受政府和社会的监督。互联网为慈善组织面向公众公开信息提供了良好的平台。官方网站、官方微博、官方微信、门户网站或者移动客户端等成为慈善组织重要的信息公开渠道，提高了慈善公益的透明度。2017 年 9 月 4 日，民政部开通了全国慈善信息公开平台——“慈善中国”。2018 年，民政部出台的《慈善组织信息公开办法》落实了《慈善法》的相关要求，要求慈善组织应在“全国慈善信息公开平台”公开有关情况，具有公开募捐资格的慈善组织每三个月至少公开一次募捐情况，对不及时公开应当公开的事项或者公开的事项不真实的慈善组织，民政部门将予以处罚和信用惩戒。各大慈善机构在认真落实信息公开的责任之外，也推出了许多创新性的信息公开新渠道。例如，2017 年上半年，腾讯公益就推出平台项目“透明度建设”组件，对慈善项目的募捐金额、支出数据和执行情况进行定期披露，方便公众对筹集善款的去向和公益项目的进度实时了解。2017 年，阿里巴巴集团也在其主导的“蚂蚁森林”项目中，利用遥感卫星和人工智能等高科技手段，开发了“卫星看树”和“实时看树”功能，用户可以通过网上卫星地图，实时观测慈善项目所种植树木周边环境的真实改变情况。通过信息公开，慈善事业逐步迈入公开、透明、规范化的道路。

三是大数据、云计算等互联网新技术的运用，使得求助人的个人信用信息更加完备，有利于社会信用体系的完善。过去，互联网慈善中的求助人的信息核实难度非常大，不利于监管，往往诱发“诈捐”“骗捐”等现象。而互联网对求助人的信息挖掘很容易变成“人肉搜索”，跨越个人隐私权的边界，甚至会牵连亲属朋友等无关人员。运用大数据、云计算等互联网新技术，能够使网络募捐平台快速收集和整理求助人在互联网上的公开信息，分析求助人的行为特征和消费习惯，判定求助人是否符合求助的条件，使公众在了解求助人的经济状况的同时，又不至于过度泄露求助者的隐私。个人信用信息的大数据，可以弥补原有的社会征信系统进程慢、范围窄等不足之处，对社会信用体系的完善起到了很好的补充作用。

四　互联网慈善社会信用体系建设的国际经验

进入市场经济以后，西方资本主义发达国家逐渐建立起比较完善的社会信用体系，形成了以美国为代表的政府监督与民营企业规范运作的社会信用体系模式、以欧洲国家为代表的政府主导的社会信用体系模式和以日本为代表的征信企业与行业协会混合主导的社会信用体系模式等世界三大社会信用体系模式①。在互联网慈善发展如火如荼的今天，这些国家的社会信用体系也广泛融合到互联网慈善中，形成具有各自特色的互联网慈善社会信用体系。其经验可以为我国互联网慈善社会信用体系的建设提供有益的借鉴。

（一）美国的互联网慈善社会信用体系建设经验

以1837年首家信用公司的成立为肇始，美国的社会信用体系建设已有180多年的历史。1970年4月开始生效的《公平信用报告法》（Fair Credit Reporting Act，简称FCRA）成为美国社会信用体系进入规范化、法制化轨道的标志。此后，在这部法规的基础上，美国的社会信用体系不断发展和完善，成为世界上最完善的社会信用体系之一，对各国的社会信用体系的建设都有着

① 孟晗骏：《美国个人信用体系及对我国的启示》，《经济师》2015年第1期，第108～109页。

深远的影响。

美国的社会信用体系具有如下鲜明的特征。

1. 法律法规体系非常完善

美国从 20 世纪 60 年代出台《诚实信贷法》起，就逐步加强社会信用立法。目前，美国颁布了 16 部有关社会信用体系的法律法规，以《公平信用报告法》《金融服务现代化法》为核心，以《平等信用机会法》《公平债务催收作业法》《诚实租借法》《公平信用结账法》《信用卡发行法》《公平信用和贷记卡公开法》《电子资金转账法》等相关法律为基础，构建了一套完备的法律法规体系。

2. 市场化为主导的社会信用体系

美国的社会信用体系以信用中介公司为核心，建立了一套以市场化为导向的信用评级体系。目前，美国有许多专门从事征信、信用评级等业务的中介机构，主要包括征信公司、个人资信公司（信用信息局）、资信评级公司等。其中，邓白氏公司（Dun & Bradstreet Corp.）是美国最大的征信公司，它拥有全球范围内的 5700 万家企业的信息①。个人资信公司大体形成了“3 + 400”的格局：三家最大的信用公司——益博睿公司（Experian）、全联公司（Trans Union）和艾菲克公司（Equifax）掌握了美国个人征信市场一半以上市场份额；其他 400 家小型信用公司主要依附于这三家寡头信用公司，从事外包业务或者为特定市场提供服务。而穆迪（Moody's）、标准普尔（Standard & Poor's）、菲奇（Fitch）和达夫（Duff & Phelps）则基本上主宰了资信评价市场。这些中介机构掌握着美国个人和企业的信用记录档案，提供各种征信、分析和评级等服务。

3. 重视对社会信用体系的监管

美国的社会信用体系虽然以市场化为导向，但是对社会信用体系的监管非常到位。美国的社会信用监管体制为政府监管和行业协会自律相结合。政府部门包括联邦贸易委员会、司法部、财政部货币监理局、中央储备系统等。其中，联邦贸易委员会是信用行业的一个主要的监管部门，对信用行业起着重要

① 董才生：《美国社会信用体系建设的经验教训对我国的启示》，《东北亚论坛》2008 年第 6 期，第 39 ~ 42 页。

而直接的监管作用①。信用行业协会包括美国信用管理协会、信用报告协会、美国收账协会等。它们承担着美国信用行业的自律管理功能。各级监管机构依照法律法规对企业和个人的失信行为实施惩戒机制。

4. 高度发达的社会信用网络

美国是一个信用高度发达的社会，社会信用与美国社会生活息息相关。在美国，个人信用记录直接与社会保障号码挂钩，实现网络信息共享。无论是信用卡申请、保险、纳税、房屋买卖和租赁，还是个人申请工作，都要涉及个人信用记录。也就是说，个人信用不佳，将在美国寸步难行。

美国是世界第一慈善大国。美国有着浓厚的宗教慈善和家族慈善的传统，慈善文化深入人心，有关慈善的法律法规健全，税法也为慈善活动提供税收优惠的激励措施。根据美国施惠基金会（Giving USA Foundation）的统计，2017年度美国慈善捐赠总量达4100亿美元，同比增长5.2%，增长389.64亿美元，占GDP总量的2.1%。其中，个人捐赠2866.5亿美元，基金会捐赠669亿美元，遗产捐赠量达到357亿美元，企业捐赠207.7亿美元②。慈善捐赠总额已接近美国GDP的10%左右。

作为世界互联网科技的中心，也是互联网慈善的发源地。美国慈善捐款的许多大户，如比尔·盖茨、蒂姆·库克、马克·扎克伯格等都是互联网科技公司的执牛耳者，每年都会有大额的捐赠，为美国慈善事业的发展起到了很好的引领和示范作用。近年来，美国慈善组织越来越青睐利用众筹网站、社交媒体、移动客户端等互联网平台增加在线筹款渠道。尤其是在Twitter、Facebook等热门社交网站上发起的筹款活动，受到美国网民的踊跃参与，进而风靡全球各地。例如，2014年8月，美国波士顿学院前棒球选手Pete Frates在网络上发起了ALS（ALS Ice Bucket Challenge，肌肉萎缩性侧面硬化病冰桶挑战赛），要求参与者在网络上发布自己被冰水浇遍全身的视频内容，然后该参与者便可以要求其他人来参与这一活动。被邀请者要么在24小时内接受挑战，要么向ALS公益协会捐出100美元，作为“肌肉萎缩性侧索硬化症”患者的治

① 董才生：《美国社会信用体系建设的经验教训对我国的启示》，《东北亚论坛》2008年第6期，第39～42页。

② Giving USA, *The Annual Report on Philanthropy for the Year* 2018, https://www.givingusa.org.

疗费用。这一活动在 Twitter、Facebook 等社交媒体的推动下，得到了科技界、体育界、演艺界等众多名人的积极响应和参与，就连时任美国总统的奥巴马也参与其中，捐助了 100 美元的善款。紧接着，“冰桶挑战赛”在世界各地迅速传播开来。在中国，“冰桶挑战赛”也成为互联网热门话题，许多社会名流跟风参与。据估计，“冰桶挑战赛”仅在美国就为 ALS 公益协会筹得上亿资金。

互联网慈善为美国传统而强大的慈善事业开拓了新的筹资模式，但是有些慈善网站也打起了商业运作和抽取佣金等牟利的歪主意，给监管部门带来了新的问题。不过，美国慈善和社会信用的传统和法律法规体系稳定且强大，对于互联网慈善的新问题只需要稍微“打补丁”即可。

早在 2001 年，美国已经开始重视网络募捐引发的社会信用及其监管问题。当年由美国慈善组织管理联盟（The National Association of State Charity Officials, NASCO）发布的“查尔斯顿原则”（Charles Principle）中就规定即使是在“（州）地区以外，通过交互或非交互网站以及特定目标人群为本州居民的募捐请求，接受重复利用以及可持续捐赠，或以物质为基础响应网络募捐”，都必须向州监管部门报告相关信息并接受监管。

2011 年，美国各州法律都对网络募捐欺诈行为进行了重新定义。网络慈善平台如果未能充分披露所有费用，一项计划持有筹款的时间超过合理时间；平台拦截文件以及盗窃其他形式的身份；收取不必要的费用以及慈善组织收取加盟费用等行为都被认定为存在欺诈嫌疑。网络募捐欺诈与慈善欺诈一样，被视为违法行为，都会受到相应的处罚。具体罚则各州规定不一，比如密苏里州对每项慈善欺诈的违法行为处罚额度为 1000 美元，而在阿肯色州，处罚额度高达 10000 美元。

2014 年，美国慈善组织管理联盟发布了“互联网和社交媒体筹款：明智捐赠建议”①（Internet and Social Media Solicitations: Wise Giving Tips）。建议分别从慈善组织、捐赠者和筹款平台的角度，针对互联网慈善中的问题，倡议慈善组织维护自身的品牌和名誉，捐赠者注意保护资金安全，第三方筹资平台应

① http://www.nasconet.org/wp-content/uploads/2018/02/Internet-and-Social-Media-Solicitations-Wise-Giving-Tips.pdf.

恪守道德，遵守相应的操作规范等。同时，建议呼吁对慈善欺诈、筹款平台政策等进行更严格的监管。

总之，美国已经臻于完善的慈善管理和社会信用体制早已经为互联网慈善的社会信用问题扎紧了藩篱，使互联网慈善处于政府、行业协会和社会公众的严格监管之中，保证互联网慈善在社会信用体系中良性、有序的发展。

（二）欧洲国家的互联网慈善社会信用体系建设经验

早在古希腊时期，“诚实信用”就成为柏拉图等哲学先贤们倡导的人类美德之一。欧洲人很早就树立了信用意识。近代以来，欧洲商业文明兴起，银行在借贷信用关系中充当着核心纽带作用，因此，欧洲以银行为中心逐步建立社会信用体系。目前，欧洲大陆国家的社会信用体系建设模式属于政府主导模式，即以中央银行建立的消费信贷登记系统为主体形成的社会信用体系①。其主要特点如下。

1. 以政府为主导，中央银行为核心

欧洲各国的社会信用体系的基础是政府主导建立的中央银行信贷登记系统。如德国的公共信用系统是德意志联邦银行的信贷登记系统，法国的公共信用系统是法兰西银行建立的信用风险登记系统。这些公共信用系统由中央银行负责运行管理，其运营的资金由政府出资。

2. 强制性的信用数据报送

欧洲各国有关社会信用的法律法规均要求，所有的金融机构都必须强制性地参加公共信用登记系统，向其定期报送信用数据。由于欧洲各国信用经济发达，金融机构掌握了对企业和个人发放的贷款、贷款评级和贷款附属担保品的价值信息。例如，在德国，《德意志联邦银行法》规定，所有的信贷机构、保险公司、风险投资公司以及自有账户交易商等金融机构都必须按照每季度向德意志银行报告以上相关数据。法国的法律规定，金融机构需要每月向法兰西银行报送企业客户的信贷、票据和商事法庭裁定的诉讼判决等信用信息，必须定期向个人征信系统报送消费者个人在信贷和租赁、分期付款以及信用卡等方面

① 贾江涛：《欧洲：政府主导下的社会信用体系》，《中国信息报》2012年1月16日，第8版。

的预期、拖欠和透支的信息。因此，公共信用登记系统可以基本覆盖到整个社会的各个方面。

3. 分层管理，信息网络共享

欧洲各国的社会信用体系基本形成了“中央银行—地方征信机构—金融机构”的分层管理体系。例如德国的社会信用系统包括了由德意志联邦银行负责的信贷登记系统、地方法院掌握的信用信息以及私营征信公司掌握的信用信息。法国的社会信用体系包括法兰西银行的公共征信系统、各金融机构掌握的客户信用信息。各个信用机构实行网络信息共享。不过欧洲各国的信息共享程度依据各国的法律有所区别。德国的社会信用系统中的正面和负面信息都可以共享，而在西班牙，正面信息数据不能共享。

4. 重视对信用数据的法律保护

信用数据是非常重要和宝贵的社会资源，欧洲各国均通过立法加强对社会信用数据的保护。德国于 1978 年出台了《联邦数据保护法》，规定任何机构必须在具有合法性的基础上进行个人数据的征集、使用和处理，必须取得数据主体的同意，或者取得相关法令的许可，任何违反《联邦数据保护法》规定的征信机构的违法行为都会受到惩罚。同时还要求任何公共和私营监管机构在开业 1 个月内必须任命一名数据保护专员，负责对征信机构进行监督和建议指导。法国也于 1978 年通过了《数据处理、数据文件及个人自由法》，规定任何征信机构对个人数据信息的采集必须告知数据主体，并得到其书面同意。所有违反此条例的行为都将被警告和处罚。

5. 社会信用系统的地区一体化

2000 年欧洲联盟（简称“欧盟”）成立以后，旨在促进欧洲各国经济和社会等各方面体制的一体化。在社会信用体系的一体化方面，欧盟确立了社会信用体系的基本原则，在 2009 年引入了信用评级机构的监管框架和监督制度（第 1060/2009 号条例）①，规定信用评级机构的登记制度，要求各成员国的监管机构之间应通过网络基础设施进行协调与合作，并与欧洲安全监管机构委员会保持密切联系。欧盟还制定了《欧盟数据保护指令》，要求对有关消费者信

① 〔澳〕孙晓义：《欧洲社会信用体系概述》，朱绍明译，《互联网金融法律评论》2017 年第 3 辑。

贷中的个人信用数据进行跨国共享，并进行安全保护。此外，欧盟还针对失信人员建立了“欧盟空中安全名录”的惩戒措施。

在古希腊思想和基督教教义的影响下，欧洲有着久远的慈善历史，公元55年，互助会和友谊会就已经出现[①]。宗教组织曾经在欧洲中世纪中充当慈善的组织者和提供者的角色。从1601年英国颁布《伊丽莎白济贫法》开始，欧洲的政府开始主导慈善事业。后来，在经济活动中崛起的工商业企业意识到社会责任，也加入了慈善的行列。今天的欧洲慈善活动是一个政府、企业、社会组织（含基金会）、个人、宗教组织等广泛参与的社会活动。在欧洲慈善活动中，各种形式的基金会是主力军。根据欧洲捐赠者和基金会网络（DAFNE）的数据显示，欧洲约有148000家基金会，合并资产约为4330亿欧元，2015年经费接近600亿欧元[②]。个人慈善捐赠也很踊跃。在法国基金会（Foundation de France）所研究的10个欧洲国家中，个人捐赠在2014年达到了240亿欧元[③]。

互联网时代对欧洲慈善的影响主要表现两个方面。一方面，慈善组织和活动网络化。基金会开辟了自己的官方网站，开通了在线捐款功能。许多慈善活动的场景从线下转移到线上。另一方面，通过互联网开发了公益创投产业，一改传统慈善的单一被动的捐赠功能，增强了慈善的造血功能。不过，欧洲慈善比较传统和保守，基金会的筹款渠道和运作模式已经非常成熟，互联网慈善带来的变革不大，在完善的社会信用法律法规的框架下有条不紊地缓慢发展。

（三）日本的互联网慈善社会信用体系建设经验

日本自古以来深受儒家、佛教和神道教文化的影响，将诚信作为人的基本道德素质。明治维新以后，日本走上资本主义发展道路，接纳了包括信用在内

---

① 谢琼：《欧洲慈善监管模式及对我国的启示》，《苏州大学学报》（哲学社会科学版）2015年第5期，第35～43页。

② 《欧洲慈善趋势》，深圳国际公益学院，http：//www. cgpi. org. cn/content/details180_ 3878. html。

③ 《欧洲慈善趋势》，深圳国际公益学院，http：//www. cgpi. org. cn/content/details180_ 3878. html。

的商业伦理，开始建立社会信用体系。1892 年，日本效仿欧美模式建立了半官方半民营性质的大阪商业兴信所，标志着征信业在日本正式诞生①。经过 100 多年的发展，日本已经建立了亚洲最为发达的社会信用体系。

相比欧美国家的社会信用体系，日本社会信用体系是私营征信企业和行业协会混合主导的模式。其主要特征如下。

1. 混合型的社会信用体系

日本的社会信用体系包括企业社会信用体系和个人社会信用体系。日本的企业信用体系由帝国数据银行和东京商工调查机构两家征信企业主导。这两家公司均有百年历史，主要提供企业信用报告、企业数据库查询、市场调查、电子认证服务、破产研究、经济预测和出版物等②。日本个人征信采取会员制模式。会员包括银行、金融机构、信用卡公司、消费金融公司、担保公司、租赁公司等，他们分别组成了全国银行协会（JBA）、贷金业协会（JFSA）和信用协会（JCA）。当它们与个人发生信用业务往来时，会收集个人的信用档案，报送给各自属于的行业协会所建立个人信用信息中心。目前，日本的个人信用体系主要由这三大协会主管的个人信息中心组成。

2. 完善的社会信用法律法规

日本的社会信用体系建设虽然是以征信企业和行业协会混合主导的市场化机制，但是政府建立了完善的法律法规体系进行监管。1963 年日本颁布了《分期付款销售法》，对企业和个人的信用做了较为严格的规定。1983 年又颁布了《贷金业法》，规定银行、金融机构在向个人授信时，必须通过法律指定的个人征信机构查询借款者信用情况。2001 年颁布的《政府信息公开法》承诺政府掌握的信用信息免费向社会公开。2006 年和 2008 年重新修订了《贷金业法》和《分期付款销售法》，对个人信用信息的使用做了更为严格的规定，并要求个人征信机构实行必要的信用信息共享。除此之外，日本还出台了一系列针对个人信用信息保护的法律法规（如《与行政机关保有的计算机所处理的个人信息保护有关的法律》《个人信息保护法》《关于保护行政机关所持有

① 池凤彬、刘力臻：《日本征信业的历史沿革及运营机制分析》，《现代日本经济》2018 年第 5 期，第 81～93 页。

② 王秋香：《日本征信市场发展的经验及启示》，《北京金融评论》2015 年第 2 辑。

之个人信息的法律》《关于保护独立行政法人等所持有之个人信息的法律》《信息公开与个人信息保护审查会设置法》)。这些法律法规构建了一个完善的信用信息使用和保护措施。

3. 重视教育在信用体系建设的作用

日本中有重视诚信的文化传统，一直非常重视国民的诚信教育。日本的诚信教育从幼儿园抓起，在学校教育里会开设包括诚信在内的道德教育。学校和家长都要求孩子讲诚信。日本社会的诚信氛围也很浓厚，无论是日常生活、人际交往还是工作中，个人的诚信口碑非常重要，一旦发生失信行为，则很难在社会上立足。因此，在一个非常讲诚信的社会氛围下，日本国民对社会信用体系具有非常强的认同感。

4. 信用体系建设的国际化程度很高

国际评级机构在日本社会信用体系中的参与程度很高。1977 年，日本证券交易委员会就开始允许海外评级机构参与到企业债券的评级工作。1985 年以后，穆迪、标普、惠誉陆续在日本开设了办事处，开展信用评级业务。为了培育本土的评级公司，1989 年，日本监管机构要求企业发行债券时必须有一家本土评级机构参与评级。日本的本土评级机构在向国际评级机构学习的过程中不断发展壮大，已有日本信用评级公司（JCR）与评级和投资信息公司（R&I）等与穆迪、标普、惠誉等国际评级公司分庭抗礼。

日本的慈善深受儒家、神道教和基督教等各种思想的影响，加上日本是一个火山地震等自然灾害多发的国家，民间有着较浓的互助共济的传统。不过，日本长期以来奉行国家管理慈善公益的概念，对于慈善组织的管理非常严格。从明治维新时期的民法开始，日本就规定“凡与祭祀、宗教、慈善、学术、技艺以及其他公益相关且不以营利为目的的社团或财团，必须经由政府主管部门（主务官厅）的许可，方可注册为法人”①。2008 年以后，日本政府对公益法人制度进行了改革，但是，日本的慈善事业必须是由政府批准的公益法人才能主办。获得公益法人的资格要经过非常烦琐的手续，正因为如此，日本的慈善发展比较规范，公信力较高，但是也限制了多样化的发展。

① 俞祖成：《日本公益法人认定制度及启示》，《清华大学学报》（哲学社会科学版）2017 年第 6 期。

公益法人的慈善管理模式也制约了日本互联网慈善的发展。虽然日本的互联网科技非常发达，网络普及率高，但是鉴于只有公益法人才能举办慈善事业，草根慈善并不被鼓励，因此，日本互联网慈善事业的范围十分有限，主要是公益法人利用互联网发布慈善信息，开拓网络捐款渠道，进行相关的信息公开，接受政府和社会的监督。在日本讲求诚信的社会氛围和完善的社会信用体系的背景下，日本的互联网慈善受到了严格的约束，其活动范围也在社会信用体系的监管之下。

（四）国际经验对我国互联网慈善社会信用体系的启示

对比美国、欧洲和日本等国际上建立了发达的社会信用体系的国家和地区的经验，我们可以看出，社会信用体系与经济社会发展有着极强的正相关性。一个完善的社会信用体系是经济社会强劲发展的基础和动力。继承和发扬社会信用传统、加强对国民的社会信用教育、构建完善的法律法规、建立合理的评级体制、重视对信用数据的保护等都是建设社会信用体系的过程中非常重要的措施。

同时我们也看到，互联网慈善在世界各地的进展不一。欧洲和日本的互联网慈善发展程度不如我国。因此，在互联网慈善方面，近年来我国开拓了许多新的领域，做出了许多有益的探索。在互联网慈善的社会信用体系建设方面，即便是美国这样信用体系和法律法规已经非常完备的国家，也要与时俱进，及时做出相应的修订和补充，这也启示我们社会信用体系是一个不断完善的动态过程。

五　构建互联网慈善中的社会信用共同体

在互联网慈善 3.0 阶段，随着《慈善法》等法律法规的落实和大数据、云计算等互联网新理念和新技术的应用，一些原有的互联网慈善中的社会信用风险得到了较为有效地防范，各个慈善行为主体的社会信用意识得到了提高。通过互联网，政府部门、慈善组织、捐赠者和求助者之间逐渐形成了以社会信用为中心的共同体。也就是说，互联网慈善 3.0 阶段的社会信用体系已经发展到了构建互联网慈善的社会信用共同体的新阶段。

（一）共同体的概念

“共同体”的概念在西方哲学思想中由来已久。它起源于希腊语 koinonia，原本是指人们在联合、联系的基础上形成的群落、集团、团体或联盟①。亚里士多德把共同体升华为具有道德至善、整体至上的政治团体，他认为“所有共同体中最崇高、最权威、并且包含了一切其他共同体的共同体，所追求的一定是至善，这种共同体就是所谓的城邦或政治共同体”②。近代的西方哲学家在继承古希腊的城邦共同体思想的基础上，提出了以自由意志为核心的契约共同体思想。

德国社会学家滕尼斯提出了现代共同体的概念。他在 1887 年出版的名著《共同体与社会》中将共同体定义为基于自然的意志（如情感、习惯、记忆等）而形成的结合形式。人们在基于传统的血缘、地缘和文化等基础上结成亲密无间、拥有共同的价值观和善恶观的共同体，他们有共同的敌人和朋友，在心理上存在着“我们”的明确意识③。涂尔干认为，现代社会仍然存在群体性价值、规范、习俗、情感和记忆等共同体所依赖存在的核心因素。鲍曼进一步发展了共同体概念的外延，将共同体定义为社会中存在的、基于主观上或客观上的共同特征（如种族、观念、地位、遭遇、任务、身份等）而组成的各种层次的团体、组织④。

共同体思想也是马克思主义重要的组成部分。马克思抓住“人是一切社会关系的总和”这一人类社会的本质特征，从考察全人类发展的历史规律出发，在批判地吸收了黑格尔等人的伦理共同体的基础上，指出人类社会从“虚幻的共同体”发展到人人自由发展的“真正共同体”。马克思强调，个人的自由全面发展是在个体与共同体的辩证统一中发展的。“共同体是生活本身，是物质生活和精神生活、人的道德、人的活动、人的享受、人的本质”⑤。

---

① 陈明、曹飒：《“共同体”思想的嬗变——从城邦共同体到人类命运共同体》，《理论界》2018 年第 12 期，第 27 ~34 页。

② 〔古希腊〕亚里士多德：《政治学》，颜一、秦典华译，中国人民大学出版社，2003，第 37 页。

③ 〔德〕斐迪南·滕尼斯：《共同体与社会》，林荣远译，商务印书馆，1999。

④ 〔英〕齐格蒙特·鲍曼：《共同体》，欧阳景根译，江苏人民出版社，2003，第 2 ~5 页。

⑤ 《马克思恩格斯全集》（第 3 卷），人民出版社，2002，第 394 页。

马克思曾科学预见到，作为一种社会关系，随着生产力的发展，共同体关系会逐渐走向“自由人的联合体”。事实上，随着以互联网为代表的新科技的应用，人类的生产力已经极大地提高，人类的自由空间在网络上得到极大地扩展，血缘和地缘对人类的束缚越来越小，人类的共同体关系逐渐摆脱了地域的限制，人与人之间的关系更多地依靠共同的兴趣和心理结合在一起，人们可以凭借手机等先进的通信手段在虚拟的空间进行意义交换、经验分享、文化共生，因此脱域的共同体由此诞生①。比如，在互联网中，人们因共同的兴趣、爱好、价值观、利益诉求等而形成虚拟共同体，这些新型的共同体距离马克思预言的“自由人的联合体”又近了一步。

（二）“互联网慈善社会信用共同体”的内涵与特征

本文提出的“互联网慈善社会信用共同体”是虚拟共同体的一种类型。它是人类在互联网慈善活动中，基于对社会信用体系的追求而形成的具有共同的场景、共同的目标取向、共同的情感基础和共同的价值观的网络群体。互联网为慈善活动提供了新的场景和平台，建立了政府、慈善组织、求助者、捐赠者之间的关系。社会信用是互联网慈善的生命线，是互联网慈善赖以生存和发展的基础。

在互联网慈善中，各行为主体（政府、慈善组织、求助者、捐赠者）都要以各自的社会信用取得彼此之间的信任，从而在互联网慈善中形成一种相互认同的身份，保证互联网慈善公平、公正、合理、有序地运行下去。慈善的行为主体在社会信用方面是相互影响、相互关联的共同体关系，共同构成社会信用体系的一部分。

1. 共同的场景：互联网社会

共同的场景是共同体形成和维持发展的外部基础。显然，互联网慈善信用共同体存在的场景是对于互联网社会的认同。

互联网社会的场景认同包括以下三个方面。

（1）对互联网社会形态的认同

毋庸置疑，互联网在全世界的广泛应用，已经在逐渐改变和改造着人类社

① 肖珺：《跨文化虚拟共同体：连接、信任与认同》，《学术研究》2016 年第 11 期，第 42 ~ 48 页。

会的形态。互联网至少从三个层面对传统的工业社会产生了重大的影响，形成了三种全新的社会形态：第一，互联网技术扩展并强化了原有社会中的关系网络，使得人们之间的社会关系更加紧密，形成一个强关系的“网络化的社会”；第二，互联网用户在互联网世界中构建出一个虚拟世界，在这个虚拟世界中，每个用户都成了一个“社会人”，拥有独立的身份、财富、地位以及人际关系，从而结成一个超然于现实社会结构的“互联网中的社会”；第三，以互联网为核心的新科技对现实中的人与社会的影响深远，跨越过去基于血缘、地缘、业缘等关系组成的群体社会和以利益为核心组成的组织社会等传统社会形态，迅速进入全新的“互联网社会”（或网络社会）这一全新的社会结构。互联网社会是互联网建构的虚拟网络社会和互联网影响的现实社会的重叠。在互联网社会中，每一个普通人、社会组织乃至政府的生存状态、工作状态、关系状态都发生了深刻的甚至是颠覆性的变化。

在互联网社会中，作为社会基本单位的个人无疑成为社会的中心。借助于互联网，个人的知识层面得到了极大的提升，个人力量全面崛起。相比传统社会，个人与社会组织、政府之间的联系与互动通过社交平台、电商平台、政务平台能够轻易地跨越时空，形成一个更加立体的、多维化的网络结构，所有技术进步和制度创新都以实现“以人为本”、扩展人际网络为最终诉求。

在互联网社会中，信息成为最宝贵的社会财富之一，构成整个网络社会的枢纽。互联网一方面将过去的“信息孤岛”联系在一起，另一方面又生产着巨量的信息，大有“信息爆炸”甚至“信息坍塌”之势。同时，由于互联网所具有的虚拟性，使得个人在接受巨量信息面前往往无所适从，对他人、社会和政府的信任感下降。互联网使得信息能够在瞬间大规模地扩散，一个热点问题往往可以引爆成公共舆论事件，对公众的情绪造成大面积的影响。

在互联网社会中，传统的社会形态受到巨大的冲击，整个社会处于重构之中。互联网将生产资料和生产工具更加紧密地结合起来，促进各种社会资源的有效配置，极大地提升了生产力，也带来生产关系和社会关系的重大变革。传统的社会治理结构、法律法规、道德准则等均遭遇到前所未有的挑战。网络的匿名性给人们带来了更大的行动自由，除了传统社会中的诸多角色之外，人们在互联网的虚拟世界中又会承担各种新的角色，现实与虚拟身份的交织往往会导致人们在身份认同上出现错位。社会组织、政府部门也会面临类似的情形。因此，互联网社会较之传统社会更加复杂，需要全新的治理模式与之相适应。

（2）对互联网社会中的身份认同

在互联网社会中，社会中的各行为主体的身份经过互联网化改造，又增加了一层新的含义。这种新的身份既得到其自身的认同，又得到其他行为主体的相互认同。

就个人而言，在互联网社会中最鲜明的特征就是“网民”。根据 We Are Social 和 Hootsuite 发布的2019 年数字报告，在全球76.76 亿人口中网民数量达到43.88 亿人，全球互联网用户平均每天上网时间为 6 小时 42 分钟，也就是人们生活中 1/4 的时间都在上网①。其中，中国网民数量居世界第二位。中央网信办和中国互联网络信息中心于 2019 年 2 月发布的第 43 次《中国互联网络发展状况统计报告》中的统计数据显示，截至 2018 年 12 月，我国网民数量已达 8.29 亿人，互联网普及率为 59.6%。其中，手机网民规模达 8.17 亿人，网民中使用手机上网的比例在 2018 年底达到 98.6%（见图 1）。网民以青少年为主，截至 2018 年 12 月，10～39 岁群体占整体网民的 69.8%②。互联网已经成为网民社会生活的重要应用场景。他们通过即时通信工具沟通交流，维持人际关系；通过网络订餐、网络购物平台、网络旅行平台、网络约车平台解决日常的衣食住行方面的需求；通过网络支付、网上银行、互联网理财等平台管理自己的财务和投资事务，通过在线教育平台、网络文学、网络游戏、网络视频、网络直播平台满足自己在教育、阅读、娱乐等方面的精神生活。在网络中，不同的网民还会找到新的身份认同，比如网友、楼主、吧主、群主、粉丝、网红、主播等。随着移动互联网技术的发展，网民对网络的依赖还会进一步加深。

就政府而言，互联网社会重新塑造了政府的角色。从管制型政府到服务型政府，再到互联网政府，政府的治理模式也在紧跟互联网技术的发展而不断进

---

① 凤凰网，http：//tech.ifeng.com/a/20190131/45304019_0.shtml，访问时间：2019 年 4 月 12 日。

② 中央网信办和中国互联网络信息中心：第 43 次《中国互联网络发展状况统计报告》，2019 年 2 月，http：//www.cnnic.net.cn/hlwfzyj/hlwxzbg/hlwtjbg/201902/t20190228_70645.htm，访问日期：2019 年 3 月 3 日。

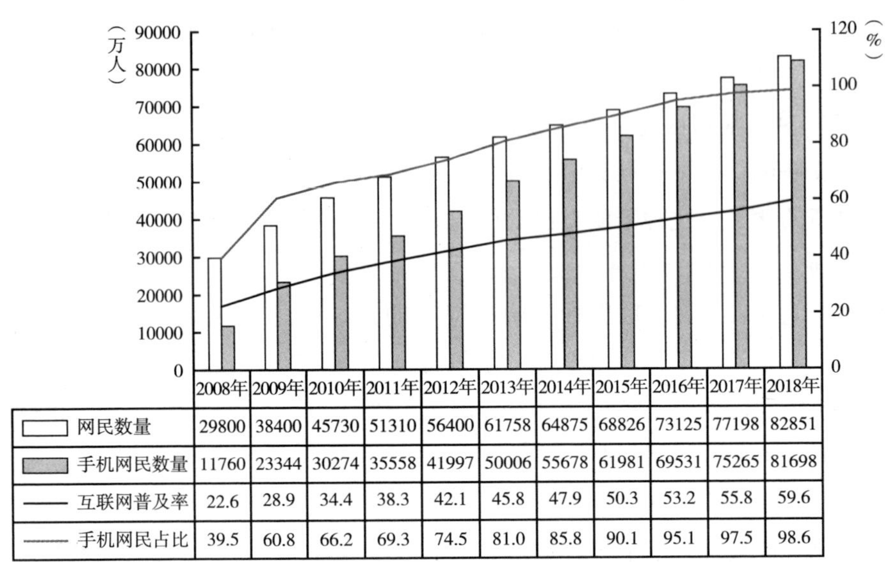

	2008年	2009年	2010年	2011年	2012年	2013年	2014年	2015年	2016年	2017年	2018年
网民数量	29800	38400	45730	51310	56400	61758	64875	68826	73125	77198	82851
手机网民数量	11760	23344	30274	35558	41997	50006	55678	61981	69531	75265	81698
互联网普及率	22.6	28.9	34.4	38.3	42.1	45.8	47.9	50.3	53.2	55.8	59.6
手机网民占比	39.5	60.8	66.2	69.3	74.5	81.0	85.8	90.1	95.1	97.5	98.6

图1　中国网民、手机网民数量及其占比

资料来源：第43次《中国互联网络发展状况统计报告》，2019年2月，http：//www.cnnic.net.cn/hlwfzyj/hlwxzbg/hlwtjbg/201902/t20190228_70645.htm，访问日期：2019年3月3日。

行转型。早在1982年，中央就开始部署政府的信息化建设，应对新技术革命。2001年国务院成立了信息化工作办公室，2002年发布《关于我国电子政务建设的指导意见》。2006年，国家信息化领导小组发布《国家电子政务总体框架》。2012年以来，我国着手开始采用大数据、云计算、人工智能等互联网新技术，实现从“数字政府”到“智慧政府”的提升，提高政府办公、监管、服务、决策的智能化水平，形成高效、敏捷、便民的新型政府。截至2018年12月，我国共有政府网站17962个，其中部级行政单位共有政府网站1080个，省级及以下行政单位共有政府部门16882个①。不少政府还开辟了政府微信、政府微博、政务头条等移动客户端，依托网上政务平台，发布权威消息，实现网上申报、排队预约、审批结果等便民服务。我国电子政务的建设成就表明，政府已经充分认识到，“信息是国家治理的重要依据，发挥信息在这个进程中

① 第43次《中国互联网络发展状况统计报告》，2019年2月，http：//www.cnnic.net.cn/hlwfzyj/hlwxzbg/hlwtjbg/201902/t20190228_70645.htm，访问日期：2019年3月3日。

的重要作用。以信息化推动国家治理体系和治理能力现代化①”。

就慈善组织而言，身处互联网社会之中显然无法置身事外，而是要积极进行组织变革，寻找自身在互联网社会中的定位。互联网带来慈善组织形式和运行逻辑的诸多变革。一方面，传统的慈善组织需要建设官方网站，通过互联网发布慈善信息，寻找捐助渠道，并向政府和社会公开信息，这样，慈善组织的组织形式会趋于扁平化，精简层级机构。另一方面，许多互联网慈善组织应运而生，它们是互联网时代的新生儿，与传统的慈善组织有很大的不同，其运行逻辑已经超越了传统的社会组织逻辑，带有鲜明的互联网思维。与此同时，个人借助互联网越过慈善组织，可以直接与其他个人或者社会组织连接寻求帮助，这就意味着慈善组织作为唯一的慈善“中介”的功能弱化，需要重新审视其在互联网慈善中的身份定位问题。

总之，互联网社会重新塑造了政府、慈善组织和个人的身份。在明确自身的身份定位的同时，彼此之间的身份认同也是互联网慈善的逻辑基础。政府已经明确使用“网名”这一称谓，表明其对“互联网社会公民”的身份认同，对慈善组织除了继续坚持传统的社会组织管理方式之外，政府也在主动地要求慈善组织在互联网社会中的“组织革命”，政府组织的互联网公开募捐平台的认定，以自身的权威和信用为其背书，也表明了对互联网慈善组织的身份认同。慈善组织加快自身的互联网改造和组织变革，配合政府要求的互联网公开募捐平台的遴选和建设，落实各种信息公开，同时，积极通过互联网接受网民的捐助，开辟微信、微博、公众号、头条与网民开展互动，表明慈善组织对政府和网民的身份认同。个人更多地通过互联网了解政府的大政方针和法律法规，使用政府网络提供的各种互联网工具办事，又通过网络捐赠或者求助从事慈善活动，在互联网上了解慈善组织的公开信息，对慈善活动进行监督，表明个人对互联网社会中的政府与慈善组织的认同。这种彼此之间的身份认同也构成了互联网慈善社会信用共同体的存在基础。

（3）对“互联网+”新形态的认同

“互联网+”是把互联网的创新成果与经济社会各领域深度融合，推动技

① 习近平：《在网络安全和信息化工作座谈会上的讲话》，《人民日报》2016年4月26日，第1版。

术进步、效率提升和组织变革，提升实体经济创新力和生产力，形成更广泛的以互联网为基础设施和创新要素的经济社会发展新形态①。在互联网社会中，互联网已经与各领域进行了融合发展，成为不可阻挡的时代潮流。

我国政府已经深刻认识到“互联网+”对国家经济社会发展产生的战略性和全局性的影响，积极推动互联网与各领域深入融合和创新发展。2015年7月4日，国务院发布了《关于积极推进“互联网+”行动的指导意见》（简称《指导意见》）。《指导意见》提出“互联网+”的分步走目标，即到2018年，互联网与经济社会各领域的融合发展进一步深化，网络经济与实体经济协同互动的发展格局基本形成。到2025年，“互联网+”新经济形态初步形成，“互联网+”成为我国经济社会创新发展的重要驱动力量。为此，《指导意见》提出了“互联网+”的创业创新、协同制造、现代农业、智慧能源、普惠金融、益民服务、高效物流、电子商务、便捷交通、绿色生态、人工智能等11个重点领域。之后，中央各部委陆续推出落实《指导意见》的行动计划。如工业和信息化部于2015年11月25日制定了《工业和信息化部关于贯彻落实〈国务院关于积极推进“互联网+”行动的指导意见〉的行动计划（2015~2018年）》。民政部于2018年连续出台了《“互联网+民政服务”行动计划》和《“互联网+社会组织（社会工作、志愿服务）”行动方案（2018~2020年）》。“互联网+”已经成为我国政府重塑创新体系、激发创新活力、培育新兴业态和创新公共服务模式，打造大众创业、万众创新和增加公共产品、公共服务“双引擎”，主动适应和引领经济发展新常态，形成经济发展新动能，实现中国经济提质增效升级的战略共识。

互联网慈善就是“互联网+慈善”的深度融合，涉及“互联网+”的多个领域。在民政部发布的《“互联网+社会组织（社会工作、志愿服务）”行动方案（2018~2020年）》中，专门提到通过推动互联网募捐信息规范发布、慈善组织信息统一公开与透明查询、慈善捐赠联合激励与惩戒等举措来推动“互联网+慈善募捐”，并且对2018~2020年做出了进度安排。此外，慈善组织作为社会组织的一种，还是“互联网+社会组织”的重要落实者。例如，

---

① 国务院网站，http://www.gov.cn/zhengce/content/2015-07/04/content_10002.htm，访问日期：2019年4月19日。

推动公开募捐资格管理等业务的网上办理，利用互联网平台的协同优势，积极参与网络公益、网络扶贫，不断拓展服务项目，增强资源筹措能力，实现社会组织服务与社会需求有效对接。由此可见，政府部门对包括慈善组织在内的社会组织参与“互联网＋”寄予厚望，而慈善组织也积极落实“互联网＋民政”“互联网＋社会组织”“互联网＋慈善募捐”的行动计划要求，积极参与到互联网慈善中。

个人既是“互联网＋”战略的受益者，又是“互联网＋”的积极参与者。在“互联网＋慈善”中，个人已经成为互联网募捐的主力军。借助互联网，个人可以在公开网络募捐平台上发布求助信息，也可以通过社交网络等其他平台发布个人信息，这些信息会短时间内在互联网上广泛传播，这是在传统慈善模式上不能想象的。而捐赠者可以采取日捐、月捐、零钱捐、一对一捐、行走捐、阅读捐、积分捐、消费捐、企业配捐、虚拟游戏捐等多种创新方式表达自己的善意。这些零散的、细微的个人资源在互联网的连接和动员下形成庞大的慈善资源。当前，互联网慈善中形成的“人人公益、随手公益、指尖公益”的良好态势也显示出个人对“互联网＋”的高度认同感和参与感。

2. 共同的情感基础：慈善

政府、慈善组织和个人结成互联网慈善中的社会信用共同体的纽带。因此，对慈善的广泛认同，构成了互联网慈善中的社会信用共同体的情感基础。

（1）慈善传统源远流长

在汉语语境中，“慈”意味着爱心，“善”意味着友好[①]，“慈善”的本意即为怀有仁爱之心，广行济世之举。

我国自古以来就有着悠久的慈善传统，慈善思想和事业薪火不灭。无论是儒家主张的“仁”“爱”，道家强调“上善若水”，佛教宣扬的“慈悲为怀”，都鼓励民众出于关爱和同情的利他行为和德行修养，为我国慈善事业提供思想指引和道德基础。早在周朝开始，中央政府设置的官职——司徒就承担慈幼、养老、振（赈）穷、恤贫、宽疾、安富等具有现代慈善意义的职能。历代王朝政府都十分重视兴办官方慈善机构，开展“赈荒救灾”“恤老慈幼”等慈善事业。同时，道教、佛教等宗教组织也积极参与到民间的慈善事业中，此外，

① 在许慎的《说文解字》中，分别解释为：“慈，爱也”，“善，吉”。

宗族内部的共济制度以及乐善好施的乡绅兴办的“善堂”“粥铺”也起到了补充作用。在以官办慈善为主导、以民间和个人慈善为补充的模式下，我国古代慈善事业为遇到灾难或者生活困苦的底层人民提供了一定的救济措施，缓和了阶级矛盾、维护了社会稳定、促进了当时的社会经济发展，也保证了中华文明的延续。

随着列强的入侵，中国沦为半封建半殖民社会。无论是晚清政府，还是之后的民国政府，统治秩序摇摇欲坠，财政亏空严重，官办慈善几乎陷于停滞，民间的互助共济成为慈善事业的主要形式。与此同时，一些教会组织和传教士在中国也从事“医疗卫生、育婴慈幼、赈灾”等慈善事业①。西方的慈善济世思想传入我国，与我国传统的慈善思想交融在一起，社会化举办“慈善公益”的观念逐渐深入人心。

新中国成立以后，民政工作收归政府职能。由于受极“左”思潮和“文化大革命”的影响，慈善事业遭受误解，陷入停滞，甚至消亡长达近30年之久。直到改革开放后才开始复苏。1978年，中国红十字会总会和地方红十字会陆续恢复原有的组织机构和业务活动。1981年7月，中国儿童少年基金会成立，这是我国第一个现代意义的公益慈善团体，标志着中国公益慈善事业走上现代化之路。1994年2月24日，《人民日报》发表了《为慈善正名》的社论，为我国现代公益慈善事业的大发展吹响了号角。同年4月，“中华慈善总会”在北京正式成立，开启了中国慈善事业快速发展的新阶段。2004年10月，中共十六届四中全会决议首次明确提出，要“健全社会保险、社会救助、社会福利和慈善事业相衔接的社会保障体系”，并以之作为构建社会主义和谐社会的一个重要目标。2016年3月16日，《慈善法》的颁布，标志着我国慈善事业进入法治化发展轨道。

由此可见，慈善在中华民族文明中有着悠久的传统，传承至今，已经深入人心。无论是政府、社会组织，还是普通民众，对于慈善有着很高的认同感。

（2）发展慈善事业是时代需要

近年来，我国经济和社会各项建设取得了巨大成就，综合国力蒸蒸日上，

① 李春霞：《近代慈善公益概念的形成及其内涵探索》，《东方论坛》2018年第2期，第41页。

政府财政收入充盈，在民生问题上投入越来越大，人民生活水平稳步上升，但是个人面对风险时仍然比较脆弱，需要来自政府的救助和社会的互济。

德国社会学家乌尔里希·贝克尔认为，现代社会是风险社会。对于人类社会而言，风险无处不在。现代社会虽然降低了一些传统风险的发生概率，但是也产生了新的风险。这些风险累计构成了风险社会。例如，现代生活水平和医疗技术水平的提高，使人的寿命普遍增加，这就导致了长寿的风险。工业的发展加大了环境的恶化，呼吸道疾病以及各种变异性疾病的发生率上升。城市的发展带来各种城市病，尤其是公共卫生事件的破坏性更强。除此之外，贫困、失业、伤残、失孤等风险的威胁依然存在，而人类在重大自然灾害、事故灾难面前仍然不堪一击。各种风险很可能会让普通人一夜之间一贫如洗，陷入困境。因此，这部分人需要得到政府和社会的帮助。

政府在风险面前有时也会力不从心，捉襟见肘。主要原因如下。第一，现代政府体系庞大，运转机制不够灵活。尤其是对于一些突然事件，受限于现代民主的决策机制，往往需要一个冗长的过程，时间较长。第二，政府的财力有限，在社会救助方面只能承担"兜底"的功能，无法解决每个社会成员面临的风险问题。第三，个人陷入困境后如果需要政府的帮助，则需要经过一个相当复杂的申请程序，政府的科层制和官僚作风可能会阻碍个人获得相应的帮助。

因此，政府经常不得不借助社会组织或者社会成员间互助等非正式制度安排来补充履行某些社会职责。尤其是在慈善领域，社会组织和个人能够更快地了解到社会弱势群体遭遇的风险，并能设身处地寻找解决风险问题的途径。慈善组织往往具有更强的灵活性，其社会资源动员能力也不容忽视。比如，在自然灾害和事故灾难现场，许多志愿者比官方救援团队更早地达到受灾地点并对受灾人员进行救济。在扶贫、济困、扶老、救孤、恤病、助残、优抚等方面，慈善机构既能够在短时间内筹措到大量的善款，又可以为求助者提供心理慰藉、志愿者陪护等精神上的支持，因此，在经济越发达的社会，越要发展慈善事业。

3. 共同的目标取向：建立社会信用体系

互联网慈善活动具有经济性和社会性两方面的特征。从经济性特征来看，互联网慈善是一个财产让渡委托和代理使用的过程，社会信用的建构伴随整个过程的始终；从社会性特征来看，互联网慈善又是一个社会互助的利他性过程，其“道德性社团”的属性也促成了社会信用体系的确立。与此同时，在全社会都在积极参与社会信用体系的背景下，互联网慈善事业自然不能置身事外。因此，互联网慈善的各个主体都具有建构社会信用体系的共同目标取向。

（1）“委托—代理”关系中的社会信用体系建构

在慈善活动中，由于存在财产的让渡和使用过程，求助人、捐赠人和慈善组织以及互联网募捐平台彼此之间存在“委托—代理”关系。在一个互联网慈善项目的全过程中，至少存在四对“委托—代理”关系。

第一对是发生在求助环节的求助人与慈善组织之间的“委托—代理关系”。求助人将自己所处的困境和需求告知慈善组织，委托其向社会发布求助信息，寻求社会支持。此时，求助人与慈善机构就存在着信息不对称现象，求助人明显处于信息的优势地位，如果缺乏社会信用体系，求助人很可能会虚构个人信息或者夸大所处的困难，以此来骗取社会捐助。处于信息劣势地位的慈善机构无法完全甄别求助人信息的真伪，其自身的信用将会受到求助人失信而受损。

第二对是发生在捐赠环节的捐赠人与慈善机构之间的“委托—代理关系”。捐赠人将财产让渡给慈善机构，委托其转交给求助人。此时，捐赠人与慈善组织之间也存在信息的不对称。慈善组织相对于捐赠人具有信息优势地位，极有可能做出虚假宣传、侵吞善款、截流善款挪作他用或者其他有违慈善目标的道德风险行为。一旦这种失信行为暴露出来，将会破坏慈善事业的公信力。

第三对是在善款使用环节中慈善组织与受益人之间的“委托—代理关系”。由于慈善捐助的特殊性，善款必须用于指定的用途。受益人显然比慈善组织掌握更多的善款使用信息，极有可能会出现将善款挪作他用从而违背捐赠人意愿的行为。

第四对是慈善组织与互联网募捐平台之间因合作而建立的“委托—代理关系”。由于慈善法规定，慈善组织通过互联网开展公开募捐的，应当在国务院民政部门统一或者指定的慈善信息平台发布募捐信息。因此，不具备互联网公开募捐资格的慈善组织必须与目前经民政部遴选认定的互联网公开募捐平台合作发布募捐信息，运营慈善项目。这个过程中也会存在慈善组织利用信息优势提供虚假信息、项目违规操作或者打着慈善的旗号从事非慈善活动等风险行为。

以上四组“委托—代理关系”环环相扣，委托人和代理人的关系会在慈善活动中发生转换，在整个过程中，各个参与主体所掌握的信息存在着不对称，信息优势一方都可能会出现逆向选择、信息传递失真和隐藏行动等道德风险行为，从而失去信息劣势一方的信任。任何一个主体的失信行为被互联网曝光和宣传后，很大程度上会被视为整个慈善活动的失信，甚至会对慈善事业的公信力有较大的破坏。而依靠单个参与方的信息甄别则会耗费大量的成本，难度也很大。依靠政府和社会监督虽然可以一定程度上抑制道德风险的发生，但是监管也会存在漏洞，且成本较大。相比之下，建立社会信用体系成为最为经济的解决方案，可以减少信息不对称，确立委托方和代理方之间的相互信任，从而保证“委托—代理”关系能够正常、有序、稳定地维持下去。因此，互联网慈善的行动各方在围绕建立社会信用体系的共同目标过程中，结成共同体关系。

（2）“道德性社团”行为下的社会信用机制的构建

当代著名的日裔美籍学者弗朗西斯·福山认为，社会信任除了经济学中认为的“理性选择因素”之外，还存在道德和文化的因素。福山认为，“所谓信任，是在一个社团之中，成员对彼此常态、诚实、合作行为的期待，基础是社团成员共同拥有的规范，以及个体隶属于那个社团的角色[①]”。因此，信任和信任感的基础是“群体共有的伦理规范”，既包括为社会成员共同认同的“价值观”，又包括法律法规和行业标准。福山把这些遵守共有的伦理规范的人们组成的群体称为“道德性团体”。在这个社团内部，不需要严谨的契约和法律来规范成员之间的关系，而是依靠先天的道德共识形成社团内部成员之间的相互信任。

如果从福山的社会信任理论视角来看，那么互联网慈善的社会信用共同体就具有很强的“道德性社团”特征。首先，这个“道德性社团”的道德色彩特别浓厚。如果说企业参与慈善捐赠活动既可以获得税收优惠，又可以得到社

---

① 〔美〕弗朗西斯·福山：《信任：社会道德与繁荣的创造》，李宛蓉译，远方出版社，1998，第35页。

会声誉，具有某种程度的自利色彩，那么个人在互联网上的捐赠则完全是从道德情感出发的一种利他行为。可以说，互联网慈善的社会信用共同体是具有这些道德情感的人自愿组成的群体。其次，互联网慈善的社会信用共同体成员已经形成一种道德共识。这些道德共识包括来自人类悲天悯人的本性、同情和帮助弱者的社会责任感，也理应包括诚实、守信等基本的道德操守。对于违反道德共识的成员，也就失去了其他成员信任的基础。再次，在成员具备忠诚、实诚、可靠的美德并普遍对彼此产生信任之前，这个“道德性社团”就必须采纳一整套的规范。社会信用体系是“道德性团体”的道德规范的主要副产品之一。

福山认为，社会信任是社会资本的一种特定形式。在互联网慈善中，由社会信用共同体共同构建的社会信用体系构成了一种社会资本，对经济和社会起着非常重要的作用。它可以降低慈善活动的交易成本，提高慈善活动的效率，促进慈善活动的繁荣与发展。它还具有强大的外部性，不仅可以作为社会信用的楷模，提高全社会树立遵法守纪、诚实守信的道德水平，还可以推动整个社会关爱弱者、扶危救困的社会风气，构建和谐社会。

（3）全社会信用体系构建下的互联网慈善社会信用共同体

随着社会主义市场经济体制的确立，社会信用体系的基础性作用越来越得到重视。1999 年，中国社会科学院世界经济与政治研究所“建立国家信用管理体系课题”组首次提出了社会信用体系的概念，描绘了它的设计框架和运行原理，提出了中国建立大征信系统的新模式①。2003 年 10 月，中共十六届三中全会《中共中央关于完善社会主义市场经济体制若干问题的决定》明确指出，要增强全社会的信用意识，形成以道德为支撑、产权为基础、法律为保障的社会信用制度。2011 年 3 月，“十二五”规划纲要提出了“加快社会信用体系建设”的总体要求，这是国家政策层面首次提出构建“社会信用体系”。同年 7 月，中共中央、国务院出台《关于加强和创新社会管理的意见》提出：“建立健全社会诚信制度”，将“社会诚信制度”与创新社会管理联系起来。

党的十八大以来，以习近平同志为核心的党中央将建设和完善社会信用体系提高到国家治理体系和治理能力现代化的高度。十八大报告中就提出“加

① 林钧跃：《社会信用体系理论的传承脉络与创新》，《征信》2012 年第 1 期，第 1～12 页。

强政务诚信、商务诚信、社会诚信和司法公信建设”。2013 年，十八届三中全会进一步明确要“建立健全社会征信体系，褒扬诚信，惩戒失信”。根据中央的部署，2014 年 6 月，国务院出台了《社会信用体系建设规划纲要（2014 ~ 2020 年)》，提出“到 2020 年，社会信用基础性法律法规和标准体系基本建立，以信用信息资源共享为基础的覆盖全社会的征信系统基本建成，信用监管体制基本健全，信用服务市场体系比较完善，守信激励和失信惩戒机制全面发挥作用”的总体目标。近年来，我国社会信用体系建设在许多领域和关键环节取得了一系列重大的进展，中国特色的社会信用体系理论基本成型；社会信用的组织机制日趋完善，顶层设计基本完成；社会征信网络已经基本建设完成，信用法规和标准加快推进，陆续发布了一系列信用领域的国家标准；全社会联动的信用联合奖惩措施已经出台并加以落实，效果显著；市场化的社会信用服务体系建设日臻完善；地方性的社会信用体系也取得了一定的成效，全社会初步形成“以诚信为荣，以失信为耻”的社会风尚。

在全社会倾力打造社会信用体系的大环境下，围绕互联网慈善的社会诚信系统也在有条不紊地进行当中。首先，政府倡导诚信施政，加大政务公开的力度，提升政府的公信力，在全社会树立公开、公正和清廉的政府诚信形象，对其他社会主体诚信建设起到了重要的表率和导向作用，带动了全社会诚信意识的树立和诚信水平的提高。其次，政府提高了对慈善组织和互联网公开募捐平台的监管，严格要求慈善项目的备案和公开募捐、重大资产变动及投资、重大交换交易及资金往来等方面的重要信息公开，认真遴选了慈善组织互联网募捐信息平台。慈善组织按照《慈善法》《社会组织信用信息管理办法》《慈善组织保值增值投资活动管理暂行办法》《公开募捐平台服务管理办法》等法律法规规范自身的运营，树立一个合法、诚信的社会形象。再次，根据国家互联网管理的有关规定，个人已经实行网络实名化登记，全国范围内的自然人信用记录基本实现了全覆盖。个人在慈善活动中的求助、捐赠、善款使用等过程中的行为将会记入个人的信用档案之中。除此之外，根据 2016 年国务院出台的《关于建立完善守信联合激励和失信联合惩戒制度加快推进社会诚信建设的指导意见》中的有关规定，慈善组织如果出现严重失信行为，除了记入慈善组织的信用记录的同时，也记入其法定代表人、主要负责人及直接责任人员的个人信用记录；在对失信慈善组织进行联合惩戒的同时，也对相关责任人员采取相应的联合惩戒措施。

互联网慈善的社会信用体系是全社会信用体系重要的一环。各行为主体的信用互相关联，彼此影响，已经围绕社会信用体系结成一种共同体关系。

（三）互联网慈善社会信用共同体的生成和发展

互联网慈善信用共同体是在慈善活动中动态生成和发展起来的。在慈善活动的不同时间点，共同体的构成和形态各有不同。

在慈善项目启动时，参与主体有政府部门、求助人、慈善组织和互联网募捐平台。政府部门负责收集个人、慈善组织的征信记录，并组织互联网募捐平台的遴选和认定。求助人将其求助信息和征信记录提交给慈善组织。慈善组织审核求助人信息的真实性，策划相应的慈善项目，向政府部门报备后，将其发送给互联网募捐平台。互联网募捐平台负责在互联网上发布慈善项目信息。在这个共同体中，求助人的信用处于核心地位，它关系到整个项目的诚信和成败，而政府和慈善组织的信用则为慈善项目提供信用保证。

在慈善募捐过程中，社会信用共同体的成员变成政府部门、互联网募捐平台和捐赠人。政府部门继续监控捐款人履行捐款承诺，记录捐款人的诚信情况。政府部门和捐款人会监督互联网募捐平台公开募捐的进程和款项数额、如期完成募捐任务、保全募捐的财产并将其交付给受益人手中。在这个共同体中，互联网募捐平台的信用处于核心地位，它关系到慈善募捐的诚信，因此，必须公开慈善项目的信息，接受政府和捐赠人的监督。

在慈善项目的终结过程中，社会信用共同体的成员囊括了政府部门、慈善组织、互联网募捐平台和受益人。互联网募捐平台将募集到的善款转交给受益人，接受政府部门、捐赠人和慈善组织的监督。受益人要确保使用善款符合慈善项目规定的目标，向捐赠人和慈善组织公布相关的信息。慈善组织负责慈善项目的总结和归档工作，向政府部门和捐赠人进行信息公开。在这个共同体中，受益人的诚信处于核心地位，它关系到整个慈善项目是否如期终结，从而影响整个共同体在慈善活动中的社会信用，因此，必须接受社会共同体其他成员的监督。

由此可见，在互联网慈善项目的全过程中，社会信用共同体的成员会发生变化，处于核心地位的成员也会因此各有不同，社会信用共同体也在不断地变化和发展之中。由于互联网慈善项目越来越成为一种常态，因此，社会信用共同体的规模也会逐渐扩大到全社会，并与整个社会的信用体系深入融合在一起。

（四）互联网慈善的社会信用共同体的建设进展

随着全社会信用体系建设的不断推进和完善，全社会逐渐形成一个越来越庞大的信用共同体，也带动互联网慈善领域的社会信用共同体的建设。

2018 年 2 月，包括国家发展改革委、人民银行、民政部等在内的 40 个部委联合签署了《关于对慈善捐赠领域相关主体实施守信联合激励和失信联合惩戒的合作备忘录》（以下简称《备忘录》），被誉为慈善诚信建设方面的里程碑式的文件，当然也开辟了互联网慈善的社会信用共同体建设的新阶段。

1. 扩大了互联网慈善的社会信用共同体的成员范围

在《备忘录》出台之前，互联网慈善的社会信用共同体成员中的政府部门成员主要是工信部和民政部。前者负责监管互联网事宜，后者主要负责监管慈善事业，诚信分别指向互联网平台（包括个人在互联网上的诚信和互联网募捐平台）和慈善组织。《备忘录》中将国家发展改革委、人民银行、民政部、中央文明办、中央网信办、最高人民法院、教育部、科技部、工业和信息化部、公安部、司法部、财政部、人力资源和社会保障部、国土资源部、环境保护部、住房城乡建设部、交通运输部、卫生计生委、海关总署、税务总局、工商总局、质检总局、体育总局、食品药品监管总局、知识产权局、银监会、证监会、保监会、民航局、文物局、国务院扶贫办、全国总工会、共青团中央、全国妇联、中国科协、铁路总公司等 40 个部委囊括进慈善捐赠领域诚信的建设中，如果再算上这些部委在省市级的对口单位，可以想见，几乎所有的政府部门都成为互联网慈善社会信用共同体的成员。

此外，在《备忘录》中，慈善组织的法定代表人和直接负责的主管人员也被纳入社会信用共同体的成员中来，自然人范围进一步扩大，使得互联网慈善的社会信用共同体的成员范围包括政府部门、慈善组织及其法定代表人和直接负责的主管人员、求助人、受益人以及其他非法人。

2. 构建了互联网慈善的社会信用共同体的动力机制

此前，对于互联网慈善社会信用共同体的行为规范主要以道德自律为主，对于守信行为主要以荣誉激励为主，缺乏实质性的激励，而对失信失范的惩罚措施比较零星、分散，无助于在共同体内部形成规范认同，使共同体偏离“道德性团体”的属性。

《备忘录》的发布，首次以多部委联合行动的形式，确立并激活了守信激励和失信惩戒制度清单。其中，26 项联合激励措施是有史以来第一次为诚实守信行为建立了明确的正面激励机制，这其中既包括有荣誉性的激励，也包括守信主体可以在许多领域获得便利和优先考虑，还可以获得相关的税收优惠等经济上的实惠；24 项联合惩戒措施清单则明确了多部门联合对失信行为的最严格的惩戒措施。这些措施对慈善主体的各种经济行为做出了限制，其失信记录还将记入金融、科研等信用档案中。这种多部门多管齐下、资源共享、联合惩戒的机制，全方位地提高了慈善主体守信的收益和失信的成本，有助于营造“褒扬诚信、惩戒失信”的互联网慈善的诚信环境，为社会信用共同体建立了长效、动态的动力机制。

3. 扩展了互联网慈善的社会信用共同体的外部性

在互联网社会中，网络主体的行为规范日益影响整个社会的行为规范。互联网慈善作为互联网的“首善之区”，社会信用主体的道德规范对整个社会信用体系起到示范性作用。《备忘录》通过正面激励和负面倒逼两个方面，进一步提高互联网慈善的社会信用共同体的建设水平，其外部性将会扩展到整个慈善领域乃至整个社会：互联网慈善社会信用共同体的建设，将会激励更多的组织和个人加入慈善中来，推动我国慈善事业的健康发展，为整个社会的信用共同体建设树立了模范，对我国社会信用管理体系的完善做出应有的贡献。

六 构建互联网慈善社会信用共同体的思考与探索

（一）当前互联网慈善社会信用共同体构建存在的问题

信用是慈善的生命线。构建社会信用共同体是互联网慈善发展的关键所在。在全社会共同构建社会信用体系的大背景下，经过多方的努力，互联网慈善的社会信用共同体建设已经取得了较大的成效，但是还存在一定的问题。

1. 互联网慈善各行为主体的社会信用仍有待提高

互联网慈善行为主体的社会信用是信用共同体关系形成的核心因素。当前，尽管互联网慈善行为主体的社会信用度有了较大的提高，但是距离一个完善的信用共同体关系的要求仍然有一定的差距。互联网慈善行为主体的失信行为屡有发生：某些求助人利用虚假信息“骗捐”行为仍然屡禁不止，伤害社会公众对慈善的热情和信任；某些捐赠人，特别是公众名人、明星、社会名流，热衷在互联网上利用“慈善捐款”作为个人知名度推广的手段，但实际上并没有履行捐款的承诺，这种“诈捐”“作秀”行为在“名人”“明星”效应的放大之下，越发给慈善造成负面影响。某些慈善组织的社会信用意识不强，在策划和运作慈善项目时没有认真把关，致使一些错误在互联网上曝光后，失去了社会信任，也对其他慈善主体和社会公众的心理造成了伤害。

以“同一天生日的你”慈善项目为例①，该项目的的善款爱佑未来基金会是在深圳市民政局注册的公募基金会，具有公开募捐的资格。此前运作的“一元画作”募捐活动筹集到1500万元项目资金，参与者超过580万人，具有一定的慈善项目成功经验。“同一天生日的你”慈善项目在不到两天的时间内，就募集到了超过255万元的善款。但是，细心的网友发现，该项目的文案存在许多错误，例如，至少有6起同样照片的捐助对象姓名和出生日期不同，受益人数出入很大，存在慈善机构随意处置善款余款的嫌疑。更为严重的是，此次慈善项目所选择合作的平台为“分贝筹”微信服务号，既不在民政部指定的互联网公开募捐信息平台之列，也非具备公募资质的慈善组织的官方渠道。随着这些问题的暴露，公众的质疑越来越严重，社会信任感降到谷底。最后，深圳民政局对该项目进行调查，责令停止了该项目。民政部也将这起案例作为互联网募捐的反面典型进行了点名批评。

① 《“同一天生日的你”文案质疑背后，是否违规募捐?》，《公益时报》，2017年12月24日，https：//gongyi. ifeng. com/a/20171225/44818252_ 0. shtml。

从“同一天生日的你”案例中不难发现，慈善事业的参与主体如果在恪守慈善初衷、遵守法律法规方面存在哪怕一点点瑕疵，就会对其社会信用造成极大的破坏。可见，现阶段慈善事业的社会信用基础还是非常脆弱的，要想挽回社会的广泛认可，树立高度的社会信任度还有很长的路要走。

2. 互联网慈善社会信用共同体的意识比较淡漠

尽管互联网慈善的行为主体在慈善活动中实际上已经形成了共同体关系，但是它们还没有形成共同体意识。首先，国内还没有出现有关“互联网慈善社会信用共同体”的概念和提法。近些年来，随着“共同体”理念概念和实践在我国的兴起，各类相关领域的共同体概念应运而生，如“命运共同体”“学习共同体”“合作共同体”等。“信用共同体”的提法也出现在融资、保险、贷款等领域，但是并没有应用于互联网慈善领域之中。其次，由于在互联网慈善中的角色和定位不同，慈善参与主体各方对社会信用的认识水平参差不齐，没有达成一致的共识。互联网社会信用体系的建设更多地被认为是政府的职责，无论是慈善组织还是捐赠人或者求助人，都只是被动参与的角色，有时候甚至对政府的强制主导有一种逆反心理，对立、对抗的情绪显然不利于达成合作共赢的共识。再次，互联网慈善中的参与主体很多时候并没有从共同体利益的高度，而是从个体利益最大化的角度来决策行动，如求助人追求最大限度地获得帮助，慈善组织追求最大额度的善款和最大限度的行动自由，而捐赠人追求个人社会名誉最大化。在缺乏共同体意识的情况下，这些个体利益很容易会发生冲突的时候，一些参与主体可能会采用“饮鸩止渴”的方式追求自身的短期利益，损害到其他参与主体的社会信用。

3. 互联网慈善社会信用共同体的治理还缺乏体系化

互联网慈善社会信用共同体的建设是一项系统化工程，需要一套体系化的治理框架。目前，有关互联网慈善社会信用共同体的治理还缺乏体系化。一是法律法规还处于碎片化状态，分散在有关慈善、互联网治理、社会信用体系构建、社会组织建设等多个领域，缺乏一部专门针对互联网慈善的法律法规，更遑论有关互联网社会信用共同体的法律法规。二是在这些领域的法律法规中，对于互联网慈善的社会信用体系的建设涉及内容较

少，无法做到“有法可依，有规可循”。例如，《慈善法》对慈善主体和慈善活动进行了总体上、原则性的规定，但对于互联网慈善涉及的内容不多，对其社会信用体系的构建主要体现在慈善组织和慈善活动的信息备案和公开等要求，对自然人在互联网慈善中的信用要求只有只言片语，整个《慈善法》对慈善活动中的社会信用问题关注度不够，更没有制定有关的奖惩措施。有关互联网治理的法律法规如《网络安全法》《互联网信息服务管理办法》等主要是规定互联网信息、网络安全领域的规范，专门涉及互联网慈善的内容较少。有关社会信用体系构建则主要是一些规划、意见、条例，法律层次较低，强制性和规范性不足，在内容上也主要是对个人、企业、政府和社会组织在经济和社会活动中的社会信用进行规范，对互联网慈善中的社会信用共同体的治理缺乏顶层设计上的支撑。有关社会组织方面的法律法规则主要是针对社会组织的合法性运营和信息公开，对于慈善组织的社会信用有一定的约束，但对于互联网慈善的社会信用共同体的其他主体的约束性不强。

4. 互联网慈善社会信用共同体的奖惩制度还需要落实

互联网慈善社会信用共同体的构建需要完善的奖惩制度。目前，对于互联网慈善的社会信用的奖惩措施主要来自上文中提到的《备忘录》，但是这项《备忘录》的落实还存在一定的问题。第一，这份《备忘录》并非真正意义上的法律法规，存在建议色彩较浓、强制性不足的问题。第二，《备忘录》对奖惩的对象——行为主体的守信和失信行为没有做出明确的规定。这些行为如何判定、判定是否合理、对判定的申诉机制，也是关系到奖惩制度是否得到落实的前提。一旦这些奖惩明显存在偏颇，则会影响到《备忘录》的权威和效力。第三，这份《备忘录》针对的是慈善领域相关主体的社会信用问题。虽然互联网慈善也属于慈善领域，但同时也有区别于一般慈善领域的鲜明特征，因此，对互联网慈善的界定目前还存在一定的争议。例如，有些互联网项目，究竟是“慈善活动”还是“商业活动”还难以界定，因而互联网慈善领域出现的一些社会信用问题是否属于《备忘录》奖惩的范围，还需要进行进一步的确认。在实际操作中，《备忘录》有可能会出现超越奖惩边界的情况。第四，《备忘录》有 40 个部委联合签署，缺少一个协调部门和机制。

（二）促进互联网慈善社会信用共同体建设的政策建议

1. 宣传和协调：树立互联网慈善社会信用共同体意识

首先，要加强对互联网慈善社会信用共同体的理论研究。理论是实践的先导，思想是行动的指南。对互联网慈善及其社会信用共同体的理论研究要走在构建互联网慈善社会信用共同体实践的前列，为其提供理论支撑。要从共同体理论中充分挖掘出互联网慈善社会信用共同体的理论内涵，从经济学、社会学、管理学等多学科角度建构互联网社会信用共同体的理论体系。国家哲学社会科学可以开辟这一理论研究的课题指南，引导广大社会科学工作者开展对这一领域的研究。各级政府和互联网慈善组织可以为该项研究提供研究资金支持，形成“百花齐放、百家争鸣”的研究局面，聚集一批比较成熟、前瞻性的研究成果。

其次，要加强对互联网慈善社会信用共同体的宣传工作，在互联网慈善的行为主体之间形成社会信用共同体的共识。在国家政策层面，要旗帜鲜明地提出“互联网慈善社会信用共同体”的概念，在全社会形成示范作用。在慈善组织的官方网站、微博、微信等平台上，开辟相关的专栏，对互联网慈善社会信用共同体的概念进行广泛的宣传，使这一概念深入人心。在慈善活动中开展对各个行为主体的社会信用教育，使各个行为主体在参与慈善的过程中秉承共同体的观念和意识，自觉维护共同体的共同利益。

再次，可以在互联网慈善各行为主体建立社会信用共同体联系和协调机制，定期举办主题为互联网慈善社会信用共同体的线上和线下活动，加强各行为主体之间的联系，增强其对社会信用共同体的认同感。

2. 完善互联网慈善社会信用共同体法律体系

互联网慈善社会信用共同体需要完善的法律体系加以确认、维护和保障。一个完备的互联网慈善社会信用共同体的法律应当包括三个方面。

第一，制定有关互联网慈善的法律法规。应以《慈善法》为基础，结合互联网信息管理、社会组织管理和网络募捐等领域的法规，制定一部专门针对互联网慈善的法律法规，规范互联网慈善活动。

第二，制定倡导互联网慈善社会信用共同体的管理办法。在互联网慈善的法律法规的基础上，根据社会信用体系构建的总体规划，专门制定倡

导构建互联网慈善社会信用共同体的管理办法。这个管理办法应突出互联网慈善行为主体的社会信用以及彼此之间的相互关联性，形成互联网慈善社会信用的联动机制，引导互联网慈善行为主体达成社会信用共同体的共识。

第三，进一步完善互联网慈善社会信用共同体的奖惩机制。应根据互联网慈善的特征，在构建互联网慈善社会信用共同体的目标指引下，进一步补充和完善《备忘录》中的奖惩机制。这其中包括：首先，要明确互联网慈善活动中哪些行为属于守信和失信的范畴；其次，要在认真评估互联网慈善活动的守信和失信的社会影响的基础上，做出恰如其分的奖励和惩罚，不要盲目地扩大奖惩的范围和尺度；再次，要建立各部委对互联网慈善诚信奖惩的协调机制。互联网慈善诚信奖惩涉及各个行为主体的多个方面，有些领域还涉及多个部委的交叉管辖范围，因此，需要国务院对互联网慈善诚信奖惩措施进行全盘协调，使各项奖惩措施能够落到实处。

3. 创新互联网慈善社会信用共同体的评价指标体系

构建互联网慈善社会信用共同体的评价指标体系，有助于掌握互联网慈善社会信用的发展程度和建设成效，推动互联网慈善事业的兴旺发达，是一项富有意义但又十分复杂的活动。目前，有关互联网慈善社会信用方面的评价指标主要是对慈善组织的评价指标体系，包括公信力指标体系、透明度指标体系。例如，2014 年，广州市民政局就委托第三方机构制定了《广州市慈善组织募捐透明度评价指标（试行）》，2018 年 9 月 3 日，清华大学公益慈善研究院和北京易善信用管理有限公司共同完成并发布了“2018 中国慈善信用榜”。这些评价指标体系可以为互联网慈善社会信用共同体的评价指标体系提供有益的参考。

互联网慈善社会信用共同体的评价指标体系的设想如下。

第一，互联网慈善社会信用共同体的评价指标体系应该是一个包括政府、慈善组织、求助人和捐赠人在内的四维度评价指标体系。考虑到慈善组织在互联网慈善社会信用共同体中的核心地位，在设置评价指标权重时，应赋予较大的权重（如 40%）。但是也不能忽视其他慈善活动的参与主体对社会信用共同体的影响，考虑到它们之间的信用强关联性，可以将其他慈善主体的指标权重设置为 20%（见图 2）。

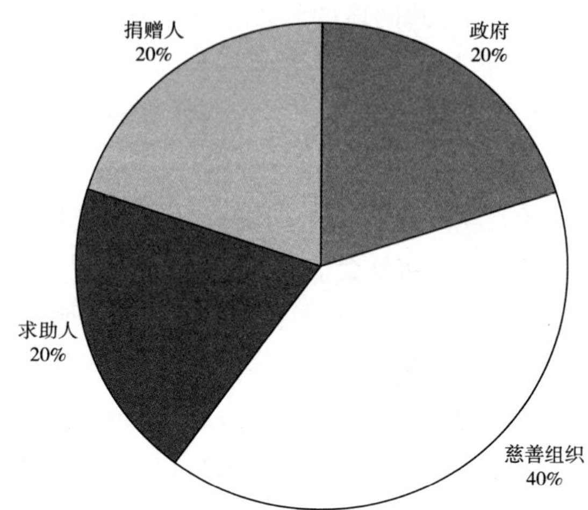

图2　各慈善主体在互联网慈善社会信用共同体中评价指标中的权重

第二，制定互联网慈善社会信用共同体的评价指标体系时应考虑互联网因素、特征和方法。传统的评价指标体系多采用专家评价、信用等级分析或者统计学分析方法，这些方法在选取指标时比较方便，但是受到人为的主观影响比较大，在科学性上会受到质疑。由于互联网慈善社会信用共同体具有鲜明的互联网特征，因此在设置社会信用共同体评价指标体系时要考虑到互联网的动态性、传播性和强关联性等特征，在吸收传统的评价指标体系的基础上应用大数据、云计算、人工智能等互联网新技术，努力做到评价指标的科学性、系统性、适度性和客观性。

第三，制定互联网慈善社会信用共同体的评价指标体系时可以根据各慈善行为主体的特征设置单项一级指标和二级指标。政府在社会信用共同体中的评价指标主要包括对互联网慈善的信息公开、法律法规建设和奖惩措施等一级指标，慈善组织在社会信用共同体中的评价指标主要包括基本信息公开、内部管理、项目能力和信用历史等一级指标。求助人（受益人）在社会信用共同体中的评价指标包括信用历史、个人信息公开、善款使用等一级指标。捐赠人在社会信用共同体中的评价指标包括个人信息公开和信用历史等一级指标。每个一级指标又分解为若干个二级指标。互联网慈善社会信用共同体的整套评价指标体系见表2。

表 2　互联网慈善社会信用共同体的评价指标体系

慈善行为主体	一级指标	二级指标
政府	信息公开	“慈善中国”网站建设
		慈善项目备案与公开
	法律法规建设	互联网慈善法律法规建设
		社会信用法律法规建设
	奖惩措施	奖惩措施的制定
		奖惩措施的落实
慈善组织	基本信息公开	慈善组织基本信息
		慈善组织备案和年审信息
		慈善组织合作伙伴信息
	内部管理	财务管理
		内部管理制度
		风险控制
	项目能力	项目策划能力
		项目筹款能力
		项目宣传能力
	信用历史	慈善组织社会信用
		负责人及项目负责人的社会信用
		慈善组织应对和化解网络舆情的历史
求助人（受益人）	信用历史	求助人的征信记录
		受益人的征信记录
		求助信息真实性
	个人信息公开	受益人信息的真实性
		个人在互联网上的云信息
		善款的适度性
	善款的使用	善款使用的合理性
		余款处理的合理性
捐赠人	个人信息公开	个人信息的真实性
		捐款承诺的履行
	信用历史	个人的征信记录

第四，互联网慈善社会信用共同体的评价由第三方评估机构来完成。在评价过程中，第三方评估机构除了使用互联网公开的信息之外，还应该深入调研，充分掌握互联网慈善社会信用共同体的内部信息，在数据信息充分、评价指标体

系科学合理的基础上，对互联网慈善社会信用共同体的现状做出客观公正的评价。

第五，互联网慈善社会信用共同体的评价实行动态化管理。评价指标体系、数据资料来源（除涉及国家机密和商业机密的资料之外）以及评估结果应定期向社会公布，接受社会公众的监督，并及时吸收社会公众的建议加以修改。

4. 建立互联网慈善社会信用共同体与全社会信用体系联动机制

互联网慈善社会信用共同体是全社会信用体系建设的重要内容。互联网慈善行为主体的信用之间既存在着相互影响的关系，又与社会其他主体的信用之间存在很强的关联性，因此，必须建立互联网慈善社会信用共同体与全社会信用体系之间的联动机制。这个联动机制包括如下两方面。

一是互联网慈善社会信用共同体的信用档案与社会征信体系的联动机制。在互联网慈善活动中，应引入社会征信系统对各个行为主体的诚信进行评估，作为慈善项目策划和运作的重要依据，并将互联网慈善行为主体的守信或者失信行为记入社会征信系统中，成为信用档案的一部分。

二是互联网慈善社会信用共同体的信用档案与社会评级机制的联动机制。社会信用体系建设引入第三方评级机构，对互联网慈善行为主体的信用等级进行评分，评价社会信用共同体的建设水平。互联网慈善社会信用共同体的信用档案也可以社会评级机构进行评估分析的重要资料，为整个社会信用体系的评价提供基础性的资料。

参考文献

（一）著作

《马克思恩格斯全集》（第3卷），人民出版社，2002。

〔美〕曼纽尔·卡斯特：《网络社会的崛起》，夏铸九译，社会科学文献出版社，2000。

〔美〕D·泰普思科：《泰普思科预言：21世纪人类生活新模式》，卓秀娟、陈佳伶译，时事出版社，1998。

〔英〕蒂姆·伯纳斯－李：《编织万维网》，张宇、萧风译，上海译文出版社，1999。

〔美〕弗朗西斯·福山：《信任：社会道德与繁荣的创造》，李宛蓉译，远方出版社，1998。

〔古希腊〕亚里士多德：《政治学》，颜一、秦典华译，中国人民大学出版社，2003。

〔法〕卢梭著《社会契约论》，何兆武译，商务印书馆，2003。

〔德〕黑格尔著《法哲学原理》，贺麟译，商务印书馆，2016。

〔德〕斐迪南·滕尼斯著《共同体与社会》，林荣远译，商务印书馆，1999。

〔英〕齐格蒙特·鲍曼著《共同体》，欧阳景根译，江苏人民出版社，2003。

（二）期刊论文

冯务中、李艳艳：《“网络社会”概念辨析》，《广西社会科学》2008 年第 9 期。

王云斌：《中国实现“互联网 + 慈善”的路径研究》，《社会福利》2016 年第 3 期。

秦安兰：《网络慈善心愿共同体：概念、特征与聚散路径》，《社会福利》2018 年第 9 期。

刘秀秀：《动员与参与：网络慈善的捐赠机制研究》，《福建论坛》（人文社会科学版）2014 年第 1 期。

邵祥东：《重大疾病救助公益慈善网筹机理与治理导向》，《社会保障研究》2017 年第 6 期。

郑伟：《互联网慈善运行模式及监督机制研究》，《赤峰学院学报》（汉文哲学社会科学版）2016 年第 4 期。

王少辉、高业庭、余凯：《基于移动互联网的慈善捐赠运行机制研究——以湖北省“拯救一斤半早产儿”慈善募捐活动为例》，《电子政务》2015 年第 3 期。

金锦萍：《〈慈善法〉实施后网络募捐的法律规制》，《复旦学报》（社会科学版）2017 年第 4 期。

柯湘：《互联网公益众筹：现状、挑战及应对——基于〈慈善法〉背景下的分析》，《贵州财经大学学报》2017 年第 6 期。

朱虹、吴楠：《〈慈善法〉背景下中国网络募捐的现状、困境及其应对》，《社科纵横》2018 年第 10 期。

王海燕、邓虹：《互联网慈善的公信力研究》，《征信》2017 年第 1 期。

杨睿宇、马箫：《网络公益众筹的现状及风险防范研究》，《学习与实践》2017 年第 2 期。

张鸣：《公证在互联网慈善项目运作中的作用》，《中国公证》2017 年第 7 期。

杜金岷、林永亮、朱小明：《社会信用的经济学分析》，《学术研究》2001 年第 9 期。

孟晗骏：《美国个人信用体系及对我国的启示》，《经济师》2015 年第 1 期。

董才生：《美国社会信用体系建设的经验教训对我国的启示》，《东北亚论坛》2008 年第 6 期。

池凤彬、刘力臻：《日本征信业的历史沿革及运营机制分析》，《现代日本经济》2018 年第 5 期。

王秋香：《日本征信市场发展的经验及启示》，《北京金融评论》2015 年第 2 辑。

俞祖成:《日本公益法人认定制度及启示》,《清华大学学报》(哲学社会科学版)2017年第6期。

陈明、曹飒:《“共同体”思想的嬗变——从城邦共同体到人类命运共同体》,《理论界》2018年第12期。

〔澳〕孙晓义:《欧洲社会信用体系概述》,朱绍明译《互联网金融法律评论》2017年第3辑。

谢琼:《欧洲慈善监管模式及对我国的启示》,《苏州大学学报》(哲学社会科学版)2015年第5期。

贾江涛:《欧洲:政府主导下的社会信用体系》,《中国信息报》2012年1月16日,第008版。

李春霞:《近代慈善公益概念的形成及其内涵探索》,《东方论坛》2018年第2期。

林钧跃:《社会信用体系理论的传承脉络与创新》,《征信》2012年第1期。

肖珺:《跨文化虚拟共同体:连接、信任与认同》,《学术研究》2016年第11期。

Reingold H., *Virtual Community: Homesteadingon the Electronic*, Reading, Massachusetts, Addison - Wesley, 1993, P. 4.

Goatman, A. K., & Lewis, B. R., Charity E - volution? Anevaluation of the attitudes of UK charities towards website adoption and use, *International Journal of Nonprofit and Voluntary Sector Marketing*, 2007 (1): PP. 33 - 46.

Pinho, J. C., & Macedo, I. M., The benefits and barriersassociated with the use of the internet within the nonprofit sector [J]. *Journal of Nonprofit & Public Sector Marketing*, 2006 (1 - 2): 171 - 193.

Bennett, R., Impulsive donation decisions during online browsing of charity websites [J]. *Journal of Consumer Behaviour*, 2009 (2 - 3): 116 - 134.

(三)报刊、网络

习近平:《在网络安全和信息化工作座谈会上的讲话》,《人民日报》2016年4月26日,第1版。

《欧洲慈善趋势》,深圳国际公益学院,http://www.cgpi.org.cn/content/details180_3878.html。

凤凰网,http://tech.ifeng.com/a/20190131/45304019_0.shtml,访问时间:2019年4月12日。

第43次《中国互联网络发展状况统计报告》,2019年2月,http://www.cnnic.net.cn/hlwfzyj/hlwxzbg/hlwtjbg/201902/t20190228_70645.htm,访问日期:2019年3月3日。

国务院网站,http://www.gov.cn/zhengce/content/2015-07/04/content_10002.htm,访问日期:2019年4月19日。

《“同一天生日的你”文案质疑背后,是否违规募捐?》,《公益时报》2017年12月24日,https://gongyi.ifeng.com/a/20171225/44818252_0.shtml。

《2016 年世界互联网发展乌镇报告》，中华人民共和国互联网信息办公室，http：//www. cac. gov. cn/2016 －11/18/c_ 1119941092. htm，访问日期：2019 年 4 月 1 日。

国务院：《关于印发社会信用体系建设规划纲要（2014 ~ 2020 年）的通知》，http：//www. gov. cn/zhengce/content/2014 －06/27/content_ 8913. htm，访问时间：2018 年 12 月 21 日。

张明敏：《〈2017 中国互联网公益发展报告〉：中国互联网公益进入 3. 0 时代》，《公益时报》2018 年 9 月 13 日。

Giving USA, *The Annual Report on Philanthropy for the Year* 2018, https：//www. givingusa. org.

http：//www. nasconet. org/wp －content/uploads/2018/02/Internet －and －Social －Media-Solicitations －Wise －Giving －Tips. pdf.

第六章　数字时代的公益模式创新研究

——基于企业扶贫的案例分析

吕　鹏　刘　学*

摘　要： 新技术的发展和全球化的深入使得社会发展越来越具有复杂性和整体性，新型企业和技术在经济和社会领域扮演着越来越重要的角色，不仅带动了经济的发展，也推动了社会进步。本研究以腾讯和碧桂园的企业精准扶贫为例，通过描写腾讯以及碧桂园的扶贫背景、扶贫方案与扶贫的创新之处，对比传统政府的扶贫模式、传统社会的公益模式和传统企业社会责任模式，研究企业提供的公益模式创新。基于腾讯和碧桂园的企业精准扶贫两个案例的分析发现：企业精准扶贫通过结合企业自身的技术、组织和产业优势，不仅极大地有利于地方经济上脱贫，同时一定程度上，提高了地方治理水平。针对企业公益创新模式的特点，结合考虑社会创新和潜在挑战，本文还提出了三个政策建议：政策支持与监管两手抓，市场监督与社会治理两手抓，以及公众参与和国家治理现代化两手抓。

关键词： 社会创新　精准扶贫　乡村振兴　社会治理

* 吕鹏，中国社会科学院社会学研究所副研究员；刘学，中国社会科学院社会发展战略研究院助理研究员。

一　公益的现状与问题

2000 年以来，中国抓住信息化革命的机遇，市场、社会的转型急剧加快。随着我国科技创新的加快推进，新型企业和技术在经济和社会领域扮演着越来越重要的角色，不仅带动了经济的发展，也推动了社会进步，工具创新、组织创新、模式创新大量涌现。特别值得一提的是，在国家扶贫攻坚号召下，我国形成了一批有影响力的品牌项目，比如碧桂园的党建扶贫、恒大的产业扶贫、阿里的“淘宝村”、腾讯的“为村”等，其共同点都是充分利用自身的商业优势，发挥企业的社会价值。这种公益模式彻底颠覆了以政府和社会组织为主导力量的传统公益模式，利用企业的市场能力，协调共治，形成了“社会问题的创新解”。这样的创新经验不仅可以使中国有效应对目前的社会问题，在全球领域也是颇有价值的前沿实践。

理论上，数字时代的公益模式创新让研究聚焦于技术革命下的社会创新行为，特别是社会问题的解决模式变迁。从历史比较的视角来看，这一研究有助于理解数字时代社会创新的时代特质。从国家比较的视野来看，将企业作为回应社会问题的主要行动者和解决问题中的资源动员者是十分特殊的公益模式。我国的公益模式创新找到了一种社会问题的解决模式，无疑对公益领域的研究具有重要的启发和借鉴意义。

从经验意义来看，贫困是世界性问题。中国通过创新公益模式聚焦精准扶贫的案例，对其他发展中国家和发达国家处理日渐严重的国内贫富分化问题都具有借鉴意义。而且，这些公益创新既是社会创新的主要组成部分，又是数字时代社会变革的结果。我国又恰是互联网技术应用领域的领头羊，中国的故事不仅属于中国，属于当下，也属于世界，属于未来。新技术革命会有什么样的社会影响？未来的社会创新会有何种趋势，应该如何应对？通过深入检视这几个案例的运作机制、组织方式以及孕育环境有助于对这些趋势做出一些判断。

本研究主要是采用文献查询、个案访谈、焦点小组和案例研究等定性研究方法，以腾讯“为村”公益项目、碧桂园全产业扶贫为研究对象，对“企业做公益”案例的背景、具体做法、创新之处和成效等方面内容进行实地学习和总结，为推动乡村振兴、社会创新、营造社会治理创新的支持性环境提供决策依据。

（一）社会发展困境

随着全球化程度的加深，不同国家和地区之间已经成为命运共同体，社会问题的复杂程度和整体性程度前所未有，造成了社会发展的困境。贫困、环境、健康等社会问题不仅没有随着经济发展而消失，反而越来越多、越来越复杂，可以说，经济、社会、环境问题紧密相连，环环相扣，积重难返。为此，联合国痛下决心，发出全球倡议，让所有国家和利益攸关方携手合作，为2030年永续发展设立了十七个目标（Sustainable Development Goals，SDGS），倡议联盟囊括了193个成员国和组织。“今天宣布的17个可持续发展目标和169个具体目标展现了这个新全球议程的规模和雄心。这些目标寻求巩固发展千年发展目标，完成千年发展目标尚未完成的事业。它们要让所有人享有人权，实现性别平等，增强所有妇女和女童的权能。它们是整体的，不可分割的，并兼顾了可持续发展的三个方面：经济、社会和环境。”目标尽管很多，但是很重要的精髓就是我们的发展要追求多方面效益的统一。与此同时，我国也提出“五大发展理念”，强调创新发展、协调发展、绿色发展、开放发展、共享发展，综合考虑经济效益、社会效益和环境效益。其中，贫困问题涉及人口最多，与社会、经济、环境等诸多议题关联程度最强。

贫困是当今世界，尤其是发展中国家在经济社会发展过程中不得不面对的重要挑战。贫困不仅仅涵盖收入/消费这一经济维度，还包括文化、能力、权利、制度、社会排斥等诸多方面。贫困逐渐被视为一种经济、社会、文化落后现象的总称，并形成了收入贫困、能力贫困、权利贫困、文化贫困、制度贫困等不同概念界定。作为世界上最大的发展中国家，我国自1949年以来，党和政府历来高度重视扶贫工作。尤其是改革开放以来，我国先后制定了《国家八七扶贫攻坚计划（1993～2000年）》《中国农村扶贫开发纲要（2001～2010年）》《中国农村扶贫开发纲要（2011～2020年）》，实施了大规模、有计划、有组织性的扶贫开发，使7.4亿农村贫困人口摆脱贫困，取得了举世瞩目的伟大成就。按照世界银行每人每天1.9美元的国际贫困标准及世界银行发布数据，我国贫困人口从1981年末的8.78亿人减少到2013年末的2511万人，累计减少约8.53亿人，减贫人口占全球减贫总规模超七成。

与此同时，当前我国仍有7000多万农村贫困人口，若按照世界银行的标准，我国则还有2亿多人生活在贫困线以下，脱贫攻坚形势依旧非常严峻①。按照党的战略布局，到2020年中国共产党成立100年时要实现第一个百年奋斗目标：全面建成小康社会。目前我国农村还有7000多万贫困人口，必须动员全党全社会的力量坚决打赢这场脱贫攻坚战。因此，自党的十八大以来，从中央到地方都高度重视扶贫开发工作。习近平总书记的二十多次国内考察中，有十多次涉及扶贫开发，七次将扶贫开发作为主要内容，多次专门召开扶贫开发座谈会。习近平曾强调："小康不小康，关键看老乡，关键在贫困的老乡能不能脱贫"②。2015年，国务院更是将每年的10月17日设立为全国扶贫日。2015年12月，在中央经济工作会议上，习近平又提出了"扶贫工作事关全局，全党必须高度重视"的新论断。目前我国距离实现这一宏伟目标还有大约2年的时间，现在正处于脱贫攻坚的决胜阶段。

扶贫攻坚不仅是全面建成小康社会的应有之义，也是实现共同富裕的具体体现。《中国农村扶贫开发纲要（2011～2020年）》也明确提出："到2020年，要稳定实现扶贫对象不愁吃、不愁穿，保障其义务教育、基本医疗与住房。"因此，帮助贫困人口早日脱贫，实现共同富裕，这既是中国特色社会主义的本质规定，也是中国特色社会主义理论体系的重要组成部分。因此，本研究以企业精准扶贫的案例作为研究对象。

（二）案例的基本情况：企业扶贫

社会问题的复杂化、传统公益模式的困境和互联网新经济模式的形成推动了企业成为公益创新和公益领域中一支异军突起的"意外力量"。更为重要的一点是，企业在做公益的时候，并没有损伤企业的经济利益，反而实现了公益与经济的协调发展，在具体社会问题解决上，也贡献新的工具与新的方案。在

---

① 中国共产党第十八届中央委员会第五次全体会议：《中共中央关于制定国民经济和社会发展第十三个五年规划的建议》，2015年11月3日。

② 《2月13日至16日，习近平在延安主持召开陕甘宁革命老区脱贫致富座谈会》，中国农业新闻网，2015年12月30日，http://www.farmer.com.cn/ywzt/wpd/fp/201512/t20151230_1168656.htm。

这些方案之中，本项目选择了两个较为典型的案例：腾讯的“为村”项目、碧桂园的“4+X”扶贫项目。

腾讯“为村”项目利用“互联网+”的技术手段，从促使社区团结，调动村民积极性入手，搭建政商、政社、商社的多方协同沟通平台，解决以往项目周期短、目标单一、沟通成本高的问题。透过网上规则，激励贫困地区精英力量积极争取、主动作为，再造互联网时代乡村精英，形成长效沟通互助模式。

碧桂园的扶贫方案紧密围绕产业扶贫，依托碧桂园人居环境建设改造能力和广东省国强公益基金会的教育扶贫传统，形成党建扶贫扶志、产业扶贫扶富、就业扶贫扶技、教育扶贫扶志的四大扶贫项目，碧桂园自己总结为“4+X”模式。“4”就是党建扶贫、产业扶贫、就业扶贫、教育扶贫，这是规定动作，帮扶区域必须完成。“X”就是区域可结合当地实际和自身优势，积极探索、拓展扶贫方式。

二　腾讯“为村”

（一）项目背景

我国历来关注农村贫困人口的脱贫问题。扶贫政策历经四个发展阶段。第一阶段，以1978年农村包产到户为标志，体制式改革推动扶贫。第二阶段，80年代中期以后，开始推动开发式扶贫。第三阶段，1991年以来的重点攻坚扶贫。但是，扶贫工作仍然存在扶贫对象规模不清、工作针对性不强等问题。粗放扶贫带来的资源浪费和环境、社会代价颇高。2013年习近平同志考察湖南湘西，提出了“实事求是、因地制宜、分类指导、精准扶贫”的重要指示，改变了传统上粗放扶贫的方案，也用中国思路和中国行动对贫困问题宣战。“精准扶贫”要求分类施策，因人因地施策，因贫困原因、贫困类型施策，并动员全社会力量参与。最难的恰恰是“因”字。贫困地区所处环境各异，社会文化情况不同，如何才能因地制宜呢？调动贫困地区和人民的主动性，是确保因地制宜的最有效方式，也是扶贫扶志，根本解决贫困的关键。但是，如何

调动贫困地区主动性，并与各种参与扶贫的社会力量相连接呢？这一阶段扶贫有三个形容词描述了扶贫的核心特点：参与式、产业和精准。

要实现精准扶贫，需要资源，更需要创新。腾讯发现，脱贫的途径需要多种多样，但致贫的核心机制仍有共性，那就是——“失连”。从公共治理、市场机遇和社会发展三个角度来看，“失连”实际上表现为三个方面：公共资源不可及、市场机会和信息匮乏、学习与互助能力短缺。“失连”是公共资源、市场机遇和社会互动的三重缺失。腾讯“为村”项目利用“互联网＋”的技术手段，从促使社区团结，调动村民积极性入手，搭建政商、政社、商社的多方协同沟通平台，解决以往项目周期短、目标单一、沟通成本高的问题。透过网上规则，激励贫困地区精英力量积极争取、主动作为，再造互联网时代乡村精英，形成长效沟通互助模式。

腾讯公益慈善基金会①将自身产品优势与企业社会责任相结合，打造出以“连接一切”为企业社会责任战略的腾讯“为村”项目。该项目用“互联网＋”的方式为乡村的社会治理、国家的乡村振兴战略插上翅膀。2009年到2015年，腾讯公益慈善基金会扎根农村，经过六年探索，在投入5000万元展开各类乡村公益实践后，日益意识到乡村的贫困来自信息、财富与情感的三重“失连”，摸索出了腾讯“为村”项目。“为村”项目经过三个阶段的探索。

阶段一（2009～2012）：传统捐赠阶段。这一阶段主体是腾讯公司，主要跟“真爱梦想”合作，通过投资，复制“真爱模式”，建立“梦想空间”。这是一个集网络、多媒体、图书和课堂于一体的，分布在各个偏远地区学校中的标准化教室。截至2011年2月，腾讯已在贵、云、渝等地投建“腾讯梦想空间”近60所，受益师生5万人，采用“线上＋线下”模式，线上主要利用“腾讯梦想空间”官方博客进行互动。虽然项目有不同形式，包括城乡孩子互访互动、教师培训、教学楼建设等。但是，总的来说，这一阶段主要关注贫困地区教育，并以传统捐赠模式为主。

阶段二（2012～2014）：“文化保育＋经济提振”的公益模式。这一模式的契机来自腾讯公益基金会的挂职机制。腾讯公益慈善基金会派驻员工前往贵

① 腾讯公益慈善基金会对外是注册非正式组织，对内是企业的社会责任部门，下文有时简称为腾讯基金会，与腾讯公司、腾讯“为村”项目区别开来。

州黔东南黎平县、贵州雷山县、云南迪庆等挂职，并通过腾讯干部的挂职结合当地需求，因地制宜扶持地区发展。这包括建立梦想空间、培训教师、学校综合楼建设、捐赠学习资料、城乡互动等。这一机制，让腾讯公益的人有机会深入了解乡村地方，长时间浸润在地方社会文化的环境之下，催生了“铜关侗族大歌生态博物馆”项目。2011 年 9 月，腾讯公益基金会去贵州黎平县侗乡岩洞镇“铜关伍佰地方”的四个小村寨做客。初衷是希望实现铜关村办一场歌会的小梦想。腾讯利用自己的宣传优势，整合腾讯资源，为铜关村策划了两个专题。第一个是腾讯网的《活着》第十七季“侗人秘境”专题，第二个是“没有国王的王国——贵州黎平侗乡十八腊汉歌会”的专题。专题活动采用征集微博达人、腾讯游戏玩家探秘侗族文化的形式，收每个报名者 300 元的团费，作为捐赠给铜关村十八腊汉歌会民间活动经费①。活动异常成功，收到报名经费 14 万元，远超过 6 万元的需求。

办歌会的过程中，腾讯日渐意识到，乡村非物质文化遗产的传承，需要依靠本地村民来完成，但外出务工造成村民大量流出，优秀的传统文化也本身缺乏市场化机会。因此，腾讯启动了“侗族大歌生态博物馆”的捐赠项目，依托世界非物质文化遗产“侗族大歌”的表演形式，希望走文化旅游路线。2016 年，腾讯基金会投入 1500 万元，在占地 46 亩的村集体土地上，捐建了 5600 平方米的侗族大歌生态博物馆。2012 年奠基，历时三年建成，2015 年“8·19”为村发布会开始试运营。2016 年开始，博物馆每年都有 100 万元的收入，这其中超过一半是直接为村民创造的现金收入。虽然，铜关乡村文化旅游扶贫案例总体是成功的，但是这种“捐建+运营”的方式原样复制难度很大：一方面，需要借助当地的文化、资源优势；另一方面，时间、资金的投入过大，企业难以负荷。

阶段三（2014 年至今）：“互联网+乡村”的公益模式。2014 年 11 月，依托国家“互联网+”战略，腾讯基金会开始展开“互联网+乡村”的尝试。首选试点村，就是侗族大歌生态博物馆所在地贵州黎平铜关村。由于当时村里仅有 2.5G 移动和电信信号，95% 的村民未见过智能手机。因此，腾讯基金会首先邀请中国移动到该村架设了一台 4G 基站（整体投资 100 余万元）并为 120 位参与这场“移动互联网村改造试验”的村民每人每个月赠送 1G 流量，

---

① 腾讯网，http://gongyi.qq.com/zt2011/lphgh/，最后访问日期：2018 年 9 月 3 日。

连送20个月，由中兴通讯基金会捐赠智能手机。腾讯则整合腾讯内部的用户体验数据中心，制作教学课程，教参与试验的村民使用移动互联网。同时，为确保培训效果，还设计了一系列奖励惩罚机制。之后，腾讯基金会在跟踪培训村民使用手机的过程中，进一步发现乡村治理的痛点在于干群关系紧张，矛盾较多。原因主要是大量村民外出务工，村两委与村民沟通渠道少，沟通不足而产生误会。于是，为村庄申请微信服务号，并开发包括村务公开、财务公开、书记信箱、支书日记、村友圈等基本功能，形成了“为村”雏形。

（二）腾讯“为村”的方案

腾讯从捐赠、捐建到培训，又进一步走向了互联网辅助乡村社会治理的机制设计。2015年8月，腾讯召开“为村”发布会，并借此，希望将腾讯公益慈善基金会的未来项目确定为——输出移动互联网能力，用互联网连接乡村。同时，腾讯摆脱了跟风式的公益模式，进一步梳理自己的核心能力和最佳公益模式。“情感失连——对应关注外出务工者与留守儿童和空巢老人的情感连接方式、渠道构建和氛围营造”、“信息失连——对应通过村民情感连接后，主动自发交换信息，用好国家发展政策及项目资源，在村两委组织下，充分把握信息连接后为村庄带来的发展机会”、“财富失连——对应借助村庄情感连接和信息连接后，用扶智的方式促进扶志，关注技术能力、市场信息获得鉴别能力培育，激发村庄村民主动寻求发展的内生动力”。简单来说，就是借助“为村”将各类互联网常用工具汇聚，辅助村民学会使用各种不同的互联网工具，获得政务服务、生活服务、生产服务，并提升村集体脱贫创富的能力。腾讯基金会走出来一条结合企业核心能力与社会需求的公益模式。

1. 项目对象

2014年开始，“为村”腾讯基金会在贵州黎平县首先进行试点，建立贫困县贫困村文化旅游扶贫试点基地，辅以互联网助力乡村社会治理。2016年，“为村”面向100个来自贵州黔东南黎平县、甘肃陇南康县、湖南湘西州、内蒙古扎兰屯市、浙江温州苍南县等不同地域、不同文化、不同经济发展水平和发展阶段的村庄推广尝试。

2018年9月，全国已有24个省地方组织6787个村庄加入“为村”平台（包括分布在16个省市自治区、36个市州的57个国家贫困县、464个贫困村），其中山东菏泽市、四川省成都邛崃市、四川省德阳广汉市等地区实现全域为村。超过223万村民2.5万党员实名认证加入本村公众号，村民互动超过2.5亿次。山东菏泽市，在市委书记和市场推动、当地商务局牵头下，推广“为村”，5146个村加入“为村”平台。四川省成都邛崃市、四川省德阳广汉市则由当地组织部牵头，加入“为村”，借助“为村”平台展开“微治理”、“微反腐”工作、“为村”评三农、十九大精神等学习活动，展现“为村”价值。

目前“为村”主要与地方政府特别是组织部、商务局、扶贫办等单位合作，用互联网助力各地党建引领精准扶贫、基层社会治理与乡村振兴。体现在：创建乡村和谐社会；推动乡村社会治理高效率和透明化；地方政府借助互联网平台向服务型政府转型、基层党建“两学一做”智慧化；基层党员干部借助互联网平台与村民高校互动，融洽干群关系；精准扶贫发挥乡村社群凝聚力；社交电商推动乡村脱贫致富等方面。

2. 项目资金

“为村”目前探索的主要功能包括三个方面。第一，通过指导村庄开通自己的微信公众号，指引村民实名加入自己村庄的微信公众号，督促激励村民交流工作生活、关心村庄事务（达到一定活跃度，予以物质奖励或首页推动奖励），为外出打工与村庄留守村民提供情感连接纽带。第二，围绕“党务、政务、村务、商务、服务”的基层乡村治理刚需，用互联网搭建信息连接桥梁：通过指引两委、基层党员及乡镇、区县各级干部实名为村民提供政策宣传和服务，提升村两委及党员、政府干部服务群众的效率，展现其在基层党建、社区治理、精准扶贫等方面的工作成果，通过互联网高效、透明的沟通，密切干群关系，创建乡村和谐社会。第三，通过扶贫干部记录扶贫脱贫轨迹、干群协作挖掘村庄一村一品，以社交电商的方式整合本地力量，推广本地产品，破解精准扶贫面临的信息鸿沟难题，实现连接财富，助人自助。

因此，总的来说，“为村”服务购买对象为区县一级政府单位时，一般由政府指派熟悉互联网并且对基层村两委、党支部有管理职能的单位牵头推动项目实施。如各地组织部或负责推动电商的单位，一般为商务局、电商办等部门，部分地区也通过扶贫办等单位组织参与。实际牵头的单位，会根据本县需

求调整平台设计和服务内容。通常政府会统筹安排组织各村的书记、大学生村官等驻村干部，与村委实现充分沟通。腾讯基金会“为村”的项目团队主要提供软件开发和技术运维，并借助“为村课堂”为加入平台的村庄两委、村公众号管理员、基层党员干部提供指引和激励机制。

腾讯基金会作为一个致力于公益的社会组织，会选择这种收费模式是为了更好地做公益。企业扶贫或者政府扶贫经常导致“好心办坏事”，培养“等靠要”的吃扶贫行为。如何激发当地政府、精英、贫困人口的内生动力。腾讯基金会开启了收费模式，用来屏蔽试图搞政绩工程的部分地区。政府出资，就自然需要配套经费和人力，努力将钱花好，这样不仅可以避免政绩工程，也避免项目流于形式。收到费用进入“加油为村基金”，维持团队运营，并且用来做有奖征集令等活动，激发农民积极性。

（三）腾讯“为村”项目的创新之处

1. 与传统政府救助、产业扶贫相比：激励机制与平台搭建

通过以上对“为村”项目的介绍，我们可以发现：“为村”项目与政府救助、产业扶贫的公益模式不同，体现出两个优点。第一，调动扶贫对象积极性，以锻造乡村新精英的方式再造乡村社区。第二，服务号的产品架构与现实的行政体系、社会交往模式、市场运作方式一致，并保持开放性与对需求的及时响应。用虚拟的互联网补足现实治理和资源分配漏洞。以社交促原子化小农沟通、团结，以信息公开、承诺公开的方式促政府回应性。虚实结合，以虚促实。这两个效果透过两个抓手来达到，那就是激励规则的建立和虚拟公共空间的提供。两个抓手相互促进，形成良性循环，推动乡村自主自觉走向善治之路，以善治保障扶贫治理机制长效化。

（1）激励规则的建立

“为村”项目从一开始进入，就特别注意规则的设计，激发内生动力，从源头上解决致富动机和能力双重匮乏的问题。而这些游戏规则就是制度搭建，良好的制度搭建，是资源进入之前的重要环节，没有好的制度搭建和乡村社会生态，更多的资源进入可能进一步恶化村庄治理，加剧村庄社会分化，收窄贫困村民生存空间。这是很多公益、资助项目共同的弊端。如何从源头上解决扶贫悖论？腾讯基金会“为村”项目摸索出建规则、引资源分步推进的方案。

第一步，规则建立，“为村”项目依托互联网技术，将虚拟规则现实化，结合村庄现实，为村干部、管理员、村庄、地方政府都设计了不同的规则。这些规则是重要的诱因激励机制。

首先是政府，政府的加入需要收费，这是一个重要的排除政绩或懒政想法的设计。斗米养恩，担米养仇。慈善公益如何做与效果紧密相连。“为村”与政府的合作模式采用购买方式，分级计费模式。这样，一方面，需要政府投入财力、人才专注运营。另一方面，激励更多村庄加入，形成规模。促进村庄之间的竞争与合作，也有利于“为村”项目的社会影响力打造。例如，党建。“为村”项目深入研究党建，研究党的基层运作制度和逻辑，进行互联网化处理。增强党员的先锋带头作用，促进群众对党员角色和作用的理解。

其次是村庄。腾讯基金会为每个村设计了激励规则，这个规则最早是在贵州黎平县铜关村试水出来的。主要目的就是激励村庄积极争取，内容有两方面:“加油为村基金”和“星级村庄”评选。一是提供物质奖励，即原本用来直接捐赠的钱，现在要求村中用积极的互联网学习态度、团结畅通的村庄沟通来换取。“星级村庄”的评选则可以通过评选到星级换取全网首页推送的机会，帮助自己的村庄创立品牌，相当于奖品是大力度的免费宣传。二星村庄有特权，管理员每天有三条机会把自己的信息推到全国。如果进腾讯基金会“为村”村庄总号以后，看到“乡村动态”，都是二星村庄管理员推荐出来的。不论是哪种评选机制，都必然要求村庄团结。人心涣散、漠然，难以脱颖而出。

最后，“为村”管理员。“为村”管理员是“为村”项目实行成效的重要抓手。“为村”管理员有这样几种人：党员干部、大学生村官、致富能手和活跃分子，也有牧羊女出身的普通村民，只要他们积极学习，愿意投入，能够成功动员村民，就可以成为管理员。有些村民，成为管理员之后，还被聘为讲师，荣誉感、自豪感都变强了。这些人，就是农村的新精英群体，是村庄治理和发展的引路人。曾经一度失去的基层精英群体，在有效的激励规则之下，重新浮出水面，成为引领农村发展的领头羊。“为村”通过发现一批、激励一批、带动一批、督促一批的方式，用不同的手段，发掘和培养了有责任的农村精英群体。腾讯“为村”先锋征急令中的精英人员见图 1。

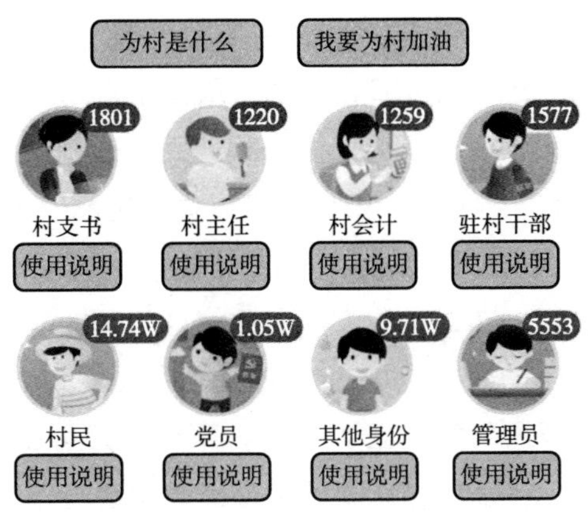

图 1　腾讯“为村”先锋征集令中的精英人员

（2）虚拟公共空间的提供

腾讯基金会将“为村”定义为互联网社群空间。这个空间虽然是虚拟的，但是基本上复制了传统乡村公共生活所需要的空间类型。“大广场——相邻叙事，闲话沟通都到这来聊；大礼堂——村内事务集体活动都上这儿来办；大集市——好货好集好收益，都上这儿来卖”。

“为村”的村内社交沟通，主要利用“村友群”和“话题征集”，模拟了社区“大广场”功能，利用各种形式的“话题征集”活动，促使村民发言、发表，甚至记录。而且在设置上，将村民的社会身份、角色与个体连接，将虚拟的互联网现实化操作，一方面增强了农民上网、解决实际生活问题的动力和能力；另一方面，激发农民的自豪感，强化了个体的社会团结诱因。换句话说，要考虑社会压力和身份负担，这使得原子化的村落借助互联网重新社会化了。“话题栏目”，2018 年 6 月上线，就像微博一样，可以上话题，腾讯基金会发起了“谁是最可爱的人”“咱村当家好产业”“人人为村出份力”“唱响乡村”等话题。这两种活动跟传统乡村的日常生活交往与特点话题模式一致，“为村”的平台搭建为传统乡村搭建了“窃窃私语”的小广场，找回了缺失的公共生活。

“大礼堂”是村落公共治理和公共事务的参政、议政空间。腾讯“为村”传统上主要借助“公众号”“服务号”推送村务、财务公开信息，就像是村委的“公告栏”“大屏幕”。除此之外，“为村”也会根据不同村庄的需求，免费修改定制。例如，村庄换届选举之际，“为村”设计一个风采展示平台，照片、视频、履职宣言。还从村委日记和书记信箱中自动抓取他们的工作承诺和回复情况，提供给村民作为投票的依据。除此外，政府日常服务的其他功能，例如调查、访问、农技，“为村”团体都可以提供定制服务。

“大集市”是乡村信息集散地。产品出售、人员招聘、寻人寻物、租赁购买都可以在平台上进行发布，是地方产品和信息的集散地。为了跟外部世界和互联网世界连接，村庄的公共设施也得到了改善，通水、通电、通路、通网。村里的小卖店等公共场所纷纷建立了 WiFi，不少村民可以通过这些公共网络，进入更大的公共空间。生活信息、市场信息都通过这些点的建立得到广泛的交换，一定程度上改善了互联网时代的数字鸿沟问题。

2. 与传统社会公益模式相比：资源链接与引导

社会组织和基层组织的扶贫项目也在通过各种的制度设计识别和调动贫困人口的致富动力。但是缺乏市场信息的社会组织，多数无法为乡村社区组织提供有益的指导和培训。腾讯公益基金会依托企业，从市场需求出发，为乡村连接和倾斜资源，以不损害市场交易规则的前提下，推动企业与社区合作，引导“空心化”的乡村治理走向“实心化”。除了常规的“为村”——村落自己服务平台建设，“为村”项目还立足农村、围绕农村多方面需求整合资源。这表现在三个方面：第一，基础设施；第二，信息、技术与渠道对接；第三，政府服务对接。可以说，农民想得到的，他们积极回应，免费开发。农民想不到的，腾讯“为村”团队也抢先一步，主动服务。

（1）基础设施方面

前文已经有所介绍，包括通网工程、改水改厕、通路等基础设施的改善。在“为村”发展的初期，主要是“+贫困农村”，直接面对村庄，因此，主要是腾讯“为村”帮助整合资源，包括联合中国移动拿到 4G 基站（折价大概 100 多万）和每人每个月一个 G，20 个月的流量。中兴通讯捐赠几百台手机。腾讯公司内部的用户体验数据中心制作教学课程等。有的地方政府相关部门日渐意识到“为村”带出来的实际效果之后，也开始逐步投入公共资源。

（2）信息、技术与渠道的对接，是腾讯“为村”团队做得最多，也最突出的特点

传统的淘宝店铺、微商等电子商务平台，只能负责宣传和发布，而不能提

供反馈的市场信息作为农民种植的指导。腾讯“为村”希望传递市场信息，帮助政府决策，进行产业扶贫。因此，腾讯“为村”洽谈“本来生活”网站平台，希望利用“本来生活”的销量数据作为市场动态信息反馈给村庄。这样，借助“本来生活”买手机制知道村落该种植什么，选择哪种品牌，种植多大面积合适，并提供销售渠道。同时，可以建立批发商与村庄沟通的长效机制。类似书记信箱，村民发送的宣传信息，买手可以立即收到，对生产过程、收获过程、仓储、物流等进行全程沟通和跟踪。资金方面，腾讯公益基金会跟腾讯公司自己的民营银行微众银行合作。可以提供给农户做小微贷款。这样种植农户可以在投资期借贷，等产品卖出再还贷，大大增强了农户信心。“为村”搭建“本来为村”窗口，让企业买手与在线果农直接互动，订单数量，沟通过程透明化。农户、企业和批发商都可以借助“为村”平台进行展示。与美的公司合作，瞄准美的豆浆机、破壁机等的赠品，借助美的家电公司的品控、供应链系统、仓储系统帮助“为村”农村销售五谷杂粮。这样既改善了美的家电赠送部分的效用，也为农村的五谷杂粮找到长期的供货渠道。

（3）政府服务对接

目前腾讯“为村”主要合作对象是组织部的基层党委、商务局这两个政府机构。这两个部门一个聚焦党员党建与乡村治理，另一个聚焦农村振兴、经济发展。通过帮助这两个部门在基层开展更多的服务和支持工作，乡村治理和经济发展都能够有效落地，在合作方式上，以服务共赢的方式，搭建良好的政、商、社关系。

3. 与传统企业社会责任相比的创新性

企业社会责任与企业公益基金会之间的关系不清晰，是目前我国多数企业基金会和企业社会责任部门的问题。腾讯基金会最初的时候也是如此，并不清楚两者之间的区别。但是，腾讯公益慈善基金会在摸索之中日渐发现，两者有着显著的区别：腾讯公司作为一个掌握全国范围内巨大数据的公司，它的企业社会责任是数据安全，而腾讯公益慈善基金会作为一个企业回馈社会的公益组织，它最好的工作思路是利用核心企业能力回馈社会。对腾讯公司来说，最核心的能力就是互联网产品的使用和开发能力。腾讯公益慈善基金会的“为村”项目就是这种发展战略的最好展示——向农村提供互联网产品、服务，以及必要的互联网能力。“为村”扶贫的案例中，腾讯公益慈善基金会的业务不仅提升了腾讯公司品牌的影响力和社会形象，也反哺其主营的业务，为微信等开辟了农村市场，带来了更多流量和关注度。

因此，“为村”项目的核心优势在于，跳出公益、企业、政府零和博弈的思路，从共同解决社会发展和治理问题的角度入手，走出单向治理思路，连接不同治理主体，协同解决贫困问题，实现公益可持续。具体有三个方面。

（1）核心业务能力的发现与对接，企业与社会双赢

传统的企业捐赠只是关注企业有没有做公益，但是，对企业做出公益的社会效应有哪些、有多大，缺乏评估和反馈。有不少扶贫项目不仅没有解决社会问题，反而出现负效应。如何使得企业捐赠的钱，更有效率，更有效果？借助企业的核心业务能力和产业链扶贫，企业少花钱，社会多受益。腾讯“为村”项目将关注点放在能力衔接之上，整合腾讯公司内部的用户体验部、公众号、互联网众筹业务，从贫困农村社群社交入手，将腾讯公司的社群社交、整合资源的能力带给乡村。腾讯公益慈善基金会不仅花了更少的钱，甚至赚了钱，乡村也得到了比钱更珍贵的社会网络资源，乡村的社交半径明显扩大，视野、信息、资源随之而来。企社双方共享互联网能力，实现了双赢。

（2）品牌效应共享，从助益社会角度，挖掘企业品牌的社会价值

包括两个方面。一方面，企业的核心业务品牌与社会公益项目品牌应该共享类似的价值。中兴的核心业务是手机，但是长期以来，其社会公益项目集中在老兵领域。这是企业家本人的社会情怀，但是，两者之间在品牌效应互益方面并无帮助。与此不同，腾讯“为村”始终关注用“互联网能力”解决社会痛点问题。同时，整合相关各方的核心业务能力，腾讯公司本身得益于“为村”项目在全国的推进，其品牌的美誉度大大提升，微信流量变大，平台注册村庄数6569个，村民数达2228472人。与此同时，腾讯“为村”项目在各大主流媒体的频繁报道，也为腾讯企业品牌带了品牌知晓度和美誉度。

“为村”所整合的资源也同样以整合各方核心业务能力为出发点，例如：美的的品控、营销网点和供应链，“本来生活”的买手制度和市场数据，移动的基站。企业整合的这些力量，同时也有利于原来业务的成长。移动捐赠折合100万基站之后，打开了新的市场，捐赠负责人获得了移动集团当年的金奖，收入翻番，流量突破天花板。腾讯公益慈善基金会作为一个整合社会资源和能力的黏合剂，为腾讯公司拓展业务合作，强化品牌影响力做出了突出贡献。

（3）从构建新型政、企、社关系出发，寻找社会发展同盟军，助力实现基层治理能力现代化

在项目运作中，“为村”最开始是直接面对乡村社群。但是又采用了政府购买的方式，因此目前的付费端是G端。未来，随着“为村”平台的壮大，知名度的提高，“为村”希望对农资、超市等企业收费，形成2B的模式，让农产品消费和生产企业付费。“为村”项目是整合资源，服务社群，带动政府、企业资源投入的循环模式。随着项目进一步完善，其模式也不是固定的，而是根据乡村发展和社会发展的要求调整的，做到网络服务社会的最终目的。在这个模式之下，政企关系也走出了“双向寻租”的灰色地带，双方都立足社会群体，立足社会问题，寻找共赢模式，形成了“伙伴式的政商关系”。“为村”项目从解决相关政府部门的工作难点入手，运用腾讯公司的互联网能力，加速治理能力现代化，与政府形成良好的合作互动关系。“为村”抓住“党建”“扶贫”两个时代特点和基层工作难点，为政府和乡村量身打造电子治理机制，改善了党员、群众关系，提高了扶贫工作效率，获得政府的肯定。

（四）腾讯“为村”项目的社会效应

1. 情感、财富与信息连接效果

（1）情感连接

湘西泸溪县小能溪村：连接离乡人与留守人。向远方是湘西泸溪县小能溪村“为村”管理员，也是村里的综治专干、村一组组长和自来水管理员，身兼数职的他，每天都奔走在村里9个大小寨子处理村庄事，偶尔出差了，心里还时时挂念着村里自来水管会不会又爆了，是一个热心村庄事务的管理员。大山里信息闭塞，村里空巢老人和留守儿童情感无依，也没有特色物产。但是，他利用“为村”平台，为村民搭建了情感连接。

一天，他随手拍了一张村里两个小孩放学，将照片放在村友圈，晚上就有个妇女给他打电话，说着说着就哭了，她说：“你今天拍的照片是我儿子，我有5年没看到他了”，她说孩子好辛苦，背那么大一个书包，还说一定要抽空多回去看儿子。她还说：“我虽然从来不发言，但是我每天都看，谢谢你搞了这个平台，让我可以看到家乡，看到自己的孩子。”

向远方还有一个故事，有一天在村委会值班，进来一个奶奶，奶奶让他帮拍张照片发到村友圈，她说自己没有智能手机，但是向远方拍上去，奶奶的儿子就能看到，看奶奶身体蛮好的，奶奶的儿子就放心了。然后向远方就拍了，拍了以后，几百人去点赞。奶奶的儿子回复说，感谢大家关心他的母亲，他有空一定要多回去看看老人。

借助“为村”的平台，留村人与散落在城市的离乡人之间关系更加紧密了。村庄的干群关系也更加和谐，沟通更加顺畅了。

（2）情感连接

贵州黎平县岑纪村：从村户到社区。贵州黎平县的岑纪村位于大山深处，也是黎平县最为偏远的一个村，从村里到县城山路要将近五个小时。村民思想封闭，既不了解互联网，也提不起兴趣。原本的牧羊女龙小兰被选为“为村”管理员，也是村委会成员。她希望借助“为村”推动村庄的团结。龙小兰在中秋节前夕，发起“村内众筹”，带领村民为留守儿童和空巢老人筹款购买礼品，希望让乡亲们感受到关爱。活动得到了多数村民的支持，举办非常成功。牧羊女龙小兰本人也得到村民的拥护，得到莫大的鼓励。

在这个基础上，龙小兰又号召村民们一起争取“为村”平台的“为村加油基金”，希望赢取基金帮助村民举办篮球会。为此，他们利用“为村”的公众号、村友圈积极发言，每日签到，争取每日活跃度。不仅为村里争取到了举办篮球赛的基金，而且获得乡镇领导的大力支持。专门为“为村”落拨了一台专用电脑，村委会也给村子接入宽带网络。村民的凝聚力大大提升，村民出谋划策，参加集体活动的积极性越来越高。

（3）财富连接

内蒙古莫旗小泉子村——沙果销售新出路。内蒙古莫旗旗委、旗政府，积极加入和推广“为村”使用。通过“为村”平台加强群众对政策的了解，搭建党委、政府和农村群众的沟通平台，同时，在“为村”平台下，实现宣称教育学习、信息发布、政务公开、社会治理、脱贫攻坚、旅游推介、电商平台等服务全覆盖。这给盛产沙果等产品的小泉子村找到了出路，小泉子村“为村”管理员潘静峰，带领本村果农，利用“为村”平台广泛宣传本村贫困户的沙果，线上联络，线下参加项目推介，顾客络绎不绝。

很多有特产的村落，通过“为村”培训员的培训引导，认识了互联网，

逐步学会为自己的产品推广，突破了农产品的周边销售渠道，并在互联网的宣传效应下，扩大了市场。很多的农民因此获益。

（4）财富连接

湖南龙山比耳村——让优质产品优价。比耳村是龙山县里耶镇下辖的山村，据镇政府还有 5 公里，是脐橙专业村，全村有 1260 人，脐橙种植面积 4000 多亩，2016 年产量达 800 多万斤。在开通“为村”之前，比耳村没有一家农户开网店。2015 年，村民与外界联系甚少，脐橙销售全部依靠批发商，橙贱伤农。2016 年，全国 110 人开通微店，通过“为村”公众号推广，吸引了近 50 个外村经销商为比耳村分销，更引来很多线下收购商。比耳村民以每斤 6. 8 元的价格网销脐橙 12 万多斤，批发价提升到每斤 1. 8 ~2. 2 元，比较上年 1. 2 ~1. 5 元的价格提升了 0. 6 元以上，全村仅价格增收达到 500 多万元。

比耳村共有建档立卡贫困户 106 户 307 人，有 120 人通过村公众号申请成为认证村民，其中有 35 人开通了微店。为鼓励贫困户开网店，由村公众号管理员和 5 位在北京、深圳、长沙工作的村里年轻人组建的比耳“为村”团队，给所有贫困户免费提供网销用的包装盒、剥理器、一次性手套、宣传单、Logo 贴标。“为村”公众号商城总号里得到的订单全部下给贫困户，其中贫困户张勇的 4000 斤脐橙，以每斤 3 元的价格作为春节网销品全部订完。村民对“为村”平台的评价：联络了情感，村民平时在外不认识的都通过“为村”有了联系，在这里了解了更多信息、国家政策；交口称赞“为村”的宣传让橙子卖出了好价钱！2017 年 4 月 19 日，习近平总书记发表《让互联网更好造福人民》讲话一周年，《新闻联播》头条便以比耳村为例讲述互联网为乡村带来的变化。

（5）信息连接

特色手艺复活——连接市场，连接价值。菏泽市采用市级全域推广模式，积极推动，在全市 11 个区县中，已有 5154 个村庄上线“为村”平台，覆盖率达到 100%。通过市政府统筹，各地涌现不少精彩案例。值得一提的是，菏泽诸多乡村特色手艺在互联网的帮助下重新复活，并得到传承。

巨野县舒王庄村在大学生村官、“为村”管理员张宁宁的广播宣传之下，侯大爷成为制作手工鸟笼的网红手艺人。侯大爷的鸟笼得到很多养鸟爱好者的喜爱，来自北京的订单纷纷涌来。原本已经离开村庄在外打工多年的儿子，看到老爸的手艺也能糊口，返回乡下继承手艺开始进一步借助互联网创业。原本即将失传的手艺重新得以复活。

类似的，苲草坡村通过“为村”平台宣传草坡工笔画，调动全村打造工笔画乡村，通过在外工作的本村人员推广，号召他们宣传、销售画，让每位村民成为村庄的宣传员、销售员。通过“为村”直播，展示村庄特色工笔画扶贫车间，塑造乡村精准扶贫典范。

成武县刘庄村聋哑陶艺大师康志敏，则和本村大学生村官合作，开展“为村”直播，展开线上泥塑教学课程，教给村里贫困户一技之长，同时陶艺也得到更广泛的推广和传承。

（6）信息连接

革命老区四川甘孜——筛选使用信息的能力。腾讯“为村”项目在给村支书培训时，有支书上完课咨询如何识别一些公司承诺帮助销售产品的骗局。因此，腾讯“为村”项目的公益体现了提升“为村”使用者使用互联网的能力，不仅仅包括宣传，还包括获取信息和鉴别信息的能力。采访中，陈圆圆给我们分享了这样一个故事。

> 一个村支书说有公司很早以前就给他打过电话，表示能帮助他们高价卖农产品。村支书去那里看了，觉得公司还挺正规的，有办公场地，但是这个公司说帮他们卖要先交一笔钱，4800元、9600元两个档。村支书问我靠谱吗？我（陈圆圆）说乍一听就不靠谱，我说你等一下，我帮你搜一下。百度一搜，那个公司就是骗子公司，专骗这些村支书。就是你拿东西来了以后，交了钱，然后就回去等了，你那么远过来，也不可能再去找他追逃，追逃他也有理由，把你搪塞过去。假设村支书会搜索，他搜索出来和我搜索出来的是一样的。也就是搜索能力他们都不具备，这是最基本的。所以我们想，我们要教会他们做这个事情①。

不仅需要教会村民获取信息，还需要教会他们如何运用互联网的相关功

① 腾讯基金会企业社会责任总监陈圆圆访谈，深圳腾讯大厦，2018年7月19日。

能。这就是一个赋权赋能的过程。通过以实体村为单位建立名片，线上与线下结合迫使各自为战、各自为政的村民、村户团结起来，对内沟通，对外合作，让信息畅通。

2. “为村”的社会效应：搭建生态系统

腾讯“为村”平台，本质上是一个企业基金会研发的“电子政务”平台，主要目的是改善社会治理，赋能乡村，弥补数字鸿沟。它是以“互联网＋乡村”的创新模式，围绕“党务、村务、商务、服务、事务”五大功能版块而设计开发的智慧乡村平台。“为村”在智慧乡村治理方面积极探索，在助推乡村产业、人才、文化、生态等这些方面，都发挥了重要作用，它不仅仅实现了乡村对内对外的连接，更是一场农业生产方式、农村生活方式、农民思维方式和价值观念的深刻变革，将给人们带来了更多的福祉、更精彩的生活，增强了农村发展活力和吸引力，带动了返乡创业、人才回流和就地城镇化，加速了美丽乡村、文明城市建设，为我国乡村振兴战略提供了新的思路。

以四川邛崃为例，其是全域推行和实行“为村”的区域之一。“为村”项目借助互联网手段将政府服务和公民参与紧密结合，借助三个手段，实现基层社会的有机团结。

（1）通过四微定位推动乡村全面发展

“为村”平台具有双微四微的功能定位，即微党建、微治理、微服务和微产业，设置了6大类、85个栏目，以融入人人生活、城乡社区文化、正能量宣传为导向，以提升组织力为目标来推进。比如，陶坝村最美人员的评选活动，既调动了人人参与“为村”的积极性，也营造了和谐向上的良好氛围。

（2）通过三个共同来推动各方协同参与

“为村”通过党建、政府和人人共同来改善社会治理。第一，充分调动发挥基层党组织的作用，规范“为村”平台建设，组织动员人人参与。第二，带动政府各部门及时参与，及时解决人人通过“为村”反映的问题，让服务更加及时、便捷，而笔者认为更重要的一点就是通过“为村”让我们的治理充分发动人人参与、共建共治共享。比如我们在“为村”中有微腐败治理等，通过这些有效的手段，我们各地的信访率下降了34%。

（3）通过三个维度来推动基层组织、制度和活动建设

从队伍建设这个维度，“为村”建好两支队伍、两委干部和“为村”管理员，“为村”要求全员参与，全覆盖培训，村书记抓落实，保证24个小时都在线。同时“为村”分了四级部门，乡镇和村社区三个层面配齐配强308个“为村”管理员，并且选拔优秀“为村”管理员培训，加强队伍建设。从规范运行的维度，“为村”从4个方面细化了制度，确保制度的统一运行。从有效“为村”的角度，“为村”结合乡村振兴、城乡社区发展治理，开展喜闻乐见的主题活动。比如“为村”开展了全民K歌邛崃分会场的活动，以及爱邛崃爱农村、讲述身边故事的活动，以此聚集人气、推动社会参与和团结。

通过上述分析，可以发现，借助互联网技术、利用大协同的方式去整体性解决三农和经济发展中的社会失衡问题是“为村”项目的特点。可以真正做到从农业、农人与农村的角度解决源头上的根本性问题，形成一个良性循环的闭环。“为村”平台所吸引、凝聚、协同的社会化生态的资源，可以为我们在不同行业、不同领域提供不同的支持，比如农机、物流、两委、村民、能人等不同身份的人在一个平台汇聚。

我国工业化、城市化进程中，乡村衰落令人心痛。基础设施老旧、信息闭塞、土地抛荒、资金外流、农产品滞销、“空心化”、基层治理涣散、社会失序、劳动力外流、亲情关系疏离、自然环境退化、贫困等字眼成为中国乡村的专属标签。“乡村振兴”一直是上至中央、下至地方的热议话题。但是，如何推进农村现代化，如何实现城乡融合，如何推进乡村治理，如何建立新时代的中国乡村始终是个难题。腾讯作为互联网公司，其用互联网将中国的每个乡村和城市，与世界连接起来，使整个中国乡村悄然卷入了一场腾讯虚拟“指挥棒”下的变革之中。

腾讯“为村”项目设计者陈圆圆说，腾讯做的是“连接”，互联网在乡村不仅仅可以有电商，它还可以有更大的想象空间，当移动互联网与乡村连接，搭建的将是一套生态系统，在连接中让被连接者自己创造出无限可能。在已然跨越了“互联网+乡村”萌芽阶段的时代，腾讯以“为村”计划进行“互联网+社区营造”“互联网+智慧生活”“互联网+乡村政务”，对中国的乡村社会进行一项宏大的改造。

三　碧桂园“4 +X”扶贫

（一）碧桂园扶贫的背景

碧桂园的扶贫项目由来已久，主要定位是教育扶贫，负责单位是广东省国强公益基金会。基金会的愿景：“做中国最好的教育扶贫基金会”。这当然与碧桂园控股有限公司董事局主席杨国强先生的人生经历密切相关。广东省国强公益基金会的两个核心项目是国华纪念中学和广东碧桂园职业学院，当然具体公益项目不止这两个，还有“仲明大学生助学金”“为自闭儿童捐步”“为贫寒学子捐步”等活动。但总的来说，都聚焦在教育扶贫领域。2010 年，碧桂园开始在广东北部英德的树山村等，探索绿色产业扶贫项目。2018 年 5 月，碧桂园启动 9 省 14 县精准扶贫，用企业追求效率的方式做扶贫，迅速整合企业内部资源建立起 200 多人覆盖三级的扶贫队伍，与地方扶贫办合作，采用共建党支部的扶贫小组模式开展工作。依托党建、职业技能培训、一村一品（凤凰优选和碧乡）与绿色产业从生产、就业、生活、消费和治理全方位提升乡村的造血能力。与中国红十字基金会合作开展乡村医生培训，免费培训乡村医生，以帮助贫困地区乡村医生提高医疗防疫水平，改善农民医疗卫生条件；与英德市教育局、博实乐教育集团、沪江教育集团开展合作乡村教师培训；引进远程教育，致力于打造全国新农村建设教育扶智的优秀典范。

阶段一：教育扶贫阶段（1997 ~2009 年）。2002 年，杨国强创办纯慈善、全免费的全日制寄宿中学——佛山顺德区国华纪念中学。纪念中学主要为全国“最优秀，最贫困”的少年提供好的高中教育，并资助他们读大学（包括硕士和博士研究生），为国家培养精英人才。从 2002 年创办至今，共招收学生 1395 人。目前国华纪念中学仍然承担着 10 多名高中和大学学生的学习、生活费用，每年开支超过 3000 万元。国华纪念中学不仅提供优质的高中教育，还注意培养孩子价值观和综合素质。学校为每个在校女生提供生活费 600 元，男生提供生活费 400 元，还另外提供课外书法、音乐才艺，以及寒暑期的视野拓展项目。虽然是慈善学校，但是国华中学有 100% 的本科升学率，96. 6% 的重点本科升学率，以及数以千计的学生被国内外顶级名校录取。截至目前，国华纪念中学接收2772名处于辍学边缘的贫困学子，其中有547人攻读硕士学位、75人考上博士学位、1213人已参加工作。这样的教学成绩，令不少公立中学望尘莫及。另外一个教育品牌是2007年碧桂园出资5500万元建立的全免费、纯慈善的国良职业培训学校，系统培训贫困地区退役士兵，现已培训3000余名退役士兵。广东碧桂园职业学院由碧桂园控股有限公司董事局主席杨国强先生、副主席杨惠妍女士创立，由广东省国强公益基金会投资主办，学院在2014开始招生，开设酒店管理、物业管理、工程造价、建筑工程技术等专业，2015年增设建筑装饰工程技术、园林工程技术专业。学校依托碧桂园控股有限公司，实现“工学交替”“工教一体”。职校的力量更为技术扶贫的进一步推广、发展奠定了基础。

阶段二（2010～2015年）：美丽乡村建设—绿色产业扶贫模式探索。2007年开始，杨国强就开始在四川省甘洛、马边彝族自治县开展扶贫活动，帮助彝族同胞盖新房、修公路、造医院、建学校。在这个基础上，2010年，碧桂园利用广东英德地区树山村探索出美丽乡村建设、绿色产业扶贫的树山模式。这是对广东设定“扶贫济困日”，“加快转型升级，建设幸福广东”的回应。碧桂园选定粤北树山村，2010年8月成立帮扶小组进入树山村。树山村总体上走的是改善人居环境，建设美丽乡村的路子。碧桂园投资5000万，将这里的村民整村改造。2011年，树山罗屋、熊屋村民就住上了新房。除此外，为了帮助树山村民彻底脱贫。碧桂园实行绿色产业扶贫，以“公司+合作社+农户”的形式，发动农户种植苗圃，并由公司负责回收。到2018年，树山村已经有153多户农户种了260多亩苗木、花卉，种植的品种主要有桂花、茶花等；2011年6月，首批卖出7车，产值10多万。有能干村民首次创收2万元。碧桂园支持采用的“借本你种，卖了还本，赚了归你，再借再还，勤劳致富”的先进扶贫理念，因地制宜，将碧桂园和花塘（树山）的优势结合起来，按“公司+合作社+农户”的模式发展绿色产业。

阶段三（2016年至今）：“4+X”模式乡村振兴3.0版本。曾经引领扶贫模式潮流的碧桂园，不甘人后，在浙江安吉模式成为样本之后，开始拓展自己的扶贫新模式。他们总结为：“建扶贫扶志、产业扶贫扶富、就业扶贫扶技、教育扶贫扶志”的“4+X”模式。一方面，通过旧村改造，做好环境文化的保育与开发，带动乡村旅游的发展；另一方面，发掘碧桂园的社区社群优势，通过“凤凰优品”和“碧乡”两个品牌，发掘一村一品，并利用碧桂园的社群销售终端将农产品推入市场。与此同时，碧桂园的扶贫项目也走出广东，推向全国，同时筹划利用最新技术优势造福贫困地区。在贫困地区设立智慧建筑科技产业扶贫基地，赋技贫困农民，让农民工转型技术工人。

（二）碧桂园扶贫的方案

碧桂园的扶贫项目由来已久，长期定位于教育扶贫，逐渐拓展至驻村扶贫，并探索出整县帮扶新模式。为了确保扶贫工作的主业地位，碧桂园集团强化帮扶体制机制建设。首先，搭建扶贫组织管理体系。成立集团精准扶贫乡村振兴领导小组（简称扶贫领导小组），由碧桂园行政总裁、党委书记担任小组组长，成员由职能中心、子公司人员担任。扶贫领导小组下面又成立精准扶贫乡村振兴办公室（简称扶贫办），抽调社会责任部、政研室、党群办等企业集团有关部门人员重新组成，下设党建、教育、产业、就业等部门，由政研室或党群办相关办公室兼任主任。在区域公司成立精准扶贫乡村振兴领导小组，组长由区域总裁担任，领导小组下设办公室，负责日常工作指导运营。各帮扶县成立精准扶贫与乡村振兴项目部（简称扶贫项目部），配备10余名专职扶贫人员。县扶贫项目部，每周召开例会，负责处理和协调各地扶贫的进度。同时，规范管理制度，制定《碧桂园精准扶贫乡村振兴工作指引》，规范项目设置、资金使用、人员考核等各项工作。此外，将14县扶贫经验形成“四库”，即产业资源库、就业岗位库、专家智库、贫困户动态数据库，便于持续跟踪贫困户的可持续脱贫。具体到与贫困地区的合作，碧桂园采取支部共建的方式，以党建作为乡村治理和振兴的抓手，统筹协调政府、企业、扶贫对口单位以及村庄的精英、致富能手，力图打造一支不走的扶贫队伍（见图2）。

碧桂园在9省14县的扶贫工作采取“4 + X”模式：“4”指党建扶贫、产业扶贫、教育扶贫、就业扶贫，这由集团统一部署，帮扶区域必须完成；“X”指帮扶区域可结合当地实际情况，拓展适宜的扶贫方式。

1. 党建扶贫

基层党组织是乡村的重要组织方式，通过基层党组织可与当地政府、被帮扶地区群众建立联系，便利扶贫工作的开展。此外，在扶贫工作中融入党建元

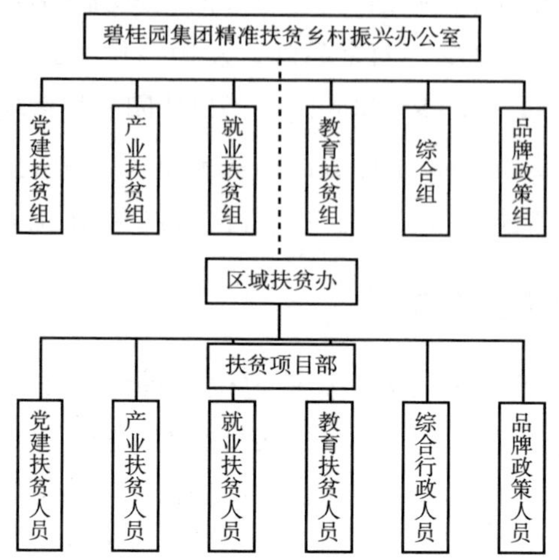

图2　碧桂园精准扶贫乡村振兴办公室架构

素，以党建为引领，有利于激发帮扶县贫困村党支部活力，发挥党员干部先进性，从而引领贫困人口正确认识脱贫奔康政策并投身其中，消除“等靠要”思想，实现扶贫与扶志相结合。

碧桂园在9省14县扶贫项目点成立一线扶贫项目党支部，推动碧桂园党组织与帮扶县党组织结对共建，联动政企社。同时，开展9省14县党建共建暨短期体验式调研学习活动以及寻找老村长活动。此外，党建扶贫方面，还开辟了“24+N”个红色/绿色景点，利用党建共建连接各界助推消费扶贫、健康扶贫。具体做法如下。

（1）实施党建扶贫“五个一”行动

一是建立一个一线扶贫项目党支部，2018年9月共建立了13个一线党支部。在广东英德实行党建结对共建，发动集团党委下属43个党组织与英德市78个省定贫困村达成党建结对共建。二是开展一次党建共建组织生活、举办一次特色型党课，仅在广东英德就开展218场党建共建组织生活以及党群关爱活动，已形成了《碧桂园特色型党课汇编集》。三是评选一批火线入党党员和优秀扶贫党员代表，已有多名扶贫干部的火线入党。四是解决一批思想致贫的建档立卡贫困户，整理出了《9省14县红色资源及思想扶贫汇总表》，就各扶贫县思想扶贫提出建议解决措施。五是签署一份《军令状》，碧桂园所有的一线扶贫项目党支部已向县委、县人民政府做出承诺，上墙《军令状》。

碧桂园党建扶贫“五个一”行动的主要功能在于建立脱贫的组织与制度保障。签订《军令状》强化了一线扶贫项目党支部与当地县委、县政府的联系，碧桂园依托项目党支部，协调各方，联动政企社。在与当地联合工作方面，碧桂园根据选定贫困县的实际情况，与当地县政府、政府扶贫办通过召开协调会的方式，确立具体扶贫方式。一个月召开一次县领导和相关部门的联席会议（具体出席部门和人员根据地方负责扶贫的人员会有所不同），每周召开一次小的部门会议。每周形成一个周报，对扶贫工作的进展情况向县政府进行汇报。这样，实际上，在碧桂园的扶贫点，通常有四种扶贫力量共同协作：政府扶贫人员（驻村干部）、对口扶贫单位（整县扶贫国企）、碧桂园扶贫团队、村庄精英（乡贤和致富能手）。在与贫困村建立联系方面，与贫困村党建共建结对签约，实行“一村一策”①，用于改善贫困村的基础设施状况和促进贫困村发展。如在广东英德市，碧桂园集团党委下属43个党组织与所帮扶的78个省定贫困村签订党建共建协议，结合各村实际困难制定共建计划，为每个村配备上限20万元的党建预算资金。

（2）将“碧乡·乡村振兴学习实践中心”，作为助力脱贫攻坚、推动乡村振兴的重要抓手

计划聘请政府领导、高校教授、集团相关领域专家作为名誉讲师，为政府党员干部、集团各党组织党员以及9省14个结对贫困县贫困村村委干部、驻村第一书记以及“老村长”、“青年致富带头人”、扶贫干部等授课，编制《碧桂园党员干部手册》《碧乡·乡村振兴学习手册》，作为学习实践中心必备手册。首批“碧乡·乡村振兴学习实践中心”在英德市连樟村、鱼咀村、河头村挂牌成立，后续将持续按照英德模式在全国其他结对帮扶县推广。连樟村“碧乡·乡村振兴学习实践中心”已开展两期学习活动，已建立广东省及9省14县“碧乡·乡村振兴学习实践中心”师资库。

（3）开展9省14县贫困村干部短期体验式交流活动

面向青年党支部书记、驻村第一书记开展扶贫经验交流暨短期体验式调研学习活动，以贫困村干部为抓手，以点带面转变建档立卡户观念。目前已面向陕西宁陕、广西田东、陕西耀州、广东英德、安徽舒城、甘肃东乡、北京滦

① 党建结对共建“一村一策”，结合结对帮扶贫困村需要，一个贫困村制定一个帮扶政策。

平、秦皇岛、河北平山的县领导、驻村第一书记、村两委干部开展了12期活动，参与人员共计约310人，后续将面向14县持续开展。

（4）培养和利用本地精英

寻找一批德高望重的“老村长”，开展宣传引导、励志教育、典型宣讲等思想扶贫工作。碧桂园在9省14县寻找一批“老村长”，设立公益岗位，将入选的“老村长”招录为扶贫工作队编外“公益岗位人员”，并颁发聘书，每月支付800～1000元薪酬，并组织“老村长”开展访问交流活动和培训。这些“老村长”是碧桂园扶贫工作队深入乡村，动员社区的主要依靠力量。除了“老村长”，碧桂园在党建扶贫中还充分发掘、利用村庄能人和乡贤，将其整合到精准扶贫和乡村振兴工作中来。例如，在广东英德市，碧桂园项目部在78个党建结对共建村设置公益岗位，作为党建扶贫在各个村的代言人，公益岗位由乡村能人担任，包括“老村长”、致富带头人和其他乡贤。

（5）寻找深度贫困户，制定“一户一策”① 帮扶计划

在9省14县发起寻找深度贫困户，在每个县找出约100个家庭收入为该县贫困收入一半以下的深度贫困家庭。通过调研，结合各个家庭的实际情况制定“一户一策”帮扶计划；并为残疾人等特殊群体提供技能培训班，鼓励贫困人口自立自强，掌握一门技能脱贫致富；为“无业可扶、无力脱贫”的贫困人口策划“一对一”公益项目，联动区域员工、业主等爱心人士实现一对一结对帮扶。目前，14县基本完成100户深度贫困户的摸底调查，并陆续开展“一户一策”帮扶计划。

（6）打造“四色”（红色、绿色、古色、特色）扶贫线路，开展党员党性教育、党建交流活动，助力当地经济发展，辐射建档立卡户

目前已在耀州、兴国、宁陕、连樟开展党员党性教育、党建交流活动4期。与集团子公司凤怡旅行社②合作，已开发5条红色旅游线路（耀州区、兴国县、田东县、英德坪山村、英德龙华村），3条绿色旅游专线（宁陕县、英德河头村、英德树山村），4条特色旅游专线（英德连樟村，英德鱼咀村，英

① 深度贫困户“一户一策”，指结合各个贫困户实际需要，一个深度贫困户制定一个帮扶计划。

② 此处凤怡旅行社，全称“广东凤怡假期国际旅行社有限公司”，是碧桂园旗下的旅游开发公司。

德河头村、九龙小镇，英德树山村、天门沟），共有500人次参加旅游专线活动，带动周边预估1000户贫困户脱贫。

（7）利用社企党建共建平台，开展各项助益贫困人口的活动

一是开展农特产品、文创产品展销会，助推消费扶贫。联动碧桂园集团旗下“碧乡”①、凤凰优选②，以及文化公司，帮助扶贫县打造农特产品和文创产品品牌。利用碧桂园以及碧桂园社区资源，联动社企党建共建平台，举办农特产品、文创产品展销会，目前已举办展销会9场。二是联动城市医疗资源，在贫困地区开展医疗下乡，助推健康扶贫。例如，在江西兴国县，举办红色专线党建共建“爱心义诊”活动，让贫困乡村人民在家门口看上大城市的专家号，共接待就诊群众500余人次，免费检测血压、血糖300余人次，开出处方300余张，赠送药品价值4000余元。

2. 教育扶贫

贫困的一个重要原因是缺乏教育，它直接限制了贫困人口参与劳动力市场或参加其他经济活动的能力，同时也限制了贫困人口自我组织的能力。而教育是实现社会流动的重要途径。

碧桂园及其创始人长期投身教育扶贫。早在1997年碧桂园集团就为贫困大学设立助学奖学金，之后创办了三所全免费学校——国华纪念中学、广东碧桂园职业学院、国良职业培训学校，帮扶贫困家庭学子接受良好教育。在9省14县，整合集团内部和外部资源，开展成长陪伴项目、社会交流实践、联动各方资源等教育帮扶项目，多层面关怀贫困学生健康成长。截至2018年10月，碧桂园集团共捐助教育资金超14亿元。

碧桂园在9省14县精准扶贫过程中充分重视教育扶贫，着力发挥自身优势。碧桂园的举措主要有以下四种。

（1）用好名校资源，提升贫困地区教育质量

依托国华纪念中学的教育资源，积极动员贫困家庭初中优秀毕业生报考国华纪念中学，或采取“委培生”、教研座谈等形式，结对提高帮扶县高中教育

---

① 碧乡，是碧桂园集团聚焦扶贫与乡村建设的品牌，发挥平台功能，整个集团各类资源助力乡村发展。

② 凤凰优选，全称“广东顺德凤凰优选商业有限公司”，是碧桂园旗下的社区零售品牌。

水平。委培生的学籍留在原地，回当地参加考试，在国华纪念中学学习，学费、住宿费等一切费用由碧桂园承担，目前国华已通过这种方式安排夏令营学生310名。推广碧桂园职业学院“产教融合、校企共育”模式，或联动帮扶县所在地区优秀职业院校，精准培养新时代专业人才，实现有“职”不贫。目前已在广西田东、甘肃东乡推行“职院共建”“职院托管”，当地的职业学校由碧桂园职业学院托管。发挥下属教育集团博实乐的名师资源，结对英德市开展为期三年的“乡村教师培训计划”，截至2018年12月，已经开展4期，共有843名乡村教师接受培训。

（2）改善贫困地区办学条件，扩大教育规模

主动改善帮扶县学校的办学条件，如在甘肃东乡族自治县捐赠1700万元建设龙泉学校，扩大招生规模（180名学生），并解决了316名学生的住宿问题，将学校打造成县级“教育示范基地”。在河北滦平捐赠700万元对11所学校开展“3+3”教育扶贫行动，即为学校配备操场、厕所、水井“三大件”和冰箱、微波炉、净水设备“三小件”，改善学生的学习生活环境，完善配套附属设施。

（3）设立爱心助学基金、开展结对帮扶

集团各部门、各子公司、各区域设立爱心助学专项基金，对建档立卡贫困户学生实行专项救助，截至2018年11月中旬，集团员工共捐款1096万元，将结对资助10000名贫困学生。集团各区域公司在各自扶贫任务所在市、县设立专项助学金，例如，广清区域在江西兴国县建立碧桂园“红军子弟奖学金”、河南区域设立“晨曦基金”等。红军子弟奖学金项目，碧桂园集团向兴国县捐赠1000万元，用于关心支持兴国县因学致贫、因病致贫、红军后代等家庭，助力其精准脱贫。在帮扶县开展“五个一”① 精准帮扶活动，通过一对一、一对多、多对多等教育扶贫形式长期关注贫困儿童的身体心智成长，截至10月，9省14县中共有10县开展了“五个一”家访活动。同时，鼓励有捐款的员工参与“五个一”家访活动，通过电话、网络或书信等方式与结对学生保持长期联系，了解学生的生活、学习情况，帮助他们解决思想困惑，给予学

① “五个一”精准帮扶活动指：一个贫困户、一次家访、一个微心愿、一次助学活动、每月一次沟通。

业、升学、职业规划等方面的指导，在重要节点，帮助贫困学生实现“微心愿”。此外，组织国华纪念中学的学生与贫困地区中学师生开展结对交流活动，两个学校的学生结对组成“友好班级”，学生一对一结对帮扶，促进校际交流。

（4）整合集团公司资源，为贫困学子提供社会实践机会

通过打造“贫困孩子有约”“碧桂园之旅”等实践品牌活动，邀请贫困学子走进碧桂园开展文化体验之旅、科技体验之旅。对于贫困家庭的高中生、大学生，集团可为他们提供勤工俭学、志愿服务以及参与其他社会实践活动的机会。

3. 产业扶贫

产业扶贫是实现精准扶贫最直接、最有效的办法。只有立足贫困地区资源禀赋，把乡村自然生态资源、文化资源、农产品资源等稀缺宝贵资源转化为商品，才能把资源优势有效转化为发展优势，实现由“输血式”扶贫转变为“造血式”扶贫。此外，只有改善贫困地区产业发展环境，才能提高贫困人口致富能力，提升农村自主发展能力。

碧桂园立足贫困地区资源禀赋，依托社区连锁店、农业公司等自身优势产业力量，为贫困地区发展特色产业提供资金、技术、市场、渠道等资源，助推贫困地区产业发展。碧桂园在帮扶的 14 个县中均有推进产业扶贫，截至 2018 年 11 月，产业扶贫项目共落地 32 个，帮扶 18897 名建档立卡贫困户。具体做法如下。

（1）发挥自身产业优势，结合集团发展战略，优先在贫困县落地自身产业项目

碧桂园着力发挥集团公司产业集群优势，整合旗下顺茵苗木①、农业公司②、腾越建筑③、凤凰优选、凤怡假期④等子公司，在 9 省 14 县优先落地自身优势产业，借助自身优势营造落地产业的多样化面貌。其中，苗木产业是碧桂园的优势产业，不仅背靠集团市场资源，而且拥有专业技术人员队伍，掌握完整的供销体系。2010 年，碧桂园旗下负责园林绿化的顺茵公司在清远英德

① 顺茵苗木，全称“佛山市顺德区顺茵绿化设计工程有限公司”。

② 旗下农业公司，全称“碧桂园农业控股有限公司”。

③ 腾越建筑，全称“广东腾越建筑工程有限公司”。

④ 此处凤怡假期，指“广东凤怡假期国际旅行社有限公司”。

市西牛山镇树山村发展苗木产业，到2018年，已种植苗木400余亩，产出超过2300万元，村民实际获益1200多万元，农户户均增收约7万元，惠及23个自然村（组）187户925人，其中建档立卡户24户94人。目前，顺茵公司已在11县（宁陕、崇礼和平山除外）推进苗木项目，落地1585.85亩绿色苗木，通过土地租金和用工累计帮扶1080人。除传统苗木产业外，联动筑梦高科①，以SSGF②产业基地为龙头大力发展绿色建筑产业。2018年8月，碧桂园首个绿色建筑产业基地落地江西兴国县，引入上下游企业，打造绿建产业高地；并于9月在广西田东县落地另一个绿色建筑产业基地。此外，碧桂园下属现代农业公司，在贫困地区规划建设现代农业产业园区，引导和扶持贫困村创办合作社；已在广东英德、江西兴国、陕西耀州和蓝田落地了无土蔬菜栽培、富硒水稻项目、贝贝南瓜等项目；虞城、滦平县光伏农业项目，中草药加工项目及平山县核桃项目等在继续深入调研中。此外，碧桂园已联动凤凰优选、农业公司共同前往湖北监利县考察稻虾共作示范基地，并组织各县致富带头人考察稻虾共作技术，计划在广东英德、广西田东等项目点发展小龙虾养殖业。

（2）发掘地区特色资源，挖掘、培育和壮大各地区优势产业

碧桂园根据14县各村的情况，因地制宜，采用不同的发展模式，通过深入调研挖掘当地农特产品，充分发挥帮扶县资源禀赋，推动形成“一村一品”③、“一县一业”④的产品和产业布局。具体而言，碧桂园充分挖掘当地已有产业基础，以扶持项目、建设标准化车间的方式带动帮扶地区产业发展。例如，在江西兴国县，结合当地养殖竹狸的区位优势和已有基础，扶持竹狸养殖项目。在兴国县北胜村建设标准化养殖基地，扶持31户贫困户开展竹狸养殖；并在此基础上，进一步在郑枫村、白石村、新建村新建竹狸基地，这些项目基地正在建设中，厂房面积达1100平方米，预计覆盖近200户贫困户。在广东英德市，结合当地的自然条件优势，在鱼咀村扶持走地鸡散养项目，2018年年底前可为村集体带来收入超过10万元，为54户贫困户带来户均收入1万元。

---

① 筑梦高科，全称“筑梦高科建筑有限公司”。

② SSGF，指Safe&share，Sci-tech，Green，Fine&fast，是碧桂园集团建立的一种高质量建造体系，其核心工艺是用铝合金模板（简称“铝模”）替代木质模板，用铝模浇筑混凝土。

③ 一村一品，指一个村有一个特色产品。

④ 一县一业，指一个贫困县有一个特色产业。

在连樟村设立50万元产业发展基金，支持麻竹笋、玉米种植等项目，预计平均每户每年受益超万元。在河头村捐资70万元支持桑芽菜加工厂的建设，可带动本村种植桑芽菜1300亩，带动全村1/3贫困户就业并获得分红。此外，碧桂园还根据各帮扶地区实际情况和优势条件，将碧桂园在帮扶地区的产业扶贫和新农村建设结合起来，旨在通过发展产业来保障新农村建设可持续发展。例如，在广东英德市，结合当地历史文化优势和区位优势，在鱼咀村落地鱼咀古城文旅项目，扶持文旅项目的规划、开发和前期运营，引入旅游业带动当地经济发展和村民就业。结合当地自然条件和区位条件优势，在河头村打造农业产业基地，集观光、休闲、种植、养殖、采摘为一体，实现农业与观光旅游业共同发展。

（3）采用“公司＋合作社＋农户”的合作模式，建立利益捆绑与共享机制

在产业扶贫过程中，与村集体、农户民主协商，通过利益共享、风险共担，建立长期稳定合作，一方面激励村民的劳动积极性，另一方面扩大扶贫覆盖面。比如，在推广苗木种植产业的帮扶县，按照“借本你种，卖了还本，赚了归你，再借再还，勤劳致富”的资金运转模式，发展集约化、规模化的苗木农场或发动农民分散式、房前屋后等不同形式种植苗木，有效辐射带动当地群众增收致富。在这种模式下，企业、村集体、农户形成“公司＋合作社＋农户”的合作模式。①碧桂园：提供种苗资金、技术团队、管理团队及苗木销售渠道，并在有条件的地区注册成立农业公司，负责代替碧桂园进行日常苗木管理、账务处理、经营销售、人员培养等。②村集体：村集体成立村民合作社，合作社从村民手中租用集约土地再以土地入股，并宣传发动村民参与，组织村民承包种植，每年可获得固定分红，并在合作社内部分红。③农户：有劳动能力的村民，在苗木基地务工或承包分散种植，承包种植利润全部分配给承包户。目前，这一模式已在11个县实施，苗木种植面积约1600亩。除苗木产业外，碧桂园还将这一合作模式推广至其他扶贫项目，如江西兴国县北胜村的竹狸养殖项目就采用“借苗你养，赚了归你，再借再养，勤劳致富”的资金运转模式，建立了“公司＋合作社＋农户”的合作模式：碧桂园出资建设养殖厂房，交由村民委员会作为集体资产管理，并为农户提供种苗垫资借款；农户以种苗入股专业合作社，获得收益分红；合作社向村集体租赁养殖场地，并负责运营管理。广东英德市鱼咀村的鱼咀古城文旅项目也采取类似模式。项目启动时，由当地镇政府、碧桂园子公司、当地村委会和参与项目的村

小组成立旅游公司，共同经营管理项目。

（4）因地制宜采用多种方式，拓宽产业扶贫的覆盖面

为了充分发挥产业扶贫的带动作用，碧桂园积极探索扶贫新机制，如充分利用国家扶贫政策、与当地政府合作、建立多种利益分配机制等。例如，在广西田东县，与田东县政府合作，由田东县政府整合约400万元财政扶贫资金，分给40个贫困村执股，投到苗木产业扶贫项目，碧桂园以每年本金的20%进行固定分红，村集体分红的60%分给贫困户，40%留作村集体发展集体经济。在广西田东县，苗木产业不仅采用“公司+合作社+农户”模式，使有劳动能力的贫困户通过加入合作社获益，而且通过鼓励贫困户贷资入股①，使没有劳动能力的贫困户参与分红，即获得入股资金20%的固定分红。在广东英德市，鱼咀古城文旅项目通过优先分红惠及贫困户，即村民专业合作社所得分红的50%优先用于建档立卡户的帮扶，另外50%在合作社成员中分配，加入合作社的贫困户再次参与分红。在江西兴国县，碧桂园与当地县委、县政府合作，将竹狸产业扶贫项目拓展至更多贫困村，目前已确定在南坑乡郑枫村、杰村乡白石村、江背镇新建村等推进第二期竹狸产业扶贫项目，预计近200户贫困户从该项目受益。

（5）培养一批返乡扎根创业带头人

在结对帮扶县选择“懂农业、爱农村、爱农民”的返乡扎根创业带头人，由集团提供“设基金、建工厂、造品牌、送技术、拓市场、设平台”等全方位的服务，提高创富带贫能力，使更多贫困户脱贫奔康，计划到2020年共培养10000名创业致富带头人，打造一支“不走的扶贫工作队”。碧桂园第一期贫困村青年致富带头人培训班于2018年8月底举办，共有近100名来自全国9省14个贫困县的青年返乡创业者参加。在培养致富带头人方面，碧桂园不仅提供项目和车间支持，而且注重发挥其带动当地经济发展的能力。例如，江西兴国北胜村的竹狸产业扶贫项目聘请“竹狸大王”的致富带头人黄春明作为技术顾问，带领贫困村经营主体发展竹狸产业，形成“先富带动后富，先上带动后上”的模式，并形成大户在种苗提供、技术培训、产品回购等全链条

---

① “贷资入股”，国家相关文件规定，贫困户贷款实行免息政策，贫困户不须抵押，最高可获得5万元贷款。

上提供综合服务，降低贫困村经营主体的风险，并积累经验，逐步带动贫困户发展分散领养模式。

4. 消费扶贫

消费扶贫是扶贫的重要内容，也是乡村产业链接城市市场的必由之路。只有立足当地的资源禀赋，发挥当地产业优势，挖掘、培育和壮大优势产业，才能实现贫困产业兴旺。只有建立完善的产销机制，才能把乡村的自然生态资源、特色文化资源、特色农产品资源等稀缺宝贵资源推向市场，带动贫困户脱贫致富。更重要的是，将产业扶持与搭建销售渠道相结合，提振贫困人口的发展信心，调动和发挥其参与脱贫致富的积极性。

2018 年以来，碧桂园在结对帮扶的 9 省 14 县积极推进“4 + X”扶贫模式的同时，积极探索通过消费扶贫带动贫困地区产业发展，并逐步建立全面、稳定的产销体系。一方面，利用集团全国分布的区位优势、多业态经营优势，对贫困地区处于分离状态的产业进行调整、组合和一体化。另一方面，整合产融中心、采购中心、资产管理公司、商管中心等单位，梳理产业项目库，并搭建集团内销体系，整合集团外部资源，与贫困村建立长期稳定的产销关系，将需求转换为订单。截至 2018 年 11 月底，集团已帮助销售贫困县农特产品达 1500 多万元，直接惠及 20000 余人。具体做法如下。

（1）立足产业扶贫，挖掘开发贫困地区特色优势产业

第一，充分挖掘贫困地区资源禀赋，并利用扶贫自有品牌“碧乡”提升产品附加值。坚持以市场为导向，以效益为中心，挖掘当地的特色、优质农副产品，充分发挥帮扶县“特色、古色、绿色、红色”等资源禀赋，推动“一村一品”“一县一业”。同时，对缺乏品牌的优质农产品，打造“碧乡”扶贫自有品牌，通过品牌化优势整合贫困县优质农产品，提升贫困地区产品竞争力。例如，在陕西耀州区，碧乡与陕西全民合伙人签订框架协议，整合销售农产品，使耀州苹果走进集团总部食堂。截至 2018 年 10 月，“碧乡”已转化 14 县优质农特产品 43 款，并通过参加展会、顺德美食等方式外销，通过碧桂园食堂及工会福利进行内销等方式，销售扶贫产品 1500 余万元，惠及贫困人口 20000 余人。

第二，扶持当地优势产业，强化其市场供应能力。通过提供“设基金、建工厂、造品牌、送技术、拓市场”等全方位的服务，扶持当地返乡创业企

业，为它们提供广阔的创业平台和拓开产品销路，壮大当地优势产业，从而带动更多贫困户劳动致富。与贫困县致富带头人、村镇企业和合作社进行合作，依托旗下自有扶贫品牌“碧乡”和社区零售品牌“凤凰优选”，建立农特产品产销平台，帮助已有品牌的产品联系平台，打开销路，打通消费扶贫“最后一公里”。例如，在陕西耀州，碧桂园下属文化公司与当地手工艺品合作社签订了手工艺编制框架协议、手工艺品采购协议；利用下属文化公司的技术优势，助力乡村文化产品的开发，并利用“凤凰优选”的营销渠道优势，让工艺品走出大山；这一合作签订10万余元的采购合同，可链接42户贫困户，每户增收1500元。在广东英德河头村，借助“凤凰优选”平台提升桑芽菜产品附加值，对其进行检测、包装和宣传。

（2）建立长期稳定的产销机制

第一，“社区+消费扶贫”机制，利用社区分布的全国性优势，拓宽扶贫产品销售渠道。碧桂园联动旗下社区零售品牌“凤凰优选”，发挥企业市场开拓能力和渠道、信息优势，通过收购代销、加工等形式，助力解决优质农产品的销售难题。例如，与陕西宁陕县的“疯婆娘”合作社、宁陕县政府共同投资“中蜂产业链”，借助凤凰优选将产品销往全国各地。目前凤凰优选在全国共开设91家扶贫门店，与37家供应商签署合作协议，引进鸡蛋、水果、冷鲜奶、冷冻食品等共1021个产品，同时，通过开展社区展销会的方式，拓宽扶贫产品销售渠道。

第二，“大型展销会+消费扶贫”机制，通过大型展销平台推广贫困县的农特产品。例如，参加第六届中国公益慈善项目交流展示会，扶贫自有品牌“碧乡”展出25款扶贫产品，数十款14个帮扶县参展商的主打产品，直接对接全国各地的采购商。参加第九届广东现代农业博览会，碧桂园现代农业、扶贫自有品牌“碧乡”、社区零售品牌“凤凰优选”联合在“农业创新馆”参展，集中展示从田间地头到餐桌的最新全产业链创新技术，共展出30余款扶贫产品。

第三，“互联网+消费扶贫”机制，碧桂园正结合京东、有赞等电商平台，通过搭建线上商城推进消费扶贫。减少消费者购买过程中的多余环节，加强农产品流通在线化、数据化，提高了流通和交易效率，让贫困地区农副产品扩大了销路。采用预售、众筹、订单农业等方式，让贫困人口有计划种植生

产，保证产品的质量，进而增加收入，实现脱贫。

第四，“消费扶贫月”“消费节”机制，倡议全社会参与消费扶贫。碧桂园结合“双 11”，将 11 月定为集团消费扶贫月，联动集团内部、外部资源，动员集团员工、社区业主、合作伙伴乃至社会各界爱心人士以购代捐，对扶贫地区优质农特产品进行帮扶销售。例如，为促进甘肃“东乡羊”的销售，“双 11”期间，碧桂园对接当地养殖合作社收购贫困户饲养的肉羊，发动企业员工、子公司及合作企业“以购代捐”，并利用“碧乡”平台将东乡羊肉销向全国，共卖出 10000 只羊，直接链接大约 3000 户贫困户。在广东英德，碧桂园项目部在连樟村的感恩节活动中植入“连樟村番薯节”，助推当地红薯销售。

5. 就业扶贫

“家有良田万顷，不如薄技在身”。精准脱贫就是要让贫困劳动力得以施展，只有加强就业扶贫，才能实现“一人就业，全家脱贫”，将“输血式扶贫”转变为“造血式扶贫”。碧桂园集团立足于自身全产业链优势，围绕农村需求、城市需求、农村综合治理需求，以实现就业为导向，开发特色种养、农村建筑工匠、电商、铝模工艺、物业、酒店管理、月嫂、育婴师、乡村教师医生等一系列全方位技能培训课程。同时，建立就业追踪体系，搭建就业招聘平台，并联动集团子公司提供就业岗位，实现培训、就业一站式服务，帮助贫困户掌握致富门路和技术。具体做法如下。

（1）开展职业技能培训

针对有劳动力缺技术的贫困人口，采取集中培训、远程培训或送教下乡等形式，培训合格发放相关职业资格证书。职业培训以就业为导向，考虑到贫困地区实际情况，主要集中于城市服务方面，如月嫂、育婴师、养老护理员、电工、焊工等培训。在广西田东县，截至 2018 年 12 月，共开班 25 期 51 个班，惠及 2437 人，其中取得职业资格的有 1566 人，就业 1005 人，其中贫困户 329 人。在广东英德市，截至 2018 年 12 月，共开展 160 期 172 个培训班次，惠及 16 个镇街 8845 人，其中贫困户 1699 人，贫困户就业 485 户，惠及人口 2015 人。如广东英德鲜水塘建档立卡贫困户唐尚敏，通过参加月嫂培训班，在广州从事家政育婴工作，每月工资上涨至 5000 元。同时，面向碧桂园旗下各公司的岗位，联动旗下各子公司和碧桂园职业学院开展铝模工艺、物业、园林、酒店管理等培训。如与碧桂园职业学院合作，开展铝模工艺培训；与旗下文化运营公司合作，举行冲泡咖啡、民宿打扫、餐饮等培训。截至2018年12月，铝模工艺培训已开展6期，共培训76人，就业43人，其中贫困户12人，惠及人数48人。如广东英德鲤鱼村村民李观练，通过参加铝模培训班，实现从每月2000多元的“农村散工”到月薪8000元的铝模产业工人的转变。

（2）结合农村产业和社会综合治理需求开展各类培训

针对不愿外出或只能就近就业的贫困劳动力人口，结合当地农业生产的重要环节开展新技术推广和生产技能培训，提升农民生产技术，提高生产效率实现增收，主要包括苗木种植、特色种养殖、农机操作等培训。例如，在江西兴国县，碧桂园在将竹狸产业扶贫项目拓展至更多贫困村时，也开始建设竹狸产业扶贫项目技术培训中心，并开设竹狸养殖培训课程，在培育养殖技术骨干的同时，为更多有意愿养殖竹狸的村民提供养殖技术培训。同时，培养农村电商从业人员，协助农产品商品化，帮助农村产品通过互联网等平台销售。碧桂园联合与新浪微博中国国际电子商务中心培训学院等机构合作，在碧桂园结对帮扶的贫困地区开展“百县千红新农人”电商培训活动，为年轻的村干部、合作社负责人、致富带头人、种养殖大户等提供电商培训。此外，为了强化基层医护人员的职业能力，提高农村医疗服务水平，与帮扶县卫计局合作，开展乡村医生培训。为了协助建设高素质、专业化的基层教师队伍，与帮扶县教育局、旗下教育集团博实乐公司①合作，开展乡村教师培训。为了提升农村弱势群体就业能力，与深圳残友公司②合作，为残疾人开展电商或文字编辑类培训。

（3）完善就业跟踪体系

对参与就业培训的贫困劳动力进行全方面地跟踪管理，通过树立优秀典型，吸引更多的贫困联动参与就业扶贫项目。例如，广西田东县的技能培训将就业率纳入培训机构的考核目标，督促其成立就业专项小组，跟踪学员就业情况：对参与培训的村民建立“一人一档”；对培训完还没有参加就业的，每周联系一次，每周推送一次招聘信息，直到就业；对已经就业的学员，每月一回

① 博实乐公司，全称“博实乐教育控股有限公司”。

② 深圳残友基金会指深圳市残友集团控股股份有限公司，其控股股东是深圳市郑卫宁慈善基金会。

访，保证其能稳岗就业。同时，制定“就业带头人”奖励机制：凡是参与培训，积极外出务工就业，带动本村和村周边的其他学员出外就业的带头人，一次性带动10人出外就业的奖励3000元，一次性带动20人以上出外就业的奖励8000元，做到“培训一批、就业一批、脱贫一批、带动一片”。此外，碧桂园集团组织定点扶贫县陕西耀州、河北平山、江西兴国、广东英德、广西田东、河南虞城，6省6县的43名就业带头人到碧桂园总部、广东腾越总部交流考察，了解SSGF新建造体系及铝模工艺，发挥“就业带头人”模范引领作用。

（4）举办专场招聘会

联动旗下物业公司、酒店管理公司、建筑公司、零售公司以及合作伙伴等，向贫困人口提供就业岗位。例如，在13个帮扶县（除广东英德）举办全国9省14县精准扶贫统一就业招聘活动中，包括物业①、顺茵、凤凰优选在内的8家子公司参与，截至2018年8月底，已招聘70名贫困户入职。截至2018年11月底，集团共梳理出近10000个岗位面向贫困户招聘。仅旗下凤凰优选，截至2018年10月，已开业126家门店，共吸纳贫困户就业652户1600余人。此外，与各贫困地区地方政府合作，联合举办专场招聘会，整合其他企业的就业岗位。例如，在广东英德市，与市消费办、人社局、东华镇政府等部门联合举办专场招聘会，约600名村民应聘，其中建档立卡贫困户366人，成功配对超过138位建档立卡户上岗就业。截至2018年12月，碧桂园集团及合作单位在英德市各乡镇及市区举办了15场就业招聘活动，推荐了近3000名村民上岗就业，其中贫困户557人。

（三）桂园扶贫的创新之处

1. 与传统政府扶贫模式相比

通过以上项目内容和操作方法的介绍，我们可以发现，碧桂园的扶贫项目运作与传统的政府扶贫项目不同。体现在两个方面。

（1）产业、渠道双重疏困、扶贫

传统政府扶贫项目，常常难以解决市场销路和及时反馈市场信息。碧桂园的苗木种植、“凤凰优品”、“碧乡”都从市场需求出发，都是碧桂园小区

① 旗下物业公司，全称“广东碧桂园物业服务股份有限公司”。

建设中需要的产品，或者苗木，或者黑米，或者中华黑豚。碧桂园跟贫困合作社采用“培训+订单”的模式。一方面透过自己的渠道指导贫困地区调整种植品种、方式。另一方面，他们通过常年与贫困社区的合作，向消费者包装和提供可信任、高质量和有温度的产品，以碧桂园作为平台，连接生产和消费社区。

（2）依托碧桂园常年深耕的教育扶贫领域，不仅提供优质的培训内容，还提供就业渠道

为贫困地区的诸多既缺乏能力又缺乏技能的农民，提供一个机会、一份工作。碧桂园不仅在广东地区提供技能培训，2011 年，还将绿色产业扶贫和技能培训搬到了广西壮族自治区百色市田阳县桥马片区央律村。

与单一的政府扶贫救济不同，企业的最大优势就是对市场信息的了解和把握。碧桂园不仅了解建筑行业，也拥有庞大的城市居民社区，社区的生活、服务、管理都由碧桂园集团负责，因此碧桂园有能力也有条件跟对口的乡村实施全产业扶贫。依托碧桂园在全国的销售和建筑团队，碧桂园得以在全国范围内进行 9 省 14 县的区域性覆盖式扶贫。这也是一般的中小企业或地方性企业所不具备的优势。扶贫的管理采用“区域（县）+办公室”的管理架构，扶贫协调会议与地产会议同步举行，全国的专职扶贫队伍超过 200 人，这些人都是企业雇员，拥有较好的市场敏感度和职业精神，他们以他们的专业技能服务乡村，这也是传统的政府救济模式所不能及的。

2. 与传统社会公益模式相比

传统社会公益虽然能够有效识别贫困人口，提供技能培训和就业指导，但是很少社会组织能够有能力提供全面的基础设施改造。碧桂园依托自己的规划和建筑经验，在对接贫困乡村过程中，从村庄整治入手，在规划中合理调配生活、工作空间资源。

（1）以空间规划带村庄公共物品提供

碧桂园在与各区域村庄对接扶贫过程中，能够根据各村情况，提供必要的规划和建筑支持。赤米楼下实行“统耕统作，整治村庄”的模式，将环村公路硬底化、整治排水排污系统、建设村文化室、规划篮球场和村公园。同时，将原来分给各户的 200 亩背山夫集约起来，村中统一管理，种植果木，发展集体经济，改善低洼地的耕作条件。利用近镇区和省道优势，在附近地

块开发果蔬购销和农家乐餐饮。西牛社区塔江则利用“一事一议”财政奖励，建设宽 7 米的环村公路、篮球场、占地约 300 平方米的文化室；利用与 S348 省道相邻的优势规划商铺。2010 年 8 月，碧桂园绿色产业扶贫项目树山项目部就和西牛镇扶贫工作组联手推动道路、住房、供水、供电、通信等基础设施。

（2）借助碧桂园项目（特别是联合）运营能力，带动一批，凝聚一批，推动乡村建设和治理的运营能力，实现“一年致富，年年有余”①

为了长效扶贫，碧桂园帮扶体系中设置“撤退机制”。在建设过程中建立企社政三方联营公司，在乡村可持续发展过程中，植入“市场业态”，例如咖啡吧、民宿、书吧等，以市场压力倒逼运营机制的维护。同时辅之以村庄内部的动员，利用村庄德高望重乡贤力量成立村民理事会，以党支部和村民理事会两大抓手，推动乡村精神文明建设，协调乡村集体行动，为工程运维团队撤退之后的乡村自治提供保障。看到家乡的发展，多数乡村的青年人开始返乡寻求家乡的就业发展机遇。有的乡村，借助扶贫和帮扶，找到了村民自治的新模式。小湾新城流转土地将旱地、鱼塘、林地收归集体，壮大集体经济，提供集体收入，同时增加公共物品供给。党支部和理事会带领村民加强农田水利设施管护，安排专人负责管理，需要抽水灌溉由村集体出资聘请村民负责；引接山水建造自来水；修建祠堂、文化室、篮球场等公共设施；完善村道绿化、排污，种植树木；设立高考奖学金。村庄的公共设施得到改善，居民生活质量提高，凝聚力也大大增强了。

碧桂园的“4 + X”最大的优势在于借助碧桂园本身的空间规划能力和项目管理能力，带动乡村发展。乡村振兴的本质在于乡村如何识别、调配自身的自然、人力资源，使不同的生产要素搭配产生经济效益；同时，建立有效的管理运营机制，使得乡村投入的资源能够持续产生效益，不至于浪费。企业与社会组织相比，拥有更加强的资源配置、规划能力，也有成熟的项目运作经验。授人以鱼不如授人以渔，资源调配和项目运营的能力才是弱势乡村在商海浮沉中生存的关键。

① 2018 年 1 月 6 日，《碧桂园开展乡村技能培训 昔日贫困户月薪过万》，http://www.bgy.com.cn/news_details.aspx?id=9987342。

3. 与传统企业社会责任模式相比

碧桂园早期依托广东省国强公益基金会主要从事教育扶贫，所关注的领域与碧桂园集团的房产运营业务相关度不高，缘起主要还是碧桂园创始人的个人情怀。但是借助精准扶贫，碧桂园的社会责任业务反而得到更多的梳理，跟企业其他部门的资源也得到整合。碧桂园的精准扶贫项目与传统的社会企业责任模式相比，更具有共赢与可持续的特点。碧桂园社会责任部总监、广东省国强公益基金会副秘书长刘刚谈及扶贫项目核算讲到："至于您说的，我们要去评估每个项目亏损多少，其实不是，我们评估项目是要看它赚多少钱，能够带动多少。我们在做之初，做项目方案的时候，基本不会亏本的。"因此，与传统教育扶贫不同，产业扶贫，既解决了供应商问题，又带动了乡村脱贫，还实现了对全产业链的品控监督，真正实现了企业与贫困地区的双赢。

（1）将乡村纳入供应链，企业、乡村供需互补，互利共赢

这方面，碧桂园的绿色产业扶贫、智慧建筑科技产业、凤凰优品和"碧乡"，包括职业技能培训皆是如此。碧桂园集团作为中国城市化进程的引领者，代表了城市的需求端。他们从需求端出发，在农村寻找、发掘、培育合适的供给方，既提供了市场需求清单，又提供了市场标准和培训方案。作为沟通城乡的桥梁，碧桂园发挥自身规划、建筑、社区设计、绿化、消费优势，实际上实现了"城乡对接扶贫"，与乡村分享城市化红利，弥合城乡发展鸿沟。探索出了"碧乡+碧城"的地产扶贫模式。对乡村来说，能够快速跟上城市化潮流，提高生活质量。对碧桂园来说，一村一品的发掘和调研过程，直接催生了碧桂园的"凤凰优品"和"碧乡"两个品牌，不仅便宜了碧桂园居民，也让碧桂园产品更加多元化。

（2）深化碧桂园品牌的文化内涵，助益品牌深度挖掘

碧桂园在对自己品牌文化诠释中如此写道："碧桂园是中国新型城镇化进程的身体力行者，是全球绿色生态智慧城市的缔造者，不仅为超过700个城镇带来现代化的城市面貌，满足人民对美好生活的向往……"而碧桂园最为知名的广告则是"给你一个五星级的家"。碧桂园所代表的应该是人们对美好生活的向往，对舒适港湾的寄托。而这种向往是没有城乡、贫富差别的。碧桂园所帮扶的精准扶贫项目，虽然由于各地资源、文化、社会禀赋的差异，发展程度和帮扶方式都有所不同，但是，帮扶的最终目标都是相同的——共建美好家

园。无论党建扶贫扶志、产业扶贫扶富、就业扶贫扶技，还是教育扶贫扶志，其出发点都是为了还乡村一个美好生活期许。而这些社会公益活动，远远超过了个人情怀，应该被视为企业品牌内涵的延伸，是一个城市化进程引领者的许诺——让城市化进程中没有掉队者。这样品牌延伸，有利于企业走出房产企业的商业格局，走向社区家园筑梦者的企业转型升级之路。从一个纯粹的商业企业，走向以社会责任为支撑甚至主业的社会企业，从而实现新时代企业发展的可持续。

碧桂园今年5月，在全国范围内推进结对扶贫。其扶贫模式和案例都还在不断累积中，但是依托其市场运作的效率和模式创新，新的经验和教训也都在累积中。当然，碧桂园扶贫模式有它的条件性。第一，作为全国范围内知名的地产企业，人力、物力资源雄厚，是首要的条件。第二，作为房产企业，拥有城市社区、建筑建材、绿化园林、技术工人等多方面的需求，能够与乡村进行结合，从而迸发出多种合作模式，这也是其他行业的企业或组织难以模仿的。

但是，碧桂园扶贫仍然有两个值得借鉴学习的地方第一，从企业能力或需求出发，走企业与扶贫相结合的路子，建立合作共赢的伙伴关系，而不是出资方与受助方的恩庇关系。第二，注重乡村自我能力的培养，不管是利用教育赋技个体，或是利用产业示范区域，还是利用项目赋能村民自治组织，都深层挖掘和尊重乡村的内生动力。

（四）碧桂园项目的成效

自集团成立至2018年10月底，公益扶贫总投入累计48亿元，直接受益超20万人，带动就业近200万人。自2018年5月，碧桂园在9省14县开展扶贫至10月底，共安排专职扶贫干部近130人。在党建扶贫方面，截至2018年10月底，成立一线党支部14个，发展火线入党党员5人；开展9省14县贫困村干部短期体验式交流活动12期，参与人员共计约310人；聘用“老村长”140人，帮助深度贫困户1400户；开发“四色”扶贫旅游线路12条，带动周边约1000户贫困户。在教育扶贫方面，自集团成立至2018年10月底，累计投入超14亿元：设立教育专项基金18个，总额78051.6万元，累计投入国华纪念中学超4.5亿元，累计投入碧桂园职业学院4.5亿元，累计投入国良职业培训学校1.4亿元。自2018年5月至2018年10月底，为9省14县贫困人口组织内部捐款共1096万元。自集团成立至2018年10月底，惠妍教育助学基金共帮扶贫困学生1472人，国华纪念中学、碧桂园职业学院、国良职业培训学校分别累计招收、培训学生2924人、1830人、14626人。在产业扶贫方面，自2018年5月至2018年10月，碧桂园在9省14县建立产业扶贫项目32个，已落地绿色苗木产业基地11个，产业帮扶总数35602人，其中建档立卡贫困人口21666人。在消费扶贫方面，自2018年5月至2018年10月底，开设“凤凰优选”扶贫门店126个；扶贫品牌“碧乡”已转化14县优质农特产品43款，并通过外销内销的方式销售扶贫产品1500余万元，惠及贫困人口2万余人。结合“双十一”创立“消费扶贫月”，为甘肃东乡村民卖出10000只羊，链接约3000户贫困户。在就业扶贫方面，截至2018年12月，面向全社会进行铝模工人、维修电工、家政月嫂、会计电商等多种技能工种培训，共有37873名农村劳动力参加，超过16773人实现了推荐就业，平均收入提高20%，其中部分村民月收入超万元。截至2018年11月底，集团共梳理出近10000个岗位面向贫困户招聘，仅旗下社区零售品牌“凤凰优选”，截至2018年10月，已开业126家门店，共吸纳贫困户就业652户1600余人。

碧桂园集团的扶贫工作得到了社会认可。2018年12月5日，在第三届企业精准扶贫高峰论坛上，碧桂园集团凭借“探索可造血、可复制、可持续精准扶贫长效机制”获选“企业扶贫优秀案例”。2018年12月28日，在第十一届中国企业社会责任峰会暨2018中国社会责任公益盛典上，碧桂园集团获得杰出企业奖。这一扶贫做法可概括为党建扶贫与社会治理机制，具备以下几个特征。

（1）担当精准扶贫与乡村振兴重要主体，与其他主体协作互补

首先，作为民营企业加入扶贫队伍，拓展以往由政府、国有企业、事业单位主导扶贫的局面。作为世界500强企业，碧桂园集团主动承担社会责任，将扶贫工作上升到主业高度，担当精准扶贫的重要主体。其次，将自身定位为扶贫攻坚多元主体的一分子，尊重政府、其他组织、社会组织、民众等其他力量的主体性，并与其他主体协作互助。在集团层面，不仅整合全集团力量参与扶贫，而且配合各级党委政府的工作，链接企业链上下游合作伙伴、科研机构、

高等院校、公益慈善机构、媒体等资源，建立扶贫“公益联盟共同体”，并在实际工作中与各主体开展合作，发挥各主体自身优势。在各扶贫帮扶县，通过项目党支部强化与当地党委、政府的联系，通过党建结对共建强化与贫困村的联系，通过“三个寻找”计划强化与村庄精英、贫困户乃至整个村庄的联系，并通过“驻村帮扶”机制与村民“同吃同住同劳动”，与各主体建立合作互助的关系。通过与政府、其他企业、社会组织等力量的合作，形成多元主体协同参与精准扶贫与乡村振兴的格局。

（2）激发贫困人口内生发展动力，提升其自身发展能力

贫困人口是实现脱贫致富最重要的主体，也是形成扶贫长效机制、实现乡村振兴的落脚点。碧桂园集团走出以往企业捐资捐物的扶贫模式，紧紧围绕“人”这个关键因素，将扶富与扶志、扶智、扶技相结合，提升贫困人口的自身发展能力。首先，激发并维持贫困人口的内生发展动力。不仅通过致富带头人、“老村长”激发贫困人口的脱贫意识；还将产业扶持与提供销售渠道相结合，将技能培训与提供就业渠道相结合，为贫困人口提供了切实可行的路径，引导其参与脱贫实践；同时在各项帮扶中引入“利益相关”机制，防止“等靠要”思想。其次，通过产业扶持提升贫困人口致富能力，技能培训提升贫困人口就业能力，教育帮扶防止贫困代际传递。由此，提升贫困人口自身发展能力，为精准扶贫和乡村振兴注入可持续动力。

（3）培育村庄共同体，孕育村庄发展的组织力量

形成扶贫长效机制、实现乡村振兴的关键在于村庄共同体的建设。碧桂园集团不仅单点帮扶建档立卡贫困户，而且以培育村庄共同体的方式带动贫困村庄的发展。首先，以村庄为单位落实各项帮扶措施，培育村庄利益共同体。通过党建结对共建“一村一策”、产业扶持“一村一品”、技能培训“送教下乡”等方式，建立利益共享机制，激发村庄整体的发展活力。更为关键的是，激发村庄自治活力，培育村庄社会共同体。设立公益岗位，吸纳“老村长”、致富带头人、乡贤等积极分子，发挥其组织动员作用，形成具有行动力的村庄实践群体；支持村民成立村民理事会、农业合作社等组织，让村民参与并决定村庄经济发展和社会建设事务，发挥村庄自治能力；支持村民弘扬村庄传统文化活动，强化村庄凝聚力。通过培育村庄利益共同体和社会共同体，孕育精准扶贫与乡村振兴的组织力量。

四　企业公益创新的政策建议

（一）社会创新与潜在挑战

互联网技术的发展和全球化的深入，对社会、经济生活的方方面面产生了深刻影响。企业社会创新、政府服务外包与非政府领域的社会投资倾向互相借鉴，交错发展，不仅突破了传统国家、市场与社会的边界，也正在打破单一组织形态的边界，涌现出越来越多的混合型（Hybrid）组织形态。社会问题的建构、诉求提出、问题回应也越来越呈现出动态性、跨界性与即时性的特征。

我国互联网等新技术的扩散和与之伴随的新组织形态的出现是近五年出现的新现象。传统的公益运作模式常常是企业负责捐款，公益组织负责花钱的收支分离模式。如今，“赚—捐—花”传统链条正在失去大批的拥趸。越来越多的人认为，特别是互联网公司的从业者认为，这种基于工业流水线逻辑的解决方案已经不能适应信息化社会的需求了。数字产品对巨量客户黏性需求成为企业特别是与互联网密切相关的新经济做公益的“最强初心”。

首先，流量时代来临，社会关注得以变现。市场和社会组织的社会影响力与盈利能力相互融合。例如，美国近十年兴起并逐步蔓延到东亚地区的共益企业（B Corp Movement）运动。水滴公司的“水滴筹”项目正是围绕“没钱治病、因病返贫”的社会问题而生。企业不再单纯追求利润，企业的愿景与企业组织方式的多样化导致市场领域掀起一股社会企业与社会经济的新浪潮，表现为同步发生的多种形式的共益企业运动，或者说企业公益化创新。

其次，技术的变革也必然带来组织管理方式的变革，不管是政府组织、社会组织，还是市场组织。组织管理方式创新的一个共同趋势就是“数字治理”。

最后，模式创新。李克强总理在2014年《政府工作报告》中首次提出，“推进社会治理创新。注重运用法治方式，实行多元主体共同治理”，这是我国实践经验的总结和新要求，也是改革的新境界。党的十九大报告提出要“打造共建共治共享的社会治理格局”，在社会问题的解决上充分调动不同组织的力量，共同参与，协同治理。经济下行压力之下，倡导社会问题，甚至经济问题的多方协力显得更加迫切和重要。2008 年，汶川地震后，面对灾后援助资源分配不均、社会资源流失严重和资源协调乏力等问题，绵竹市政府、友成企业家扶贫基金会、麦肯锡管理咨询公司等机构合作共建了“绵竹市灾后援助社会资源协调平台”。该平台的建立改变了政府在应急管理中一元主体地位，形成了政府、社会组织与企业平等合作关系，开放的平台为资源融合、各主体间合作互动提供了条件。雅安地震过程中，中国青少年发展基金会、中国扶贫基金会等六家基金会联合发起成立“基金会救灾协调会”。社会服务领域，也有多种形式主体合作，如服务外包。

但是，公益创新的同时也带来潜在风险。

2018 年中央一号文件提出实施乡村振兴战略，9 月中共中央、国务院印发了《乡村振兴战略规划（2018～2022 年）》，明确提出“鼓励工商资本到农村投资”。2018 年好几家原主营业务与农业无关的大型企业均宣布了他们的农业规划。碧桂园正式宣布成立农业控股有限公司，号称要将农业作为主业之一；恒大高科农业集团也于 8 月成立。至于企业通过“精准扶贫”的方式进入农业和农村的，就更是不胜枚举。企业在农业和农村布局，不仅仅是为了“公益”，还在于“义利并举”，成为公益新潮流。确保农民的利益，防止“资本下乡”变成“资本主义下乡”。后者指的是大企业通过资本和技术垄断，将乡村资源（尤其是土地）变成资本运作的对象。除此之外，防范新公益项目“烂尾”、资本“跑路”、“泡沫化”的风险，也依然是一个在实践中摸索的问题。

现代公益离不开同情文化基础之上的社会捐赠。经济效益与社会效益的协调发展对企业来说无疑是件幸事。但是商业利益与公益的混合可能会造成社会同情文化的疲劳，也会导致公众对公益领域和公益项目的整体性怀疑。社会信任、社会资本流失，最终受到伤害的可能是公众全体。一方面，公益的技术化和数字化让公民参与成为可能；另一方面，这些公益创新项目产生的非公益效益，特别是经济收益也会让公众对这种公益项目的真实目的产生怀疑。这些公益项目，特别是大企业推动的公益项目，考虑到企业形象与品牌的美誉度，通常会借助各种媒体，进行铺天盖地的宣传。这些宣传有可能挫伤原本试图积极参与公益活动，奉献爱心的普通公众，同时也容易导致受助者被过度消费。

总的来说，公益模式创新带来了社会问题的创新解，也存在各种被滥用的风险，有可能给国家的社会治理带来新的挑战。因此，本着支持创新、防范风险，本报告提出几个方向性的政策建议。

（二）政策建议

1. 政策支持与监管两手抓

2019年中央一号文件提出，“实施数字乡村战略。深入推进‘互联网+农业’，扩大农业物联网示范应用。推进重要农产品全产业链大数据建设，加强国家数字农业农村系统建设。继续开展电子商务进农村综合示范，实施‘互联网+’农产品出村进城工程。全面推进信息进村入户，依托‘互联网+’推动公共服务向农村延伸”。2017年开始，国家连发三道文件促进数字化乡村建设。财政部、商务部和国务院扶贫办《关于开展2017年电子商务进农村综合示范工作的通知》中明确提出进一步打牢农村产品“上行”的基础，明确了农村产品包括：农产品、农村工业品、乡村旅游及服务产品。《国务院办公厅关于促进农村电子商务加快发展的指导意见》中指出“扩大电子商务在农业农村的应用，拓宽农产品、民俗产品、乡村旅游等市场”，明确了农村电子商务不仅仅局限于农产品市场，还有民俗产品和乡村旅游等市场。国务院扶贫办《关于促进电商精准扶贫的指导意见》中指出，注重农副产品上行，推动“名特优新”“三品一标”“一村一品”农产品和休闲农业上网营销。2018年，由财政部、商务部、国务院扶贫办联合发布的“电子商务进农村综合示范县”共评选出260个“电子商务进农村综合示范县”。

与这些政策配套的，还有相应的财政和社会资金的配套。2017年，中央和省级财政专项扶贫资金突破1400亿元。在刚刚结束的2017年，中央和省级财政专项扶贫资金突破1400亿元，其中中央财政资金较上年增长30%，省级财政专项扶贫资金比上年增长22%。

目前来看，中央用来解决各类社会问题的政策和资金并不缺乏。但是在资金和政策扶持对象上仍然以少数大型企业或国有单位为主，专项资金定向流

动。而且存在着政策落实不到位、资金挪用等多种问题。因此不仅需要政策支持，还需要监管。特别是对各种具有营利性质和工具手段的公益项目，这个项目形式多样，提高了监管的难度。一方面要防止公益项目投机化，防止“骗捐”“诈捐”“骗政策优惠”“骗扶贫基金”等行为的发生。另一方面，要积极防范公益项目金融化运作，或降低企业化运作可能产生的新的经济风险和社会风险。

2. 市场监管与社会治理两手抓

正如前面已经分析到，公益创新的新趋势和形式导致公益项目的组织方式越来越具有跨界性和模糊性。市场、社会和政府的组织边界越来越模糊，甚至同一个企业组织具有社会公益和盈利的两种属性，这使得原有的市场监管与社会治理的行政管理的方式难以奏效。因此，现代社会治理越来越需要政府部门之间，以及政府与社会部门合作治理和监管。

2016 年《慈善法》出台，中国的公益事业开始走向法制化建设。随着数字化时代的来临，新的公益形式、组织方式将越来越多。各相关职能部门，进一步加快数字政务的推进，加强这些公益创新组织的登记、运营管理。目前，民政部等相关部门已经积极开始利用大数据等时刻关注组织的发展和运营情况。但是，值得注意的是，电子政务的推行仍然架设在原有的“条块”行政管理结构之下，因此，面对越来越多的“共益企业”、“社会企业”、“新经济企业”、“公益组织市场化”或“企业社会化运作”组织，原有的条块管理结构将面临较大压力。如不能及时调整，将会留下相当多的管理空白，甚至导致公益创新灰色化、投机化发展，影响公益生态，制造社会问题。

3. 公众参与和国家治理现代化两手抓

多元共治的社会创新模式也增加了国家治理的难度。多主体互动的复杂性表现在即时性、不稳定性。互动的社会影响是什么，极难预测和疏解。这要求国家一方面要从预防的角度，促进公众参与，保障社会创新是以促进公众社会福利为根本目标。另一方面，这也为国家治理现代化提出了更高的要求。

（1）我国基层的广大群众缺乏相应的自治经验

如何在与其他社会、市场主体中识别个体利益，表达个体诉求，积极参与治理，是塑造稳定的治理结构、保障项目公益性的关键环节。因此，在公益组织、技术与模式创新发展的阶段，一方面需要积极赋能乡村社会群体，提高基层社区、社群的自治能力，找到社区中一批有能力、有素质、有觉悟的基层党员或热心人，保障公共参与，搭建社会治理的良性基础。

（2）要积极稳妥推进社会治理制度化改革，搭建多元共治的制度基础

各界社会群体和团体的利益要通过制度得到保证，保证弱势群体有充分救济、表达和参与渠道。对社会公益项目来说，过程公平和民主参与比社会再分配的绝对平均更有价值。因此，留给不同群体充分表达的渠道是社会公益创新的灵魂。

（3）涉及群体广泛的社会公益项目的立项、运作和社会效应评估要有完善的长期追踪体系

目前，我国公益管理主要依托社会组织的登记制度，并没有项目的登记制度。而且，随着社会发展，有些社会公益项目的社会影响具有长期性。因此，还应该具有公益产品“召回体系”，建立长期追踪反馈制度。保证公益项目至少不产生深远恶劣的社会破坏。

（4）透过培训、引导和国家补助等形式推动建立一支能力与情怀兼顾的公益志愿团体

促进公益生态的改善，同时带动社会公共参与，培养公益精神。公益土壤的培育、公益人力资本的培养是从根本上引导社会公益良性发展的社会基础。

（5）积极推动国家治理现代化管理干部队伍的建设

公益创新项目的新趋势要求我国的社会管理干部队伍不仅要理解公益、民生，社会发展，社会心态和舆情发展，还需要掌握一定的市场运作知识，甚至金融知识，才能较好的把握公益项目确实能够促进公共福祉，改善人民幸福感。

第七章　慈善金融政策何以扩散*

——我国地方政府公益创投的一项事件史分析

李　健等**

摘　要： 作为21世纪社会创新浪潮下的新生事物，慈善金融将具有金融特征的工具应用于慈善领域，有效实现了金融与慈善的跨界融合，在现代慈善事业发展中扮演着重要角色。随着慈善金融在我国如火如荼的发展，其对改善商业和慈善交叉地带所产生的巨大潜力也吸引了政府关注。然而由于相关研究的缺乏，我们对于慈善金融政策所知甚少，尤其是一系列根本问题未获得关注：地方政府实施慈善金融政策创新的动机如何、慈善金融政策在地方政府层面扩散的路径和逻辑是什么、应如何采取措施鼓励慈善金融政策在我国的进一步扩散，本研究以当前流行于我国地方政府层面的公益创投政策为切入点，试图管窥慈善金融政策在我国的扩散规律。整个研究主体包括两部分。首先，研究搜集我国74个市级城市公益创投政策扩散文本，分析了我国公益创投政策扩散的制度逻辑和时空机理，研究发现我国地方政府公益创投政策扩

* 以下内容曾以独立作者发表于《南京社会科学》2017年第3期《公益创投政策扩散的制度逻辑与行动策略——基于我国地方政府政策文本的分析》（简称南文）及以第一作者发表于《中国软科学》2019年第5期《政府购买服务政策扩散研究——基于全国31省数据的事件史分析》（简称中文）。区别于南文分析的地方政府四个层级（省、市、区县和街道），本书内容经过整理和提炼，主要以地市级为分析对象，且数据由2016年1月1日更新为2019年3月22日，在时空扩散模式和路径结论方面也有所变化。区别于中文以政府购买服务为研究对象，本书主要以公益创投为分析对象，使用的数据、模型有所区别，并增加了不同扩散机制的时效性检验。

** 课题组组长：李健，中央民族大学管理学院教授，博士生导师，中央民族大学基金会研究中心执行主任；课题组成员：田义年、向俊安、杨翠莹、杨洋。

散在时间上呈现出S型扩散，空间上邻近效应明显，并且受社会化、效仿、学习、外部性竞争政策扩散机制影响显著，政府购买服务政策对公益创投政策扩散产生了间接刺激作用。其次，我们采用事件史分析方法，选取全国43个城市263个样本数据分析影响公益创投政策在我国市级政府层面的扩散因素。研究发现：各市辖区内的社会组织数量对公益创投政策的采纳产生积极影响，竞争机制与社会建构机制影响了公益创投的政策扩散，其中竞争机制的影响更为深远，而社会建构机制的影响具有时效性。

关键词： 公益慈善　政府公益创投　慈善金融

一　前言

慈善金融又被称为公益金融，是以社会价值作为资源配置导向，通过资源要素重组和优化配置，系统性地解决社会问题的活动①，其核心要义是通过金融工具让社会更加美好，让投资行为更富有社会责任，使财富创造出更大的社会价值②。慈善金融的兴起有着深刻的历史背景。20世纪60年代至90年代，世界政治动荡不安，商业金融的发展受到了较大的冲击，同时伴随着环境破坏、资源浪费的日益严峻以及贫富差距的不断扩大，越来越多的机构开始追逐道德投资，关注社会公平、环境保护等领域。在这一时期，基金会成为慈善金融发展的先行者，如美林生态基金等，同时小额信贷也开始受到重视，一些社区信贷纷纷出现，如孟加拉国的格莱珉银行③。这些机构运用商业领域中的风险投资方式助力慈善组织的发展，为日后慈善金融的全面迅速发展奠定了坚实的基础。

进入21世纪，慈善金融获得飞速的发展，各类跨界合作都实现了创造性

① 俞水祥：《中国公益金融发展的对策研究》，吉林大学硕士学位论文，2017。
② 龙昊：《公益金融引领变革》，《中国经济时报》2015年9月8日。
③ 俞水祥：《中国公益金融发展的对策研究》，吉林大学硕士学位论文，2017。

地拓展与加深。2002 年，英国和意大利分别出现了第一支公益创投基金 Impetus 和 Fondazione01tre①。2007 年影响力投资的出现以及 2010 年社会效益债券在英国彼得格勒的成功标志着慈善金融的发展进入了创新发展的一个新阶段。社会责任投资自 2006 年以来年均增长率在 20% 以上，目前在全世界 50 多个国家其总体规模接近 4 兆亿美元②。2014 年，UBS 瑞士银行财富管理的高净值客户已安排约 10% 的理财资产投资于社会责任和社会影响力，而家族办公室有 20% 以上的投资属于公益金融范畴。根据美国社会投资论坛（US Social Investment Forum，USSIF）2018 年报告显示，美国的社会责任投资从 1995 年的 6390 亿美元猛增至 2018 年的 12 万亿美元，是前者的 18.8 倍；截止到 2016 年，欧洲的社会责任投资总额达到 12 万亿美元；加拿大为 1 万亿美元；澳洲及日本分别为 5160 亿美元、4740 亿美元。作为由投资界先见之士和欧美富有家族率先实践的创新金融方式，慈善金融不仅为发达国家慈善事业带来了蓬勃的发展生机，也为这些国家的商业投资部门找到了一片蓝海领域。

经过多年的发展和沿革，慈善金融逐步分化出公益创投、公益信托、小额贷款、社会效益债券、社会价值投资、互联网公益众筹、家族信托、家族办公室等多种产品形式③，尽管操作形式存在差别，但本质都是运用商业思维以及金融手段来解决社会问题、提供社会服务并实现金融资本的实际兑付，从而为社会全体成员带来福祉，促进社会公平、高效、可持续的发展。

随着我国全面建设小康社会的纵深推进，各类社会问题不断涌现，慈善金融也被引入我国慈善和商业实践之中。作为一项兼顾了经济价值与社会价值的慈善改革工具，在现代化社会建设中的战略性意义日益凸显，它不仅为公益慈善事业提供了全新的发展路径，还能推动社会责任、社会价值的真正实现。大力推行慈善金融，对于我国公益慈善事业、经济发展以及社会发展都有着重大意义。但作为新生事物，慈善金融在我国发展还面临着缺少社会与环境数据、

① 陈静雅：《欧美公益创投的演变及实操》，王名主编《中国非营利评论（第十六卷）》，社会科学文献出版社，2015，第 32~48 页。

② 龙昊：《践行不易的公益金融》，《中国经济时报》2014 年 6 月 23 日。

③ 周凌一、李勇：《公益金融：概念、体系及功能》，王名主编《中国非营利评论（第十六卷）》，社会科学文献出版社，2015，第 1~31 页；华伟达：《公益金融：慈善的全新表达方式》，《财富管理》2018 年 1 月 29 日。

阐释投资的社会收益工具缺失、产品与服务限制以及投资理论组合理论不足等方面的诸多挑战①，离不开政府公共政策的支持。

早在2001年，我国实施的《中华人民共和国信托法》（简称《信托法》）就将我国慈善金融服务规章制度规范工作提上日程。2004年6月国务院发布的《基金会管理条例》首次通过法律条款的模式，明确规定基金会可以对外开展投资，但需经理事会以特殊程序通过，在一定程度上鼓励了基金会开展投资活动，为我国慈善金融构建了制度框架；2005年修订的《公司法》是最早涉及企业对社会责任的履行的法规，其中第五条特别规定了“公司从事经营活动，必须遵守法律、行政法规，遵守社会公德、商业道德，诚实守信，接受政府和社会公众的监督，承担社会责任”；2014年12月份，国务院印发《关于促进慈善事业健康发展的指导意见》，强调鼓励社会资本投向慈善事业、探索和支持形式多样的社会捐赠，明确提出公益慈善与金融创新相结合的政策命题，倡导金融机构根据慈善事业的特点和需求创新金融产品和服务方式，积极探索金融资本支持慈善事业发展的政策渠道，并支持慈善组织为慈善对象购买保险产品，鼓励商业保险公司捐助慈善事业，在慈善领域引入市场的力量，发挥金融业的优势和效果的乘数效应。2017年7月民政部联合银监会联合下发《慈善信托管理办法》，规定了慈善信托的设立，慈善信托的备案，慈善信托财产的管理和处分，慈善信托的变更和终止、促进措施、监督管理和信息公开、法律责任等内容，规范了慈善信托，保护慈善信托当事人的合法权益，促进慈善事业发展。2018年10月民政部发布《慈善和组织保值增值投资活动管理暂行办法》，规范慈善组织的投资活动，防范慈善财产运用风险。慈善公益以及财税相关系列法律法规的陆续出台，体现出国家对于慈善公益事业改革的高度重视，鼓励了国内各界积极开展公益慈善活动，社会组织呈现井喷式的增长趋势，更促进了慈善和商业理念的结合。尽管慈善金融相关政策实践已经在地方政府层面如火如荼地展开，但其政策过程还是一个未被充分认识的“黑箱”，尤其是一些根本问题尚未获得学界关注。比如，地方政府为何如此热衷于开展慈善金融政策、慈善金融的政策扩散遵循什么样的机理、其制度逻辑和行动策略如何。上述问题的不清晰容易使人们忽略政策指向的努力而将慈善金

① 张述冠：《公益金融不仅仅是缝隙市场》，《21世纪经济报道》2014年9月2日。

融发展完全交给社会，不仅容易导致实践中的“丛林化”现象，也容易产生少数人运用慈善牟利的负面风险。

在慈善金融的各种工具中，公益创投居于比较重要的位置，它通过为初创期和中小型社会目的组织提供“种子”及管理与技术支持，与被投资者建立长期的合作伙伴关系，达到促进能力建设和模式创新的目的。截至2019年3月22日，我国已经有74个不同层级的地方政府先后开展了公益创投活动。作为创新社会治理在公益慈善领域的积极实践，公益创投在全国范围内的自发扩散过程可以视为典型的政策扩散，以此分析慈善金融政策在我国的扩展过程不仅在工具选择上具有适切性，也满足政策文本分析的样本要求。

基于上述，本研究选择公益创投作为慈善金融政策观察的切入点，基于政策扩散理论，采用混合研究方法深入分析地方政府参与公益创投的政策过程，探析其内在逻辑及区域扩散机理，这对于优化地方政府公益创投的路径，及时调整地方政府公益创投政策的发展轨道，促进社会组织快速健康发展，具有一定的现实意义和参考价值。

二　文献回顾

（一）慈善金融

1. 慈善金融定义

近年来，“慈善金融”的概念已然成为社会创新实践与理论研究中的“宠儿”，但对于其具体的概念界定、体系归纳和功能探讨仍旧莫衷一是。慈善金融区别于传统的商业金融，更强调社会责任、社会价值和社会影响力，在很多时候也与影响力投资（Impact Investment）和社会金融（Social Finance）混用。在组织形式上，慈善金融的载体既可以采取公司形式，也可以采取非营利组织形式。《中国公益金融创新案例集（2014－2015年度）》认为公益金融是一种兼顾财务回报和社会、环境影响力的投资行为①。

① 张强、陆奇斌：《中国公益金融创新案例集》（2014～2015年），中国社会科学出版社，2016。

Nicholls 和 Pharoah 认为慈善金融是通过新机构、新机制和新工具利用金融资源，创造具有变革性的想法、项目或产品，以获取社会与环境价值①。周凌一和李勇认为慈善金融是一种新型投资及财富管理方式，注重在获得经济收入的同时为全人类带来社会福祉；是一种全新的理念，包含共治、共融的内核而非简单的跨界合作；是一种社会信用机制的重构，使得所有人、政府、企业和非营利组织都负起责任②。

2. 慈善金融研究内容

整体而言，有关慈善金融的研究更多聚焦在一些具体的金融工具方面，对于使用慈善金融这一元概念开展的研究并不多见。梳理起来，当前有限的研究成果可以分为慈善金融类型、慈善金融运行和慈善金融发展三个层面。

（1）慈善金融类型

相比国外研究而言，我国学者更倾向于研究慈善金融具体包括哪些工具，但在这些工具类型方面，研究也莫衷一是。俞水祥认为我国慈善金融表现形式包括社区基金会、绿色金融和普惠金融③。汪颖佳认为慈善金融包括社区投资、小额信贷、社会效益债券、可持续商业及社会企业贷款等多种形式，结果导向性的公益创投也是慈善金融的一种形式④。张述冠认为慈善金融在不同的国家可以表现为不同产品，比如慈善、小额信贷、社会企业、社会创投、可持续房地产等⑤。华伟达认为在全球像具有普惠金融性质的小额贷款、非营利债券、公益企业基金、慈善信托、家族信托、家族办公室等金融工具的运用均可纳入慈善金融的范围。这些慈善金融工具虽然其外在表现形式各有不同，但本质都是通过金融工具特有的杠杆效应和流动性支持以及 SPV 特性去更好地实现公益资金的募集、运用和投资⑥。

---

① Nicholls' A，Pharoah，C.. The Landscape of Social Investment：a Holistc topology of Opportunities and Challenges. *Oxford*：*Skoll Centre for Social Entrepreneurship*，2007.

② 周凌一、李勇：《公益金融概念、体系及功能》，王名主编《中国非营利评论（第十六卷）》，社会科学文献出版社，2015，第1~31页。

③ 俞水祥：《中国公益金融发展的对策研究》，吉林大学硕士学位论文，2017。

④ 汪颖佳：《公益金融在中国的发展》，王名主编《中国非营利评论（第十六卷）》，社会科学文献出版社，2016，第49~89页。

⑤ 张述冠：《公益金融不仅仅是缝隙市场》，《21世纪经济报道》2014年9月2日。

⑥ 华伟达：《公益金融：慈善的全新表达方式》，《财富管理》2018年1月29日。

（2）慈善金融运行

相比国内学者的研究，国外学者对公益金融的研究主要集中于投资者的动机、影响力投资的道德伦理及投资组合、慈善资本的优缺点等方面。不同规模的投资机构动机不完全一样，Mcwade 将其总结为四种动机：首先是解决一个或一系列社会问题的期望；其次是个人的价值观，经常受特定的成长经历支配；再次是解决特定社会议题时，投资比捐赠或资助从宏观决策上更有利于社会价值创造；最后，影响力投资可以根据投资对象的目标实现灵活定制①。Roundy 通过对 31 个投资者进行了半结构化访谈，发现影响力投资者与传统投资者的区别在于，前者更关注价值创造，后者更关注价值捕获②。Buttle 以公益银行为例分析了道德金融的实践。他发现一方面，大量社会金融机构（Social Finance Organization，SFO）的出现为道德投资者提供了一种价值观；另一方面，为一系列慈善组织提供了金融支持。他们的工作涉及在不同利益相关者之间建立链接、协调和伙伴关系，为此，他尝试发展出一套平衡社会使命和商业回报之间的协议策略③。

（3）慈善金融发展

对慈善金融未来的发展前景，Steve Lydenberg 指出，慈善金融未来发展有三种可能性：第一，转瞬即逝；第二，可能成为一个专门的缝隙市场；第三，对整个金融的主流领域造成深远的影响，从而成为金融行业的另一种模式④。王名提出推动公益创新，探索建立公益金融体系的五项建议：推动社会组织为主体的公益金融活动，开展慈善信托试点，成立公益银行；创新金融模式，建立科学有效的监管机制和绩效评价机制⑤。俞水祥提出从健全公益慈善法律法规、构建适合 PPP 发展的生态环境、完善相关人才的培养和激

---

① Mcwade W. The Role for Social Enterprises and Social Investors in the Development Struggle［J］. *Journal of Social Entrepreneurship*, 2012, 3（1）: 96－112.

② Roundy P. Finance or Philanthropy? Explore the Motivations and Criteria of Impact Investers［J］. *Social Responsibility Journa*, 2017, 13（3）: 491－512.

③ Buttle M. Diverse Economics and the Negotiations and Practices of Ethic Finance: The Case of Charity Bank［J］. *Environment and Panning A: Economy and Space*, 2008, 40（9）: 2097－2113.

④ 席琳·卢什、史蒂夫·莱登伯格：《社会责任投资实践指南》，陆奇斌、张强、张晓思译，中国社会科学出版社，2014。

⑤ 王名：《推动公益创新　探索建立公益金融体系》，《人民周刊》2016 年第 7 期，第 56 页。

励机制、积极支持公益金融产品的发展等几个方面提出促进中国慈善金融发展的政策建议①。蒋莉莉通过对英国慈善机构促进金融普惠的经验分析，提出我国应该提升金融能力、完善金融服务市场等建议②。李艳提出完善配套产业链，细分配套服务，建立多元主体合作参与的系统；建立社会影响力本土化的衡量标准体系；引导和支持影响力投资产业等建议③。

（二）政策扩散

1. 政策扩散定义

公共政策扩散是指一项政策创新从一个政府层级、部门或地区传播到另一个政府层级、部门或地区的过程④。政策创新不同于政策发明，它指无论其他政府之前是否已经采用过，某一个政府首次采纳某项政策⑤。Evans 将政策的扩散界定为某个部门或层级的政策知识被应用到其他部门或层级治理的发展过程⑥。Strang 提出，政策创新的扩散可理解为公共政策在空间上发生了转移⑦。

2. 政策扩散研究内容

作为政策过程研究的重要理论分支，政策扩散在政治学、行政学研究领域一直占有一席之地⑧。人们发现，在不同理论假定下对政策扩散的触发过程与效果之间的因果链进行路径归纳是可行的⑨。通过政策扩散的研究文献，可以

---

① 俞水祥：《中国公益金融发展的对策研究》，吉林大学硕士论文，2017。

② 蒋莉莉：《慈善机构如何促进金融普惠——英国经验及启示》，《银行家》2013 年第 7 期，第 79～81 页。

③ 李艳：《公益慈善与金融投资的整合：影响力投资的定义、缘起及挑战》，《北京电子科技学院学报》2017 年第 3 期，第 38～44 页。

④ 杨宏山、李娉：《中美公共政策扩散路径的比较分析》，《学海》2018 年第 5 期，第 82～88 页。

⑤ Walker, J. L.. The Diffusion of Innovations among the American States [J]. *The American Political Science Review*, 1969, 63 (3): 880－899.

⑥ Evans, M.. Policy Transfa in Cdtical Perspective [J]. *Policy Study*, 2009, 30 (3): 243－268.

⑦ Strang, D.. Adding Social Structured to Diffusion Models: An Event History Famework [J]. *Sociological Methods&Research*, 1991, 19 (3): 324－353.

⑧ Graham, E. R., Shipan, C. R., Volden, C.. The Diffusion of Policy Diffusion Research in Political Science [J]. *British Journal of Political Science*, 2013, 43 (3): 56－78.

⑨ Elkins, Z., Simmons, B. A.. On Waves, Clusters, and Diffusion: A Conceptual Framework [J]. *The Annals of the American Academy of Political and Social Science*, 2005, 598 (1): 88－96.

总结出，政策扩散研究和重点关注的是扩散的动因、过程与路径及其机制等。

（1）政策扩散动因

在动因方面，一些学者支持政策创新扩散内部决定模型，即假设导致一个州采纳一项新政策或新项目的因素是本州政治、经济和社会的特征，而不是由其他州的政策采纳行动或者先行州之中得到明确政策效果评估造成的压力①②。与之相反，部分学者更加倾向传播模型，即强调政策扩散主要因为不同地方之间存在竞争性效法，如林德布洛姆和沃克③。而 Berry 夫妇的州政府政策创新扩散总模型认为某个州的政策创新不只单独受到内部因素或者是外部传播的影响，而是受内部和外部因素共同影响④。公式表现为：

采纳可能性 $i,t = f$(动机 i,t,资源／障碍 i,t,其他政策 i,t,外部因素 i,t)。

此外，Leichter 进一步总结出重塑政治制度或实践；应对新情况或特殊情况；做出迅速政策行动的回应；改变原有的失败政策；为其他政策制定收集信息，不用“浪费时间做别人做好的事”；效仿已熟知的政策；避免其他国家的政策错误七种具体动机⑤。Hall 提出了三种导致政策变化的类型：政策工具的设置、政策工具的类型、政策目标⑥等。

还有一些学者针对某一方面因素进行研究，如 Welch 和 Thompson 的研究发现政府自上而下的压力对政策扩散的影响⑦；Stone 进一步研究经济和军事危机对政府采纳新政策的促进作用⑧；Parkes 等人指出政府官员所扮演的政策

---

① 保罗·A. 萨巴蒂尔：《政策过程理论》，彭宗超译，生活·读书·新知三联书店，2000。

② 罗伯特·K.：《案例研究：设计与方法》，周海涛译，重庆大学出版社，2004。

③ 黄术峰：《我国政策创新扩散的现状与影响因素研究：以居住证制度为例》，重庆大学硕士学位论文，2016。

④ Berry F. S. , Berry W. D. . Sizing up State Policy Innovation Research ［J］. *Policy Studies Journal*, 1994, 22 (3): 442 - 456.

⑤ Leichter, H. M. . The Patterns and Origins of Policy Diffusion: The Case of the Commonwealth ［J］. *Comparative Politics*, 1983, 15 (2): 223 - 233.

⑥ Hall, P. A. . Policy Paradigms, Social Learning, and the State: The Case of Economic Policy making in Britain ［J］. *Comparative Politics*, 1993, 25 (3): 275 - 296.

⑦ Thompson, W. K. . The Impact of Federal Incentives on State Policy Innovation ［J］. *American Journal of Political Science*, 1980, 24 (4): 715 - 729.

⑧ Stone, D. . Learning Lessons and Transferring Policy across Time, Space and Disciplines ［J］. *Politics*, 1999, 19 (1): 51 - 59.

企业家角色也是影响政策扩散的重要变量①。Mohr②、Christensen③以及Berry夫妇④发展了组织与政策创新的动机——能力理论框架，认为组织的动机与能力是决定其能否及如何采用创新或承接相应政策的关键因素。Karch认为全国性组织、政策推动者和中央政府组织等政治力量推动了公共政策扩散⑤。尤其强调了官员在公共政策扩散中的作用，他指出，一项政策之所以发生扩散，一是因为制定政策的官员们相信不同国家、地区或者部门之间具有共同的公共政策特征，比如政治和人口相似性，从而出现简单的政策模仿；二是这些官员认为，特定公共政策具有成功的政策绩效，从而追随这些政策，由此形成政策复制和政策学习现象；三是官员为了与其他地方或者部门政府进行竞争⑥。Mintrom指出，公共政策推动者在表达创新性政策观念并且将其列入政府议程的过程中发挥着重要作用⑦。此外，上级政府的压力也是很多学者关注的重要因素⑧。在政策扩散动因方面，我国学者更多选择针对某一方面政策扩散的原因进行分析，如饶一莹重点分析了中央政府在广东生态公益林效益补偿制度政策扩散的作用⑨；王小佳面对人口剧增带来的城市垃圾，分析了城市生活垃圾

---

① Parkes, S. D., Marsden, G., Shaheen, S. A., et al.. Understanding the Diffusion of Public Bikesharing Systems: Evidence from Europe and North America [J]. *Journal of Transport Geography*, 2013, 31: 94-103.

② MoHr, L. B.. Determinants of Innovation in Organizations [J]. *American Political Science Review*, 1969, 63 (1): 107-123.

③ Christensen, C. M., Anthony, S. D., Roty, E. A.. Seeing What's Next: Using the Theories of Innovation to Predict Industry Change [M]. Cambridge: Harvard Business School Press, 2004.

④ Berry, F. S., Berry, W. D.. Innovation and Diffusion Models in Policy Research. In Sabatier, P. A. Ed. Theories of the Policy Process [M]. Boulder: Westview Press, 2007.

⑤ Karch, A.. Emerging Issues and Future Directions in State Policy Diffusion Research [J]. *State Politics & Policy Quarterly*, 2007, 7 (1): 54-80.

⑥ Karch, A.. Emerging Issues and Future Directions in State Policy Diffusion Research [J]. *State Politics & Policy Quarterly*, 2007, 7 (1): 54-80.

⑦ Mintrom, M., Vergari, S.. Policy Networks and Innovation Diffusion: The Case of State Education Reforms [J], *J Polit*, 1998, 60 (1): 48-126.

⑧ Sugiyama, N. B.. Theories of Policy Diffusion Social Sector Reform in Brazil [J]. *Comparative Political Studies*, 2007, 41 (2): 193-216.

⑨ 饶一莹：《广东生态公益林效益补偿制度研究——基于政策创新与扩散模型的分析》，中山大学硕士学位论文，2006。

分类政策扩散的现状与影响因素①；刘央央和钟仁耀基于博弈论的视角分析支出型贫困救助政策扩散的影响因素，如上级对下级的监督成本、财政预算约束、政绩导向等②。刘春华强调外部性（尤其是上级部门和地区经济实力）对地方政府政策扩散的影响等③。

（2）政策扩散过程

在政策扩散过程方面，Brown 和 Cox 提出政策创新扩散过程的经验性规律：在时间维度上呈现出 S 形曲线；在空间维度上表现为“邻近效应”：在区域内出现“领导者—追随者”的层级效应④⑤。Lucas 从阶段论的视角出发，进一步将政策扩散过程划分为政策再发明、政策发展、政策试点、政策的调节修改与政策的融合等 5 个阶段⑥。之后 Leichter 进一步对英联邦近 40 个国家的具体政策扩散个案进行考察，发现了比基于美国政治体内更丰富的扩散路径：“平行国家行动”，即英联邦国家间的政策扩散路径，各政策领域内集体达成一致意见，共同的立法行动；“复制邻国行动”，即因为敌对或竞争国的效法而使得英联邦国家间的政策扩散沿区域边界展开；“横向扩散”（Lateral），即政策在具有相近文化和社会经济特征而非相近地理特征的国家间扩散；“等级扩散”（Hierarchical），即从发达国家或联邦内发达地区扩散到欠发达国家或联邦内欠发达地区⑦。在政策扩散过程方面，我国学者王桂侠、万劲波在剖析智库功能特征的基础上，构建了智库参与政策过程的影响力模型，并在政策过程分析理论基础上提出了议题提出、形成建议、政策制定、政策实

① 王小佳：《城市生活垃圾分类政策扩散的现状与影响因素研究》，《沿海企业与科技》2018 年第 1 期，第 32 ~ 36 页。

② 刘央央、钟仁耀：《基于博弈论视角的支出型贫困救助政策扩散研究》，《社会保障研究》2017 年第 5 期，第 45 ~ 54 页。

③ 刘春华：《我国地方政府购买公共体育服务政策扩散路径与行动策略》，《沈阳体育学院学报》2019 年第 2 期，第 1 ~ 7 页。

④ Brown, L. A., Cox, K. R.. Empirical Regularities in the Diffusion of Innovation [J]. *Annals of the Association of American Geographers*, 2015, 61 (3): 551 – 559.

⑤ Brown, L. A., Cox, K. R.. Empirical Regularities in the Diffusion of Innovation [J]. *Annals of the Association of American Geographers*, 2015, 61 (3): 551 – 559.

⑥ Anelissa, L.. Public Policy Diffusion Research: Integrating Analytic Paradigms [M]. *Madrid*: *Science Communication*, 1983.

⑦ Leichter, H. M.. The Patterns and Origins of Policy Diffusion. The Case of the Common Wealth [J]. *Comparative Politics*, 1983, 15 (2): 223 – 233.

施和政策评估五个政策阶段，建立了智库参与不同政策过程的影响力分析框架，系统分析了不同阶段的智库影响力作用机制①。李军等基于复杂网络理论和创新扩散研究成果，在构建产业集群加权网络模型的基础上，应用基于邻居感染权重的扩散机制，提出了基于三阶段感染状态的 SIR 病毒传播改进模型②。

（3）政策扩散机制

在政策扩散机制模型方面，Newmark 提出的三种扩散模型：组织扩散、地域扩散、内部扩散③，出现较早，也被广泛接受。其中，组织扩散模型用来解释政策扩散中信息和沟通网络的重要功能，组织是为决策者提供信息和沟通网络的重要载体。随着美国州政府创新实践的发展，各类沟通网络已超越了传统的地域，将不同地区的官员聚集在一起，为地区官员之间、官员与联邦官员、媒体记者、学者及行政咨询者间的沟通提供了平台。Gary 通过时间序列回归分析法研究发现，州政府在某年采纳新政策的概率与其政府官员同领先采纳新政策州的政府官员的互动频数成比例④。区域因素模型认为地域对政策扩散产生重要影响。在处理相似问题时，州政府在政策采纳上会比照同一地区的其他州政府，州政府采纳新政策的可能性会随着附近州政府采纳新政策的数量的增长而增加。这一模型也得到一些经验研究的支持，如 Walker 的研究就表明按区域分类的“树”形政策扩散确实存在，相邻州在政策选择上呈现出相似的采纳顺序⑤。内部因素决定模型认为州政府的决策过程是完全独立的，影响州政府采纳新政策的因素是本州的经济、政治、社会条件，而非受其他州的影响。经验研究也有类似发现，如“创新州”通常比他们的“姐妹州”更富有、

---

① 王桂侠、万劲波：《基于政策过程的智库影响力作用机制研究》，《中国科技论坛》2018 年第 11 期，第 151～157 页。

② 李军、朱先奇、史彦虎：《加权网络视角下产业集群创新扩散机制仿真研究》，《重庆大学学报》（社会科学版）2017 年第 6 期，第 13～20 页。

③ Newmark, A. J.. An Integrated Approach to Policy Transfer and Diffusion [J]. *Review of Policy Research*, 2002, 19 (2): 151－178.

④ Gray, V.. Innovation in the States: A Diffusion Study [J]. *The American Political Science Review*, 1973, 67 (4): 1174－1185.

⑤ Walker, Jack, L.. The Diffusion of Innovations among the American States [J]. *American Political Science Review*, 1969, 63 (3): 880－899.

更具竞争力①；当决策者认为与已采纳新政策的州相比，本州较贫穷或存在需求时则倾向于采纳新政策②。前两个模型强调政策扩散的产生是其他州对领先州的效仿，最后一个则认为扩散是受州本身的政治、社会、经济特征影响而非其他州的影响③。

此外，Mintrom 总结了四种政策扩散机制：包括从早期政策采纳者中学习、邻近城市之间的经济竞争、大城市之间的模仿及州政府的强力推进④。Braun 和 Gilardi 将原先基于不同甚至冲突的理论途径的各种机制纳入期望效益模型（Expected-Utility Model）⑤。Obbin 从建构主义理论、强制理论、竞争理论和学习理论等角度来解释政策扩散现象⑥。Karch 认为，要分析政策扩散现象的发生原因，需要关注地理邻近、模仿、效仿、竞争等因素和现象⑦。Shipan 指出美国州政府禁烟政策的经验研究揭示了学习、竞争、模仿和压制等四种不同的扩散机制⑧。Marsh D 等认为，公共政策扩散主要有四种机制：学习、竞争、强制和模仿⑨。Berry 夫妇总结出“政策创新扩散模型”，并将传播模型细分为全国互动模型（National Interaction Model）、区域扩散模型（The Regional Diffusion Model）、领导—跟进模型（Leader-Laggard Model）、垂直影响模型

① Gray, V.. Innovation in the States: A Diffusion Study [J]. *The American Political Science Review*, 1973, 67 (4): 1174 - 1185.

② Walker, Jack L.. The Diffusion of Innovations among the American States [J]. *American Political Science Review*, 1969, 63 (3): 880 - 899.

③ 陈芳：《政策扩散理论的演化》，《中国行政管理》2014 年第 6 期，第 99 ~ 104 页。

④ Mintrom, M., Vergari, S.. Policy Networks and Innovation Diffusion: The Case of State Education Reforms [J]. *The Journal of Politics*, 1998, 60 (1): 126.

⑤ Braun, D.. Taking Galton's Problem Seriously: Towards a Theory of Policy Diffusion [J]. *Journal of Theoretical Politics*, 2006, 18 (3): 298 - 322.

⑥ Dobbin, F., Simmons, B., Garrett, G.. The Global Diffusion of Public Policies: Social Construction, Coercion, Competition, or Learning? [J]. *Annual Review of Sociology*, 2007, 33 (1): 449 - 472.

⑦ Karch, A.. Emerging Issues and Future Directions in State Policy Diffusion Research [J]. *State Politics & Policy Quarterly*, 2007, 7 (1): 54 - 80.

⑧ Volden, S. C.. The Mechanisms of Policy Diffusion [J]. *American Journal of Political Science*, 2008, 52 (4): 840 - 857.

⑨ Marsh, D., Sharman, J. C.. Policy Diffusion and Policy Transfer [J]. *Policy Studies*, 2009, 30 (3): 88 - 269.

(Vertical Influence Model) 四种①②。Heinze从建构主义和理性主义出发，将政策扩散机制分为四种类型：社会化、效仿、学习和外部性。社会化的基本理念是行动者相互作用并发展出共同信念，内化出共同规则，同时这一过程又形塑了行动者对规范和政策的合法性认知，并导致对行动者身份和信念系统的重新定义③。效仿描述了政策主体对其他地区政策活动的复杂和克隆，以借此增加政策选择的合法性，效仿过程并不依赖于先行者的存在或者某一规范的活跃倡导者，相反，它常常取决于采纳某一特定政策的追随者数量④。学习强调政府在获取信息后，结合本地实际有选择地采纳外部行动者的经验来解决本地问题。而外部性包括了竞争和强制机制，涉及实施外部政策的成本收益，竞争来源于不同经济体不断增长的政治和经济独立性的压力以及对不同政策追求相关联的支付结构⑤，政府间由于政治、经济等原因存在竞争关系导致的政策调整⑥。强制机制是一个政府通过高压命令强迫另一政府的政策过程，这种行为大多来自中央政府对地方政府的压力⑦，但实际执行往往不是缺乏主动性，这依赖于行动者所受到的激励⑧。

在政策扩散机制方面，王浦劬和赖先进在其研究中指出同一级别行政单位之间政策创新扩散的三种形式：第一是临近区域，即政策扩散最先发生在邻近省份；第二是部门间的扩散，主要体现权力部门间的政策扩散与学习；第三是跨区域的政策位移扩散，主要体现在不发达地区对发达地区的学习和模仿，在

① Berry, F. S., Berry, W. D.. State Lottery Adoptions as Policy Innovations: An Event History Analysis [J]. *The American Political Science Review*, 1990, 84 (2): 395.

② Berry, F. S.. Sizing Up State Policy Innovation Research [J]. *Policy Studies Journal*, 1994, 22 (3): 442-456.

③ Heinze Torben. Mechanism-Based Thinking on Policy Diffusion [R]. *KFG Working paper*, 2011.

④ Simmons, B. A., Elkins Z.. The Globalization of Liberalization: Policy Diffusion in the International Political Economy [J]. *American Political Science Review*, 2004, 98 (1): 171-189.

⑤ Sharman, J. C.. Power and Discourse in Policy Diffusion: Anti-money Laundering in Developing States [J]. *International Studies Quarterly*, 2008, 52 (3): 635-656.

⑥ Tosun, J., Shikano, S.. GMO-free Regions in Europe: An Analysis of Diffusion Patterns [J]. *Journal of Risk Research*, 2016, 19 (6): 743-759.

⑦ Volden, C.. Policy Diffusion in Polarized Times: The Case of the Affordable Care Act [J]. *Journal of Health Politics Policy and Law*, 2017, 42 (2): 363-375.

⑧ Sugiyama, N. B.. Theories of Policy Diffusion: Social Sector Reform in Brazil [J]. *Comparative Political Studies*, 2008, 41 (2): 193-216.

一定程度上探索了我国政策扩散的模式①。杨宏山等提出我国政策扩散的基本路径：地方政府间的水平扩散、自下而上的吸纳推广、自上而下的试点推广、自上而下的强制推行以及官员异地交流任职导致的政策扩散②。周望观察到政府间纵向关系的影响，进一步指出中国式“政策试验”的政策扩散过程有其自身特点，呈现出“吸纳—辐射”的运行轨迹③。王家庭、季凯文探索出中国公共政策扩散呈现出四种地理扩散效应，即近邻效应、等级效应、轴向效应、集聚效应。近邻效应是指政策扩散在政策实施地区的周围邻近区域产生作用；等级效应是政策按照区域质量的等级大小在空间上“蛙跳式”扩散；轴向效应是政策扩散往往沿着这些轴（如交通线）进行；集聚效应是指相同政策在空间上的实施聚集④。

（三）文献评述

既有研究为我们提供了较好的前期知识积淀，但至少在以下几个方面依然存在着不足。

首先，随着慈善金融优势的显现以及运用范围的扩展，近些年学界对其内涵、模式、成效的认识逐步深化，并进一步针对当下实践中出现的问题，从理论层面提出了相应的对策措施。但整体来看，国内对慈善金融的研究仍处于起步阶段，业界对于慈善金融这种新的投资方式的内涵和特点研究不足，慈善金融如何通过金融工具的手段重组资源要素，也需要进一步的探索；同时，从政策视角研究慈善金融更是空白。

其次，政策扩散方面，国外政策扩散的研究起步较早，研究也较为深入。但相关学者对公共政策扩散机制、原因等研究难以形成共识，且理论与实证脱节也是当前研究的不足之处。而相对欧美国家而言，我国的政策扩散研究相对较少，

---

① 王浦劬、赖先进：《中国公共政策扩散的模式与机制分析》，《北京大学学报》（哲学社会科学版）2013 年第 6 期，第 14 ~23 页。

② 杨宏山、李娉：《中美公共政策扩散路径的比较分析》，《学海》2018 年第 5 期，第 82 ~88 页。

③ 周望：《政策扩散理论与中国“政策试验”研究：启示与调适》，《四川行政学院学报》2012 年第 4 期，第 43 ~46 页。

④ 王家庭、季凯文：《国家综合配套改革试验区制度创新空间扩散研究》，《城市》2007 年第 9 期，第 17 ~20 页。

在路径探索和模型建构方面国内有很多不足，如何在大量国外学者的模型中寻找符合中国政策扩散规律以及加快建立针对中国政策扩散特征的模型成为当务之急。

最后，由于慈善金融整体还处于发展期，从成果类型来看，多数来自媒体的评论和报道，这些内容缺少严谨的分析和论证过程，更多的是倾向于经验介绍，从政策扩散视角研究慈善金融的成果也不多见。总之，现有研究对于如何实现“金融、慈善和公共政策混搭”方面的考量较少①。

三 我国慈善金融的发展与政策实践

由于体制脉络和发展阶段不同，慈善金融在不同的国家体现为不同的表现形式和工具类型，结合我国前期的实践探索，我们重点分析小额信贷、慈善信托、社会效益债券和公益创投四类相对重要的金融工具。

（一）小额信贷

小额信贷是我国慈善金融萌芽的最初形态。狭义的小额信贷指的是以低收入群体为目标客户，提供信贷服务以支持客户通过扩大生产或选择创业来实现自身的可持续发展，最终摆脱贫困的一种贷款活动，这类贷款通常具有无须担保、小额度的特点。20世纪90年代，我国两项金融改革政策的出台，使得大型商业银行更加注重自身的效益，逐步撤并了设立于县、乡、镇的金融机构网点，农村信用社和商业银行实现“行社分离”，导致我国金融发展的重点集中于城市，而对县、乡、镇的金融发展进行了控制与收缩。为了解决信贷资金扶贫工作中浮现的问题，我国开始在贫困地区尝试进行小额信贷和农户联保贷款的试点。随着试点取得成功，小额信贷这一慈善创新形式开始得到政府的重视，在资金、人力与政策三方面获得了大力支持，它的发展被视为实现贫困地区的脱贫计划以及我国经济发展目标的一个重要方式。从2005年起，小额信贷进入全面建设阶段，同年国内中西部5省成立了7家小额信贷公司，标志着

① 埃丝特、戴森：《当金融、慈善和公共政策混搭》，《中国经济报告》2013年第7期，第94～95页。

小微金融机构的正式出现。与此同时，农村信用社和农业银行实现了“行社分离”，农业发展银行成立并逐步开展政策性小额信贷扶贫项目①。

进入21世纪后，扶贫工作进入新的发展阶段，小额信贷模式得到进一步的认可。《中国农村扶贫开发纲要（2001～2010年）》明确提出“要积极稳妥推广扶贫到户的小额信贷，支持贫困农户发展生产”。此后，2004～2008年的中央、国务院一号文件都将小额信贷作为重要抓手来推进贫困地区减贫工作，是一种具有巨大潜力的有效工具。根据中国人民银行公布的《2017年小额贷款公司统计数据报告》显示，截至2017年年末，小额贷款行业贷款余额9799亿元，平均每家机构贷款余额约为1.15亿元。2017年国家《关于小额贷款公司有关税收政策的通知》《关于促进扶贫小额信贷健康发展的通知》相续发布，为小额信贷进一步发展提供了政策依据。《小额贷款公司网络小额贷款业务风险专项整治实施方案》监管新规的出台，整治了网络小额贷款业务中的乱象②。

小额信贷起源于民间组织与非政府组织的自发实验并获得政府的认可与推广，这是对中国扶贫理论与实践的重大创新，但小额信贷模式在具体的实施过程中也遇到了一些问题。从国际上看，小额信贷依赖于市场化的外部环境，贷款利率一般和商业贷款利率相当，但由于我国贫困地区还存在着市场化程度较低的问题，目前政府主导的小额贷款项目主要采用了政府贴息的方式，实际上仍属于贴息贷款的一种，这种方式丧失了小额贷款项目的持续性③。与此同时，中国银行业监督管理委员会只承认村镇银行、贷款公司和农村资金互助社等新型农村金融机构，理论上小额贷款还未被承认④。

（二）慈善信托

慈善信托起源于海外，《美国信托法》规定，慈善信托是委托人将财产委

---

① 孙慧：《我国小额信贷发展问题研究》，山东经济学院硕士学位论文，2011。

② 前瞻经济学人：《2018年中国小额贷款行业发展现状分析》，https://www.qianzhan.com/analyst/detail/220/180503-c18a6f0f.html，2018年5月3日。

③ 杨穗、冯毅：《中国金融扶贫的发展与启示》，《重庆社会科学》2018年第6期，第58～67页。

④ 汪颖佳：《公益金融在中国的发展》，王名主编《中国非营利评论（第十六卷）》，社会科学文献出版社，2016，第49～89页。

托给受托人进行管理，受托人按照协议将财产用于慈善目的事业的慈善方式[①]。作为一种慈善创新手段，慈善信托在一些国家已经成为十分成熟的信托制度。我国的慈善信托的雏形是民间的互助公益行为，伴随着信托制度及行为的引入，逐步将慈善捐赠与信托工具结合起来，才建立起了“慈善信托”概念，发展至今尚处于初级阶段[②]。

早期慈善信托产品如公益资管计划、公益信用卡、商家手机消费过程中的爱心捐赠等，一般以经济状况不佳的客户为服务核心，由于这个群体风险承受能力较弱，容易被正规金融体系忽视，而通过政府许可的非标准金融机构则通过低利率小额贷款发放而支持该类群体，使之有机会通过自身努力实现自给自足，比如开办小卖部、餐馆等，让他们直接用劳动力进行脱困。后期开始更为聚焦在高净值群体。宜信财富从2009年起就开始探索慈善金融创新，从100元起的宜农贷到千万级的慈善信托，以及家族办公室定制服务，先后投资5亿元为超过14万客户提供了创新性、多层次慈善金融产品和全套解决方案。2015年宜信财富正式宣布启动“公益+”投资基金，进一步拓展慈善金融的多个细分领域，如支持农村妇女改变命运的小额信贷，支持农村小贷微贷组织发展的批发贷款、支持绿色能源环保机构发展、帮扶弱势群体等。这也是国内首个主要服务于个人、兼顾机构等大型慈善金融投资基金，首期规模3亿元，预计募集资金不低于10亿元[③]。公益属性的金融产品和服务规模不大，却具有较强的创新烙印。如公益信用卡，这是近年来商业银行信用卡部门推出的一项普众公益金融服务。发卡银行面对全体持有公益银行卡的用户，持卡人用该卡进行任何消费交易，发卡机构则会根据每笔消费金额大小，向特定公益项目或组织捐出1万~5万元不等金额的善款。由于信用卡发卡量巨大，且具备持续消费的特点，此类银行公益卡能为某个公益项目带来直接的且可观的善款支持。并由于其公益特点，此类金融服务通常也会得到社会各界的广泛关注与鼎力支持，受众率很高。譬如光大银行的信用卡和借记卡部门均分别推出过此类

① 马石：《基于慈善法视角的慈善信托发展研究》，《中国社会组织》2018年第14期，第50~51页。

② 费文斌：《慈善信托在我国发展过程中面临的问题及解决思路》，《知识经济》2019年第9期，第43~45页。

③ 葛江霞：《公益金融是新机遇下的“公益+”》，《社会与公益》2015年第10期，第30~33页。

公益金融服务，善款捐助于全国妇联与中国妇女发展基金的母亲水窖活动。光大银行通过此公益金融的方式，向该项目累计捐赠三千余万元，形成很好的社会效应与经济效应。除公益银行卡外，慈善信托、公益资管计划等这类金融机构发起的公益金融产品也越来越多地得到社会各界的认可与接受。

与发达国家相比，我国无论是慈善信托发展模式，还是监管方式等都远远落后。2001 年国家颁布《信托法》，引入国外“公益信托”的概念，但受制于烦冗的审批制度及中国公民对公益信托的认识不够深入，这一阶段公益信托落地不理想，发展缓慢。2008 年银监会发布的《关于鼓励信托公司开展公益信托业务支持灾后重建工作的通知》〔银监办发〔2008〕93 号〕中，对于《信托法》和《信托公司集合资金信托计划管理办法》中对信托设立方式、信托单位金额门槛、委托人资格与数量的规定做出了利于公益信托发展的突破性规定（仅限于灾后重建工作），在公益信托的制度完善上具有一定的意义。然而不可否认的是，该通知的适用范围仅限于“帮助和支持灾区重建”，法律效力层级低，也没有解决公益信托的审批和税收等瓶颈，实质推动作用有限。2016 年在各界翘首期盼中我国颁布了《中华人民共和国慈善法》，（简称《慈善法》）明确有关慈善信托的内涵及外延，用便捷的备案制取代传统的审批制，这一时期后国内慈善信托得到迅速发展。在《慈善法》的利好刺激下，2018 年，我国慈善信托实现了从“抢滩试水期”向“初长成时期”的蜕变，总额突破 11 亿元。从范围来看，共有 17 个省份的民政部门进行过慈善信托备案；从备案的财产规模来看，浙江省备案的慈善信托财产达 8.69 亿元，其次是广东省、北京市。2016 ~2018 年，全国共有 42 家信托公司设立了慈善信托，占全国 68 家信托公司总数的 61.8%[①]。纵观《慈善法》对慈善信托的法律规定及《信托法》的相关规定，不难发现，尽管我国法律对慈善信托的设立程序、受托人确定及信托监察人情况做出了单列性的规定，但是，也存在一些立法上的遗憾，包括将慈善信托归属于公益信托、对慈善目的的纯度要求过高和税收优惠制度不健全[②]。这些问题在一定程度上影响了慈善信托在我国的推广。

---

① 《2018 年慈善信托发展报告》，中国网，http：//gongyi. China. com. cn/2019 -03/11/content_40684249. htm。

② 周乾：《我国慈善信托制度之创新、局限与完善》，《内蒙古社会科学》（汉文版）2018 年第 6 期，第 88 ~94 页。

（三）社会效益债券

社会效益债券（Social-Impact-Bonds，SIBs），又称“基于绩效给付的债券”，是国际上一种新的公共服务融资方式，它由为公共服务融资的金融机构发行，私人投资者认购①。债券发行募集所得资金用于资助社会目的组织从事具有明确结果和特定政府目标的服务活动，政府按照事先设定的期限和服务效果指标的完成情况，到期支付给债券认购人本金和相应收益②。典型的社会效益债券是政府以特定的社会问题为目标，由社会筹资机构发行债券并负责整个项目的设计与协调工作，非营利组织负责项目的具体实施③。

社会效益债券实践最早诞生于2010年英国彼得格勒，帮助英国构建了政府、社会资本和社会组织的三角合作框架，并已取得了初步成果。然而目前，我国的债券市场尚无社会效益债券这类创新产品发行，无论是监管层还是投资者对新型债券产品都需要时间了解。同时，各类慈善基金也较少通过资本市场投资，潜在投资者较少④，我国目前应用社会效益债券的条件并不成熟。但在2014年9月21日国务院印发的《关于加强地方政府性债务管理的意见》（国发〔2014〕43号）提出，要“加快建立规范的地方政府举债融资机制”，举债采用政府债券方式，没有收益的公益性事业发展举债，“由地方政府发行一般债券融资，主要以一般公共预算偿还”⑤。这一文件明确赋予了地方政府为公益性事业发展举债融资的权限，为社会效益债券发展提供了一定的制度框架。

2016年12月23日，山东省沂南县扶贫社会效应债券在银行间债券市场成功发行，这也是社会效益债券首次在我国落地实践。该债券采取非公开定向发

---

① 张序、劳承玉：《社会效应债券：创新公共服务融资》，《西南金融》2013年第4期，第27~30页。

② 徐晓新、张秀兰：《社会效益债券：一种创新的社会项目筹资模式》，《中国行政管理》2015年第5期，第54~60页。

③ 何楠、郭云霄：《社会效益债券下PPP模式投融资结构探究》，《价值工程》2019年第12期，第12~15页。

④ 徐力：《社会效益债券：公私合作与金融创新的结晶》，《金融时报》2014年11月10日。

⑤ 国务院：《国务院关于加强地方政府性债务管理的意见》（国发〔2014〕43号），［EB/OL］. http：//www. gov. cn/zhengce/content/2014 - 10/02/content_ 9111. htm，2014年10月2日。

行方式，共募集金额5亿元，期限为10年，专项用于沂南县扶贫特色产业项目、扶贫就业点、扶贫光伏电站、扶贫公共服务和基础设施配套等“六个一”扶贫工程①。沂南县位于沂蒙革命老区，是山东省脱贫攻坚重点县，有省定重点贫困村50个、巩固提升村75个、5.1万建档立卡贫困人口，沂南县扶贫社会效应债券的发行将惠及当地125个贫困村的2.2万群众。

山东沂南扶贫社会影响力债券成功吸引了多方扶贫主体的广泛参与。其中，沂南县城乡建设发展有限公司作为债券发行机构和中介方向中国农业发展银行、青岛银行、齐鲁银行、临商银行、青岛农商行5家投资机构非公开定向筹资，提供给沂南县“六个一”扶贫工程部门作为运营资金；中国扶贫协会作为评估方按照应脱贫人口年均收入水平作为业绩目标对社会影响力债券的实施进行评估和监测；沂南县人民政府依据评估方的评估结果确定投资回报率并进行支付。该债券发行方案为“本金保证、收益浮动”。沂南县政府依法与债券发行方签订了“六个一”扶贫工程，政府购买服务协议，约定在项目周期内向债券发行机构采购扶贫服务。溢价支付的部分主要根据评估结果进行调整，投资回报率为3.25%～3.95%。

这种基于业绩支付的成果导向，通过周密的合约设计实现多元扶贫主体的共赢：服务提供者可以获得运营资金启动生产和服务；投资方得以扩大社会影响、履行社会责任并获得经济回报；第三方评估增加了项目透明度和结果的真实性，政府依据业绩进行支付，成功地转移了资金风险。由此，沂南县扶贫社会效应债券不仅缓解了当地精准扶贫的财政资金压力，债券收益率明显低于当前普通的债务融资工具利率水平，有利于降低财政支出成本②。

① 每个村扶持发展1个扶贫就业点（125个重点贫困村每村新建一个就业点）、1个光伏电站（全县新建20个村级光伏电站，总建设规模28.8MWP，覆盖1.2万户、2.1万人贫困人口）、1个特色产业项目（推广4个国家地理产品种植，发展5100亩高标准蔬菜大棚）、1个孝心养老基金（为529个村民大组70岁以上老人提供养老孝心基金补贴）、1个公共服务项目包（实现重点贫困村卫生室、幼儿教育等基础设施全覆盖）和1个扶贫理事会（为重点扶贫村购置办公桌椅等固定资产、支付理事会安排贫困户临时劳动的报酬），实现贫困村集体收入每年不低于10万元，贫困群众长期受益，稳定脱贫的目标。据测算，沂南扶贫攻坚的“六个一”工程大约需要资金6.37亿元。

② 李健：《社会影响力债券：一种新的精准扶贫工具》，《河海大学学报》（哲学社会科学版）2018年第10期，第64～69页。

（四）公益创投

1969年美国国会针对税收改革法案举行听证会，洛克菲勒三世就使用"公益创投"描述一种用于解决特殊社会痼疾的具有一定风险的资助形式①，在这之后，"公益创投"的概念迅速受到社会和传统慈善行业的追捧②。1984年，"半岛社区基金会"首次用"公益创投"表达商业风险投资和资助行为的结合。随后，旧金山的"无家可归者经济"发展基金和纽约的"罗宾汉基金会"明确在慈善活动中引入了商业风险投资方法和商业企业管理模式③。2006年11月，新公益伙伴（New Philanthropy Partners，简称NPP）在香港成立，被认为是我国最早的公益创投社会组织，主要为公益组织提供义务专业服务支持，如策略、财务、管理、网站平台、营销推广和法律等；协助公益组织募款及融资；根据公益组织运营绩效提供长期资助。同年，上海浦东非营利组织发展中心（Network Performance Improvement，简称NPI，亦称恩派）在上海正式注册，将"助力社会创新，培育公益人才"作为其组织发展核心目标，对初创期和中小社会公益组织提供支持。2007年12月，恩派协助联想集团创立"联想公益创投基金"，并启动首期公益创投计划，重点对数字化、环保、教育和扶贫等四大领域的社会公益组织提供资金等支持，致力于为在中国境内的公益组织提供创业和发展的公益计划，主要为初创和中小型的公益组织提供创业及发展资助，包括综合性能力建设及员工志愿者在内的全方位协助。这一行动标志着我国内陆开启了公益创投实践。

2013年公益创投领域出现了结构性转变。英国大使馆文化教育处携手增爱公益基金会、创奇玖玖投资管理顾问有限公司、新湖育公益创投基金、社会企业研究中心、浙江敦和慈善基金会、LGT公益创投基金会以及道和环境与发展研究所，共同启动"社会企业家技能项目"社会投资平台。友成基金会联

---

① 赵萌：《慈善金融：欧美公益风险投资的含义、历史与现状》，《经济社会体制比较》2010年第4期，第117～127页。

② Letts, C., Ryan W., Grossman, A.. Virtuous Capital: What Foundations Can Learn from Venture Capitalist [J]. *Havard Business Review*, 1997, 75 (2): 36－44.

③ Emerson, J., Twersky, F.. New Social Entrepreneurs: the Success Challenge and Lessons [J]. *San Francisco*, 1996.

合气候组织与绿色创新实验室发起社会价值投资基金。公益创投领域开始出现联合性投资平台和跨界合作。2013 年 8 月 19 日，中国首家社会投资平台启动，该平台以为社会投资者和社会企业家架设桥梁，推进社会企业和社会投资在中国发展为目的，由英国大使馆文化教育处、增爱公益基金会、创奇玖玖投资管理顾问有限公司、新湖育公益创投基金、社会企业研究中心、浙江敦和慈善基金会、LGT 公益创投基金会以及道和环境与发展研究所共同启动。参与社会投资平台的六家社会投资机构承诺提供 900 万人民币资金，面向中国内地和香港地区招募优秀的社会企业，并挑选最具发展潜力的机构以及团队加入为期2～3天的训练营。从训练营中胜出的社会企业将获得专业的技术指导，并由英国大使馆文化教育处资助参加香港社会企业峰会，考察当地的社会企业。胜出机构将获得由社会投资机构提供的第一期投资，余下 80% 将在所有商业谈判包括尽职调查完成、投资双方对目标及关键问题达成一致后分期拨付。英国大使馆文化教育处作为桥梁机构，将管理平台并整合各方资源，但不介入投资方及胜出机构的谈判和协议的达成。

社会投资平台相较以往“社会企业家技能项目”的资助行为具有投资形式更多样，参与程度更深的特点，其本质变化在于以投资行为替代奖励行为。社会投资平台的投资形式包括股权投资、债券投资、低息或无息贷款等，此外，平台还将以会议、政策对话和媒体报道的方式在大中华区推广社会投资，搭建由投资机构、慈善家和社会企业家组成的网络，并通过商业计划大赛为获选组织提供咨询。

2013 年的社会价值投资基金则将社会投资的理念提升到一个新的高度，即通过整合社会资源搭建跨界平台，综合运用多种方式，例如对理念传递、模式输出、战略咨询、项目设计、资源注入、渠道引进、专业培训、评估服务、传播支持、关系协调等予以支持，而不再仅仅局限于赠款和能力建设。社会价值投资基金是友成在总结了国际上关于社会影响力投资、社会责任投资、绿色信贷等概念和模式，结合中国社会企业发展现状而提出的，它将社会企业的理念及其交叉补贴的业务模式引入商业投资领域。这个概念的提出是出于对社会投资中除经济和环境的双重指标之外的“社会”或“人”等因素的关注。社会价值投资基金强调“以人为本”，认为脱离了人，无法单一的解决社会问题。在投资的途径方法上，强调各个社会利益相关方的参与，强调发现和满足超越物质需求的人的尊严和情感需求，强调所有技术创新、发明、实现、采纳都要求人的参与和考虑人的需求。

2013年11月社会价值投资基金完成首轮招募后，立即获得各方高度认同。目前，社会价值投资基金的公益部分在基金会内运作，实质上是资助，不要求财务回报，相当于投资但不分红；而商业部分由专业的商业投资团队运作，社会利益相关方参与投资决策，不参与投资的出资和利益分配，商业投资如有超额收益，可自愿捐赠给公益部分。除了传统的基金形式投资，友成还与新晋的互联网众筹平台积极洽谈，共建新公益—社会价值众筹平台，发布展示符合新公益理念的社会价值筹资项目，开设“新公益”品类，提供网络平台和筹资项目编辑展示、筹资技术支持、资金划转等服务；对需要重点推广的新公益筹资项目，投入专项市场推广力量，加大推广力度①。

2013年深圳市创新企业社会责任促进中心研发了金融服务创新实践项目“融益通”，其借鉴“尤努斯”小额信贷银行和美国社区服务模式，结合中国社会组织管理实践，在全国率先创造自主研发面向社会组织可持续发展的金融服务创新实践项目。该项目推动银行等金融系统以金融工具为手段，为国内社会组织提供包括低息金融信贷等系列金融支持。经过多轮磋商，中国建设银行深圳分行将这一项目落地，正式推出了“融益贷”产品，对优质的社会组织给予批量授信，以金融手段推动社会创新实践，创造了国内社会组织在银行信用贷款的首个记录②。

政府参与公益创投的实践始于2009年，我国上海民政局将其作为一项政策创新引入我国，之后逐步向江西、湖北、重庆、浙江、广东、河南扩散，各地方政府纷纷开展公益创投活动。近年来随着社会建设的加速，政府对慈善事业的重视日益加强，公益创投在国内“遍地开花”，成为率先被纳入地方政府政策议题的慈善金融工具。2014年，公益创投被写入国务院办公厅发布的《关于促进慈善事业健康发展的指导意见》，“地方政府和社会力量可通过实施公益创投等多种方式，为初创期慈善组织提供资金支持和能力建设的

① 汪颖佳：《公益金融在中国的发展》，王名主编《中国非营利评论（第十六卷）》，社会科学文献出版社，2016，第49~89页。

② 综合编辑：《金融创新，现代公益慈善的新走势》，《社会与公益》2013年第10期，第24~25页。

方向”。这从政策层面上体现了发展公益创投的重要性，明确了公益创投的发展方向。

四　公益创投政策扩散的制度逻辑与行动策略

（一）分析框架与数据来源

概括起来，慈善金融在我国主要有三种形式：一类是比较主流的慈善金融，以国家引导的扶贫金融、小额信贷为主，具有强烈的普惠金融性质；第二类是具有公益属性的金融产品或者金融服务，如慈善信托、公益信用卡、商家手机消费过程中的爱心捐赠卡等；第三类是面向社会组织提供金融服务的产品。公益创投是一种针对公益的商业手段，其结合了一系列财务和非财务资源去识别、分析、协同和支持自我可持续的，系统和规模化的有关发展的解决方案去实现最大的影响力。作为一项日益获得广泛关注的社会治理创新举措，公益创投为我们检验和拓展已有的政策扩散理论，提供了较为理想的研究对象和场域。为此，本报告在对市级地方政府公益创投政策扩散过程进行回溯的基础上，从动态的视角考察政策扩散的时间和空间机理，通过对外部压力和内部动机的综合分析，尝试对影响政策扩散的不同维度和因素进行解释，从而为理解公益创投的政策扩散提供更为系统的证据。

政策扩散是某项政策在时空范围内政府之间传播的过程，一般而言，政策扩散的过程呈现出 S 型趋势，起初参与人数较少，扩散速度缓慢，当采用人数达到一定比例时会突破扩散门槛，呈迅速上升趋势，并在接近于最高饱和点时再次放缓①。关于政策扩散已经发展出多个理论模型，Heinze 的政策扩散机制模式包含了社会化、效仿、学习和外部性四个方面的机制，既可以观察政策扩散的外部动因，又涵盖了内部动机，可以完整地呈现政策扩散的制度逻辑②。在此，我们选择用这一模型展开分析，并观察除此之外，是否还存在其他政策扩散机制。

---

① Rogers E. M.. Diffusion of Innovation ［M］. Westport, Connecticut: Greenwood Press, 2002.

② Heinze Torben. Mechanism-Based Thinking on Policy Diffusion ［R］. KFG Working paper, 2011.

为实现上述研究目的，本报告以政府参与公益创投为主要研究对象，借助网络搜索获取地方政府开展公益创投的相关政策。具体数据搜集方法为：以“公益创投”为关键词，通过搜索引擎对各地开展公益创投活动的网页信息进行面上搜索，汇总市级地方政府开展公益创投的原始信息；进入各地方政府民政部门或社会组织门户网站搜索公益创投的相关政策文件，具体政策形式包括通知、指引、意见、办法和条例等。剔除虽然网络上有报道但无法查询到政策文本的样本，最终确定市级政府（包括直辖市）开展公益创投的74条政策文本，为了较为直观地呈现各地公益创投的政策扩散过程，我们从所搜集到的政策文本中提取“发起设立”“运行方式”“活动方式”“支持工具”等关键指标进行比较，进一步整理出有关公益创投政策文本的统计描述（如表1所示）。

表1 2010～2019年地方政府公益创投政策统计描述

单位：条

年份 数量	2010	2011	2012	2013	2014	2015	2016	2017	2018	2019
74	1	2	4	9	15	10	15	8	8	2

注：数据截至2019年3月22日。

数据来源：作者整理。

（二）市级政府公益创投政策时间扩散模式分析

我们以公益创投政策发布年为横轴，以当年市级公益创投政策发布积累量为纵轴制作出散点图，考察公益创投政策在市级政府间扩散趋势（见图1），并据此对公益创投政策扩散趋势展开分析。

根据图1绘制的扩散曲线，我们将市级政府公益创投的扩散过程分为三个阶段。

第一阶段，萌芽发展期（2010～2011年）。2009年上海民政局正式启动了“上海社会公益创投大赛”，在全国范围内率先开展了公益创投的尝试，并于2010年颁布了《市民政局关于进一步规范社区公益创投活动的通知》（沪民计发〔2010〕103号）的规范性文件，借鉴风险投资的理念和方法为初创期的社会组织和创新公益服务项目提供资金支持和能力建设服务。但在这一时期公益创投并未引起其他地

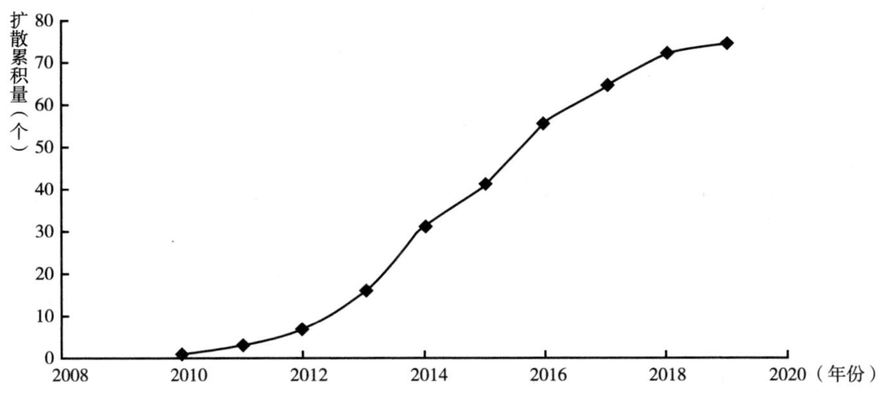

图1　市级政府公益创投政策扩散累计

方政府的广泛重视，政策依据尚不充分，缺乏对公益创投活动的整体性、综合性的政策规划。经过一年的发展，青岛、东莞陆续出台了公益创投的规范文件，公益创投开始正式纳入各地方政府社会管理创新，培育和发展社会组织的政策工具。

第二阶段，飞速发展期（2012～2017年）。这一阶段是公益创投政策扩散的分界点，公益创投政策扩散飞速增长主要动力来源于中央层级对社会治理领域的重视，社会组织作为社会治理主体的重要角色得到凸显，地方政府积极开展相关创新实践。2012年召开的党的十八大对“创新社会治理”做出系统部署，尤其是对社会组织建设提出了新的举措和要求，包括社会组织登记管理体制改革、首次安排2亿元专项资金支持社会组织参与社会服务，强调政府事务性管理工作和公共服务要适当交给社会组织承担等；2013年国务院发布《政府向社会力量购买服务的指导意见》（国发〔2013〕96号）提及社会组织是承接政府购买服务的主体；2014年国务院出台《关于促进慈善事业健康发展的指导意见》，指出“地方政府和社会力量可通过实施公益创投等多种方式，为初创期慈善组织提供资金支持和能力建设服务”，第一次将“公益创投”写入政府文件，鼓励把金融资本和金融工具引入慈善事业，进一步激发了新的慈善资源与慈善创新实践，刺激了公益创投政策在全国地方政府范围内的迅速扩散，省级、市级、区县和街道等不同行政层级都陆续开展了公益创投。中央的号召及媒体报告产生的舆论压力，为各地政府积极开展公益创投实践提供了强大的动力。伴随着实践的需要，各地因地制宜出台了很多公益创投政策，政策扩散的速度明显加快，累计出台公益创投政策的城市数量迅速增加，公益创投呈现出一片繁荣的政策图景。

第三阶段，稳定发展期（2018年至今）。该阶段各年份各市级政府颁布公益创投的政策增速开始放缓，各地方政府开始理性思考公益创投开展的充分条件，有意识的探索具有本地特色的公益创投模式，也有一些信息相对闭塞的地区出于谨慎性原则，经过多年观察终于颁布了公益创投政策，例如广西柳州于2018年颁布了《柳州市首届社会组织公益创投活动方案》，公益创投政策扩散进入平稳的过渡时期。

（三）市级地方政府公益创投的空间扩散分析

沿用我国华东、华南、华北、华中、西北、西南、东北七个大的地理分区，我们分区域考察公益创投政策的空间维度扩散进程。

由表2可知，从空间上看，当前我国七大地理分区均已出台相关公益创投政策，但地区之间的差异水平较大。

表2　中国市级公益创投政策扩散空间分布

年份	华东	华南	华中	华北	西北	西南	东北
2010	上海						
2011	青岛	东莞					
2012	无锡、苏州、南京					遂宁	
2013	泰州、淮安、乐清、溧阳、瑞安、扬州、江阴、	广州				贵州	
2014	常州、杭州、宁波、嘉兴、宿迁、新沂、金华、温岭、镇江、济南、衢州	江门	南昌			成都、重庆	
2015	张家港、连云港、铜陵、盐城、温州、淄博、日照	中山	湘潭、赣州				
2016	湖州、滨州、淮北、临沂	崇左	荆州、武汉、宜昌、衡阳	天津	银川、石嘴山、	德阳	哈尔滨、大连
2017	芜湖、徐州、聊城、蚌埠		抚州、永州		固原		沈阳
2018	济宁、绍兴、厦门	柳州	邵阳、襄阳、宜春		中卫		
2019	福州			太原			

数据来源：作者整理。

从整体数量上来看，华东地区城市出台公益创投的比例远远大于其他六大地理分区，达到42个，占全国开展公益创投活动城市的56.76%，其次为华中地区，为12个，达到全国数量的16.22%，华南6个，为8.11%，西南5个，达到6.76%，西北4个为5.41%，东北地区最少，只有3个城市出台了公益创投政策。

从七大地理分区最早开展公益创投的年份来看。2010年华东地区的上海成为最先试水公益创投的城市，随后逐年都在向青岛市、南京市、扬州市、杭州市、温州市、滨州市、芜湖市、厦门市、福州市等华东地区扩散，2013～2015年为扩散的高峰期；华南地区受华东地区影响，2011年东莞市便颁布了公益创投政策法规，随后除2012与2019年，每年都以1个城市的增长速度不断扩散；华中地区最早颁布公益创投法规的是2014年南昌市，随后至2018年每年都有几个城市受政策扩散影响，湘潭市、荆州市、抚州市、邵阳市等地陆续颁布了相关法规；华北地区颁布公益创投的地区较少，分别是2016年的天津市与2019年的太原市；西北地区与华北地区同年颁布公益创投政策，并于2016～2018年在银川市、石嘴山市、固原市、中卫市得到一定程度扩散；西南地区于2012年遂宁市便较早的颁布了公益创投政策，然而后续年份并没有得到完整延续，仅有贵州、成都、重庆、德阳得以扩散；东北地区颁布公益创投政策的时间较晚，于2016年哈尔滨市和大连市开始，并于2017年沈阳市结束了公益创投政策的实践探索。

（四）市级政府层面公益创投政策扩散的制度逻辑

1. 时间趋势：呈S形扩散

通过前文分析可知，市级政府公益创投存在显著的扩散效应，时间上呈现S形曲线，符合政策扩散的一般规律。2010～2011年，由于缺乏中央政府层面的顶层设计，地方政府的公益创投政策扩散尚处于S形曲线的第一阶段，即开始扩散并缓慢增长阶段；2012～2018年，伴随着相关政策文件的出台以及地方政府“先试先行”，我国地方政府公益创投政策进入了S形增长的第二阶段，即制度快速扩散增长阶段；2018年至今，地方政府公益创投政策增速放缓，但仍然不断有新的城市加入，至于何时达到饱和状态，还需进一步观察。

2. 空间趋势：邻近效应显著

邻近效应强调一地政府发布信息公开政策后，会对其周边产生示范作用，周边政府会选择等待观望或模仿学习，而地理位置相近的地区，更容易受到政策扩散的影响，最终导致整个区域形成类似体系。从空间上看，公益创投在华东地区遍地生花，西南地区通过向先进地区参观学习，较早颁布了公益创投，但扩散影响范围较小，并未得到全区的扩散，而后华南、华北、西北、东北等地区陆续响应，基本遵循从沿海城市逐步蔓延至中部、西部等内陆城市的规律，虽然从响应快慢来看，邻近效应存在一定偏差，但由于我国存在落后地区向发达地区取经学习的政府交流活动，出现西南地区较早颁布公益创投的现象并不影响邻近效应的发挥，并且从各地区开展数量来看，地理邻近地区受扩散影响的程度更为广泛。进一步通过比较不同经济发展状况的地理区域，发现区域政策扩散明显的对象通常是财力比较充裕的地方政府，如华东地区苏浙沪一带，可见地方政府对公益创投的财政支出是有必要的。

3. 市级政府层面公益创投政策扩散影响机制

（1）社会化激励明显

社会建构主义认为受到公民、媒体和公共事件的作用，公共政策的制定者会因此展开学习模仿等行为，造成公共政策扩散的现象。决策者对某一议题的价值认同，可能会为其他行动者树立榜样，引发政策扩散①。王洪涛、魏淑艳指出公益创投政策初期扩散的地方政府，在经济发展、民主化进程和社会组织发展规模方面处于领先地位，且当地领导人具有较强的创新意识等外部基础②。然而，后续跟进的地方政府并不都满足上述条件，比如遂宁、贵州、银川等，其政策扩散更多受到先行者榜样和政策示范效应下的社会化的内部激励。通过上海、南京、苏州等地示范先行，越来越多的政府开始对培育和发展社会组织形成了共同的价值理念，并受此激励展开实践。

（2）学习与效仿机制并存

我国公益创投政策扩散中存在着政策领跑者，在效仿机制的影响下，政策

① 李健：《公益创投政策扩散的制度逻辑与行动策略——基于我国地方政府政策文本的分析》，《南京社会科学》2017年第2期，第91~97页。

② 王洪涛、魏淑艳：《地方政府信息公开制度时空演进机理及启示——基于政策扩散视角》，《东北大学学报》（社会科学版）2015年第6期，第600~605页。

追赶者往往会模仿其做法。比对各地方政府开展公益创投的方式，可以发现各地方政府公益创投的政策文本在内容框架上相识度较高，一方面因为公益创投传入我国时间尚早，地方政府对于什么是公益创投、如何做好公益创投尚处于“干中学”的阶段；另一方面受公益创投的资金来源为地方财政资金的影响，政府发起公益创投被框定在相关政策的制约下。但地方政府也并不是一味地模仿其他地方的公益创投政策，在发起方式、运作模式、活动方式和支持工具方面也推出了许多创新举措。

（3）竞争机制作用明显

公益创投政策扩散飞速发展，离不开中央政府对公益创投的号召和鼓励。当中央鼓励政策采纳的行政命令颁布之后，中央命令既向各级地方政府施加了政策执行的压力，同时也增加了地方政府采纳新社会政策的合法性①，然而至今中央层面未出台直接与公益创投有关的针对性办法规定，当前我国公益创投政策扩散仍旧缺乏直接强制性机制的引导。我国公益创投政策扩散的外部性机制更多受到竞争机制的影响，由于中国公共政策活动广泛存在“相互看齐”的竞争机制，即政府在地区或者部门之间的绩效竞争，地方政府主要领导干部晋升实行的政绩考核制度会导致处于相邻城市政府间产生了强烈的地方政府政策竞争效应②。与其他省份的同等城市相比，因为面临着省级政府的考核，一座城市更倾向于将其省内的兄弟城市视为竞争对手③，比如南京市在 2012 年就颁布了《南京市公益创投实施意见（试行）》，同年同省地级市无锡市和苏州市也前后颁布了相关开展意见和通知，而其他地级市在后续年份也相继跟进，最终搭建了全省 13 个市全部颁布公益创投政策的网络体系。

（4）相关政策的间接影响效果明显

虽然我国尚未颁布关于公益创投政策的强制性政策，然而通过颁布与公益创投相关的社会组织建设、政府购买服务和慈善事业支持政策，从侧面鼓励了

---

① 朱旭峰、赵慧：《政府间关系视角下的社会政策扩散——以城市低保制度为例（1993～1999）》，《中国社会科学》2016 年第 8 期，第 95～116 页。

② 王浦劬、赖先进：《中国公共政策扩散的模式与机制分析》，《北京大学学报》（哲学社会科学版）2013 年第 6 期，第 14～23 页。

③ Zhang, Y.. From State to Market: Private Participation in China's Urban Infrastructure Sectors, 1992－2008［J］. *World Development*, 2014, 64（1）: 473－486.

各地方政府公益创投政策先试先行，从而提高了公益创投政策扩散的速度与广度。这主要与我国政府主导公益创投的特征模式有关。我国地方政府倾向于从熟知的政策工具例如政府购买服务入手，进行一定的政策嫁接，转移到公益创投这一新兴政策工具上，在开展方式、资金支持、监督管理上向政府购买服务工具模仿学习，甚至有一些地方政府直接把公益创投归于政府购买服务之中，这主要是为了降低政策实施的风险与成本，是地方政府权衡之下的选择。可见我国公益创投政策扩散受到政府购买服务政策的间接影响效果明显，虽然中央未直接颁布针对性的强制政策，但与之相关政策的出台也会间接影响到公益创投的政策扩散。

4. 研究发现

在慈善金融政策背景下，公益创投作为慈善金融最广泛的工具，成为各地方政府进行政策创新，打造社会治理新格局的试金石。本报告的研究以政策扩散理论为基础，从时间和空间变化的动态视角探讨了我国地方政府开展公益创投的动机、逻辑和策略，进一步结合我国慈善金融改革的时代背景，探讨了地方政府公益创投自发性政策扩散的特征。

通过搜集2010~2019年我国市级政府的74份公益创投政策文本，得到四点初步结论。

一是从时间趋势上看，公益创投的政策扩散呈现出S型特征，当前其正处于高速扩散期后的平稳过渡时期，后续是否有更多的地方政府颁布公益创投政策，还需继续观望。二是从空间趋势上看，全国七大地理区域均已颁布了相关政策，华东、华南等沿海地区领跑全国，内陆地区受邻近效应和外部竞争效应的影响，也陆续颁布了公益创投政策，但影响范围较小，仍然需要时间的酝酿。三是从政策扩散的影响机制来看，社会化、效仿、学习、外部性机制均有所体现，各地方政府公益创投政策扩散在动因上社会化激励明显、开展内容上学习与效仿并存、实现路径上竞争性作用显著。四是我国公益创投政策扩散存在侧面影响的机制特征，即社会组织建设、政府购买服务、慈善事业支持政策的颁布从侧面促进了公益创投政策扩散的广度与速度。

我国市级政府公益创投政策扩散受政策扩散影响机制作用，呈现出明显的政策扩散特征，本研究通过总结中国市级政府公益创投政策扩散的规律，揭示了其逻辑动因，丰富了政策扩散动机及过程的研究文献，对研究我国创新政策

的路径具有借鉴意义，为下一步从定量角度研究政策扩散的影响变量奠定了相关基础。

五　我国地方政府公益创投政策扩散的事件史分析

前文通过对市级政府公益创投政策扩散的定性分析，建立了对公益创投政策扩散的时空机理、制度逻辑和行动策略初步的认识，揭开了公益创投政策过程“黑箱”一角。政策扩散需要结合扩散结果和扩散的过程来理解，结果和过程是研究政策扩散相辅相成的两个维度，需要加强两个维度的补充和合作，才能更深刻地揭示政策扩散的核心①。只有通过研究扩散动因、机制、障碍等，探究政策主体、政策内容及政策环境间的内在互动过程，才能揭示出政策扩散的本质特征，构建一套连贯完整的政策扩散理论②。然而在政策扩散研究初期，由于缺乏量化分析，政策扩散研究面临瓶颈，尤其难以判断影响因素对政策扩散的作用机制③。本章以我国市级出台的公益创投政策为样本，从事件史研究方法对公益创投政策扩散特征及其决定因素进行量化实证研究，识别影响乃至决定公益创投政策扩散的关键因素，深化对公益创投在各地方城市之间扩散的理解和认知。

（一）研究框架与研究假设

在识别影响政策创新扩散的因素方面，学者在实证研究基础上已归纳出一系列变量④。Wejnert 将已有的概念整合并分为三类扩散变量：创新主体本身的

---

① Wejnert, B.. Response to Kurt Weyland's Review of Diffusion of Democracy: The Past and Future of Global Democracy [J]. *Perspectives on Politics*, 2015, 13 (2): 496 -496.

② Braun, D.. Taking Galton's Problem Seriously: Towards a Theory of Policy Diffusion [J]. *Journal of Theoretical Politics*, 2006, 18 (3): 298 -322.

③ Howlett, M., Rayner, J.. Third Generation Policy Diffusion Studies and the Analysis of Policy Mixes: Two Steps Forward and One Step Back [J]. *Journal of Comparative Policy Analysis: Research and practice*, 2008, 10 (4): 385 -402.

④ 朱亚鹏：《政策创新与政策扩散研究述评》，《武汉大学学报》（哲学社会科学版）2010 年第 4 期，第 565 ~573 页。

特征，涵盖了采纳政策后所获的收益和付出的成本、社会影响等方面；决定是否采纳新政策的创新者特征，包括创新者是个人、组织或政府，经济状况，个人素质，社会网络中的位置等；创新所在环境特征，包括创新地的地理区域、文化水平、经济发展状况等①。Wejnert 的系统框架整合了几乎所有影响政策出台的变量，将创新扩散看作创新本身、创新者与创新环境三者互相结合，相互作用的结果，相对于其他研究更为完整和全面。为此，本文将采用 Wejnert 的分析框架，从政策创新主体因素、创新客体因素和创新环境因素三个方面入手对政府购买服务政策扩散进行考察。

1. 创新主体因素

"政府领导的社会创新"模式近年来在中国的社会管理实践中逐渐出现，即地方政府率先创造和实施一些新型的公民导向的产品、工作流程和服务，而中央政府倾向于肯定这些地方创新行为，作为和谐社会策略的一部分。这种新生的模式不仅接受而且进一步倡导和形塑来自市民社会的首创精神②。由于政府参与公益创投对象基本上是非营利组织，其以能力建设为首要目标③④⑤，在一定程度上决定我国公益创投很难实现财务上的回报，这对公益创投政策创新主体提出了一定要求。

组织创新理论提出某一地区的创新与其辖区内所拥有的人口数量以及密度有着非常密切的联系⑥。Biggers 等研究也发现区域政治环境和人口结构会影响到政策扩散⑦。人口数量通常可以反映出辖区所处环境的复杂程度，较少的人

① Wejnert, B.. Integrating Models of Diffusion of Innovations: A Conceptual Framework [J]. *Annual Review of Sociology*, 2014, 28 (1): 101 - 111.

② 敬乂嘉、公婷：《政府领导的社会创新：以上海市政府发起的公益创投为例》，《公共管理与政策评论》2015 年第 2 期，第 11 ~ 19 页。

③ 马宏：《公益创投：促进公益组织发展的新途径》，《社团管理研究》2008 年第 10 期，第 21 ~ 24 页。

④ 岳金柱：《"公益创投"：社会组织培育发展的创新模式》，《社团管理研究》2010 年第 4 期，第 12 ~ 15 页。

⑤ 谢正富、赵守飞：《公益创投：我国社会组织扶持引导政策探索》，《湖北民族学院学报》（哲学社会科学版）2014 年第 6 期，第 57 ~ 61 页。

⑥ 马亮：《公共服务创新的扩散：中国城市公共自行车计划的实证分析》，《公共行政评论》2015 年第 3 期，第 51 ~ 78 页。

⑦ Biggers, D. R., Hanmer, M. J.. Who Makes Voting Convenient? Explaining the Adoption of Early and No-excuse Absentee Voting in the American States [J]. *State Politics & Policy Quarterly*, 2015, 15 (2): 192 - 210.

口所需的程序化决策越多，而非程序化决策越少，复杂程度就越低，因此创新的可能性就越小①。除此之外，有部分文献指出辖区的经济发展水平也是影响政府进行创新的重要影响因素，政策的创新活动在经济发展水平高的城市更为活跃②。Walker 提出往往工业化水平高、经济发展程度高的城市更愿意进行政策创新③。

而在政府创新中，政府的动机与能力是最关键的两大因素，政府需要有足够的动机和配套的资源能力，才会去考虑冒险并克服所面临的障碍④，Heilmann 进一步指出，政府的决策者在决定接受或拒绝一项经济或者社会创新时，会给其带来不同的成本收益，所以更大收益、更少成本的政策创新能够给予其更大的激励⑤，具体来说，财政收入越多，政府越有可能采纳新的政策⑥。

因此，结合已有的理论和文献基础，我们提出如下影响公益创投政策扩散的变量及其研究假设：

H1：市级政府公益创投政策的采纳受到辖区内人均 GDP 的影响

H2：市级政府公益创投政策的采纳受到辖区内人口规模的影响

H3：市级政府公益创投政策的采纳受到政府财政能力的影响

2. 创新客体影响

公益创投作为政府在培育和发展社会组织的“组合拳”中增加的政策工具，改善了以往政府培育发展社会组织政策工具中存在的资助对象范围过于狭隘、培训方式不科学、政策连贯性与整体性差、难以充分发挥市场机制作用的问题，为社会组织在发展类型、获取资金、技术培训提供了新的思路和渠道。

---

① 王洪涛、陈洪侠：《我国智慧城市创新扩散演进机理及启示——基于 38 个城市的事件史分析》，《科技进步与对策》2017 年第 3 期，第 44～48 页。

② Tolbert, C. J., Mossberger, K., Mcneal, R.. Institutions, Policy Innovation, and E-government in the American States [J]. *Public Administration Review*, 2010, 68 (3): 549-563.

③ Walker, J. L.. The Diffusion of Innovations among the American States [J]. *American Political Science Review*, 1969, 63 (3): 880-899.

④ Mohr, L. B.. Determinants of Innovation in Organizations [J]. *American Political Science Review*, 1969, 63 (1): 111-126.

⑤ Heilmann, S.. Policy Experimentation in China's Economic Rise [J]. *Studies in Comparative International Development* (SCID), 2008, 43 (1): 1-26.

⑥ Heiden, N., Felix, S.. What about non-diffusion? The Effect of Competitiveness in Policy-comparative Diffusion Research [J]. *Policy Sciences*, 2012, 45 (4): 345-358.

除了影响创新扩散的一般性因素，政策创新扩散还应考虑政策内容和政策属性两个维度。比如最新的研究进一步指出，政策目标群体对扩散过程会产生重要影响①，中国语境下的公益创投更多由地方政府作为运作主体，主要对象是在民政部门登记注册的社会组织，包括基金会、社会团体和民办非企业单位，因此我们有理由认为社会组织数量越多的城市开展公益创投的可能性越大。

社会公众的公共服务需求也促进了公益创投政策的采纳和扩散，对于快速增长并日趋多样化的社会公共服务需求，政府缺乏充足时间和精力去一一响应②，为了解决人民日益增长的公共服务需求，公益创投逐渐兴盛。基于以上分析，本报告提出以下假设：

H4：市级政府公益创投政策的采纳受到辖区内社会组织数量的影响

H5：市级政府公益创投政策的采纳受到辖区内社会公共服务需求的影响

3. 创新环境影响

政策扩散通常是一系列环境因素综合作用的结果，学习、竞争、强制和压力通常被认为是政策扩散的重要驱动因素。在以上四种驱动因素中，学习机制是政策主体有选择地向其他政策主体学习政策经验，本质上是获取、接收信息，进而改造政策理念的过程③，而竞争机制是指政府间由于政治、经济等原因存在竞争关系导致的政策调整④，学习和竞争两种机制都反映出对于政策扩散中同级政府之间的相互作用。但前者更多受到全国范围内广泛的影响，后者局限于地理上临近几个省份的影响。Mccann 认为学习机制主要影响政策主体的政策采纳行为，而竞争机制能够影响政策采纳和政策扩张⑤。强制机制指的是一个政府通过高压命令强迫另一政府采纳所支持鼓励的某项政策创新的政策过程，大多来

① Boushey, G.. Targeted for Diffusion? How the Use and Acceptance of Stereotypes Shape the Diffusion of Criminal Justice Policy Innovation in the American States [J]. *American Political Science Review*, 2016, 110 (1): 198 -214.

② 张晓君、彭正波：《制度环境、公共服务供需对社会组织发展的影响——基于中国省级经验的实证研究》，《华东经济管理》2017 年第 8 期，第 34 ~43 页。

③ Gilardif.. Who Learns from what in Policy Diffusion Processes? [J]. *American Journal of Political Science*, 2010, 54 (3): 650 -666.

④ Tosun, J., Shikanos.. GMO-free Regions in Europe: An Analysis of Diffusion Patterns [J]. *Journal of Risk Research*, 2016, 19 (6): 743 -759.

⑤ Mccannp, J. C., Shipan, C. R., Volden, C.. Top-down Federalism: State Policy Responses to National Government Discussions [J]. *Publics the Journal of Federalism*, 2015, 45 (4): 495 -525.

自中央政府对地方政府的压力①，在“上行下效”的风气下，如果某项政策是上级政府所认可和重视的，那么政府官员会表现得更加积极②。压力机制主要来自社会建构主义，其特点在于将公共政策扩散设置为一种自然发生的过程规则，强调公民、媒体和公共事件的作用，大众舆论压力将会迫使公共政策制定者展开政策学习、模仿等行为，从而造成公共政策扩散的现象③。

通过前文的时间扩散分析可以看出，中央政策对于地方层面的政策迅速扩散具有一定的影响。然而通过空间扩散分析可以看出，公益创投政策扩散还具有临近效应，但目前尚不清楚这种临近效应的发生机制，究竟是学习还是竞争机制导致了政府购买服务政策在相邻城市之间扩散？另外，政策扩散影响机制的作用时效并非是完全一致的。朱旭峰和赵慧发现中央和省级命令对城市政府的政策采纳施加影响的时间滞后效应存在明显差异④。Shipan 在有关美国城市禁烟政策的研究也发现，相较于其他机制，模仿是一个更短暂的扩散机制；大城市更有能力向其他城市学习，并且更少地依赖模仿⑤，可见政策扩散的影响机制存在一定的时间差异，从而本报告在原有滞后一期的基础上，进一步滞后一期，以检验创新环境中三种扩散机制因素的时效性，基于以上设计本报告提出如下假设：

H6：市级政府公益创投政策的采纳受到学习机制的影响

H7：市级政府公益创投政策的采纳受到竞争机制的影响

H8：市级政府公益创投政策的采纳受到社会建构机制的影响

H9（时效性假设）：学习、竞争、社会建构三种扩散机制对市级政府公益创投政策的采纳施加影响的时间滞后效应存在差异

---

① Volden C.. Policy Diffusion in Polarized Times: The Case of the Affordable Care Act [J]. *Journal of Health Politics Policy and Law*, 2017, 42 (2): 363 - 375.

② Chien, S. S.. The Isomorphism of Local Development Policy: A Case Study of the Formation and Transformation of National Development Zones in Post-Mao Jiangsu [J], *China Urban Studies*, 2008, 45 (2): 273 - 294.

③ 王浦劬、赖先进：《中国公共政策扩散的模式与机制分析》，《北京大学学报》（哲学社会科学版）2013 年第 6 期，第 14 ~ 23 页。

④ 朱旭峰、赵慧：《政府间关系视角下的社会政策扩散——以城市低保制度为例（1993 ~ 1999）》，《中国社会科学》2016 年第 8 期，第 95 ~ 116 页。

⑤ Shipan, R., Volden. C.. The Mechanisms of Policy Diffusion [J]. *American Journal of Political Science*, 2008, 52 (4): 40 - 57.

（二）数据收集及变量测量

1. 数量来源

出于相关数据和一些城市公益创投政策文本披露的完整性，本报告选取中国43个市级政府作为研究对象。选取市级政府作为分析对象是基于以下几个方面的考虑：①截至目前，采纳公益创投政策的省级政府数量较少，而市级的样本数量较多，能够满足统计分析需求，在数据搜集和统计分析方面具有一定可操作性；②中国市级政府开展政府公益创投政策已经能够在一定程度上代表这个地区来衡量其政策创新性，适合作为考察创新扩散的研究场域。因变量的数据来自网页关键词的政策搜集结果，核心自变量的所有数据均来自相应年份的《国民经济和社会发展统计公报》、《中国城市统计年鉴》和《中国民政统计年鉴》。从2010年中国最早出台政府公益创投政策的城市算起，我们的研究时期跨越了9年（2010～2019年）。由于我们关注的是政策扩散的影响因素，因此我们将主要自变量都滞后一期，即取2009～2018年的43个市级政府数据。

2. 变量测量

（1）被解释变量

本报告的被解释变量为市级政府n在t时间采纳公益创投政策的概率，使用“政策采纳”直接观测，以此反映某一市级政府采纳公益创投政策的时点。“政策采纳”为一个二分虚拟变量，在市级政府没有采纳政策的年份，赋值为0；在采纳政策的当年被赋值为1；在采纳政策之后的年份里，市级政府由于不再有发生事件的可能而被剔除。

（2）解释变量

基于前文模型构建，本报告决定选取创新的动机、创新的障碍和克服障碍的可用资源体现内部决定模型，而采用竞争机制、学习机制和社会构建机制体现政策扩散模型。

第一，创新主体因素。多数关于政策创新的研究都将政府经济状况和规模纳入考虑范围，通常认为政府的规模越大，辖区内的经济状况越好，就拥有越多的资源来解决在政策创新过程中遇到的各种问题。因此我们用各市级政府的财政能力、人口规模和人均GDP水平衡量创新主体因素。目前已有的研究已经验证了人口规模和人均 GDP 都与政府政策创新的采纳有正相关关系。因此我们有理由认为某市的人口规模越大，财政能力越强，人均 GDP 越高，这个市级政府采纳公益创投政策的概率就越高。

第二，创新客体因素。我们用各城市的每万人拥有的社会组织数量和社会公共服务需求来衡量创新的客体因素。社会组织的数量用每万人拥有的社会组织数量衡量，以 2009～2018 年《民政统计年鉴》中的社会组织单位数除以当年该辖区常住人口数量为指标。一般认为，城市人口比例能够更好地反映城市化水平，但是考虑到城市人口比例的分省数据统计口径不一，部分年份严重缺失，本报告选择城镇人口比例作为公共服务需求的测量指标①。

第三，创新环境因素。政策扩散机制是连接扩散起源与结果的中介步骤，受到某些情境变量的影响，在不同环境因素下，政策主体会呈现出不同的扩散机制特征。政策扩散包括学习、竞争、强制和社会构建四种扩散机制，我国公益创投还未存在中央层级强制性的指令命令，更多受到学习、竞争和社会构建机制的影响。

学习机制方面，Gary 最早提出政策制定者会在全国范围内的水平上进行互动，并且发现政策扩散的速度是全国范围内采纳速率的函数②。因此，我们选取全国范围内已经采纳公益创投政策的城市比例对其进行衡量。

竞争机制方面，若一个市级政府进行了某项政策创新，对处于相同外部环境的其他市来说，就产生了一种“横向竞争压力”。这种压力有可能导致其他政府相继采纳此创新决策，也有可能故意不采纳创新决策③。因此，本报告选取相邻市级政府已经采纳公益创投政策的城市数量比例进行衡量。

社会构建机制方面，新闻媒体一直在政策行动中扮演着重要决策④。既有

① 张晓君、彭正波：《制度环境、公共服务供需对社会组织发展的影响——基于中国省级经验的实证研究》，《华东经济管理》2017 年第 8 期，第 34～43 页。

② Gary, V.. Innovation in the States: A Diffusion Study［J］. *The American Political Science Review*, 1973, 64（4）: 1174－1185.

③ 朱旭峰、赵慧：《政府间关系视角下的社会政策扩散——以城市低保制度为例（1993～1999）》，《中国社会科学》2016 年第 8 期，第 95～116 页。

④ 郭磊、秦酉：《省级政府社会政策创新扩散研究——以企业年金税收优惠政策为例》，《甘肃行政学院学报》2017 年第 1 期，第 67～77 页。

研究已经验证了新闻媒体的压力会对企业年金税收优惠制度①和公共自行车计划②的采用决策。可以推测新闻媒体对某个社会政策报道越多，就会形成越大的舆论压力，进而对政府政策决策形成一定的压力。我们以中国知网的报纸全文数据库作为平台，检索每年以“公益创投”为主题的新闻报道篇数，将其作为衡量媒体报道的指标，表3列出了本报告研究的主要变量概况。

表3　主要变量概况

变量名	缩写	变量定义	假设	数据来源
		因变量		
出台政策与否	Policy	指市级政府当年是否出台公益创投政策,1为出台,0为未出台。	/	网页检索
		自变量		
人均GDP *	GDP	某一城市当年的GDP总额/常住人口总数(元/人)	+	中国城市统计年鉴
人口规模 *	Population	某一城市当年的年末人口总数(万人)	+	中国城市统计年鉴
财政能力 **	Fund	各城市当年的财政支出减去财政收入,再除以财政支出	+	中国城市统计年鉴
社会组织数	Social Organization	某一城市当年的每万人拥有社会组织的数量	+	中国民政统计年鉴
公共服务需求	Demand	某一城市当年的城镇人口比例	+	中国城市统计年鉴
邻近城市比例	Near	指与某一城市直接地理接壤的市级政府出台公益创投服务政策的比例	+	网页检索
全国比例	Learning	全国范围内已经颁布公益创投政策的城市数量除以全国城市总数	+	网页检索
媒体报道 *	Media	某城市当年关于公益创投的新闻报道的篇数	+	中国知网/百度

＊表示该变量取自然对数。假设方向中，+、-、/分别表示自变量与因变量正相关、负相关或不适用。

＊＊Berry, F. S., Berry, W. D.. State Lottery Adoptions as Policy Innovations: An Event History Analysis [J]. *The American Political Science Review*, 1990, 84 (2): 395-415.

---

① Zhang Y.. Institutional Sources of Reform: The Diffusion of Land Banking Systems in China [J]. *Management & Organization Review*, 2012, 8 (3): 507-533.

② 马亮：《公共服务创新的扩散：中国城市公共自行车计划的实证分析》，《公共行政评论》2015年第3期，第51~78页。

3. 研究方法

本报告采用事件史分析法（EHA）探讨各种因素对公益创投政策创新扩散的影响。事件史分析方法是政府创新扩散研究的主流方法，其基于 t－1 时间段的变量对 t 时间段内的事件发生概率进行预测，不仅能对存在删失的数据变量进行有效分析，而且能够较好地探索事件发生的影响因素①。本报告设计的因变量为二分变量，因而在进行模型分析时，采用二项 Logit 回归分析，考察自变量对公益创投政策扩散的影响。

（三）结果分析

样本变量的描述性统计分析和相关性分析结果分别如表 4、表 5 所示。变量的变化差异均较小。相关分析结果中，因变量市级政府公益创投政策的出台与辖区内的人均 GDP、社会组织数、邻近城市比例、全国比例、媒体报道正相关，并在 0.01 的水平上显著。从而初步支持了我们的假设 H1、H4、H6、H7、H8。除了少数自变量之间相关系数大于 0.6，其他的相关系数都较小，我们采用方差膨胀因子（VIF）来判断变量间是否存在多重共线性，各变量的 VIF 都远小于多重共线性警戒值 10②，因此自变量之间的多重共线性问题不严重。

表 4　变量的描述性统计

变量	观测值	均值	标准差	最小值	最大值
公益创投政策	263	0.356	0.39	0	1
人均 GDP	263	0.246	0.63	－0.105	0.875
人口规模	263	2.168	0.81	0.418	12.27
财政能力	263	0.589	0.96	9.028	12.07
社会组织数	263	0.720	2.13	4.301	7.245
公共服务需求	263	0.312	0.36	0.209	5
邻近城市比例	263	0.0280	0.11	0	0.117
全国比例	263	0.150	0.01	0	0.800
媒体报道	263	1.029	7.65	0.693	3.807

① 王洪涛、陈洪侠：《我国智慧城市创新扩散演进机理及启示——基于 38 个城市的事件史分析》，《科技进步与对策》2017 年第 3 期，第 44～48 页。

② Neter, J. , Kutner, M. H. , Nachtsheim, C. J. , et al. Applied Linear Statistical Models [J]. *Publications of the American Statistical Association*, 1985, 103 (482): 880－880.

表5　相关性分析

变量	公益创投政策	人均GDP	人口规模	财政能力	社会组织数	公共服务需求	邻近城市比例	全国比例	媒体报道
公益创投政策	1.000								
人均GDP	0.204*	1.000							
人口规模	0.007	-0.072	1.000						
财政能力	-0.009	-0.728**	0.122*	1.000					
社会组织数	0.214**	0.468**	-0.345**	-0.377*	1.000				
公共服务需求	0.017	0.432**	0.077	-0.346**	0.304**	1.000			
邻近城市比例	0.439**	0.133*	0.048	0.030	0.038	-0.042	1.000		
全国比例	0.430**	0.208**	0.118	0.204*	0.110	0.018	0.471**	1.000	
媒体报道	0.391**	0.283**	0.065	0.144*	0.191**	0.046	0.426**	0.703**	1.000

注：** $p<0.01$，* $p<0.05$。

基于Logit回归的事件史分析结果如表6所示，模型1是将内部决定模型中的五个变量作为解释变量进行回归分析的结果，模型2~模型4是对政策扩散模型中的三个变量分别进行回归分析的结果，模型5是将内部决定模型和政策扩散模型的8个变量作为解释变量全部放进模型进行回归的结果。在进行回归分析时，我们采用STATA软件作为主要统计分析软件表报告了回归方程的卡方值（Chi-squared）及其显著性、模型的伪 R^2（PseudoR-square）等反映应模型拟合优度的指标。

表6还指出了不同模型中每个自变量的发生比（Odds Ratio）和标准误。发生比表示因变量对应事件在某一时间段内的发生与不发生概率之比，值均大于等于0。若发生比为1，表示事件发生的概率等于不发生的概率（其他自变量保持不变的情况下）。当发生比大于1时，表示自变量对因变量的发生概率

表 6　基于 logit 回归的事件史分析结果

变量	模型 1	模型 2	模型 3	模型 4	模型 5	模型 6	模型 7	模型 8
人均 GDP	10. 96522 (6. 003096)			26. 11839 *** (18. 9427)	2. 100246 (1. 518355)		3. 209783 (2. 781724)	1. 439452 (1. 16198)
人口规模	1. 017247 (. 2509166)			1. 777124 * (0. 5875492)	. 8572389 (. 2629343)		1. 484673 (. 6075155)	. 8958364 (. 381774)
财政能力	45. 87272 *** (53. 98508)			41. 00969 *** (51. 32004)	1. 0227[illegible]9 (1. 70538)		1. 203731 (2. 069298)	3. 294157 (6. 21041)
社会组织数		1. 267861 ** (. 1332574)		1. 525082 *** (. 2237104)		1. 105757 (. 0959874)	1. 323294 ** (. 1671308)	1. 181277 (. 1509715)
公共服务需求		. 2722018 (. 4562707)		. 0001086 *** (. 0003456)		. 9903187 (. 8575647)	. 0186913 (. 056127)	2. 468804 (1. 850311)
邻近城市比例			17. 03963 ** (18. 69581)		19. 54914 *** (22. 34057)	18. 98064 *** (21. 17261)	17. 25526 ** (21. 04034)	496. 5189 *** (1051. 966)
全国比例			200887. 9 (1539284)		406372 (3499000)	140360. 7 (1075637)	334146 (2968107)	5770009 (7. 09e + 07)
媒体报道			3. 292214 *** (1. 399676)		2. 907728 ** (1. 267354)	3. 116362 *** (1. 328207)	2. 494844 ** (1. 099214)	1. 378031 (. 5425092)
常数项	2. 38e – 13 *** (1. 53e – 12)	. 1967853 * (. 1630766)	. 002721 *** (. 0033864)	5. 49e – 17 *** (4. 29e – 16)	2. 87e – 06 (. 0000241)	. 0024124 *** (. 0032376)	6. 05e – 09 ** (5. 68e – 08)	. 0004034 (. 0038814)
卡方	23. 86 ***	7. 04 **	63. 83 ***	36. 12 ***	67. 57 ***	65. 45 ***	72. 89 ***	40. 79 ***
自由度	3	2	3	5	6	5	8	8
R^2	0. 1079	0. 0319	0. 2887	0. 1634	0. 3056	0. 2960	0. 3376	0. 3301
N	263	263	263	263	263	263	263	263

注：*** $p < 0.01$，** $p < 0.05$，* $p < 0.1$，括号内外回归系数，括号内为标准误。模型 1 ~ 模型 5 的变量均滞后一期，模型 6 的变量滞后两期。

有着正向的影响；发生比小于1则代表有着负向的影响。观察发生比的数值，我们可以得到如果其他变量不发生变动时，某一变量的变动会引起公益创投采用概率多大程度的变动。

可以发现除模型2以外，其他6个模型的结果都在0.01水平上显著，模型2在0.5的水平上显著。模型中伪 R^2 最小的为0.0319，模型7的伪 R^2 最大，达到了0.3376，比较模型1、模型2和模型5、模型6可以发现，在加入创新环境因素的解释变量后，模型的伪 R^2 和卡方值均有显著提高，说明模型的解释力增强了。

就创新主体因素而言，对人均GDP、财政能力在仅有创新主体因素（模型1）及与创新客体因素变量（模型4）进行组合时表现为0.01显著水平下的正向影响关系，人口规模在仅有创新主体因素下（模型1）并不显著，加入创新客体因素变量（模型4）后呈现0.1显著水平下的正向影响关系。然而在综合考虑相关性分析和加入创新环境因素（模型5、模型7）后，三个影响因素并无显著影响关系，从而我们的假设H1、H2、H3并未得到支持。

在创新客体因素中，市级的社会组织数量与在模型2、模型4、模型7均呈现具有一定显著性的正向关系，并在相关性分析中社会组织数量与政府公益创投的开展也呈显著正相关关系，所以研究假设H4得到支持。而尽管在模型4中公共服务需求变量与因变量在0.01的显著性水平上相关，然而在其余这一变量的模型中（模型2、模型6、模型7）中均不显著，并且在相关性分析中也不显著，从而我们的假设H5未得到支持。

在创新环境因素中，模型3、模型5、模型6、模型7的结果均表明邻近城市比例、媒体报道与政府公益创投的采纳均呈现出显著的正向相关关系，并在相关性分析中也显著相关，说明市级政府的公益创投政策扩散受到邻近城市比例和媒体报告数量的影响，假设H7，H8得到支持，全国比例尽管在相关性分析中显著性相关，然而在各模型下均不显著，从而假设H6未得到支持。

进一步，本报告还探究了政策扩散模型中三个机制的时效性，结果如模型8所示。模型8是在模型7的基础上将解释变量滞后一年进行回归的结果。通过对比模型7和模型8可以发现，在模型8中，邻近城市比例的显著性加强，这说明竞争机制对于市级政府出台公益创投政策的影响是长期有效的，而“媒体报道”的影响作用不再显著，这说明社会构建机制对其影响在短期内是有效的，从而我们的假设H9得到的支持。

（四）稳健性检验

本研究主要从以下两个方面进行了稳健性检验，研究结论保持一致。①使用同期的各种解释对变量人均 GDP、人口规模、财政能力、社会组织数量、公共服务需求、邻近城市比例、全国比例及媒体报道进行回归分析，结论依然成立。②本研究尝试增加了其他解释变量各省份的市场化水平，并对其进行回归分析，结论依然成立。

（五）研究发现

本章选取了 2010～2019 年 43 个市的 263 个样本数据，并结合《中国国家统计年鉴》《中国民政统计年鉴》中的相关数据，构建了创新的动机、创新的障碍和克服障碍的可用资源、政策扩散机制组成的模型。实证结果表明，市辖区内社会组织是政府采纳公益创投政策的重要影响因素，一市的社会组织数量越多，该市政府越有可能采纳公益创投，市辖区内媒体报道的数量以及邻近城市采纳公益创投的数量也为中国语境下的公益创投政策的扩散提供了有力解释。

这一发现能够帮助我们更好地理解公益创投作为政策工具是如何扩散到各地，并受哪些因素和机制的影响，对今后鼓励和推动政府出台优秀的创新政策提供一些理论上的借鉴。本研究对我国的公益创投政策实践发展可能带来如下启发。

首先，就创新主体而言，在不考虑其他环境因素的情况下，一市的人均 GDP、人口规模、财政能力会对该市采纳公益创投政策产生一定影响，而在考虑竞争、学习及社会建构机制后，其显著性影响明显下降了，可见市级政府在进行公益创投政策的决策时，并不仅仅考虑辖区内部的财政压力与经济实力，更多地受到了政策扩散多种复杂机制的作用影响。

其次，创新客体方面，一市的社会组织数量会对公益创投政策扩散产生显著影响，社会组织是公益创投开展的主体，一市社会组织数量越多，对公益创投的需求越强，这有助于促使政府积极开展公益创投以满足社会组织的需求，可见大力培育和发展社会组织有助于市级政府公益创投实践的蓬勃开展。

最后，就创新环境和时效性而言，竞争机制与社会建构机制会对市级政府政策创新扩散产生积极影响，市级政府进行政策创新更多受到“横向竞争压力”的影响，这种压力将会导致相邻市级政府相继采纳公益创投政策。并且社会舆论新闻报道越多，就会形成越大的舆论压力，在公民、媒体和公共事件的压力下，政府展开政策创新的可能性越强，但这种影响的时效较为短暂，强调时间的有效性，而竞争机制的影响是深远且越发显著的，进一步印证前文我国竞争机制效应明显的初步结论。

但作为一项初步的经验性研究，该成果还难免存在一些不足或欠缺。一是作为创新型政策，公益创投属于地方政府介入程度较深的慈善金融工具，但尽管如此，地方层面公益创投政策样本数较少，我们梳理了10年的数据最后也只有74份，在慈善金融的地方政策中也属于比较多的类型。二是慈善金融政策包括多种工具和多种类型，并且彼此之间差异较大，公益创投更多以社会目的组织作为支持对象以实现社会效应为目的，以公益创投作为分析对象再推广到慈善金融全体工具时结论应该审慎。三是当前我国的公益创投依然是以地方政府投入为主，主要来源于福彩公益金，不仅仅是政策，还包括了更多的直接资金投入，这与发达国家主要以社会力量投入为主还存在差异。

六　慈善金融政策创新与扩散的相关建议

在考察了我国地方政府公益创投开展现状与社会背景后，本研究提出以下几点建议，期望在服务决策层和实践应用层面上为国家出台公益创投政策和地方政府公益创投政策实践与扩散提供智力支持，并进一步为慈善金融政策在我国的政策扩散提供参考。

（一）降低社会组织准入门槛，大力培育和发展社会组织

社会组织作为公益创投对象，是政府采纳公益创投政策的现实动力与实际需求所在。研究表明，辖区内社会组织数量越多，为满足当前市场紧迫需求，该市政策制定者采纳公益创投政策的可能性也越大。尽管十八大提出尽快建立现代社会组织体制，放开了行业协会商会、城乡社会组织、科技和公益慈善四类社会组织登记，但对更为广泛的社会组织而言，依然

要接受"登记管理机关"和"业务主管单位"的双重审核、双重负责和双重监管，过于注重制度体制规范。放在慈善金融政策角度而言，进一步降低社会组织准入门槛对于地方政府创新慈善金融政策的采纳是前提和基础，各地方政府应该及时做出相应的政策调整，给予社会组织合法身份，鼓励社会组织的兴旺发展。

（二）重视政府购买服务等相关政策的间接影响

研究发现中央层面政府购买服务政策的出台，从一定程度上刺激了地方政府公益创投的政策扩散。尽管政府购买服务与公益创投之间存在差异，但两者又存在很多相似之处①。这一发现表明公益创投政策扩散受相关政策的间接影响较大，进一步地给予我们几点启示。一是如果直接推动慈善金融政策较为困难，可以推动与市场化相关的其他慈善政策的出台，会间接影响慈善金融政策的扩散。二是地方层面的慈善金融政策创新受垂直效应影响严重，未来政策倡导的方向更应该是由国家层面来推动，能够起到更为直接的效果。三是从发达国家实践来看，慈善金融的发展与社会企业的兴起是密不可分的，尽管我国目前社会企业的政策实践才刚刚在成都和北京等地开展，但未来可以考虑通过鼓励社会企业支持政策从而间接带动慈善金融政策的出台。

（三）搭建沟通平台，鼓励地方政府学习交流

模仿机制能够在一定程度上增强公众政策认可度，降低执行成本，在政策制定的初期阶段可以省去时间的投入和政策框架的架构，但集中在消除政策推行的阻力和为政策的推行增加合理性时，政策的推行就会流于表面，政策所带来的影响相应也会不足，而学习机制更多强调了创新，致力于在原有基础上结合实际进行实践扩散，对两个机制应该综合进行运用。各地政府在进行慈善金融政策创新扩散时，应该充分发挥学习机制与效仿机制，通过与典型城市开展公益创投的参观交流研讨会，学习借鉴公益创投政策开展的模式方式，积累实践经验，并牢牢结合本地历史、经济社会背景，切记一味模仿，最终探索出适合于当地实际，具有当地特色的公益创投开展模式。

---

① 李健：《公益创投≠政府购买服务》，《中国社会报》2017 年 2 月 27 日。

（四）鼓励地方政府积极开展慈善金融的政策试点

一般情况下，政府出于谨慎性考虑，总会认为政策创新的实施需要充足的财力和人力支持。本文研究发现，公益创投在引入政策扩散影响机制以后，政策创新的采纳对辖区内的经济状况、政府的财政能力的条件要求显著下降，这意味着随着公益创投政策扩散的深入，经济不发达的城市也会陆续开展公益创投活动。由于各地方政府都有福利彩票公益金，民政部门对其支配有较大的话语权，可以将其中的一部分用于开展公益创投活动。这一发现一方面为中央政府层面鼓励地方政府先行先试，通过地方政府治理创新实践新政策提供了理论依据。国家应该继续鼓励地方层间在社会创新领域开展竞争，改变唯 GDP 的做法，将社会治理绩效纳入地方官员的考核评价体制。在竞争机制作用下，各地政府除应培养敏锐的洞察力，及时了解周边地区公益创投政策创新扩散状况，勇于挑战创新实践；还应保持开放学习的心态，取长补短，不断优化自身的政策开展方式，通过与周边城市的良性竞争，达到共同进步的效果。另外也给地方政府提出了启示，慈善金融政策具备充分的灵活性，政策门槛较低，地方政府在通过政策支持慈善金融发展、创新社会治理方面，应该改变传统观念，结合自身的经济和财政情况通过采取小规模试点“先行先试”，后期逐步提高公益创投的资金额度，在这一过程中注意推动社会组织自身广泛募集资金，同时鼓励和引导社会资本参与慈善金融，全面发挥政策杠杆的撬动作用。

（五）加大媒体对慈善金融的宣传力度

要重视媒体的作用，通过大众宣传媒体和专业传播机构，开辟多方宣传渠道，对典型案例进行挖掘和推广，通过媒体的大力宣传，一方面扩大慈善金融政策的影响力与扩散度，另一方面营造公开透明的活动环境，增加社会大众的认可度。把公共政策扩散设置为一种自然发生的过程规则，在公民、媒体和公共事件作用下，共同营造出社会各界共同支持慈善金融的良好氛围。

第八章　公益创投的运行机制与生态网络*

刘志阳**

摘　要：作为包容性金融体系的重要组成部分，公益创投是当前学术研究热点。本研究着重对公益创投特征、运行机制和生态网络等问题进行了深入剖析。研究表明，公益创投是一种从商业创投中分离出来的专门执行社会企业投资职能的独立资本形态，它具有独立的资本人格化代表——公益创投家，执行着独立的组织化资本职能——社会企业初期阶段投资职能，有着独特的投资目的——获取投资收益和社会影响力。公益创投与商业创投一样经历筹资、投资和退出三个阶段。但在筹资过程中，公益创投资金更多来自政府和各类基金；在投资过程中，公益创

* 本文曾以第一作者发表于《经济社会体制比较》2018年第3期(《公益创投运行机制研究——兼论与商业创投的异同》)、《东南学术》2018年第5期(《公益创投网络及其治理——基于"结构 - 治理 - 绩效"的多案例研究》)、《光明日报》理论版2018年9月24日(《中国社会创业发展现状及对策建议》)、《光明日报》理论版2016年11月13日(《公益创投应成为社会创业主要融资方式》)及《解放日报》2015年10月2日(《社会创业背景下的公益创投发展》)。区别于《公益创投运行机制研究——兼论与商业创投的异同》与《公益创投网络及其治理——基于"结构—治理—绩效"的多案例研究》两文,本文在提炼了公益创投双重使命驱动的投资、影响力导向的退出等运行机制,以及嵌入型、蜂巢型等生态网络类型基础之上,进一步通过青云创投和LGT 公益创投等案例对研究结论进行了丰富和验证。区别于《光明日报》和《解放日报》上发表的三篇文章提出的公益创投和社会创业发展现状和对策,并进一步补充了国外公益创投发展的最新状况及我国公益创投发展存在的问题,指出我国公益创投尚存在市场运行机制缺乏、公益伙伴关系缺乏等问题,并且根据公益创投运行机制和生态网络治理,对我国公益创投发展对策进行了细化和丰富,提出了针对筹资、投资、退出不同阶段和构建包容性金融体系的具体建议。

** 刘志阳，上海财经大学教授，商学院副院长，中国社会创业研究中心主任。

投更关注企业的社会价值，投资更具量体裁衣特色，投后管理更加深入；在退出过程中，公益创投更看中社会影响力的获取，但缺乏退出渠道。根据网络主导性及其公益伙伴多样性两个维度，公益创投生态网络可以划分为嵌入型、蜂巢型、明星型和VP-VC双核型四种基本类型。本研究还针对我国公益创投发展的现状和问题提出了未来加强公益创投参与者自身能力建设、完善公益创投生态网络和探索建立社会企业交易所等政策建议。

关键词： 公益创投　金融体系　生态网络

一　公益创投概况

（一）公益创投的产生

利用市场化方式促进社会创业和包容性发展是当前全球重要议题，公益创投就是其中重要的方式。公益创投（Venture Philanthropy，简称VP），是指借鉴商业创投（Venture Capital，简称VC）方法，对初创期社会目标组织（主要是社会企业）进行投资孵化的资本形态。它以支持社会企业发展为前提，同时也追求必要财务回报以维持可持续发展，既有别于完全追求社会价值的慈善基金，也有别于完全追求商业价值的商业创投。公益创投的兴起及其在全球的扩展源自传统慈善公益实践运行的诸多不足，即Salamon所指出的“公益失灵”。由于传统慈善手段在支持社会事务方面难以取得令人满意的效果，很多成功的社会创业者开始采用商业创投的模式来处理社会事务，即像商业创投者一样对其慈善事业的每一个过程进行管理和监督，并追求最大化的社会影响力回报（Greenfeld，2000）。Porter等（1999）就提出慈善基金会要改变将私人资金低效率投资于受捐助机构的被动角色，以创造更大的价值。Wagner（2002）也强调将战略投资应用于非营利部门，以帮助它们从投资中获取社会回报。因此，公益创投的兴起具有诸多经济与社会背景叠加的结果。

首先，公益创投的兴起是社会目标组织高涨的结果。20 世纪 80 年代后期，由于凯恩斯主义的经济干预失灵后，许多原本由政府提供的社会服务转向了第三部门和市场，与此同时，发端于美国的社会运动，导致了一大批包括非营利组织、社会企业等在内的社会目标组织的产生。根据欧洲公益创投协会（EVPA）的定义，社会目标组织（Social Purpose Organizations，SPOs）以取得可衡量的社会与环境影响为首要目标，包括慈善组织、非营利组织和社会企业。社会企业（Social Enterprises，SEs）以实现最大社会价值创造并兼具财务回报可持续性为目标（Dees，2012；Austin et al.，2006；Mair et al.，2014；Martin et al.，2007），通常涉及环境、健康、减贫等领域，受益对象主要以儿童、中年妇女、贫困群体、残疾人等为主的 BOP 市场群体（Hehenberger et al.，2014）。社会企业是公益创投中的受助方，大多数自身没有市场化的销售收入，盈利不足以接入传统金融市场。Alter（2001）认为，社会企业是政府推动、公益创投直接投资和非营利组织主动转型的结果。这些社会目标组织在发展过程中面临越来越严峻的可持续发展问题。早期社会目标组织的运作资金主要来自私人捐赠和部分政府组织的支持。但捐赠或政府资助具有一定的不确定性，数目往往有限。尤其是在经济不景气时，社会目标组织的发展和运作更是缺乏有效的资金援助，急需解决自身的可持续发展问题。公益创投就是应运而生的一种金融工具，其存在有效解决了社会目标组织资金不足的问题。越来越多的证据说明，公益创投对社会目标组织的创建和持续发展起到了积极的作用。

其次，公益创投的兴起有其内在背景，其兴起与传统社会组织发展过程碰到的诸多障碍有关。早期传统社会组织的运作资金来源主要是私人捐赠和部分政府组织的支持。但捐赠或政府资助具有一定的不确定性，数目往往有限。同时，传统社会组织缺乏外部监督，缺乏专业运作人才等已有运作模式，已不能适应经济社会发展的新背景。这些事实说明，传统的救济慈善需要升级到产业慈善，以适应不断涌现的社会问题。由此，市场机制和企业家精神成为解决问题的新思路。2014 年底召开的国务院常务会议提出，发展慈善事业，必须创新机制。地方政府和社会力量可通过公益创投等方式，为初创期慈善组织提供支持。积极探索金融支持慈善发展的政策。公益创投作为应运而生的一种金融工具，其存在有效解决了传统社会组织资金不足和社会企业能力缺乏的问题。以欧洲第一家公益创投 Impetus 为例，其已成功投资包括 Beat 等在内的 22 家社会组织，截止到 2012 年底，投资组合的可持续资金收入从 3200 万美元增长至 5200 万美元，帮助的社会人群从 89262 人增长至 380187 人。

摩根大通银行和洛克菲勒基金会预计，2020 年公益创投可以达到 4000 亿到 10000 亿美元。作为主流投资机构先行者，瑞士信贷银行筹集 5 亿美元在非洲开发农业，德意志银行出资 1500 万美元设立眼科医疗基金。从 2006 年至今，我国已有 54 家注册成立的民间公益创投，除岚山基金、新公益伙伴、恩派等规模较大外，多数是小型基金或是项目组织。许多地方民政机构运用政府公益招投标和政府购买方式大力发展公益创投。联想、海航、腾讯等大企业也通过举办公益创投大赛加入公益创投队伍。迄今，我国公益创投事业初步形成了政府主导、民间补充和大公司参与的局面，市场潜力巨大。然而整体上，与全部投资规模相比，当前公益创投的资金量不大，主要在于公益创投生态系统尚处于早期且破碎状态，大多数投资机构仍然持观望态度。

最后，发端于 20 世纪 90 年代的企业社会责任运动（CSR）也在改变着大企业、PE 和 VC 这些商业机构的投资行为和功能性质。以世界五百强为首的越来越多的大企业和跨国公司、一些顶尖的投资银行、私募股权投资和商业创业投资也把社会价值纳入自身发展框架，自发地加入社会创投的队伍中，为社会创投的发展提供资金和社会网络资源，有效推动了社会创投机构自身的发展。

（二）公益创投概念

公益创投概念，最早由美国慈善家约翰·洛克菲勒三世在 1969 年提出，原意是“一种用于解决特殊社会痼疾的具有一定风险的资助形式。”1984 年，美国“半岛社区基金会”首次用 Venture Philanthropy，表达风险投资和资助行为的结合。公益创投的出现引发了学术界的关注。莱特等（Letts et al.，1997）在《哈佛商业评论》刊发文章《道德资本：慈善基金会如何借鉴风险投资》指出慈善基金会可以借用风险投资的方法，并提出用赞助型基金会的

模式对非营利组织进行支持。波特等（Porter and Kramer，1999）在《哈佛商业评论》发表《慈善的新议题：创造价值》建议慈善基金会改变将私人资金低效率投资于受捐助机构的被动角色，以创造更大的价值。EVPA 把公益创投看作是各种投资主体以寻求社会收益为目的而投资在善举上的创业资本和人力资源。Pepin（2005）将公益创投定义为"企业家、商业创投者、信托基金或者公司将人力资源和资金投资于慈善事业，并寻求投资的社会回报"。但上述定义没有清晰识别公益创投的价值主张，使得公益创投的目标对象难以界定（Scarlata 和 Alemany，2012）。Pepin（2005）进一步明确了公益创投的主要目标对象就是社会企业。在 Letts 等（1997）研究的基础上，Scarlata 和 Alemany 提出了一个更加全面的公益创投定义，认为公益创投是一种针对具有潜在社会影响力的社会企业进行的投资，其中，投资前进行尽职调查，投资目标是获取最大化社会影响力，投资内容包括财务支持和非财务性增值服务。越来越多的学者呼吁加强对公益创投的研究（Austin，2006；Certo et al.，2008），强调应该关注 VP 投资组合筛选（Jegen，1998；Pepin，2005），应该综合考虑投资对象的社会价值与财务价值，对其分别设定决策标准（Miller et al.，2010）。

随着实践的发展，公益创投的定义和内涵也在不断演化（Buckland et al，2013）。但越来越多的学者意识到已有公益创投的界定只是考虑了其与传统公益融资的区别，忽视了其本质的资本属性。本报告认为，任何新的金融工具的出现都是金融分工和深化的产物，公益创投不仅是一种新型的投融资方式，更是一种从商业创投中分离出来的专门执行社会企业投资职能的独立资本形态①，它具有独立的资本人格化代表——公益创投家，执行着独立的组织化资本职能——社会企业初期阶段投资职能，有着独特的投资目的——获取投资收益和社会影响力。只有站在资本属性的角度来理解公益创投才可能完整理解其独特运行过程。此外，理解公益创投，也应该基于包容性金融体系的视角。作为包容性金融体系的重要组成部分，公益创投区别于社会天使、影响力投资等其他社会资本形态。在包容性金融体系中，社会天使、小额信贷等主要针对种

① 创业资本运行过程也存在筹资、投资、退出的资本割裂问题，详见刘志阳《2005："创业资本运动机理：一个马克思主义视角"》，《南开学报》（哲学社会科学版）2005 年。

子期社会目标组织，影响力投资、社会债券等主要针对成熟期社会目标组织，公益创投则主要针对初创期的社会企业。因此，本报告将公益创投定义为一种借鉴商业创投方法，对初创期社会目标组织（主要是社会企业）进行投资孵化的包容性资本形态。

（三）公益创投分类与特征

公益创投和公益慈善业、商业创投紧密相关，但也形成了自身的特征（Battilana and Dorado，2010）。Letts 等（1997）首次从传统公益中区分出公益创投，并且提出了公益创投相比传统公益的五个特征，即公益创投需考虑投资风险性，应具有明确的业绩目标和评价方式，与被投资者建立更加长期和深度的伙伴关系，能帮助被投资者获取持续投资，具有明确的退出战略。Hafenmayer（2013）提出公益创投具有以社会企业为投资对象、尽职调查、量体化投资、长期投资、监督和业绩评价、优先社会回报等特性。EVPA 把公益创投看作各种投资主体以寻求社会收益为目的而投资在善举上的创业资本和人力资源。EVPA 认为公益创投具有六大基本特征：①高度参与性（公益创投介入社会目标组织的运营）；②量体裁衣的融资安排（提供定制化的融资工具，包括可转换债券、混合工具等）；③长期资金支持（时间通常为3~5年甚至更长时间维度）；④非资金支持（提供包括战略规划、收入策略指导等非财务增值服务）；⑤组织能力建设（致力于组织的长期能力假设，以实现可持续经营）；⑥绩效评估（社会影响力的度量）。

根据 EVPA 的公益创投光谱，根据投资战略不同可以将公益创投分为三类：①只有社会影响力战略，即预期产生正的社会影响力和负的财务回报；②社会影响力优先战略，即预期产生正的社会影响力同时也产生正的财务回报；③财务回报优先战略，即预期以最大化财务回报为目标，社会影响力次之，这种类型不属于公益创投定义范围内（见图1）。因此，由于公益创投以最大化社会影响力为目标，可以将现有的公益创投划分为三组，即只求社会影响力回报、社会影响力回报优先兼顾财务回报和社会影响力与财务回报同等重要三种类型。

除了投资战略以外，公益创投作为新兴的社会融资工具，与商业创投、慈

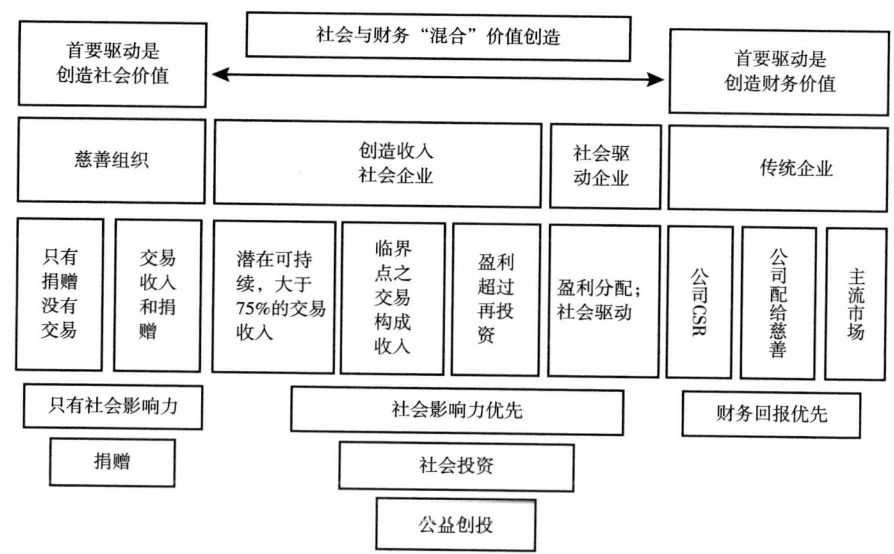

图1　公益创投光谱（The EVPA Spectrum，2016）

善投资相比在投资对象、投资目标、参与关系等方面都具有鲜明特点（刘志阳、邱舒敏，2014）（见表1～表2）

表1　公益创投与慈善投资、商业创投比较

非营利组织，依靠捐赠	非营利组织，依靠捐赠与部分交易收入维持生存	社会企业潜在可持续性，<75%的交易收入	社会企业，盈亏平衡	社会企业，可盈利但盈利仅限于再投资	社会企业，商业驱动并且进行利润分配	社会责任型企业，分配一定利润进行CSR	一般性企业，常规的主流商业企业
慈善投资		公益创投				商业创投	
投资目标	社会回报最大化	最大化社会回报＋非必须财务回报				财务回报最大化	
投资对象	非营利组织	社会目标组织				商业企业	
投资项目与金额	不确定项目数量，小额资金，非持续	项目数量少，较大额资金，长期持续的“耐心资本”				项目数量相对较多，大额资金，长期持续	

续表

非营利组织，依靠捐赠	非营利组织，依靠捐赠与部分交易收入维持生存	社会企业潜在可持续性，<75%的交易收入	社会企业，盈亏平衡	社会企业，可盈利但盈利仅限于再投资	社会企业，商业驱动并且进行利润分配	社会责任型企业，分配一定利润进行 CSR	一般性企业，常规的主流商业企业
慈善投资		公益创投				商业创投	
参与关系	低参与度	高度参与，参与运营决策				高度参与	
社会网络	相对弱化	社会部门、商业部门、政府多方关系网络				较强网络	
风险	风险最小化	财务风险承受能力大				财务风险承受能力小	
激励约束	无	激励以社会回报为主，道德风险与信息不对称少，监督成本小				激励以财务回报为主，道德风险与信息不对称大，监督成本高	
绩效测量	缺乏严谨透明的测量指标	社会影响力评测＋财务回报评估				财务投资回报率	
退出时机	项目结束退出	被投资者财务持续且组织稳定时退出				被投资者财务最大化时退出	

表2　公益创投与商业创投的运行机制比较

类别		公益创投	商业创投
筹资	筹资来源	社会天使、机构投资者、基金会、政府、私募基金等，其中政府和各类基金占比高	机构投资者、基金、公司、银行、保险公司、政府、个人与家庭等，机构投资者和养老基金占主要地位
	组织形式	合伙制、信托制	合伙制、公司制、信托制
投资	筛选标准	以社会价值为首要目标，同时考虑经济目标，更关注企业的产品或服务是否能够满足社会需求或解决社会问题	根据市场前景、预期收益率、企业家能力等经济指标对项目进行初步筛选
	投资工具	捐赠、股权、低息债权、夹层融资等，关键问题在于对社会回报与财务回报的权重配比，以及投资对象的现金流充足程度。量体裁衣特色，以满足投资对象需求为原则	股权、债权、优先股、可转债、附认股权债等，关键问题是投资的变现和投资风险防范以及对创业企业的控制以投资者偏好为原则
	投资规模	投资组合规模通常比较小，会选择把大量的资本和资源投到少数的几个项目中去	高风险、高收益的投资组合策略，同时投资于多个项目，投资组合规模大

续表

类别		公益创投	商业创投
投资	投资关系	管家关系，深度的投资前和投资后的参与和互动关系	委托代理关系，投资后建立起高度的合作关系
	投后管理	深入投资对象的运营过程，大量运用外部力量，通过战略咨询、社会网络、组织建设等方式协助投资对象达到社会价值最大化	为投资对象的运营提供意见，通过战略咨询、法律帮助、引进其他融资等方式协助投资对象达到经济价值最大化
退出	评估方法	利用 BACO、SROI、IRIS 和 EVPA 五步法等工具进行社会价值评估	资产评估法、权益评估法、贴现现金流量评估法等
	退出时机	被投资者实现自身可持续发展，并取得一定的社会影响力时	自身财务回报最大时
	退出方式	出售股份、社会目标组织管理层回购、社会企业交易所 IPO 等，但 IPO 方式还很少	出售、并购、IPO 等，其中，IPO 是最常见的也是最为成功的策略
	收益分配	一般不存在收益分配问题，投资回报用于再投资	把投资收益分配给基金的投资者

资料来源：作者根据资料整理。

第一，公益创投的投资对象为社会目标组织，主要是社会企业和少部分其他非营利组织。社会企业是以商业手段解决社会问题的新兴经济体，兼具社会目的与经济目的。非营利组织分成两类，一类完全依赖捐赠维持组织生存，一类具有一定市场销售收入以维持生存，后者是公益创投的主要投资对象；慈善投资对象主要是所有非营利组织；商业创投对象则是商业初创企业。第二，公益创投的投资目的是社会价值优先，兼顾一定财务回报。其本质是采用商业创业投资的方法，实现对社会问题的一揽子解决方案。相比较而言，商业创投只重视经济价值，慈善投资只重视社会价值。所以，公益创投与商业创业投资及传统慈善投资一起，恰好构成“社会价值优先”“经济价值优先”“只重视社会价值”这三类目标组织所对应的投资方式。第三，公益创投对社会企业的管理参与度相对较高。牛津大学赛义德商学院斯科尔社会企业研究中心教授罗伯·约翰认为，公益创投与商业创投一样，在战略和执行层面与其所投资的对象关系紧密，在资金支持之外同时为社会目标组织提供各项增值服务。公益创投对社会企业的发展具有高参与度，甚至进入董事会参与经营管理，并且持续很长一段时间。而慈善投资几乎完全不参与所投资对象的运营。综上，公益创投结合市场化的方式，在能够保证自身可持续性的前提下，相比传统的慈善投资，具备孵化作用更好、外部监督激励更强、增值服务更到位的优势，能够更好地迎合社会企业规模扩张以及组织管理建设的需求。岚山基金创始人肖晗在2011年社会创新国际论坛中强调指出，公益创投就是要解决“那些商业风险投资资金不会眷顾，利润不高但是有社会效应的这些企业融资的空白”。因而，公益创投是对商业创投和慈善投资的有效补充，三者结合，通过将有限的资源战略配置给解决社会问题领域的各类特定社会组织，能够最大化社会福利水平。

二　公益创投的发展现状

（一）国外公益创投发展现状

21世纪初，英国社会首先开始高度关注创新的社会投资方式及慈善基金会参与模式，后迅速扩散至整个欧洲大陆。相比美国，欧洲后来者居上，2004年，作为首个促进公益创投发展的推进机构——欧洲公益风险投资协会（European Venture Philanthropy Association，EVPA）成立，标志着欧洲公益创投进入了快速发展时期。2017年财政年度，VP / SI组织（VPO/SIs）投资支持11951个SPO 7.67亿欧元[①]，公益创投机构（Venture Philanthropy Organizations，VPOs）与多家社会目标组织达成协议，投入资金并提供了相应的增值服务，有效推动了欧洲社会目标组织的孵化与可持续发展。随着政府和企业大量资金的注入，欧洲公益创投活动领域更加广泛，知名度不断增加，其所支持的社会企业实践能力也不断提升，并且，社会企业家对灵活融资的需求和公益创投提供的开放性愈加吻合，公益创投则越来越成为公益和社会责任投资不可分割的一部分[②]。因此，

---

① EVPA，2018. Published by the European Venture Philanthropy Association，https：//evpa. eu. com/.

② Leonora Bucklan，Lisa Hehenberger & Michael Hay：《欧洲公益创投渐入佳境》，吕蓉译，《中国社会组织》2015年第12期，第48～49页。

本研究以欧洲公益创投作为国外公益创投的典型代表进行分析。欧洲公益创投发展呈现出以下特点。

1. 周期性波动

周期性波动指的是欧洲公益创投基金的投资存续期，截至2018年底，大多数经过调查访谈的欧洲公益创投机构承诺的期限为2～6年，但承诺期限会根据资本形式的不同而有所不同。股权被确认为VP / SI领域内最耐心的资本形式，91%的受访者使用该金融工具支持公益创投机构超过4年①。使用捐赠工具支持公益创投机构的承诺期限大多为2～4年，占到48%；使用债权工具支持公益创投机构的承诺期限为2～4年、4～6年以及6～10年，分别占到35%、27%、24%②（见图2），长期投资的趋势显示出欧洲公益创投更多耐心资本的趋势。

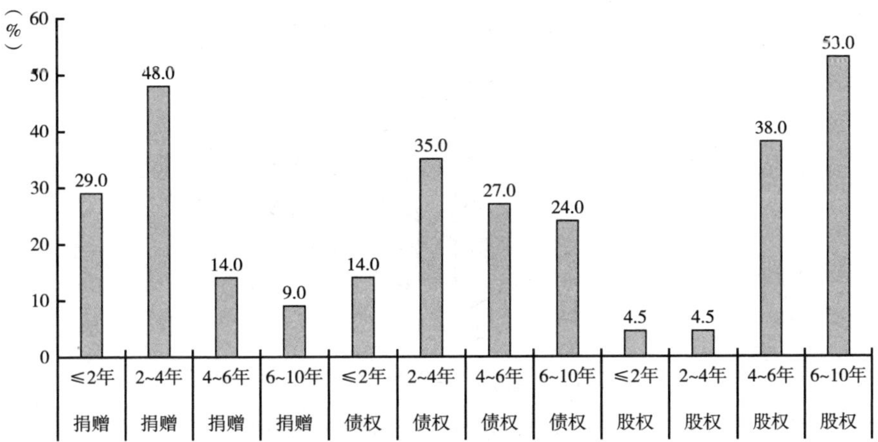

图2　2017年欧洲公益创投承诺期限

资料来源：作者根据EVPN（2018）的报告整理自制。

2. 区域集中显著

从地域上来说，大部分资金越来越多地用于西欧，2017年西欧区域吸引了54%的资金；非洲是第二个目标区域，吸引了16%的资金，比2015财年增

① EVPA，2018. Published by the European Venture Philanthropy Association，https：//evpa. eu. com/.

② EVPA，2018. Published by the European Venture Philanthropy Association，https：//evpa. eu. com/.

加了2个百分点；拉丁美洲吸引了8%的资金，与2015财年登记的10%相比有所减少；而东欧的VP／SI市场仍然有限，该地区仅占年度总资金的7%[①]（见图3）。一方面，区域集中的现象与投资对象的地理位置具有一定相关性，公益创投在提供资金资助的同时需要提供参与性的非资金增值服务支持，这使得地理位置成为一个重要因素。另一方面，基于公益创投普遍具有资金规模较小的特点，集中的趋势更便于联合投资，有助于扩大投资的整体影响力。

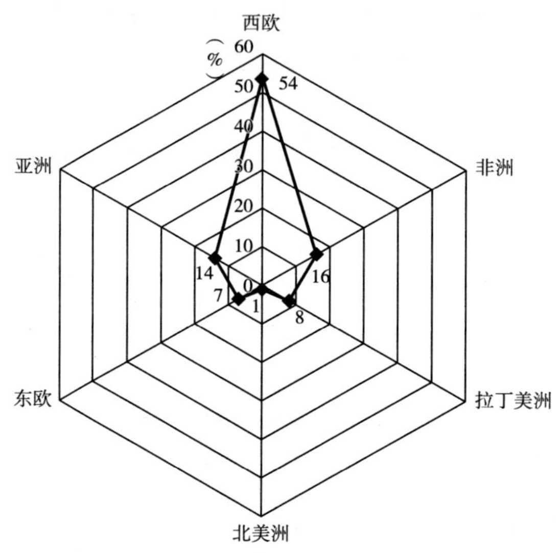

图3　2017年欧洲公益创投的投资区域分布

图来源：作者根据EVPN（2018）的报告整理自制。

3. 财务和社会回报并重

虽然社会回报仍然是欧洲公益组织的主要优先事项，但越来越多的公益创投机构预计其投资将获得积极的财务回报。不同公益创投对社会回报与财务回报的目标定位不同，在最大化社会回报的前提下，追求财务回报的社会企业逐渐成为欧洲公益创投的重点关注领域。据统计，欧洲公益创投的投资对象成立年限短期化趋势明显，成立年限在两年以内及五年以内的投资对象分别占31%与71%[②]，该特点

① EVPA，2018. Published by the European Venture Philanthropy Association，https：//evpa. eu. com/.

② EVPA，2016. Published by the European Venture Philanthropy Association，https：//evpa. eu. com/.

使得公益创投的财务风险大大增加，因此，欧洲公益创投对财务回报的要求也成为维持自身可持续发展的必然要求。具有社会回报优先权但也接受财务回报的公益创投机构仍然是2017年最大的类别（占受访者总数的41%）[①]。只关注社会回报的公益创投机构的比例增长了2.5个百分点，从2015财年的32%增长到2017财年的34.5%，而社会和财务回报平等从2013财年的25%增加到2015财年的31%[②]，在2017年有所回落，占到24.5%[③]（见图4）。

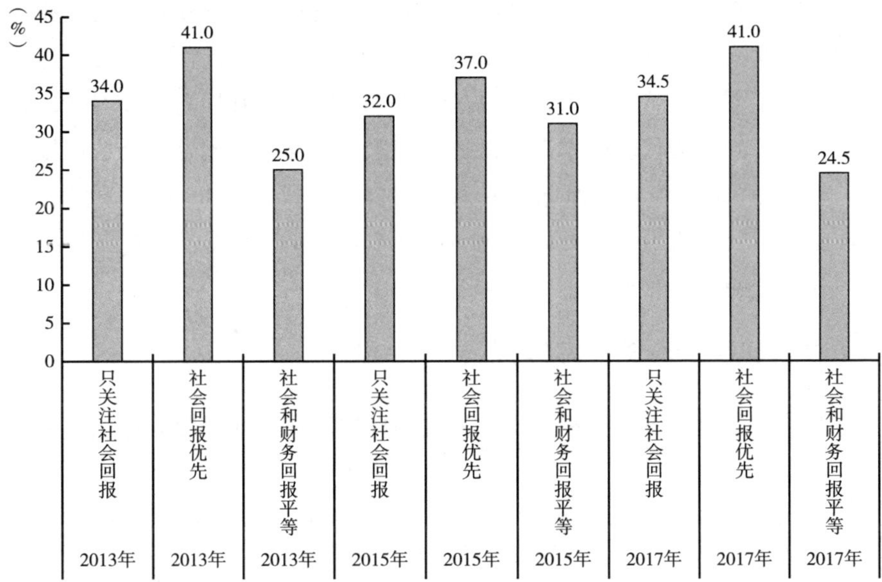

图4　2013～2017年欧洲公益创投社会回报和财务回报优先级的平衡性

资料来源：作者根据EVPN（2014）、EVPN（2016）、EVPN（2018）的报告整理自制。

4. 投资领域不断细分

欧洲公益创投将关注对象细分到11个领域。专注以地区、目标人群、行业等划分的细分市场，不仅有利于公益创投协调组织资源、为投资对象提供精准到

① EVPA，2018. Published by the European Venture Philanthropy Association，https://evpa.eu.com/.

② EVPA，2016. Published by the European Venture Philanthropy Association，https://evpa.eu.com/.

③ EVPA，2018. Published by the European Venture Philanthropy Association，https://evpa.eu.com/.

位的增值服务，还有助于为衡量最终的投资影响力提供一定的便利性。根据1992年Salamon和Anheier[①]首次推出的国际非营利组织划分标准（International Classification Standards for the Non-profit Organizations，ICNO）[②]，2017财年，经济和社会发展成为欧洲公益创投最为关注的领域，获得了29%的资金，其次是包容性金融（27%）、教育（12%）、社会服务（6%）、环境（6%）、健康（6%）、文化和娱乐（6%）等（见图5）。总的来说，前六大行业占2017财年总支出的63%[③]。从受益对象来看，贫困人口是欧洲VP/SI投资的主要受益者，49%的欧洲公益创投机构针对该群体，儿童和青少年是第二大支持群体（45%），然后是残疾人（35%）和失业人群（31%），女性占到26%[④]，欧洲拥有以Bonventure为代表的重点关注德语国家生态与社会问题的公益创投，以d. o. b为代表的重点关注非洲低收入人群的公益创投，以Impetus为代表的重点关注贫穷的公益创投，以IFC（Invest For Children）为代表的重点关注残疾儿童成长的公益创投等[⑤]。

（二）我国社会创业发展现状

作为社会创业的主要融资方式，公益创投的发展与社会创业息息相关，社

① Salamon, L. M., Anheier, H. K., In Search of the Nonprofit Sector. II: The problem of Classification [J]. *Voluntas*, 1992, 3 (3): 267-309.

② 非营利组织的国际分类如下：①文化和娱乐（文化、艺术、体育、其他娱乐和社会俱乐部）；②教育（小学、中学、高等教育等）；③研究；④健康（医院、康复、疗养院、心理健康/危机干预）；⑤社会服务（紧急情况、救济、收入支助/维持）；⑥环境（有机、清洁技术、动物保护）；⑦发展和住房（经济、社会、社区发展、公平贸易、伦理时尚、就业和培训）；⑧法律、宣传和政治（公民/宣传组织、法律/法律服务、政治机构）；⑨慈善中介和志愿服务推广；⑩国际（文化间了解/发展和国外福利/在紧急情况下提供救济）；⑪宗教；⑫商业和专业协会、工会；⑬其他。

③ EVPA, 2018. Published by the European Venture Philanthropy Association, https://evpa.eu.com/.

④ EVPA, 2018. Published by the European Venture Philanthropy Association, https://evpa.eu.com/.

⑤ 与欧洲相似，美国拥有以聪明人基金（Acumen Fund）、罗宾汉基金（The Robin Hood Foundation）、红杉工程（Project Redwood）为代表的致力于解决贫穷的公益创投，以老年痴呆药物发掘基金（Alzheimer's Drug Discovery Foundation）、癌症免疫疗法基金（The Cancer Vaccine Acceleration Fund）为代表的致力于解决医疗健康的公益创投，以新学校创业基金（New Schools Venture Fund）为代表的致力于改变低收入家庭儿童教育问题的公益创投等。

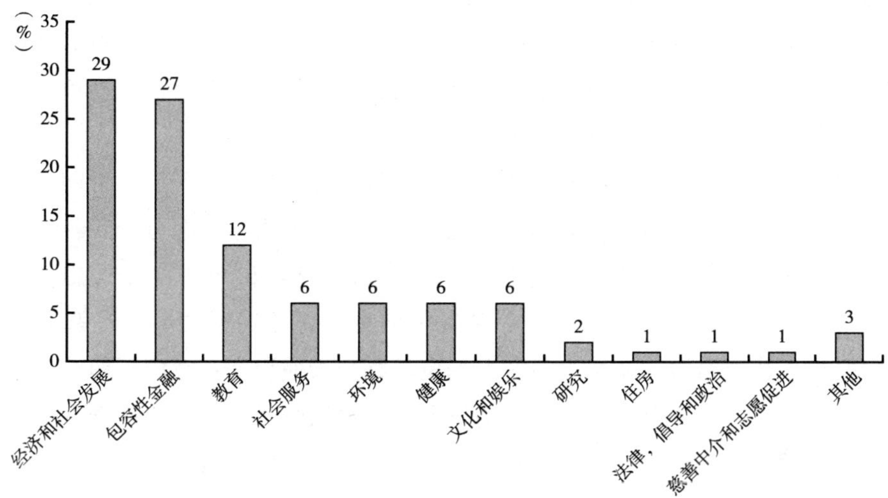

图5　2017年欧洲公益创投的投资领域

资料来源：作者根据EVPN（2018）的报告整理自制。

会创业的发展现状很大程度上决定了公益创投的发展水平。近年来，我国社会目标组织（Social Purpose Organizations，SPOs）的发展取得了很多进展，但与欧美发达国家相比仍然存在很大差距。社会目标组织的发展存在如下问题。一是资金募集困难。民间慈善组织和社会企业发展面临严峻的资金募集困境。据麦肯锡统计，我国800家官方慈善机构占有80%的慈善资金，民间15万家慈善公益机构却仅占有20%的慈善资金来源。二是信息不透明。据统计，2011年，仅有8%的公众对社会目标组织的信息公开状况表示满意。三是运作不规范，缺乏有效的监督机制。“郭美美事件”“尚德诈捐门”等事件充分暴露了我国传统社会目标组织在规范化管理上的显著不足。四是缺失专业管理人员。44.8%的公益组织的专职人员在3人以下，其中还有10%并没有专职人员，而专职人员超过10人的还不到20%。上述社会目标组织面临的困境迫切要求我们切实转变完全依赖政府投入和管理，完全依靠爱心维持的非规范化、非专业化发展思路，必须尽可能采用市场化手段来解决诸多社会现实问题。欧洲实践表明，公益创业投资基金已经成为政府力量之外的促进社会创业发展和社会目标组织孵化、成长与发展的有效市场化支持工具。根据亚洲公益创投网络（AVPN）统计，截至2018年8月份，中国大陆的公益创投在该网络的注册会员仅有30家。不仅数量上较少，相较于欧洲公益创投完善的运行机制，多数中国公益创投在社会项目筛选、投资和退出过程中仍然没有建立成熟的创业投资机制。因而，我国社会目标组织发展较慢，迫切需要更多公益创投利用市场化力量帮助社会企业实现规范化成长，促进社会创业发展。

社会企业创业的融资同其他商业创业一样，也会经历种子期、早期、成长期和规模化几个阶段的融资。所不同的是社会企业通常会集合公、私各种不同类型的资本。对应商业创业融资不同阶段的天使、VC和PE，一个理想化的社会企业的成长一般遵循以下路径：在种子期有孵化器捐赠或政府采购社会服务；早期阶段有众筹、基金会或企业捐资、社会天使投资；在成长期有公益创投等耐心资本；规模化阶段有影响力资本、私募风险投资或企业社会责任资本进入。上述不同类型的社会投资资本在社会创业的不同阶段可以起到不同的作用，但是当前更应该着重发展专业化的公益创投。

目前，我国社会创业发展呈现出以下特点。

1. 中国社会创业发展现状

（1）中国社会企业家群体以高学历中青年为主，商业背景者居多

调查显示，92.3%的社会企业家接受过高等教育，其中75%的社会企业家接受过本科及以上教育，21%的社会企业家接受过硕士及以上教育，这说明中国社会企业家总体素质较高，也反映出社会创业活动的挑战性，需要社会企业家具备充足的知识和能力来应对复杂的社会问题，以及平衡经济和社会目标。中国社会企业家群体以中青年为主，30岁以下、30~39岁、40~49岁比例分别为25.00%、38.71%和27.82%，50岁以上的比例为8.47%，这与商业企业家群体年龄分布大致相当。值得注意的是，社会创业者中女性的比重为38.3%，这一比例显著高于商业创业中的女性比例（第十次私营企业调查，女性商业创业者比例为16.3%），说明女性可能具有更强的社会价值取向。

中国社会企业家群体主要来源于两个渠道，一是由社会事业或公益事业者转型而来，二是由商业企业家转型而来。有17.3%的社会企业家同时具有商业部门和社会部门从业经历。中国社会企业家商业背景者占多数，超过60%的社会企业家曾拥有商业部门的从业经历（民营企业、外资企业和国有企业的背景分别占比为36.29%、14.11%和10.48%）。而拥有非营利性部门从业

经历的社会企业家有 43.55%（社会服务机构/民非、事业单位、社会团体占比分别为 16.94%、16.53%、10.08%）（见图 6）。

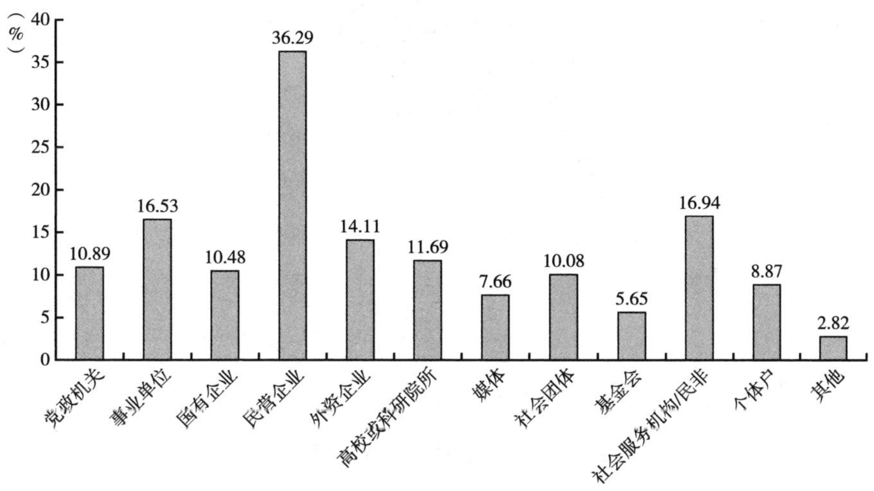

图 6　中国社会企业家群体来源分布

由这两个渠道转型来的社会企业家在社会创业过程中也存在显著差异。首先，在注册形式上，由商业企业家转型而来的社会企业家注册为公司的可能性更高。数据显示单纯具有商业部门经历的社会企业家选择注册公司的比例为 32.7%，单纯具有社会部门经历的社会企业家选择注册公司的比例只有 24.6%。其次，在合作伙伴选择上，具有商业部门经历的社会企业家相比具有社会部门经历的社会企业家选择商业公司作为合作伙伴的比例高出了 15.9 个百分点；但是二者在社会部门合作伙伴选择上不存在明显差异，二者选择非营利组织或社会企业合作伙伴的比例均为 77% 左右。

（2）中国社会企业多数处于初创和成长阶段，总体规模偏小

中国大部分社会企业是 2000 年以后成立的，总体处于初创和成长阶段，发展历史非常短暂。调研显示，社会企业成立年限为 3 年以下的比例高达 46.77%，21.37% 的社会企业成立年限为 3～6（含）年，18.15% 的社会企业成立年限为 6～10（含）年，13.71% 的社会企业成立年限为 10 年以上（见图 7）。

中国社会企业在员工规模、服务范围和收入水平上规模普遍偏小。从员工

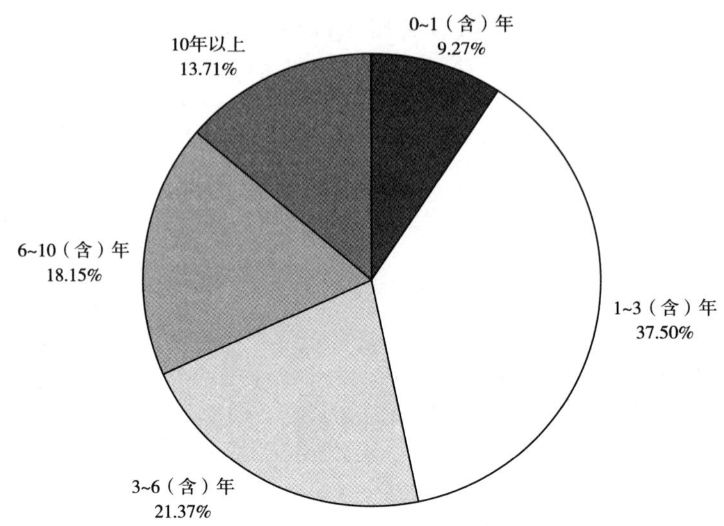

图7　中国社会企业成立年限分布

规模来看，49.19%的社会企业员工在10人以下，25.40%的社会企业员工为10～30人，6.45%的社会企业员工为31～50人，6.85%的社会企业员工为51～100人，12.10%的社会企业员工为100人以上。从服务范围来看，22.18%的社会企业服务范围为本省，26.61%的社会企业服务范围为本市，5.65%的社会企业服务范围为本县，只有42.34%的社会企业服务范围超出了本省。从收入水平来看，66.13%的社会企业年收入不到100万元，23.39%的社会企业年收入为100万～500万元，年收入在500万元以上的社会企业占比仅有10.48%（见图8）。即使是成熟的社会企业其收入也十分有限，调查显示，成立6年以上的社会企业中年收入高于100万元的社会企业比例也仅占23.8%。

（3）中国社会企业行业分布较广，社会民生领域比重较高

调研显示，中国社会企业主要分布于教育培训、助残、环境保护、能源、农业以及社会企业服务等多个行业。其中教育培训行业占比最高达到19.35%，其次是社会企业服务行业占比，为12.50%，助残行业、妇女儿童行业、文化艺术行业、信息技术与“互联网+”领域、扶贫开发领域、养老行业、医疗卫生和健康行业、就业领域占比分别为10.48%、7.66%、7.26%、5.24%、5.24%、4.84%、4.03%和2.42%（见图9）。这些领域大多属于社会民生领域，这也是新时代中国社会问题最为凸显和复杂的领域。

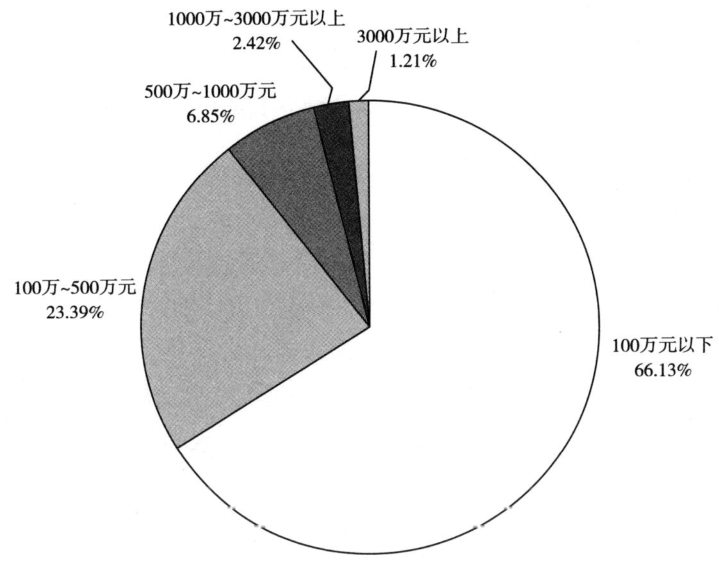

图 8　中国社会企业年收入分布

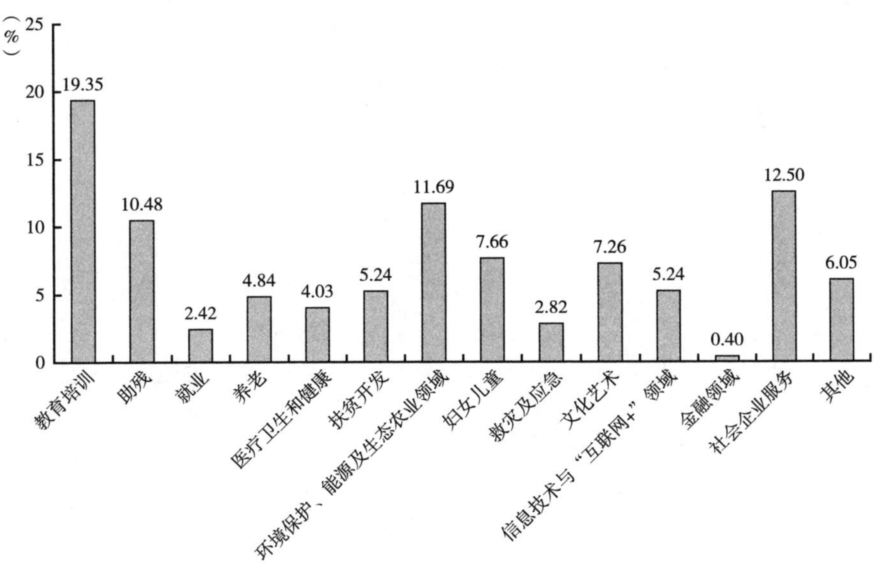

图 9　中国社会创业行业分布

2. 中国社会创业发展的瓶颈

由于发展历史短暂、体制不健全以及生态不完善等原因，中国社会创业也面临着严重的内外部约束难题。如何解决这些问题就变得十分重要，这也关系到中国社会事业建设的长远发展。

（1）合法性约束

中国社会企业作为新型社会组织，在发展过程中普遍面临难以被社会公众等利益相关者认同与接纳的合法性障碍，体现在两个方面。

首先，缺乏规制合法性。调研发现目前我国社会企业注册形式主要有6类：①民办非企业单位（社会服务机构）法人，这是我国目前社会企业的主要注册形式，占到了42.34%；②工商注册的公司法人，这类形式占比达到31.05%；③社会团体法人，这类形式占到了9.27%；④公司法人和民办非企业单位兼有，这类形式占到了6.85%；⑤基金会法人，这类形式占到了1.61%；⑥事业单位法人，这类形式占到了1.21%。此外，还有7.26%的社会企业尚未注册（见图10）。我国法律目前对于社会企业这一新兴的组织形态还没有明确的定位，尽管个别地方出台了相关行政法规，但其对于社会企业的规制和引导作用仍然欠缺。

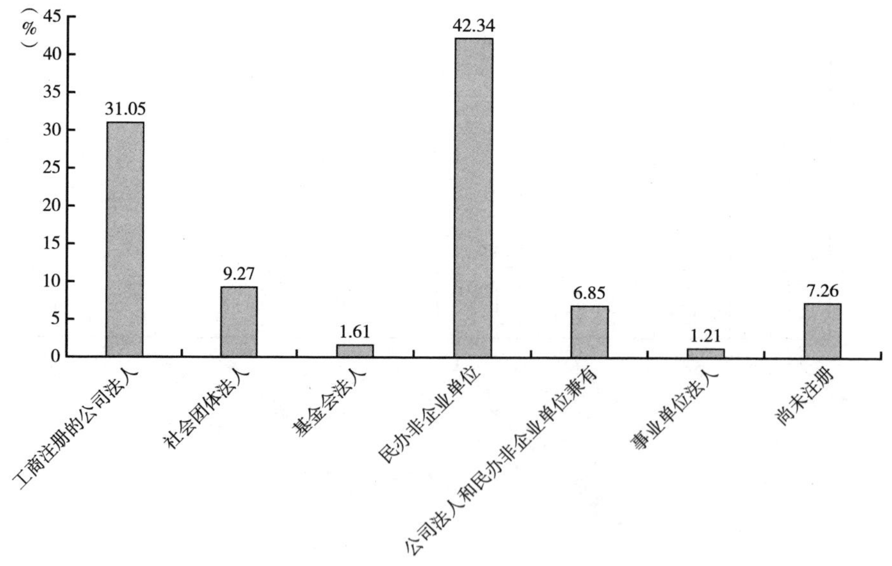

图10　中国社会企业注册性质分布

其次，缺乏认知合法性。调研数据显示，仅有62%的社会企业表示非常愿意被称为社会企业，有高达22%的社会企业表示不愿意被称为社会企业或对被称为社会企业存在顾虑。虽然我国实质上已经存在了很多社会企业，但社会企业这一特殊组织形式和概念目前还远未得到社会大众的认同。认知合法性的缺失也反应在社会企业招聘上，76.6%的社会企业表示在招人方面不顺利或存在困难。这一方面是由于社会企业在我国是一种新型事物，其被大众认同还需要一定的时间；另一方面更重要的是由于社会企业主要以公益组织和商业公司两种身份存在，注册的组织形式无法与社会企业的组织目标完全契合，从而容易在受众认知上造成偏差。

（2）融资约束

社会企业融资同传统商业创业一样，也会经历种子期、早期、成长期和规模化几个阶段的融资。所不同的是社会企业通常会集合公、私各种不同类型的资本。对应商业创业融资不同阶段的天使、VC和PE，一个理想化的社会企业的成长一般遵循以下路径：在种子期有孵化器捐赠或政府采购社会服务；早期阶段有众筹、基金会或企业捐资、社会天使投资；在成长期有公益创投等耐心资本；规模化阶段有影响力资本、私募风险投资或企业社会责任资本进入。目前，我国社会企业融资生态尚未建立。社会企业创建阶段融资约束更为突出，调研数据显示，64.52%社会企业的创业资金主要来源于自身储蓄，27.42%的社会企业创业资金主要来源于亲朋好友，仅有14.92%社会企业创业资金来源于外部投资，这说明中国社会企业的发展急需社会天使投资的支持。

从社会企业融资的典型形式——捐赠和公益创投来看，面临如下约束。首先，仅有42.3%的社会企业获得过捐赠，超过一半的社会企业无法获得捐赠，这极大限制了很大一部分还处于初创阶段的社会企业的发展。在捐赠资金来源方面，29.03%的捐赠资金来自非营利组织或基金会，22.58%来自企业，17.34%来自个人，15.73%来自政府。这说明目前中国社会企业获取捐赠的来源总体多样化，但社会企业发展还未得到政府的充分支持。此外，在获得过捐赠的社会企业中，68.6%的社会企业是在2010年之后获得捐赠的，反映出我国社会企业融资渠道的发展明显滞后于社会企业的发展，难以为社会企业发展提供同步和及时的支持。其次，尽管超过80%的社会企业希望引入公益创投，但事实上仅有25.8%的社会企业获得过公益创投资金。缺少公益创投参与，一方面是由于我国公益创投的数量少、规模偏小，调研显示，66%的社会企业获取的公益创投资金低于30万元；另一方面我国公益创投仍然没有建立起真正的创业投资机制，因而也未能有效地利用自身的市场化力量帮助社会企业实现规范和专业发展。调研显示，仅有37.5%的社会企业对公益创投的指导服务表示满意，35.9%的社会企业甚至明确表示对公益创投的指导服务不满意。

（3）治理约束

调研显示，中国社会企业普遍未建立起完善的治理结构。仅有26.61%的社会企业建立了股东会，22.98%的社会企业建立了董事会，45.56%的社会企业建立了监事会，而“三会”都建立了的社会企业仅有6.5%。董事会不健全反映出社会企业治理与一般商业企业和非营利组织的不同，因为社会企业双重特性决定了董事会成员一方面需要懂得公益组织的管理知识，还需要了解一般商业企业的经营管理知识，这也导致了社会企业很难找到合适的董事会成员。“三会”的不完善直接导致了社会企业存在决策方式问题。调研显示，高达45.5%的社会企业无正式决策机构，重要事务的决策要么是由机构负责人决定，要么是由全体成员协商决定，这很大程度上降低了社会企业决策的科学性和高效性。社会组织党建工作早已纳入党建工作总体布局，但社会企业党建工作还未得到充分开展，仅有28.23%的社会企业建立党组织。调查数据显示，在建立了党组织的社会企业中，60%获得了外部捐赠或投资（未建立党组织的社会企业中，这一比例为50.56%），75.71%建立了正式决策机构（未建立党组织的社会企业中，这一比例为60.11%），51.42%年收入超过了100万元（未建立党组织的社会企业中，这一比例仅为28.1%），说明了社会企业建立党组织的优越性。

中国社会企业治理结构不完善可能存在三方面原因，一是社会企业家对企业治理机构的重视度低，调研数据显示，仅有2%的社会企业家认为在现阶段加强内部治理的规范对企业本身发展是重要的，绝大部分的社会企业认为目前没有必要关注内部治理结构；二是社会企业存在形式的不规范，目前我国还缺少对社会企业的统一规范，使得社会企业的治理结构的完善缺少外部动力和完善；三是专业管理人才的缺乏，调研数据显示，仅有9.3%的社会企业聘请了外部职业经理人进行企业管理，高达 80.7% 的社会企业表现出其专业人才的缺乏或从业人员专业知识的缺乏。

（三）我国公益创投发展现状

公益创投的概念进入中国已经 16 年多，形成了一定的本土实践。截至目前，中国大陆较大的公益创投与社会投资基金有岚山基金（国内首个公益创投）、新公益伙伴、恩派社会创投基金、南都基金会、友成扶贫基金会、爱诺社会企业支持计划、汇丰中国社会企业支持计划等，香港拥有发展较为成熟的新苗亚洲慈善基金会、香港协同社会创投基金、叶氏家族等。同时，国外的公益创投机构逐步在中国设立分支机构，如 LGT、SVPI、Village 资本、CGP 旗下的 C&A 基金等；2012 年，北京“乐朗乐读”成为国内第一个获得公益创投的社会企业。除了独立公益创投外，各大私募基金包括 Adams Street Partners、霸菱投资和 CVC 亚洲等，影响力投资机构包括乐平社会企业家基金和 FIL 基金等也将注意力向公益创投转移。国内的顶尖大企业如联想、腾讯等则通过举办公益创投大赛加入公益创投队伍中。相较于欧美公益创投的快速发展，中国公益创投行业仍然处于起步期。我国能够获得理想化投资路径并产生规模化影响力的社会企业非常有限，成功的社会企业投资案例匮乏。中国大陆社会企业普遍成立时间不久，而且规模很小，市场化的销售收入来源较少。社会企业总体上面临着资金短缺、组织形式缺乏创新、竞争力低下等问题。值得投资的社会企业较少，导致公益创投的搜索与调查成本较高，并且成果有限。

相较于欧美公益创投的快速发展，中国公益创投行业仍然处于起步期。公益创投在我国发展受到体制机制、制度环境和回报率的影响，以及各方参与主体经验能力的限制，存在以下问题。

1. 市场化运行机制缺失制约了民间公益创投的参与热情

为了有效孵化社会企业并延长支持时间，真正市场化运行的公益创投，在项目筛选中往往会强调社会企业的可持续发展，在项目投资中通常会结合股权、债权或可转换优先股等多种投资工具，在项目退出中往往具有清晰完善的退出计划。而在实践中，我国地方政府公益创投活动普遍采取无偿的现金资助方式，缺乏对其他社会投资工具的使用，更没有建立起以价值为基础的合理收益分配方式和相应的退出机制。这使得公益创投在获得社会影响力之外，很难真正得到回报，导致民间公益创投活力不足。

2. 政府、企业和社会组织的新型公益伙伴关系缺乏，影响了公益创投的依法自治和自我发展

在各地进行的公益创投活动中，除部分由基金会、企业和个人开展的公益创投以外，更多的是地方政府主导。尽管多数地方政府在进行公益创投时一般是委托社会组织或与社会组织共同开展，但行政主导依然过强。并且政府参与公益创投的资金主要来源于各级民政部门的福利彩票公益金，其使用相关规定导致公益创投的资金投向、使用范围、使用方式严格受限。这种闭锁性使得政府必须把公益创投纳入自己的掌控范围，对公益创投自我发展无疑具有较大障碍。

3. 公益创投自身经验不足、人员素质不高限制了公益创投对社会企业核心能力提升的最大支持

公益创投对社会企业的支持除了资金注入外，更为重要的是在战略规划、公司治理、人力资源管理、项目管理、财务管理、志愿者管理、信息技术等方面对社会企业进行全方位的辅导。上述辅导作用既受到现实中公益创投合同的约束，也离不开公益创投团队的实际执行。受到公益创投自身发展历史不长、人员素质不高的制约，在实践中我国公益创投很难对社会企业起到应有的管理和监督作用。

未来5～10年社会企业将在中国经历高速增长期，而现有的社会企业大部分仍然处于发展初期，除了资金支持外更需要在战略规划、运营能力和品牌建设等方面的非财务支持，支持社会创业的公益创投生态体系正在初步形成但是效率仍然不足。公益创投运行效果并不理想和生态圈构建还相对不成熟。我国公益创投的长期回报率不高，主要依赖政府力量推动，缺乏自我支持、自我运作和自我发展的生态链，不仅无法解决自身的资金来源，也制约了社会企业的活力，无法达到促进社会创业的最优效果。因此，推动我国公益创投促进社会创业亟待解决如下问题：①完善的公益创投契约机制破解公益创投运行的根本障碍；②构建良性高效的公益创投生态，使我国公益创投和社会创业相互促进并快速发展。上述两个问题高度相关，是推进我国公益创投行业发展的根本性问题，也是本课题着力研究的内容。

三　公益创投运行机制

商业创投运行一般经过筹资、投资和退出三个阶段（Gompers & Lerner，2001；Kaplan & Stromberg，2001）。同样，公益创投运行也依次经过这三个阶段（Scarlata & Alemany，2010；Boiardi & Hehenberger，2015；Hummels，2016）。首先，公益创投以筹资者的身份出现在公益资本市场，获得公益创投资本；然后，公益创投以投资者的身份，对社会企业进行筛选和谨慎调查，选定社会企业作为投资对象进行投资，帮助社会企业生产出具有市场价值、能够解决特定社会问题的创新产品，公益创投依据投入资金享有社会企业的股权或债权；最后，公益创投作为卖者，再回到公益资本市场，在社会企业具有一定的可持续发展能力时，并且自身在获得社会影响力的前提下，把社会企业的股权卖出去，并将投资收益留存作为下一个投资的资本。和商业创投一样，公益创投总是依次经过这三个阶段，并最终回复到原来的起点，而后随着新基金的筹集，这一过程又开始了新的循环（见图11）。

图11　公益创投的运行机制

（一）社会资本为主的筹资机制

公益创投发展的一个重大挑战就是如何增加投资资本的数量（Buckland et al.，2013）。筹资来源上，Grenier（2006）将公益创投的筹资来源分为四种，第一类是富人，第二类是非营利组织，第三类是公司，第四类是政府部门或公共机构。Scarlata（2011）、刘志阳和邱舒敏（2014）、Ormiston 等（2015）进一步补充了公益创投的筹资来源还包括私募股权机构和基金。总的来看，公益创投的筹资来源包括社会天使、非营利组织、公司、私募股权机构、基金和政府部门六类，其中政府、社会天使和各类基金占了主要部分（Boiardic & Gianoncelli，2016），并且，越发达的地区，筹资渠道越为广泛（刘志阳、邱舒敏，2014）。Boiardic & Gianoncelli（2016）的报告显示，欧洲公益创投的资金来源中，除去回收的投资收益部分，各类基金占比为27%，政府占比为24%，社会天使占比为18%，为筹资来源最主要的三个渠道。

具体而言，政府部门或公共机构是公益创投早期发展中主要的推动力（刘志阳、邱舒敏，2014）。政府部门或公共机构通常会先发起一个公益创投组织，然后与其他类型投资者合作推进（Bammi & Verma，2014）。刘志阳（2015）也提出政府要建立公益创投“母基金”，引导社会资金投入公益创投。例如，英国政府注资1.25亿英镑建立了英格兰未来建设者基金（Future Builders England），致力于社会企业的能力建设，为社会企业获得新技术和市场提供种子基金和学习基金。Jing（2012）通过对上海政府支持的公益创投项目的研究发现，政府支持的公益创投项目可能是中国目前激励社会创新最有效的方式，并且这个效应还将持续。

随着公益创投模式不断成熟，社会天使、私募股权及大公司等社会化筹资渠道开始扮演越来越重要的角色。社会天使对公益创投的建立具有不可低估的作用，他们主要是由已经通过商业创投等方式积累了一定的财富，具有投资背景的人群组成（Bammi & Verma，2014）。这类社会天使会拒绝传统的慈善方式，寻求基于市场原则，借鉴商业创投行业的新型慈善方式（Martin，2007）。私募股权资本的进入可以为公益创投机构带来商业创投中的工具和管理经验，帮助公益创投更好地利用商业创投的方法来促进社会企业的发展，并且出于回报社会和帮助社会企业发展的意图，私募股权越来越成为公益创投的主要资本来源（Bammi & Verma，2014）。基金参与公益创投主要是由于很多公益创投机构是由各类基金设立来作为基金用于公益投资或捐赠的主要子单位（Bammi & Verma，2014），但基金支持的公益创投有时也有其弊端（Larson，2002）。公司参与到公益创投机构中则主要是希望通过这一过程参与到慈善事业和社会企业建设当中去，公益创投也是公司进行社会投资的一种形式（Cooke，2010）。例如，联想集团在2007年建立了公益创投基金，旨在为具有社会创业意向的个人以及希望获得持续发展的社会企业提供能力建设和财务支持（Lenssen et al.，2017）。

事实上，大多公益创投组织的资金通常来自上述不同来源资金的组合，以为公益创投活动筹资更多的资金和分散风险（Hummels，2016）。多元化资本来源已经成为公益创投组织的重要特征（John，2006；Grenier，2006）。这一点也得到了 Grossman 等（2013）研究的支持，他们通过对公益创投实践者的访谈得知在公益创投过程中已经出现越来越多的渠道资本，包括富人与传统基金之间的联合。例如，EMCF（the Edna McConnell Clark Foundation）的 Growth Capital Aggregation Pilot 发布于 2007 年，由 19 位联合投资者共同筹资超过 800 万美元，其中大部分投资者是非公益创投者。这种资金募集的趋势使得很多的公益慈善家学会通过公益创投流程分配资金，而不需要自己亲自采用公益创投模式。公益创投实践者充当各种资金的协调者，负责将其他捐赠者召集到一起。

在进行筹资的同时，公益创投还需要选择合适的组织运营形式。已有研究可以看出目前主要存在合伙制和信托制两种类型的公益创投组织形式。合伙制下，公益创投结成的合伙制组织直接对社会企业进行投资和提供投后服务（Eikenberry，2006；Shanmugalingam et al.，2011），公益创投组织会高度涉入被投资的社会组织各个方面的经营管理，目的是提升社会组织的管理能力与绩效，例如，美国的 Giving Circles Fund（GCF）；信托制下，公益创投者不参与直接投资，而是将资本和技能投入公益信托基金中，通过公益信托基金投资社会企业（Defourny et al.，2007）。这种形式在欧洲十分普遍，例如，英国的 Impetus Trust 就是第一只公益信托基金。

在筹资阶段，已有研究揭示了公益创投的不同筹资来源以及不同筹资渠道间的组合现象，但对于公益创投基金来说，不同筹资渠道的资本效用是否一样？多渠道资本如何进行协调？不同筹资形式下的投资效果如何？这些问题还未得到解答。

（二）双重使命驱动的投资机制

公益创投组织通过投资社会企业来获取回报（Scarlata et al.，2016）。由于社会企业的组织特性本质上是双元的（Austin et al.，2006；Certo & Miller，2008；Santos，2012），公益创投组织必然要在社会企业的社会目标和经济目标之间进行权衡（Jegen，1998；Scarlata & Alemany，2010），即公益创投在选择投资对象时，需要同时追求社会目标和经济目标（Zahra et al.，2009）。因此，公益创投的对象往往是那些努力提供产品或服务来满足基本的、长期的社会需求的组织，例如，教育、健康或救助需求（Scarlata & Alemany，2010）。例如，美国的公益创投机构 Investors' Circle 致力于投资那些使用创新的、可持续的商业模式解决贫困问题的新创企业。

由于没有对社会企业定价的市场，在进行投资对象选择时，公益创投难以像传统商业创投那样运用多重的评价标准对社会企业进行评价（Scarlata & Alemany，2010）。但随着实践的发展，公益创投组织目前已经形成了一套投资决策准则来评价社会企业的潜在效力（Jegen，1998；Clark & Gaillard，2003），可以归纳为以下三类标准。①解决特定社会问题。公益创投企业投资社会企业的首要目的是获取社会回报（Scarlata et al.，2016）。Miller & Wesley（2010）通过对44家的公益创投机构的研究也发现，影响公益创投机构投资决策的首要标准是社会企业的社会属性价值，并提出了从社会企业的社会使命、社会变革的企业家精神以及创业者以社区为基础的社会网络三个方面来评价社会企业的社会属性价值。同样，Scarlata & Alemany（2010）指出公益创投机构选择的目标社会企业必须能够通过有效和可持续的模式来提供高质量的服务和商品以满足紧迫的、广泛存在的社会需求，以及社会企业必须具有实现社会变革的能力。Bammi & Verma（2014）则认为公益创投会倾向于选择印度等新兴国家，因为这些国家往往存在较大的贫富差距等社会问题。②具有一定商业价值。公益创投同时也是受经济回报驱动的（Metz & Hehenberger，2011）。Miller & Wesley（2010）指出影响公益创投机构投资决策的另一标准是社会企业的商业属性价值，并提出了从企业创新能力、创业者的商业经验、收入能力或可持续性、社会创业者的受教育水平以及评价社会企业绩效的方法五个方面来评价社会企业的商业属性价值。Scarlata & Alemany（2010）也认为公益创投选择的目标社会企业必须具备实现高绩效、应对挑战、有效地管理财务和建立品牌影响力的能力。③可获取更大的社会影响力。公益创投价值主张的基本假设是被投资的社会企业能够创造和最大化社会影响力（Scarlata et al.，2015）。Grossman et al.（2013）将社会影响力规模作为投资决策的标准，认为只有那些具有能够产生“突破式社会创新”的创新模式，具有显著的、可持续的社会影响力潜力的企业才会获得公益创投者的兴趣。

在确定投资对象后，公益创投总体上使用和商业创投类似的投资工具，但是公益创投包括一种特殊的工具——捐赠（Balbo et al.，2008；Hummels，2016）。因此，公益创投的投资工具可以分为捐赠、债权和股权混合投资三大类（Boiardi & Gianoncelli，2016）。具体而言，捐赠是公益创投最常用的金融工具，即是以慈善为意图，不考虑利益回报的方式（John，2007；Boiardi & Gianoncelli，2016）。并且公益创投者的道德损害感知越小，越多的会使用捐赠的投资方式（Scarlata et al.，2010）。然而，公益创投以捐赠作为主要投资方式的格局正在逐渐发生变化，Boiardi & Gianoncelli（2016）的报告显示，虽然目前捐赠仍是公益创投使用比例最高的工具，但有超过50%的公益创投组织开始使用股权等其他投资工具。John（2007）的研究也显示股权正越来越多地成为公益创投的投资工具。对于股权方式的适用性，Kingston & Bolton（2004）提出对于那些债务融资不适合的社会企业来说，准股权是合适的融资工具。准股权工具允许投资者占有公司未来收益的一部分，以使投资者和被投资者共同承担风险和收益（Cheng，2008）。Pepin（2005）、Clark & Gaillard（2003）则认为公益创投机构通常在社会企业发展的早期阶段通过股权方式进行投资。除了股权投资工具外，债权正成为公益创投投资工具的另一首要选择（Bammi & Verma，2014），其中可转换贷款是公益创投广泛使用的投资工具（刘志阳，2015）。为了激励退出，一些公益创投机构还探索出了一些创新性的投资工具，例如混合债权和贷款（只有被投资的社会企业达到一定的目标后才需要偿还）、“挑战基金”（通过预测，为被投资的社会企业精准匹配资金）、担保（提供担保来促使传统金融机构投资社会企业）。

此外，公益创投在解决社会企业外部融资问题的同时，与传统商业创投一样，还为社会企业提供投后增值服务（Nicholls，2010；Scarlata & Alemany，2010；Boiardi & Gianoncelli，2016；Hummels，2016），因为公益创投与被投资的社会企业之间往往会建立起一种管家关系（Slyke & Newman，2006；John，2007）。而这种管家角色会促使他们参与到被投资企业的成长过程中去，并会在必要的时候实施矫正措施，为社会企业提供管理支持（Scarlata & Alemany，2010）。Newman的案例研究也显示投后增值服务是公益创投管家角色的重要内容。总的来看，公益创投会为社会企业提供的投后增值服务主要包括战略咨询、公司治理、财务预算、运营管理和网络构建等（Wagner，2002；John，2007；Knott & McCarthy，2007；Buckland et al.，2013；Cetindamar & Ozkazanc-Pan，2017），并且，其中最重要的是战略咨询（John，2007；Scarlata & Alemany，2010）。例如，Acumen Fund、REDF（the Roberts Enterprise Development Fund）和 Venture Philanthropy Partners 等公益创投机构在为社会企业提供财务资源的同时也提供咨询以及组织间关系网络构建等支持。对于如何提供增值服务，John（2007）发现公益创投机构通常是通过自身员工和董事会成员来为社会企业提供其所需要的多元化技能等支持服务。Grossman et al（2013）则认为公益创投提供的服务类型和程度可能随着组织管理需求和投资周期的变化而变化，例如，对于早期的组织，在人力资本和管理支持上投资更多，而成熟型企业则需要大型基础设施投资。

如何评价公益创投的投资绩效也是投资过程中的关键问题，Zahra et al.（2009）最早提出了一个综合性的评价框架，即将经济和社会绩效两方面的元素整合到一起来评价绩效。之后，Boiardi & Hehenberger 和 Scarlata et al. 也提出公益创投组织要从经济回报和社会回报两个方面来对投资绩效进行评价，但 Boiardi & Hehenberger 进一步指出，若使用的是捐赠工具，由于期望的财务回报是 -100%，所以投资绩效完全是通过评价社会影响力目标的实现程度来评价的；若使用债权工具，投资绩效的评价除了社会影响力评价外，还要看债务的清偿以及利息（如果有）的获取情况；若使用股权工具，投资绩效的评价包括股权出售价格、投资成本以及社会影响力获取三个方面。Scarlata et al. 则提出通过加总来得到总的投资绩效，其中，经济绩效采用其投资企业中实现了财务可持续的企业数来衡量；社会绩效采用其投资的社会企业的社会创新水平来衡量。

在投资阶段，已有研究界定了公益创投的投资对象，描述了公益创投的投资工资，也指出了投后管理的重要性。但对于不同投资工具的适用情况及其效果相差如何，投资的契约价格如何确定等问题还不可知。已有研究还为公益创投处理投资关系以及投后管理提供了具体的方向和措施，过度参与到被投资社会企业，可能会面临退出困难的风险。因此，如何在扮演管家角色的同时，有效执行退出策略，是公益创投当前面临的关键问题之一。

（三）社会影响力导向的退出机制

公益创投的目标是要保证被投资企业的独立和财务可持续性，而非成为社会企业的依靠者（Reis & Clohesey，2003），并且公益创投组织需要将其有限的资源运用在能够获取最大影响力的地方，所以对于公益创投组织来说，在合适的时机进行退出十分必要（Boiardi & Hehenberger，2015）。

对于退出时机的选择，通常认为在被投资企业实现独立和可续持发展后，公益创投会实施退出战略（Hero，2003），即当被投资的社会企业具备了进入下一阶段发展的能力，以及能够正确利用其他资本时，公益创投可以考虑退出（Alter et al.，2001）。更加具体地，Scarlata & Alemany（2010）给出了5条公益创投退出的先决条件：具备了好的领导和管理；具备了坚实的组织结构；能够在稳定的基础上实现短期目标；能够实现组织的社会使命，并能创造积极的社会价值；形成了未来明确的社会使命。社会企业具备上述条件时，说明其已经能够进一步获取新的资金，能够实现长期持续发展。Boiardi & Hehenberger（2015）进一步提出公益创投组织的退出时机除了取决于被投资企业财务可持续性和组织完备性，更重要的还取决于社会影响力回报。而对于如何评价社会影响力，EVPA提出了影响力测量五步法，Acumen基金提出了BACO（Best Available Charitable Option）评价方法。Acumen基金在衡量社会影响力方面的努力催生了全球影响力投资网络（GIIN），推出IRIS（Impact Reporting & Investment Standards），让社会影响力的透明度和可信度向前迈进了一大步。之后，REFD基金、EVPA等机构又相继发布了SROI（Social Return on Investment）等社会影响力衡量方法。总的来看，公益创投机构对社会企业的支持通常在2~6年，并且越来越多的公益创投组织趋向于长期支持（Boiardi & Gianoncelli，2016），相比传统商业创投，公益创投的退出机会更少（Miller & Wesley，2010）。

不同于商业创投有着明确的退出模式，公益创投的退出模式仍在探索中（Grossman et al.，2013）。目前，公益创投主要形成了四种退出模式：兼并或出售、IPO、管理层收购和清算（Boiardi & Hehenberger，2015）。由于退出意味着公益创投与社会企业财务关系的结束，公益创投退出模式的选择很大程度上又是由其最初选择的投资工具决定的（Hehenberger et al.，2016）。Hehenberger等（2016）的研究就显示，债权工具下的退出模式一般是债务清偿，并且，对于公益创投者来说，这种退出模式往往难以执行，因为可能存在声誉风险，或者被投资企业无能力偿还，因此，往往需要引入第三方；捐赠工具下的退出模式一般是在捐赠期间结束后或者时机成熟时，停止捐赠，直接退出，而受助对象或独立工作，或寻求下一个投资者（Gray & Speir，2004）；股权工具下的退出模式与商业创投类似，即兼并或出售、股权出售管理层收购以及非营利性 IPO，但是 IPO 模式目前仍然很少使用。针对 IPO 模式，Posner & West（2014）和刘志阳、邱舒敏（2014）指出会员制平台和社会企业交易所是实现社会企业股票交易的平台，以英国 2013 年建立的“社会股票交易所”为代表的会员制平台已经广泛存在，但是，到目前为止，真正存在的社会企业交易所只有一家，即新加坡 2013 年发起了“影响力交易所”。此外，Gordon（2014）还从退出动机角度将公益创投退出模式分为积极退出和消极退出（在计划退出时机之前退出）两种，如果约定的契约没有被执行，公益创投会选择消极退出，即公益创投会选择在被投资企业发展态势很好的时机选择积极退出，但是如果被投资企业没有取得发展，公益创投有保留退出的权利。

尽管退出是我们所探讨的公益创投运行过程的最后一个阶段，但它对公益创投运行的其他阶段的正常运行极其重要，一个好的退出计划是成功进行投资的关键。最终退出投资的需要造就了公益创投运行过程的各个方面，包括筹集资本的能力以及所进行的投资工具的选择。Bammi & Verma（2014）的研究也显示只有少数的公益创投组织从被投资企业中成功退出过，因为公益创投并不像商业创投一样有时间约束的退出策略，公益创投的退出也缺乏有效的评价工具。尤其是不能准确地衡量社会影响力是公益创投的一个重要缺陷（Buckland et al.，2013）。虽然已经存在 IRIS、SROI 等评价社会影响力的方法，但目前还没有形成一个统一的，能够完整、有效的评价社会影响力的方法。Boiardi & Gianoncelli（2016）的报告显示，由于评估的困难，越来越多的公益创投组织开始放弃影响力评估。此外，关于获取大规模影响力的潜在路径，公益创投也没有一个统一的界定，这需要进一步的研究。

（四）公益创投与商业创投运行机制的比较

商业创投已经吸引了大量学者进行研究（Fried & Hisrich，1994；Dimov &

Milanov，2010；Zarutskie，2010；Hopp & Lukas，2014），公益创投作为融合商业创投方法的新型资本形态，不可避免地与商业创投有着整体一致的运行机制，并且在投资过程中都重视对投资机会的评估，越来越多地采用联合投资的方式，都会为被投资企业提供资本之外的增值服务，在退出过程中都寻求投资回报。然而，公益创投的双重使命的复杂特征也决定了其在整个运行机制中又与商业创投存在截然不同的特点（Mair & Hehenberger，2014）。

在筹资过程中，①筹资来源不同。相比商业创投，公益创投的资本来源相对狭窄，并且其中政府和各类基金的占比高，而商业创投中机构投资者和个人占主要地位。②组织形式不同。与商业创投普遍采用合伙制、公司制、信托制三种组织形式不同，公益创投主要以合伙制和信托制为主。

在投资过程中，①筛选标准不同。商业创投家一般根据市场前景、预期收益率、企业家能力等经济指标对项目进行初步筛选（Fried & Hisrich，1994；Kaplan & Stromberg，2001），而公益创投在项目选择时必须要以社会价值为首要目标，同时考虑经济目标和社会目标，不仅要关注企业的市场前景、预期收益率和企业家能力等，更需要关注企业的产品或服务是否能够满足社会需求或解决社会问题。②投资工具不同。相比商业创投，公益创投采用的捐赠、担保和债权等投资工具都是低息或者无息的。并且公益创投投资工具的选择主要是建立在被投资者的有效需求之上，具有定制化特色，而商业创投的投资工具选择主要是建立在投资者的偏好之上的。例如，欧洲大多数的公益创投组织是针对被投资者的需求来采用投资工具的（Boiardi & Gianoncelli，2016）。③投资规模不同。公益创投的投资组合规模通常比较小，会选择把大量的资本和资源投到少数的几个项目中去，这不同于商业创投通常采取高风险、高收益的投资组合策略，它会同时投资多个项目，投资组合规模大。④投资关系不同。在对投资对象进行投资后，商业创投者通常会和被投资企业建立起高度的合作关系，而公益创投与社会企业间的关系通常表现为深度的投资前和投资后的参与和互动关系，并且这种关系会不断地迭代，这远远超出了商业创投中的合作关系，即使最终决定不进行投资，公益创投的双方也可以实现相互增值。⑤投后管理不同。商业创投面临委托-代理关系，商业创投家是委托人，企业家是代理人，商业创投家面临企业未来的不确定性、企业家的逆向选择问题以及企业家的道德危害问题（Amit & Muller，

1990），而在公益创投中，管家理论起到了重要的作用，公益创投更倾向于使用不复杂的治理结构，而非在传统商业创投中用利益捆绑条例来约束保证自己的股份兑现。

在退出过程中，①绩效评价不同。在商业创投家对绩效的评价中，比较传统的方法包括资产评估法、权益评估法、贴现现金流量评估法等，而在社会企业中，由于不分配限制，这种估值过程并不适用。②退出时机不同。商业创投通常选择在自身财务回报最大时退出，而公益创投则是在被投资者实现自身可持续发展，并且自身取得一定的社会影响力时退出。③退出方式不同。首次公开发行（Initial Public Offerings，IPO）是商业创投退出渠道中常见的也是最为成功的途径（Jeng & Wells，2000；Gompers & Lerner，1998），公益创投虽然也可以采取出售股份、社会目标组织管理层回购等方式实现退出，但公益创投的退出方式仍然不清晰，还没有形成一致的最优退出方式。④收益分配不同。在退出投资之后，对于有特定期限的商业创投基金来说，商业创投家需要把投资收益分配给基金的投资者，而公益创投一般不存在收益分配问题，公益创投的投资回报一般用于再投资，以创造更多的社会价值。

可见，公益创投作为一种专注于社会企业投资的独立资本形态，其运行机制是由其双重使命特征所决定的，所以公益创投也与商业创投具有不一样的运行特征。相比商业创投，在筹资过程中，公益创投资本更多地来自政府和各类基金，组织形式更多以合伙制和信托制为主；在投资过程中，公益创投更关注企业的社会价值，投资更具有量体裁衣特色，投后参与和互动更加深入；在退出过程中，公益创投更注重社会影响力的获取，更少通过IPO退出，退出渠道相对缺乏。理解公益创投还需要理解其运行机制的连贯性问题。公益创投事先的投资筛选、复杂的契约设计以及投资后的控制和积极参与都是紧密相连的。公益创投选择的投资对象的类型决定了投资工具的选择，而不同投资工具的使用，对退出策略又会产生不同的约束。因此，公益创投者在进行投资时，需要对投资工具进行全面的评估，不仅包括投资工具效用的评估，更包括投资工具如何影响退出过程的评估。此外，公益创投的退出计划往往是和投资计划并行的，退出的时机、策略和回报又会反过来影响投资对象和投资工具的选择。

四　公益创投生态网络

（一）公益创投网络的关键要素

公益创投追求实现社会使命和经济价值的双重目标，拥有更加广泛的利益相关方。在由社会创业家、公益创投者、社会投资者、国际发展组织和国家政府等构成的生态中，公益创投通过网络中的合作伙伴和战略联盟聚集关键资源以促进社会改善，网络关系对公益创投如何利用投资机会以及配置网络资源至关重要（Dimov et al.，2010）。而且，作为市场化运作方式的投资机构（Lett et al.，1997），公益创投必然需要在"筹、投、管、退"等各个环节中与社会各方力量协同合作，才能高效率实现最大化社会回报和非必须财务回报的双重目标。

根据 EVPA（The European Venture Philanthropy Association，2016）报告，欧洲公益创投网络的核心构成要素中包含：①公民、②PE/VC 机构、③基金会、④社会企业、⑤政府部门、⑥商业企业。除此之外，公益创投网络通常还应包含专门服务于公益创投和社会目标组织的律师事务所、会计师事务所和公益投资银行等第三方中介机构。作为公益创投退出环节最有效的退出通道，公益创投网络还可能涉及社会证券交易所、社会投资者和社会交易所监管层等，比如巴西圣保罗证券交易所在 2003 年建立的圣保罗社会与环境投资平台（BVS&A），英国于 2013 年 6 月成立的社会股票交易所（UKSSE），加拿大于 2013 年 9 月成立的社会投资连接平台（SVX），形成基于市场机制进行交换股权的场所（见图 12）。

1. 公益投资者

公益投资者是公益创投网络的资金提供者，包括个人投资者、基金会、大公司和政府部门等（Grenier，2006）。根据美国哈德逊研究所（Hudson Institute）全球振兴中心（Center for Global Prosperity）发布的 2016 年度《全球慈善性捐款与汇款指数》，私人资本参与公益慈善事业已达 84%，政府部门只占到 16%。在欧洲，政府、自有资金和信托、投资回收、个人投资者在资金提

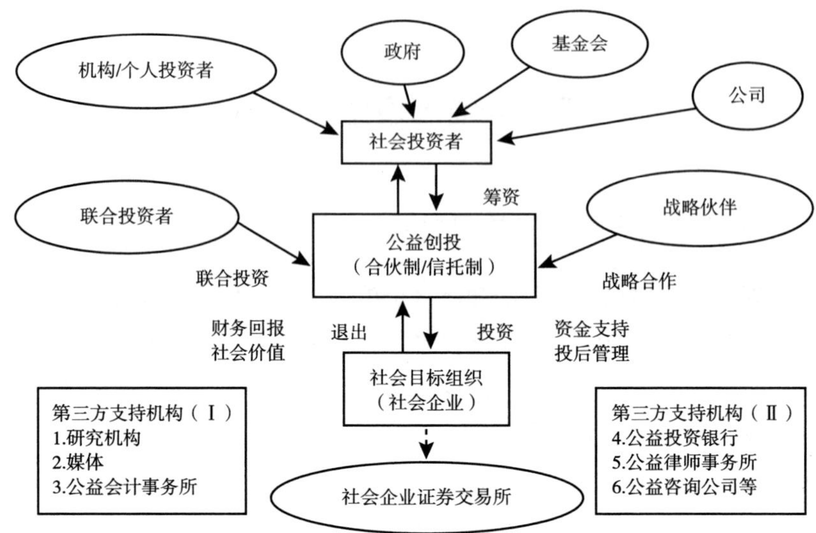

图 12　公益创投网络关键构成要素

资料来源：参考相关资料自制。

供方面扮演最重要的角色，分别达到了 24%、23%、19% 和 18%（Hehenberger et al.，2014）。越发达的地区，公益创投的投资者结构更加多元化，资金筹集来源也更加社会化（刘志阳、邱舒敏，2014）。

2. 公益创投机构

公益创投机构是整个公益创投网络的核心中枢。70% 的公益创投为非营利性的（Hehenberger et al.，2014），组织形式包括独立基金会形式（38%）、商业公司注册形式（19%）、非营利性组织（16%）、公司基金（10%）、基金管理公司（8%）等。公益创投改变了传统慈善中基金会与受益人简单的资金资助关系，转变成“伙伴关系”。公益创投通过“高参与性”（Letts et al.，1997；John，2006；Mair et al.，2014）为社会目标组织提供组织支持、能力建设、战略咨询等非财务支持（Letts et al.，1997；Grossman et al.，2013；Defourny et al.，2007），涵盖资金、信息、隐性知识等多种资源，以帮助后者扩大社会影响力、建设组织韧性和财务可持续性能力。

3. 社会目标组织

根据欧洲公益创投协会 EVPA 的定义，社会目标组织以取得可衡量的社会与环境影响为首要目标，包括慈善组织、非营利组织和社会企业。社会企业（Social Enterprises，SEs）以实现最大社会价值创造并兼具财务回报可持续性为目标（Dees，2012；Ausin et al.，2006；Mair et al.，2014；Martin et al.，2007），通常涉及环境、健康、减贫等领域，受益对象主要为以儿童、中年妇女、贫困群体、残疾人等为主的 BOP 市场群体（Hehenberger et al.，2014）。社会企业是公益创投网络中的受助方，大多数自身没有销售收入，盈利不足以接入传统金融市场。

4. 政府

政府是解决社会问题和提供公共服务最重要的一方，是公益创投网络中最重要的要素之一。在中国，政府主导多方合作的公益创投运营模式中，政府作为投资方通过福利彩票基金和政府财政拨款为公益创投提供资金支持与政策支持、税收优惠等非财务方式参与管理社会创新（Jing et al，2012），政府也通过“政府购买服务”的方式促进了社会福利项目和社会企业的培育；在欧洲，政府部门始终是公益创投网络发展与扩散的支持者和倡导者。

5. 第三方支持机构

公益创投在实际运行中采用商业创投的手段，需要经历筛选投资项目、进行投资决策、社会价值绩效评估、选择合理渠道退出几个关键环节。公益创投自身人力资本和专业经验难以覆盖投资的全过程，需要以提升非营利组织绩效为目标的专业机构提供高质量的服务，使得整个投资过程变得顺利。这些第三方机构包括公益投资银行，比如 Sea Chang Capital 等；公益智库，比如 Faster Cures；绩效测量评估研究机构，例如美国的 Mathematica Policy Research 和 MDRC；致力于提升非营利组织绩效的咨询组织，如 The Bridgespan Group 等；律师事务所，比如上海复恩社会组织法律服务中心等；会计师事务所，比如具有社会组织评估专项审计资质的安永（EY）华明会计师事务所上海分所；权威资格认证机构，比如 B Corporation（Grossman，2013）等。除了专门的第三方机构外，也有大型商业咨询公司，比如麦肯锡、波士顿咨询也能够为公益创投提供特定的专业服务。大学研究中心，比如国内上海财经大学中国社会创业研究中心；公共研究机构，比如亚洲公益创投联盟（AVPN）；商业竞赛，比如 Hult Prize；知名媒体等对于生态中的公益创投人才供给、筛选有潜力的社会创新项目、社会影响力规模化等方面都十分重要。

（二）公益创投网络价值

公益创投的生态价值具体表现在以下三个方面。①由于社会问题的复杂性，社会企业采用特定社会创新方式和商业模式解决社会问题的绩效具有很高的不确定性。联合投资作为公益创投行业投资战略的关键组成部分（Balbo et al.，2008），在有效率的公益创投生态中，公益创投通过联合投资网络发现、筛选和优化投资选择，将资金配置给有潜力的交易流，降低了信息搜寻成本。同时，联合投资网络也有助于公益创投分散投资风险，提高自身的战略绩效，有利于实现自我持续发展和扩张。②社会企业在解决社会与环境问题时面临着比商业企业更强的资源约束条件，更加复杂的任务环境。公益创投网络有机融合公益伙伴网络，通过建立互惠、稳定、互利的长期合作伙伴关系，降低了复杂关系和任务环境带来的不确定性，同时，通过整合关键资源帮助社会企业利用社会创业机会，帮助其长期能力建设和绩效提升。公益创投生态内的互补性资源、特定关系投资和非正式治理机制都有利于公益创投生态的价值共创。③单一公益创投聚焦于行业和阶段以获得竞争优势，能够提供的资金和服务能力有限。公益创投的生态优势能够为采用破坏性创新的社会企业孵化培育、成长、成熟等发展的不同阶段提供风险—收益—期限特征匹配的资金组合与多元价值增值服务（Grossman，2013），既有利于VP专注实现自身的社会使命，也有利于最大程度激发生态内的社会创新活力，更加系统性地解决社会问题与推动社会改善。

（三）公益创投网络的类型

公益创投网络是以实现最大化社会影响力和经济可持续为价值主张的复杂系统，其具有两个重要特征：一是公益创投连接的公益伙伴的多样性；二是由于公益创投在生态网络中所处的生态位不同，其与公益伙伴彼此之间的关系主导程度存在差异。前者决定了公益创投生态中资源的异质性和丰富度，后者则影响了公益创投整合社会网络资源配置给社会企业的能力。为了更好地研究不同公益创投网络，根据公益创投与公益伙伴的相对主导性及公益伙伴的多样性，可以将公益创投网络划分为以下四种类型（见图13）。

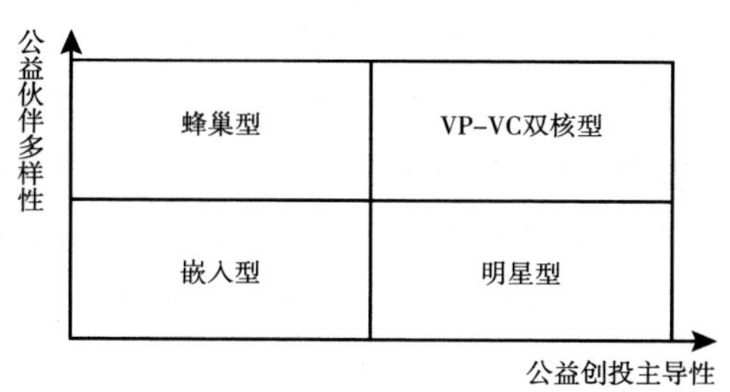

图 13　公益创投网络分类

资料来源：参考相关资料自制。

1. 嵌入型网络

嵌入型网络，是指公益创投网络形成仍处于早期阶段，嵌入社会部门中并受政府影响较大，政府及传统慈善基金会在非营利部门的强主导性。在嵌入型生态中，公益创投的网络主导性弱，具有独立运营能力和专业化团队的公益创投占据生态中的利基位置。公益伙伴种类较少，主要包括政府、商业企业、传统慈善基金会和少数跨国集团等。由于社会创业运动刚刚兴起，缺乏符合投资标准的社会创新项目，合作机会和频率有限，那些少数成功的社会企业主导性强。在嵌入型网络中，公益创投面临的挑战包括：高绩效的社会企业供给不足；搜寻社会企业的成本高（已有的社会企业规模较小，且碎片化地嵌入多个社会领域）；需要自己构建孵化器助推社会创业者开创社会企业组织；政府干预性强，缺乏独立性，自身能力建设不足等。目前，中国多数公益创投网络是典型的嵌入式网络。

上海恩派（NPI Foundation）公益创投网络是典型的嵌入型生态，其是由政府赞助设立以便利政治合法性日益增强的社会创业活动。成立于 2015 年的上海恩派是恩派公益旗下新设立的社会创投基金，起步晚、主导性弱，并且面临符合条件的早期社会创新项目稀缺的问题，良好的社会创业的氛围和生态尚未形成，对于社会创业发展的影响力较小。上海恩派采用"适应"的机制逐步构建和整合碎片化的生态要素，致力于构建聚焦中国本土社会情境的公益创投网络。一方面，上海恩派依托社会创业事业群和公益孵化器独立孵化社会企业，聚焦投资优质的社会创新项目，上海恩派正致力于构建一个共赢、开放的公益孵化器 2.0；另一方面，通过战略联盟方式与世界银行集团、中国青少年基金、联想集团等建立广泛的战略伙伴网络，促进行业内部资源提供者与战略伙伴的深度对话和实质合作，携手社会创业者以实现对非营利部门的更大的贡献。在网络绩效方面，恩派公益已成为中国最大的支持型公益机构，孵化了超过600家公益机构和社会企业，在全国30多个城市为数千家优秀的公益机构和社会企业提供综合支持服务，但是上海恩派社会创投基金的整体社会影响力小。

2. 蜂巢型网络

蜂巢型网络，是指公益创投、社会企业、全球NGOs、政府、慈善基金会、跨国公司与当地社区网络组合成蜂巢协作系统，公益伙伴种类众多且通常各自拥有以自身为核心的社会网络，彼此相对独立而且平等。公益伙伴通常在同领域中具有广泛的声誉和影响力，成员彼此之间能够密切合作，信任程度较高，政府的参与也有助于建设性地改善社会问题。具有跨文化背景的投资团队和跨国运营经验的公益创投是蜂巢型生态的关键物种，其与公益伙伴分享共同社会使命和互补性资源，使得协作网络保持了较高的灵活性。这些公益伙伴主要包含：①在当地具有专业服务能力和经验的NGOs；②在领域内拥有良好声誉的全球性慈善基金会。在蜂巢型网络中，公益创投面临的挑战是：对社会企业本身介入不深，需要依赖于信任的合作伙伴。同时，随着地理边界的扩张，时空约束增强，缺乏对社会企业社会价值实现过程的高度参与式监督，需要更多采用正式手段和规则制度以协调和控制社会创业家的行为，交易成本较高。

英国儿童投资基金（CIFF）公益创投网络以改善发展中国家或地区处于贫困状态儿童的生活为社会使命，目前是同领域世界上最大的基金会。CIFF在全球不同地区与全球性专业慈善组织展开项目合作，形成了松散耦合的协同网络，CIFF在其中更多扮演早期的协调者和资金支持者角色。例如在印度，CIFF作为资金提供者与印度政府、印度最富有影响力的NGO“拯救儿童行动组织（BBA）”合作，赋能BBA以整合当地社会网络资源帮助印度当地受奴役的儿童捍卫法律权利；在尼日利亚，作为项目协调者联合反饥饿联盟（AAF）、欧盟、联合国儿童基金会和尼日利亚政府解决尼日利亚北部儿童严重的营养不良问题。由于公益伙伴在帮助贫困儿童方面具有全球的声誉和良好运作经验，相互信任的治理机制有效降低了彼此合作的成本，也为后续的潜在合作提供基础。但是，为了整合不同的优势资源，协同网络各方在项目操作上具有明确的分工，通过正式和非正式的沟通机制解决时空上的约

束，及时解决由于信息不对称带来的冲突。在网络绩效方面，CIFF 生态创造了巨大的社会影响力，比如在抗击埃博拉病毒期间为国际无国界医生组织培训 925 个员工，而后者则为 19484 人提供了医疗诊断并且确认了 86 名可疑病例；帮助联合国儿童基金会培训了 9715 个社区健康工作者并建立了 2400 个临时点。

3. VP-VC 双核型网络

VP-VC 双核型网络，是指公益创投和商业创投彼此平衡，协同社会中介伙伴、社会股票交易所等种类多样的公益伙伴共同形成了开放生态。联合投资网络的两端连接着社会证券交易所和社会企业，社会证券交易所扮演重要的利基角色，包括独立的社会企业交易所和商业证券交易所。采用破坏性创新范式解决社会问题的社会企业基于在不同组织发展阶段对于外部资金需求和风险收益特征的差异形成了联合投资生态，双核型网络位于这个生态的中心环节。当社会企业处于较小规模阶段，不确定性高财务回报较少，“VP + 社会天使”是有效的支持模式（Balbo et al.，2008）；当社会企业商业模式得到目标客户群体的认可，能够产生符合预期的财务回报时，构建“VP + VC”或者“VP + VP”的联合投资网络可以进一步释放成长潜力，提升组织绩效和规模化能力；当社会企业需要大规模复制商业模式时，政府与慈善基金的长期资金介入是合适的。在 VP-VC 双核型网络中，VP 面临的挑战是：避免由于 VC 介入过分注重财务回报而导致社会企业使命漂移，特别是虽然当被投企业拥有高的社会绩效但是无法产生可持续的财务绩效时，联合投资双方对社会与经济价值目标实现的侧重不同导致过高的协调成本。

中国青云创投（Tsing Capital）是中国绿色产业股权投资领域的开创者和领先者，率先将 ESG 管理与审计纳入投资决策与投后管理流程，体现了极强的社会与环境效益，其网络更像是风险投资网络。青云创投的联合投资伙伴种类众多，既包括华盈凯鹏、祥峰投资、香港水木投资、ABB 瑞士公司、三星资本和住友商事等国际知名 VC，也包括高领资本、线性资本、真格基金等国内知名 VC。被投企业包括中盛光电、创业集团、爱优特、乐健集团等数十家初创企业覆盖了能源与环保技术、清洁技术和可持续发展技术三大领域的公司，其中众多项目由青云创投领投。青云创投在联合投资网络关系治理中主要采用正式的契约机制以协调自身、联合投资者和被投企业等各方关系。在网络绩效方面，联合投资网络的被投企业从商业证券交易所上市的有东江环保（A股上市）、百川科技（新三板挂牌）等，众多项目以股权转让方式退出，社会影响力较大。

4. 明星型网络

明星型网络，是指公益创投在生态中具有中心主导性，其内核部分的公益伙伴是数量众多的社会企业，外环部分是其他具有相似社会使命的基金会等，公益伙伴种类较少。公益创投的资源动员能力强，在当地社区拥有丰富经验和长时间品牌积淀因而享有广泛的声誉。成长潜力优质的社会企业基于对公益创投的社会使命、服务能力及伙伴网络的认同自主地参与到生态中，并吸引了更加优质的后来者。双向学习和价值共创成为明星型生态的动力机制，有利于进行长时间的社会改善，系统性解决社区各领域社会问题。公益创投作为生态中信息与资源交换的平台枢纽，将社会企业伙伴网络的捐赠和志愿者服务高效地转化为社区影响力。公益创投以丰富的知识和社区领导者网络指导社会企业精准识别当地社区的挑战和潜在的危机，帮助其构建高效的决策和治理机构，制定差异化的战略以提升组织建设能力，同时赋予了社会企业在实际运营时的较高自主性。在明星型网络中，公益创投面临的挑战是：保持良好声誉，对社会企业伙伴网络精细化管理，保持社区问题敏锐性和服务能力，激励社区问题导向的社会创新设计与有效的商业模式实践。

美国硅谷社会创投基金（SV2）与其拥有的超过200个伙伴网络，以撬动硅谷社区关键资源支持旧金山湾区具有潜力的社会创新组织为共同愿景，致力于创造和扩散有意义的社区影响力。SV2的伙伴网络结构主要分为两部分，同心圆内核部分主要由个人与家庭、社会企业构成，更像是一个公民驱动的社区自组织网络；在同心圆的外环部分，合作伙伴和战略联盟主要是旧金山湾区的各类具有共同愿景的公益基金会与中介机构，包括斯坦福校友咨询团队、斯坦福慈善与公民社会研究中心、硅谷社区基金（SVCF）、旧金山基金会等。SV2公益创投网络共享明确的共同愿景，并在促进社会创业过程中发展出鲜明的合作文化，以SV2为核心构成了一个以社区参与和管家精神为主要互动模式的高度信任社区，形成了自我强化的高效创造社会影响力的系统。在生态绩效方面，公益伙伴在最近的一个年度为社会企业投资了超过100万美元和超过1000个小时的志愿者服务。过去五年中每一份SV2投资额撬动了30倍的效

率，并帮助社会企业筹集到3000万美元的后续投资。目前，SV2生态已经成功投资和退出了湾区区域的49个社会企业项目，还有17个项目目前尚未退出，涉及教育、环境、青年人发展、经济机会等众多领域，创造了巨大的社会影响力。

（四）公益创投网络的治理

在公益创投网络中，公益创投作为追求最大化社会价值兼顾财务回报双重使命的行动者，治理机制表现为基于特定网络结构对复杂的利益相关者的协调与控制。不同网络中公益创投需要战略性地采取适合的治理机制将社会资源有效配置给高绩效的社会企业以最大化社会影响力。因此，本文遵循“网络结构（Structure）—治理机制（Governance）—生态绩效（Performance）”的逻辑链条，进一步分析不同类型的公益创投网络的治理特征及其绩效。在传统风险投资网络治理中，风险投资公司战略性地选择联合投资者，负责管理联合投资合约以协调联合投资者和被投企业的关系，通过正式契约对被投企业的现金流权、董事会投票权、投票权、清算权和其他控制权进行分配以降低不同情境下被投企业的潜在道德风险和信息不对称程度。在公共网络中，随着非营利部门的力量在解决社会问题领域日益增长，公共网络更多被视为一种松散耦合网络的复杂适应系统。协调和监督参与者行为实现公共利益目标的社会机制在公共治理中具有更加中心的位置。民主决策、透明、问责制和社会包容性等是公共治理的基本原理，信任机制在公共网络治理中扮演着重要角色。相比公司治理模型，对于非营利组织的治理更强调社区参与、程序正义、管家精神。公益创投网络治理兼具传统风险投资网络和公共网络治理的双重特征，需要针对公益伙伴的多样性情况和公益创投主导性等生态特征综合考虑公司治理模型对于经济利益关系的协调与公共网络中慈善模型对社会利益关系的协调两个方面的因素。

在嵌入型网络中，公益创投的合作伙伴很多是首次与公益创投这类特殊资本合作，传统慈善基金在解决社会问题中占据主导作用。公益创投适合采用“适应”治理机制以帮助公益伙伴认识自身的角色，彼此建立合理的预期，逐步构建和完善生态体系。在此基础上，公益创投一方面通过管理团队的关系网络和所投资的社会创新项目加强与慈善基金会、商业企业等公益伙伴的沟通与交流，提升彼此之间的信任程度，战略性地将知名公益伙伴纳入网络以提高网络的合法性和伙伴多样性。另一方面，聚焦投资头部社会创新项目是早期公益创投的重要战略，优质的社会企业更具引领性，能够产生更大的社会影响力，其成功退出有利于公益创投在早期形成投资声誉，进一步提升公益创投在公益伙伴中的可信任程度和主导性。同时，尽管地理邻近优势增加了公益创投与社会企业的信息交换频率，但由于双方先前的合作经验较少，适宜采用以正式契约和正式互动为主，监督社会企业的社会价值实现过程。在网络绩效方面，公益创投网络能够在一定程度上推进社会企业发展，帮助解决相应社会问题。但相比其他公益创投网络，公益创投的公益资源配置效率不高，整体网络社会影响力也较弱。

在蜂巢型网络中，公益伙伴种类众多并且通常是拥有良好声誉、有一定合作基础的跨国非营利组织和政府组织，信任机制在治理上发挥了基础性作用。为了有效整合各自核心的社会网络资源，公益创投与公益伙伴需要建立正式与非正式的沟通机制以交换社会企业的社会价值，实现过程和影响力评估结果的实时信息。这主要是由于生态中社会企业分布在不同的国家和地区，时空条件与资金投入的约束降低了公益创投与社会企业的信息交换频率，不得不更多依赖公益合作伙伴的资源与知识网络的支持，沟通机制的建立有利于及时交换和更新双方拥有的信息。第三方社会价值评估报告等正式监督手段是有益的补充，提高了合作的有效性。在网络绩效方面，公益创投网络能够促进社会企业部门跨区域地改善同一领域社会问题，社会影响力较强。

在VP-VC双核型网络中，公益创投主导性有所平衡，VC作为联合投资者为生态带来市场化运作的知识和资金（Gordon，2014）。联合投资双方在投资理念和投后治理的契合程度决定了网络的成功。为了避免搭便车行为，公益创投倾向选择有先前良好合作经验的投资者合作，降低机会主义者风险（Hehenberger et al.，2014）。另外，VC对财务回报的追求会促使其对被投企业的商业模式、战略方向、产品与服务市场策略施加影响，增加社会企业过分追逐财务回报的潜在道德风险。为了降低社会与经济利益分配失衡带来的过高协调成本，基于正式契约的决策平衡机制在关系治理中发挥了关键作用。在双核型网络中，社会企业的盈利能力高因而更像是商业企业，公益创投利用包括分阶段投资、设立监督委员会、拥有决策投票权、取消或者延长合作关系的权利等多种正式契约机制达到协同治理的目标。在网络绩效方面，公益创投网络能够促进社会企业部门持续地对多领域的社会问题进行优化，社会影响力较强。

在明星型生态中，公益创投主导性强，社会企业既是网络中的受助者也是公益创投的主要公益伙伴。公益创投与社会企业享有共同愿景，社会企业基于对公益创投社会使命与服务能力的认同而集聚，公益创投积累有丰富的社区网络资源，了解当地社区的主要矛盾和社会问题，帮助社会企业利用社会创业机会成长，而成功成长的社会企业又反过来成为公益创投的公益伙伴，为初创期的社会企业提供后续基金和志愿者时长，构成了良性的当地战略联盟。合作文化是明星型生态的基础，显著降低了公益创投与公益伙伴之间的沟通和交易成本，信任作为非正式治理机制代替了正式契约手段。公益创投侧重基于管家关系监督社会创业者的社会价值创造过程，其赋予社会企业的管家权利水平高，社会企业具有较强的自主性，在绩效评估方面较多使用与管理相关的会计信息而非正式会计估值手段。明星型生态中公益创投筹资来源多元化，对于联合投资网络依赖性低，对于社会企业的治理更加强调低成本的社区治理和管家精神方式。在网络绩效方面，公益创投自我发展能力强，拥有更加多元的发展策略，公益创投网络能够促进社会企业部门持续地、系统性地解决社会问题，推动社区全面改善，社会影响力、创造能力强。公益创投网络与治理见表3。

表3　公益创投网络结构与治理

类型	网络结构	网络特征	治理机制	网络绩效
嵌入型网络	传统慈善基金会 政府 资助扶持 VPs SEn SE2 SE1	公益伙伴多样性低，VP主导性弱	自适应（通过建立协同联盟和战略聚焦两种方式逐渐完善生态）	社会价值创造能力弱，社会问题局部改善

续表

类型	网络结构	网络特征	治理机制	网络绩效
蜂巢型网络	SEn VP 国际NGO SE1 跨国公司 政府部门 SE3 当地NGO VP SE2	公益伙伴多样性高，VP 主导性弱，彼此相对独立	信任 （在信任和声誉机制共同作用下，彼此之间通过加强沟通及时协调冲突）	社会价值创造能力较强，同领域社会问题的跨区域改善
VP-VC 双核型网络	SE1 SE2 SE3 SE4 SEn 联合投资 VP VC/VP 社会证券交易所 上市SE 上市SE	公益伙伴多样性高，VP 主导性较强	正式契约 （通过正式的契约明确双方权利与义务，特别注重决策平衡和利益分配协调）	社会价值创造能力较强，同一地区的跨领域持续社会改善
明星型网络	私人酱 潜在SE2 SE SE SE SE VP SE SE SE SE 潜在SE1 社区伙伴	公益伙伴多样性低，VP 在生态中主导性强	共同愿景 （各方拥有清晰的共同愿景和目标，强调以合作文化为基础的社区治理）	社会价值创造能力强，同一地区系统性的社会改善

资料来源：参考相关资料自制。

五　公益创投典型案例

（一）青云创投

青云创投作为目前全球领先且在中国最早成立的公益创投机构之一，无论

是在投资规模还是社会影响力上都具有明显的优势。青云创投于 2000 年成立，作为国内最早从事公益创投的投资机构，已形成较为完善的投资决策程序。2002 年青云创投得到 LESS① 和 ADB（亚洲发展银行）的 1300 万美元投资后，并参照两者的投资决策流程，加强对投资公司管理团队的管理与教育，制定了规范的投资决策程序（见图 14）。

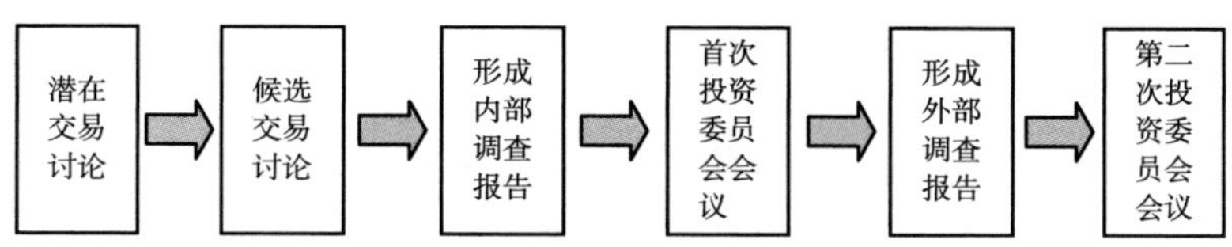

图 14　青云创投的投资决策程序

资料来源：China Environment Fund；Doing Well by Doing Good，Harvard Business School，2010。

（1）投资前的社会责任调查与决策

为保证被投组织正确的社会价值导向，确保投资资金用于增加社会价值，青云创投会依据标准流程对被投企业进行调查。然后根据 IFC 的投资负面清单进行排除，对不符合社会道德与社会价值的组织进行筛选和排除。如果该被投组织涉及投资负面清单中的任何一项，则不再被投资机构关注。最后对被投组织的社会责任履行情况进行打分，挑选出投资的优先顺序，为投资机构提供参考。具体步骤为：①要求被投公司递交有关社会责任的所有材料，包括公司规章制度、员工培训手册等；②与公司高层、部门负责人进行一对一面谈，并对该组织的外部利益相关者如政府官员、供应商、客户等进行面谈，以充分了解该组织是否履行了社会责任；③对被投组织进行实地考察，对其基础设施如加工站、生物饲料车间和微生物车间等进行评估，看是否合乎国家建设标准，并对其政府批准手续程序、安全生产规章制度、产品质量控制等进行现场检查。在 IC（投资委员会）做出决策前，会形成一份包括社会责任履行情况的年度分析报告，以提高投资的精准度和收益率（见表 4）。

① LESS 是一个香港投资基金，主要对可循环利用、可再生能源、森林保护和有机食品领域进行投资。

表4　社会责任优先履行清单

社会价值性	环境保护性	其他
劳动者权益保护情况 工资水平及发放 工作时长 健康保障 技能培训 童工情况	环境污染情况 空气 水 固体废弃物	对照 IFC 负面清单
区域性影响 当地影响力 社会贡献程度 个案影响力	能源使用情况 电 水 土地 基础材料	
合作治理	生态影响	

资料来源：青云创投内部文件。

（2）投资过程中的跟踪与建议

在确定投资对象和投资方式后，青云创投会对被投公司提供进一步的指导与支持，确保组织使命和组织收益的完成。在与被投组织达成参与管理的机制过程中，青云创投往往倾向于以少数投资者的身份进入，一般占该组织总投资比的20%～40%；在谋求一个董事会席位的前提下，确保有足够的能力影响该组织的治理机构设置。为确保对被投企业的指导与咨询高效正确，青云创投与其他的投资机构紧密合作，建立不同层次的协同网络（见图15），进一步提升投资机构间的协同效应。

青云创投要求被投组织履行投资协议，每个月定期向投资者公开财务报表；除了年度审计之外，还需要单独递交季度社会责任履行报告。一旦有任何异议，青云创投都会及时与被投组织管理层进行交流。另外，青云创投还会协助被投组织制定发展战略，为被投组织制定实施战略，并提供相关资源来实施这些战略。

青云创投的投资逻辑及策略简单来说就是坚持“5C”理念，即面向用户（Consumer-facing）、互联平台（Connected approaches）、跨境技术转染（Cross-border technology transfer）、协作投资（Collaborative investment）、资本

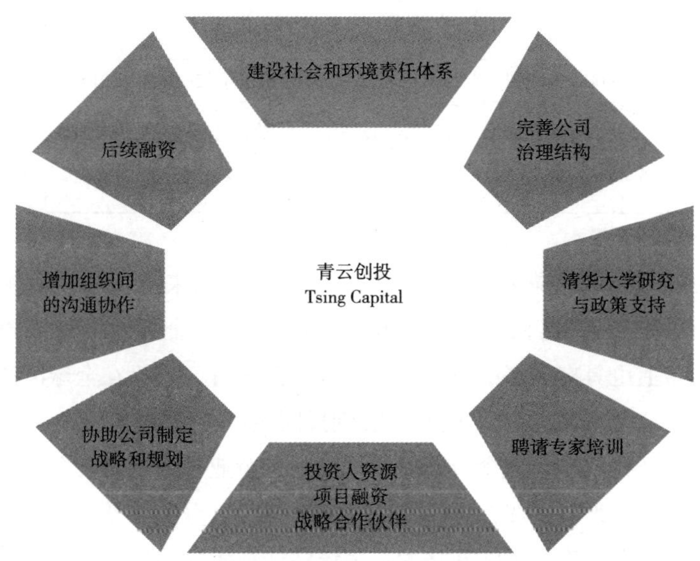

图 15 青云创投与其他投资机构建立的协同网络

资料来源：陈晓平 2011 年在第三届清华大学创业者训练营上的报告。

效率（Capex efficiency）等五个理念，在具体的投资过程中也以提高清洁能源的使用、减少环境影响和提高资源利用效率等三方面来评价被投组织的社会和环境影响力①。正是在这些理念和标准的指导下，青云创投针对市场上技术成熟的投资领域，通过金融资本的投入推动被投组织的商业化或持续开发。

（3）投资项目与金额

青云创投自 2000 年成立以来，坚持“利成于益”的投资理念，先后对 79 个项目进行风险投资，特别是 2008 年以后，无论是在投资项目的数量上还是金额总量上都保持了一定时间的稳定，在 2013 年后有一定程度的下降（见表 5）。但青云创投近年来的“走出去”投资战略值得关注，在 2015 年以后每年均有一定数量的海外投资，这也是由国家实行“一带一路”建设鼓励海外投资的政策所致。

① 《通向可持续发展之路：青云创投白皮书》。

表5　投资金额及项目数量

类别	2008年	2009年	2010年	2011年	2012年	2013年	2014年	2015年	2016年	2017年
案例数(例)	10	7	11	10	10	6	1	7	4	6
投资金额(百万美元)	63.65	93.75	42.77	74.54	37.51	34.29	5.57	34.29	9.88	18.63

从投资领域发展动向来看，青云创投自2002年以来以清洁技术领域为投资主体，先后进行了42笔相关投资，占48.84%，投资金额总计约2.36亿美元，且在年限分布上也具有较好的持续性，这也确保了青云创投在全球清洁技术投资领域的领导者地位（见表6）。同时青云创投围绕可持续发展不断拓展投资领域，特别是对利用新技术、新理念所开展的环境保护企业进行重点投资，包括在机械制造、电子及光电设备、IT、互联网、智能汽车、生物技术等新产业领域，青云创投也在加大投资力度，关注新技术对传统清洁技术的改造与升级。

另外值得注意的是，青云创投目前加大了对可持续农业的投资力度。目前所投资的四家企业均与现代农业有关，但又各具特点：对嘉博文公司投资1170万美元，主要用于该公司餐厨垃圾处理站及微生物工厂的建设，实现资源循环再利用；珠海风光耕水公司致力于研发、生产和销售水体净化设备；嘉禾木公司则是依靠清洁制浆和可再生资源综合利用的最新技术，通过循环回收利用中小纸浆厂排放的黑液，从而实现污染物“零排放”；对多利农庄投资1000万美元，该公司是上海最大的有机农产品生产者和供应商，被誉为“转变农业发展方式、提高农业发展水平”的一个好的样本。特别是在国家实行“乡村振兴”的大背景下，可持续农业将被视为下一片风险投资的“蓝海”，但由于投资的价值链过长和不可控因素过多，也存在一定风险。

表6　投资行业领域分布及金额

行业	清洁技术	机械制造	电子及光电设备	IT	化工原料及加工	农/林/牧/渔	互联网	汽车	生物技术/医疗	建筑/工程
案例数(例)	42	12	9	9	4	3	2	2	2	1
投资金额(百万美元)	235.60	53.09	76.96	33.67	7.24	6.32	5.00	11.00	2.05	2.92

青云创投在投资阶段的选择上结合自身的投资倾向，以投向企业的成熟期为主，可以看到青云创投投向成熟期和扩张期的资金占86%，约3.05亿美元；数量占比为64.56%，共51个（见表7）。说明这也是由于经济政策的变化所致。但近些年结合国家“双创”战略的实施，监管部门表态“增强资本市场对创新企业、高新技术企业和新经济新产业的服务能力”，因此国内的风险投资公司也把投资眼光逐渐从经营年限较长的企业，转到关注企业的种子期和初创期，特别是对互联网、人工智能、生物医药、清洁能源、环境保护等行业的企业加大投资力度，这也在青云创投的投资偏好中充分得到体现。

表7　投资阶段分布及金额

投资阶段	种子期	初创期	成熟期	扩张期
案例数(例)	3	25	20	31
投资金额(百万美元)	0.86	118.49	122.83	181.88

（4）投资收益与退出

结合国内外风险投资的发展历程，可以看到风险投资的回收变现方式主要包括IPO发行上市退出、并购退出、回购退出、破产清算退出等方式，但选择何种退出方式取决于投资资本的增值收益情况。根据所公开披露的数据来看，青云创投进行了21个投资退出项目，其中股权转让的比例最高，占42.86%，账面回报平均数为1.14倍；IPO的比例为23.8%，账面回报平均数为4.71倍；并购的比例为28.6%，账面回报平均数为2.01倍（见表8）。

表8　投资收益与退出情况

企业	退出时间	退出方式	账面退出回报(M)	账面回报(倍数)	累积投资金额(M)
不披露	2016-11-01	并购	USD26.13	1.87	USD13.98
不披露	2016-09-28	股权转让	RMB45.70	0.62	USD11.07
不披露	2016-09-14	股权转让	RMB80.01	1.31	USD9.12
不披露	2015-12-09	股权转让	USD26.60	1.33	USD20.00
昊诚电气	2015-11-24	并购	RMB34.64	1.15	RMB30.00
雷诺尔	2015-05-11	股权转让	RMB39.00	1.0	RMB39.00

续表

企业	退出时间	退出方式	账面退出回报(M)	账面回报(倍数)	累积投资金额(M)
不披露	2015－02－17	回购	USD21.00	2.03	USD10.32
嘉博文	2015－02－17	股权转让	USD29.86	1.99	USD15.00
不披露	2013－08－31	并购	RMB240.00	3.00	RMB80.00
迪森股份	2012－07－10	IPO	—	3.44	RMB33.58
不披露	2011－12－08	股权转让	USD4.40	4.00	USD3.00
帅车	2011－03－09	并购	—	—	—
海源机械	2010－12－24	IPO	—	4.44	USD2.81
—	2010－01－25	IPO	—	6.24	USD20.00
江西赛维	2007－06－01	IPO	—	—	—
中电光伏	2007－05－01	IPO	—	—	—
至诚环保	2007－05－01	并购	—	—	USD2.00
环保服务	2007－05－01	并购	—	—	—
东江环保	2006－01－01	股权转让	—	—	—
—	—	股权转让	—	—	USD3.00
—	—	股权转让	—	—	USD2.00

资料来源：清科研究中心。

从青云创投的投资收益与退出安排来看，由于青云创投的投资重点偏向于运行模式较为成熟或发展程度较高的企业，业内甚至一度有“青云只投前两名”的说法，其营业收入稳定且企业的运营正常，因此回报率可观。

（二）LGT公益创投基金

LGT公益创投（LGT Venture Philanthropy）是2007年由列支敦士登皇室家族出资成立的全球影响力投资基金。基金以提升弱势群体生活质量为宗旨，通过投资高成长性的社会企业和公益组织，用商业方式解决社会问题，从而实现可持续和大规模的社会影响力。过去的10年中，LGT公益创投在欧洲、非洲、拉美、印度、东南亚和中国投入超过9400万美元的资本，向56家社会企业和公益组织投资或捐助，提升了超过550万弱势群体的生活质量。其投资领域包括教育、医疗、农业、可再生能源、信息技术等，积累了丰富的跨领域、跨地区的投资经验，成为全球最具影响力的公益创投基金之一。LGT公益创投2008年初进入中国。在过去10年中，LGT公益创投在中国接触了好几百家社会企业或公益机构。

LGT公益创投的投资流程相对比较严谨，从项目发掘、筛选、审查、投放管理，时间为6～12个月。LGT公益创投目前扮演更多的是一个行业先行者和培育者的角色，用最专业的运作模式让很多的公益机构或者社会企业在接触中理解公益创投，同时也对现有的运营模式进行深入的思考。

LGT详细、规范的投资方法，确保参与者透彻地了解LGT的组织以及他们的管理。定期与组织互动，使LGT能够监测他们是否实现其长期目标。其运营模式是在5至10年的时间内，通过资金经理与业务机构的频繁沟通，向业务机构提供资金（通常每个项目50万美元）、人力和社会资源方面的支持，从而培养可持续的、具有社会影响力的公益项目。具体的LGT公益创投基金投资流程见图16。

1. 搜集信息和筛选组织

LGT当地的投资经理跨区域识别潜在有吸引力的组织。这主要依靠LGT多年密切合作形成的强大的本地网络。经过最初的信息收集之后，通过标准筛选，然后在全球对每一个潜在的交易进行讨论，并做出决定是否进行下一步的分析。

LGT公益创投主要考察三大投资指标：首先，看是否有可持续发展的商业模式，是否能有效地解决社会问题，是否具有可复制性、可扩张性；其次看管理团队，因为投资最后还是投人，这个企业是否具有专业化的管理团队，包括管理团队是否有专业背景，对决定企业未来发展方向至关重要；最后是衡量其财务表现、社会影响力等考核指标（见图17）。

2. 深入调查和实施

全面和深度地了解合作组织是非常重要的。LGT的深入调查包括：商业模式和潜力、创造的影响力、公司战略、未来的计划和融资、管理团队技能、相关市场的竞争。经过这个阶段，LGT再次审核组织和拟议中的交易是否符合标准，是否值得追求，以决定是否继续分析。当达成决定之后，进一步审核交易条款、估计潜在的资金介入风险、考虑该组织是否能够在未来做出重大积极影响。

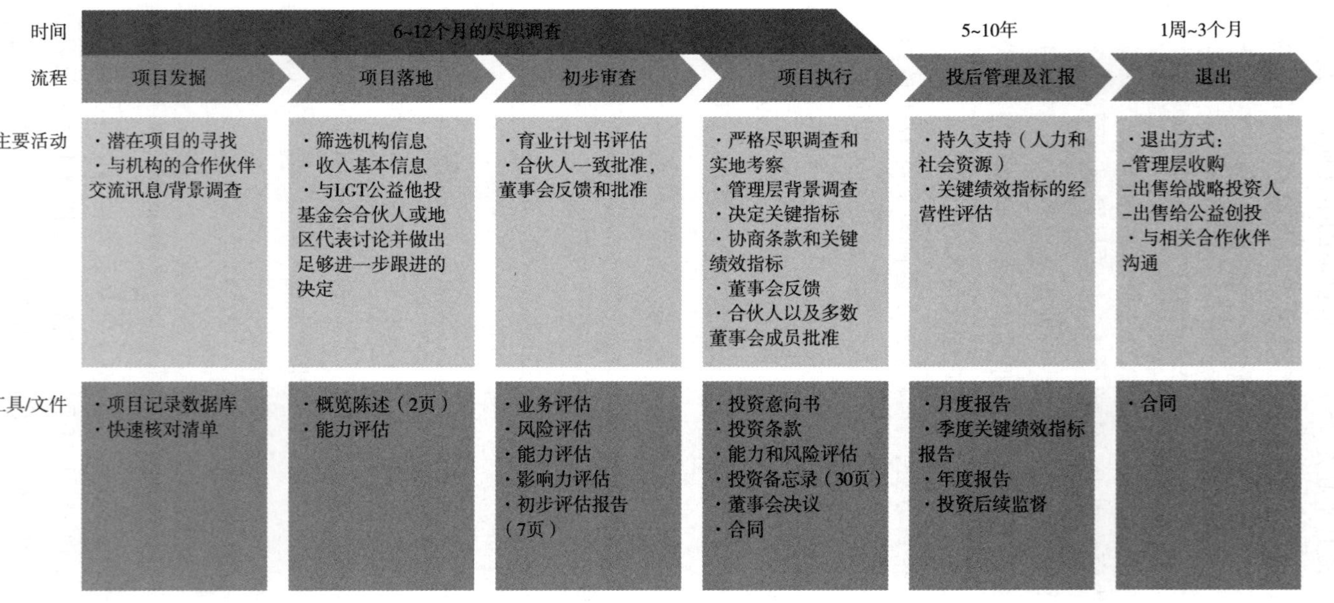

图 16　LGT 公益创投基金投资流程

资料来源：社会创新与公益创投 – LGT 公益创投基金会内部文件。

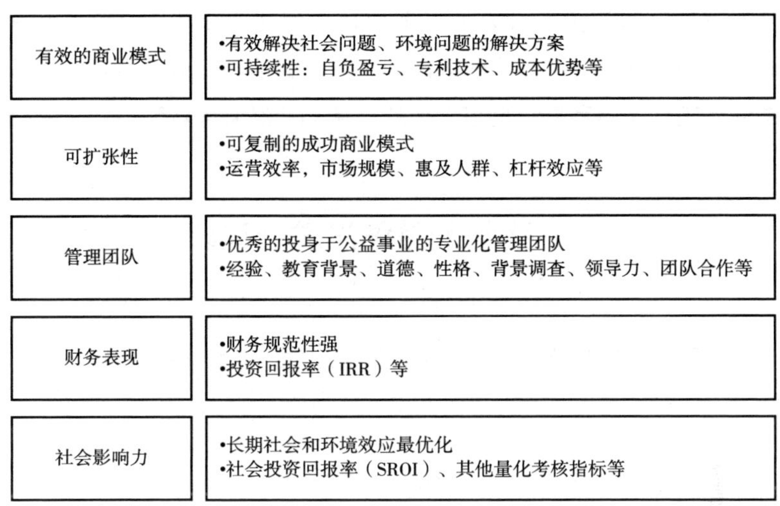

图 17　LGT 公益创投基金投资标准

资料来源：社会创新与公益创投－LGT 公益创投基金会内部文件。

3. 投资组合控制和报告

投资结束后，仅靠一份年终报告是不够的，必须了解组织正在实现什么和可能出现的问题，有些问题可能短期出现。出于这个原因，每月进行层次分明的报告是标准的做法。关键指标定义是在尽职调查以及定期持续的沟通中，使 LGT 能够监测并评估组织是否达到长期目标。只有定期、信任的交流，才可以提供及时的纠正和支持干预。大多数变化和成长过程需要时间，所以资金投入数量、类型和期限需要尽早确定。

4. 投资退出

退出方式类似投资形式，因组织所处的行业和背景不同而有所差异。LGT 是以公益为出发点，最后才去考量整个基金的回报。它更关注所投机构的影响力，是否能真正帮助到弱势群体，而机构本身的盈利只是一个手段。通过耐心资本的理论，LGT 投资持有期会比较长，大致等到投后 3～5 年的时间可能会有退出。这个退出也和一般的私募基金不太一样，通过上市来退出，LGT 退出主要是通过两种方式。

第一种方法是管理层回购，公司发展壮大到一定程度的时候，管理层会溢价买回公司的股份。

第二种方法，可以把LGT所投的股份转让到其他社会企业的解决方案，一般股权和私募通常使用上市和并购退出的手段，目前在国内社会企业领域还处于比较早期的阶段，这两种方法是很少见的，从实践经验来看没有什么成果。

六 我国公益创投发展建议

（一）政府应出台相关法律和产业政策，支持我国公益创投的大力发展

1. 降低法律注册门槛，支持公益创投的设立

国家对公益组织、社会目标组织成立、运行的相关规定将直接影响公益创投的投资行为与投资方式。VPO本身也是SPO的一种，欧洲公益创投事业的发展得益于欧洲对于SPO在注册、发展过程中的宽松备案制。宽松而非严格的限制准入制，大大提升了欧洲社会事业的整体发展。我国应当效仿欧洲，建立和健全法律法规，肯定公益创投的地位、作用，支持多元化公益创投的建立。在公益创投的注册审批上，政府应给予优先待遇，降低注册门槛。当前，制约我国公益创投发展的主要法律法规是《民办非企业单位登记管理暂行条例》，国家关于“民办非企业”的规定对公益创投的积极性产生了阻碍作用，尤其是出资人不享有任何财产权利、不能分红、缺乏银行贷款资格、不得免税、不准设立分支机构的“五不”政策阻碍了民间资本的社会投资动力，这些限制性条款需要得到逐步改进。

2. 完善公益领域从业人员的酬劳规定，提升公益创投的专业化水平

我国出台了《关于加强社会工作专业人才队伍建设的意见》，提出完善社会工作专业人才队伍薪酬设计，此类政策的不断完善将有助于吸引越来越多高素质人员加入公益创投队伍，促进公益创投专业化水平的提高。

3. 出台税收、利率、股权等产业政策，鼓励已有慈善基金、创投基金转型为公益创投

要综合运用政策优惠、减免税收、专项奖励等手段，鼓励更多的创业投资基金、慈善基金会转型为公益创投。具体来说，对于尚未盈利的公益创投基金

不应征税，对于已经盈利但是尚未实现财务平衡的公益创投要减免征税。对于已有慈善基金转型，可以给予专项的政府财政补助和国家利率优惠政策。

4. 支持建立公益创投“母基金”，引导社会资金投入公益创投机构

英国政府为促使社会部门参与提供公共服务，注资1.25亿英镑建立英格兰未来建设者基金（Future Builders England），致力于社会目标组织的能力建设，为社会企业获得新技术和市场提供投资、种子基金和学习基金。“母基金”的角色不仅可以大力引导社会基金注入创投事业，而且可以避免传统的救济慈善基金所面临的行政无效等缺点。具体说，可以参照《科技型中小企业创业投资引导基金管理暂行办法》的规定，建立“公益创业投资引导基金”，对我国公益创投发展给予四种方式的支持：一是阶段参股，即引导基金对公益创投参股，并按事先约定的条件，在一定期限内退出；二是跟随投资，即引导基金与公益创投共同投资于初创期SPO；三是风险补助，即对已投资于初创期SPO的公益创投予以一定补助，增强公益创投抵御风险的能力；四是投资保障，即公益创投挑选出潜在投资价值较大，但投资风险也很大的初创期SPO，由引导基金对这些企业先期予以资助，同时由公益创投向这些SPO提供无偿的创业辅导；辅导期结束后公益创投对这些SPO进行股权投资，引导基金对该部分SPO再给予第二期补助。

5. 探索建立社会企业交易所，为公益创投退出提供有效通道

英国于2007年，德国于2008年，南非与葡萄牙于2009年，新加坡于2010年，分别成立或开始筹备社会企业交易所，形成基于市场机制进行交换股权的场所，为公益创投的退出机制提供了强有力的出口。随着中国公益创业投资和社会企业的兴起，中国迫切需要成立专门的社会企业交易所，为公益创投的资本运作提供新出路。

（二）公益创投机构要努力完善自身运行机制

1. 从筹资看，要增强资金来源的社会化与人力资源的专业化

随着经济发展以及公众社会意识的提高，充分利用多元化与社会化的筹资渠道不仅有利于扩大公益创投的基金规模，还能有效增强公益创投自身的社会影响力。多元化资金来源应成为中国公益创投筹资的未来趋势。此外，在组建公益创投基金过程中，要考虑专业人才团队的建设。当前社会目标组织缺乏专

业管理的现实，对中国公益创投的人力资源专业化提出了更为迫切的要求。借鉴欧洲公益创投的人力资源构成，公益创投机构应恰当安排内部与外部工作人员配比，以求更低的成本与更高的专业化。

2. 从基金定位与项目筛选看，要完善对公益创投市场的细分

公益创投进行市场细分，一方面，能够使大量资源集中于单一领域，形成优势互补的网络构造，打破彼此竞争局面；另一方面，在投资过程中能够更好地优化资源配置，更高度地参与投资对象管理过程。同时，公益创投市场的细化将对社会效应的评估产生巨大帮助。由于投资对象的领域不同，SPO 的社会影响力评估具有很大难度，不同领域的社会效应仍难以用统一标准合并。未来只有依靠更专业的公益创投才可能准确评估 SPO 的社会效应。

3. 从投资过程看，要重视与慈善基金、商业创投的联合投资，重视多元化投资工具选择

欧洲最大的私募股权并购基金之一的帕米拉（Permira）与英国社会企业资助组织合作创立了“社区行动网络突破”基金，这是一支帮助社会企业达到一定发展规模的公益创投基金。作为包含 200 家基金会成员的欧洲基金会中心（EFC）专门召开关于公益创投的研讨会，为公益创投与更多的传统投资者（慈善基金）进行合作提供了机会。这些事实说明，在社会事业投资中，公益创投基金与传统慈善基金会、商业创投并非竞争关系，相反上述机构的联合投资，将形成协同效应。现有慈善基金会在慈善领域具有丰富的社会资源和候选投资社会项目，商业创投近十年业已探索出有效的基金运作模式。通过和上述机构的联合投资，公益创投不仅能够在项目筛选上节约成本和精力，同时也可以借鉴完善自身的治理机构，并对社会目标组织提供高效的增值服务。

公益创投要完善多种投资方式，建立以价值为基础的估值机制和收益分配方式。应该改变现有主要以捐赠为主的投资方式，在法律允许的范围内引进债权、股权和可转换优先股等方式。上述金融工具替代选择，不仅可以解决已有捐赠方式所导致的缺乏资金回报和不可持续问题，还可对投资对象实现更高效的监督激励。要改变以往社会企业营利不分配的做法，公益创投估值可以结合 SROI（Social Return On Investment）方法和平衡计分卡方法，综合考虑财务价值和社会价值，也要根据社会企业的生命周期予以准确估值，允许社会投资者在法律范围内按照股权参与社会企业的收益分配。

4. 从增值服务提供看，应该着重完善治理结构

欧洲经验表明，对于社会目标组织的孵化帮助，其价值甚至大于资金提供本身。在中国，很多的社会目标组织成立时间短暂，缺乏一定的社会网络支持，本身也缺乏专业的运作经验，因而迫切需要公益创投机构给予全方位的帮助。在社会目标组织的成立初期，最重要的支持是帮助其获得更多资金，接触更多的融资渠道，达成一定的投资意向。在社会目标组织的发展过程中，要逐步帮助其完善内部治理结构，建立有效的激励约束机制。在社会目标组织发展的后期，要帮助其建立可持续经营的能力。

5. 从退出看，要完善退出方式选择和社会效应评估体系

传统基金会由于捐赠性质，根本不存在退出方式的考虑问题。借鉴商业创投退出方式和欧洲公益创投经验，中国公益创投可以采取出售股份、社会目标组织管理层回购等方式实现退出。从退出时机选择看，如何衡量社会目标组织的影响力价值和财务价值，涉及复杂的评估问题，中国公益创投机构需要根据自身发展过程的定位问题，结合 SROI、平衡计分卡、关键绩效指标体系在内的各类社会影响力评估方案，设定基金不同发展阶段对目标对象的不同价值评估体系。总体来说，对于目标对象资金的退出不仅要获得一定的财务回报以保证自身资金运作的可持续，更要考虑社会的影响力回报最大化。

要探索建立社会企业交易所，鼓励社会企业之间的并购。传统基金会由于捐赠性质，根本不存在退出方式的考虑问题。公益创投为了自身可持续性发展必须考虑退出方式选择。借鉴欧洲公益创投经验，可以采取社会企业交易所 IPO、股权出售和管理层回购等方式实现退出。英国、德国、南非、葡萄牙、新加坡等国分别成立或开始筹备社会企业交易所，形成了基于市场机制进行社会企业股权交换的场所。随着中国公益创投和社会企业的兴起，中国迫切需要成立专门的社会企业交易所，为公益创投退出提供有效渠道。

（三）加强社会创业教育，促进社会创业生态系统的构建

1. 提高公益创投人员素质

当前社会企业缺乏专业管理人才的现状，对中国公益创投的人力资源专业化提出了更为迫切的要求。借鉴欧洲公益创投的发展经验，公益创投组建时，应恰当安排内部与外部工作人员配比，可借鉴期权、股份等方式吸引更高素质

人员加入，分流部分不合格人员，以形成专业化的管理团队。

2. 健全社会企业孵化机制

中国多数社会企业成立时间短暂，缺乏一定社会网络支持和专业化运作经验，因而迫切需要公益创投给予全方位帮助。在社会企业成立初期，最重要的支持是帮助其获得更多资金，接触更多的融资渠道，达成一定的投资意向。在社会企业发展过程中，公益创投的孵化功能要逐步从资金提供者角色转向帮助社会企业完善企业治理结构，建立有效的激励约束机制。在社会企业发展后期，公益创投的孵化功能体现在帮助社会企业建立可持续经营和规模化的能力上。上述孵化功能的实现，需要公益创投整合各方平台资源，也有赖于自身专业素质的提高。

（四）构建开放、合作、共生、多赢的公益创投网络

公益创投在促进社会创业发展的过程中，各类公益伙伴起到重要的协同作用，彼此连接与互动形成了良好协作的公益创投网络。如何构建开放、合作、共生、多赢的公益创投网络是我国公益创投行业和社会创业发展的迫切任务，有鉴于此，本文提出如下政策建议。

第一，政府要推动以公益创投为核心的公益创投网络发展，提升社会创业活力。现阶段随着“双创”浪潮涌现，我国产生了数量众多、致力于解决各种社会民生问题的公益创业项目。政府应当逐渐从领导者、组织者和管理者向监督者和引导者转变，创新社会团体管理机制，探索多种激励社会创新的有效方式，推动有序的社会创业运动。政府可通过放宽注册、政府公益资本引导基金、公益人才导入、税收减免等多种激励措施，积极培育以公益创投为核心的公益创投网络，有效支持不同行业、不同成长阶段的社会创新项目的特定需求，促进社会创业发展。

第二，完善公益金融体系，探索建立从社会天使、公益创投到影响力投资的完整公益创投生态，促进公益资本市场发展。包容性金融体系涉及社会金融工具、社会金融市场、社会金融中介和社会金融监管体系。社会金融工具包括早期的社会天使、社会众筹、小额信贷等，成长期的公益创投、社会责任投资基金等，后期的影响力投资、社会 PPP、社会企业股票、公益信托等，未来可以探索建立社会创业政府引导基金。当下尤其应推动公益创投成为社会企业的

主要融资方式，大力完善公益创投市场化运行机制；社会金融市场方面，中国迫切需要成立专门的社会企业交易所，为社会创业的资本运作提供新出路，可在现有商业企业交易所的基础上，探索建立社会企业证券交易平台，通过有公信力的政府机构或者独立的第三方评估机构对社会企业进行监督；在社会创业金融中介方面，推进社会创业服务的投行、律师事务所、会计师事务所、咨询公司、综合孵化平台等建设，满足社会企业不同的金融需求。

第三，公益创投自身要战略性地加强与公益伙伴紧密合作，公益创投应当基于不同公益伙伴网络，推动生态要素和基础平台建设，共享社会资源与知识网络，增加彼此的沟通与信任。要采用适合的治理机制创新协调多方关系，促进资源与知识在生态内的共享与利用，做到社会资源有效配置给高绩效的社会企业。

七　结论与研究展望

本研究界定了公益创投的概念和典型特征，指出公益创投不仅是一种新型的投融资方式，更是一种从商业创投中分离出来的专门执行社会企业投资职能的独立资本形态，它具有独立的资本人格化代表——公益创投家，执行着独立的组织化资本职能——社会企业初期阶段投资职能，有着独特的投资目的——获取投资收益和社会影响力。本文借鉴欧洲发展公益创投的国际经验，并对我国社会创业和公益创投发展的探索进行了梳理，概括出当前尚存在的问题，指出我国公益创投市场化运行机制缺失，制约了民间公益创投的参与热情；政府、企业和社会组织的新型公益伙伴关系缺乏，影响了公益创投的依法自治和自我发展；公益创投自身经验不足、人员素质不高限制了公益创投对社会企业核心能力提升的最大支持等问题。在与商业创投比较基础上梳理了公益创投自身的独特运行机制，指出公益创投与商业创投一样经历筹资、投资和退出三个阶段。但在筹资过程中，公益创投资金更多来自政府和各类基金；在投资过程中，公益创投更关注企业的社会价值，投资更具量体裁衣特色，投后管理更加深入；在退出过程中，公益创投更看中社会影响力的获取，但缺乏退出渠道。本文深入剖析了嵌入型、蜂巢型、明星型和 VP-VC 双核型等四种公益创投网络，指出公益创投网络兼具公司治理和非营利组织治理的双重特征，其常见的治理机制包括共同愿景、信任、正式契约和自适应等治理机制；不同类型网络的治理机制具有不同的网络整体影响力。在此基础上，本研究还针对我国公益创投发展的现状和问题提出了有针对性的对策和建议。

已有公益创投的研究取得了一定的进展，但仍然存在不足。首先，已有研究并未揭示公益创投不同筹资来源的资本差异以及公益创投联合投资如何治理等问题。其次，已有研究对于公益创投不同投资工具的绩效以及投资的契约如何确定等问题并未进行深入研究。再次，已有研究偏重公益创投各个过程的功能描述，忽略公益创投的资本循环连贯性和公益创投生态培育的研究。最后，有关公益创投的实证研究也有待进一步深入。

参考文献

刘志阳、李斌：《公益创投运行机制研究——兼论与商业创投的异同》，《经济社会体制比较》2018 年第 3 期。

刘志阳、王陆峰：《公益创投网络及其治理——基于“结构 - 治理 - 绩效”的多案例研究》，《东南学术》2018 年第 5 期。

刘志阳、李斌：《中国社会创业发展现状及对策建议》，《光明日报》（理论版）2018 年 9 月 24 日。

刘志阳：《公益创投应成为社会创业主要融资方式》，《光明日报》（理论版）2016 年 11 月 13 日。

刘志阳：《社会创业背景下的公益创投发展》，《解放日报》2015 年 10 月 2 日。

刘志阳、金仁旻：《社会企业的商业模式：一个基于价值的分析框架》，《学术月刊》2015 年第 3 期。

刘志阳、邱舒敏：《公益创业投资的发展与运行：欧洲实践及中国启示》，《经济社会体制比较》2014 年第 2 期。

Acs, Z. J., & Phillips, R. J., 2002. “Entrepreneurship and philanthropy in American capitalism.” *Small Business Economics*. 9 (3): 189 - 204.

Austin, J, Stevenson, H., and Wei-Skillern, J., 2006. “Social and commercial entrepreneurship: Same, different, or both?” *Entrepreneurship: Theory and Practice*. 30 (1): 1 - 22.

Amit, R., Glosten, L., & Muller, E., 1990. “Entrepreneurial ability, venture

investments, and risk sharing." *Management science*. 36 (10): 1233 - 1246.

Alter, K., Shoemaker, P., Tuan, M., & Emerson, J., 2001. *When is it Time to Say Goodbye? Exit Strategies and Venture Philanthropy Funds, Virtue Ventures.* Social Venture Partners, The Roberts Foundation.

Bose, S., Bhattacharyya, A., & Islam, S., 2016. "Dynamics of firm-level financial inclusion: Empirical evidence from an emerging economy." *American Economic Review*. 27: 47 - 68.

Balbo, L., Mortell, D., & Oostlander, P., 2008. *Establishing a Venture Philanthropy Fund in Europe: A Practical Guide.* European Venture Philanthropy Association.

Brown, J., 2006. "Equity finance for social enterprises." *Social Enterprise Journal*. 2 (1): 73 - 81.

Buckland, L., Hehenberger, L., & Hay, M., 2013. "The growth of European venture philanthropy." *Stanford Social Innovation Review*. 33 - 39.

Bammi, R., & Verma, A., 2014. "Venture philanthropy: an emerging paradigm of venture capital." *Vilakshan the Ximb Journal of Management*. 11 (2): 127 - 140.

Boiardi, P., & Hehenberger, L., 2015. *A Practical Guide to Adding Value through Non-financial Support.* Brussels, Belgium: EVPA.

Boiardi, P., & Gianoncelli, A., 2016. *The State of Venture Philanthropy and Social Investment (VP/SI) in Europe-The EVPA Survey* 2015/2016. Brussels, Belgium: EVPA.

Bishop, M., & Green, M., 2008. *How the rich can save the world: Philanthro-capitalism.* New York: Bloomsbury Press.

Battilana, J., & Dorado, S., 2010. "Building sustainable hydrib organizations: the case of commercial microfinance organization." *Academy of Management Journal*. 53 (6): 1419 - 1440.

Clark, C. H., and Gaillard, J. S., 2003. *RISE Capital market report: The Double bottom line private equity landscape in* 2002 - 2003. Columbia Business School: RISE Capital Market Report.

Cooke, D., 2010. "Building social capital through corporate social investment." *Asia-Pacific Journal of Business Administration*, 2 (1): 71 - 87.

Certo, S. T., & Miller, T., 2008. "Social entrepreneurship: key issues and concepts." *Business Horizons*. 51 (4): 267 - 271.

Cheng, P., 2008. *Quasi-Equity: A Venturesome Case Study in using Revenue Participation Agreements*, http: //www. cafonline. org/default. aspx? page = 15367.

Cetindamar, D., & Ozkazanc-Pan, B., 2017. *Assessing mission drift at venture capital impact investors.* Business Ethics: A European Review.

Defourny, J., Nyssens, M., Thys, S., & Xhauflair, V., 2007. *Beyond philanthropy:*

When philanthropy becomes social entrepreneurship. In 6th Conference of the European Research Network on Philanthropy (pp. 1 –33) .

Dees, J. G. , 2012. "A tale of two cultures: Charity, problem solving, and the future of social entrepreneurship." *Journal of business ethics.* 111 (3): 321 –334.

Dimov, D. , & Milanov, H. , 2010. "The interplay of need and opportunity in venture capital investment syndication." *Journal of Business Venturing.* 25 (4): 331 –348.

Edery, Y. , 2006. "A new model for supporting social enterprise through sustainable investment." *Social Enterprise Journal.* 2 (1): 82 –100.

Eikenberry, A. M. , 2006. "Giving circles: Growing grassroots philanthropy." *Nonprofit and Voluntary Sector Quarterly.* 35 (3): 517 –532.

Fulkerson, G. and Thompson, G. , 2008. "Fifteen years of social capital: Definitional analysis of journal articles 1988 –2003." *Sociological Inquiry.* 78: 536 –557.

Fried, V. H. , & Hisrich, R. D. , 1994. "Toward a model of venture capital investment decision making." *Financial management.* 28 –37.

Gray, C. W. , & Speirn, S. , 2004. *Introduction. In Defining virtue: Five key elements of venture philanthropy and five years of documented results* (*p.* 1) . Menlo Park, CA: Center for Venture Philanthropy & Peninsula Community Foundation.

Grossman, A. , Appleby, S. , & Reimers, C. , 2013. "Venture philanthropy: its evolution and its future." *Harvard Business Review.* 9: 1 –25.

Gompers, P. , & Lerner, J. , 2001. "The venture capital revolution." *The Journal of Economic Perspectives.* 15 (2): 145 –168.

Gompers, P. , & Lerner, J. , 1998. "Venture capital distributions: Short-run and long-run reactions." *The Journal of Finance.* 53 (6): 2161 –2183.

Geobey, S. , Westley, F. R. , & Weber, O. , 2012. "Enabling social innovation through developmental social finance." *Journal of Social Entrepreneurship.* 3 (2): 151 –165.

Gordon, J. , 2014. "A stage model of venture philanthropy." *Venture Capital.* 16 (16): 85 –108.

Greenfeld, K. , 2000. *The New Way of Giving.* Time, www. content. time. com. July.

Grenier, P. , 2006. *Venture Philanthropy in Europe: Obstacles and Opportunities.* Brussels: European Venture Philanthropy Association.

Hafenmayer, W. , 2013. "Venture philanthropy: approach, features, and challenges." *Trusts & Trustees.* (6): 535 –541.

Hehenberger, L. , Boiardi, P. , & Gianoncelli, A. , 2016. "From traditional philanthropy to venture philanthropy." in Principles and Practice of Impact Investing: A Catalytic Revolution. *Greenleaf Publishing.*

Hehenberger, L. , Boiardi, P. , & Gianoncelli, A. , 2014. *European Venture Philanthropy*

and social investment 2013/2014-*The EVPA Survey*. Brussels, Belgium: EVPA.

Hero, P. D., 2003. "Giving back the silicon valley way: emerging patterns of a new philanthropy." *New Directions for Philanthropic Fundraising*. 2001 (32): 47－58.

Hummels, H., 2016. *Principles and Practice of Impact Investing: A Catalytic Revolution*. Greenleaf Publishing.

Hopp, C., & Lukas, C., 2014. "A signaling perspective on partner selection in venture capital syndicates." *Entrepreneurship Theory and Practice*. 38 (3): 635－670.

Jegen, D. L., 1998. "Community development venture capital." *Nonprofit Management & Leadership*. 9 (2): 187－200.

John, R., 2007. *Beyond the cheque: how venture philanthropists add value*. Skoll Centre for Social Entrepreneurship.

Jing Yijia, & Gong Tin., 2012. "Managed social innovation: the case of government-sponsored venture philanthropy in shanghai." *Australian Journal of Public Administration*. 71 (2): 233－245.

John, R., 2006. *Venture philanthropy: The evolution of high engagement philanthropy in Europe*. Oxford: Sanford Business School Publications.

Kaplan, S. N., & Stromberg, P., 2001. "Venture capitalists as principals: Contracting, screening, and." *American Economic Review*. 91 (2): 426－430.

Jeng, L. A., & Wells, P. C., 2000. "The determinants of venture capital funding: evidence across countries." *Journal of corporate Finance*. 6 (3): 241－289.

Knott, J. H., & McCarthy, D., 2007. "Policy venture capitalfoundations, government partnerships, and child care programs." *Administration & Society*. 39 (3): 319－353.

Kingston, J., & Bolton, M., 2004. "New approaches to funding not-for-profit organisations." *International Journal of Nonprofit & Voluntary Sector Marketing*. 9 (9): 112－121.

Lopez, T., & Winkler, A., 2017. "The challenge of rural financial inclusion-evidence from microfinance." *Applied Economics*. 1－23.

Lenssen, G., Rhee, J. H., & Martinez, F., 2017. *The Role of Corporate Sustainability in Asian Development*. Springer.

Letts, C. W., Ryan, W., & Grossman, A., 1997. "Virtuous capital: What foundations can learn from venture capitalists." *Harvard business review*. 75: 36－50.

Larson, B., 2002. "The new entrepreneurs: New philanthropy or not?" *New Directions for Philanthropic Fundraising*. 2002 (37): 79－84.

Mcwade, W., 2012. "The role for social enterprises and social investors in the development struggle." *Journal of Social Entrepreneurship*. 3 (1): 96－112.

Moore, M. L., Westley, F. R., & Brodhead, T., 2012. "Social finance intermediaries and social innovation." *Journal of Social Entrepreneurship*. 3 (2): 184 - 205.

Miller, T. L., Wesley, I. I., & Curtis, L., 2010. "Assessing mission and resources for social change: An organizational identity perspective on social venture capitalists'decision criteria." *Entrepreneurship Theory and Practice*. 34 (4): 705 - 733.

Mair, J., & Hehenberger, L., 2014. "Front-stage and backstage convening: The transition from opposition to mutualistic coexistence in organizational philanthropy." *Academy of Management Journal*. 57 (4): 1174 - 1200.

Martin, M., 2007. *Entrepreneurial solutions for social challenges*. Ssrn Electronic Journal.

Metz Cummings, A., & Hehenberger, L., 2011. *A guide to venture philanthropy for venture capital and private equity investors*. EVPA Knowledge Centre.

Nicholls, A., 2010. "The institutionalization of social investment: The interplay of investment logics and investor rationalities." *Journal of social entrepreneurship*. 1 (1): 70 - 100.

Nielsen, A. E., 2017. "Perceived Inconsistency in New Philanthropy." M*anagement Communication Quarterly*. 31 (3): 492 - 498.

Ormiston, J., Charlton, K., Donald, M. S., & Seymour, R. G., 2015. "Overcoming the challenges of impact investing: Insights from leading investors." *Journal of Social Entrepreneurship*. 6 (3): 352 - 378.

Porter, M. E., & Kramer, M. R., 1999. "Philanthropy's new agenda: Creating value." *Harvard business review*. 77: 121 - 131.

Pepin, J., 2005. "Venture capitalists and entrepreneurs become venture philanthropists." *International Journal of Nonprofit & Voluntary Sector Marketing*. 10 (3): 165 - 173.

Posner, A., & West, M., 2014. "The New Non-Profit IPO." Stanford Social Innovation Review.

Reis, T. K., & Clohesy, S. J., 2003. "Unleashing new resources and entrepreneurship for the common good: a philanthropic renaissance." *New Directions for Philanthropic Fundraising*. 2001 (32): 109 - 144.

Scarlata, M., & Alemany, L. , 2012. *Philanthropic venture capital from a global perspective: definition and investment strategy*. Oxford Handbook of Entrepreneurial Finance.

Sunley, P., & Pinch, S., 2012. "Financing social enterprise: social bricolage or evolutionary entrepreneurialism?" *Social Enterprise Journal*. 8 (2): 108 - 122.

Scarlata, M., Zacharakis, A., & Walske, J., 2016. "The effect of founder experience on the performance of philanthropic venture capital firms." *International Small Business Journal*. 34 (5): 618 - 636.

Scarlata, M., Walske, J., & Zacharakis, A., 2015. "Ingredients Matter: How the Human Capital of Philanthropic and Traditional Venture Capital Differs." *Journal of Business*

Ethics. 145 (3): 623 –635.

Santos, F. M. , 2012. "A positive theory of social entrepreneurship." *Journal of Business Ethics*. 111 (3): 335 –331.

Scarlata, M. , & Alemany, L. , 2010. "Deal structuring in philanthropic venture capital investments: financing instrument, valuation and covenants." *Journal of Business Ethics*. 95 (2): 121 –145.

Salamon, L. M. , 1987. "Of market failure, voluntary failure, and third-party government: Toward a theory of government-nonprofit relations in the modern welfare state." *Journal of voluntary action research*. 16 (1 –2): 29 –49.

Slyke, D. M. V. , & Newman, H. K. , 2006. "Venture philanthropy and social entrepreneurship in community redevelopment." *Nonprofit Management and Leadership*. 16 (3): 345 –368.

Scarlata, M. , & Alemany, L. , 2013. "Philanthropic Venture Capitalists' Post-Investment Involvement with Portfolio Social Enterprises: What Do They Actually Do?" In Entrepreneurship, Finance, Governance and Ethics. *Springer Netherlands*.

Scarlata, M. , 2011. *Philanthropic venture capital: An exploratory comparative study*. LAP Lambert Academic Publishing.

Shanmugalingam, C. , Graham, J. , Simon, T. , & Mulgan, G. , 2011. *Growing social ventures. The role of intermediaries and investors: who they are, what they do, and what they could become*. The Young Foundation & NESTA.

Wagner, L. , 2002. "The 'new' donor: creation or evolution?" *International Journal of Nonprofit & Voluntary Sector Marketing*. 7 (4): 343 –352.

Zahra, S. A. , Gedajlovic, E. , Neubaum, D. O. , and Shulman, J. M. , 2009. "typology of social entrepreneurs: Motives, search processes and ethical challenges." *Journal of Business Venturing*. 24: 519 –532.

Zarutskie, R. , 2010. "The role of top management team human capital in venture capital markets: Evidence from first-time funds." *Journal of Business Venturing*. 25 (1): 155 –172.

第九章　慈善信托危机的救济手段与解决机制

袁杜娟 等*

摘　要： 慈善信托危机是指因慈善信托受托人严重违背受托义务或者慈善信托制度设计不合理或运行机制不健全而造成慈善信托难以稳定运营的状态。上海"小希望之家"纠纷案和美国伯尼丝信托系列诉讼案即为典型案例。就慈善信托的法定救济而言，我国慈善信托救济权主体主要是信托监察人，现行法应当将信托监察人由任选规定修改为强行规定，同时还应该赋予慈善信托受益人一定的救济请求权；在慈善信托的受托人违反信托义务时，法院有权根据具体情况采取针对性地有效救济措施；受益人撤销权规则与受托人的替换、辞任、空缺填补、共同受托人空缺填补规则，亟待完善。就慈善信托的意定救济而言，我国慈善信托可以柔性引进信托保护人制度；委托人保留修改权和撤销权应慎重规划与设计；信托文件最好能提前约定受托人替换、增加、辞任、空缺填补、共同受托人空缺填补的规则。就慈善信托的纠纷解决机制而言，在当前中国，慈善信托危机的解决主要靠行政监管机构的裁决和法院的裁判解决。我国法律应该：合理充实民政部门的调查权和强制权；明确规定信托纠纷的特殊地域管辖；明确民政部门和检察院可以根据《民事诉讼法》第55条提起慈善公益诉讼。

关键词： 慈善公益　慈善信托　危机管理　救济手段

---

* 课题组组长：袁杜娟，上海大学法学院副教授。课题组成员：刘英明，上海大学法学院副教授；高灵芝，上海大学法学院硕士研究生；段梦园，上海大学法学院硕士研究生。

一　境内慈善信托与慈善信托危机概述

慈善信托最早起源于英国。依据英国2000年《受托人法》第39条可知，慈善信托是为了慈善而持有财产的信托。2006年英国慈善法通过13种慈善目的的列举进一步解释了“慈善”的含义。[①] 但即便如此，也可以说英国相关信托法律并未对“慈善信托”给出一个准确的定义。与英国不同的是，美国的《信托法重述》明确规定，慈善信托是关于财产的一种信赖关系，该财产是因当事人意思表示而设立，同时委托他人管理该财产，并使该人负有以慈善的目的而处理该财产的权利[②]。此后，日本引入英美法系的信托制度。1923年日本《信托法》第66条中规定，以祭祀、宗教、慈善事业、学术、技艺和其他公益为目的的信托，应作为公益信托。

其后，我国境内也同韩国等国家和地区一样，参照日本信托法律的模式，使用的是“公益信托”这一表述，比如我国在2001年的《中华人民共和国信托法》（简称《信托法》）第60条[③]规定了公益信托的几种目的类型[④]。直到2016年我国《中华人民共和国慈善法》的颁布，“慈善信托”正式成为一个法律概念，不同于以往的只是以研究课题的形式存在于理论研究领域[⑤]。根据我国《中华人民共和国慈善法》第44条规定，本法所称“慈善信托”属于公益信托，是指委托人基于慈善目的，依法将其财产委托给受托人，由受托人按照委托人意愿以受托人名义进行管理和处分，开展慈善活动的行为。

---

① 解锟：《英国慈善信托制度研究》，法律出版社，2011，第1页。

② 王金东：《英美慈善信托法律制度研究》，大连海事大学博士学位论文，2012，第9页。

③ 《中华人民共和国信托法》第六十条：为了下列公共利益目的之一而设立的信托，属于公益信托：（一）救济贫困；（二）救助灾民；（三）扶助残疾人；（四）发展教育、科技、文化、艺术、体育事业；（五）发展医疗卫生事业；（六）发展环境保护事业，维护生态环境；（七）发展其他社会公益事业。

④ 《韩国信托法》于1961年12月颁布实施，《中华人民共和国信托法》于2001年4月颁布实施。

⑤ 蔡凯强：《我国慈善信托发展的制度障碍及应对之策》，烟台大学硕士学位论文，2017，第3页。

（一）我国慈善信托的发展现状

从慈善信托的数量和资产总额来看，我国目前的慈善信托呈现出较为稳健的发展态势①。2016年《中华人民共和国慈善法》（简称《慈善法》）以及2017年《慈善信托管理办法》的颁布实施进一步完善补充了慈善信托备案、设立、受托人责任等方面的内容，使得慈善信托的发展步入快车道。民政部慈善信托统计数据显示，截至2019年1月，我国有136单慈善信托，有184条慈善信托备案数据，财产总规模共215342.80万元。

从慈善信托的地域分布来看，全国排名前五的省份分别是：北京、浙江、广东、陕西、江西，从慈善信托的金额总数来看，全国排名前五的省份分别是：浙江、广东、上海、江西、北京②。我国的慈善信托项目虽然覆盖到了全国22个省份，但不同省份间在慈善信托的数量以及金额上还是呈现出较大的地域差距。

从慈善信托投放的领域来看，助残、扶贫、教育等公益事业和慈善事业都是重点领域，慈善信托在保障弱势群体以及促进其他公共领域的发展上都做出了较大贡献。从2018年的慈善信托数据来看，扶贫目的占慈善信托的比重是最高的，并且与其他投放领域的慈善信托相比，扶贫慈善信托的增长速度也是最快的，应当说这是积极响应我国脱贫攻坚战的重要体现。相信未来会出现更多的扶贫慈善信托，不断为打赢精准扶贫攻坚战助力。

（二）我国慈善信托的法律框架

1.《信托法》的出台及相关配套法规

2001年颁布实施的《信托法》为我国的公益信托制度建立起了基础框架。《信托法》第60条对公益信托的设立目的进行了列举式的规定，只有符合公益目的设立的信托才属于此法规定的公益信托。第62条规定，公益信托实行批准设立制，由公益事业管理机构批准公益信托的设立及其受托人的确定。第

① 民政部，慈善信息公开栏目下的慈善信托查询，http：//cishan.chinanpo.gov.cn/biz/ma/csmh/e/csmheindex.html 最后一次访问时间是2019年5月18日21时。

② 民政部，慈善信息公开栏目下的慈善数据统计，http：//charitychina.foundationcenter.org.cn/home/csxt 最后一次访问时间是2019年5月18日22时。

64条规定，公益信托必须设置信托监察人。第六章的后续部分对监察人的权限、受托人的义务、变更和辞任、信托条款的变更以及公益信托的终止做出了规定。

《信托法》虽然在框架上对公益信托进行了制度设计，但是其中的规定多为原则性规定，具有高度的概括性。实践中由于公益信托尚且不够成熟而缺乏操作性，直接表现在此法颁布实施后的一段时间内，几乎未见有大片的公益信托随之设立。

同时，《信托法》出台后并未产生与之相配套的其他公益信托相关的法律法规，仅有2002年由中国人民银行发布的《信托投资公司管理办法》中的第21条规定，信托投资公司可以依照《信托法》的有关规定，接受为公益目的而设立的公益信托业务。应当说，自《信托法》之后此法确立了信托投资公司作为公益信托受托人的历史地位。但《信托投资公司管理办法》被2007年发布的《信托公司管理办法》取代。后者在第17条规定，信托公司可以根据《信托法》开展公益信托活动。依据《信托法》与《信托公司管理办法》的规定，信托公司成为《慈善法》出台前的唯一法定的公益信托受托人①。

为了帮助2008年汶川地震进行灾后重建，银监会发布了《中国银监会办公厅关于鼓励信托公司开展公益信托业务支持灾后重建工作的通知》。该规章在《信托法》的基础上进一步对公益信托文件的内容、受托人的职责以及监察人的履职等规定进行了细化，提升了原规定的可操作性。

2.《慈善法》的出台以及相关配套法规

随着改革开放的进一步深化，我国的慈善事业进一步发展，社会捐赠激增但同时也存在着慈善组织内部的运行不够规范，缺乏行业自律，同时社会的慈善氛围有待提升等问题②。我国虽然在慈善活动领域已经有了《公益事业捐赠法》以及《红十字法》等法律，但是缺乏系统性和整体性。为了使慈善事业

① 蔡凯强：《我国慈善信托发展的制度障碍及应对之策》，烟台大学硕士学位论文，2017，第12页。

② 《全国人大常委会关于〈中华人民共和国慈善法（草案）〉》的说明，北大法宝网，http：//www. pkulaw. cn/fulltext　form. aspx？ Db ＝ protocol&Gid ＝ 1029d4f4ad58fefe9942448197e8ab27bdfb 最后一次上网时间是2019年5月22日23时。

配套法律与我国的慈善新发展形势相适应，全国人大于2016年颁布了《慈善法》。

《慈善法》第五章对慈善信托进行了规定。这也是“慈善信托”首次出现在正式的法律条文中，慈善信托事业的新纪元由此开启。自此法于2016年9月1日实施以来，我国184单备案的慈善信托中的首单——“光大·陇善行慈善信托计划1号”于2016年12月9日备案。此后更是迎来了慈善信托的飞跃式发展①。该法在第44条首先规定，慈善信托属于公益信托。第45条规定，设立慈善信托采取向县级以上民政部门备案的方式，此种规定改变了《信托法》确定的公益事业管理机构批准设立制，并且由第2款的“未按照前款规定将相关文件报民政部门备案的，不享受税收优惠”表述可以看出，备案甚至不是设立慈善信托的必要条件，只是享受税收优惠的前提条件。应当说慈善信托发展至此已经是十分的便利化，设立门槛和成本已大大降低。

同时，为了更好地完善慈善信托的备案工作，2016年8月《民政部、中国银行业监督管理委员会关于做好慈善信托备案有关工作的通知》颁布实施。此规范性文件对慈善信托备案的管辖机关、程序、管理监督以及信息公开等都进行了十分细致的规定，使得慈善信托从设立到运行都有了清晰明确的依据。

3.《慈善法》之后的部门规范以及地方法规

为了进一步规范慈善信托的运行，保护慈善信托各方当事人的合法利益，促进慈善事业的稳固发展，2017年7月，银监会与民政部发布了《慈善信托管理办法》。此部门规范性文件的发布实施标志着我国慈善信托法律体系的确定和完备。其不同于《信托法》与《慈善法》设专章对慈善信托进行规定的模式，采取的是全文专门针对慈善信托的设立、备案、管理运行、变更终止、监督与信息公开以及法律责任进行了细致的规定，与前述法律法规相比，此办法是与慈善信托最直接相关的部门规范性文件。

为了规范信托登记活动，促进信托业持续发展，中国银监会于2017年8

① 慈善中国官网，慈善信托查询板块，“光大·陇善行慈善信托计划1号”慈善信托详情，http：//cishan. chinanpo. gov. cn/biz/ma/csmh/e/csmhedetail. html？ aafx0101 = ff8080815e2853b1015e2ca0f3a20234 最后一次上网时间是2019年5月22日23时。

月发布了《信托登记管理办法》，对以信托公司为主的信托机构进行信托业务登记管理。

此外，随着上述法律法规的出台，为了配合慈善信托相关制度的落实，地方也随之制订了一系列的地方法规。比如，北京市民政局于2016年9月发布了《北京慈善信托管理办法》，该管理办法除了对慈善信托的设立、变更、终止、清算以及信息公开等事项进行规定外，还强调受托人应当具备相应能力、尊重市场规则以及具体落实信息公开工作①。再比如，江苏省第十二届人民代表大会常务委员会第三十三次会议于2017年12月通过了《江苏省慈善条例》，该条例的第三章对慈善信托进行了相关规定，就慈善信托相关的亮点而言，其在《慈善法》的基础上对受托人的备案机关进行了进一步的明确，采取与《慈善信托管理办法》同样的规定②。此外浙江省第十三届人民代表大会常务委员会第七次会议于2018年11月通过了《浙江省实施〈中华人民共和国慈善法〉办法》③，该办法第19条与第20条对慈善信托受托人的备案与变更进行了规定，其他条款中也对《慈善法》的其他相关规定进行了回应。随着《慈善法》的出台，一些省份为了更好地规范该行政区域内慈善信托的运行，纷纷在其后出台相应配套法规。相信随着慈善信托发展的不断推进，更多的慈善信托地方法规将会出现，同时更加完备的地方法规又会使得我国慈善信托获得更好的发展。

（三）慈善信托危机的概念与代表性案例

《现代汉语词典》对“危机”有两种解释：一是“危险的根由”，二是“严重困难的关头”。一般认为，危机要经历潜伏期、爆发期、持续期、恢复期这样四个阶段，具有不确定性、紧迫性、威胁性、连锁性这四个特征④。

---

① 北京市人民政府官网：《北京市民政局关于印发〈北京市慈善信托管理办法〉的通知》，http://www.beijing.gov.cn/zhengce/wenjian/192/33/50/438650/83741/index.html，最后登录时间是2019年5月25日11时。

② 江苏省民政厅官网，http://mzt.jiangsu.gov.cn/，最后登录时间是2019年5月25日11时。

③ 中国·浙江人大，http://www.zjrd.gov.cn/dflf/fggg/201901/t20190110_78198.html，最后登录时间是2019年5月25日12时。

④ 窦书霞、张虹：《高校安全危机与危机管理》，《保卫学研究》2005年第3期，第293-294页。

所谓慈善信托危机是指因慈善信托受托人严重违背受托义务或者慈善信托制度设计不合理或运行机制不健全而造成慈善信托难以稳定运营的状态。

慈善信托产生危机的原因多种多样，概括起来主要有两类，即外部环境影响和内部治理不善。外部环境影响包括政治经济形势的变化、法律政策的变动、社会文化环境的变迁、媒体负面报道等。比如，我国《慈善法》的出台让所有的慈善组织都必须依法行善、规范行善，做慈善将不能再任性而为。2018年1月底，英国媒体曝光了伦敦“总裁俱乐部”慈善晚宴性骚扰丑闻；2月底，英国《泰晤士报》曝出著名慈善机构乐施会高层在2011年参与海地地震救援期间召妓的丑闻。慈善机构性丑闻频发，英国慈善机构陷入危机。

内部治理不善则包括因受托人违背信托义务、受托人缺位、受托人因客观原因无法履行职责、设立信托时无法预见的紧急情况等对信托造成严重损害而陷入危机等。

中国大陆慈善信托是在2016年《慈善法》出台，特别是2017年《慈善信托管理办法》出台之后才大量出现的，因为出现时间较短，目前公开报道的慈善信托治理机制问题案例鲜见。但我们可以从慈善基金会案例中发现类似的问题。2014年7月21日，上海“小希望之家”由知名作家陈岚、知名研究机构博士后及某高科技民企老板共同出资，经上海市静安区民政局批准登记成立，业务主管单位为共青团上海市静安区委员会。作为全国首个预防未成年人虐待与忽视的机构，在成立后迅速得到爱心人士、公募基金会及当地民政部门支持，并在中国妇女发展基金会下面开设了小希望之家专项基金，志愿者从十几名迅速发展到上千名，募集资金从几万元快速积累到几百万元。然而，“小希望之家”从2015年开始突然分崩离析，理事会要求罢免陈岚，捐赠者和志愿者要求陈岚公开账目并向法院起诉，工作人员陆续辞职并与陈岚对簿公堂。捐赠人代表要求陈岚公开捐赠资产的使用和管理情况，但其请求被上海市静安区人民法院以内部争议为由予以驳回。上诉至上海市第二中级人民法院之后，该请求却以缺乏法律依据的理由再次驳回。而理事会要求陈岚移交职务权力的诉讼请求，则被上海市静安区人民法院以原告提起诉讼主体不符合法律规定予以驳回。“小希望之家”作为法人型民办非企业单位，理事会是它的最高决策机构，但从披露出的资料来看，该机构的理事会形同虚设，理事会甚至出现了理事人数不断变化，理事会决议无权代理、随意代签等违规情形，至于理事人选的确定、变更、改选更是混乱之极，最终导致了严重的后果。这场因机构内部治理问题激化的冲突已耗时一年多，双方都备受煎熬，但仍未取得实质性结果①。

伯尼丝信托系列诉讼案②。1883 年，当时夏威夷皇室的伯尼丝公主订立遗嘱，将她的遗产全部放入一个信托，以在夏威夷岛建立两所学校，一所男校，一所女校，合称为卡米哈米哈学校。她任命了 5 个人担任这个信托的受托人，以信托资产的收益部分运作学校，并且“将每年收入的一部分用于帮助孤儿或其他极度贫穷的人，并为其提供教育，优先考虑全部或部分拥有夏威夷血统的人。”她同时指定当时的夏威夷最高法院负责委任和替换受托人，并要求学校的所有老师都必须是新教徒。

1884 年，伯尼丝公主去世。她的丈夫执行了伯尼丝的遗嘱。1887 年，遗嘱中规定的男校正式成立，1894 年，女校也在男校附近成立。1955 年，两所学校被一起搬迁到位于卡帕拉玛的现今学校总部。由伯尼丝公主遗嘱设立的慈善信托在美国的慈善历史上具有重要地位，一方面是因为这份斯山信托所管理的资产金额之大，截止到 2007 年，这笔捐赠价值大致是 70 亿美元。另一方面则是由于随着时间的流逝和时代的变迁，这个慈善信托的部分条款的有效性和受托人安排曾受到各方面的质疑，相关的判例成为后来人研究慈善信托的宝贵材料。

从 1884 年到现在的 100 多年间，卡米哈米哈学校经历了许多重大的法律诉讼和调查，从不同的侧面检验了该慈善信托的有效性。这些诉讼包括以下几个。

一是 1991 年，当时的美国平等就业机会委员会对卡米哈米哈学校提起诉讼，认为学校仅仅招收新教徒担任老师违反了 1964 年的人权法案，是宗教歧视。

二是 1997 年 8 月 9 日，当时夏威夷大学管理委员会主席莱蒂斯，退休法

---

① 《“小希望之家”创始人遭质疑：危险的爱　难查的账》，《南方周末》2017 年 01 月 12 日 13：42：19，转引自 http：//news. jstv. com/a/20170112/1484199909360. shtml。

② 王小刚：《富一代老了怎么办——财富规划与信托安排》，法律出版社，2012，第 125 页以下。

官怀特、查尔斯，联邦法官萨缪尔以及夏威夷大学教授兰多联名发表了一篇名为“被违背的信托”的文章，呼吁美国总检察长全面调查卡米哈米哈学校的管理状况。这篇文章认为挑选信托受托人的机制存在缺陷，现任委托人没有充分理解他们的职责，对于自己的行为也不负责任。1997 年 8 月 2 日，夏威夷州州长就任命该州总检察长对文章内的指控进行初步调查。随着调查的逐步推进，时任该信托受托人的 5 人都先后被强制或自愿的暂时解除受托人职务，其中 2 人自愿永久辞任受托人。1999 年 12 月 13 日，法院正式审理讨论永久解除剩余 3 位受托人的职务。他们 3 位随后也陆续表示自愿永久辞任受托人。

三是 2002 年，卡米哈米哈学校的招生政策引发了又一起诉讼。根据 100 多年前伯尼丝公主的遗嘱所规定的条款，卡米哈米哈学校应当优先招收夏威夷本地居民。根据学校的政策，想要享受优先招收待遇的夏威夷本地居民必须出示证明文件，证明自己的祖先在 1959 年之前就生活在夏威夷。这一政策招致了争议，因为声称拥有夏威夷血统的申请人远远超过了学校实际招收的学生，事实上几乎所有学生或多或少都同夏威夷有一些血缘关系。非夏威夷裔的学生在极个别的情况下也可以就读该校。2002 年，一位非夏威夷裔的学生卡拉尼被学校录取，并且卡拉尼是在所有符合条件的夏威夷申请人都被录取后才获得入学资格的。但这次录取卡拉尼的决定，却招致了校友会的抗议，随后引发了向联邦法院提起的诉讼。

2003 年 8 月，一位曾经向卡米哈米哈学校申请入学的申请人向联邦法院提起诉讼。这位申请人的母亲曾被夏威夷家庭收养，申请人因此认为自己拥有夏威夷血统，所以符合入学条件。学校方面显然不这么认为。同年 6 月，另一个非夏威夷裔的申请人也在联邦法院提起诉讼，对象直指卡米哈米哈学校的招生政策违反联邦禁止种族歧视的法令。

伯尼丝信托系列诉讼案中的争议大致可以归纳为两大类，一类是因为遵守信托设立人之前设定的内部条款同外部时代的变迁，特别是与法律政策变动之间发生冲突；另一类是在形式上遵守慈善信托成立人设定的条款但实质上却违背成立人慈善意图的，这包括受托人领取的高额酬金达不到“这份工作的标准”，法官任命受托人过程中复杂的利益输送，受托人违反信托义务进行自我交易，法官在选定受托人的过程中有过错，应该对受托人造成的损失承担连带责任。

结合上述两个案例，慈善信托危机主要体现在以下几个方面：第一，受托人对信托的严重侵害，特别是受托人违反忠实义务对信托造成严重侵害；第二，受托人缺位对信托的侵害；第三，受托人因客观原因无法履行职责对信托的侵害；第四，设立信托时无法预见的紧急状况对信托的侵害；第五，第三人知道受托人违反信托义务依然购买信托财产对信托的侵害；第六，法律政策的变化对慈善信托的侵害等①。

（四）慈善信托危机的救济手段和解决机制导论

救济是对正在发生或业已造成的损害、危害、损失或造成损害的不正当行为的纠正、矫正或改正。《布莱克法律词典》将“救济”定义为“执行权利或阻止、矫正、改正权利侵犯的一种手段。”广义的救济，包括受害人自身实施的纠正行为或措施，即我们所说的自力救济，以及由受害人以外的公共权力机构采取的纠正措施，即所谓公力救济。救济通常是指法律救济，即通过法律方式及其类“法律方式”，对权利进行救济。

“救济”一词是在多种层面上使用的词语。人们在论及救济时，有时是从权利的角度，阐明人们获得救济的权利；有时则是从方法的角度，阐述针对不同的权利和不同的损害所给予的不同保障或补救方式②。在英美法中，救济法是跨越实体法和程序法的独立中间领域。

在大陆法系国家，民事权利分为原权利与救济性权利。其中原权利是指，民事法律所规定的当事人所享有的客观权利，它为当事人划定了自由行动的范围和为某种行为、不为某种行为的资格，是法律对社会生活资源的一种分配，属于“分配正义”的范畴。救济性权利是指，民事法律为了保护当事人的原权利，在当事人的原权利受损的情况下，赋予原权利人救济受损权利的权利。它是在不当行为人的行为发生时，法律对社会资源的再分配，属于“矫正的正义”范畴。可见，救济权利产生的前提是当事人的原权利遭受了损害，其

① 谢玲丽、张钧、李海铭：《家族信托——全球视野下的构建与运用》，广东人民出版社，第252页。

② 冀宗儒：《民事救济要论》，人民法院出版社，2005，第1页。

后果是当事人可以依据此权利向侵害人请求赔偿其所受的损失。在侵害人拒绝对这种损害进行赔偿时，当事人可以向法院提出诉讼，请求法院判令侵害人对受害人的损害进行赔偿。救济权可以分为救济性形成权、救济性请求权、救济性抗辩权。其中，救济性形成权的内容侧重于救济人单方面变更、撤销、消灭相对人的权利。救济性请求权侧重于请求相对人为给付。抗辩权侧重于救济人拒绝相对人的请求。受害人可以综合运用这三种权利，实现受损法益保护。在受害人要求对方给付财产，以弥补其损失时，救济性请求权是实现法益保护最主要的方式。

在大陆法系国家，特别是我国《民法通则》与《民法总则》，将救济方法明确表述为承担民事责任的方式。《民法通则》（1986）第134条规定：承担民事责任的方式主要有：①停止侵害；②排除妨碍；③消除危险；④返还财产；⑤恢复原状；⑥修理、重做、更换；⑦赔偿损失；⑧支付违约金；⑨消除影响、恢复名誉；⑩赔礼道歉。以上承担民事责任的方式，可以单独适用，也可以合并适用。人民法院审理民事案件，除适用上述规定外，还可以予以训诫、责令具结悔过、收缴进行非法活动的财物和非法所得，并可以依照法律规定处以罚款、拘留。《民法总则》（2017年）第179条规定：承担民事责任的方式主要有：①停止侵害；②排除妨碍；③消除危险；④返还财产；⑤恢复原状；⑥修理、重做、更换；⑦继续履行；⑧赔偿损失；⑨支付违约金；⑩消除影响、恢复名誉；⑪赔礼道歉。法律规定惩罚性赔偿的，依照其规定。本条规定的承担民事责任的方式，可以单独适用，也可以合并适用。

在我国，解决民事纠纷的方式主要有下列五种。①当事人自行协商和解。当事人是民事冲突的主体，根据国家法律，他们对争议的事项享有充分的处分权能。是否行使处分权能、何时行使处分权能以及以何种方式行使处分权能概由当事人自行决定。②有关部门依职权处理。③人民调解委员会（组）调解。④仲裁委员会仲裁。所谓仲裁是指在仲裁庭的主持下，在民事冲突双方当事人的参与下，依法对民事冲突居中审理并制作一定法律文书平息冲突的方法。仲裁属民间性质。仲裁的基础是当事人的合意。也就是说，提交仲裁必须以双方当事人同意为前提，否则，仲裁程序不能启动。在通常情形下，仲裁庭成员也由当事人选任。仲裁的最大特点是快速、简便。随着国家法制的日益健全，仲

裁正越来越受到人们的青睐。⑤民事诉讼。民事诉讼即老百姓所讲的“打民事官司”。相对于人民调解、当事人自我平息、单位（或部门、社区）处理和仲裁机制而言，民事诉讼是典型的公力救济形式。这种公力救济的最大特点是具有特殊的法律强制性。民事诉讼还是国家处理民事冲突的最有效也是最后的手段。因此，国家往往要对诉讼的主体、程序、制度等做出严格的规定。以上五种调整民事冲突的机制，在现实生活中均具有重要的作用。到底选择何种机制解决民事冲突，其主动权在当事人手中。

在初步了解救济作为权利和方法两种含义与纠纷解决的五种手段之后，我们再来看慈善信托危机的救济手段和解决途径。

就慈善信托危机的救济手段而言，下文主要分为法定的慈善信托救济手段、意定的慈善信托救济手段。在“慈善信托的法定救济手段比较研究”部分，主要探讨以下四个问题：对受托人违反信托义务行为的法定救济，受托人侵占或不当处分信托财产的特殊法定保护与救济，信托救济的法定阻却事由，法定受托人替换、辞任、空缺填补、共同受托人空缺填补。在“慈善信托的意定救济手段比较研究”部分主要探讨以下三个问题：利用信托保护人对信托的监督，委托人通过保留修改权和撤销权对信托的监督，意定受托人替换、增加、辞任、空缺填补、共同受托人空缺填补。在“慈善信托危机的解决途径”部分主要探讨以下两个问题：通过行政监管机构解决，通过向人民法院提起民事诉讼解决。

就慈善信托纠纷解决机制而言，考虑到我国慈善信托的准确定位是慈善行业或公益事业的性质以及由此带来的受益者能力弱、委托人的不积极、《信托法》专业化程度高但在我国的普及程度低，以及我国慈善信托起步晚规模小①这些因素，在当前中国，慈善信托危机的解决主要靠行政监管机构的裁决和司法机关（主要是法院）的裁判解决。因此，在“慈善信托纠纷解决机制”部分主要探讨慈善信托危机的行政监管机关解决和诉讼途径解决，暂不探讨慈善信托危机的其他非诉纠纷解决机制问题。

---

① 慈善中国网资料显示，截至2019年1月23日，慈善信托备案项目共149单，其受托财产总规模共计19.3亿元，载《慈善信托的发展现状与优势》，http：//www.yanglee.com/Research/Details.aspx？i=60421。

二　慈善信托的法定救济手段比较研究

慈善信托危机通常是由受托人违反信托义务的行为引发的，为了更好地救济和保护慈善信托，文中对此种情形下慈善信托危机的法定救济手段进行了比较分析，由此总结出我国未来可取的改进措施，以期推动慈善信托实现稳健的可持续化发展，有效地实现信托目的并不断地为社会公众做出贡献。

（一）对受托人违反信托义务行为的法定救济

在信托法上，受托人主要有两种基本义务——“谨慎义务”和“忠诚义务”。本节主要讨论在受托人违反这两种义务或者违反信托文件规定的情况下，法院将如何救济遭受损害的信托利益相关人。

1. 救济请求主体资格

由于慈善信托是基于特定的公益目的，为了某一群体的部分或者所有人利益设立的，其与私益信托相比有着受益人通常不确定的特点。因此在慈善信托由于受托人违反信托义务产生危机后，各国针对有权提请救济主体的规定也与私益信托的规定有所不同。

（1）英美日欧慈善信托救济权主体概述及其总结

第一，英美日欧慈善信托救济权主体的法律规定。慈善信托最早出现的英国，实践中常常发生受托人对受益人和委托人不忠诚的情况，比如受托人非法侵占或者违约处分信托财产。由于不确定慈善信托中的受益人，英国设计了与私益救济主体不同的制度，即由皇家检察总长代表公众对受托人违反慈善信托义务的行为进行起诉①。但此种模式随着慈善委员会的出现发生了变化，该委员会依据《1601年慈善用益法》成立并被授予对慈善信托损害的部分诉讼的起诉权。随着《1960年慈善法》的颁布，皇家总检察长的起诉权已经被慈善委员会取代得所剩无几，多数案件由慈善委员会直接向法院诉讼。

美国第2版《信托法重述》第391条规定，州总检察长、其他相关公职人

① 解锟：《英国慈善信托制度研究》，法律出版社，2011，第132页。

员、共同受托人或者对强制履行一项慈善信托具有特殊利益的人，有权向法院起诉，要求强制履行一项慈善信托。对强制履行慈善信托没有特殊利益的人，比如委托人或其继承人、委托人的个人代表或后代，无权提起强制履行慈善信托之诉。《统一信托法》第405条第三款规定，慈善信托的委托人可以采取诉讼程序强制实施信托。通常情况下，美国针对无具体受益人的慈善信托，为了使其能够得到强制履行，规定由各州总检察长代表潜在的受益人对违反信托义务的受托人提起诉讼。同时在大多数州也规定，某一受托人在履行慈善信托义务时违反信托义务，则其他共同受托人或者继任受托人有权请求救济①。

日本2006年新信托法第123条规定，在信托成立时无现存的受益人时，可以指定信托管理人。第125条第1项规定，除非信托文件中明确规定，信托管理人可以为了受益人的利益，以自己的名义展开与受益人权利相关的一切裁判及裁判外的行为。该法第123条至第128条对信托管理人的选任、资格、权利义务、报酬以及终了等事项的规定通常也适用于信托代理人。根据《公益信托法》第8条规定可知公益信托主管机关，即公益信托监察人或管理人有权以自己的名义为公益信托的受益人进行有关信托的审理或审理以外的行为。

欧洲示范民法典草案第一章第二节中第205条规定，①受益人有权请求受托人履行与受益人的受益权利或者受益资格有关的债务；②在以促进公共利益为目的的信托中，可以强制受托人履行债务的人包括：（a）具有此种职能的公职人员或公共机构，（b）对债务的履行享有充分利益的其他人；③受托人可以强制其他共同受托人履行债务。由此可以看出，慈善信托中通常可以由公职人员、监管机关以及利益相关人员对受托人违反信托义务的情形提请法院进行救济。

第二，英美日欧慈善信托救济权主体的特点总结。通过对比总结上述列举的慈善信托救济主体的相关法律规定可知，在慈善信托中能够针对信托危机提请救济的通常是慈善信托的监督管理机关或者其中的主管人员，不同于私益信托中由受益人或者委托人直接请求救济，这也是由慈善信托的受益人为多数且不特定的特点决定的。考虑到慈善信托的公益性与受托人的营利性、受益人的

① 〔美〕爱德华·C. 哈尔巴赫：《吉尔伯特信托法》，张雪楳译，法律出版社，2017，第160页。

广泛性以及受托人的专业性、信托财产庞大的资金与受托人的相对自主性等因素的对比，由一个具有专业能力并且具有一定强制手段的管理机关或者人员对慈善信托提请救济具有效率和效果上的双重优势。

（2）我国慈善信托救济权主体概述及其完善

第一，中国慈善信托救济权主体的法律规定。我国《信托法》第65条规定，信托监察人有权以自己的名义，为维护受益人的利益，提起诉讼或者实施其他法律行为。结合条文释义可知，监察人作为一个独立的法律主体对受托人违反信托义务或者不当处理信托事务的行为，有权以自己的名义进行诉讼或其他法律行为，请求法院撤销该处分行为，并要求受托人恢复信托财产的原状或者予以赔偿①。

我国《慈善法》第49条规定，慈善信托的委托人根据需要，可以确定信托监察人。信托监察人对受托人的行为进行监督，依法维护委托人和受益人的权益。信托监察人发现受托人违反信托义务或者难以履行职责的，应当向委托人报告，并有权以自己的名义向人民法院提起诉讼。与《信托法》相比，这里对监察增加了一项向委托人报告的义务，同时根据此条款的条文释义可知，监察人就受托人向委托人与受益人履行信息公开以及正确管理信托财产等义务进行监督，这也是之前的条款中没有明确的②。

我国《慈善信托管理办法》第11条规定，慈善信托的委托人根据需要，可以确定监察人。监察人对受托人的行为进行监督，依法维护委托人和受益人的权益。监察人发现受托人违反信托义务或者难以履行职责的，应当向委托人报告，并有权以自己的名义向人民法院提起诉讼。与《慈善法》相比，《慈善信托管理办法》对于监察人的救济请求权规定几乎没有变化。

我国的慈善信托救济权主体主要是信托监察人，在慈善信托的受益人不特定、尚未存在或者为保护受益人利益有必要时，根据委托人或者利害关系人的申请指定

① 《中华人民共和国信托法》第65条条文释义，北大法宝，最后一次访问时间是2019年5月5日11点。http：//www. pkulaw. cn/CLink _ form. aspx? Gid = 35342&Tiao = 65&km = siy&subkm = 0&db = siy。

② 《中华人民共和国慈善法》第49条条文释义，北大法宝，最后一次访问时间是2019年5月5日13点。http：//www. pkulaw. cn/CLink _ form. aspx? Gid = 266755&Tiao = 49&km = siy&subkm = 0&db = siy。

承担监督受托人，维护受益人利益[①]。同上文中英欧美日等国家的相关法律规定相比，我国慈善信托相关法律法条在监察人的设置强制性、设置权主体、权限义务以及增加新的慈善信托救济权主体等方面可以考虑展开进一步的完善。

第二，中国慈善信托救济权主体规定的完善。一是明确规定慈善信托中应当设立监察人。在分析我国慈善信托监察人的相关规定时，首先要考虑信托监察人的选任是否具有强制性。《信托法》第 64 条的表述为“公益信托应当设置信托监察人”，即依据此法在慈善信托中设立监察人是法定要求。但后续的《慈善法》和《慈善信托管理办法》都规定为“根据需要可以确定信托监察人”[②]，即并非是法定要求设置信托监察人的。例如慈善信托的受托人是运作规范的慈善组织，委托人对担任受托人的慈善组织充分信任，那么也可以不设置信托监察人。但考虑到上述法律法规都是现行有效的，此后在实践中是否因此种不同规定而产生分歧是值得考虑的。由于慈善信托的受托人是不特定的社会公众，只有在享受信托利益时才能确定具体的受益人。因此，与一般的私益信托从成立时就有明确的受益人不同，慈善信托在执行过程中，因受益人范围比较广泛，由广大的受益人直接对受托人的信托活动进行监督难以操作，所以信托法在慈善信托的规定中设置了信托监察人制度。信托监察人既是受益人利益的代表，又是对受托人的信托活动实施监督的人。考虑到监察人对于慈善信托的重要作用，应当在整个慈善信托法律体系中对设置监察人进行统一规定，为了使得慈善信托财产更好地运转应该强制要求设置监察人。

二是监察人的选任权应该由民政部门主导过渡到司法部门主导。慈善信托中监察人的选任也是完善监察人制度的另一重要议题。日本和韩国的做法是由信托当事人或者利害关系人进行申请，再由法院指定[③]，采取的是以信托当事人的意思为先，以法院等司法主体的指定辅助之的模式。我国的做法是在信

---

① 雷宏：《信托监察人制度研究》，知识产权出版社，2011，第 28 页。

② 《慈善法》第四十九条规定：“慈善信托的委托人根据需要，可以确定信托监察人。”《慈善信托管理办法》第十一条规定：“慈善信托的委托人根据需要，可以确定监察人。”

③ 日本的 2006 年信托法第 123 条第 4 项规定，无特定受益人或受益人尚未出现，且信托文件中对信托管理人没有相关规定时，或者被指定的信托管理人不愿或者不能够就任时，法院可以依利害关系人的申请，为该信托财产选任合适的信托管理人。韩国信托法也规定，除非信托文件规定了信托管理人的选任或者指定了信托管理人，在某个信托财产无特定或尚没有受益人时，法院应当根据有关利害关系人的请求，或依职权选任信托管理人。

托文件未规定时由公益事业管理机构来指定信托监察人，主要原因在于公益事业管理机构是我国对公益信托实施管理的机关。由此可见，同为受益人不确定的信托财产，该信托的管理人或者监察人的选任在我国主要由行政机关或者事业单位来完成，而日韩两国是由司法机关来决定。虽然考虑到慈善信托的特殊性，需要行政机关进行有效的监管，但原本慈善信托的设立等事项就已经是在民政部门等行政机关的备案等程序下进行的，后续的救济相关的事项应当多考虑引入司法手段。目前我国的慈善信托虽仍处在摸索前进的阶段，但已经取得了优异的发展成果。自2016年《慈善法》颁布实施不到一年的时间内，全国设立了32个慈善信托，总资产规模达到1.24亿人民币①。更有2017年在广东省民政厅完成备案，由美的创始人何享健先生以5亿现金设立“中信·何享健慈善基金会2017顺德社区慈善信托”。应当说在可以预见的未来，随着慈善信托的进一步深化发展，与监察人有关的问题会逐渐增多，单纯由行政机关进行管理可能会使得信托的运行缺乏一定的灵活性。因此可以考虑在监察人的选任等涉及信托危机救济的问题上加入司法主体的协助，以期推动慈善信托获得更好的发展。与其他救济方式相比，司法救济是最后的保护屏障，更具有权威性，同时也是更能反映社会公平公正理念的救济手段②。

三是监察人的权利义务应该更加细密，以方便操作。日本2006年信托法的第125条、第126条以及第127条等对信托管理人的权限、义务以及报酬权等进行了详尽的规定。我国的慈善信托法律体系中对于监察人权利义务的规定有所欠缺，除了《信托法》第64条及第65条中对监察人的选任及其基本职责进行了规定外，对监察人的选任资格、注意义务、责任承担以及报酬请求权都没有展开规定③。

通常监察人履行监督职能需要花费一定的时间和精力，因此应当保障监察人的报酬请求权。并且即使法律没有具体规定，但从法理上来看，应当免除监

① 李魏：《透视慈善信托十大优势》，《财富管理》2017年7/8月期。

② 罗小青：《慈善信托受益人权利研究》，湖南大学硕士学位论文，2013，第47页。

③ 徐卫：《信托监督多元化构造的法律分析》，《厦门大学法律评论》2008年第1期，第58～91页。

察人尽职行使权利后造成慈善信托财产损失的责任[①]。

虽说在没有法律规定时可以由信托文件进行约定，但在法律制度的设计上应该规定一些选择条款，这样才能够使得慈善信托的监察人对自身相关权益存有基本预期，也便于以后相关纠纷中保障监察人合法利益并由此激励慈善信托监察人积极发挥其监督权能，更好地致力于慈善信托的发展。

四是考虑赋予慈善信托中受益人一定的救济请求权。由上文所述可以看出，实践中慈善信托受益人的角色和作用是被弱化的，其通常不能够针对受托人的不当行为提请救济，在英国此权利由慈善委员会行使，美国由各州总检察长行使，我国则由信托监察人行使，《信托法》与《慈善法》都未对受益人享有的救济权进行规定。

通说认为公益信托的受益人是整个社会，而社会不具有权利，社会中特定的领取公益信托福利的应当称为“领取人”[②]。公益信托下的领受人只是单纯具有给付受领权，只是社会接受公益信托利益的反射，公益信托的目的是促进社会的整体进步，而不是为了某个具体领受人的利益。因此，公益信托中的领受人只能通过向主管机关提交申请书等方式来实现其给付受领权，而不能行使通常受益人所拥有的监督功能。对于通说，有学者指出在公益信托中应当进一步加强领受人的受益人地位，也就是在一定情形下赋予其监督和救济请求权。原因在于，公益信托中的监督权能由受益人转至信托管理人处，在通常情况下，信托管理处行使监督权能够使得领受人的自益权受到良好的保护[③]。但当出现未完成给付等自益权遭受侵害且信托管理人不行使其监督权能时，领受人应当行使作为受益人行使其固有的监督权，只有这样才能最大限度地保障领受人的利益，使得社会整体实现公益信托的目的。

2. 法院通常采取的救济手段

信托的受托人有按照信托文件的授权和信托法的规定负责管理、处分信托财产的权利。通常情况下，受益人对受托人的正当管理、处分财产的行为无权提出异议，但当慈善信托受托人违反其义务时，法院会采用一切其认为正当的

① 周小明：《信托制度：法理与实务》，中国法制出版社，2012，第 378 页。

② 〔日〕新井诚著《信托法》，刘华译，中国政法大学出版社，2017，第 367 页。

③ 公益信托中的信托管理人可以理解为为了保护特定受益人的确定性受益权以及未存在的受益人直至特定或存在之前具有的浮动性受益权，而处于代理人式的地位进行活动的设置。

救济手段，通常是以下的一种或者多种。

（1）命令受托人执行信托条款

英国2006年慈善法第21条规定，慈善委员会可以在拥有或者控制信托财产的主体不愿正确履行慈善义务时，直接命令该主体按照指令特定的方式使用财产①。此种表述也可以视为慈善信托监管机关命令已违反信托义务，或者有违反信托义务之虞的受托人执行信托条款。

美国《统一信托法》第1001条规定，为了对已经出现或者可能出现违反义务的信托做出救济，法院可以迫使受托人履行受托人职责和禁止受托人违反信托行为的发生。在私益信托的受托人违反信托义务时，除受益人、继任受托人、共同受托人或代表受益人的第三人外的其他人无权起诉强制执行信托，但此种限制在慈善信托中可能会有所不同②。根据《统一信托法》的观点，慈善信托的受托人违反信托义务时，总检察长、受托人、享有"特别利益"的个人、受益人以及委托人都可以起诉强制受托人执行慈善信托条款③。

欧洲示范民法典草案在第七章——不履行义务的救济措施的第一节之第101条规定，针对受托人不依据信托条款的规定而处分或者以其他方式处分信托财产的行为，可以强制使其实际履行信托义务。需要注意的是，此条款并未指明是否适用于慈善信托。

我国《信托法》未针对"命令受托人执行信托条款"这种救济手段进行直接的规定，但有观点认为与英美法系国家规定的受益人强制实施信托相对应的，我国《信托法》规定了委托人或受益人变更信托财产管理办法的手段④。该法第21条规定，因设立信托时未能预见的特别事由，致使信托财产的管理方法不利于实现信托目的或者不符合受益人的利益时，委托人有权要求受托人调整该信托财产的管理方法。结合该条的条文释义可知，在信托设立后，受托人应当依据信托文件的规定来管理信托财产，文件未规定管理方式的，则受托

---

① 杨道波、刘海江、庄玉友：《国外慈善译汇》，张嫺、孙洁丽、王旭芳译校，中国政法大学出版社，2011，第18页。

② 〔美〕爱德华·C. 哈尔巴赫：《吉尔伯特信托法》，张雪楳译，法律出版社，2017，第239页。

③ 〔美〕爱德华·C. 哈尔巴赫：《吉尔伯特信托法》，张雪楳译，法律出版社，2017，第161页。

④ 雷宏：《信托监察人制度研究》，知识产权出版社，2011，第128页。

人应当出于保护受益人以及实现信托目的考虑来展开运营。假如实践中发生了未能够预见的事由使得受托人采取的管理方式不利于信托财产的良好运作，且受托人有权调整而不调整，则委托人可以直接对财产管理办法进行调整或者通过法院行使此权利①。同时，根据该法的第 49 条规定，受益人也享有委托人的此种权利。《慈善法》第 48 条规定，慈善信托的受托人管理和处分信托财产，应当按照信托目的，恪尽职守，履行诚信、谨慎管理的义务。《慈善信托管理办法》第 24 条规定，受托人管理和处分慈善信托财产，应当按照慈善信托目的，恪尽职守，履行诚信、谨慎管理的义务。从上述受托人的义务规定可以推断，当受托人违反信托义务处理信托事务时，受托人应当承担一定的责任。结合《民法总则》第 179 条规定可知，受托人可能会被请求承担继续履行信托义务，执行信托事项的责任，但鉴于还有其余十种承担民事责任的方式，因此是否由受托人继续执行信托条款在我国法律下是具有不确定性的。同时，与英美法系国家从针对受托人的救济、针对信托财产的救济以及针对第三人的救济进行细致规定不同，我国的上述法条都是通过正面规定受托人的义务、责任的路径来赋予受益人或者是委托人救济方式的，一定程度上来说，是缺乏从受益人角度出发针对不同情况、不同对象进行体系化救济措施的②。

命令受托人执行信托条款可以说在我国信托相关法律中没有明确具体的规定，慈善信托中更未直接涉及此种规定，但这又是一种对受托人不当行为的较为直接的救济方式。考虑到慈善信托目的与宗旨的公益性，命令违约的受托人继续执行信托条款是具有很强的现实意义的，由此可以考虑在此后的实践中引入此种规定，进一步细化受益人保护的规则，使得我国的慈善信托危机的救济措施更加完善，更具有可操作性。

（2）禁止或撤销受托人的错误行为

如果信托财产的受益人或者其他利益相关人有证据证明受托人存在违反信

① 《中华人民共和国信托法》第 21 条条文释义，北大法宝网，最后访问时间是 2019 年 5 月 6 日，http://www.pkulaw.cn/CLink_form.aspx? Gid = 35342&Tiao = 21&km = siy&subkm = 0&db = siy。

② 彭插三：《信托受托人法律地位比较研究——商业信托的发展及其在大陆法系的应用》，北京大学出版社，2008，第 202 ~ 203 页。

托义务，损害信托财产的行为，他们有权请求法院撤销该行为。假设这些行为正在实施中，则受益人等也可以请求法院禁止受托人继续该行为。

英国法院对遭受侵害的慈善信托进行救济时，会基于衡平法救济原则的适用，颁布禁令防止受托人违反信托义务①。事实上此种禁止受托人违反信托义务的措施与上述的命令受托人执行信托条款的效果是一样的，并且同其他救济手段相比，此种禁令是一种事前的救济，目的在于保护受益人在衡平法上的利益②。

美国《统一信托法》第802条第2款规定，受托人为自己个人利益进行销售、权利设定或其他有关信托财产的投资或者管理的交易，可以由受到影响的受益人撤销。同条第4款规定，受托人与受益人之间达成的不涉及信托财产的交易，但是该交易发生在信托存续期间，或者受托人对受益人具有实质性影响力，而且受托人从中可以获得优势，此类交易可以由受益人撤销，除非受托人确定该交易对受益人是公平的。

在信托财产的管理以及行使财产管理权力的过程中，受托人的行为必须符合信托法的法律规定与信托条款的要求。一般而言，受托人的义务主要有：根据信托条款管理信托财产的义务、合理谨慎管理信托财产的义务以及对受益人的忠实义务。依据忠实义务，受托人应当以最高价格出售信托财产，同时作为购买方也应当以最低价为信托财产买入产品，但自我交易时难以保障受托人作为出卖人或者购买人以信托财产利益优先，自身利益退至其次。因此，受托人必须小心谨慎，不得在信托财产管理过程中谋取除适当补偿金以外的个人利益，即使出于善意或未求个人利益也不能以此为由进行自我交易。发生此种交易后可由受益人撤销，但未见有与慈善信托相关禁止或撤销受托人错误行为的具体规定。

日本旧信托法中第31条规定，受托人违反信托本旨处理信托财产时，受益人可以向对方或者其他受让人宣布撤销该处理。但此种撤销权有两个要件需要满足：一是被处理的信托财产已经登记或注册；二是信托财产的受让人存在恶意或重大过失。有学者认为旧法的此条款存在下述问题：①已经进行登记或

① 解锟：《英国慈善信托制度研究》，法律出版社，2011，第147页。
② 解锟：《英国慈善信托制度研究》，法律出版社，2011，第147页。

者注册的信托财产被受托人处理时，受益人通常忽视交易对方的主观状况而主张撤销；②“违反信托本旨”这一标准不够明确具体；③只有受托人的“处理”的这种外放行为会被作为撤销的对象，对于违反信托义务的借入行为没有进一步的规定；④受让人等交易对方是否存在明知或者重大过失是难以进行明确判断的[①]。为了回应上述问题，日本 2006 年新信托法的第 27 条进行了较为细致的规定。针对问题一，第 27 条第 2 项规定，针对已经登记或注册的被处理信托财产也要结合交易对方是否存在明知或者重大过失的因素进行考虑。针对问题二，第 27 条中以“受托人的权限”取代了旧法中的“信托本旨”此种表述，应当说新信托法的标准更加具体。针对问题三，第 27 条的调整对象不限于受托人的“处理”行为，而是一般权限违反行为。针对问题四，可从第 27 条规定的反面推断出，假设受托人的行为未使得对方认识到受托人属于违规交易（从受托人的外在行为来考虑），或者受托人实施权限外的行为是善意时，受益人无法对此种行为行使撤销权[②]。同时针对时效问题，第 27 条第 4 项规定，自受益人或者信托管理人知道撤销原因之日起三个月，或者自行为发生之日起超过一年，则此撤销权归于消灭。新法第 27 条未指明是否适用于慈善信托的情况，但此种细致的规定应当对于实践中处理慈善信托危机有突出作用。

我国《信托法》第 22 条规定，受托人违反信托目的处分信托财产或者因违背管理职责、处理信托事务不当致使信托财产受到损失的，委托人有权申请人民法院撤销该处分行为，并有权要求受托人恢复信托财产的原状或者予以赔偿；该信托财产的受让人明知是违反信托目的而接受该财产的，应当予以返还或者予以赔偿。前款规定的申请权，自委托人知道或者应当知道撤销原因之日起一年内不行使的，归于消灭。后续的《慈善法》以及《慈善信托管理办法》中针对慈善信托中撤销受托人的错误行为没有明确规定，但《慈善法》第 49 条以及《慈善信托管理办法》第 11 条中规定的监察人起诉权的行使也是可以起到撤销受托人错误行为的实际效果。

与禁止受托人的错误行为不同，私益信托中委托人行使撤销权以受托人有

---

① 〔日〕新井诚：《信托法》，刘华译，中国政法大学出版社，2017，第 260 页。

② 〔日〕新井诚：《信托法》，刘华译，中国政法大学出版社，2017，第 260 页。

违反信托义务的行为为前提，慈善信托中监察人行使撤销权的前提是受托人存在违反慈善信托目的之处分行为，损害了不特定受益人的利益①。

（3）受托人返还信托财产或支付赔偿金

受托人赔偿责任的基础在于其一系列的法定或者约定的义务，以第2版《信托法重述》以及《统一谨慎投资人法》为例，大致有：依文件履行约定义务、谨慎义务、忠实义务、对信托财产分开管理的义务以及亲自管理信托财产的义务，违反以上某种或者几种义务可能会产生赔偿责任②。

第一，美国的法律规定及实践。第2版《信托法重述》第205条规定，受托人违反信托义务造成损失时，应对：①违反义务造成的损失或者信托财产贬值；②由于违反义务行为而获取的任何利润；③无违反义务行为的情况下，信托财产预期的利润。《统一信托法》第1002条规定，（a）违反信托的受托人对受影响的受益人所承担的责任为下列金额中较大者：①恢复信托财产以及未发生违反信托的行为时受益人应得分配收入的价值所需金额；②受托人因违反信托所得利润。（b）除该款其他规定外，一个以上受托人因违反信托对受益人承担责任的，受托人有权从其他受托人处获取赔偿份额。受托人所犯错误实质性地重于其他受托人的，或者该受托人恶意或未顾及信托目的或受益人利益的情况下违反信托的，该受托人不得获取赔偿份额。受托人从违反信托的行为中获得收益的，在获取的收益范围内不得获取其他受托人提供的赔偿份额。由于第二版《信托法重述》第386条规定，慈善信托的受托人违反信托的责任与私人信托的受托人相同，因此慈善信托中受托人违反信托义务的处理时参照适用私人信托的相关规定的。

受托人违反信托义务对信托财产造成的损害主要见于使得信托财产遭受损失利益及未能够使得信托财产获利等不恰当的投资行为③。在计算具体数额

① 雷宏：《信托监察人制度研究》，知识产权出版社，2011，第136页。

② 涂立强：《论美国信托受托人违反信托义务的赔偿责任》，厦门大学硕士学位论文，2009，第2~6页。

③ 〔美〕爱德华·C. 哈尔巴赫：《吉尔伯特信托法》，张雪楳译，法律出版社，2017，第240~241页。

时，结合上述法条可知，受托人需要就信托财产的直接损失和间接损失进行赔偿①。直接损失主要是受托人的违约行为对信托财产造成的已客观存在并且明显可见的毁损。间接损失主要包括两种：①受托人通过违反信托义务获取的利益；②不存在受托人的违约义务时，信托财产预期可能获取的利润。实践中，对于受托人不适当的投资行为带来的损失赔偿的计算常借鉴的标准是：已经投入的信托财产的数额与在正确投资情况下应产生的增值以及受益人能从中获得的收益间的差距为赔偿数额。1962 年的 Matter of Kellogg's Trust 一案法官就认为，对受托人未经授权持有证券而造成的损失应以证券正常被出售时的价值来确定，赔偿金的计算标准应参考证券被出售时的价格加上其利息的数额②。

第二，我国的法律规定及实践。在我国一般的商事信托或民事信托中假设受托人因违反信托义务造成信托财产的损失，委托人如何主张权利？委托人的主张能否得到法院的支持？实践中，法院通常依据我国《信托法》第 22 条规定来进行处理，即受托人违反信托目的处分信托财产或者因违背管理职责、处理信托事务不当致使信托财产受到损失的，委托人有权申请人民法院撤销该处分行为，并有权要求受托人恢复信托财产的原状或者予以赔偿。

在江苏江山制药有限公司与中泰信托有限责任公司营业信托纠纷一案中，被告中泰信托有限责任公司未按照信托合同约定在土地抵押、建工程抵押手续以及强制执行公证完成之后向目标企业发放贷款，而是在未具备上述三个前提条件的情况下，将信托资金发放给目标企业。由此原告江苏江山制药有限公司以该信托公司对款项的发放、款项的监管、款项的回收等未尽到合理、谨慎的义务，以构成对信托合同的违反为由，诉请该信托公司承担违约责任，并赔偿其损失。法院在计算赔偿数额时，采取了原告主张的信托本金加上利息的标准，但在计算方式上有所不同。法院认为原告江苏江山制药有限公司的损失部分应为其信托利益收入，即利息，该利息应根据借款和还款的时间、尚欠借款

① 张淳：《试论受托人违反信托的赔偿责任——来自信托法适用角度的审视》，《华东政法学院学报》2005 第 5 期，第 17～24 页。

② 涂立强：《论美国信托受托人违反信托义务的赔偿责任》，厦门大学硕士学位论文，2009，第 13 页。

本金的数额、利率的标准等进行分段计算[①]。由此案可以看出，私益信托中的损害赔偿在实践中采取的是本金加上利息的计算方式，那么公益信托中慈善信托的赔偿损害如何考虑？

在慈善信托中，受托人违反法律或者受托义务的法律责任除了依据《信托法》第65条、《慈善法》第49条以及《慈善信托管理办法》第11条承担恢复信托财产的原状或者予以赔偿的责任外，还需要接受行政处罚。《慈善信托管理办法》第59条规定，慈善信托的受托人有下列情形之一的，由民政部门予以警告，责令限期改正；有违法所得的，由民政部门予以没收；对直接负责的主管人员和其他直接责任人员处二万元以上二十万元以下罚款：①将信托财产及其收益用于非慈善目的的；②未按照规定将信托事务处理情况及财务状况向民政部门报告或者向社会公开的。由于慈善信托的受托人既可以是慈善组织，也可以是信托公司[②]，该规范性文件还在第60条规定，信托公司违反本办法规定的，银行业监督管理机构可以根据《银行业监督管理法》等法律法规，采取相应的行政处罚和监管措施。

考虑到慈善信托的公益性特点，我国法律以及规范性文件将司法救济和行政处罚相结合对慈善信托的受托人违反信托义务的行为进行规制，这一做法对于完善慈善信托的监管与救济是十分有利的。

（4）解任受托人或增加新受托人

英国的1993年慈善法第18条授予慈善委员会免去受托人及其雇员的相关职务的权力。2006年慈善法第19条对此又做了补充，如果受托人或者其雇员行为不端、不称职，为了实现慈善目的和保护信托财产，慈善委员会可以中止和撤销上述人员的职务，并指定新的受托人。慈善委员会在依职权撤销慈善组织受托人之后还可以任命一名新的慈善受托人，并且重新确认慈善组织财产的归属。不过，在任命新的受托人时不能违反法律对慈善组织受托人资格的基本

① 《江苏江山制药有限公司与中泰信托有限责任公司营业信托纠纷一案案情》，北大法宝网，最后一次访问时间是2019年5月6日15时。

② 《中华人民共和国慈善法》第46条规定：“慈善信托的受托人，可以由委托人确定其信赖的慈善组织或者信托公司担任。”

要求①。

美国第2版《信托法重述》第108条规定，信托设定后，如未指定受托人或者原有受托人因任何原因不再担任受托人的，可以由法院指定或者由信托条款授权的该人来指定新的受托人。第387条规定，假设慈善信托的受托人继续担任受托人不利于慈善信托目的的实现时，法院可以解任该受托人。第388条规定，慈善信托自设立时未指定受托人或者受托人在履职期间由于各种原因不适合继续担任受托人的，法院可以指定新的受托人。

日本2006年信托法第58条规定，委托人和受益人可以随时依合意解任受托人，委托人与受托人在受托人有不当行为时期解任受托人时，受托人应当对造成的损害进行赔偿。在受托人有违反任务并将对信托财产造成显著的损害时，法院应当依委托人或者受益人的请求解任受托人。第62条规定，当受托人因死亡或者辞任等事由管理信托财产的任务终了并且信托文件中未指明新的受托人时，或者新指定的受托人不接受信托或者不能够接受时，委托人及受益人得依合意选任新的受托人。应注意的是，《公益信托法》对于解任慈善信托的受托人未进行明确的规定。

欧洲示范民法典草案第八章——受托人或信托辅助人的变更的第401条规定，法庭可能以无行为能力、拒绝充当受托人或不适格为由而解任受托人的，留任受托人即可解任该受托人。第402条规定了依法庭裁定而解除的情形：应信托当事人的申请，法庭可以不经该受托人同意，也不考虑信托条款的规定，而解任受托人，只要受托人已不适合继续充当受托人，特别是基于以下理由：①该受托人无行为能力；②该受托人实际或预期严重不履行信托规定的或因信托而产生的义务；③该受托人不适格；④就应取得全体受托人一致同意的事项，该受托人总是或经常与其他共同受托人存在根本分歧；⑤该受托人的其他利益与信托规定的或因信托而产生的义务的履行存在根本冲突。但上述条款未指明是否适用于慈善信托中受托人的解任，应当说此种通用式的条款可以用于慈善信托领域，但考虑到慈善信托的特殊性，在具体适用上可能会有所调整。

---

① 解锟：《英国慈善组织监管的法律构架及其反思》，《东方法学》2011年第6期，第88～97页。

我国《信托法》第23条规定，受托人违反信托目的处分信托财产或者管理运用、处分信托财产有重大过失的，委托人有权依照信托文件的规定解任受托人，或者申请人民法院解任受托人。根据此条款的条文释义可知，为了保护信托关系的稳定性，委托人解任受托人仅限于两种情形：一是受托人违反信托目的和义务对信托财产进行了处分；二是受托人在对信托财产进行管理或处分时有重大过失①。上述情形下，委托人可以直接依据信托文件规定的程序解任受托人，也可以申请法院解任受托人。同法第68条规定，公益信托的受托人违反信托义务或者无能力履行其职责的，由公益事业管理机构变更受托人。根据该条的条文释义可知，解任慈善信托的受托人的理由与私益信托基本相同，即慈善信托的受托人违法或者违反信托义务损害信托财产或者受托人因死亡②或者破产解散等原因无法继续胜任③。与私益信托中委托人的两种解任方式相比，《信托法》规定慈善信托中只能够由慈善信托管理机构对受托人进行解除。此种对于慈善信托等公益信托受托人的解任权的严格控制与此法规定的慈善信托批准设立制一样，都反映了当时对公益信托严格管控以保障公益信托实现的思想。

我国《慈善法》第47条规定，慈善信托的受托人违反信托义务或者难以履行职责的，委托人可以变更受托人。变更后的受托人应当自变更之日起七日内，将变更情况报原备案的民政部门重新备案。《慈善信托管理办法》第37条也规定，慈善信托的受托人违反信托文件义务或者出现依法解散、法定资格丧失、被依法撤销、被宣告破产或者其他难以履行职责的情形时，委托人可以变更受托人。由先前公益事业管理机构一手控制受托人的解任到此后的委托人解任备案制的转变可以看出，慈善信托中受托人的解任权由慈善信托管理机构

① 《中华人民共和国信托法》第23条条文释义，北大法宝网，最后访问时间是2019年5月6日17时，http://www.pkulaw.cn/CLink_form.aspx?Gid=35342&Tiao=23&km=siy&subkm=0&db=siy。

② 应当注意到，在《信托法》之后的《慈善法》中规定了慈善信托的受托人一般是慈善组织或者信托公司，因此“死亡”这种情形对于慈善信托的受托人来说应该是不存在的，组织或者公司惯常出现的是被撤销、破产以及解散等法定丧失资格的情形。

③ 《中华人民共和国信托法》第68条条文释义，北大法宝网，最后访问时间是2019年5月6日18时，http://www.pkulaw.cn/CLink_form.aspx?Gid=35342&Tiao=68&km=siy&subkm=0&db=siy。

归到了委托人的手中。此种变化迎合了社会实践中鼓励慈善信托发展的需要，因为向慈善信托体提供资金的是委托人，因此赋予其更广泛的决定权有利于激励更多的慈善信托的出现。

（5）拒绝受托人的报酬请求

英国2006年慈善法第37条规定，对于不适格的慈善组织理事需要其偿还慈善组织全部或者部分已经或者将要根据事先书面协议所规定的报酬，并且随之丧失获得报酬的权利。

美国第2版《信托法重述》第390条规定，除信托条款另有规定或者受托人拒绝报酬、同意放弃报酬的以外，慈善信托的受托人有权为他担任受托人的服务，从信托财产中取得报酬；但是，受托人如果实施了违反信托的行为，法院享有自由裁量权，可以拒绝给予受托人报酬，或者允许受托人取得部分或者全部报酬。《统一信托法》第1001条第2款第8项规定，为了对受托人已经做出或者将要做出的违反信托义务的行为进行救济，法院可以减少或者拒绝支付受托人的报酬。

日本2006年新信托法第48条第4项规定，在受托人未履行因违反信托义务造成信托财产损失而产生的赔偿责任时，受托人不得按照正常程序从信托财产中预支取业务报酬。虽然和前几个国家的表述不同，但也能看出拒绝支付信托管理报酬是作为受托人违反信托义务的救济手段之一。《公益信托法》未对拒绝受托人的报酬进行规定，但依据各国的一贯做法，可以推断在违反信托义务的情况下，慈善信托受托人的报酬请求权是一定会受到影响的。

中国台湾地区信托法第23条规定，受托人因管理不当致信托财产发生损害或违反信托本旨处分信托财产时，委托人、受益人或其他受托人得请求以金钱赔偿信托财产所受损害或回复原状，并得请求减免报酬。

我国《信托法》第36条规定，受托人违反信托目的处分信托财产或者因违背管理职责、处理信托事务不当致使信托财产受到损失的，在未恢复信托财产的原状①或者未予赔偿前，不得请求给付报酬。在信托成立后，受托人本就

① 恢复财产的原状是指对动产、不动产进行修复、重建或通过依法行使权利使得经过法律处分的信托财产恢复到原来的状态，如已经卖出的予以赎回，已经出租的予以收回。对于确实无法恢复原状的，依法律或者约定赔偿损失。

基于法律或者信托文件产生了诚实、谨慎以及有效管理信托财产的义务，受托人的报酬也通常是从运作良好的信托财产中支取的。在信托财产因受托人的不正当行为受到损害时，首要任务是恢复信托财产的原貌或者赔偿其损失，在此基础上才能够进一步考虑受托人的报酬问题。

我国《慈善法》以及《慈善信托管理办法》只规定了受托人可以依法获取管理慈善信托的报酬，对于受托人取得报酬的限制没有明确的法律规定。在此情况下，可预见的做法是适用对此有明文规定的法律条文，也即适用《信托法》拒绝向违约的受托人支付报酬，抑或是在信托合同有约定时，适用《合同法》进行处理。

（6）指定特别受托人管理信托

英国2006年慈善法第21条中有此种“为保护慈善财产的良好运行，在有权控制慈善财产的人不愿正确地使用慈善财产时，慈善委员会可以直接命令一个人或者相关人按照指令特定的方式去使用财产”表述，可以认为，这种表述授予了慈善委员会在受托人违反信托义务时，可以指定别的适格慈善财产管理人的权力。

美国第2版《美国信托法重述》第199条规定，受益人可以针对受托人的违反义务行为提起诉讼，并指定一位管理人占有并管理信托财产。但需注意，此法条未指明是否适用于慈善信托的情形。

日本2006年新信托法第63条规定，在受托人死亡、被监禁、破产、被辞任、被解任等原因导致受托人任务终了时，尚未选任新受托人且认为有必要时，法院可依利害关系人的申请命令信托财产管理人来管理信托财产。此条款未表明对于无特定受益人的慈善信托是否适用，同时《公益信托法》也没有类似的规定。

可以看出英国慈善委员会指定某人管理慈善信托财产的做法可能会选出一位长期比较稳定的适格受托人，但美国和日本的做法更像是一种应急或者过渡的手段，在紧急事由消除后，可能会安排另聘受托人。我国没有像上述国家一样规定可以指定特别受托人来管理慈善信托财产，但可考虑结合其他国家的成功经验进行引进和相关设计。

3. 信托救济的法定阻却事由

在对受托人提起的违反信托义务的诉讼中，受托人有权为自己的行为进行辩护。也就是说，受托人可以针对受益人的主张提出合理的理由进行抗辩。当受托人的抗辩合乎法律的要求时，则有可能免除其责任的承担。

英美法系国家中，忠实义务是任意性规定，通常如果有其他规定就依照其他规定来执行，所以英美法国家一直认可免除受托人的信托义务的约定[①]。免除忠实义务的手段主要有以下几种。①信托条款认可，在信托设立的初期，假设信托文件中已经将某个或者某些特定行为释明为被允许的行为，则不追究受托人的责任。但需要注意的是，假设免除了所有的忠实义务，该条款将被视为无效条款，或者信托关系将不成立。②受益人事后认可或事前同意，受托人违反忠实义务的行为需要在采取行动之前得到同意或者在事后被认可并免责，并且在此过程中应当向受益人明示其中的重要信息，使受益人了解事实与其所有的权利。③法院的认可，由于英美国家中的信托法很大程度上是依赖法院发展的，所以受托人也常常向法院求助，实践中，有不少受托人是在获得法院许可后才放心地去展开利益冲突的行动。④法律的认可，除法律外还有行政法规等对利益冲突行为进行认可，比如特定的自行存款[②]。

日本 2006 年信托法在第 31 条限制利益冲突行为的第 2 款规定了几种例外情形，针对这些例外情形受托人可以免除其信托下的忠实义务。“（1）信托行为中规定可以从事利益冲突行为；（2）受托人向受益人明示了该行为的重要事实并获得同意；（3）受托财产的权利因法定继承或者其他概括承受的方式变为固有财产；（4）受托人的行为就达成信托目的是合理且必要的，是明显不损害受益人利益的。”并且比照该行为的目的、形式、对信托财产的影响以及受托人与受益人的实际利害关系时，可以确定该行为的理由正当。

与英美法系的规定相比，日本信托法中虽然没有规定法律及法院认可这两种情形，但也未对此进行否认。针对上述例外情形，讨论多见于第四种情形，有学者认为此种例外的广泛适用会增加受托人做出利益冲突行为的可能性[③]。对此，日本信托法第 31 条第 3 款随之规定，要求受托人在实施例外行为时必须履行事实信息明确告知的义务，同时该条款也表示假设信托行为另有约定时

---

① 美国《统一信托法》第 802 条为受托人忠诚的职责条款。

② 〔日〕樋口范雄：《信托与信托法》，朱大明译，法律出版社，2017，第 116 页。

③ 〔日〕樋口范雄：《信托与信托法》，朱大明译，法律出版社，2017，第 117 页。

则依该约定为之。受托人的忠实义务并非是一种僵化的禁止性规定，主要是为确保受托人对其行为尽到对受益人等的透明责任。

有学者将这些免责事由归纳为以下九个方面：受益人知晓或同意、受托人诚实合理行为、因抛弃或契约而免除责任、因事后同意而免除责任、因法院判决而免除责任、因破产而免除责任、因无能力而免除责任、因信托文件中的免责条款而免除责任、因超过诉讼时效而免除责任。①

（二）受托人侵占或不当处分信托财产的特殊法定保护与救济

1. 英美法系相关制度简介

如果受托人侵占或不正当处分了信托财产，英美法系国家法院可以通过追及权制度将受益人的利益置于受托人的其他债权人之前。在不考虑“善意买受人制度”的情况下，追及权使得信托受益人能够要求归还信托财产或者该信托财产的变卖所得款，而不必考虑受托人的其他债权人的诉求。

当受托人使用信托资金来偿还一项以非信托财产（通常是受托人自己的财产）作担保的债务时，该项资金是不可追及的。但在这种情况下，英美法系国家法院可以通过“代位权制度”在上述非信托财产上恢复抵押权，并将该抵押权归于信托财产，以保护信托。

如果在行使代位权之后，相对应的财产上还存在着第三人的抵押权，法院会要求第三人必须先行使对其他债权人财产（信托没有抵押权的财产）的权利，以保护信托。这是“决定债务人财产分配次序原则”的体现。

（1）行使追及权以保护信托财产

在受托人违反信托宗旨或者信托合同规定的义务时，受益人首先可以要求受托人赔偿信托财产的损失，受托人无能力承担此责任时，英美法系国家的通常做法是赋予受益人衡平法上的追及权②。在一定条件下，受益人可以直接向受托人追回或对已经取得财产的第三人进行追踪，追及信托财产或者其他通过信托财产谋取的利益。向第三人追踪财产通常需要结合以下过错程度递减的三

① 施天涛：《商法学》（第四版），法律出版社，2016，第444～450页。

② 彭插三：《信托受托人法律地位比较研究——商业信托的发展及其在大陆法系的应用》，北京大学出版社，2008，第210页。

种要素的考虑进行请求：一是第三人为知情的无偿受让人；二是第三人是知情的购买人；三是不知情的无偿受让人。针对实践中可能出现受托人将自身财产与信托财产混同后再转让于第三人的情形，应当说对受益人的追及权会有所限制，因为该信托财产在商事交易中已经属性不明了。同时当善意的第三人已经将受让的受托财产与其原有的财产混同时，考虑到分离的不经济性，受益人追及权的行使也会受到一定的限制。[①] 但需要注意的是，对于向受托人请求损害赔偿以及追踪信托此两种方法，受托人只能够择一适用。

在英国慈善信托的实践中，受托人违反信托宗旨处分了信托财产后，通常由皇家总检察长向法院请求救济。法院会选择要求受托人将信托财产恢复原本的状态，或者向第三人追及信托财产和转化后的其他可追踪财产。

（2）行使代位权以保护信托财产

英美法系中的信托代位权是指，在受托人违法或者违约利用其管理的信托财产去清偿设有抵押权的债务（通常是受托人自身的债务）后，该债务上附随的抵押权归为信托财产[②]。

这种代位权行使的实质是信托财产代原抵押权人之位取得债务清偿后本该随之消灭的抵押权，受托人原本对债权人应尽的抵押义务此后应当对信托财产履行。在受托人违反信托义务处分信托财产去清偿债务后，此种代位权能够很好地保护信托财产的权益，受托人将基于信托财产享有的抵押权而切实履行偿还其对信托财产的债务。英美法系中之所以能够在债权人的抵押权消失后将本应该随之消灭的抵押权复活并赋予信托受益人或者其他利益相关人，原因主要是英美法系中认为信托受益权是一种物权，相对债权而言更加强势，可以获得更加有力的保障。受益人等对信托财产本享有衡平法上的所有权，但在受托人侵占或者不当将信托财产用于清偿债务后，此种物权便转化为对受托人的债权，为了获得与之前相称的保护，避免此种债权成为没有任何抵押保障的一般债权，信托财产可以获得被清偿债务上的抵押权。但值得注意的是，此种代位权的行使在实践中有着多种障碍，比如受托人利用信托财产仅清偿了某个特定

① 何宝玉：《信托法原理研究》，中国政法大学出版社，2005，第287页。

② 谢玲丽、张钧、李海铭：《家族信托——全球视野下的构建与运用》，广东人民出版社，2015，第265页。

债务的一部分，则考虑到抵押权分割的非可行性，代位取得抵押权是不切实际的。再比如，假设为该笔债务提供清偿的抵押物上还存在着其他的抵押权，则也将对信托财产下代位权的行使造成阻碍。

结合我国《物权法》以及《担保法》相关规定可知，抵押权是依附于主债权的，即具有消灭和移转上的从属性，英美法系国家的信托代位权的做法和实践假设套用在我国将构成对抵押权相关法律规定的突破。我国目前的信托法体系下，对于受益人或者信托财产的保护还未细致到抵押权的恢复以及转移的地步，从这个层面来说我国信托法或者慈善信托都应该再进行更深层次的研究和设计，使得信托危机救济手段更加细致，对信托财产的保护更加细致。但在学习英美法系中的优势经验时，应当考虑与我国其他相关法律规定的融合与平衡，不至于破坏整个法律体系的一致性和稳定性。

（3）确定债务人财产分配次序原则的应用

通过行使上述代位权，信托财产获得抵押权后，假设抵押物上还存在着第三人的抵押权，则英美法系国家的法院通常会要求第三人先就其对债务人享有抵押权的其他财产进行清偿，通过这种方式以期对信托财产享有的抵押权进行保护。举例来说，债务人有两位债权人，第一位债权人对债务人的A财产和B财产都享有抵押权，第二位债权人仅针对B财产有抵押权，则在债务履行期限届满或者其他事由发生后，根据此种分配次序原则的要求，第一位债权人应当首先就A财产进行清偿，而不能够先执行B财产，这样可以在一定程度上保护第二位债权人的抵押权。此种制度安排的初衷是，如果债权人能够就债务人的多处财产受偿，则其有义务本着不妨碍其他债权人的心态，采取适当的方式行使自己的债权。

此种原则的运用是进一步保障信托财产利益的体现，可以看出，信托发展历史悠久并且已经相当成熟的英美法系国家对于信托财产的保障到达了事无巨细的地步，仅就信托财产抵押权的保护这一项就展开了向下的多种细致规定与安排。未来我国慈善信托的完善方向，特别是考虑到慈善信托中信托财产的特殊性质，应当学习英美法系国家为信托财产设立多重保护机制，并且可以适当地考虑给予慈善信托别于私益信托的更加有力的保护。

（4）善意买受人对与受托人交易的第三人保护

第一，英美法系相关制度概述。英国相关信托法中，受益人在信托财产被受托人进行不当处理后，可以追踪信托财产，或者在财产被处置后获得与之相对应的衡平法利益，除非交易第三人是善意且支付对价购买了该信托财产的普通法上的利益并且对受益人的追踪权不知情①。假设第三人不诚实地帮助违反信托义务或者为自身利益处理了信托财产，受益人还有权起诉第三人，使之与受托人承担共同连带责任②。

美国《统一信托法》第1012条对受托人交易对手的保护规定："（1）善意地协助受托人的非受益人，或者善意地为了获得利益与受托人进行交易的非受益人，不知道受托人超越了受托人的权力或者不适当地行使了受托人权力的，视同受托人适当地行使了权力，该非受益人不承担责任；（2）善意地受托人进行交易的非受益人，不要求其对受托人的权力范围进行适当性查询；（3）善意地把资产送交给受托人的人，不需要确信该资产的运用是否适当；（4）善意地协助前任受托人的非受益人，或者善意地为了获得利益与前任受托人进行交易的非受益人，不知道受托人职位已经终止的，视同前任受托人仍是受托人，该非受益人不承担责任。"

受托人违反义务处分信托财产进行交易，交易对方即第三人可能有多重存在形式，依其不同的存在形式，第三人需要承担的责任也有所不同。①若第三人为受赠人，哪怕是出于善意或者不知情，该第三人不能以无受益利益的形式受让信托财产的占有，此时第三人可能被请求返还信托财产。②若第三人为善意买受人，则其可以无受益利益的形式受让信托财产有效所有权的占有，并且无须承担向信托财产或者其他受益人返还信托财产的责任。③若第三人知道受托人正进行违反信托义务的行为还进行购买，则其为非善意买受人，此时，该第三人有义务向信托财产返还其受让的财产。同时，应当注意第三人知悉信托关系存在这一单纯的事实并不足以否认其为善意买受人③。

2. 大陆法系国家相关制度简介

（1）日本欧洲相关制度简要介绍

日本2006年信托法第31条第6项规定，在受托人与第三人为处分已被受

---

① 〔英〕D. J. 海顿：《信托法》第4版，周翼、王昊译，法律出版社，2004，第172页。

② 〔英〕D. J. 海顿：《信托法》第4版，周翼、王昊译，法律出版社，2004，第168页。

③ 〔美〕爱德华·C·哈尔巴赫：《吉尔伯特信托法》，张雪楳译，法律出版社，2017，第255～256页。

托人与其固有财产混同①的信托财产时，只有在第三人明知或者因重大过失而不知者，受益人才可以撤销受托人的该处分行为。

欧洲示范民法典草案针对第三人的责任以及保护进行了规定，主要见于第401条、第501和第502条。第401条规定，受托人违反信托条款的规定，无偿将信托财产转让给知情的第三人时，受益人可以取回信托财产，但如果受让人接受了违反信托义务的处分，或者与第三人对此履行了恢复信托资金的义务，则受益人的取回权会受到相应的限制。第501条规定，第三人帮助或者诱使受托人违反信托义务时，应当与受托人承担连带责任。第502条针对第三人的保护进行了规定，不知道事实真相的第三人可以信赖信托文书外观上的效果以及其中陈述的真实性，以此来保护该信托当事人之外的第三人的利益。

（2）我国相关制度及其完善

我国《信托法》第22条规定，受托人违反信托目的处分信托财产或者因违背管理职责、处理信托事务不当致使信托财产受到损失的，委托人有权申请人民法院撤销该处分行为，并有权要求受托人恢复信托财产的原状或者予以赔偿；该信托财产的受让人明知是违反信托目的而接受该财产的，应当予以返还或者予以赔偿。依据此条款的条文释义可知，在受托人的处分行为足够引起信托受益人的信托利益受损时，委托人通过诉讼方式请求撤销该处分行为。在法院做出撤销判决后，由于受托人的处分行为自始无效，为了使得信托财产恢复原状需要向已经受让的第三人追回信托财产②。对于明知是违反信托目的而接受信托财产的第三人，认定其应当承担返还信托财产或者赔偿信托财产损失的责任。而对于不知情的善意第三人来说，受托人处分行为的无效性不影响其取得信托财产的权利，善意的不知情受让人无须承担返还信托财产或者赔偿损失的法律责任。

大陆法系国家为了在信托危机后能够更好地保护受托人的信托权益，给予受益人一定的撤销权。当受托人违反信托义务处分信托财产时，受益人有权撤

① 主要包括两种情况：（1）将信托财产归属于固有财产或将固有财产归属于信托；（2）使信托财产归属于其他信托的信托财产。

② 《中华人民共和国信托法》第22条条文释义，北大法宝网，最后访问时间是2019年5月6日19时，http://www.pkulaw.cn/CLink_form.aspx?Gid=35342&Tiao=22&km=siy&subkm=0&db=siy。

销该处分行为，同时从取得信托财产或其他利益的第三人处取回信托财产及其相关利益。从追回财产的功能以及第三人是否善意的判断标准来看，二者是基本一致的。但不同之处在于，英美法系中的追及权体现为物权保护手段，而大陆法系中的撤销权更倾向为一种债权保护手段。虽然债权保护手段也能够在受托人违约处分信托财产的情况下使其恢复原状，但这里有一个间接的过程。撤销权直接作用的是受托人的不当处分行为，没有像追及权一样使得受托人与第三人之间形成一种直接的法律关系，撤销权不能够成功帮助受益人向第三人追回财产时，只能够主张损失赔偿①。我国《信托法》中有直接针对信托财产受让人处理的规定，《慈善法》与《慈善信托管理办法》中没有直接进行规定。整体上来说，此种程度的规定对于善意第三人的保护还是不够的，而且细致的规定不仅仅对善意的交易第三方有益，对于信托财产的稳定运作也是有利的，因此可以采取在法条中进一步详细说明的方式来阐明善意买受人原则对受托人交易的第三人保护。

（二）法定受托人替换、辞任、空缺填补、共同受托人空缺填补

前述两节主要是遭受侵害之后对外部可利用的救济手段，实际上在信托关系内部也可以通过对受托人的替换、辞任、空缺填补、共同受托人空缺填补进行相应的规定，来达到救济的效果，并且这种救济还可以早于其他救济手段实行从而满足救济的时间需求。

本节将从法定受托人替换与空缺填补一般规则、共同受托人死亡时的空缺填补、受托人无法被替代或者空缺无法被填补的情况三方面试以阐述。

1. 法定受托人替换与空缺填补一般规则

法定受托人要进行替换的原因主要有受托人任务终了、受托人辞任、受托被解任。

（1）受托人任务终了

各国均规定受托人失去受托人资格时受托人任务终止。当信托终止时，受托人的任务也终了，但是本项下讨论的是受托人的替换问题，所以不把信托完全终止的情形列入。受托人失去受托人资格主要是因为受行为能力的限制，如

① 何宝玉：《信托法原理研究》，中国政法大学出版社，2005，第 313 页。

我国台湾地区和日本的信托法均规定受托人死亡、受托人破产宣告、受托人经解散或撤销设立登记为受托人任务终止的事由。欧洲示范民法典草案规定独任受托人死亡的，死亡受托人的继受人成为受托人。

（2）法定的受托人辞任

总体来说，大陆法系的受托人辞任相比英美法系更为容易。大陆法系国家基本都要求受托人的辞任要经过委托人和受益人的同意，但是日本和我国台湾地区增加了辞任中法院的因素，认为在不得已的情况下还可以请求法院许可其辞任。日本信托法第57条规定了三种受托人辞任的方式，包括同意辞任（受托人辞任要经过委托人和受益人的同意辞任，但是委托人实际不存在时，不能仅凭受托人和受益人的同意就命令受托人辞任）、特约辞任（信托行为另有订立的除外）、许可辞任（法院许可）。我国《信托法》第38条规定经委托人和受益人同意，受托人可以辞任，没有在该条款中写明信托文件另有规定除外，依据该条文中“可以”的含义，应该可以认为即使未经委托人和受益人的同意，在信托文件有规定或者其他特殊情况下，受托人也可以辞任。我国台湾地区信托法第36条规定受托人除信托行为另有订定外，非经委托人及受益人之同意，不得辞任。但有不得已之事由时，得声请法院许可其辞任。

在美国，一般来说受托人的辞任是受限的，受托人辞任必须是依照信托文件的规定或设立信托的遗嘱的规定或法院的命令或所有利益相关人的一致同意（美国第2次《信托法重述》中规定的是取得全部受益人同意）。但是美国《统一信托法典》705（a）中有不同的规定，允许受托人在给予受益人、委托人和共同受托人一个提前30日的辞任通知后辞任。欧洲示范民法典草案与英美法系的规定类似，由共同受托人中的留任受托人（信托辅助人和共同受托人同意受托人辞任的前提是辞任后至少存在一个留任受托人或一个特别受托人）① 或者法庭聘任或者同意辞任、解任，但是在同意辞任、解任和聘任的主体中特别加入了一个信托辅助人（如信托保护人、信托管理人等）。此种做法在事实上同样强调了法院的作用，法院在解任受托人时不需要考虑信托条款的规定，具有强行法的性质，法院在同意受托人辞任时也可以依衡平法本质而同

① 欧洲民法典研究组、欧洲现行私法研究组编著《欧洲示范民法典草案：欧洲私法的原则、定义与示范规则（全译本）》，法律出版社，2014，第312页。

意，不能以其他方式辞任受托人。

（3）法定的受托人解任

除信托条款规定的有解任权的人可以解任受托人外，英美法院对解任受托人享有固有的管辖权。在不要求受托人过错的前提下，可应受益人的请求，也可由法院主动解任受托人，同时也可以指定一位新受托人，在慈善信托中法院是唯一的解任主体，解任理由是受托人继续担任受托人将会有害于信托目的之实现①。而这种“有害于信托目的之实现”的判断可参照《统一信托法》第706条（b）款规定的法院可以撤换受托人的几种情形：“（1）受托人严重违反了信托；（2）共同受托人之间缺乏合作，导致实质上损害了信托的管理活动；（3）因受托人不适合、不愿意有效管理信托，或者持续地未能有效管理信托，法院判定撤换信托人最符合受益人的利益；（4）因情形出现了实质性的改变，或者全体合格受益人要求撤换受托人，法院发现撤换受托人最符合受益人的利益的同时不背离信托的实质性目的，且存在合适的共同受托人或继任受托人。欧洲示范民法典草案则在法庭裁定解任受托人时有不同的规定，一般解任事由是受托人不适格或者受托人不履行义务，并且还规定了一项特殊的解任事由——对于应取得全体受托人一致同意的事项，该受托人总是或经常与其他共同受托人存在根本分歧②；大陆法系信托法对受托人的解任比较严格，大都要求解任受托人需要具备受托人违背职务等事由。

虽然大陆法系国家基本都要求受托人的过错行为才能解任受托人，但是各国关于导致解任的受托人的过错行为的内容范围并不一致。日本信托法第58条规定除法院解任外，需要委托人与受益人的合意来解任受托人（是任意性规定），并且如果解任是在对受托人不利的时期进行的，委托人和受益人必须赔偿受托人的损失，除非是出于不得已事由。我国《信托法》第23条规定受托人违反信托目的处分信托财产或者管理运用、处分信托财产有重大过失的，委托人有权依照信托文件的规定解任受托人，或者申请人民法院解任受托人。我国《慈善法》第47条规定慈善信托的受托人违反信托义务或者难以履行职

① 《美国信托法重述（第2版）》，第387条。

② 欧洲民法典研究组、欧洲现行私法研究组编著《欧洲示范民法典草案：欧洲私法的原则、定义与示范规则（全译本）》，法律出版社，2014，第313页。

责的，委托人可以变更受托人。我国台湾地区信托法第36条规定受托人违背其职务或有其他重大事由时，法院得因委托人或受益人之声请将其解任。

（4）空缺填补规则

首先，由谁选任的问题。受托人的选任，各国均以尊重信托文件的规定为前提。在此基础上，英国主要由当时在任的受托人选任新受托人，美国、韩国等国家和地区则着重由法院或有关机关选任。日本和我国则由委托人、受益人指定，而我国的慈善信托受托人的更换则是由委托人确定，欧洲示范民法典草案对于继任的受托人的规定中法院与信托辅助人或留任的受托人平等地享有聘任权（依据英美信托法，委托人可以在委托文件指明后补受托人，或指定有权选择新受托人的人，在特定受托人的职责终止时，后补受托人一次成为受托人，或者由信托文件授权的人指定新受托人）。

日本《信托法》认为新的受托人的确定，信托行为有约定的依约定，无约定的依委托人和受益人的同意确认。在新的受托人继任之前，可以申请信托财产管理人。我国《信托法》第40条、第60条规定受托人职责终止的，依照信托文件规定选任新受托人；信托文件未规定的，由委托人选任；委托人不能或无力指定的，由受益人选任；受益人为无民事行为能力人或限制民事行为能力人的，依法由其监护人代行选任。公益信托的新受托人应经公益事业管理机构批准选任。我国台湾地区信托法规定受托人辞任、解任、任务终了时，除信托行为另有订定外，委托人得指定新受托人，如不能或不为指定者，法院得因利害关系人或检察官之声请选任新受托人，并为必要之处分。遗嘱信托中，遗嘱指定之受托人拒绝或不能接受信托时，利害关系人或检察官得声请法院选任受托人。但遗嘱另有订定者，不在此限。

其次，顺位的特殊规定问题。在美国关于法院指定所处的顺位有不同的规定，美国第3次《信托法重述》认为，如果信托文件没有规定如何选任受托人的继任者，那么当受托人丧失管理信托的能力或者死亡时，法院必须制定新的受托人，以替换原受托人或者填补其空缺。而美国《统一信托法》的观点有所不同，它认为在此种情况下，应当先让受益人一致决定新的受托人，法院的指定应当排列在这种受托人产生方式之后。《统一信托法》第704条（d）款规定慈善信托中要求填补的受托人职位空缺时，必须依照下列优先顺序进行填补：①信托条款指定的作为继任受托人的人；②信托条款明确指定的、用以

接收信托分配的慈善组织所选定的人，且州检察长同意该选择的；③法院指定的人。并且，无论是否存在受托人职位空缺，是否需要被填补，当法院认为有必要指定新受托人来管理信托时，法院可以指定一位增补受托人或特别受信人。从该条款可以看出，对于慈善信托的继任受托人的指定，要比一般的信托继任受托人的指定严格①。欧洲示范民法典草案规定在另外聘任一个或多个受托人的时候，除去法院基于衡平法本质的要求认为聘任会促进有效、谨慎管理以外，法院是处于一个补足的地位（也即聘任权的第二顺位，次于信托辅助人和受托人）行使对于额外的受托人的聘任权。

最后，新旧受托人的交替过程应当如何过渡的问题，大陆法系国家主要是规定前受托人应该在新受托人继任之前继续管理信托事务，日本还规定因受托人死亡而任务终止的，将信托财产视为法人，必要时还可以申请信托财产管理人。而英美法系在旧的受托人死亡时，将信托财产衡平法上的所有权归属于死去的受托人的遗产管理人，但是美国也有部分州立法规定在这种情况下衡平法所有权归于法院。欧洲示范民法典草案则规定受托人在辞任或解任后有个合理期限，此合理期限内受托人仍有与其他共同受托人合作的义务。

2. 共同受托人死亡时的空缺填补

共同受托人之一死亡时，并非必须进行空缺填补，因为在共同受托人之一死亡的情况下，各国均规定信托财产由其他共同受托人管理和处分。日本学者认为这是基于“残存者法理”，日本信托法第47条第2款规定，共同受托人一人任务终了时，信托财产归属于其他受托人。美国信托法认为共同受托人是共同保有人的关系，他们的管理权和普通法上的所有权仍然归属于活着的共同受托人。

英国信托法、美国信托法、欧盟民法典草案均认为共同受托人职责终止的，由其他在任的共同受托人选任新受托人。信托如果只有或只剩一位受托人，该受托人通常可以指定新受托人，也即由留任的共同受托人选任新受托人，因为共同受托人本就要协作处理信托事务。英国法还规定了信托的最后一位共同受托人去世的，由其个人代表（即遗嘱执行人或遗产管理人）选任新受托人，个人代表也可以亲自担任受托人。而大部分国家则规定在共同受托人

---

① 周贤日：《慈善信托：英美法例与中国探索》，《华南师范大学学报》（社会科学版）2017年第2期，第116～132页、192页。

均不存在时，应当然适用上述的法定受托人的空缺填补规则。

3. 受托人无法被替代或者空缺无法被填补的情况

英美法系国家承认特定目的信托，当受托人属于特定目的的一部分时，受托人就无法被替代。如果委托人只信任一个特定受托人，那么当这个特定的受托人任务终止时，信托也要随之终止。日本信托法也规定了受托人空缺无法被填补的情形——欠缺受托人且无新受托人就任的状态持续一年时，信托终了。此时根据各国对于慈善信托终止的规定，信托财产一般依据近似目的原则转移给其他慈善信托或慈善组织。欧洲示范民法典草案则规定，委托人可以成为信托资金的受托人①，即为了信托的存续，可以将委托人视为信托资金的受托人，成立一项推定信托，以解决在信托资金还存在的情形下而由于受托人的缺失使得信托无法存续的困局。

三　慈善信托的意定救济手段比较研究

各国关于信托关系的法律规定均给予了信托文件很大的自治权，所以在法定的保护和救济之外，信托关系人还可以通过信托文件的方式设置意定信托的保护和救济方式。

受托人的行为是最需要监督的行为，所以关于意定的信托保护和救济方式的主攻对象应为受托人，应该存在监督受托人行为的监督人和针对受托人人选规定的两种方式，在监督人的方式中，根据监督人是否为信托关系的主体，又可以分为第三人（本文主要讨论信托保护人）和委托人自己作为监督人的两种情形分别讨论。

（一）利用信托保护人对信托的监督

1. 信托保护人制度概述

信托保护人最早是出现在离岸信托中，由于离岸信托的特性，处于国内的

① 欧洲民法典研究组、欧洲现行私法研究组编著《欧洲示范民法典草案：欧洲私法的原则、定义与示范规则（全译本）》，法律出版社，2014，第 274 页。

委托人对离岸信托的事项和目的无法在一个比较近的范围内加以控制或者监督，所以演化出信托保护人来代替委托人监督受托人依据信托目的执行信托事务。信托保护人制度主要还是存在于英美法系。

信托保护人制度的价值在于，首先能够监督受托人，保证委托人的信托目的实现。其次是能够提高信托当事人的控制风险的能力。不仅可以帮助委托人和受益人预防风险，监督受托人，还可以帮助受托人降低风险，因为保护人一般会享有同意受托人的决定的权利，当保护人同意受托人的决策时，即使发生损失，受托人也可以基于保护人的同意而免责。最后是可提高信托的效率。保护人可以克服离岸信托因为距离所带来的难以控制的弊端，还可以降低信托的成本，并且可以避免信托由于委托人保留过多的权利而被认定为无效，防止委托人保留权利过多而被认定为属于虚假信托、逃避债务。

现实情况是大陆法系普遍规定了信托管理人（监察人）制度，却未规定信托保护人制度。信托管理人（监察人）是在受益人不特定或者不存在或者受益人难以监督受托人时，由信托当事人或检察官申请法院选信托管理人（监察人）。信托管理人（监察人）是为了受益人的利益而存在，信托保护人则是为了受托人的目的而存在，但是二者都有监督受托人的权能，同样都能起到保护信托的作用。在大陆法系各国立法中，主要是规定了信托管理人（监察人）而没有规定信托保护人，例如日本规定了三种信托管理人（受益人不存在时可设立信托管理人，受益人存在但不确定时设立受益人代理人，受益人存在但是受益人没有能力监督受托人时设立信托监督人），我国规定了信托监察人，虽然我国只规定了公益信托的信托监察人，在慈善信托中规定的也是可以设置而非强制设置信托监察人，韩国信托法第 18 条也规定了信托管理人。

信托管理人（监察人）与信托保护人既有相同之处，也有不同之处。二者相同之处主要在于二者的权利内容有极大的重合范围，例如日本信托法规定信托监督人可以以自己的名义行使受益人的权利，那么受益人为了保障自己的信托利益而享有监督受托人的权利与保护人监督受托人的权利有较大的重合。不同之处主要有四点。①目的不同。信托管理人主要是为了受益人的利益而存在，信托保护人主要是为了实现委托人的目的而存在，二者在最后结果上虽然有交叉，但是保护的侧重点不同。②在大陆法系的立法上，信托管理人的规定存在更多。③信托管理人接受更多的是法定的选任，而非意定的选任。④信托管理人大部分法律是规定其有善管注意义务及诚实、公平义务，而信托保护人的信义义务还是一项具有争议的议题。

问题在于，大陆法系国家既然大部分都已经规定了信托管理人（监察人）制度，并且信托管理人与信托保护人的权利和制度效果有这么大的重合，那么是否还需要引入信托保护人制度？应当是需要引入的，因为信托管理人主要是一种法定的保护和救济机制，而信托保护人则是一种意定的保护和救济机制，二者相辅相成才能发挥更大的作用，在完善信托管理人制度的同时，提高信托保护人制度的效率，例如信托保护人可以借鉴信托管理人的善管义务的规定。

2. 信托保护人制度的具体问题

（1）保护人的人选问题

信托保护人可以由自然人也可以由团体组织担任，当然也可以由二者共同担任。

在保护人的主体选择中存在保护人的主体可否是信托的三方当事人之一的问题，首先，受托人不能作为保护人，因为保护人的存在就是为了监督受托人；其次，委托人和受益人当然可以担任保护人，因为没有人会比受托人和受益人更有监督委托人的需要，但是委托人担任保护人应当具有一定的限制，因为授予作为保护人的委托人的权利与委托人保留权利的效果一致，就很有可能使得法院、债权人否认信托的效力，从而追索到信托财产，可以在委托人担任保护人时要求保护人应当还有占保护人总额1/2比例以上的其他非委托人的成员。受益人如果同时属于委托人的同样适用前述限制，受益人不属于委托人的，无论是大陆法系还是英美法系都赋予了受益人比较多的保障受益权的权利，主要包括撤销权（英美法系有衡平法追踪）、强制实施信托、监督受托人、对信托有关事务表达意见（如委托人的空缺填补、变更和终止信托等）的权利，所以受益人其实不必要再担任保护人，但如果委托人与受益人均认为信托中的保护人仍应该受到监督的话，可以在信托文件中将受益人约定为保护人的一员，由受益人作为保护人监督其他保护人的行为。

信托保护人或许可以参考受托人的选任标准进行确定，因为受托人和信托保护人都是委托人基于信任为了委托人的目的实现而选择的。所以保护人应当具备受信任人的两项要求，一是经营管理能力的要求，二是道德品质要求，因为信托本就是一种财产管理方式，受托人、信托保护人应当在保证信托财产保值的前提下实现委托人的其他各项目的，所以保护人应当具有一定的经营管理能力，否则在监督受托人时极易受到蒙骗，同时在道德品质上也应当处于良好的状态，否则可能发生保护人与受托人共同损害受益人利益的现象。苏格兰要求受托人“严格责任”，要求受托人必须按照较高标准经营管理信托财产，并且必须听取适当的专业意见，在保护人的制度设计中同样可以要求保护人在做出超出自己能力事项的决定时，应当听取适当的专业意见。

在离岸信托的实践中，保护人一般是专业的信托经营机构①。

（2）保护人的权利范围问题

保护人的功能主要是监督受托人，所以其权利范围应当主要与受托人的权利范围有关，同时也可以参考以保护受益人的信托利益为目的的权利内容。

受托人的权利主要有管理信托财产、处理信托事务、投资、就所支付的费用优先受偿、请求报酬等权利，所以保护人的权利：一是监督受托人管理信托财产、处理信托事务，对于受托人的投资、自由裁量信托中的选择受益人、受托人自我交易、财产的保存和改良等决定都具有同意和否决的权利；二是保护人可以自己在听取相关的专业意见之后向受托人指示进行投资，也可以在委托人或受益人授权的前提下解任受托人、指定新的受托人；三是可以对受托人信托财产的债权进行审计、核查并做出认可或者否定，对于受托人或第三人造成信托财产损害的，可以要求恢复原状、赔偿损失；四是保护人可以在委托人和受益人均不清楚信托环境的情况下，根据变化的信托法律以及其他信托相关影响因素的变化而修改信托；五是保护人当然可以基于其保护人的地位代表信托提起诉讼，无论起诉对象是受托人还是损害信托财产的第三人。

除上述权利外，受益人还有强制实施信托，追索信托财产和剩余信托财产的归属权、知情权等权利，所以信托保护人也可以在委托人怠于执行信托事务时，请求法院或者受托人强制执行信托，还可以请求变更信托财产管理方法。信托保护人还可以撤销受托人违反信托目的处分信托财产的行为（英美法系

① 何宝玉：《信托法原理研究》，中国政法大学出版社，2005，第275页。

上是衡平法追踪），使得信托财产恢复原状。知情权对于信托保护人作为监督人的地位也是必需的，信托保护人应当享有要求向受托人了解财产管理的情况以及查阅、复制相关信托财产的账目。关于剩余信托财产的归属权则应当只有在特殊情形下信托文件有所约定才能够将其归于信托保护人，不应当属于信托保护人的一般权利。

（3）保护人的责任问题

第一，信托保护人是否因违反信托义务而承担责任。对于保护人是否负有信托义务存在争议，一种观点是赞成，美国《信托法重述》第三版第62（2）认为“第三人如果被授予终止、修改信托或者其他相关的权利，那么他应当负有信托义务”。一种是反对，理由有：①受托人赋予保护人的是一种特殊的权利，其并不对信托财产进行管理，令其承担相同的信义义务并不合理；②委托人可能并未打算让保护人承担责任；③要求保护人对谁负责都存在疑问；④保护人并非信托关系中必不可少的当事人①。他们争论的是信托义务是否为信托保护人的法定的、天然的、强制性的义务，但是在实践中可以绕过该争论，通过信托文件明确约定保护人负有信义义务，并且可以通过给付保护人一定的报酬，也可以令保护人负有一定的信义义务，与此同时委托人还可以保留撤换保护人的权利，以此来保障信托的稳定运行。

第二，保护人损害信托的责任。保护人是否天然的负有信义义务存在争论，且保护人也不是委托人和受益人本人，要求其以对待自己的事务一样对待委托人所授予的权利有较高难度，那么保护人只有权利而无义务的状态可能影响信托的运行，当保护人固执己见的否决受托人的提议和决定时，信托的管理还会陷入僵局。这也是在信托关系中加入信托保护人的弊端，人数增加，制度设计不良就有可能通过复杂化了的管理降低信托运行的效率，增加信托运行成本。所以在信托保护人制度的应用中，如何防止保护人不当行使权利便成为一项必须解决的问题。我们认为除了上述的在信托文件中明文规定保护人的信义义务和给付给保护人相应的报酬之外，还可以在不动摇信托基础的前提下规定保护人权利的限制，例如规定一些事项必须通知或者征得部分受益人或委托人的同意。

---

① 何宝玉著《信托法原理研究》，中国政法大学出版社，2005，第282～283页。

综上，保护人制度有利有弊，总的来看需要信托文件进行相应的授权和限权、权利和义务的规定才能最大限度地发挥信托保护人制度的优势。在信托文件中，对于相应的授权可以参照如前所述的受托人的权利范围和受益人的权利范围进行规定，并且在保护人行使权利的程序上也要加以详细的规定，权利的限制则通过以约定保护人的信义义务为基础，基于保障信托运行的效率和实现信托目的的目标，确定保护人负有何种具体的义务或者其何种权利有何种具体的限制，当然，委托人也可以保留对保护人的撤换权，同时对于保护人的人选的提出、决议也可以参照公司法的规定进行约束。

（二）委托人通过保留修改权和撤销权对信托的监督

委托人的修改权是指委托人对信托条款的修改，包括对信托财产管理方式的变更、对受托人权利的授予或者限制、撤换受托人和受益人等，委托人的撤销权则是指委托人撤销整个信托，使信托从始至终不存在。各国信托法均承认在信托文件中可以规定委托人保留撤销权，但是英美法系一般认为信托设立之后推定为不可撤销的信托，除非信托文件有可撤销的约定（英美法系的可撤销信托不能享受税收优惠待遇）①。

委托人保留修改权和撤销权主要目的是保障对信托的控制和保护。委托人保留修改权和撤销权当然有利于委托人实现信托目的，因为在信托运行过程中，只有委托人才是对信托目的有最精准理解的当事人，保留修改权和撤销权有利于让委托人参与到信托财产管理的过程中去，从而实现对信托准确、有效的保护。

委托人保留修改权和撤销权同样存在弊端。①委托人保留修改权和撤销权势必会对委托人执行信托事务的行为产生干涉，这种干涉可能会导致信托效率低下，因为信托本可以依照受托人预定的路线发展，委托人不适当的横插一脚反而会破坏这种预设。②委托人保留修改权和撤销权也可能对受益人不利，因为委托人可以通过修改权替换受益人，通过撤销权撤销整个信托而令受益人从信托中消失，这对于与受托人之间存在法定抚养义务关系的受益人来说十分不利，因为撤换是受托人的任意决定。③委托人保留权利也会由于受到委托人自

---

① 何宝玉著《信托法原理研究》，中国政法大学出版社，2005，第 356 ~ 357 页。

身的原因而无法执行，例如委托人失去行为能力的情况，那么其保留的权利归属应该是委托人的代理人、继承人还是重新回归到受托人，或是认定保留的权利消灭？委托人保留权利还可能会被强制使用这些权利打破信托，从而追索到信托财产。④委托人保留权利最大的威胁就是对于信托的独立性的影响，当委托人过分的保留权利而被认定为只是作为逃避债务的一种方式，那么信托就会失去其财产隔离的功能。

1. 如何区分信托撤销权与修改权

撤销权是使得整个信托自始不存在，而修改权则只对修改后的信托行为发生效力，并不溯及之前的信托行为。在 Avery V. Bender 一案中，法院认为撤销权的核心在于“破坏原信托并且使信托财产重新归于委托人”①，也即撤销权应当是回到信托从未发生过的状态。本案中，被更换的受益人认为委托人是以修改权之名，行撤销权之实，但是委托人通过修改权更换所有受益人并未使之产生归复信托，信托只是当事人进行了更换，信托仍然可以有效地运行。所以修改权的内容十分广泛，只要没有触及信托的绝对存在问题，仍应归属于修改权的范围。

2. 关于修改权和撤销权的具体制度

（1）委托人未保留撤销权的情况下，法定撤销理由

我国《信托法》并未规定委托人作为撤销权主体，只规定了债权人可以申请法院撤销信托，以及委托人的某些不适义务的行为可以被撤销。但是我国《信托法》第50条、第51条赋予了委托人解除权，规定在自益信托中，委托人当然可以随时解除信托；委托人不是信托的唯一受益人时，受益人对委托人有重大侵权行为或经受益人同意或信托文件规定的其他情形，委托人也可以解除信托。所以仅从信托的救济方面来说，我国《信托法》规定的解除权是完全可以替代撤销权的规定达到救济效果的。但委托人保留撤销权也并非全无必

---

① https：//advance. lexis. com/document/？ pdmfid = 1000516&crid = b1f0f5f3 - 0c7c - 4925 - 866c - 205d001d6a63&pddocfullpath = % 2Fshared% 2Fdocument% 2Fcases% 2Furn% 3AcontentItem% 3A3RXR - 3460 - 003G - G2TD - 00000 - 00&pddocid = urn% 3AcontentItem% 3A3RXR - 3460 - 003G - G2TD - 00000 - 00&pdcontentcomponentid = 323879&pdshepid = urn% 3AcontentItem% 3A54KS - 1YX1 - J9X5 - T361 - 00000 - 00&pdteaserkey = sr0&pditab = allpods&ecomp = byrLk&earg = sr0&prid = 0c25b106 - f802 - 4461 - bf1c - a587fea42276.

要，因为撤销和解除的法律后果并不相同，撤销是令信托自始不存在，那么信托财产自然应当属于委托人的财产。而解除信托财产的归属，日本和韩国规定信托财产解除后归受益人，我国《信托法》规定信托解除后信托财产主要还是归属于受益人，所以在受益人年幼、年老或者有其他行为能力受限的情形中，信托财产归属于委托人而非受益人会更加有利，也即撤销信托较于解除信托更为有利。

首先，在我国相关的信托法律规范没有规定委托人的撤销权的情况下，应当适用《民法总则》关于可撤销的法律行为的规定，我国民法总则规定了重大误解、欺诈、胁迫、显失公平四种可撤销原因，也应当成为信托行为被撤销的法定原因。日本也有对欺诈信托的撤销权，日本的通说认为，民法中的欺诈行为撤销权与信托法中的欺诈信托撤销权基本上是相同性质的权利①。

其次，在英美法系国家由于信托法发展历史的原因，法院发挥极大的帮助作用。一般情况下都是尽量维持信托的存在，解除信托都只能是申请法院解除（如美国《统一信托法》第394条所规定的慈善信托的受托人可以就信托的有效性申请法院给予指示），且请求解除信托的情况仍十分有限，委托人通常无权自行或申请法院解除信托。关于撤销信托的理由，在推定信托的情形中，导致交易可撤销的行为包括虚假陈述和不当影响②，在其他案例中增加了胁迫和错误或误解两种情形。综上，事实上大陆法系与英美法系撤销信托的法定理由相差不大，都是基于民法中的法律行为效力欠缺的事由而享有法定的撤销权，欧洲示范民法典草案也是如此规定的，但是欧洲示范民法典草案做了两项修正，委托人在有生之年无偿设立的信托中，在误解方面放低了要求，对相对于受益人处于弱势地位的委托人加强了保护，我国也可以参照如此规定放宽在信托中对可撤销的法律行为的要求，因为可撤销的法律行为的条件在实践中难以满足，证明难度也较大。

（2）受托人可否主张因委托人行使修改权、撤销权受有损失而请求赔偿

虽然委托人行使修改权、撤销权是一项单方法律行为，但是应当关注受到

---

① 新井诚：《信托法》，中国政法大学出版社，2017，第151页。

② 格雷厄姆·弗戈：《衡平法与信托的原理》，葛伟军、李攀、方懿译，法律出版社，2018，第405页。

影响的委托人的利益，尤其是在委托人有权要求报酬的情况下。例如日本、韩国和我国台湾地区均规定，委托人解除信托可能损害受托人的利益的，委托人应当承担赔偿受托人损失的义务，但有不得已事由的除外。

（3）信托文件没有规定时，委托人能否通过协商以修改和撤销信托

英美法系的特点就是，只要信托文件没有规定，在信托成立且有效之后，除了信托文件另有规定，否则委托人就应该退出信托，不再享有任何权利，所以英美法系下的委托人不能通过与受托人协商修改、撤销信托。

但是在大陆法系国家委托人似乎可以有限制的通过协商修改、撤销信托。例如日本信托法只要委托人和受益人的合意就可以令信托终止或者变更的规定（第164条第1款、第149条），我国台湾地区信托法第15条也规定信托财产的管理办法变更须经委托人、受托人、受益人同意而变更，所以日本和我国台湾地区均认为在信托文件没有规定时，委托人是可以通过协商取得信托当事人的同意而有限制的修改和撤销信托，但每个国家和地区的限制并不相同。

（三）意定受托人替换、增加、辞任、空缺填补、共同受托人空缺填补

1. 信托文件理应提前规定受托人替换、增加、辞任、空缺填补、共同受托人空缺填补的规则

信托文件提前规定受托人替换、增加、辞任、空缺填补、共同受托人空缺填补的规则，能够快速有效地解决信托运行中的不确定的状态，将信托从僵局中脱离出来。首先，规定受托人的替换有助于维持信托运行的稳定，保障信托的内部安全。受托人正常的替换过程需要信托文件规定程序以保障在替换时信托仍可正常运行，同时还可以规定某些特定的情况下，受托人有权替换受托人，从而避免经过长时间的请求法院替换的边际成本。其次，可以避免受托人的遗产管理人取得信托管理。美国法上，在新旧受托人未能承接的空窗时期，信托的衡平法所有权将暂时归属于死去的受托人的遗产管理人，而遗产管理人则可能并不具备受托人一样的专业知识。

2. 在信托文件中如何规定受托人的辞任对信托最有利

我们认为在合法的前提下，可以在信托文件中对于受托人的辞任可以做出

如下规定，以平衡信托法律关系中自由与效率的关系。

1 受托人辞任的概括规定

1.1 经委托人、受益人、其他受托人以及其他信托利益关系人的同意，受托人可以辞任。但公益信托除外，公益信托的受托人未经公益事业管理机构批准，不得辞任。前款所说信托利益关系人应当是受托人的辞任会对其产生不利影响的关系人（如受托人在处理信托事务时基于对受托人的信任而订立合同的当事人）。

1.2 慈善信托的受托人一般不得自行辞任，除非有不得已事由（如因行为能力限制而不适宜再担任受托人或者符合被解任的情形等）。

1.3 受托人辞任的，在新受托人选出前仍应履行管理信托事务的职责。在新旧受托人交接之后，此交接期间旧受托人的行为的法律后果由新受托人全部承担，但是旧受托人没有依据本文件规定的履行义务履行的，应当自己承担相应的不利法律后果。

1.4 受托人辞任的，应当作出处理信托事务的报告，并向新受托人办理信托财产和信托事务的移交手续。前款报告只有经委托人或者受益人认可，旧受托人才可就报告中所列事项解除责任。但原受托人有不正当行为的除外。

1.5 独任的受托人的辞任在继任的受托人同时被聘任时生效。共同受托人之一辞任的，不影响其他受托人对信托财产整体的管理和处分的权利，信托财产由其他受托人管理和处分。

2 程序上

2.1 受益人大会

2.1.1 受益人大会由信托计划的全体受益人组成，出现以下事项而信托计划文件未有事先约定的，应当召开受益人大会审议决定：

（一）提前终止信托合同或者延长信托期限；

（二）改变信托财产运用方式；

（三）更换受托人；

（四）提高受托人的报酬标准；

（五）信托计划文件约定需要召开受益人大会的其他事项。

2.1.2 受益人大会由受托人负责召集，受托人未按规定召集或不能召集时，代表信托计划项下全部信托单位百分之十以上的受益人有权自行召集，但应提前7个工作日以书面形式通知受托人列席会议。

2.1.3 召集受益人大会，召集人应当至少提前10个工作日公告受益人大会的召开时间、会议形式、审议事项、议事程序和表决方式等事项。受益人大会不得就未经公告的事项进行表决。

2.1.4 受益人大会可以采取现场方式召开，也可以采取通信等方式召开。每一份信托单位具有一票表决权，受益人可以委托代理人出席受益人大会并行使表决权，受托人和受益人均可征集投票权。

2.1.5 受益人大会应当有代表百分之五十以上信托单位的受益人参加，方可召开；大会就审议事项作出决定，应当经参加大会的受益人所持表决权三分之二以上通过；但更换受托人、改变信托财产运用方式，应当经参加大会的受益人全体通过。

2.1.6 在存在信托保护人、信托管理人（监察人）的信托中，同意受托人辞任的决定应当在信托保护人、信托管理人（监察人）的参与下做出，并且应当听取信托保护人、信托管理人（监察人）的意见，由信托保护人、信托管理人（监察人）做会议记录并签名。

2.1.7 受益人大会决议对全体受益人、受托人均有约束力，受托人于受益人大会召开后10个工作日内将受益人大会决议向全体受益人进行披露。

2.2 集体大会

2.2.1 对于管理型受托人应当经信托当事人以及其他信托利益关系人所有投票权的三分之二以上（包括三分之二）的同意才可辞任，其中委托人和受益人在其各自人数的基础上，有内部份额依据的则依据其份额的比例享有相应的投票权，否则就按照人数每人一票享有投票权，其他受托人按人数享有投票权，其他信托利益关系人的投票权应由信托当事人进行协商确定，但每名其他信托关系人的投票权不得低于其他受托人投票权的一半；对于保管型受托人的辞任，可以只经过委托人、受益人、其他信托利益关系人一方的投票权的三分之二同意即可。在管理型的受托人中也要区分管理重要事务的受托人和管理辅助事务的受托人，管理辅助事物的受

托人的替换应当只要经过信托当事人以及其他信托利益关系人投票权的二分之一的同意即可，投票权的规定同上（以上的三分之二、二分之一均指全体人员的投票权，而非仅指参会人员的投票权）。

2.2.2 提交集体大会的提案应当先交由受益人大会，受益人大会收到提案后2日内通知其他参会人员，并将该提案交由集体大会审议。

2.2.3 与集体大会表决事项存在关联关系的信托关系人不得参与该事项的表决。

2.2.4 可聘请律师出席并见证集体大会。集体大会做出决定后由受益人大会在5日内将决议向所有信托关系人披露。

2.3 受托人辞任应遵守下列全部程序和条件

2.3.1 信托合同所规定的受托人信托报酬（如有）以及投保受托人个人责任险的费用均已全部结清。

2.3.2 受益人已经支付信托财产和信托事务移交的全部费用。

2.3.3 新受托人已经确认，且新受托人书面同意继任受托人。

四　慈善信托危机的解决途径

《中共中央关于全面推进依法治国若干重大问题的决定》提出要“健全社会矛盾纠纷预防化解机制，完善调解、仲裁、行政裁决、行政复议、诉讼等有机衔接、相互协调的多元化纠纷解决机制。”所谓多元化纠纷解决机制，是指一个社会中由多种纠纷解决方式、程序或制度（包括诉讼与非诉讼两大类型）以其特定的功能共同存在、相互协调所构成的纠纷解决系统①。多元化纠纷解决机制主要由三大块组成，即诉讼、行政裁决、非诉讼纠纷解决机制（Alternative Dispute Resolution，以下简称 ADR）。传统的非诉讼纠纷解决机制主要包括谈判、调解、仲裁等三种方式②。晚近，还有学者建议在金融领域引

① 范愉：《非诉讼程序（ADR）教程》（第3版），中国人民大学出版社，2016，第10页。

② 王琦：《非诉讼纠纷解决机制原理与实务》，法律出版社，2014，第24～27页。

进一种新型的非诉讼纠纷解决机制——申诉专员制度（Ombudsman）[①]。

考虑到我国慈善信托的准确定位是具有慈善行业或公益事业的性质以及由此带来受益者能力弱、委托人的不积极、《信托法》专业化程度高但在我国的普及程度低以及我国慈善信托起步晚规模小[②]三个特点，在当前中国，慈善信托危机的解决主要靠行政监管机构的裁决和司法机关（主要是法院）的裁判解决。因此，本章主要探讨慈善信托危机的行政监管机关解决和诉讼途径解决，暂不探讨慈善信托危机的非诉纠纷解决机制问题。

（一）通过行政监管机构解决

中国慈善近些年一直处于风口浪尖，从红十字会郭美美、宋庆龄基金会1.2亿雕塑到壹基金审计问题、“首善”陈光标诈捐门、卢星宇父女的“中非希望工程”、云南“慈善妈妈”王玉琼被举报借慈善名义敛财数千万等慈善丑闻不断，引起大家对慈善失信，严重阻碍真正慈善事业的健康发展。慈善丑闻引发了社会各界对我国慈善事业的反思，反思的重点之一就是慈善的监管问题。

慈善组织属于私法组织，慈善活动属于私法行为。因此原则上慈善组织与活动领域应当秉持私法自治的基本理念，允许慈善组织以自身意志进行内部治理，从事外部活动，允许慈善组织等相关主体以自身意志从事慈善活动。但是，考虑到社会发育不完善、慈善文化和慈善传统比较薄弱等社会现实，同时由于慈善信托涉及公共利益并享有税收优惠的特殊性，我国必须借鉴他国慈善政府监管的先进经验，设定科学严密的慈善政府监管制度。“法律和政府在充分尊重与保障慈善组织的私法自治的同时，需要通过一系列的监督问责机制确保其合法有效地实现慈善目的、公共利益而非为私人利益服务。”[③]

---

① 金融申诉专员制度（FOS）以调解与裁定相结合的方式来解决消费者与金融机构之间的纠纷，为消费者提供独立且费用适宜的途径。详细参见杨东《金融消费者保护统合法论》，法律出版社，2013年第1版，第270页。

② 慈善中国网资料显示，截至2019年1月23日，慈善信托备案项目共149单，其受托财产总规模共计19.3亿元，载《慈善信托的发展现状与优势》，用益信托网2019年2月22日报道，http://www.yanglee.com/Research/Details.aspx?i=60421。

③ 李德健：《英国慈善法研究》，法律出版社，2017年第1版，第202~203页。

具体到我国慈善信托的监管，特别是遇到慈善信托危机的行政机关为主导的解决，需要重点讨论以下两个问题。

1. 行政监管主体的资格确认

我国《信托法》第六章“公益信托”并未直接规定慈善信托的监管机构，而是通过阐明列举公益事业监管机构的具体职权，间接表明我国“公益事业管理机构”的监管主体地位。但是，对于该“公益事业管理机构”究竟是指统一的公益事业监管机构还是从事公益事业所属的监管机构，长期以来一直缺乏权威的法律解释。理论界看法不一，实务界各行其是①。2017 年银监会发布的《慈善信托管理办法》则将这一问题明确化。

根据《慈善信托管理办法》第47 条和第48 条，我国慈善信托公司的监管机构是两个机构，即银行业监督管理机构和县级以上人民政府民政部门，并且两者是分工与协作的关系。根据目前的监管分工，民政部门负责慈善信托的备案管理和慈善组织作为受托人的业务监管；银监机构负责信托公司作为受托人的业务监管和商业银行慈善信托账户资金保管业务。《慈善信托管理办法》第47 条规定：“银行业监督管理机构负责信托公司慈善信托业务和商业银行慈善信托账户资金保管业务的监督管理工作。县级以上人民政府民政部门负责慈善信托备案和相关监督管理工作。”《慈善信托管理办法》第 48 条规定：“民政部门和银行业监督管理机构应当建立经常性的监管协作机制，加强事中、事后监管，切实提高监管有效性。”

虽然《慈善法》规定慈善信托的受托人可由慈善组织或信托公司担任，但新成立的慈善信托产品越来越多，主要由信托公司担任受托人，或者由信托公司做主受托人、慈善组织担任共同受托人。所以，在我国实际进行慈善信托业务监管的机构主要是银行业监督管理部门。

对我国《慈善信托管理办法》确立的民政部门和银行业监督管理机构共同监管模式，有学者提出反思，并建议慈善信托建立以民政部门和税务部门为主的监管框架。无论受托人是信托公司还是慈善组织，统一由民政部门监管。

---

① 刘佳：《我国慈善信托监管机制的反思与优化》，《当代经济管理》2018 年第 1 期，第 47 ~ 48 页。

银行监督管理机构应该推出慈善信托的业务监管，回归对商事信托的监管①。对此，我们表示赞同。

2. 行政监管机关调查权和强制权的立法情况及其反思

（1）行政监管机构调查权与强制权现行规定的梳理

《慈善信托管理办法》第49条规定民政部门和银行业监督管理机构根据各自法定管理职责，对慈善信托的受托人应当履行的受托职责、管理慈善信托财产及其收益的情况、履行信息公开和告知义务以及其他与慈善信托相关的活动进行监督检查。《慈善信托管理办法》第51条规定民政部门和银行业监督管理机构根据履行职责的需要，可以与受托人的主要负责人和相关人员进行监督管理谈话，要求就受托人的慈善信托活动和风险管理的重大事项做出说明。

民政部门进行监督检查的权力和要求主要根据《慈善法》第93条和第94条。《慈善法》第93条规定，县级以上人民政府民政部门对涉嫌违反本法规定的慈善组织，有权采取下列措施：①对慈善组织的住所和慈善活动发生地进行现场检查；②要求慈善组织做出说明，查阅、复制有关资料；③向与慈善活动有关的单位和个人调查与监督管理有关的情况；④经本级人民政府批准，可以查询慈善组织的金融账户；⑤法律、行政法规规定的其他措施。《慈善法》第94条规定，县级以上人民政府民政部门对慈善组织、有关单位和个人进行检查或者调查时，检查人员或者调查人员不得少于二人，并应当出示合法证件和检查、调查通知书。

银行业监督管理机构进行监督检查的权力和要求主要根据《银行业监督管理法》第33至42条进行。这里不展开详细论述。

我国民政部门所享有的调查权和采取强制措施的权力远比银行业监督管理部门的权力小。《银行业监督管理法》第37条，银行业监督管理机构必要时责令调整银行业金融机构业务管理；第38条授权银行业监督管理机构对银行业金融机构包括慈善信托公司实行接管或者促成机构重组；第39条授权银行业监督管理机构可以依法撤销银行业金融机构包括慈善信托公司；第40条授权银行业监督管理机构可以依法强制限制银行业金融机构高管履行职责与限制

① 魏艳：《慈善信托政府监管权配置研究》，《国家行政学院学报》2018年第6期，第107页。

其一定程度的人身自由权和财产转让权等。这些银行业监督管理机构享有的调查权力，民政部门在《慈善法》或《慈善信托管理办法》中并没有大致对应的规定。而上述四个条文规定的业务管理限制权、接管或改组受托人权、信托机构撤销权、受托人高管权利限制措施等对确保民政部门执法的权威性和有效性同样重要。

如果我们把视野放到国际比较，我们发现我国民政部门的调查权与强制权远不能与国际同行相比。以英国为例，英国《2006 年慈善法》第 8 条规定，慈善委员会可以对慈善组织展开调查，第 9 条进一步规定了慈善委员会要求慈善组织提供文件或者搜索记录的权力。第 18 条第 1 款规定了慈善委员会为保护慈善组织可以采取的强制措施，即委员会可以命令任何持有该慈善组织财产的人或该慈善组织的受托人未经委员会同意不得放弃该财产；命令慈善组织的债务人未经委员会同意不得向慈善组织付款；通过命令限制未经委员会同意的交易或者支付的种类和数量。第 18 条第 2 款规定，慈善委员会可以通过命令撤销那些对不当行为或者不当管理行为负有责任或有关系的慈善组织的管理人员、代理人或雇员。可见，英国慈善委员会享有广泛的调查权和强制权使其实质上获得了深度介入慈善组织内部管理的权力。

因此，我们建议，我国应该尽快合理充实我国民政部门的调查权和强制权，以适应及时有效解决我国慈善信托危机的需要。正如有学者指出的，“如果慈善监管机关发现了慈善组织的违法线索或嫌疑，却没有实质性的权力去制止这种违法行为，而只能在违法后果发生以后再对其进行处罚，这并不符合监管的功能要求。”①

最后，为了防止监管者滥权并给予被监管者以救济渠道，我国《信托法》第 73 条特别规定到：“公益事业管理机构违反本法规定的，委托人、受托人或者受益人有权向人民法院起诉。”

总之，我国目前已经基本建立了针对慈善组织和活动（包括慈善信托公司及其活动）的行政监管制度框架，这对预防和及时解决我国的慈善信托危机非常重要。当然，考虑到我国已有监管偏重于管制、疏忽于服务的历史，我国慈善行政监管应当谨记如下告诫：“为了保护慈善组织的独立性，同时实现

---

① 李蕾红、李宝军：《论慈善组织的政府监管》，《山东大学学报》2015 年第 6 期，第 82 页。

慈善目的与公共利益，应当建立现代化的慈善监管体制，在传统监管方面，监管者应当坚持高效、适度、有针对性的监管机制，同时还要发挥支持功能，采取多项措施推动慈善事业的发展。此外，监管者本身也应当建立相应的公开、透明与问责机制。”①

（二）通过向人民法院提起民事诉讼解决

现代社会的纠纷解决机制首推司法诉讼机制。司法诉讼在一国的纠纷解决体系中居于关键地位，具有规范性、程序性、强制性等特点和优势。原则上有关慈善信托的危机，相关当事人可以通过我国《民事诉讼法》及其司法解释规定的诉讼程序解决，并且在解决的过程中直接适用我国《民事诉讼法》及其司法解释规定。但是，考虑到慈善信托的特殊性以及我国民事诉讼法及其司法解释的现状，至少有以下两个问题需要检讨。

1. 信托特殊地域管辖规则的欠缺及其创设

按照我国《民事诉讼法》及其司法解释的规定，我国民事诉讼中的地域管辖按照其审查优先次序可以分为以下五种，即专属地域管辖、协议管辖、特殊地域管辖、一般地域管辖、应诉管辖。详细参见《民事诉讼法》第21～34条和《最高人民法院关于适用〈中华人民共和国民事诉讼法〉的解释》第18～35条。

上述条文中没有针对信托纠纷的管辖做出特殊规定。目前国内有关信托纠纷案件的地域管辖，通常按照普通合同来确定管辖。即首先适用《民事诉讼法》第34条规定的协议管辖；如果不存在管辖协议或者存在管辖协议但经审查认定为无效，则根据《民事诉讼法》第23条规定的合同纠纷特殊地域管辖规则来确定，由被告住所地或者合同履行地人民法院管辖。

对于实践中的这种习以为常的做法，有学者提出了如下反思：“信托作为一种独立的财产管理制度，受托人管理、处分信托财产是信托管理的主要内容，因此，因信托合同引发的纠纷，在确定管辖法院时，应当参照财产保险合同纠纷实行特殊管辖，即应当明确，因信托纠纷提起的诉讼，应当由受托人住

① 李德健：《英国慈善法研究》，法律出版社，2017，第224～225页。

所地或者信托财产所在地人民法院管辖。”①

我们赞同信托既不是单纯的物权关系也不是单纯的债权关系，而是一种独立形态的法律关系主张②。从信托法律关系的内容来看，信托是围绕着信托财产，以特殊的权利义务关系把委托人、受托人和受益人三方加以维持的一种特殊法律结构。这种法律结构既具有物权关系的内容，又具有债权关系的内容，还具有物权关系和债权关系所不能涵盖的内容，如信托财产的独立性、委托人和受益人对信托的监督权等。因此，必须承认信托是一种独立形态的法律关系。

值得注意的是，信托纠纷在《民事案件案由》中的地位变化可以折射出我国最高人民法院正逐步接受信托是独立形态法律关系的观点。在 2000 年版的《民事案件案由规定（试行）》，“信托纠纷”这一二级案由放在一级案由“合同纠纷案由”下面。在 2008 年版与 2011 年版《民事案件案由规定》中，“信托纠纷”这一二级案由放在一级案由“与公司、证券、票据等有关的民事纠纷”下面，并细化为三个三级案由，即民事信托纠纷、营业信托纠纷、公益信托纠纷。

既然信托是一种独立的法律关系，信托纠纷的地域管辖制度就不能简单套用合同纠纷的地域管辖，而应该仔细研究并具体规定。我们认为，我国《民事诉讼法》应该增设一个有关信托纠纷案件管辖的特殊地域管辖规定，具体制度涉及可以参考我国《涉外民事关系法律适用法》（2010 年）第 17 条③的规定：“因信托纠纷提起的诉讼，由信托财产所在地或者信托关系发生地法院管辖。”这里的信托关系发生地一般指信托设立地。根据我国 2001 年《信托法》第 8 条规定：“设立信托，应当采取书面形式。书面形式包括信托合同、遗嘱或者法律、行政法规规定的其他书面文件等。采取信托合同形式设立信托的，信托合同签订时，信托成立。采取其他书面形式设立信托的，受托人承诺信托时，信托成立。”因此，信托设立地通常是指信托合同签订地、遗嘱订立地或受托人签订其他书面文件的地方。

---

① 何宝玉编著《信托法案例评析》，中国法制出版社，2016，第 154 页。

② 周小明：《信托制度：法理与实务》，中国法制出版社，2012 年第 1 版，第 71 页。

③ 《民事关系法律适用法》第 17 条，当事人可以协议选择信托适用的法律。当事人没有选择的，适用信托财产所在地法律或者信托关系发生地法律。

《民事诉讼法》增设上述建议规定后，我国信托纠纷案件地域管辖确定时，应当首先基于信托属于“其他财产权益纠纷”而适用《民事诉讼法》第34条协议管辖的规定。如果不存在管辖协议或者存在管辖协议但经审查认定为无效，则根据增设的信托纠纷特殊地域管辖条款确定。

2. 慈善信托诉讼的原告资格

由于我国信托法赋予了委托人相当多的权利和慈善信托没有特定的受益人这两个特殊因素，我国慈善信托的原告资格具有一定的特殊性，值得专门探讨。

依据英美信托法，委托人在信托成立后享有的权利很少，受益人享有信托受益权以及由此派生出来的各项权利。因此，信托诉讼主要在信托受益人与信托受托人之间展开，少数情况下也会在信托受托人或受益人与第三人之间展开。但是，依大陆法系信托法，受益人的许多权利都是与委托人共享的。特别是，“我国信托法赋予了委托人相当多的权利，除不能享有信托利益外，在其他方面几乎与受益人享有同样的权利。”① 正因为这样，所以我国慈善信托的委托人当然具有起诉受托人的原告资格。遇到《慈善信托管理办法》第36条规定的情形下，即受托人违反法律、行政法规和信托文件的规定，造成慈善信托财产损失的，我国慈善信托的委托人可以向法院起诉要求受托人以其固有财产承担相应的赔偿责任。

慈善信托的公益性特征决定了慈善信托受益人的不特定。我国信托法理论认为，为了平衡公益信托受益人不特定所造成的制衡受托人行为方面的欠缺，因此《信托法》把监察人作为公益信托的必设机构并赋予其独立的起诉权。我国《信托法》第64条规定：“公益信托应当设置信托监察人。信托监察人由信托文件规定。信托文件未规定的，由公益事业管理机构指定。”第65条规定：“信托监察人有权以自己的名义，为维护受益人的利益，提起诉讼或者实施其他法律行为。”但是后来的《慈善信托管理办法》将信托监察人改成了任设机构，但同样赋予了其起诉权。《慈善信托管理办法》第11条规定：“慈善信托的委托人根据需要，可以确定监察人。监察人对受托人的行为进行监督，依法维护委托人和受益人的权益。监察人发现受托人违反信

① 何宝玉：《信托法原理研究》，中国法制出版社，2015，第267~268页。

托义务或者难以履行职责的，应当向委托人报告，并有权以自己的名义向人民法院提起诉讼。”

有疑问的是，我国检察院和民政部门发现受托人违反信托义务或者难以履行职责的，能否代表不特定的受益人向法院提起诉讼？

提出这一问题有两个背景。第一个背景是在英美法上类似部门有权起诉。在英国，当慈善信托因受托人违反义务对信托利益造成损害时，皇家检察总长和慈善委员会有权代表不特定的受益人向法院起诉获得司法救济。英国不允许某个受益人单独或若干个受益人共同提起，理由有三。一是慈善信托的最终受益人是公众。二是为了保证慈善信托的受益人能够有效、顺利地行使权利。如果法律允许任何一个受益人都有资格对损害其利益的受托人或第三人进行诉讼，那么受托人可能经常会受到不合理起诉的干扰并因此影响到其对慈善信托财产的管理。三是慈善信托指向了公益，这种公益特性与皇家检察总长的性质和地位相吻合①。在美国，《信托法重述（第 2 版）》第 391 条规定：“总检察长、其他相关公职人员、共同受托人或者对强制履行一项慈善信托具有特殊利益的人，有权向法院起诉，要求强制履行一项慈善信托；但是，对强制履行慈善信托没有特殊利益的人、委托人或者其继承人、委托人的个人代表或后代，无权提起强制履行慈善信托之诉。”

第二个背景是我国《民事诉讼法》及其相关司法解释规定了民事公益诉讼制度。我国《民事诉讼法》第 55 条规定：“对污染环境、侵害众多消费者合法权益等损害社会公共利益的行为，法律规定的机关和有关组织可以向人民法院提起诉讼。人民检察院在履行职责中发现破坏生态环境和资源保护、食品药品安全领域侵害众多消费者合法权益等损害社会公共利益的行为，在没有前款规定的机关和组织或者前款规定的机关和组织不提起诉讼的情况下，可以向人民法院提起诉讼。前款规定的机关或者组织提起诉讼的，人民检察院可以支持起诉。”我国最高人民法院和最高人民检察院还于 2008 年 2 月联合发布了《关于检察公益诉讼案件适用法律若干问题的解释》。

我们认为，考虑到慈善信托受益人人数不确定的现状与我国《慈善信托管理办法》将信托监察人改成任设机构且实践中监察人力量弱小的实际状况，

① 解锟：《英国慈善信托制度研究》，法律出版社，2011，第 148 ~ 149 页。

当慈善信托因受托人违反义务对信托利益造成损害时，我国应当尽快明确民政部门和检察院可以根据《民事诉讼法》第55条提供公益诉讼。当然，一旦明确民政部门和检察院有权代表不特定的受益人提起公益诉讼，我国《民事诉讼法解释》第284～291条规定的公益起诉条件、管辖、与私益诉讼关系、和解与调解限制、撤诉限制等也一并适用。

后　记

在中华人民共和国成立七十周年的喜庆日子里，“上海研究院现代慈善研究中心现代慈善前沿丛书”第二本《新中国 70 年 · 现代慈善新征程》如期与各位读者见面了。

2018 年 11 月“上海研究院现代慈善研究中心 2018 年度研究课题”发布之时，课题组就全面开启了书稿的征集工作。彼时研究指南主题确立为“慈善 · 金融 · 互联网”，由于这三个内容都是新中国慈善事业发展中前瞻性理论和创新性实践，故征集工作的难度相当大。经过广泛发动、有效征集、专家把关，选定了 10 项研究课题最终立项。项目承担人责任心很强，项目研究非常投入，他们有来自各大高校的，也有来自科研院所及民间组织的，等等。2018 年 12 月，上海研究院现代慈善研究中心（简称慈善中心）又面向社会开启了“中华人民共和国建国 70 周年 · 现代慈善新征程”征文活动，得到了社会各界的广泛关注。

为更好地保证项目质量，2019 年 6 月 21 日，上海研究院现代慈善研究中心就研究课题内容召开了“慈善 · 金融 · 互联网”慈善研讨会，会上，来自中国社会科学院、上海社会科学院和山东工商学院的三名专家，对中央民族大学、上海大学、江西财经大学、中国社会科学院社会学研究所、郑州大学、上海财经大学、华中师范大学、北京阳光老年健康基金会的 9 项课题分别进行了点评。这些课题研究是建立在丰富的经验研究基础上，对该领域的国内外发展做了较强的概括，切入角度较新、学术性较强。专家们对这些课题做了如下评价：“课题成果都非常成熟和精彩，从最前沿的政策需求、民生需求、实践探索需求角度给我们带来了很多启示。”但由于一些客观原因，本书最终选择了课题成果中的 8 项作为书籍内容，为了能使更多读者分享课题成果，我们将其原汁原味地汇编成书，即本书的第二章至第九章。

“中华人民共和国建国 70 周年 · 现代慈善新征程”征文。经分类初审和专家评审，最终脱颖而出的四篇稿件以“新中国成立70周年专题研究”专栏的形式，出现在书籍第一章。它们从四个不同的角度，向广大读者展示了70年来，我国慈善事业所历经的伟大历程和辉煌成果。

为了将最好的成果展现给大家，书籍内容几经把关、查重、修改，得以最终出版，得到了来自各方的大力支持和帮助，慈善中心秘书处的同仁一一铭记于心。在此，我代表慈善中心所有成员，感谢王伟光、冯国勤、董云虎等领导同志，他们创建了慈善中心，奠定了中心开展工作的体制、机制和制度，指明了中心发展的方向；感谢上海研究院李培林院长、李友梅第一副院长、赵克斌常务副院长及上海市慈善基金会相关领导，他们为我们的工作提供了有力支撑；感谢慈善中心郑秉文主任、施德容常务副主任、文学国副主任及慈善中心专家委员会各位专家，他们为慈善中心工作的开展付出了很多心血；感谢本书写作组的各位专家学者以及两名提供了成果但未列入书籍公开出版的专家，他们为我们提供了宝贵的理论财富；感谢中国社会科学院唐钧研究员、上海社会科学院郑乐平研究员和山东工商学院于秀琴教授，他们为本书的成果整理提出了专业建议；感谢社会科学文献出版社的大力支持，他们为书稿的出版做了大量的编辑工作；感谢上海慈善基金会各区代表机构及基层慈善组织、上海盛太投资管理有限公司，他们为慈善中心工作的顺利开展提供了大力支持和保障；感谢对慈善中心工作持续提供报道的各大媒体平台，如《中国社会科学报》《解放日报》等；最后，我特别要感谢的是慈善中心秘书处的陈晨和徐静两位副秘书长，他们是我最亲密的战友和最信任的同事，他们为慈善中心的工作付出了无数有效的辛劳，在此一并表示感谢！

慈善研究，意义重大，展望未来，慈善中心将在各级领导和社会各界的关心和支持下，围绕慈善中心宗旨和要求，继续秉持稳中求进的工作作风，有序开展调研实践、科学实施平台搭建、扎实推进理论研究，以社会更多的关注和了解来促进和推动慈善事业的快速健康发展。

上海市慈善基金会副理事长

上海研究院现代慈善研究中心副主任兼秘书长

谢玲丽

2019年7月

图书在版编目（CIP）数据

新中国70年·现代慈善新征程／郑秉文，施德容主编. --北京：社会科学文献出版社，2019.11
（上海研究院现代慈善研究中心现代慈善前沿丛书）
ISBN 978-7-5201-5436-9

Ⅰ.①新… Ⅱ.①郑… ②施… Ⅲ.①慈善事业-研究-中国 Ⅳ.①D632.1

中国版本图书馆CIP数据核字（2019）第185696号

·上海研究院现代慈善研究中心现代慈善前沿丛书·
新中国70年·现代慈善新征程

主　　编／郑秉文　施德容

出 版 人／谢寿光
责任编辑／杨　雪
文稿编辑／杨　木

出　　版／社会科学文献出版社·城市和绿色发展分社（010）59367143
　　　　地址：北京市北三环中路甲29号院华龙大厦　邮编：100029
　　　　网址：www.ssap.com.cn
发　　行／市场营销中心（010）59367081　59367083
印　　装／三河市东方印刷有限公司

规　　格／开　本：787mm×1092mm　1/16
　　　　印　张：35.75　字　数：598千字
版　　次／2019年11月第1版　2019年11月第1次印刷
书　　号／ISBN 978-7-5201-5436-9
定　　价／188.00元

本书如有印装质量问题，请与读者服务中心（010-59367028）联系